사회적경제학
(Social Economics)

Social Economics
사회적경제학

최중석 지음(국내·외 연구자 및 활동가 70명 이상이 함께 함)

좋은땅

머리시(詩)

여기, 만해마을에서 우리 님을 다시 적다!

최중석

어두우면 잠에 들고
밝으면 일어나
서원보전의 부처님께 기도하리다!

마음을 정갈히 하고
고운 우리 님들 오래된 그 삶의 문제를
다짐의 신념하에 논리로 써내려 가리라!

내 님 생각하려 온 것은 아니지만
바람인지, 흔들리는 나무인지
잠깐의 생각에 잠기는구려!

북천의 세찬 물소리와
설악의 솔잎에 흩날리는 이슬비는
집필의 심장을 더 부풀려 떨게 하고,

다시 짓 푸른 산, 드높은 하늘 바다,
흩어 달리는 새하얀 뭉게구름은
이내 무상의 눈물을 떨구게 하는구나!

아이들은 성숙하여 이역만리 타향이고
홀로 외로이, 좋은 듯 그리운 맘
하느님! 얼마나 더 사람이 되어야 할까요?

고향의 어머님은 아득한데
다가가지 못하고 헤매는 불효는
사람이 곧 자연인 하늘의 이치인가?

재미난청춘세상 후학과 동문들이
지식과 지혜의 힘을 보태고
국내·외 활동가 및 연구자들이 깊은 사례를 한층 더 보강하니!

만해평화지종(萬海平和之鐘)이 설악을 넘어
세상 속으로 울려 퍼지듯이
문장마다 세상의 모범으로 퍼지리라!

2021년 9월 어느 날 설악산 기슭 만해마을에서
사회적경제학(Social Economics) 개정판 작업에 힘을 쓰며
2023년 1월 옮김, 최중석

머리송(Song)

당신은 내일 아침 공동체의 이웃과 함께하기 위해 지금 집으로 들어가야 해요.

당신은 더 좋은 공동체 세상을 만들기 위해 내일 아침 다시 목소리를 높여야 해요.

오늘밤 더 오래 에스프레소 맛을 느끼고, 더 오래 당신의 밝은 얼굴을 보고 싶어요.

하지만, 당신을 기다리는 내일의 이웃을 위하여 오늘은 당신을 보내줘야만 해요.

Community Love

word & music by
June(중석) Choi

and see your bright lo-ok lon-ger. But for the sake of to-mo-rrow's

neighbor who a – wai-ts, I must let you go today.

간주(클래식기타) →

⊕coda

The scenery of the ~
The ball-ad music we ~
The beautiful city we spent to-gether

exotic city and street we wen-t to~ to- day
listen- ed to to- gether to - da-y and your
tonight and your lovely voice are no different from your d-ream-s of

오늘 함께 갔던 이국적인 도시와 거리의 풍경은 너무나도 아름다웠어요.

오늘 함께 듣던 발라드한 음악과 당신의 목소리는 너도나도 사랑스러웠어요.

오늘밤 아름다운 도시와 당신의 사랑스런 목소리를 더 오래 느끼고 싶어요.

하지만 당신이 그리는 더 좋은 세상을 위하여 오늘은 당신을 보내줘야만 해요.

오늘 밤 당신과 나눈 에스프레소의 향기와 당신의 밝은 모습은
내일 아침 당신을 필요로 하는 공동체와 다르지 않습니다.
오늘 밤 우리가 함께한 아름다운 도시와 당신의 사랑스러운 목소리는
내일 아침 더 나은 세상을 만들고자 하는 당신의 꿈과 다르지 않습니다.

Community Love

word & music by
June(중석) Choi

S-o, I ca-n le-t you go ~ ~

tonight for your dreams of ma-king the world a better.

후주(클래식기타) →

→ Fadeout

2019년 11월 25일 영강받고
2019년 11월 2일 완성하다.

4/4

그래서 당신이 함께할 내일의 이웃을 위하여 오늘밤 당신을 보내줄 수 있어요.
그래서 당신이 그리는 더 좋은 세상을 위하여 오늘밤 당신을 보내줄 수 있어요.

머리말

우리는 무엇을 위하여 그리고 어떻게 살아야 할까?

바스타(basta)는 1994년에 스웨덴 스톡홀름에서 알코올이나 약물 남용으로 고통받는 사람을 대상으로 '일 경험을 통한 재활(노동통합) 프로그램'을 시작하였다. 바스타는 〈권한부여기반 모델〉을 강조하고 있는데, 이들은 이것을 노동 및 사회 통합의 중요한 원리로 여기고 있다.

"그것은 첫째, 성공적인 재활과 회복은 권한부여 과정이 중요하며, 힘을 얻는다는 것은 매우 복잡하고 내부적인 과정으로 사람마다 다르지만 바스타는 매우 실용적이며 간단한 것으로 실행한다. 이것은 '실제 작업 제공', '지속적인 학습', '경력을 쌓고 전문적으로 성장할 수 있는 기회를 제공하는 것'이며 이들이 '책임을 맡고 자신의 주거공간을 구할 수 있는 기회를 인식'하며 '통제권을 갖게 하는 것' 등으로 매우 실용적이고 간단한 것임을 밝히고 있다.

그리고 둘째, 수십 년 동안 사회적으로 배제된 사람을 위해 '자신의 삶을 통제 할 수 있도록 개인적인 여정을 시작'하고 '소규모의 조직화된 그룹을 통한 치료도구로써 일이 수행되고 개인 개발 프로세스를 진행하는 것'이라고 말하고 있다. 하루 8시간의 근무과정 속에 '지속적이고 비공식적인 의사소통 교육'을 실시하여 '서로 다른 상황에서 자기 이해력'과 함께, '자신과 주변을 처리하는 능력을 배우고 자존감을 회복'한다.

마지막 셋째, 권한부여의 진정성은 서비스를 제공하는 사람이 아니라 서비스를 사용하는 사람의 환경에 뿌리를 둬야 하며, 매슬로우(Maslow)의 욕구단계 이론에 따라 인간이 먹고, 마시고, 잠을 자고 기본적인 안정감을 갖게 되면서 '점점 더 높은 자아실현 욕구를 충족시키려고 노력'하므로 권한부여기반 모델의 '각 단계는 자존감을 높이는 과정이 수반될 필요'가 있음을 밝히고 있다."

우리가 배운 홍익인간 정신은 물질만능의 정신은 결코 아니다. 사람과 공동체의 행복을 추구하는 홍익인간 정신은 모든 문명의 장치는 인간의 행복을 위해 존재해야 한다는 인본주의 사상과 사람을 위해 봉사하는 마음을 위대하게 보는 이타주의 정신을 의미한다. 우리는 산업사회가 진전되고 시간이 지날수록 지역공동체는 사라지고 부의 불균형과 소득 양극화는 더 심화된 시대를 살고 있다. 캐나다 퀘벡(Quebec)이 경제위기를 시민사회와 함께 사회적경제 방식으로 극복하고 있던 20세기 후반에 우리는 대기업을 중심으로 성장정책을 강력하게 추진하면서 경제발전을 이루어 왔다. 빠른 경제성장의 이면에서 정의, 민주, 복지 그리고 연대 등의 정신은 본질로 자리 잡지 못하고 뒷전으로 미루어져 왔다.

공동체 구성원 간에 더 많은 재물을 쫓고 잉여를 끝도 없이 축적하는 일은 대다수 서민이나 지역사회를 위하여 안정된 물질적 삶을 보장하지도 못하며 후손들에게 더불어 행복한 세상을 물려줄 수 있는 방법도 아니다. 지금까지 많은 선구자와 여러 지역에서 사람의 가치와 공동체의 행복을 위하여 노력해 왔듯이 앞으로도 개인 삶의 가치와 자존감을 높이고 공동체에 대한 소속감과 상호 간 신뢰 및 연대를 높일 수 있는 선순환 체계를 더 다듬어 나가야 한다. 올바른 길에 대한 개념을 다시 정리하고 더불어 행복한 사람 중심의 사회가 목적이 되고 가치가 되도록 함께 노력해야 한다.

이 책에는 어떤 내용이 들어 있고, 누가, 왜 읽어야 할까?

본 서에는 수단이 아닌 목적으로써 사회적경제에 대한 본질 탐구와 가치 창출을 위한 방법이 담겨져 있다. 저자는 본 서를 집필하기 위하여 약 6년 이상 국내 및 해외의 700여 편 이상의 사회적경제 문헌을 탐독하였고 한국을 포함하여 이탈리아, 스페인, 캐나다, 프랑스, 독일, 스웨덴, 덴마크, 스위스, 호주, 방글라데시, 영국, 미국, 인도, 브라질, 멕시코, 오스트리아, 일본 등 18개 국가를 방문하거나 문헌탐구를 통하여 전 세계 75여 곳의 사회적경제 기업 및 지역공동체 활성화 사례를 실었다. 이를 통하여 다소 혼란스러웠던 사회적경제 관련 용어 139개를 정리하였으며 58개의 사회적경제 기업 및 지역공동체 사례를 분석하여 시사점을 도출하고 토론 주제를 발제하였다.

본 서는 사회적경제 기업 및 지역공동체 구성원뿐만 아니라 사회적경제 정책을 수립하고 지원하는 중앙정부 및 지방정부의 공무원, 활동가 및 연구자, 중간지원조직 및 경영자문가들에게 읽히기를 바란다. 왜냐하면 본 서는 한국사회에서 사회적경제가 지역공동체를 중심으로 사회문제를 해결하고 사회혁신을 달성하기 위한 경영원리와 구성요소, 그리고 실천 전략을 담고 있기 때문이다. 또한 사회적경제에 대한 잘못된 인식과 오해를 일깨워 줄 지식과 지혜도 담겨 있다. 총 13장으로 구성된 각 장은 필요에 따라 선별하여 읽을 수 있도록 구성했으며 독자들이 본 서의 각 장을 읽을 때 가능하면 정독할 것을 권장한다.

저자는 본 서가 유일한 정론이자 사회적경제의 실천도구라고 생각하지는 않는다. 지금까지 우리들이 해 왔던 것처럼 앞으로도 더 바람직한 방법과 목적으로 지역공동체 구성원, 중앙정부 및 지방정부, 지역활동가, 사회적경제 조직 및 중간지원조직은 물론이고 사회적경제 연구자 및 경영자문가, 사회적 목적에 동의하는 상업적 기업 모두가 더불어 행복한 사회를 위한 사람 중심의 경제를 바로 세우는 데 함께 노력해 나가기를 소망한다.

2019년 3월 캐나다 퀘벡에서 최중석
2023년 1월 16일 머리말을 수정하며, 관악산 아래 작업실에서 최중석

개정판 작업에 도움을 준 국내·외 연구자 및 활동가

아래의 국내·외 활동가 및 연구자를 포함하여 많은 분들이
각장의 편집방향 조언, 사례 또는 원고 제공, 감수에 이르기까지 많은 도움을 주었습니다.

제01장: 최정의팔(㈜트립티), 이준용(서울대학교대학원), Monica Barzanti/Paulo Andrare(이상, 이탈리아 산파트 리냐노사회적협동조합)

제02장: 이민재(재미난청춘세상), 성삼재(서울보증보험), 강대성(사회복지법인대한사회복지회)

제03장: 홍성실(에임즈인터내셔날코리아), 손익재(군인공제회), 최성임(재미난청춘세상3기), 이동현(서울도시금 속회수센터), Léa Briand/Loman Ebener(이상, 독일 압거어드넷튼와치)

제04장: 이달성(㈜피플앤컴), 한종훈(한화시스템), 박서기(박서기IT혁신연구소), 김경섭(재미난청춘세상2기), Wolf Dermann/Alexandra Spälti(이상, 독일 아르바이터킨트), Antonio-Luis Martinez-Pujalte(스페인 미구엘에 르난데스엘체대학교)

제05장: 이혜정(핸인핸부평), 여은희(㈔한국디지털치료레크리에이션협회), 장량석(㈜티큐엠에스), 장명찬(마음샘 정신재활센터), Lucie GRAS(프랑스 이에스에스프랑스), Isacc Aguiler(프랑스 SOS그룹)

제06장: 김규리(탱자성협동조합), 최종섭(고등국방정책연구소), 노인철(인철컴), 권연순(군포시사회적경제·마을 공동체지원센터), Ching Shang Pang(홍콩 세인트제임스셔틀먼트)

제07장: 송활(씨메트릭스코리아), 조원미(컬처팜씨앗사회적협동조합), 정겨운(우리다), 배성기(브릿지협동조합), Ryan Boyce(영국 영파운데이션)

제08장: 이상헌(학산보호작업장), 정은호(재미난청춘세상3기), 김명희(노원나눔의집), Antonio-Luis Martinez-Pujalte(스페인 미구엘에르난데스엘체대학교), Daniel Vollstedt(독일 다이알로그소셜엔터프라이즈)

제09장: 최지연(협동조합굿스니저), 김일수(수리아재), 강지수(아야어여), 서재호(공감채널), Jane-Helene Berntsson(스웨덴 예테보리시청)

제10장: 정순진(닥터K), Andrea Poddighe/Davide Cicuttin/Patrizia Fiocchetti/Massimo Menzaghi(이상, 이탈리아 논첼로사회적협동조합)

제11장: 류화실(우드러버), 김유숙(사회투자지원재단), 박수찬(한화시스템), 정현천(SKmySUNI), 이필용(평택시 청), Yvon Chouinard/Sulynn Jin/Stephanie Karba/Val Franco/Edan Van Dusen(이상, 미국 파타고니아)

제12장: 이종익(한국사회투자), 곽기영(㈜크레딧인베스트먼트파트너스), 최한수(에코이엔지), Judy Doidge/Sara Urbina(이상, 캐나다 소셜캐피탈파트너스)

제13장: 김영림(마을발전소사회적협동조합), 소병순(문화예술비빔), Frank Villeneuve-Smith(영국 에이치씨티그 룹), Clemence Fernet/Alix Aymonier-Verdier(이상, 프랑스 라휘시끼디위)

일러두기

■ 본 서는 총 3부, 13장으로 구성되어 있으며, 각 장은 "개요(Outline), 학습목표(Objectives), 용어 및 개념 정리 (Proposition), 본문(Contents&Cases), 사례연구 토론(Discussion), 참고문헌(Reference)"의 순서로 실었으며 사회적경제의 당사자 경제주체인 사회적경제 기업 및 지역공동체를 중심으로 전개하였지만 가급적이면 사회적경제 정책입안자, 사회적경제 중간지원조직 및 지역활동가, 사회적경제 투자기관(자), 사회적경제 연구자 및 경영자문가, 사회적 책임을 추구하는 상업적 기업 등 사회적 목적에 동의하는 사회적경제 이해관계자가 함께 탐독하고 적용할 수 있도록 집필하였다.

■ 각 장의 본문은, 먼저 앞부분에는 상업적 기업을 포함하여 다양하고 때로는 일반적인 이론 및 사례를 통하여 각장 주제의 개념과 논리들을 설명하였고, 중간부분에는 사회적경제 기업의 관점에서 개념들을 재정리하여 제안하였으며 후반부에는 사회적경제 기업 관점에서 전략적 실천방안을 실었고, 마지막에는 사회적경제 기업 혹은 지역공동체 활성화 사례를 풀 케이스(Full Case)로 실었다.

■ 특별한 언급이 없다면 "사회적 가치(또는 목적 또는 영향 또는 목표그룹)"에는 "사회(공동체)(적)·경제적·환경적 가치(또는 목적 또는 목표그룹)"가 함께 포함된 것으로 본다. 즉, '사회적'이라는 용어에는 '사회(공동체)(적)·경제적·환경적'의 의미가 내포되어 있으며, 이 중에서 '경제적'이란 의미는 "주주 이익 또는 자본 수익률이 아닌 주로 가난하고 소외된 사람들에게 일자리를 제공하고 소득을 창출하여 빈곤에서 벗어나도록 하거나 또는 왜곡된 경제구조를 개선하여 바로잡게 하거나 또는 창출된 이익으로 조직이나 지역공동체에 재투자하거나 또는 다른 사회적 영역 및 지역의 사회적 목적을 위하여 사용하는 것을 말한다.

■ 각국의 화폐 금액은 해당국의 금액을 먼저 표기하고 ( ) 안에 각 국가의 화폐 당 2021년 통계청 기준 우리나라 원화 환율 평균값을 적용하여 환산한 원화 금액을 표기하였다.

■ 본문의 인명 표기는 따옴표를 사용하지 않고 한글 발음으로 표기하였으며 외국인은 이어서 ( ) 안에 원어를 표기하였고 재차 언급되는 경우에는 한글 발음만 표기하였다. 마찬가지로 본문의 단체 및 지명 표기도 따옴표를 사용하지 않았으며 외국의 경우는 한글 발음 또는 한글 번역 명칭으로 표기하였으며, 이어서 ( ) 안에 원어 및 약어를 표기하였고, 재차 언급될 경우는 약어 또는 한글 번역 명칭 또는 원어로 표기하였다. 다만, 구분이 모호한 경우 혹은 강조 등 별도의 구분 표기가 필요한 경우에는 따옴표로 구분하였다. 한글 번역 및 발음이 모호한 외국의 단체명 등은 처음부터 원어로 직접 표기한 경우도 있다.

■ 각 장 미주의 참고문헌은 학회지 또는 정기간행물의 경우는 '저자(년도), "제목", 학회지(간행물)명, 권(호), 첫 페이지 숫자-끝 페이지 숫자.'로 표기하였으며 단행본 또는 보고서의 경우는 '저자 또는 단체(년도), "제목", 출판사 또는 발행처.'로 표기하였다. 인터넷 자료인 경우는 '저자 또는 단체(년도), "제목(혹은 제목 생략)", 홈페이지 메인주소.'로 표기하였다. 저자 표기는 가급적 해당 문헌에서 표기한 방식을 그대로 인용하였으며 단어가 모두 대문자로 표기된 경우는 각 단어의 첫 글자를 제외하고 소문자로 변경하여 표기하였다.

CONTENTS

제2부　사회적경제의 전략과 실천

제5장 이해관계자 협동의 지배구조(Governance)　　218

제3부 사회적경제의 성과 창출 및 확장

제13장 사회적 영향 확장(Social Impact Scaling)   629

미생(未生)이 상생(相生)하여,
완생(完生)이 되는 세상(世上)

연말이면 늘 그렇듯이 송년회를 빌미로 옛 친구를 만나곤 합니다. 예순을 바라보는 나이가 되다 보니 언제부터인가 대화의 주제는 퇴직입니다. 더 정확히는 퇴직 이후의 삶입니다. 이미 명예 퇴직한 친구도 있고, 정년퇴직을 앞둔 친구도 있습니다.

정년을 앞둔 친구가 말합니다. "나는 그동안 직장생활에 너무 시달려서 퇴직하면 아무것도 안 하고 그냥 놀거야" 이 말을 받아 얼마 전 명예 퇴직한 친구가 말합니다. "내가 명퇴하고 3개월을 놀아 봤는데, 놀기도 쉽지 않아" 또 다른 친구가 대화에 끼어듭니다. "그래서 나는 퇴직하면 봉사활동을 하며 남은 생을 보람 있게 살려고", "봉사는 아무나 하나? 괜히 봉사한답시고 오히려 걸리적거리기에 십상이지" 핀잔이 이어집니다.

인생의 전반부가 그저 먹고살고 아이들을 건사하기 위한 경제적 생존이었다면, 후반부에서는 삶의 진수를 즐기는 문화적 감성이 따라주어야 나이 들었을 때 너그러움과 관용이 커지게 됩니다. 하지만 저처럼 보통의 직장인은 열심히 사는 건 배웠지만, 인생 2막을 준비하거나 재미있게 놀거나 봉사하는 건 배우지를 못했습니다. 그러다 보니 퇴직 이후에 가슴이 뻥 뚫린 듯 공허함과 한없이 쓸쓸하기만 한 허전함과 견딜 수 없는 고독감을 느끼며 삶이 무기력해집니다.

사람은 누구나 행복해지기를 바랍니다. 하지만 혼자서는 결코 행복해질 수 없습니다. 우리는 사람 안에서 행복할 수 있습니다. 더불어 행복한 사회를 만들어 가기 위해 서로의 경험을 나누고, 도우며 서로에게 위안이 되는 공동체인 '재미난청춘세상'이 열린 배경입니다.

재미난청춘세상이 더불어 행복한 사회를 만들어 가기 위해 택한 접근법이 사회적경제입니다. 사회적경제는 사회적 가치를 우선하기 때문입니다. 이윤의 극대화가 최고의 가치인 시장경제와는 달리 사회적 가치를 우위에 두는 활동이기 때문입니다.

사회적경제를 이해하는 데 가장 큰 도움을 준 책이 바로 최중석 교수가 집필한 《사회적경제학(Social Economics)》입니다. 사회적경제를 다루고 있는 책은 많이 있습니다. 하지만 국내에서 발간된 책 중에서 사회적경제의 원리와 본질을 《사회적경제학(Social Economics)》만큼 체계적으로 다루고 있는 책은 없다고 해도 지나친 말은 아닐 것입니다.

재미난청춘세상의 70여 명 구성원이 이 책으로 사회적경제를 공부하고 지금은 각자의 위치에서 사회적경제를 실천하고 있습니다. 사회적경제 기업을 조직하거나 사회적경제 영역에서의 역할(사회혁신가, 지역활동가, 프로보노, 비영리재단 소속 활동, 사회적경제 직무 분야별 컨설턴트 혹은 전문가, 사회적경제 연구자 등)을 찾고 있는 분과, 이미 사회적경제 분야에서 활동하고 있으나 스스로 돌아볼 시간이 필요한 분들에게 올바른 방향을 제시해 줄 것입니다.

"인간의 목표는 풍부하게 소유하는 것이 아니고, 풍성하게 존재하는 것이다."라는 법정 스님의 말씀처럼 우리 사회를 위한 '선한 생각'을 토대로 한 사고와 철학을 지니고 실천해야 꾸준한 성공을 거둘 수 있습니다.

제가 여러분을 '더불어 행복한 사회를 위한 사람 중심의 경제'인 사회적경제에 초대하는 이유입니다.

2023년 1월 5일
재미난청춘세상 주인장 이민재

재미난청춘세상 설립자인 이민재는 지난 30년간 국내 70여 개 IT기업을 대상으로 조직·인사·프로세스 컨설팅을 수행한 주식회사 티큐엠에스의 창업자이자 대표이다. 그리고 사회복지사이며 공학박사이다. 저서로 〈재미난청춘세상: 미생이 상생하여, 완생이 되는 세상〉이 있다.

제1부

사회적경제의
원리 및 사회문제
솔루션

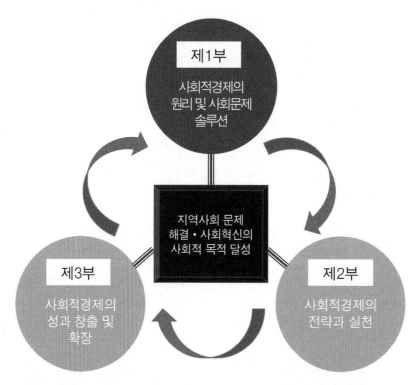

- 제01장 사회적경제의 원리와 규범
- 제02장 사회적기업가정신 및 리더십
- 제03장 사회적경제 비즈니스 모델
- 제04장 사회적경제 사업계획 수립

제1부
사회적경제의
원리 및 사회문제
솔루션

지역사회 문제
해결 · 사회혁신의
사회적 목적 달성

제3부
사회적경제의
성과 창출 및
확장

제2부
사회적경제의
전략과 실천

- 제10장 사회적경제의 재무분석
- 제11장 사회적 영향 측정 및 관리
- 제12장 사회적 영향 투자 및 조달
- 제13장 사회적 영향 확장

- 제05장 이해관계자 협동의 지배구조
- 제06장 지역공동체 조직화(Community Organizing)
- 제07장 비즈니스 네트워킹(Business Networking)
- 제08장 사회적 경영차별화(Social Differentiation)
- 제09장 사회적 마케팅(Social Marketing)

영리기업의 ESG 물결이 거세다!
그러나 사회적경제 기업은,
이보다 더 본질적인 사회적 목적에 충실할 때!

영리기업이 전략을 수립할 때 ESG를 이해하지 않고는 어렵게 되었다. 어쩌면 좋은 일이다. 돈을 벌기 위해서는 지구환경과 인류사회에 어떠한 해를 끼치더라도 법규를 위반하는 수준만 아니라면 괜찮다고 생각하는 것보다 훨씬 낫다. 그러나 영리기업이 근본적으로 그들의 성과를 "영리"에 두는 한 한계는 분명하다. ESG는 영리 추구를 위한 보조수단이 되거나 후순위에 머물 것이기 때문이다. 그러면서도 훨씬 목소리를 높여 ESG를 얘기할 때 우려되는 것은 진정한 사회적 목적을 무엇보다도 우선시하는 사회적경제 주체들의 위축이다. 영리기업과의 차별화를 통한 존재증명이 어려울 수 있기 때문이다.

한편, 사회적경제 섹터의 성과를 하나의 행정목표로 여기는 정부의 존재도 위협이 되기는 마찬가지다. 보조금과 각종 행정편의 등의 강력한 수단으로 사회적경제를 왜곡하거나 구속하여 전반적인 사회적경제 생태계의 건강한 발전을 저해할 수 있기 때문이다. 이러한 상황을 긍정적으로 해석하자면 그간 사회적경제가 나름의 발전을 거듭하여 성과를 거둔 상황에서 새로운 도전을 앞두고 있다고 보아야 할 것이다. 이럴 때일수록 중요한 것은 본질에 충실한 것이다. 즉, 사회적경제의 원리와 규범을 올바로 이해하고, 일반적인 기업가정신과는 다른 사회적기업가정신으로 무장한 리더가 제대로 된 비즈니스 모델을 수립하여 지속성 있게 운영하는 것이다. 이때 지속성이라 함은 기업이나 지원기관의 입장이 아니라 현장의 사회적 목표그룹이나 공동체의 입장에서 목적과 가치의 지속성을 의미함은 물론이다. 이 책의 제1부는 그 본질을 염두에 두면서 사회적 목적에 정렬된 활동가와 사회적기업가, 사회적 가치와 영향력을 창출하기 위한 비즈니스 모델의 수립, 그에 입각한 사업계획서의 작성, 그리고 사람 중심 경제를 바로 세우기 위한 모든 관련 주체들의 노력을 다루고 있다.

2023년 1월 5일 SK mySUNI 전문교수 정현천

정현천은 현재 SK그룹의 교육기관인 SK mySUNI의 전문교수로 일하고 있다. 그룹의 사회적 가치 관련 활동을 총괄하는 SV추진팀 부사장을 다년간 역임하였으며, 재무, 구매, 사업개발 등 다양한 직책을 거쳤다. 경영학 박사이며 저서로 《포용의 힘》, 《리더십》, 《포용한국으로 가는 길(공저)》이 있다.

사회적경제의 원리와 규범(Principles and Norms)

제1장의 개요(Outline)

1-1. 더불어 행복한 삶을 위한 경제
1-2. 국내·외 사회적경제의 역사와 특징
1-3. 사회적경제의 의의와 개념 정리
1-4. 지속 가능한 사회적경제 기업의 가치 창출 통합모형

사례연구 01 방글라데시의 그라민(Grameen)은행: 방글라데시 가난한 여성의 희망이자 전 세계 사회적경제의 발전을 촉발하다!

사례연구 02 미국의 디라이트(d.light): 전기 없이 사용할 수 있는 태양광 시스템을 개발하여 가장 저렴하면서도 신뢰할 수 있는 조명 및 전력을 저개발국가에 대규모로 제공하다!

사례연구 03 이탈리아의 산 파트리냐노(San Patrignano) 공동체: 지난 40년 이상 유럽에서 가장 큰 규모의 주거형 공동체 운영을 통하여 약물 중독과 소외로 고통 받는 젊은이들의 회복과 사회 재진입을 돕다!

사례연구 04 한국의 성미산마을: 경쟁교육을 거부하고 공동육아 → 대안교육 → 공동소비 마을공동체 운동을 통하여 삶의 가치와 본질에 다가서다!

제1장의 학습목표(Objectives)

☞ 학습목표 1-1: 더불어 행복한 사회를 위한 사람 중심의 경제(기업), 즉 사회적경제(기업)는 왜 필요한지 설명할 수 있다.

☞ 학습목표 1-2: 국내·외 사회적경제 발전의 역사와 특징을 알고 한국사회의 사회적경제 발전을 위한 과제를 설명할 수 있다.

☞ 학습목표 1-3: 사회적경제에서 말하는 몇 가지 용어들(사회문제, 사회적 목적, 사회적 과정, 사회적 가치)의 의의와 개념을 이해한다.

☞ 학습목표 1-4: 사회적 목적을 달성하기 위한 사회적경제 기업의 지속 가능한 경영활동의 순환과정을 알고 설명할 수 있다.

☞ 학습목표 1-5: 제1장 뒤쪽에서 언급하고 있는 4개 사례연구의 토론주제에 대하여 타인의 의견을 경청함과 동시에 자기 의견을 밝히면서 적극적으로 토론에 참여할 수 있다.

▶ 사회문제: 해결 및 대응하기 어렵거나 시장의 일반적인 가격으로 조달하기 곤란한 재화와 서비스에 대한 개인 또는 지역공동체의 욕구와 필요

▶ 사회적 목표그룹: 금전적 · 사회적 · 정치적 · 육체적 등의 영향력 부족으로 고통을 받거나 배제 또는 소외를 당하는 사람들이 안정을 이루고 배제 또는 소외가 해결되어 해당 공동체 구성원들과 평등한 사회적 가치를 누릴 수 있도록 선정된 당사자 또는 당사자 그룹. 일반적으로 사회적 약자, 수혜자 혹은 문제 해결 욕구그룹 등으로도 표현되며 공동체 가치 및 환경적 가치를 지향하는 사회적경제 기업의 경우에는 조직, 기업 혹은 지역공동체 구성원 전체를 사회적 목표그룹으로 포함할 수 있음

▶ 사회적 과정: 조직이 사회적 목적을 달성하는 과정에서 금융 수단 또는 정치적, 경제적, 육체적, 정신적, 문화적 등의 여건이 부족한 사람들을 우선적으로 고려하면서 이해관계자의 참여와 민주적인 의사 결정, 공정하고 투명한 운영, 자본보다는 사람과 노동을 중시하고, 협동과 연대 등을 조직 운영의 중요한 원리로 삼는 것

▶ 사회적 목적: 조직이 자본수익 창출을 주된 목적으로 삼는 것이 아니라 사회적 목표그룹을 포함한 공동체 구성원 모두의 행복을 목적으로 사회문제를 해결하고 사회혁신을 추구하는 일을 주된 활동과 방향으로 삼는 것

▶ 사회적경제: 그 규모 또는 깊이 등과 관계없이 사회문제 해결이나 또는 사회혁신 추구 등의 사회적 목적을 달성하기 위하여 이해관계자의 참여 및 민주적인 의사 결정, 협동과 연대 등의 사회적 과정을 통하여 이루어지는 개별 경제주체 간의 경제적, 사회(공동체)(적) 혹은 환경적 가치 창출 및 영향확산 행위와 그에 따르는 관계의 총체

▶ 사회적경제 기업: 위와 같이 사회적경제 활동을 영위하는 조직이 자본수익이 아닌 사회적 과정과 사회적 목적 달성을 조직의 가장 중요한 사명으로 경영하면서 사회적 가치를 창출하고 사회적 영향을 확산시키는 개별 경제주체. 본 서에서는 사회적 과정과 사회적 목적을 조직의 가장 중요한 사명으로 하지는 않지만 이를 추구하는 다양한 형태 및 기관(업)의 사회적경제 사업, 정책 또는 활동을 지칭하는 용어로써 종종 '사회적경제 조직' 또는 '사회적경제 사업' 또는 '사회적경제 정책' 또는 '사회적경제 활동'이라는 단어를 사용함

▶ 사회적 가치: 포괄적인 의미로는 개인 또는 자본의 이익보다는 사회적 목표그룹을 우선으로 고려하면서 공공의 이익과 사람을 중심으로 더불어 살아가는 사회 속에서 지역공동체 구성원 등의 이해관계자가 얻는 만족 혹은 행복을 말하며 세부적으로는 다음과 같이 '경제적 가치', '사회(공동체)(적) 가치', '환경적 가치'를 중심으로 각자가 지향하는 사회적 목표에 따라 더욱 다양하게 확대될 수 있을 것임

· 경제적 가치: 사회적 과정을 통하여, 개인적으로 금융 수단이 부족하고 가난한 사람들과 더 나아가 지역공동체 구성원 등 이해관계자가 일할 기회를 얻고 의 · 식 · 주를 포함한 가난을 극복하는 것과 다른 한편으로는 왜곡된 경제구조

(한국사회의 경우 농축산물의 유통구조, 대기업과 중소기업 사이의 상생구조, 소상공인의 생존구조 등)로 인하여 불이익을 받는 경제주체들이 바람직한 경제구조가 만들어지는 일로 인하여 얻는 정성적 또는 정량적인 만족이나 행복

· 사회(공동체)(적) 가치: 사람들이 공동체 속에서 사회적 과정을 통하여 건강, 교육, 보육, 금융, 노동, 영양, 안전, 문화, 예술, 언론, 법률, 정치, 민주, 평화 등의 서비스 또는 먹거리를 포함한 생필품 등의 제품 공급에 있어서 균등한 혹은 바람직한 기회를 보장받고 공동체성을 회복하게 하는 등의 일로 인하여 얻는 정성적 또는 정량적인 만족이나 행복

· 환경적 가치: 사회전체 또는 공동체 구성원들이 한편으로는 위생과 물 및 기후를 포함하여 지역, 지방, 국가 및 지구의 천연자원과 다른 한편으로는 경제주체들의 생산물이 안전하고 지속 가능하도록 친환경적으로 관리되고 공급됨으로 인하여 인류사회가 얻게 되는 정성적 또는 정량적인 만족이나 행복

▶ 사회적 영향: 사회적경제 기업이 사회문제 해결 및 사회혁신을 위하여 수행한 사업을 통하여 사전에 의도하였던 의도하지 않았든, 단기적이든 혹은 장기적이든 관계없이 사회적 목표그룹 혹은 지역공동체 구성원 등 이해관계자가 인지한 이익(성과, outcome)과 그 이상의 경제적, 사회(공동체)(적) 및 환경적인 가치 창출의 중요하고도 긍정적인 사회변화의 기대효과(영향, impact)를 의미하며, 보다 광범위하게는 사업 수행의 산출물(output) 및 이를 위하여 투입된 자원의 바람직한 활동(activity)"을 포함함. 따라서 상업적 기업에서 말하는 '사업의 성공'의 대체된 용어로 사회적경제 기업에서는 '사회적 영향의 확장'이라는 용어를 사용함

사회적 목적을 실현하는 사회적경제,
결코 쉽지는 않지만 재미있고 의미 있습니다

　재미난청춘세상 제2기 과정에 멘토로 참여하여 공정무역 기업 ㈜트립티를 소개하면서《사회적경제학(Social Economics)》도서를 교재로 받았습니다. 교재에 있는 방글라데시 그라민은행, 미국 디라이트, 한국 성미산마을 등을 읽으면서 그동안 사회적기업을 운영한다고 하면서도 너무 사회적경제의 기본을 모르고 있다는 생각을 하게 되었습니다.

　사회적 목적에 기반을 두고 이윤을 추구하는 기업을 하는 것이 너무나 힘들었기 때문에 초심으로 돌아가 사회적경제를 다시 한번 생각하고 싶은 마음이 들었습니다. 그래서 재미난청춘세상 제4기에 학생으로 등록을 하고 수강신청을 하였습니다. 민통선 안에서 열린 통일음악회 합창제에 출연하느라 부득이하게 결석을 딱 한 번 할 정도로 열심히 강의에 참석하였습니다. 서로 발표하고 토론하면서 사회적경제에 더 많은 애정을 갖게 되었습니다.

　우리가 운영하고 있는 공정무역 역시, 사회적경제에서 갖추어야 할 기본 정신을 잘 지켜야 합니다. 세계 공정무역기구(WFTO)는 공정무역 10대 원칙을 제시하고 있습니다. 그것은 1) 경제적으로 소외된 생산자들을 위한 기회제공, 2) 투명성과 책무성, 3) 공정한 무역 관행, 4) 공정한 가격 지불, 5) 아동노동, 강제노동 금지, 6) 차별 금지, 성 평등, 결사의 자유 보장, 7) 양호한 노동조건 보장, 8) 생산자 역량 강화 지원 9) 공정무역 홍보, 10) 기후변화와 환경보호 등을 해야 합니다. 이러한 원칙을 지키면서 기업을 한다는 것이 결코 쉽지는 않겠지만, 지금 전 세계적으로 공정무역운동은 더 활성화되고 있습니다. 이 운동은《사회적경제학(Social Economics)》제1장에서 이야기하는 사회적경제의 원리와 규범과 맥을 같이한다고 할 것입니다.

　독자여러분! 여러분이 사회적경제의 입문자이든 이 분야의 베테랑이든 상관없이 다시 한번 제1장 '사회적경제의 원리와 규범'을 꼭 읽어 보시기를 당부드립니다.

2023년 1월 10일 공정무역 사회적기업 ㈜트립티 대표 최정의팔

　(사)외국인노동자와 함께 설립자 한국기독교장로회 은퇴목사인 최정의팔 목사는 재미난청춘세상 제2기 멘토 역임과 제4기 과정을 수료하였으며 현재 (사)와일드플라워글로벌 유스 이사장으로 활동 중이다.

우리가 배웠던 '사람과 공동체의 행복을 추구하는 정신'은 오늘날 '더 많은 잉여와 재물을 좇는 황금만능주의 정신'은 아니었을 것이다. 전자가 말하는 "널리 사람과 공동체의 이로움을 추구하라!"라는 '홍익인간(弘益人間)' 정신은 대한민국의 건국이념이자 교육이념이기도 하다. 홍익인간이 추구하는 가치는, 모든 문명의 장치는 인간의 행복을 위해 봉사해야 한다는 '인본주의 사상'과 사람을 위해 봉사하는 정신을 위대하게 보는 '이타주의 정신'을 의미한다. 이것은 오늘 우리가 말하려는 '사회적경제'의 출발점인 동시에 궁극적인 목표이기도 하다[1].

"곤경하고 빈한한 자가 너희 형제든지, 네 땅 성문 안에 기거하든지 아니면 객이든지 그를 하대하지 말라, 오직 선을 행함과 서로 나눠 주기를 잊지 말라, 그러므로 너는 반드시 곤란한 자와 궁핍한 자에게 손을 내밀라!"라는 성경의 말씀도, "가난한 백성이 몰려오면 창고를 열어 원하는 것을 내어 주고, 그 기회에 사악한 마음과 탐욕을 떨쳐 버리라!"라는 불교성전의 말씀도 이와 다르지 않을 것이다. 동양의 유명한 고전《중용(中庸)》에서는 "사람은 누구에게나 인간적 욕심과 도덕적 본성이 함께 내재되어 있어, 가장 지혜로운 사람이라도 인간적 욕심이 없을 수 없으며 가장 어리석은 사람이라도 도덕적 본성이 없을 수 없는데, 두 마음을 다스리는 이치가 중요하다."라고 하면서 "도덕적인 본성을 자기 자신의 주체가 되도록 하고 인간적 욕심이 매번 도덕적 본성의 명을 듣게 하는 것"이 중용의 도를 실천하는 길이라고 하였다[2].

2021년 현재 인구 약 445만 명이 살고 있는 이탈리아의 '에밀리아로마냐(Emilia-Romagna)'는 2000년대 초 이탈리아 전체 약 4만 3000개의 협동조합(2015년 기준 총 5만 9027개로 증가) 중에서 1만 5000개가 집중해 있을 정도로 협동조합이 발달한 지방이다. 이탈리아의 협동조합은 1854년 토리노 노동자들이 만든 소비자협동조합을 시작으로 보면 166년의 역사를 가지고 있다. 이곳 에밀리아로마냐의 주도 '볼로냐(Bologna)'에는 철학자이며 시인인 '단테(Dante)'를 배출해 낸 세계에서 가장 오래된 대학인 볼로냐 대학교가 있다. 에밀리아로마냐의 협동조합은 시장경제가 시민과 공동체

안에 단단히 뿌리내리는 사회적경제 방식으로 발전하였다[3]. 단테의 서사시 《신곡(神曲, La divina commedia)》은 단테가 고대 로마의 시인 베르길리우스와 자신의 첫사랑 베아트리체의 안내를 받아 '천국·연옥·지옥'을 방문한다는 내용을 담고 있다. 여기에는 인간이 다시 진실한 도덕적 출발점에 서고, 인생의 본질적인 가치들이 밝혀지기를 바라는 마음이 담겨 있다. 단테의 《신곡》은 이렇게 첫 구절을 시작한다[4].

> 우리 인생길 반 고비에 올바른 길을 잃고서
> 나는 어두운 숲에 처했었네.
> 아, 이 거친 숲이 얼마나 가혹하며 완강했는지 얼마나 말하기도 힘든 일인가!
> 생각만 해도 두려움이 새로 솟는다.
> 죽음도 그보다 덜 쓸 테지만, 거기서 찾았던 선을 다루기 위해
> 거기서 보아 둔 다른 것들도 말하려 하노라⋯⋯.

국제협동조합연맹(International Co-operative Alliance, ICA)은 협동조합의 운영 원리에 대하여 7가지 원칙인 "자발적이고 개방적인 조합원, 조합원에 의한 민주적인 운영, 조합원의 경제적 참여, 자율과 독립, 교육·훈련 및 정보 제공, 협동조합 간의 협동, 지역공동체를 위한 관여"를 제시하고 있다. 국제협동조합연맹은 지속적으로 사회문제 해결 및 사회혁신 등 사회적 목적을 위한 글로벌 개발 의제의 틀을 마련하기 위해 전 세계 및 국가와 지방에서 협의를 진행해 왔다. 그 결과로 국제 사회가 경제 개발, 환경 보호 및 사회적 형평의 긴급한 문제에 지속 가능한 방식으로 대응할 수 있도록 12가지의 개발 주제를 제시하였다. 그것은 첫 번째 '빈곤 퇴치', 두 번째 '소녀와 여성이 힘을 키우고 성평등을 확보하는 것', 세 번째 '양질의 교육과 평생 학습 제공', 네 번째 '건강한 삶의 보장', 다섯 번째 '식량 및 좋은 영양 확보', 여섯 번째 '물과 위생에 대한 보편적인 접근성 달성', 일곱 번째 '지속 가능한 에너지 확보', 여덟 번째 '일자리 창출 및 지속 가능한 생계유지와 공평한 성장', 아홉 번째 '천연자원의 지속 가능한 관리', 열 번째 '좋은 지배구조와 효과적인 제도 정착', 열한 번째 '안정되고 평화로운 사회 보장', 열두 번째 '글로벌 활성화 환경 조성 및 장기 금융에 촉매 역할'을 제시하였다[5].

한국사회에서도 이미 오래전부터 보르자가(Borzaga)와 드푸르니(Defourny)[6]가 말한 것처럼 "자본의 이윤보다는 지역공동체 구성원 또는 지역사회의 이익을 우선으로 하는 사업 및 조직 활동, 정치적 입김이나 개인적 목적을 배제하는 독립적인 운영 구조, 인간과 노동을 먼저 고려하는 소득 분

배, 이해관계자가 함께 참여하는 민주적인 의사 결정" 등의 사회적경제 운영 원리들을 토대로 협동조합을 운영하거나 공제조합 또는 결사체를 구성하고 비영리 조직을 설립하여 활동해 왔다. 그런데도 최근에 와서야 뒤늦게 사회적경제가 주목받고 있는 것은 긍정적인 측면이라고 하겠지만, 다른 한편으로는 성과중심의 조급함 때문에 사회문제 해결 및 사회혁신의 본질적인 목적과 앞서 설명한 사회적경제의 운영 원리들은 점점 더 퇴색되고 있다는 점을 놓쳐서는 안 된다.

한국사회의 사회적경제가 본질보다는 행정목표 달성 혹은 수익창출 목적의 피상적 수단으로 퇴색되고 있다는 부정적인 이면에는 정부 주도의 사회적경제 정책에 원인이 있다는 점도 무시할 수 없다. 사회적경제 활성화를 위해서는 정부의 지원과 참여가 필수적이다. 하지만 1970년대 수도권의 빈민 밀집 지역에서 진행된 주민운동이나 1990년대 후반 외환위기 시절 활동가들의 실업 극복 및 빈곤 해결의 담론과 실천들이 2000년대가 시작된 이후 어느 순간부터 정부의 특정한 정책적인 목표 아래에 결합되고 촉진되었다. 이로 인해 사회적경제의 조직화와 실천은 주로 정부의 지원과 역할에 대한 강한 기대를 바라면서 작동하는 모습으로 나타나고 있다[7].

우리나라에서뿐만 아니라 세계의 여러 나라에서 개별 지역사회 및 국가가 당면한 사회문제 및 정책과제, 개별 국가가 처한 사회정치적 여건, 자본주의 경제 발전에 따라 나타난 문제 해결의 대안을 바라보는 시각에 따라서 사회적경제는 다양한 방식으로 적용되어 왔다. 다양한 사회 및 국가가 사회적경제의 의미에는 동의하고 있다고 하더라도 모두 사회적경제의 본질적인 목적이나 원리를 충실하게 반영하고 있는 것은 아니다. 특히 사회적경제의 역사가 짧음에도 불구하고 많은 정책을 쏟아 내고 있는 한국사회에서 사회적경제가 지역공동체를 중심으로 사회문제를 해결하고 사회혁신이라는 사회적 목적의 달성 혹은 지속 가능한 사회운동으로써 정착되기 위해서는 이러한 본질이 정치적이거나 행정적 목표 달성의 수단으로 치부되어서는 안 될 것이다. 뿐만 아니라 일반 영리기업의 경제개념 혹은 수익창출의 피상적 방편으로 사용되어서도 안 될 것이다. 이제부터는 사회적경제의 본질에 충실한 원리의 탐구와 구성 요소의 얼개를 담아내고, 사회문제 해결의 현장에서 활용할 수 있는 실천적 전략들을 체계화시키고 추동해 나가야 한다. 본 서는 이러한 측면에서 "더불어 행복한 사회를 위한 사람 중심의 경제"로써 '사회적경제학(Social Economics)'이라는 제목으로 화두를 꺼내고자 한다.

방글라데시의 그라민(Grameen)은행:
방글라데시 가난한 여성의 희망이자 전 세계 사회적경제의 발전을 촉발하다[8]!

1980년대까지 방글라데시 주민들은 하루 종일 일해서 번 수입의 대부분을, 고리 사채업자에게 빌린 돈의 이자로 갚는 악순환의 삶을 살고 있었으며, 좀처럼 빈곤에서 벗어날 수 없었다. 이러한 문제를 고민하던 치타공대학교의 경제학 교수 무함마드 유누스(Muhammad Yunus) 박사는 방글라데시의 은행이 담보가 없는 가난한 사람들에게는 돈을 빌려주지 않는다는 점을 알고 1983년에 직접 가난한 사람들을 위한 무담보 소액대출 은행인 그라민(Grameen)은행을 설립한다. 유누스 박사는 소득수준이 하위 25%인 사람들에게 150달러(약 17만 4500원) 미만의 돈을 담보와 신원보증 없이 낮은 이자로 대출해 주고 조금씩 오랜 기간에 걸쳐서 갚아 나가도록 하였다. 초기 자금 27달러

〈그림 1.1〉 유누스 박사

출처: 그라민은행 홈페이지(2021), http://grameen.com.

(약 3만 1400원)로 시작한 그라민은행은 2019년 현재 방글라데시 전국에 2568개의 지점을 두고 있으며, 방글라데시 전체 마을의 약 93% 이상에 해당하는 8만 1678개 마을에서 약 926만 명에게 전체 누적규모 약 295억 6600만 달러(약 34조 4000억 원)의 금액을 대출해 주는 대형은행이 됐다.

그라민은행의 서비스를 이용하는 사람 중에서 97%는 여성들이다. 이러한 공적을 인정한 노벨위원회에서는 유누스 박사와 함께 그라민은행에 2006년 노벨 평화상을 수여하였으며, 그라민은행은 우리나라뿐만 아니라 세계의 다양한 국가에서 빈곤 퇴치의 대안으로 주목을 받고 있다. 세계 각국은 그라민은행의 시스템을 도입하여 가난한 이들의 사업자금을 지원하는 소액대출 은행을 운영하고 있다. 그라민은행은 돈을 갚지 않는다고 법적 책임을 묻지는 않지만, 놀랍게도 2018년 보고서에 의하면 상환율은 99.11%에 이른다. 이러한 성공의 이면에는 "매주 분할하여 상환할 수 있는 열린 제도의 운영, 은행의 직원뿐만 아니라 유사한 지역으로 구성된 대출자 그룹 상호 간 지역공동체 구성 및 신용 관리, 채무자가 이미 가지고 있는 기술을 사용하는 빠른 수입 창출 활동, 신용 규율에 대한 강조 및 지역공동체 동료 간 연대 지원, 빈곤층이 직면하는 위험을 최소화하기 위한 저축을 통한 안전 가이드 제공, 모든 은행 거래의 투명성 관리" 등이 있었기 때문에 가능했다.

그라민은행 성공의 가장 큰 요인이자 장점으로 알려진 지역공동체 그룹 개발 시스템은 빈곤에 시달린 사람들에게 이득을 주고 재정적인 지불 능력과 삶에 긍정적인 변화를 가져다줄 뿐만 아니

라 지역공동체를 더욱더 강하게 만드는 원동력이다. 지역공동체 개발 시스템은 그룹을 구성하고 있는 회원들이 재정 관리를 통해 리더십을 배우고 실천할 수 있으며, 실제 사례를 통하여 관찰하고 학습하는 여정으로부터 시작된다. 대출은 개인 차원에서 이루어지지만, 그룹을 통하여 정보를 제공하며 정보의 흐름을 원활하게 함으로써 공동체 구성원들은 더 많은 정보에 접근하고 공유하며 서로를 격려하고 의지한다. 이러한 시스템은 구성원 모두가 적시에 대출 상환을 이루는 성과로 이어진다. 그라민은행의 지역공동체 개발 시스템의 일부가 되는 단순한 행위만으로도 소속 구성원들은 스스로 빈곤 퇴치를 위하여 강한 공동체 의식을 만들어 내고 공동체 조직화를 강하게 형성한다. 이것은 구성원들의 삶에 재정적인 도움을 줄 뿐만 아니라 사람들이 건설적인 관계로 공동체를 형성해 나갈 수 있도록 해 주기 때문에 더욱더 매력적이다. 지역공동체 개발의 가장 중심적인 역할은 방글라데시 전역에 분포한 40개의 지사를 중심으로 구성되는 센터들이 담당하며 코디네이터의 도움을 받는다. 한 센터에는 8~10개의 그룹으로 형성되며 한 그룹은 6~7명으로 구성된다.

문턱이 높은 상업적 은행과는 달리 마을을 중심으로 센터 관리자와 구성원들이 함께하는 이러한 공동체 개발의 장점 이면에는 우려의 목소리도 나오고 있다. 그 이유는 최근 그라민은행이 점차적으로 조직의 사업방향을 경제적 이정표로 바꾸어가고 있는 것은 아닌지에 대한 우려이다. 논쟁의 중심에는 높은 대출 이자율과 은행 수익률의 급격한 증가가 있는데 이 부분은 좀 더 자세히 들여다 볼 필요가 있다.

〈그림 1.2〉 그라민은행의 이용자들

출처: 그라민은행 홈페이지(2021), http://grameen.com.

먼저 대출 이자율은 4개 부분으로 나누어져 있는데 수익창출활동(사업)대출은 20%, 주택대출은 8%, 학자금대출은 재학 중에는 0%, 공부를 마친 다음에는 5%, 극빈층 사람들에게는 0%의 이자율로 대출해 준다. 다음으로 은행 수익률 증가 부분인데, 이 부분은 여러 재무제표의 내용과 추이를 더 들여다봐야 알겠지만, 연간 수익/손실(Profit/Loss) 배율 추이만을 살펴보면 최근 4년(2016~2019년)간 손실 대비 수익의 평균 배율이 35.62배인데 반하여 그 이전 23년(1993~2015년)간의 평균 배율은 6.20배를 기록하고 있다. 즉, 사업대출의 높은 이자율과 은행의 높은 수익률 상승이 가난한 사람들로부터 수익을 벌어들여 이를 재원으로 다시 조직의 사회적 목적에 사용하고 있는 것은 아닌지, 만약 그렇다면 이러한 방식이 윤리적으로 정당한 것인지에 대한 논쟁을 낳고 있다.

이러한 논란에도 불구하고 그라민은행은 "포괄적인 금융 서비스를 제공하여 빈곤층의 잠재력을 실현하고 빈곤의 악순환에서 벗어날 수 있도록 한다"라는 사명을 가지고 사회적 목표를 달성하기 위하여 조직의 역량을 쏟고 있는 것으로 보인다. 특히 회원 자녀들에게 학비납부, 도서구매, 문구류 구입을 지원하는 장학사업과 학자금 대출사업을 지속적으로 지원하여 빈곤의 대물림에서 벗어날 수 있도록 하고 가족들의 경제적·사회적 지위 향상에 힘을 쏟고 있다. 2019년 말까지 총 35만 7379명의 자녀들이 이 제도의 혜택을 받았으며 중등 및 대학교육을 넘어서 의료, 공학 및 농업을 포함한 다양한 분야의 대학원 과정에 5만 4380명의 학생들이 수강할 수 있도록 대출을 지원하고 있다. 그라민은행은 이러한 자녀 지원 사업이 그들의 삶에 막대한 영향을 미쳤고 사회가 바라보는 가족의 위상을 높였음을 보고하고 있다. 사회의 방치와 불의를 견뎌낸 소년 소녀 중 일부는 판사, 교수, 교사 및 변호사로서 정의를 실현하고 교육 수준이 높은 사회를 건설하는 데 이바지하고 있으며 일부는 진료소와 병원에서 환자를 돌보거나 도로 및 건축, 기타 사무 직종에서 근무하고 있다. 그들 중 많은 사람이 자신의 사업체를 설립하여 일자리를 만들어 내고 있음을 알리고 있다.

그라민은행은 극빈층(소위, 거지)을 위하여 2002년부터 '고군분투 회원 프로그램(Struggling Members Programme)'을 시작하여 그들이 거리에서 작은 물품을 팔 수 있도록 무이자 대출로 2019년 말까지 10만 8381명에게 267만 달러(약 31억 2256억 원)를 제공하였다. 그라민은행은 이들이 대출금을 86% 넘게 상환하였으며 이들 중 2만 785명은 거지생활을 그만두고 행상인으로 생계를 유지하고 있고 9050명은 주류 신용 그룹에 합류했다는 점에서 극빈층의 청렴성과 함께 빈곤퇴치가 왜 필요한지를 알리고 있다. 2010년부터 2019년까지 대한민국 207명을 포함하여 자국 2593명, 일본 2366명, 미국 996명, 독일 291명, 이탈리아 257명 등 전 세계에서 1만 1105명이 그라민은행을 배우기 위하여 다녀갔다.

사회적경제의 등장배경

사회적경제라는 용어는 1830년 프랑스의 자유주의 경제학자 샤를 뒤누아(Charles Dunoyer)에 의해 최초로 등장하였는데 현대 사회에서는 주로 1970년대 신자유주의 등장 이후 자본주의 시장과 국가에서 더 이상 해결해 줄 수 없는 경제적 위기나 사회연대의 부족, 복지국가 기능 약화를 보완할 목적으로 생겨난 대안적 경제의 속성 혹은 특성으로 받아들여진다. 이는 종종 제3영역, 비영리 영역 또는 시민사회 영역이라는 용어와 함께 사용되고 있다.[9] 한국사회에서는 사회적경제를 곧 협동조합 및 비영리법인 등의 조직 형태 혹은 사회적기업 및 마을기업 등의 인증 유형과 같은 의미로 혼동하기도 한다. 하지만 사회적경제는 조직 형태나 인증 유형이 아니라 새로운 경제체제에 대한 속성이나 특성을 말한다. 사회적경제는 전통적인 비영리 영역을 넘어서 시장과 정부 사이에서 광범위한 의미로 받아들여지고 있는데, 미국에서는 1990년대 초반부터 사회적 목적을 실천하는 시장 중심의 경제 활동이라는 개념의 '사회적기업'이 출현하였다. 이는 사회적으로 유익한 자선 활동에 종사하는 영리사업에서부터 상업적 활동을 지원하는 비영리 조직에 이르기까지 다양한 조직과 범위를 포함하면서 발전하여 왔다[10].

1776년 영국의 아담 스미스(Adam Smith)는 그의 저서에서 '보이지 않는 손'이라는 시장의 기능과 경제주체 간에 탐욕을 갖지 않는 도덕적 범위 내에서의 자유로운 경제체계를 통하여 민중이 행복에 이를 수 있다는 자유주의 미시경제(microeconomics: 가계, 기업, 정부 등 개별 경제주체 간의 재화 및 서비스의 수요와 공급, 가격결정 등을 통하여 시장이 어떻게 균형점을 이루는지 연구하는 학문 혹은 이론)의 필요성을 주장하였다. 이후 1803년 프랑스의 경제학자 장 바티스트 세이(Jean-Baptiste Say)도 '공급은 스스로 수요를 만든다'는 세이 법칙(Say's law)을 언급하면서 작은 정부, 자유방임 시장경제가 주류 경제로 작동하게 된다[11]. 그러나 원인을 정확히 파악하기는 어렵지만 이러한 무질서한 시장만능과 자유방임적인 정치경제 패러다임은 1920년대 후반부터 미국을 시작으로 세계 대공황을 불러오고 1930년대까지 전 세계는 극심한 경제 침체기를 겪게 된다.

사회적경제의 역사는 이처럼 18세기 산업혁명 이후 자본주의 경제에서 나타난 문제들을 해결하기 위하여 세계의 다양한 지역에서 일어난 공동체 구성원들의 협동운동에서 시작되었다. 대표적으로는 1772년 최초의 현대식 협동조합으로 간주되는 그리스의 '암펠라키아 커먼 컴퍼니(Common Company of Ampelakia, 그리스 템피 지역의 22개 마을이 연합하여 소규모 면화 재배 및 적색 원사를 생산)'와 1830년대 전·후 영국의 오웬과 그를 추종하는 활동가들의 협동조합 운동, 1840년대 영국의 맨체스터, 1850년대 이탈리아의 토리노, 1860년대 캐나다의 퀘벡, 1927년과 1960년대 한국의 상주 및 원주 지역에서 시작한 생산, 소비 및 신용 협동조합 등을 들 수 있다[12].

이후 1936년과 1948년 각각 케인즈(Keynes)와 로이 해러드(Roy Harrod)는 국민소득과 고용량을 중시하는 소득결정이론과 거시경제(macroeconomics: 주로 국민소득, 경제성장, 물가, 실업, 고용, 환율 등 국가 전체의 경제현상을 연구하는 학문 혹은 이론)의 필요성을 주장하면서 주목을 받게 된다[13]. 그러나 1970년대 중동지역의 전쟁과 불안에 따른 유가급등으로 전 세계가 경기불황과 물가상승의 이중고를 겪게 되면서 또 다시 경제학자 프리드리히 하이에크(Friedrich Hayek)로부터 시작하여 로널드 레이건(Ronald Reagan), 마가렛 대처(Margaret Thatcher) 등 다수의 미국 및 영국의 정치 지도자를 중심으로 새로운 자유주의 경제정책을 따르게 되었다. 기존의 자유주의가 국가개입을 반대했다면 신자유주의는 강한 정부를 배후로 미시경제 정책과 사상을 중심에 두면서 20세기 후반의 주류 경제로 작동하게 된다.

하지만 이것도 잠시, 세계는 2008년부터 2010년까지 글로벌 금융위기와 2020년 초부터 시작된 코로나 대유행 감염병 사태를 겪게 되면서 또다시 신자유주의 병폐, 정기적으로 반복되는 위기 대응 시나리오 부재, 빈익빈 부익부의 불평등 문제, 기후위기 등 인류사회 문제를 해결할 사람 중심의 정치경제가 정착되어야 한다는 데 강한 필요성을 갖게 되었다. 대표적으로 2008년 노벨경제학상을 수상한 미국의 폴 크루그먼(Paul Krugman)과 프랑스의 토마 피케티(Thomas Piketty)를 포함하여 세계 각국의 많은 학자와 행정가, 다양한 지역의 공동체와 활동가들이 인류사회가 더불어 행복할 수 있는 사람 중심의 사회를 이룩하기 위하여 지금도 공헌 중이다[14].

유럽의 사회적경제 발전

1840년대 전·후를 기점으로 보면 유럽에서는 적어도 180년 가까이 다양한 방법으로 사회적경제를 유지해 오고 있으며, 유럽연합 각 회원국은 그 크기가 작건 크건 간에 각자의 전형적인 방법으로 사회적경제에 대한 영역을 구축해 오고 있다. 유럽의 사회적경제의 특징을 4개의 권역별로 살펴보면, 첫째, 프랑스, 독일, 벨기에 등 라인강 인근 국가의 경우는 "국가를 대신하여 공공서비스를 제공하기 때문에 정부의 재정지원을 당연하게 받아들이고(프랑스), 국가권한을 민간에 이양하면서 재정을 지원하는(벨기에) 방식이며 시장 지향적(독일)"이다. 둘째, 핀란드, 노르웨이, 스웨덴 등의 북유럽 국가들은 "복지국가의 역할이 강력하고 공공의 비중이 크며 이러한 과정에서 부족한 부분을 사회적경제가 담당하는 방향으로 발전"하여 왔다. 셋째, 이탈리아, 포르투갈, 스페인을 포함하는 지중해 연안 국가들은 "농업분야를 시작으로 협동조합이 발달하였고 사회적 약자에 관심을 두는 사회적협동조합 및 협회와 연합회 조직이 규모를 갖추면서 발달"하였다. 넷째, 영국의 경우는 "사회문제에 대한 유럽의 공공적 관점과 미국의 개인 혹은 상업적 관점을 절충하는 방식으로 발전하면서 지역사회 자치와 혁신적이고 민주적인 운영에 초점을 두면서 발전"하였다[15].

사회적경제가 복지국가의 기능약화를 보완할 목적이 있는 만큼 사회문제를 해결하고 사회혁신을 이루기 위해서는 공공의 사회복지 정책이 우선으로 중요하다. 유럽의 국가들은 공공사회복지 정책에 예산을 집중하고 어느 선진국들보다 복지국가의 역할을 충실히 하고 있다. 공공사회복지 예산은 불리한 환경에 처해 있는 가구나 개인의 사회적 급여 및 재정적 지원을 말하며, 지출항목은 노령, 유족, 보건, 가족, 주거, 실업, 근로무능력관련 급여, 적극적 노동시장 프로그램 등을 말한다. 통계청 자료에 의하면 2019년 OECD 국가별 국내총생산(GDP) 대비 공공사회복지 지출은 프랑스, 핀란드, 벨기에, 덴마크, 이탈리아, 오스트리아, 독일, 스웨덴, 노르웨이, 스페인 등이 높은 것으로 나타났다. 10대 순위 국가는 〈표 1.1〉과 같다. 영국(20.6%)과 미국(18.7%)은 이들보다 낮으며 한국은 12.2%에 이른다[16].

〈표 1.1〉 2019년 OECD 주요국가 GDP 대비 공공사회복지 지출(%) 10대 순위

순위	국가	비율(%)	순위	국가	비율(%)
1	프랑스	31.0	6	오스트리아	26.9
2	핀란드	29.1	7	독일	25.9
3	벨기에	28.9	8	스웨덴	25.5
4	덴마크	28.3	9	노르웨이	25.3
5	이탈리아	28.2	10	스페인	24.7

출처: 통계청(2023), "https://kosis.kr/."

특히 핀란드, 노르웨이, 스웨덴의 북유럽 국가들은 '성평등', '청년 고용', '사회적 이동성' 측면에서 상대적으로 높은 평가를 받아 포용적 성장의 대표적 국가로 꼽히고 있다. 이들 국가는 사회 전체에 공정하게 분배되고 모두에게 기회를 제공하는 경제성장과 남녀가 동등한 기회를 얻고 빈곤층과 중산층이 번영에 동참하는 것을 전제로 다양하고 심층적인 공공서비스를 제공하는 것을 경제적 번영이라고 생각하고, 일을 통한 복지와 함께 적극적 노동시장 정책을 추진하고 있다. 또한 이들 국가는 한국과 미국처럼 부와 소득이 소수의 개인과 일부 기업에 편중되지 않고 평등한 사회구조 속에서 높은 소득세율에도 불구하고 낮은 부패와 높은 정부 효율성으로 공공부문에 대한 사회적 신뢰가 높다. 국가경쟁력, 혁신지수, 사업환경지수 분야에서도 우수한 평가를 받고 있다. '사회적 이동성' 부분을 보면 이들 국가는 저소득 가구가 평균소득 가구로 이동하는 데 약 3세대의 기간이 소요되는 것으로 나타났다. 이는 OECD 평균(4.5세대)보다 빠르며 타 선진국인 프랑스, 독일, 영국, 미국 및 한국보다 훨씬 빠른 수치이다[17].

1989년에 유럽연합(EU)은 사회적경제연합(Social Economy Unit)을 설립하고 현대 유럽에 있어서 사회적경제의 의미를 탐구하기 시작하였고 이후 유럽 연합 내뿐만 아니라 1996년에 설립된 EMES(EMergence of Social Enterprises in Europe)와 1974년 설립된 CIRIEC(International Center for Research and Information on the Public, Social and Cooperative Economy) 등의 네트워크 조직을 통하여 세계 각국과 협력하면서 사회적경제 정보, 연구 및 확산에 동기를 부여하고 있다[18]. 사회적경제 조직은 일반적으로 연대와 상호주의, 1인 1투표제에 기초하여 회원들 스스로 운영되며, 그들은 가장 중요한 목적을 자본수익률에 두지 않는다. 따라서 이들은 이익을 극대화하기보다는 공동체의 관심사항인 '사회문제 해결' 또는 '사회혁신 추구' 등 '사회적 목적'을 달성하기 위하여 사회적 활동 및 환경적 목표를 위하여 봉사하고, 사회 및 경제 환경의 변화를 추구하는 유연성과 혁신성을 가지고 있다[19].

그동안 세계 각국은 정치적 또는 행정적으로 지역사회의 욕구와 필요에 대한 원인과 문제 해결 방법, 도구 또는 프로그램의 개발 노력을 이어왔다. 하지만 이러한 노력에도 불구하고 지역사회 또는 그 구성원 개개인이 해결하기 어렵거나 대응하기 곤란한 사회적 문제가 여전히 남아 있는 것이 현실이다. 앞에서도 설명하였지만, 사회적경제는 이처럼 자본주의 시장과 국가에서 더 이상 해결해 줄 수 없는 가난, 실업, 환경오염, 안전 및 건강 등 경제적 위기나 공동체 연대의 부족, 복지기능의 약화를 보완할 혁신적 대안 경제 활동의 하나로 발전하고 있다.

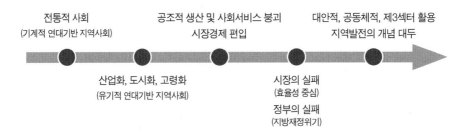

〈그림 1.3〉 지역사회자본의 변화와 대안적 경제의 출현

출처: 전대욱·박승규·최인수(2012), "지역공동체 주도의 발전전략 연구", 한국지방행정연구원. p.23.

유럽연합 27개 회원국이 사회적경제 영역에서 고용하고 있는 유급근로자는 2003~2004년에 1100만 명에서 2009~2010년에는 약 1413만 명으로 증가하였는데, 이는 전체 경제활동인구 대비 2003~2004 년에 6%에서 2009~2010년에는 6.5%로 약 313만 명이 증가한 수치이다.

〈표 1.2〉 유럽의 사회적경제 유급근로자 현황(2009~2010)

(단위: 천 명)

국가	사회적경제의 근로자 수	전체 근로자 수	비중
스웨덴	507.21	4,545.80	11.16%
벨기에	462.54	4,488.70	10.30%
네덜란드	856.05	8,370.20	10.23%
이탈리아	2,228.01	22,872.30	9.74%
프랑스	2,318.54	25,692.30	9.02%
15개 회원국	12,806.37	172,790.40	7.41%
27개 회원국	14,128.13	216,397.80	6.53%

출처: Jose Luis Monzen and Rafael Chaves(2012), "The Social Economy in the European Union",
EESC(European Economic and Social Committee), p.48 참조 정리.

〈표 1.2〉에서 보듯이 초기 유럽연합 15개 회원국만을 고려한 2009~2010년도 유급근로자의 비중 은 전체 경제활동인구의 7.4%에 달하며 스웨덴, 벨기에, 네덜란드, 이탈리아, 프랑스 국가만을 고 려한다면 9~11.2%에 육박한다. 이는 사회적경제가 지역사회 공동체적 측면만이 아니라 정치적, 경제적 측면에서도 중요한 역할을 차지하고 있음을 보여 주는 것이라고 하겠다[20].

유럽을 중심으로 발달해 온 협동조합 방식의 모델과 미국을 중심으로 발달해 온 비영리조직 등의 제3섹터에 사회혁신이 더해짐으로써 사회적경제 영역에는 새로운 생명력이 꽃피었다. 사회적경제 는 효율성과 경쟁의 원리에 따라 끊임없이 추구해 온 생산성 향상과 그 결과물을 소비하는 수동적인 수요자가 아니라 스스로 생산하고 협력하고 교환하는 능동적인 시민들의 존재를 전제로 한다. 능동적인 시민들이 만들어 낸 생산과 소비의 시스템은 지역공동체, 비영리 및 비정부 기구, (사회적)협동조합, 사회적기업 등 대안적인 조직들에 의하여 이루어지며, 이러한 대안적 경제조직들은 호혜와 협동에서 생존과 발전의 원리를 찾는다. 사회적경제가 시민 중심의 대안적 경제 영역이니만큼 사회적경제의 접근에서 바라본 사회혁신은 다양한 시민들과 공동체 조직이 참여하고 이해관계자가 함께하는 지배구조, 민주적인 의사 결정과 협동의 과정에 초점을 맞추고 있다. 즉, 사업 내용 및 기술적 측면보다 더 중요하게 고려해야 할 것이 조직의 구조와 작동되는 방식에 있다고 할 것이다[21].

소셜벤처(Social Venture)의 등장

최근에는 상업적 기업의 벤처정신이 사회혁신 동기와 결합된 모델로써 개인 또는 소수의 기업가가 사회문제를 해결할 혁신적인 아이디어를 사업화하기 위하여 설립하는 소셜벤처도 주목 받고 있다. 이들은 높은 위험부담을 감수하지만, 사회적 목적을 실현할 지속 가능한 모험적 사업에 도전하는 사회적기업가들에 의하여 주도된다. 소셜벤처는 네트워크형 기업으로서 수평적 관계를 중시하고 투자 중심의 자금 조달과 투명한 경영을 특징으로 한다. 즉, 기존 벤처 기업의 도전적인 기업 형태에 사회적 가치를 추구하는 기업 형태를 결합한 사회적경제 조직이다. 이는 일반 기업이 해결하지 못하는 세분된 사회문제를 혁신을 통해 해결하고자 하는 도전적 기업으로서 우리나라처럼 정부 주도하에 육성되고 지원되는 사회적기업과는 달리 더 개방적이고 다양한 의미로 자리를 잡고 있다. 소셜벤처는 사회적경제 기업과 목적 및 운영 원리는 유사하지만, 사회적기업과는 달리 인증제도에 구애받지 않으며 다양한 방식과 형태를 통해 창의적이고 도전적으로 사업을 운영할 수 있다.

〈표 1.3〉 상업적 벤처와 소셜 벤처의 차이

구분	상업적 벤처기업	소셜 벤처기업
의미	개인 또는 소수의 기업가가 기술 혁신 아이디어를 사업화하기 위해 설립한 신생기업	개인 또는 소수의 기업가가 사회문제를 해결할 혁신적인 아이디어를 사업화하기 위하여 설립한 신생기업
기대효과	높은 위험부담을 감수하지만 성공하면 높은 기대수익 예상	높은 위험부담을 감수하지만 성공하면 높은 사회적 영향 및 기대수익 예상
기업가	모험적 사업에 도전하는 왕성한 기업가 정신을 가진 기업가에 의해 주도	사회적 목적을 지속 가능하게 할 모범적 사업에 도전하는 사회적기업가정신을 가진 사회적기업가에 의하여 주도
경영원리	전통적 기업의 대안모델(지식 정보화 시대에 적합한 네트워킹 기업으로서 수평적 관계를 중시하고 투자 중심의 자금 조달 및 투명경영)	전통적인 사회복지와 대안 기업의 새로운 모델로서의 소셜벤처(사회적경제 기업의 운영 원리와 사회문제에 대한 이해를 바탕으로 하는 기업)

출처: 한국사회적기업진흥원(2015), "새로운 세상을 만드는 평범한 사람들의 특별한 이야기", 2014 소셜벤처 우수사례집, p.6. 참조 재정리.

각국의 시민사회 및 민간 중간지원조직과 정부는 이러한 사회적기업가를 적극적으로 발굴하여 지원하고 있으며, 사회적경제 기업으로 발전할 수 있도록 장려하고 있다. 우리나라에서도 특별히 청년층의 창업과 일반 벤처 퇴직자의 소셜벤처 전환이 돋보이고 있다[22]. 사회혁신을 지향하는 사회적경제 조직의 활동은 우리나라보다 외국의 역사가 깊고, 분야 역시 다양하며 도전을 두려워하지 않는 벤처 정신에 사회혁신의 솔루션(해결책)을 담는 다양한 사회적경제 기업이 활동하고 있다.

소셜벤처의 대표적인 예로는 인도네시아의 고빈다파 벤카타스와미(Dr. Govindappa Venkataswamy) 의사가 설립한 아라빈드 안과병원(Aravind Eye Hospitals)이 있다. 이 병원은 진료 및 수술방식의 대량화 및 표준화를 구현하고 진료 비용을 최소화했다. 이 외에도 블레이크 마이코스키(Blake Mycoskie)가 2006년 '한 켤레의 신발을 구매하면 다른 한 켤레를 개발도상국의 아이에게 기부합니다.'라는 슬로건으로 창업한 미국 캘리포니아의 탐스(TOMS) 슈즈와 할리우드 여배우인 제시카 알바(Jessica Alba)가 설립한 무독성 유아용품을 판매하는 어니스트 컴퍼니(Honest Company) 등이 있다.

한국 사회적경제의 발전과 과제

한국의 산업화는 자본계급에 의한 유럽의 산업화와는 달리 일제의 식민수탈, 해방 이후 지속된 군부독재의 반공이념과 국가주도 경제발전을 통하여 추진되었다. 한국의 사회적경제는 1970년대 전·후 독재체제에 대한 저항운동과 경제발전 과정에서 소외된 민중들의 문제를 다루는 협동운동 및 생명운동으로부터 시작되었으며 1980년대와 1990년대 민주화의 요구 및 신자유주의의 불평등 문제에 대응하는 방식으로 확산되었다. 1987년 민주화운동으로 어느 정도 합법적인 시민운동이 가능하였고 사회의 다양한 문제에 관심을 가지면서 생활협동조합과 노동자협동조합과 같은 대안운동 및 노동운동들도 등장하였다. 한편 1997년에 시작된 IMF 국가부도의 경제위기는 많은 실업과 사회양극화를 가져왔는데 민주화를 위해 활동하던 시민운동은 이러한 빈곤 및 실업 등의 불평등한 사회문제 해결에 적극적으로 개입하게 되었다[23].

경제발전의 논리 속에서 국가의 복지정책은 뒷전으로 밀려났고 1997년에 들이닥친 IMF 사태는 새롭게 맞닥트린 실업과 빈곤문제에 대한 공공의 사회적 안전망이 부족한 상태에서 민주화에 초점을 맞추었던 시민단체들로 하여금 사회문제에 적극적으로 대응하도록 하였다. 한국의 사회적경제는 20세기 후반 30년간 역동적인 정치, 경제 및 사회적 과정 속에서 민주화운동, 시민운동 및 생명운동과 같은 전통적인 공동체 복원운동이 빈곤, 배제 및 실업 등의 불평등 사회문제 해결로 연결 혹은 발전되는 특이한 역사적인 배경을 가지고 있다.

이후 민간단체들은 자구적인 노력뿐만 아니라 공공의 사회안전망 구축의 국가 역할을 요구하였으며 2000년 국민기초생활보장법이 시행되면서 민간과 공공이 협동하는 방식으로 우리사회에서 가장 가난하고 소외된 사람들을 돌보는, 사회적경제와 가장 부합하는 복지제도가 탄생하게 되었다. 이후 2007년 사회적기업육성법, 2012년 협동조합기본법이 제도화되기에 이른다. 하지만 이는 한국사회에서 사회적경제의 진부화를 알리는 신호탄이 되었다. 20세기 후반 30여 년간 실천현장의 역동성에 기반한 한국사회의 사회적경제는 2000년대가 시작된 이후 어느 순간부터 정부 및 지자체의 보조금을 매개하는 지원조직의 프로그램 중심으로 변질되는 소용돌이에 빠져들게 되었다. 이것은 몇 가지 점에서 문제를 포함하고 있다. 그것은 첫째, "사회적경제가 사회적기업, 마을기업, 자활기업 등의 인증유형과 협동조합 등의 조직형태로 잘못 인식되는 편향"을 낳았으며, 둘째, 이로 인하여 "사회적경제의 실천은 수익 창출을 추구하는 경제 및 경영 논리의 피상으로 변질"되고, 셋째, "사회적경제의 사회적 과정은 무시되고 정부 및 지자체의 정치적 혹은 행정적 목표 달성의 수단으로 전락하는 현상"을 맞게 되었다. 마지막으로 넷째, "너무나 안타깝게도 사회적경제의 성과는 지역사회 현장의 사회적 약자 혹은 사회적 목표그룹 혹은 지역공동체의 성과보다는 지원기관 혹은 기업의 자축으로 본말이 전도된 현상"이 일반화되었다[24].

1980년대 민주화 이후 지난 30여 년간 우리나라의 사회적경제에 영향을 미친 중요한 사건들에 대하여 1988~2005년, 2006~2011년, 2012년~현재까지로 구분해 보면 다음의 〈표 1.4〉와 같다[25].

〈표 1.4〉 한국에서 사회적경제 영역 발전의 중요한 사건들

구분		내용
1988년 ~ 2005년	1988년 정치민주화 이후 새로운 협동조합 운동	소비자협동조합의 출현 및 발전(유기농 식품, 의료 및 육아 등)
	1998년 금융위기 이후의 노동자협동조합 운동	노동자협동조합(건설, 의류, 청소 등)을 설립하여 일하는 빈곤층을 고용
	2000년 국민기초생활보장법 시행	정부가 지원하는 근로 빈곤층 자활 향상 프로그램에 의한 자활기업 출현(청소, 재활용, 보육 서비스 등), 사회서비스 일자리 창출을 위한 정책 소개 및 일자리를 제공하는 비영리 조직 출현
2006년 ~ 2011년	2007년 사회적기업육성법 시행	정부에 의해 인증 및 지원을 받는 사회적기업의 출현
	사회적기업에 대한 시민 사회의 인식 증가	사회적기업 정책은 중앙 및 지방 정부의 여러 부처에서 추진되고 있으며 사회적기업을 지원하는 조직이 출현함

| 2012년 ~ 현재 | 2012년 협동조합기본법 시행 | 이 법안으로 시민들은 전통적 협동조합과 사회적 협동조합을 설립하게 되고 이후 협동조합의 창업은 폭발적으로 급증함 |
| | 국가 전체적으로 사회적경제의 개념이 확산 | 지방 정부는 협동조합, 사회적기업, 마을기업, 지역사회 활동 등 사회적경제를 촉진시키는 데 점점 더 관여, 지방 및 지역사회 차원의 사회적경제 네트워크 출현 |

출처: Jongick Jang(2016), "The Development of Social Economy in South Korea: Focusing on the Role of the State and Civil Society", Forthcoming, VOLUNTAS: International Journal of Nonprofit and Voluntary Organizations, pp.14-15. 참조 정리.

이러한 정책과정 속에서 한국사회는 자활기업, 사회적기업, 마을기업 등의 인증 유형과 (사회적) 협동조합, 농어촌조합법인, 신협, 비영리법인, 주식회사 등의 조직 형태를 중심으로 다양한 사회적 경제 활동이 수행되어 왔다. 이들 중에는 사회문제 해결과 사회혁신을 조직의 가장 중요한 사명과 목적으로 두면서 사회적 가치와 사회적 영향을 확산하는 많은 사회적경제 기업이 존재한다. 하지만 이와 동시에 한국사회는 정부 또는 행정 주도로 사회적경제가 발전되어 왔기 때문에 사회적경제의 규범이나 원리 등의 본질보다는 정치적 입장이나 일자리 정책 등에 따른 행정 편의 수단으로써 사회적경제가 활용되어 왔다. 이것은 사회적기업 혹은 마을기업의 인증이나 협동조합 등의 법적 형태 취득 등을 통한 제도권 지원과 자금 확보, 공공구매조달 참가자격 획득 등과 같은 마케팅 도구로 사회적 브랜드를 이용하는 본말이 전도된 상황을 불러오게 하였다.

따라서 이제는 "지역공동체와 구성원을 중심으로 지역사회 문제 해결과 사회혁신을 이루어가는 과정에서 첫째, 정부와 지자체(공공 부문, 제1섹터)는 먼저 사회복지의 본질적 기능을 한층 더 강화하면서 사회적경제 생태계의 건전한 발전을 지원해야 한다. 다시 말해 제1섹터는 먼저 본연의 의무에 충실히 하고 사회적경제 부문에서 지도자로 나서기보다는 지역공동체에 힘을 보태고 기반구축을 도와주는 지원자의 역할이 필요하다. 둘째, 사회적 목적에 동의하는 상업적 기업(민간 부문, 제2섹터)은 먼저 자기 기업의 사회적 가치 경영을 실천하고 다양한 이해관계자와 협력하면서 지역사회혁신시스템을 함께 구축해야 한다. 셋째, 이러한 시스템을 만들고 작동하는 데 있어서 제3섹터는 공동체 의식, 민주적인 의사 결정, 이해관계자의 협력과 연대의 사회적 과정에 충실하면서 지속 가능한 사회적 가치 창출 및 영향확산에 힘써야 한다. 결국, 국가의 모든 구성체가 함께 사회적 목적을 달성하고 사회적경제의 올바른 생태계를 구축하며 궁극적으로 지역, 지방, 국가 및 인류사회에 사회적 영향을 확장하는 일은 제1, 제2, 제3섹터가 따로 없을 것이다(〈그림 1.4〉).

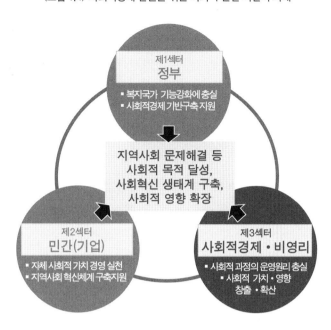

〈그림 1.4〉 사회적경제 발전을 위한 국가 부문별 역할과 과제

대한민국은 지금까지 6.25전쟁 이후 세계에서도 그 유래를 찾아볼 수 없는 빠른 경제적 발전과 정치적 좌절, 그리고 독특하면서도 우수한 사회문화적인 도전과 성취를 맞보면서 지내왔다. 현대 국가로 넘어오던 초기와 그 이후 중간 중간에 변절된 역사적 사실과 사건들이 있었지만 다행히 김대중, 노무현, 그리고 문재인 대통령 등 민주주의 정부에서는 사회정치적 혁신과 경제변혁의 기반 구축, 그리고 성장 동력의 근원인 공정한 신뢰 시스템을 충실히 구축해 왔다. 특히 대한민국은 2020년 초부터 시작된 코로나 세계 대유행 감염병 사태에서도 세계에서 가장 뛰어난 정치·행정·의료적 대응과 시민사회의 성숙한 의식으로, 감염병 대유행의 위기를 극복했다. 또한 경제여파를 최소화해 나가면서 이러한 국가경영 및 시민의식은 세계의 모범이 되고 있으며 세계 정치경제 질서의 새로운 변곡점으로 인식되기도 한다.

이제 우리 대한민국은 EU 국가와 미국 및 영국 등 선진국을 넘어서서 세계에서 가장 모범적이면서도 가난한 사람과 사회적 약자를 포함한 공동체 구성원 모두가 더불어 행복한 사회와 최고 국가 모델을 이룰 수 있다는 비전과 목표를 가질 때가 되었다(〈그림 1.5〉). 대한민국의 국민은 더 이상 정치·경제·사회·문화의 방관자가 아니라 '더불어 행복한 사회를 위한 사람 중심의 국가와 사회'를 이루어 내고 인류의 후손들에게 더욱 행복한 사회에서 살도록 해 주는 일에 능동적으로 참여하고 행동해야 한다.

〈그림 1.5〉 대한민국의 세계국가모델 비전 방향

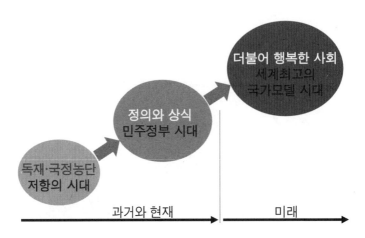

더불어 행복한 사회
세계최고의
국가모델 시대

정의와 상식
민주정부 시대

독재·국정농단
저항의 시대

과거와 현재　　　　　미래

사례연구 02

**미국의 디라이트(d.light): 전기 없이 사용할 수 있는 태양광 시스템을 개발하여
가장 저렴하면서도 신뢰할 수 있는 조명 및 전력을 저개발국가에 대규모로 제공하다[26]!**

2006년 네드 토준(Ned Tozun)과 샘 골드만(Sam Goldman)은 안정적인 에너지에 접근할 수 없는 저개발국가에 거주하는 사람들을 위하여 저렴한 태양열 발전 솔루션을 제공하는 기업, 디라이트를 설립한다. 그들은 사람들에게 안전하고 밝고 깨끗한 조명과 전력을 제공하려는 야심찬 계획을 수립하고 시제품 태양광 랜턴을 개발하여 2008년 첫 번째 상용 제품을 시장에 내놓았다. 전 세계적으로 20억 명이 넘는 사람들이 안정적인 전기 공급 없이

〈그림 1.6〉 디라이트 설립자 샘 골드만(좌)과 네드 토준(우)

출처: 디라이트 홈페이지(2021), https://dlight.com.

살고 있는 현실 속에서 디라이트의 사회적 영향은 지난 12년 동안 아프리카, 중국, 남아시아 및 미국의 4개 허브를 통해 70개국에서 2천만 개 이상의 태양광 조명 및 전력 제품을 판매하여 1억 명이 넘는 사람들의 삶을 개선했으며 이를 통하여 특히, 2900만 명의 학령기 어린이들이 총 230억 시간의 태양광 조명을 사용하여 학업에 도움을 주었다. 그리고 283 GWh(기가와트아우어)의 발전량 생산, 2300만 톤의 CO_2(이산화탄소) 상쇄, 44억 달러(약 5조 1040억 원)의 에너지 지출을 절감해 왔다. 디라이트는 태양열 솔루션 이외에 고객관리, 재고관리, 결제처리, 수리서비스, 마케팅관리, 현

장관리, 콜센터기능이 들어 있는 비즈니스 소프트웨어 플랫폼인 '아틀라스 플랫폼(Atlas platform)'을 중소기업에 제공하고 있으며 지난 4년간 1백만 명 이상의 고객에게 서비스하고 있다.

샘 골드만은 디라이트를 설립하기 2년 전인 2004년에 아프리카 베냉에서 평화 봉사단의 자원 봉사자(Peace Corps volunteer)로 활동하던 중에 현지인이 등유 사고로 심하게 화상을 입는 것을 목격하고 저개발국가의 가정과 기업에게 더 좋고 안전한 방법으로 전력을 공급할 필요가 있다는 것을 느끼게 된다. 평화 봉사단에서 북미로 돌아온 샘은 스탠포드 대학의 기업가 과정(Entrepreneurial Design for Extreme Affordability)에서 네드를 만나 함께 디라이트를 설립하게 된다. 디라이트는 홈페이지에서 "2030년까지 지속 가능한 제품으로 10억 명의 삶을 변화시키는 데 도움을 줄 것"이라는 목표와 "지속 가능한 제품으로 삶을 변화"시킨다는 사명, 그리고 "혁신(Innovative), 솔직(Honest), 낙관(Optimistic), 열정(Passionate), 공감(Empathetic)"을 중요한 기업 가치로 경영함을 밝히고 있다.

〈그림 1.7〉 디라이트 태양광 랜턴 사용자

출처: 디라이트 홈페이지(2021), https://dlight.com.

디라이트의 사회적 영향은 변화 이론을 기반으로 '재정적 자유', '생산성 향상', '사람 건강', '환경 건강'의 4가지 영역을 측정한다. 이는 태양광 랜턴 또는 가정용 시스템의 첫 구매부터 더 밝은 미래의 장기적인 영향에 이르기까지 고객 경험에 대하여 '측정기준 모델링', '고객 모니터링', '고객 데이터 평가'의 세 가지 방법으로 진행한다. 이 접근 방식은 태양 에너지가 이전에 등유, 양초 및 디젤과 같은 품질이 낮고 값비싸며 건강에 해로운 대안에 의존했던 가정에 어떻게 영향을 미치는지 더 깊이 이해할 수 있게 해 준다. 여기에는 두 가지의 변화 이론이 개발되어 사용되는데 하나는 태양광 랜턴에 대한 것이고 다른 하나는 가정용 시스템에 대한 것이며 이를 통하여 앞에서 언급한 것처럼 고객의 삶에 힘을 실어주고 학령기 아동의 학업에 도움을 주는 일의 정량적 수치, 생성된 태양광 발전량, 탄소 절감량, 에너지 지출 절감량을 산출한다.

디라이트의 이러한 사회적 영향 측정은 2012년 비영리재단 B-Lab의 사회적 양향 측정 제도인 '비코퍼레인션(B-Corp, 2012년)'의 인증을 받았으며, 글로벌 사회적 영향 투자 등급 시스템인 'GIIRS(Global Impact Investment Rating System, 2012년)'의 사회적 및 환경적 성과 영향에 대한 엄격하고 독립적인 평가를 수행한 최초의 200개 기업 중 하나(GIIRS Rating Pioneer Company 2012)로 인정을 받았다. 또한 세계 최고의 에너지 효율적인 독립형 가전제품을 식별하고 홍보하는 국제대회(Global LEAP Award)에서 '2016-2017년 대회의 중형 TV 부문에서 1위', '2015-2016년 대회의 대형 및 중형 TV 부문에서 1위, 소형 TV 부문에서 2위를 차지하기도 하였다.

디라이트의 사회적 영향 보고서의 하나인 '개척자의 힘, 아프리카와 아시아의 독립형 재생 가능 전기를 통한 삶의 변화(PIONEERING POWER, Transforming lives through off-grid renewable electricity in Africa and Asia, 2018)'에서는 그들의 사회적 영향이 유엔이 정한 지속 가능 발전목표(SDGs, Sustainable Development Goals) 17개 주제와 어떻게 연결되는지를 보여 주고 있다. 디라이트의 솔루션은 모든 사람이 농촌 지역에서 전기에 접근할 수 있도록 보장하는 가장 실용적인 방법을 제공하는 것으로 이는 '모두에게 지속 가능한 에너지 보장'이라는 SDG 7에 기여하며, 나이지리아의 사례에서는 병원 화상 환자의 거의 3분의 1이 등유 램프를 사용하는 동안 등유 연료가 폭발하여 부상을 입고 있는데 이런 사고를 줄임으로써 '모든 사람의 건강한 삶을 보장하고 웰빙을 증진'한다는 SDG 3에도 기여한다. 또한 탄자니아의 사례에서는 태양열 전기를 공급한 후 초등 및 중등학교 이수율이 절반 미만에서 거의 100%로 증가하였는데 이는 '모든 사람을 위한 포용적이고 형평성 있는 양질의 교육 보장 및 평생교육 기회 증진'이라는 SDG 4에 기여한다.

〈그림 1.8〉 디라이트 사회적 영향의 SDG 연계

| 그린에너지 | 건강&웰빙 | 평등교육 | 성평등 | 양질의 일자리 | 기후위기 대응 |

출처: 디라이트(2018), "PIONEERING POWER, Transforming lives through off-grid renewable electricity in Africa and Asia", p.3.

네팔의 사례에서는 여성들이 태양광 램프 및 가정을 전문으로 하는 분산형 에너지 사업의 리더가 될 수 있도록 힘을 실어 주고 있는데 이는 '성평등 달성 및 여성·여아의 역량강화'의 SDG 5에 기여한다. 또한 재생 가능 기술은 사하라 사막 이남의 아프리카에서만 180만 명을 고용할 수 있는 잠재력을 가지고 있으며 분산형 재생 가능 기술로의 완전한 전환은 나이지리아의 도로에서 160만 대의 중형 자동차를 없애는 것과 같은 효과를 봄으로써 '지속적 포괄적 경제성장 및 생산적 완전 고용과 양질의 일자리 증진', '기후 변화와 그 영향에 대처하는 긴급 조치 시행'의 SDG 8과 SDG 13에 기여한다.

3 사회적경제의 의의와 개념 정리

사회적경제의 개념

지금까지의 내용과 사회적경제 현장의 경험들을 토대로 사회적경제의 개념을 정리하면 "사회적경제란 그 규모 또는 깊이 등과 관계없이 사회문제 해결 및 사회혁신 추구 등의 사회적 목적을 달성하기 위하여 이해관계자의 참여 및 민주적인 의사 결정 등의 사회적 과정을 통하여 이루어지는 개별 경제주체 간의 사회(공동체)(적), 경제적 및 환경적 가치 창출 및 영향확산 행위와 그에 따르는 관계의 총체"를 말하며 이러한 "사회적경제 활동을 영위하는 조직이 사회적 과정과 사회적 목적 달성을 조직의 가장 중요한 사명으로 경영하면서 사회적 가치를 창출하고 사회적 영향을 확산하는 개별 경제주체"를 '사회적경제 기업'이라고 한다.

〈그림 1.9〉 사회적경제의 사회적 목적 달성 과정

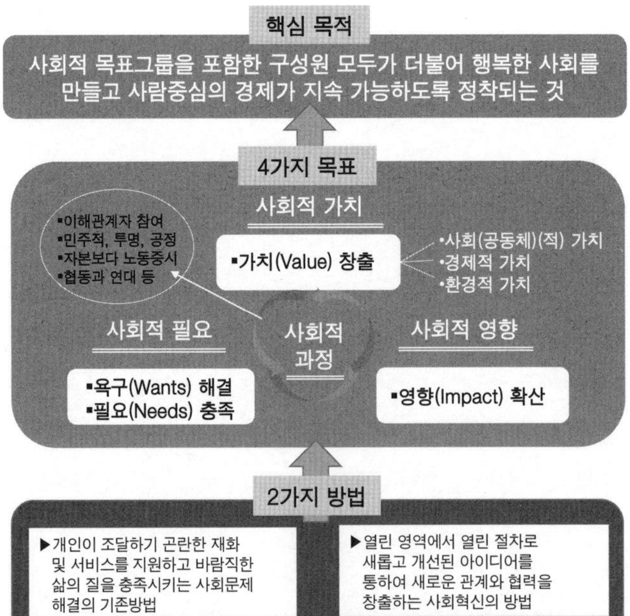

핵심 목적
사회적 목표그룹을 포함한 구성원 모두가 더불어 행복한 사회를 만들고 사람중심의 경제가 지속 가능하도록 정착되는 것

4가지 목표
사회적 가치
- 이해관계자 참여
- 민주적, 투명, 공정
- 자본보다 노동중시
- 협동과 연대 등

■가치(Value) 창출
- 사회(공동체)(적) 가치
- 경제적 가치
- 환경적 가치

사회적 과정

사회적 필요
■욕구(Wants) 해결
■필요(Needs) 충족

사회적 영향
■영향(Impact) 확산

2가지 방법
▶개인이 조달하기 곤란한 재화 및 서비스를 지원하고 바람직한 삶의 질을 충족시키는 사회문제 해결의 기존방법

▶열린 영역에서 열린 절차로 새롭고 개선된 아이디어를 통하여 새로운 관계와 협력을 창출하는 사회혁신의 방법

여기서 말하는 '사회적 목적'이란 "조직이 수익 창출을 주된 목적으로 삼는 것이 아니라 사회적 목표그룹을 포함한 공동체 구성원 모두의 행복을 목적으로 사회문제를 해결하고 사회혁신을 추구하는 일을 조직의 주된 활동과 방향으로 삼는 것"이며, '사회적 과정'이란 "조직이 사회적 목적을 달성하는 과정에서 금융 수단 또는 정치적, 경제적, 육체적, 정신적, 문화적 등의 여건이 부족한 사람들을 우선적으로 고려하면서 이해관계자의 참여와 민주적인 의사 결정, 공정하고 투명한 운영, 자본보다는 사람과 노동을 중시하고, 협동과 연대 등을 조직 운영의 중요한 원리로 삼는 것"을 말한다 (〈그림 1.9〉).

지금까지 사회적 목적을 달성하기 위하여 다양한 사회적경제 조직들이 전통적인 사회복지의 방법뿐만 아니라 혁신적인 수단과 방법을 개발하여 적용해 왔으며 조직형태(예: 자선단체 등의 비영리 법인, 사회적협동조합, 주식회사 등), 업종, 소유구조 및 인증제도 등에 따라서도 매우 다양한 형태로 존재해 왔다. 앞서 설명한 소셜벤처는 비영리 분야의 사회적 목적 기업과 영리 분야의 사회적 책임 기업의 복합적인 형태로 등장한 사회적경제 활동의 모델로써 소셜벤처를 토대로 사회적경제의 스펙트럼을 살펴보면 〈그림 1.10〉과 같이 표현할 수 있다[27].

〈그림 1.10〉 소셜벤처를 중심으로 본 사회적경제 스펙트럼

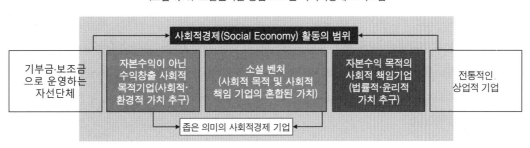

출처: Kerri Golden, Allyson Hewitt, Michael Lewkowitz, Michelle McBane, and Lisa Torjman(2009),
"Social Entrepreneurship, Social Venture Finance: Enabling Solutions to Complex Social Problems", MaRS Discovery District, p.3. 참조 재정리.

〈그림 1.11〉은 사회적 목적 및 재무적 목적의 비중에 따라 사회적경제 활동의 범위와 조직 형태의 유형을 분류한 것으로 사회적경제 활동 및 사회적경제 기업의 포지션을 잘 보여 주고 있다. 사회적경제 활동은 '비정부기구(Non-Governmental Organization, NGO)' 및 '비영리단체(Non-Profit Organization, NPO)'에서부터 상업적 기업에 이르기까지 광범위하게 나타나고 있으며 그 가운데에 특히 사회적 목적을 주된 사업으로 영위하는 사회적경제 기업이 위치하고 있다[28].

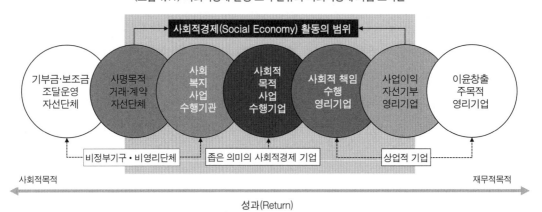

〈그림 1.11〉 사회적경제 활동 조직 분류와 사회적경제 기업 포지션

출처: Louisa Mitchell, John Kingston, and Emilie Goodall(2008),
"Financing civil society: A practitioner's view of the UK social investment market", Venturesome, p.7. 참조 재정리.

사회적 가치의 의미

해외의 사회적경제와 관련된 문헌에서 자주 나타나는 '사회적기업(Social Enterprise)'이라는 의미는 "사회적 목적 사업을 기업의 주된 사업으로 영위하는 기업을 말하며 기업의 잉여는 다시 사회적 목적을 위한 사업이나 지역사회를 위하여 재투자되고 주주의 이익에 이끌리기보다는 주로 사회적 목표를 위해 더 다양하고 독특한 접근 방식을 찾아서 지역사회를 지원하는 조직"으로 설명하고 있다[29]. 반면 한국사회에서 사용되는 사회적기업은 사회적 산출과 재무적 성과를 동시에 지향하는 조직 형태의 하나로서 법률의 자격 조건에 의하여 인증을 받은 형태를 의미하고 있는데, 사회적기업이 추구하는 사명과 비전에 따라서 사회적 목적을 기업의 주된 사업 영역으로 두기도 하지만 그렇지 않은 경우도 있다.

미국이나 영국에서는 사회적기업이 중요하다. 반면 캐나다 퀘벡에서는 사회적기업을 사회적경제 영역에서 배제하지는 않지만, 완전히 포함시키지도 않는다. 왜냐하면 사회적경제가 추구하는 가치에 사회적기업이 부합하는지는 의문이기 때문이다. 정부의 주도하에 이루어지는 한국의 사회적기업에 대해서도 역시 비판적이다[30]. 해외 문헌에서 나타나는 사회적 목적 중심의 사회적기업과 한국사회에서 나타나는 재무적 활동을 중심으로 사회적 산출(주로 사회적 일자리 및 사회적 서비스의 양으로 인식)을 평가하여 인증하는 사회적기업과는 그 의미에 있어서 차이가 있음을 알 수 있다. 따라서 본 서에서는 미국 및 유럽 등에서 말하는 사회적기업의 의미와 국내 사회적기업 육성법을 통해 인증을 받은 사회적기업을 구분하고자 사회적 목적 중심의 기업을 통칭하여 '사회적경제 기업'이라는 용어를 사용한다. 그리고 본 서에서는 사회적 과정과 사회적 목적을 조직의 가장 중요한 사명으로 하지는 않지만, 이를 추구하는 다양한 형태 및 기관(업)의 사회적경제 사업 및 활동을 지칭하는 용어로써 종종 '사회적경제 조직' 또는 '사회적경제 사업' 또는 '사회적경제 활동'이라는 단어를 사용하였다(〈표 1.5〉).

〈표 1.5〉 사회적경제 활동의 유형 예시 및 사회적경제 기업의 구분

구분	인증 형태	조직 형태	목적 사업
사회적경제 활동의 유형	· 자활기업 · 사회적기업 · 마을기업 · 기타 사회적 인증유형	· (사회적)협동조합 · 기타협동조합법인 · NGO · NPO · 연합(협)회 · 중앙정부 · 지방정부 · 상법 · 민법상 법인 · 기타 여러 법인형태	· 사회문제 해결 업태 및 종목 · 빈곤층을 위한 사업 · 장애인을 위한 사업 · 노동통합, 공정무역 사업 · 상호부조, 소액대출 · 금융 · 기타 사회적 사업
사회적경제 기업의 구분	· 상기와 같이 사회적경제 활동을 수행하는 유형 중에서 자본 수익 추구가 주된 목적이 아닌 사회적 목적 달성을 조직의 가장 중요한 사명과 목적으로 사업을 운영하는 개별 경제주체 · 이러한 정체성은 사회적협동조합, 비영리법인 등과 같이 법률과 정관, 내 · 외부 이해관계자를 위한 보고서(사회적 영향 보고서, 사업계획서, 정기총회 자료집 등), 그리고 기업의사 결정과 실행에 있어서 사회적 목표그룹 및 지역사회의 구성원과 기관, 단체 등 이해관계자 그룹이 함께하는, 소위 로컬 거버넌스에 의해 확인될(되는) 수 있음(것이 바람직함)		

사회적경제 활동의 유형 중에는 사회적 목적을 위하여 기술과 복지가 결합하면서 사업 개발을 위하여 주로 기술이 사용되는 경우에는 기술기반 사회적경제(Technology Social Economy)라고 부르기도 하며 지역사회를 기반으로 구성원에 의해 소유되고 관리되며 재정적인 잉여는 다시 조직에 재투자되거나 지역사회 이익을 향상시키는 데 주로 사용되는 형태를 (지역)공동체 주도 사회적경제(Community-led Social Economy)[31] 혹은 지역기반 사회적경제(Local Based Social Economy)라고 명명하기도 한다. 프랑스에서는 지역을 기반으로 이루어지는 근린경제활동, 특히 노동통합형 사회적경제 기업의 형태로써 '지역관리기업(Régies de Quartier, 레지 드 카르티에)'이라는 용어를 사용한다[32]. 이처럼 사회적경제 활동은 광범위한 범위와 유형을 포함하고 있기 때문에 사회적경제를 바라보는 시각은 '사회혁신과 사회문제 해결이라는 사회적 목적 달성을 조직의 가장 중요한 존재 이유 및 사명으로 삼는 광범위한 형태'를 포용하면서 보다 개방적, 창의적, 융합적 사고로 바라볼 필요가 있다. 이처럼 지금까지 사회문제를 해결하고 사회적 가치를 창출해 온 범주들을 좀 더 세분하면 다음과 같이 분류하고 정의할 수 있다.

그것은 첫째, "사회적 과정을 통하여 개인적으로는 지역사회에서 금융 수단이 부족하고 가난한 사람들, 더 나아가 지역공동체 구성원 등 이해관계자가 일할 기회를 얻고 의 · 식 · 주를 포함한 가

난을 극복하며 다른 한편으로는 왜곡된 경제구조(한국사회의 경우 농축산물의 유통구조, 대기업과 중소기업 사이의 상생구조, 소상공인의 생존구조 등)로 인하여 불이익을 받는 경제주체들이 바람직한 경제구조가 만들어지는 등의 일로 인하여 얻는 정성적 혹은 정량적인 만족이나 행복의 경제적 가치를 제공"하거나 둘째, "사람들이 공동체 속에서 사회적 과정을 통하여 건강, 교육, 보육, 금융, 노동, 영양, 안전, 문화, 예술, 언론, 법률, 정치, 민주, 평화 등의 서비스 또는 먹거리를 포함한 생필품 등의 제품 공급에 있어서 균등한 혹은 바람직한 기회를 보장받고 공동체성을 회복하게 하는 등의 일로 인하여 얻는 정성적 혹은 정량적인 만족이나 행복의 사회(공동체)(적) 가치를 부여"하거나 셋째, "사회전체 또는 공동체 구성원들이 한편으로는 위생과 물 및 기후를 포함하여 지역, 지방, 국가 및 지구의 천연자원과 다른 한편으로는 경제주체들의 생산물이 안전하고 지속 가능하도록 친환경적으로 관리 및 공급됨으로 인하여 인류사회가 얻게 되는 정성적 또는 정량적인 만족이나 행복의 환경적 가치를 제공"하는 활동들을 통하여 구현해 왔다(〈그림 1.12〉).

포괄적인 의미로써 사회적 가치란 "개인 또는 자본의 이익보다는 사회적 목표그룹을 우선적으로 고려하면서 공공의 이익과 사람을 중심으로 더불어 살아가는 사회 속에서 지역공동체 구성원 등의 이해관계자가 얻는 만족감 및 행복감"을 말하며 세부적으로는 위에서 말한 것처럼 '사회(공동체)(적) 가치', '경제적 가치', '환경적 가치'를 중심으로 지향하는 사회적 목표에 따라 더욱 다양하게 확대될 수 있을 것이다. 사회적 가치는 사회에 긍정적인 영향을 확산하고 여기에 자본이 투자되고 정성을 쏟는 순환과정이 이루어질 때 사회적경제 기업의 가치 창출 활동은 지속 가능하게 이어질 것이다.

〈그림 1.12〉 사회적 가치의 3가지 범주 및 가치 창출 순환과정

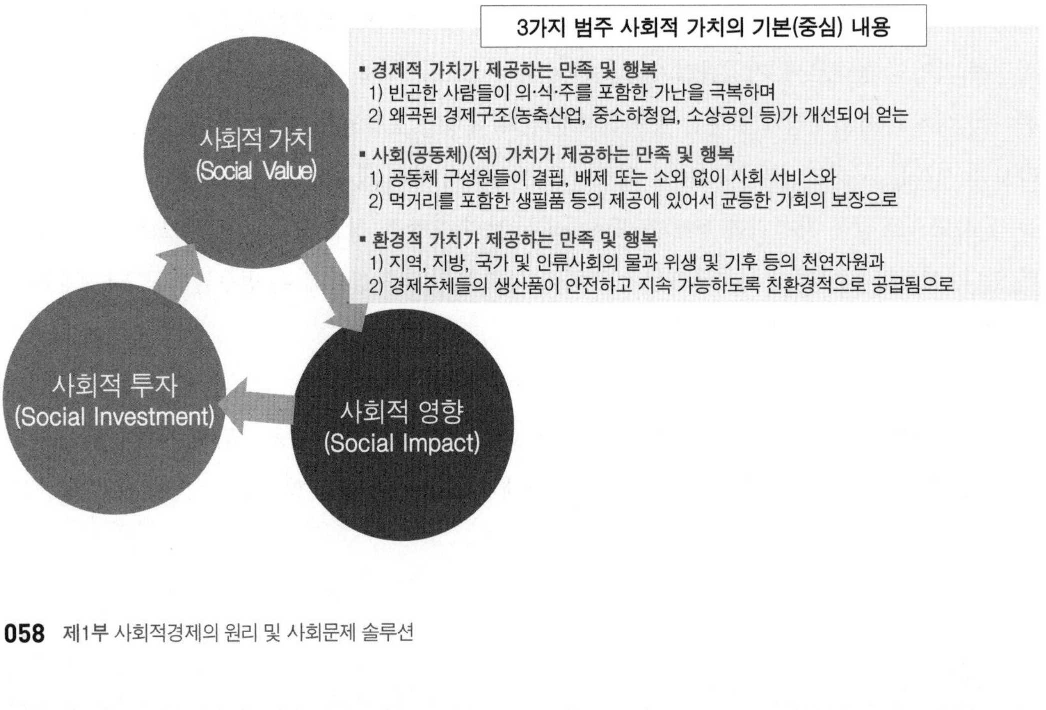

3가지 범주 사회적 가치의 기본(중심) 내용

- 경제적 가치가 제공하는 만족 및 행복
  1) 빈곤한 사람들이 의·식·주를 포함한 가난을 극복하며
  2) 왜곡된 경제구조(농축산업, 중소하청업, 소상공인 등)가 개선되어 얻는
- 사회(공동체)(적) 가치가 제공하는 만족 및 행복
  1) 공동체 구성원들이 결핍, 배제 또는 소외 없이 사회 서비스와
  2) 먹거리를 포함한 생필품 등의 제공에 있어서 균등한 기회의 보장으로
- 환경적 가치가 제공하는 만족 및 행복
  1) 지역, 지방, 국가 및 인류사회의 물과 위생 및 기후 등의 천연자원과
  2) 경제주체들의 생산품이 안전하고 지속 가능하도록 친환경적으로 공급됨으로

사회적 가치
(Social Value)

사회적 투자
(Social Investment)

사회적 영향
(Social Impact)

여기서 말하는 '사회적 영향'이란 "사회적경제 기업이 사회문제 해결 및 사회혁신을 위하여 수행한 사업을 통하여 사전에 의도하였든 의도하지 않았든, 단기적이든 혹은 장기적이든 관계없이 사회적 목표그룹 혹은 지역공동체 구성원 등 이해관계자가 인지한 이익(성과, outcome)과 그 이상의 경제적, 사회(공동체)(적) 및 환경적인 가치 창출의 중요하고도 긍정적인 사회변화의 기대효과(영향, impact)를 의미하며, 보다 광범위하게는 사업 수행의 산출물(output) 및 이를 위하여 투입된 자원의 바람직한 활동(activity)"을 포함한다. 따라서 상업적 기업에서 말하는 '사업의 성공'의 대체된 용어로 사회적경제 기업에서는 '사회적 영향의 확장'이라는 용어를 사용한다.

사례연구 03

이탈리아의 산 파트리냐노(San Patrignano) 공동체: 지난 40년 이상 유럽에서 가장 큰 규모의 주거형 공동체 운영을 통하여 약물 중독과 소외로 고통 받는 젊은이들의 회복과 사회 재진입을 돕다[33]!

1978년 빈센조 무치올리(Vincenzo Muccioli)가 이탈리아 리미니(Rimini) 언덕의 작은 이동식 주택에서 시작한 산 파트리냐노는 2021년 현재 유럽에서 가장 큰 규모의 약물 중독자 재활을 위한 합숙 공동체로 발전하였다. 산 파트리냐노는 젊은이들에게 완전히 무료로 현대의학의 처방에 기대지 않고 직업훈련을 통하여 중독으로부터 회복과 사회 재진입을 돕고 있다. 산 파트리냐노는 지난 40년 이상 동안 2만 6000명 이상의 중독 문제가 있는 청년들에게 프로그램을 제공해 왔으며 3년 동안 진행되는 과정을 이수한 사람들의 회복률은 일반적인 수치 대비 3.5배 이상에 이른다.

산 파트리냐노의 접근 방식은 전적으로 개인을 기반으로 하며, 개인 및 직업적 성장을 위한 장소와 공간을 제공하여 마약 없는 삶을 구축하고 프로그램 완료 시 사회적 복귀를 지원한다. 지역사회는 미래의 삶에서 사회의 생산적인 구성원으로 거주하고 자립할 수 있는 실행 가능한 방법으로 교육 및 직업 훈련에 투자한다. 이 공동체에는 특별한 도움이 필요한 미성년자, 임산부, 아이가 있는 엄마도 참석하고 있으며 그들의 요구에 더 잘 대응할 수 있도록 특수 주택도 만들어졌다. 또한 교도소의 마약 범죄자를 위한 치료, 회복 및 사회 통합 직업 훈련 및 생활 기술도 제공한다.

〈그림 1.13〉설립자 빈센조 무치올리(Vincenzo Muccioli)

출처: 산 파트리냐노 사무실 벽에 걸린 사진 촬영(2019)

2019년 8월 어느 더운 여름날, 몇 가지 가설과 막연히 한국의 지역공동체 혹은 사회적협동조합의 규모를 생각하고 찾아간 이탈리아 리미니 언덕의 산 파트리냐노 합숙형 지역공동체는 역사도 오래되었지만 그 규모도 매우 놀라울 정도로 컸다. 1300여명의 참가자와 300여명의 실무자 및 자원봉사자가 소위 '3R(Rehabilitation for Recovery and Reinsertion)'이라고 일컫는 '회복과 사회재진입을 위한 재활공동체' 활동을 하고 있었다. 공동체의 전체 넓이는 2.63㎢에 이르는데 곳곳에 포도농장, 와인공장과 저장고, 동물축사 및 치즈·우유·미트 생산공장, 채소농장이 자리하고 있었으며, 빵집, 건축, 도축, 콜센터, 목공, 커뮤니케이션, 장식, 전기, 배관, 치과, 영농, 그래픽 디자인, 주방, 세탁, 메디컬 센터, 공원관리, 마구간, 피자, 레스토랑, 직조, 와인 생산 등 50여개 사업단의 작업 공간과 사무실, 숙소 및 식당이 위치하고 있었다.

2015년 기준 참가자는 1127명(남자 911명, 여자 216명, 2021년 현재 1200명 참석 중), 실무자는 174명, 강사 160명, 자원봉사자 122명이 일하였다. 자원봉사자의 규모가 눈에 띄며 특히 디자인, 벽지, 가방 등 생활 및 여성용 소품을 생산하는 사업단에는 유명한 디자이너 및 외부 단체의 재능기부가 함께하고 있어서 높은 품질과 브랜드 명성을 갖추고 있는 것으로 파악되었다. 초창기 조그만 시설과 지진 후 기증된 이동식 주택으로부터 시작하여 지금은 '사회적협동조합' 및 '농업협동조합', '학교·교육협회'와 '스포츠협회'의 4개 조직이 각자 영역에서 역할을 담당하고 있다.

〈그림 1.14〉 산 파트리냐노 사업단(위, 왼쪽부터 장식, 식당, 와인, 직조 사업단 저자 탐방) 및
제품과 서비스(아래 왼쪽부터 와인, 식품, 디자인 연구소, 쇼핑센터 이미지) 사례

출처: 산 파트리냐노 공동체 방문(2019); 홈페이지(2021), "https://www.sanpatrignano.org"

오전 9시부터 각 공동체 작업장을 둘러보고 참가들과 대화하기를 오후 4시까지 돌아다녔는데 반도 돌아보지 못하였다. 특히 공동체에서 생산한 제품의 판매로 전체 운영비의 60%를 조달

하고 있으며 나머지 운영비의 40%에 해당하는 재원은 기부금을 통하여 조달하고 있다. 지금까지 정부의 간섭에 따른 본질의 훼손(산출물 중심의 행정주의, 본질이 수단에 매몰)을 우려하여 정부의 보조금을 받지 않는 정책을 고수하는 등 배울 점이 많았다.

사회적협동조합은 치료·재활의 모든 활동을 담당하고 노동·사회 통합을 목표로 일하며 농업협동조합은 이탈리아 국가규정에 맞춰 지역사회의 모든 농업 및 식품 활동을 운영한다. 학교·교육협회는 이탈리아의 교육규정을 준수하고 학력이 인정되는 교육과정을 운영하고 있으며 스포츠협회에서는 참여자들이 국내 및 국제 축구, 농구, 배구 및 육상 대회에 참가할 수 있도록 하며 자금 지원을 받을 수 있다. 이외에도 공동체 모니터링 및 감시 조직을 통한 조직운영의 투명성 및 공공성 유지와 재정적·도덕적·국제적 활동 및 사회 프로그램의 개발을 위한 재단 활동도 활발히 하고 있다.

이들이 제공하는 프로그램은 '상호 작용', '호혜중심', '선배코칭제도', 현대의학보다는 '육체노동'과 '정신훈련(Mental Training)', '필요할 때만 개입하는 스텝 및 코칭 시스템', '프로그램 선택의 자율성', '3년간의 프로그램 참가비 무료', '가족과의 유대 관계 및 관심(3년 후 귀가하여 가족과 살아보고 가족이 승인했을 때 가족의 품으로 돌아감)' 등 기본과 본질에 충실한 운영 원리를 통하여 72%(보통의 경우 20%)라는 높은 재활률과 함께 복귀 후 사회주택과 일자리를 연계하여 사회 속에서 정착할 수 있는 노동통합(Work Integration), 더 나아가 사회통합(Reinsertion)의 궁극적인 가치를 이루어 가고 있다.

〈그림 1.15〉 산 파트리냐노 프로그램(왼쪽부터 위프리, 아티클 폴, 부모 프로그램)

출처: 산 파트리냐노 홈페이지(2021), "https://sanpatrignano.org/en/"

아울러 공동체는 매년 약 5만 명의 학생들에게 '위프리(WeFree) 프로젝트'를 제공하여 마약의 비극에 빠지지 않도록 프로그램을 진행하고 있다. 프로그램 내용은 첫째, 학생들이 공동체를 방문하고 공동체는 이탈리아 전역의 학교를 방문하여 토론하며, 둘째, 남녀가 마약 중독자의 삶과 성장의 어려움을 겪었던 쇼와 연극을 진행하여 공감하고, 셋째, 연극과 춤, 역동적인 토론의 'Riflessi(심리) 워크숍'과 넷째, 이탈리아 전역에서 수천 명의 고등학교 학생들이 참석하는 '위프리 데이(WeFree Days)', 그리고 다섯째, 경쟁 혹은 비경쟁 달리기, 도보, 사이클, 산악자전거 경주의 '위프리 런(WeFree Run)' 행사를 통하여 건전한 아이디어를 공유하고, 중독이 없는 삶을 받아들이며, 지친 순간에 서로를 지지하고 작은 기쁨을 나누며, 긍정적인 생활 방식과 지역사회에 구체적인 지원을 제공하는 예방 프로젝트를 진행하고 있다.

4 지속 가능한 사회적경제 기업의 가치 창출 통합모형

사회적경제 조직 또는 사업의 발전 단계

사회적경제 기업의 산업진화 단계를 〈표 1.6〉과 같이 '창업 단계', '시장구축 단계', '성장 단계', '성숙 단계'로 구분하여 설명할 수 있다. '창업 단계'는 지역사회의 욕구 및 필요, 정책 인센티브에 따라 사회적경제 기업의 활동을 시작하거나 또는 혁신형 사회적경제 기업이 성숙해 보이는 산업에서 새로운 비즈니스 모델을 추구하는 시기로, 사회적경제 시장을 확대 또는 새로이 형성하는 단계이다. '시장구축 단계'는 다양한 네트워크가 형성되고 내·외부 활동이 촉진 또는 지원을 주고받는 시기로 다양성을 기초로 이해관계자 관계 및 구조가 형성되고 제품 및 서비스의 개발과 지역사회에서의 검증이 이루어지는 단계이다. '성장 단계'는 사회적경제 기업이 기존 또는 사회혁신 시장에서 두각을 나타내고 성장이 일어나며 조직은 점점 더 네트워크를 확대하고 역량을 확보하며 전문화되는 시기이다.

〈표 1.6〉 사회적경제 기업의 산업진화 과정

창업 단계	시장구축 단계	성장 단계	성숙 단계
·지역사회의 욕구 및 필요, 정책 인센티브에 따라 사회적 경제 기업의 활동이 시작됨	·다양한 네트워크가 형성되고 내·외부 활동 촉진 및 지원을 주고받음	·사회적경제 기업이 기존 또는 사회혁신 시장에서 두각을 나타내고 성장이 일어남	·지역공동체 혹은 외부 이해 관계자와의 활동이 더욱 돈독해 지며 일체감이 높아짐
·또는 혁신형 사회적경제 기업이 성숙해 보이는 산업에서 새로운 비즈니스 모델 추구	·다양성을 기초로 이해관계자 관계 및 구조를 형성함	·인프라에 투자된 시설의 고정비 활용 효과를 봄	·일부에서 연합회 조직이 발생하며 연대가 더욱 커짐
·사회적경제 시장이 확대 또는 새로이 형성됨	·제품 및 서비스의 개발 활동이 시작되고 지역사회에서 검증이 이루어짐	·조직은 점점 더 네트워크를 확대하고 역량을 확보하며 전문화 됨	·사회적경제 생태계가 견고해 지며 다른 지역으로의 확산이 이루어짐

출처: Jessica Freireich and Katherine Fulton(2009), "Investing for Social & Environmental Impact, A Design for Catalyzing an Emerging Industry", Monitor Institute, p.12 참조 재정리.

'성숙 단계'에서는 지역공동체 혹은 외부 이해관계자와 활동이 더욱 돈독해지며, 일체감이 높아지고, 일부에서 연합회 조직이 발생한다. 이 시기에 사회적경제 생태계가 견고해지고 사회적 영향이 다른 지역으로 확산된다[34].

〈표 1.7〉는 사회적경제의 발전 단계를 보다 구체적으로 핵심 활동과 요구 역량으로 정리한 표이다. 사회적경제 '초기 단계'는 사회적 욕구와 필요를 확인하고, 사회 및 지역에서 발견한 문제 해결의 욕구를 사업 모델로 확립하고 솔루션을 개발하는 시기이다. 이 시기에는 이해관계자 관리 및 사회적 영향 측정 방법의 이해와 측정 기술이 필요하며 창업 및 사업 자본, 신뢰성, 시장에 대한 안목이 요구된다. '중기 단계'는 제품 혹은 서비스를 제공할 사회적 시장을 합리적으로 정하고 유통하는 시기로써 재무 및 경영관리 기술, 영업 및 마케팅 기술과 정책 및 사업상의 네트워킹이 필요하고 숙련된 인적자원의 확보와 운전자본의 조달이 필요하다. '확장 단계'는 지역공동체 또는 이해관계자 경영이 안정화되고 많은 수혜자로 사회적 영향의 규모를 확장하는 활동을 하게 되며, 전략적 관리 기술, 대규모 자본, 정책 영향력, 확산을 위한 방법 및 전파의 기법이 요구된다[35].

〈표 1.7〉 사회적경제 성장 단계별 핵심 활동 및 요구 역량

구분	초기 단계	성장 단계	확장 단계
핵심활동	사회적 욕구 및 필요 확인, 사업모델 확립 및 개념 증명 · 사업모델 개발 및 확립 · 사업계획 수립 · 제품 및 서비스 개발 · 지역사회 조사 및 검증 · 법인 설립	제품 · 서비스에 대한 사회적 목표시장을 선정하고 제공함 · 사업모델의 세분화 · 초기 영역에서 신뢰 견고 · 사람 개발 및 성장 · 금융 및 운영 구조 확립	사업이 안정화되고 많은 수혜자에게 지원하는 조직으로 확장 · 안정화된 사업 · 다른 지역으로 확장 · 전국 또는 글로벌 확장
필요역량	· 경영 기초 기술 · 이해관계자 관계 · 사업개발 자본 조달 · 사회적 영향 이해 및 측정 · 시장 통찰력 · 협력적 지배구조 형성 · 법무 자문 · 무료 또는 저렴한 사무실 · 신뢰성	· 지역공동체 조직화 · 네트워크 확대 · 재무 및 경영 기술 · 사회적 마케팅 기술 · 운전자본 조달 · 정책과 연계 · 인적자원의 숙련화	· 지역공동체 연대 조직화 · 정책 영향력 기술 · 영향력 확산 자본 · 숙련된 경영기술 인력 · 사회적 사명 이탈방지 · 확산 방법 및 전파 기법

출처: Cynthia Shanmugalingam, Jack Graham, Simon Tucker, and Geoff Mulgan(2011),
"Growing Social Venture", Young Foundation & NESTA, p.20. 참조 재정리.

사회적경제 생태계 구축 및 가치 창출 통합 모형

　사회적경제 조직이 성장하고 확산을 이루기 위해서는 기반구축을 위한 다양한 공급과 그에 맞는 수요의 창출이 만나서 사회혁신 시장을 창출하고 사회적경제 생태계를 성장시켜 나가야 한다. 사회혁신을 위한 사회적경제 생태계 조성은 제3섹터뿐만 아니라 공공부문(제1섹터), 민간부문(제2섹터)이 함께 힘을 합쳐 국가 및 인류사회 전체의 사회적 가치와 영향을 확장시켜 나가야 한다. 먼저 공급측면에서는 혁신적인 기술(전문성 강화), 재무적인 지원 및 비재무적인 지원으로 구분해 볼 수 있다. 혁신적인 기술지원에는 사회적기업가 및 활동가를 위한 코스, 사회적기업가를 위한 대학 프로그램, 조직 내 전문가 파견을 통하여 실현할 수 있으며 유연성과 창의성 등의 조직 문화적 혁신 기술도 필요하다. 재무적 지원에는 초기 개발 보조금, 사회혁신 대회를 통한 사업비 지원, 채무 상품, 인내 투자 자본, 위험 투자 자본, 크라우드 펀딩, 대출, 사회 영향 채권, 벤처 자선형 투자 등 사회적경제 조직의 발전 단계 및 환경을 고려한 자본 투자·조달 및 지원이 이루어져야 한다.

〈그림 1.16〉 사회적경제 발전을 위한 혁신 생태계

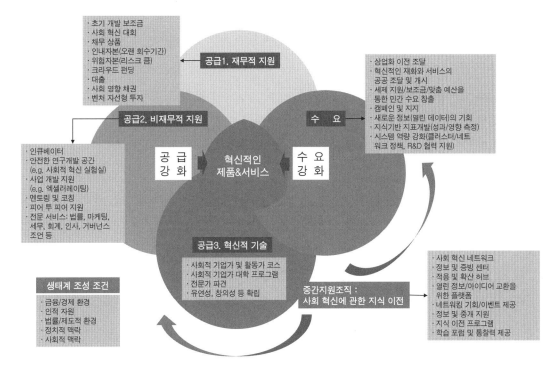

출처: TEPSIE(2014), "Social innovation theory and research: a guide for researchers", p.25. 참조 정리.

　비재무적 지원으로는 인큐베이터, 안전한 연구개발 공간, 사업 개발 초기 지원 및 엑셀러레이팅,

멘토링 및 코칭, 피어 투 피어 상담, 전문 서비스(법률, 마케팅, 세무, 회계, 인사, 거버넌스 조언 등) 제공 등을 통하여 실시할 수 있다. 수요 측면에서는 상업화 이전 조달, 혁신적인 재화와 서비스의 공공 조달 및 제공, 세제 지원 및 보조금 또는 맞춤 예산을 통한 민간 수요 창출, 캠페인 및 지지 촉진, 새로운 정보에서의 기회 포착, 지식 기반 지표 개발(사회적 성과 및 영향 측정), 시스템 역량 강화(클러스터 및 네트워크 정책, 연구개발 협력 지원) 등이 수요를 촉진하는 항목들이라고 할 수 있다. 아울러 중간지원조직의 역할도 매우 중요하다. 중간지원조직은 사회혁신 네트워크, 정보 및 인증 센터, 적용 및 확산 허브, 열린 정보와 아이디어 교환을 위한 플랫폼, 네트워킹 기회 및 이벤트 제공, 정보 및 중개 지원, 지식 이전 프로그램 제공, 학습 포럼 및 통찰력 제공을 통하여 혁신 생태계 구축에 중요한 역할을 해야 한다. 금융 및 경제 환경, 인적자원, 법률 및 제도적 환경, 정치적 맥락, 사회적 맥락과 같은 외부적인 환경도 혁신 생태계에 영향을 미치는 요인이라고 할 수 있다(〈그림 1.16〉)[36].

이상 제1장에서 설명한 것처럼 사회적경제 기업이 사회문제 해결과 사회혁신의 기회를 발견하고 지속 가능한 사회적 목적을 이루기 위해서는 전략적인 조직 역량과 통합적인 경영관리가 필요하다. 이것은 '지역사회의 문제를 발견하고, 사회혁신을 이루려는 사회적기업가정신 및 리더십'과 '민주적인 의사 결정, 이해관계자 협력 및 연대, 비즈니스 네트워킹과 같은 조직역량'을 필요로 한다. 궁극적으로는 '사회적 가치 창출과 사회적 영향의 달성 및 확장을 이루어내고 자본 조달의 순환 과정을 통하여 경영활동의 긍정적인 환류 과정'을 구축해야 한다. 이러한 과정을 '지속 가능한 사회적경제 기업의 가치 창출 통합모형'으로 표현하면 〈그림 1.17〉과 같다.

본 서는 이러한 모형을 중심으로 제1부 '사회적경제의 본질과 사회문제 솔루션', 제2부 '사회적경제의 전략과 실천', 제3부 '사회적경제의 성과 창출 및 확장'으로 나누어 집필하였다. 제1부는 제1장에서 제4장까지 편성하였으며, '사회적경제의 원리와 규범', '사회적기업가정신 및 리더십', '사회적경제 비즈니스 모델', '사회적경제 사업계획 수립'으로 구성하였다. 제2부는 제5장에서 제9장까지 '이해관계자 협동의 지배구조', '지역공동체 조직화', '비즈니스 네트워킹', '사회적 경영차별화', '사회적 마케팅'으로 구성하였다. 제3부는 제10장에서 제13장까지 '사회적경제 기업의 재무분석', '사회적 영향 측정 및 관리', '사회적 영향 투자 및 조달', '사회적 영향 확장'으로 구성하였다.

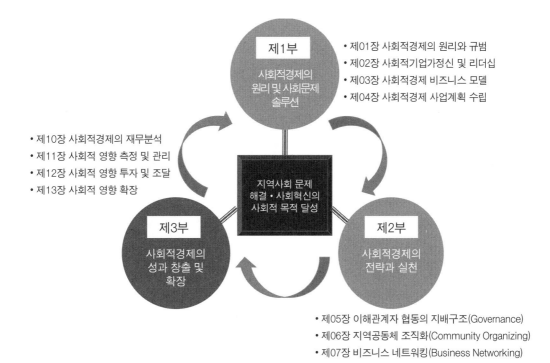

〈그림 1.17〉 지속 가능한 사회적경제 기업의 가치 창출 통합모형

제1부

사회적경제의 원리 및 사회문제 솔루션

- 제01장 사회적경제의 원리와 규범
- 제02장 사회적기업가정신 및 리더십
- 제03장 사회적경제 비즈니스 모델
- 제04장 사회적경제 사업계획 수립

지역사회 문제 해결·사회혁신의 사회적 목적 달성

- 제10장 사회적경제의 재무분석
- 제11장 사회적 영향 측정 및 관리
- 제12장 사회적 영향 투자 및 조달
- 제13장 사회적 영향 확장

제3부

사회적경제의 성과 창출 및 확장

제2부

사회적경제의 전략과 실천

- 제05장 이해관계자 협동의 지배구조(Governance)
- 제06장 지역공동체 조직화(Community Organizing)
- 제07장 비즈니스 네트워킹(Business Networking)
- 제08장 사회적 경영차별화(Social Differentiation)
- 제09장 사회적 마케팅(Social Marketing)

사례연구 04

한국의 성미산마을: 경쟁교육을 거부하고 공동육아 → 대안교육 → 공동소비 마을공동체 운동을 통하여 삶의 가치와 본질에 다가서다[37]!

1970년대 이후 국가가 선택한 발전 주의적 경제성장 정책은 시민의 주거생활까지 파고들어 땅과 아파트를 중심으로 민간에 주택공급을 맡기고 공급자와 수요자 모두에게 지대 추구 행위를 제도화했다. 대한민국 수도는 '투기적 도시화'라는 거대한 게임을 시작하게 되었다. 1978년 도시 빈민 지역에서 탁아운동을 해 온 정병호와 이기범, 조한혜정 등의 대학생들은 서울시 관악구 난곡동 지역을 조사하면서 '어린이 걱정모임'을 만들었다. 이 모임에서 1978년 해송 보육학교를 설립하고, 도시 빈민 지역에서 배고프고 외롭고 위험하게 방치된 취학 전 어린이들과 함께할 활동가를 길러 냈다. 1980년 여름, 이때 보육교사가 된 이들과 대학생들이 기금을 모아 난곡동 달동네 꼭대기에 난곡 '해송 유아원'을 설립하였다. 해송은 1920년대 방정환과 함께 어린이 운동을 했던 마해송의 이름으로, 그를 기억하자는 의미로 보육학교와 유아원을 해송으로 지었다. 제5공화국은 1982년 다양한 형태의 어린이집과 탁아소를 제도권으로 강제 편입시켰으며 각자의 독자성을 박탈했다. '해송 유아원'도 이때 운영권을 빼앗기고 1984년에 문을 닫았다. 그 이후 동대문구 창신동에 보육 시설인 '해송 아기둥지'를 설립했고, 1991년에는 '공동육아연구회'를 정식 발족시켰다. 이 연구회가 1993년부터 당사자 부모들이 직접 참여하여 설립하고 운영하는 협동조합 형태의 공동육아 어린이집을 추진하기 시작했고, 1994년 마침내 어린이를 온전한 인격체로 세워서 어린이와 어른이 함께하는 공동육아 어린이집, '우리어린이집'을 마포구 연남동에 선보이게 되었다. '공동육아연구회'는 1996년에 사단법인으로 인가를 받았고, 2001년에 명칭을 변경하여 오늘의 '(사)공동육아와공동체교육'이 되었다.

성미산마을은 자녀 양육을 위해 이처럼 공동육아 어린이집을 만들기 시작하면서 23여 년간 형성되어 온 도심 속의 마을공동체라고 할 수 있다. 성미산마을은 서울시 마포구 성산동에 있는 성미산을 중심으로, 크고 작은 생활문화 커뮤니티들이 형성하고 있는 네트워크를 말한다. 성미산마을은 어린이들이 커감에 따라 예나 지금이나 아이를 잘 키워 보고자 하는 부모들의 열망으로 2004년에 '성미산학교'라는 대안학교를 탄생시키게 되었다. 아이들을 같이 키우면서 공유 또는 함께 형성되는 비슷한 사고와 가치관은 자연스럽게 마을 활동과 공동소비 생활로 이어졌고, 이것이 마을공동체 협동조합으로 발전하는 계기가 되었다. 성미산마을은 공동체가 단일한 기획에 의해 일사불란하게 프로젝트를 진행해 온 것도 아니다. 성미산마을에는 다른 지역의 공동체 운동과는 달리 "중심은 있으나 경계는 없고, 전문적인 지역 활동가는 없으나 마을 활동은 있고, 조직의 실체는 없으나 어느 순간에 커다란 움직임이 있다." 기존의 공동체 개념으로는 설명할 수 없는 무엇인가에 의해 성미산마을은 때로는 오해와 과장, 환상이 발생한다.

성미산마을에는 1994년에 개원한 우리어린이집과 2005년에 개원한 공동육아 협동조합 성미산 어린이집이 있으며, 초등학교 저학년들이 다니는 도토리방과후 어린이집이 있다. 망원 1동에는 또바기어린이집이, 성산 2동에는 참나무어린이집이 있다. 2009년에는 (사)공동육아와공동체교육에서 구립 성미어린이집을 위탁받아 운영하기 시작했으며, 2015년 현재 공동육아어린이집 70곳, 방과후교실 15곳, 지역아동센터 6곳, 대안초등학교 1곳을 운영하고 있다. 이곳은 회원 수 5000여 명이 함께하는 우리나라 공동육아의 산실이며 든든한 구심점 역할을 하고 있다. 성미산학교는 초·중·고 교육을 통합한 12년제 대안학교이며, 정원의 10%는 장애인이 입학하는 장애인통합의 원칙을 가지고 있다. 2015년 현재 약 170명의 학생들이 있다. 2000년에는 마포두레생협이 만들어졌으며, 사업이 확대됨에 따라 2013년 울림두레생협으로 명칭을 바꾸었다. 지금은 성산점, 용강점, 신내점, 북가좌점, 망원점 등 5곳에서 운영되고 있다. 2001년에는 제1회 성미산마을 축제를 주최하여 오늘까지 이어 오고 있다. 2002년에는 마을의 여성들이 힘을 모아 친환경유기농 반찬가게인 동네부엌을 만들었으며, 카센터협동조합 및 작은나무카페가 운영되었다. 이외에도 재활용 되살림가게, 유기농 성미산밥상, 공동주택 '소행주(소통이 있어 행복한 주택)', 비누 제품을 만드는 비누두레, 바느질 공방 한땀두레, 성미산대동계, 성미산동네금고, 장애인을 위한 좋은날협동조합 등이 운영되고 있다. 2009년에는 성미산마을극장이, 2012년에는 마포의료생활협동조합이 성미산마을 주민들이 모인 가운데 창립되었으며, 2009년부터는 성인식 행사도 진행하고 있다. 성미산마을은 많은 시민단체 및 문화예술단체들이 서로 연결을 맺고 있다.

〈그림 1.18〉 성미산학교, 되살림가게 및 생협 매장

〈성미산학교〉　　　　　　　〈되살림가게〉　　　　　　　〈두레생협〉

참조: 사람과 마을 다음 카페(2018), http://cafe.daum.net/sungmisanpeople.

　도심의 사람들이 살기 좋은 환경 속에서 지내려면 자녀 양육을 위한 좋은 환경이 가장 중요한 것 같다. 성미산마을을 통하여 느낀 점은 공동육아, 교육시설, 일상생활에서 안전한 먹거리를 구입할 수 있는 장소가 우선시되어야 한다는 점이다. 특히 마을 내에서 이처럼 삶과 밀접한 시설들은, 큰 도로도 구획되어 집합적이고 복합적인 공공시설의 건설보다는 주민들의 접근성이 높은 도보 거리 내에 분산 배치하여, 생활의 필요를 충족하는 동시에 여유를 가지면서도 관계를 형성할 수 있도록 하는 것이 사람 사는 세상이 아닌가 생각해 본다. 이제는 공동체의 시설 및 환경과 우리들의 생활 방식이 경쟁이나 겉모양을 위하여 동원되고 소비되는 것이 아니라 개인 삶의 가치를 높이고 가족과 이웃에 대한 애착과 공동체의 소속감을 회복하는 방향으로 이루어져야 한다. 누군가는 성미산이 어디로 흘러갈지 아무도 모른다고 했다. 개개인이 한도 없이 잉여를 축적하고 부에 종속되는 경제적 목적주의 세상에서 사람과 문화가 목적이 될 수 있는 공동체, 그래서 경쟁 교육을 거부하고 협동하면 길이 열릴 것이라는 것을 성미산의 부모들은 아이들에게 가르치고 싶었을 것이다. 저비용으로도 궁핍하지 않고 인간과 문화를 우선하는 삶을 영위하면서 궁극적으로는 노후의 불안함으로부터 벗어나기 위한 다종다양한 사람들과 폭넓은 관계망 형성 노력은, 성미산의 협동조합 공동주택 소행주처럼 발전주의가 만들어 놓은 획일적인 아파트 문화를 거부하고 주택시장에서 투기적 자

본 수익률은 없지만 각자의 욕망에 충실한 자기가 살고 싶은 공간을 지어 올린 것인지도 모른다. 성미산마을은 진정한 의미에서 삶의 가치를 생존이라는 이름으로 우리에게 알려 주고 있는 것은 아닐까?

우리는 무엇을 위하여, 그리고 어떻게 살아야 하는가? 성미산마을은 삶의 가치를 성적이나 집안 형편, 재물에 두는 것이 아니라 행복에 두는 것, 우리 민족의 건국이념인 홍익인간 사상, 동학의 인내천 사상이 말하는 하늘 아래 우리는 모두가 하나이고 한마음이었던 인문학적 가치가 경제적인 욕심에 갇히어 각자 고립되었던 것을 다시금 한마음 공동체로 회복하게 하려는 인간의 회귀본능이 발휘된 것은 아닌지 모르겠다.

제1장의 사례연구 토론(Discussion)

사례연구 01 그라민(Grameen)은행: 방글라데시 가난한 여성의 자립을 돕는 무담보 소액대출 그라민은행은 대출금의 상환율에 있어서도 99%가 넘는 매우 높은 수치를 보여 주고 있다. 이러한 성공의 이면에는 '지역공동체 그룹 개발 시스템'이 있다. ① 먼저 이 시스템에 대하여 좀 더 자세히 설명하라. 그리고 ② 우리의 지역사회 또는 사회적경제 조직, 사업, 정책에 있어서 접목할 수 있는 방안에 대하여 각자의 의견을 제시하고 토론해 보자.

사례연구 02 디라이트(d.light): 미국의 디라이트는 전기없이 사용할 수 있는 태양광 시스템을 개발하여 가장 저렴하면서도 신뢰할 수 있는 조명 및 전력을 저개발국가에 대규모로 제공하는 혁신적인 사회적경제 기업이다. ① 먼저 디라이트의 사례에 대하여 좀 더 자세히 설명하라. 그리고 ② 이와 같이 우리 주변 또는 지역의 사회문제는 무엇이 있는지 하나씩 생각해 보고 사회문제 해결의 아이디어로 발전시킬 수 있는 방안에 대하여 각자의 의견을 제시하고 토론해 보자.

사례연구 03 산 파트리냐노(San Patrignano): 이탈리아의 산 파트리냐노는 지난 40년 이상 유럽에서 가장 큰 규모의 주거형 공동체 운영을 통하여 약물 중독과 소외로 고통 받는 젊은이들의 회복과 사회 재진입을 돕고 있다. ① 먼저 산 파트리냐노 공동체에 대하여 좀 더 자세히 설명하라. 그리고 ② 3년간 프로그램 참가자들의 회복률은 일반적인 수치보다 3.5배가 넘는 72%를 기록하고 있는데 우리나라에 적용하기 위한 산 파트리냐노 프로그램의 장점 및 운영상의 특징을 다시 한번 이야기해 보자.

사례연구 04 성미산마을: 한국의 성미산 마을은 경쟁보다는 삶의 본질을 중시하는 이념을 바탕으로 '공동육아 → 공동교육 → 공동소비'로 발전한 네트워크형 마을공동체라고 볼 수 있다. ① 먼저 오늘의 성미산 마을이 있기까지의 역사와 지역 내 공동체 조직에 대하여 좀 더 자세히 설명하라. 그리고 ② 지역사회 또는 사회적경제 조직이나 사업에 있어서 배울 점 혹은 발전시킬 수 있는 방안에 대하여 각자의 의견을 제시하고 토론해 보자.

제1장의 참고문헌(Reference)

1 한국민족문화대백과사전(2021), "홍익인간(弘益人間)", http://encykorea.aks.ac.kr.

2 심범섭(2014), "중용: 공존과 소통 그리고 인성을 세우는 진리", 평단.; 쉬운말성경 편찬위원회(2015), "큰 글자 쉬운 말 성경", 성서원.; 석해운(2018), "불교성전", 고요아침.

3 Restakis, John(2007), "The Emilian Model - Profile of a Co-operative Economy, AU(Athabasca University)Space.; 정태인(2013), "신뢰와 협동의 중소기업 네트워크, 에밀리아로마냐", 협동조합네트워크, 63, 8-17.; Carlo Borzaga, Manlio Calzaroni, Chiara Carini, and Massimo Lori(2019), "Structure and performance of Italian cooperatives: a quantitative analysis based on combined use of official data", JEOD(Journal of Entrepreneurial and Organizational Diversity), 8(1), 65-83.

4 다음 백과(2018), "단테의 신곡", http://100.daum.net.; 네이버 블로그 The meaning of HISTORY(2018), "박상진 교수의 구원의 시대, 단테 - 신곡, 우리시대의 구원".

5 ILO and ICA(2015), "Cooperatives and the Sustainable Development Goals: A Contribution to the Post-2015 Development Debate A Policy Brief", http://ica.coop.

6 Borzaga, C. and J. Defourny, eds.(2001), "The Emergence of Social Enterprise", Routledge, 1-18.

7 장원봉(2006), "'사회적 경제'의 의미와 발전과제", 도시와 빈곤, 80호, 92-115.; 김정원(2015), "빈곤 문제에 대한 대응과 사회적경제", 경제와사회, 171-204.

8 그라민은행 홈페이지(2021), http://grameen.com.; Grameen Bank(2019), "Annual Report_2019".

9 Charles Dunoyer(1830), "Treatise on Social Economy": Danièle Demoustier and Damien Rousseliere(2004), "Social Economy as Social Science and Practice: Historical Perspectives on France", LEPII(Laboratoire d'Economie de la Production et de l'Intégration Internationale)에서 재인용.; Borzaga, C. and J. Defourny, eds.(2001), "The Emergence of Social Enterprise", Routledge, 1-18.

10 Jacques Defourny and Marthe Nyssens(2006), "Defining social enterprise" in Marthe Nyssens, eds., "Social Enterprise: At the crossroads of market, public policies and civil society", Routledge.

11 Adam Smith(1776), "An Inquiry into the Nature and Causes of the Wealth of Nations".; Jean-Baptiste Say(1803), "A Treatise on Political Economy".

12 José Luis Monzón and Rafael Chaves(2012), "The Social Economy in the European Union", European Economic and Social Committee.; 유채원·구도완(2015), "원주의 협동운동과 생명운동", 환경사회학연구 ECO, 19(2), 213-255.; 김상호(2021), "우리나라 민간 최초의 협동조합 설립자, 전준환 콘텐츠 세상에 알린 주역", 2021(6), 엠 플러스 한국.

13 John Maynard Keynes(1936), "The General Theory of Employment, Interest, and Money", Palgrave Macmillan.; R. F. Harrod(1948), "Towards a Dynamic Economics: Some Recent Developments of Economic Theory and Their Application to Policy", Palgrave Macmillan.

14 Thomas Piketty(2013), "Le Capital au XXIe siècle(Capital in the Twenty-First Century, 2014)", Éditions du Seuil and Harvard University Press.

15 신명호(2014), "사회적경제(social economy) in 협동조합키워드작은사전", 21-29, 알마.

16 통계청(2023), "2019년 OECD 국가별 GDP대비 공공사회복지 지출", https://kosis.kr/.

17 김흥종·오태현·임유진(2019), "북유럽 경제의 특징과 협력 확대방안: 스웨덴, 핀란드, 노르웨이를 중심으로", 대외경제정책연구원, 오늘의 세계경제, 19(14).

18 EMES(EMergence of Social Enterprises in Europe, 2021), "Who are we?", https://emes.net/.; CIRIEC(International

Center for Research and Information on the Public, Social and Cooperative Economy, 2021), "What we do", http://www.ciriec.uliege.be/.

19 Ilie, Georgeta(2013), "Social economy in europe", Euromentor Journal, IV(1), 38-48.

20 Jose Luis Monzen and Rafael Chaves(2012), "The Social Economy in the European Union", EESC(European Economic and Social Committee).

21 강민정(2017), "사회혁신 생태계의 현황과 발전 방안", Working Paper, 과학기술정책연구원.

22 한국사회적기업진흥원(2015), "새로운 세상을 만드는 평범한 사람들의 특별한 이야기", 2014 소셜벤처 우수사례집.

23 엄형식(2008), "한국의 사회적경제와 사회적기업", 실업극복국민재단 함께 일하는 사회.

24 김신양(2021), "사회적경제는 어떻게 사회연대경제가 되었나?-사회적경제의 진부화와 연대경제의 도전 in 한국 사회적경제의 거듭남을 위하여", 협동조합 착한가게.

25 Jongick Jang(2016), "The Development of Social Economy in South Korea: Focusing on the Role of the State and Civil Society", Forthcoming, VOLUNTAS: International Journal of Nonprofit and Voluntary Organizations, 1-31.

26 디라이트 홈페이지(2021), https://dlight.com.; d.light(2018), "PIONEERING POWER, Transforming lives through off-grid renewable electricity in Africa and Asia)".

27 Kerri Golden, Allyson Hewitt, Michael Lewkowitz, Michelle McBane, and Lisa Torjman(2009), "Social Entrepreneurship, Social Venture Finance: Enabling Solutions to Complex Social Problems", MaRS Discovery District.

28 Louisa Mitchell, John Kingston, and Emilie Goodall(2008), "Financing civil society: A practitioner's view of the UK social investment market, Venturesome", Charities Aid Foundation(CAF).

29 Lyon, F. and Sepulveda, L.(2009), "Mapping social enterprises: past approaches, challenges and future directions", Social Enterprise Journal, 5(1), 83-94.

30 충남발전연구원(2013), "캐나다 퀘벡주 협동조합 조사보고서: 칼 폴라니 연구소의 방문객을 위한 퀘벡주 사회적경제 및 협동조합 이해와 논의".

31 Helen Haugh(2007), "Community-Led Social Venture Creation", Entrepreneurship Theory and Practice, 161-182.

32 엄한진·안동규(2009), "사회적 경제와 대안적인 지역개발 패러다임", 한국사회학회, 사회학대회 논문집, 517-526.

33 EU(2017), "Triple R(Rehabilitation for Recovery and Reinsertion): 'Manual on rehabilitation and recovery of drug users' and 'Handbook on social reintegration of recovered drug users'".; 산 파트리냐노 홈페이지(2021), "'https://www.sanpatrignano.org/en/' and 'https://www.wefree.it/en/'".

34 Jessica Freireich and Katherine Fulton(2009), "Investing for Social & Environmental Impact, A Design for Catalyzing an Emerging Industry", Monitor Institute.

35 Cynthia Shanmugalingam, Jack Graham, Simon Tucker, and Geoff Mulgan(2011), "Growing Social Venture", Young Foundation & NESTA.

36 TEPSIE(2014), "Social innovation theory and research: a guide for researchers",

37 김동완·신혜란(2016), "대항품행 그리고 성미산 스타일", 경제와사회, 111, 174-204.; 박경옥·정지인(2015), "도심 마을공동체 내 거주자의 상호 작용과 공동체의식", 한국생활과학회지, 24(2), 185-204.; 위성남(2013), "도시 속에서 함께 살아남기", 황해문화, 80, 61-78.; 사람과마을 다음 카페(2018), http://cafe.daum.net/sungmisanpeople.; 울림두레생협 홈페이지(2018), http://woollimcoop.org.; 공동육아와마을공동체교육 홈페이지(2018), http://gongdong.or.kr.; 어린이 문화연대 다음 블로그(2018), "어린이와 어른이 함께 크는 공동육아", http://cafe.daum.net/children.c.s.

사회적기업가정신 및 리더십(Entrepreneurship and Leadership)

제2장의 개요(Outline)

2-1. 사회적기업가는 누구인가?
2-2. 사회적기업가정신의 요소
2-3. 사회적기업가에게 요구되는 역량
2-4. 사회적경제 기업(가)의 리더십과 조직문화

사례연구 05 미국의 노보루프(NOVOLOOP): 해양 플라스틱 필름을 친환경적으로 분해하여 에스테르(Dibasic Eesters)를 생성하고 플라스틱 환경오염 저감과 석유를 대체할 수 있는 소재 개발로 두 마리 토끼를 잡다!

사례연구 06 멕시코의 아카리 수산(Acari Fish): 쓸모없는 민물고기 '마귀어(Pez diablo)'로부터 필레와 육포를 개발하여 지역공동체 어부들의 일자리와 수입을 증대시키다!

사례연구 07 캐나다 퀘벡(Quebec)주의 사회적경제: 시장과 사회적경제, 정부가 함께하는 다원주의적 경제체계를 확립하고 시민사회가 경제의 중심이 되는 세계적인 사례를 남기다!

사례연구 08 한국 세종대왕의 여민동락(與民同樂) 리더십: 세종! 사회적 약자를 배려하는 공감능력과 감수성, 인재등용과 국정분담, 경연의 공공철학, 정치적 균형감으로 백성들의 가난과 건강을 힘써 돌보며 민유방본(民惟邦本, 백성이 오직 나라의 근본)과 생생지락(生生之樂, 살맛나는 즐거움)을 실천하다!

제2장의 학습목표(Objectives)

☞ 학습목표 2-1: 사회적기업가에게 요구되는 역량에 대하여 '사회혁신 발견 및 실행 역량', '협력과 연대의 조직화 역량', '사회적 영향 창출 및 확산 역량'으로 각각 구분하여 그 요소를 알고 설명할 수 있다.

☞ 학습목표 2-2: 사회적기업가의 구성원에 대한 리더십으로서 '인간' 대 '생산' 관점의 균형적인 시각과 '관계' 대 '과업' 관점의 균형적인 시각의 의미를 이해하고 설명할 수 있다.

☞ 학습목표 2-3: 상업적 기업의 리더십과 달리 사회적경제 기업이 가지고 있는 특성으로 인하여 사회적경제 기업의 리더십이 보다 수평적, 다층적 또는 다자적인 구조로 발휘되어야 한다는 내용을 이해하고 설명할 수 있다.

☞ 학습목표 2-4: 사회적경제 기업가에게 요구되는 리더십으로서 '변혁적 리더십', '섬김 리더십', '권한위임 리더십', '협동 리더십', '여민동락 리더십'을 이해하고 설명할 수 있다.

☞ 학습목표 2-5: 조직문화에 대하여 '합의문화', '개발문화', '위계문화', '합리문화'로 구분하여 설명하고 사회적경제 기업과 연관 지어 각 조직문화의 장·단점을 설명할 수 있다.

☞ 학습목표 2-6: 제2장 뒤쪽에서 언급하고 있는 4개 사례연구의 토론주제에 대하여 타인의 의견을 경청함과 동시에 자기 의견을 밝히면서 적극적으로 토론에 참여할 수 있다.

제2장의 용어 및 개념 정리(Proposition)

▶ **사회적기업가정신**: 사회문제 해결과 사회혁신 등 사회적 목적을 달성하기 위한 혁신적인 사고, 불굴의 의지, 위험감수성향 등의 '혁신적인 도전정신'과 이타심, 윤리의식, 협동, 연대 등의 '도덕적인 공감정신'이 함께 나타나는 사회적기업가의 행동 특성 및 성격 요인

▶ **사회적경제 기업(가)의 리더십**: 개인 또는 팀 또는 조직의 리더(그룹)와 그 외의 구성원(들) 사이에서 혹은 구성원들 상호 간에 일대일 또는 다층적 또는 다자적으로 협력하고 지원하는 과정에서 무엇인가 긍정적인 영향을 끼치는 속성

▶ **구조주도×배려 리더십**: "작업의 지시 및 수정 행위, 계획과 조정, 업무 성적의 칭찬이나 독려 등의 행위"를 의미하는 '구조주도'와 "구성원과의 열린 의사소통, 지원과 상담, 구성원의 이익을 챙기는 행위"를 의미하는 '배려'의 빈도에 따라 4가지 조합의 유형으로 분류한 리더십

▶ **리더십 관리격자 이론**: 리더의 행동특성을 '생산에 대한 관심도'와 '인간에 대한 관심도'의 비중에 따라 5가지 조합의 유형으로 분류한 리더십

▶ **리더십 생애주기 이론**: 구성원의 성숙도(성취도, 독립성, 책임 등)가 어느 정도 높아질 때까지 리더는 '관계지향' 및 '과업지향' 두 가지 행동을 모두 높이다가 구성원의 성숙도가 중간을 넘어 높은 수준으로 발전해 감에 따라서 '관계지향' 행동은 줄이고 '과업지향' 행동을 더욱 높여야 함을 의미하는 리더십

▶ **변혁적 리더십**: 리더십의 요인을 '이상적 영향력', '영감적 동기부여', '지적 자극', '개별적 배려'의 4가지 범주를 중심으로 설명하는 리더십

▶ **섬김 리더십**: 구성원에게 봉사하는 자세로 개별적으로 소통하고 관심을 가지며 구성원의 독특한 개성과 흥미에 대한 인식을 바탕으로 경력 개발과 목표 달성을 돕는 리더십

▶ **권한위임 리더십**: 구성원에게 더욱 세부적인 권한과 의무를 부여하는 소위 '힘 실어주기'를 통하여 기대 이상의 성과를 달성하도록 '권한 위임'의 중요성을 설명하는 리더십

▶ **협동 리더십**: 지역공동체 및 협력조직을 포함한 다양한 이해관계자와 함께 협동함으로써 리더 개인을 중심으로 발휘되는 리더십이 아니라 이해관계자와 함께 연계되어 발휘되는 리더십

▶ **여민동락 리더십**: 혼자나 소수보다는 더 많은 사람과 나누면 더 즐겁다는 맹자의 말에서 유래된 것으로 특히. 세종대왕의 정치 리더십에서 자주 언급되는 백성 또는 구성원들과 함께 즐거움을 누리려는 리더의 자세 및 그에 따라 발휘되는 영향력

▶ **조직문화**: 어느 시점에서 공개적이고 집단적으로 받아들여지는 조직의 용어, 양식, 다른 조직과 식별되는 이미지와 같은 것을 말하며 더 나아가 조직 내 내재되어 나타나는 이념이나 신념, 의식 혹은 신화와 같은 상징주의적인 형태

착하기만 하면
사회적기업의 리더가 될 수 있을까요?

방문객

정현종 시인

사람이 온다는 건 실은 어마어마한 일이다.
그는
그의 과거와 현재와
그리고 그의 미래와 함께 오기 때문이다.
한 사람의 일생이 오기 때문이다.
부서지기 쉬운 그래서 부서지기도 했을
마음이 오는 것이다 - 그 갈피를 아마 바람은 더듬어 볼 수 있
을 마음,
내 마음이 그런 바람을 흉내 낸다면 필경 환대가 될 것이다.

위 사진은 제가 찍히고 무척 마음에 들었던 사진입니다. 한 해를 마무리하는 종무식 자리에서 우수사원 표창을 드릴 때 묻지도 않았는데 격양된 목소리로 자신이 잘한 일을 표현하던 그녀(발달장애인 사원)의 눈을 바라보는 제가 참 선한 사람인양 찍혀서입니다.

사회적 가치를 위해, 세상을 이롭게 하기 위해, 또 어떤 이타심으로 사회적경제 조직을 이끄는 리더는 뜨거운 심장과 열정을 원료로 냉철한 판단력과 통찰력을 무기 삼아 하루하루 날이 선 칼날 같은 시장에서 생존을 위해 외롭게 버티고 있다고 해도 과언이 아니라 생각합니다. 저 또한 택한 길이 옳은 길인지, 추구했던 가치를 제대로 지향하고 있는지, 과정 속에서 범하는 다른 문제는 없는지.. 실적에 쫓기면서도 과정과 결과를 매일 매 순간 의심하고 반문합니다. 또 부끄럽게도 이런 제 마음을 구성원들이 조금이라도 알아줬으면 하는 인간적인 욕망도 있습니다.

공교롭게도 이처럼 불안하고 미완인 리더 이혜정에게 《사회적경제학(Social Economics)》제2장의 주제인 '사회적기업가 정신과 리더십'과목의 멘토를 맡겨 주셨네요. 미생(未生)이 상생(相生)하여, 완생(完生)이 된다는 슬로건처럼 재미난청춘세상 공동체와 인생 선배들로 인해 저 또한 미생의 리더에서 성숙된 리더로 성장해 가고 있음을 느끼며 인생의 짙은 향기를 내는 사람들이 모인 재미난청춘세상에서 함께할 수 있어서 참 감사할 따름입니다.

그런 저에게 사회적기업의 리더십이 무어냐 물으신다면 거창한 정의보다는 정현종 님의 시의 후반부처럼 "부서지기 쉬운, 부서지기도 했을 마음들"이 모인 곳의 그들의 미래와 일생을 같이 만들어가기 위한 동반자로서 나아가는 마음이라 답하겠습니다.

2023년 1월
글보다 말이 편한 미생의 리더 이혜정이 어렵게 씀

이혜정은 장애인직업재활시설이자 사회적기업인 핸인핸부평에서 원장으로 근무하고 있다.

 사회적기업가는 사회적 목적을 달성하기 위하여 사회문제 해결 및 사회혁신을 끊임없이 추구하면서 쉽게 물러서지 않으며, 어려움이 있어도 끝내는 목적을 달성하려는 의지가 있는 사람들이다. 또한 그들이 할 수 있는 한 그들의 사회적 영향을 널리 전파하려고 노력하는 사람들이다. 사회적기업가는 "수혜자 친화적이고 이해심이 많은 사람이며 그들의 솔루션을 실행할 지역사회와 구성원의 수를 최대화하기 위하여 다양한 자원을 참여시키는 사람들"이다. 그리고 "사회변화의 선도자로서 소임을 수행하면서 사회혁신을 이루기 위하여 새로운 기회를 발견하고 새로운 방법을 적용하고 더 나은 사회로 변화시키기 위한 가치를 창출"하는 사람들이다[1]. 이처럼 사회적경제 기업을 설립하고 경영의 중요한 책무를 맡은 대표자로서 사회적기업가는 매우 중요한 위치에 존재한다. 〈표 2.1〉에서와 같이 아라빈드병원, 딜라이트, 그라민은행, 다솜이재단, 프라이타그, 한 살림, 라이프스프링, 지안살라, 동천모자 등의 국내·외 사회적경제 기업가들은 구매력이 떨어지는 사회적 목표그룹 및 사회적경제 기업의 부족한 여건으로 인하여 발생하는 추가 비용을 상쇄하기 위하여 비용 절감 혁신과 가치 극대화 혁신을 통하여 새로운 시장을 창출하고 혁신적인 제품과 서비스를 제공하고 있다[2].

〈표 2.1〉 사회적경제 기업의 도전과제와 가치혁신 솔루션

사례기업	사회적 가치 제안	경제적 장애 요인	가치혁신 솔루션(사회혁신엔진)
아라빈드 병원	빈곤층 무료 안과 수술	무료 수술의 비용 부담	· 의료업무의 보조기능화(paraskilling) · 맥도널드식 병원 운영 및 수술 · 인공수정체 자체개발 및 생산
딜라이트	청각장애인과 난청인에게 저렴한 보청기 제공	높은 제조원가	· 보청기의 표준화, 공용화 설계 · 자체 대량생산과 영업 서비스망
그라민은행	빈곤층 무담보 대출	높은 대손 위험	· 주부 중심의 그룹 보증대출 · 공동체 신용 메커니즘
다솜이재단	취약계층에게 안정적인 일자리제공 및 사회서비스의 고도화	높은 인건비 부담	· 공동 간병제, 탄력 근무제를 통한 효율성 및 서비스 품질 개선

프라이타그	자원재활용을 통한 자원 생산성 향상	재활용 제품의 저부가가치성	· 독특한 고객가치의 제안(고유성, 유일성) · 디자인의 고급화
한살림	친환경 유기농산물	제공 높은 가격과 극심한 가격변동	· 효과적인 수요관리 및 안정된 자체 공급 네트워크
라이프 스프링	빈곤층 산부인과 서비스	높은 비용 부담과 의료품질 우려	· 핵심서비스의 단순화 · 약국, 실험실, 장비·시설의 외주화 · 의료장비, 약품의 단일표준화
지안살라	빈곤층 어린이 교육	높은 비용 부담과 교육품질 우려	· 교육업무의 보조기능화 · 교재·교수법·과정개발 및 표준화 · 저학력 여성의 훈련 및 교사화
동천모자	지적장애인 일자리제공	장애인의 낮은 생산성	· 패션모자의 디자인 혁신 · 분업의 극대화 및 공정품질 확보 · 새로운 기업시장 개척

출처: 라준영(2013), "사회적기업의 기업가정신과 가치혁신", 한국협동조합연구, 31(3), pp.62-63.

이처럼 많은 사회적기업가가 지금까지 사회의 주요 문제들을 해결하고 국민의 삶을 향상하기 위해 끊임없이 아이디어를 개발하고, 사회문제들을 대규모로 해결해 왔으며, 그것은 도시, 국가 및 세계를 넘어서 실행되어 왔다. 이러한 사회적기업가의 특성이나 정신은 서로 다른 지역에서 서로 다른 목적과 상황에 따라서 발현되고 연구되어 왔기 때문에, 아직 공통으로 합의된 정의를 갖고 있지는 않다. 하지만 대체로 사회적기업가는 개인적인 특유의 성격을 갖고 있으면서 재정 및 사업성과 부분에서 통찰력을 발휘한 것으로 나타나고 있다[3].

재무적인 성과뿐만 아니라 사회적인 성과를 창출하는 사회적기업가의 역할은 상업적 기업가보다 더 광범위하다. 〈표 2.2〉에서와 같이 협의의 개념으로는 사회적경제 기업을 세우고 조직을 구축하는 역할과 함께 광의의 개념으로는 사회적 목표그룹의 직무를 개발하고 자원봉사 활동을 하는 영역까지 포함하여 생각할 수 있다[4].

〈표 2.2〉 활동영역으로 본 사회적기업가의 다양한 역할

활동 영역	역할
조직 구축	비영리 기관 설립 및 사회적경제 기업 창업, 기관 조언 및 상담, 호스피스 설립, 공동체 조직 유지 및 발전
직무 창출	빈곤 영역의 직무 수행, 사회적 비즈니스 수행, 기술 훈련 개발 지원, 재취업 제공, 자기개발 기회 제공, 새로운 공공일자리 지원
도움 주기	특별 그룹 지원 활동, 신용조합의 멤버 활동, 기금 모금활동, 재활 생활 시설 근무, 외부 확산 그룹 참여
자원 봉사	지역 봉사 단체 참여, 지역 봉사 활동, 소외 그룹 지원 활동, 젊은이 코칭 조직, 선의의 공동체 참여

참조: Thompson, J. L.(2002), "The World of the Social Entrepreneur", The International Journal of Public Sector Management, 15(4/5), p.422 참조 재정리.

또한 사회적기업가를 첫째, 자신과 조직을 혁신하고 사회적 책임을 다하는 사회적경제 조직의 CEO와 둘째, 비영리 및 사회공익 단체의 성과와 지속 가능성을 추구하는 비영리 조직의 관리자와 셋째, 조직과 사회 변화의 촉매제 역할을 수행하는 박애주의자 혹은 지역활동가로 구분하여 설명하기도 한다[5].

사례연구 05

미국의 노보루프(NOVOLOOP): 해양 플라스틱 필름을 친환경적으로 분해하여 에스테르(Dibasic Eesters)를 생성하고 플라스틱 환경오염 저감과 석유를 대체할 수 있는 소재 개발로 두 마리 토끼를 잡다[6]!

1987년에 설립되어 전 세계적으로 30년 이상 선도적인 사회혁신 기업가를 발굴하고 지원하는 에코잉 그린(Echoing Green)의 펠로우(역주: 사회혁신 아이템으로 선발되어 교육, 경영, 재무적 지원 등을 받고 글로벌 네트워킹과 사회적 영향을 창출하는 사회적기업가, Fellow)인 지니 야오[Jeanny (Jia Yun) Yao]는 2018년에 선발된 기후 분야 펠로

〈그림 2.1〉 노보루프 설립자 미란다 왕(좌)과 지니 야오(우)

출처: 노보루프 홈페이지(2021), https://novoloop.com.

우(2018 Climate Fellow)이며 해양 플라스틱 재활용 분야 사회적경제 기업 노보루프의 운영책임을 맡고 있는 대표이다.

플라스틱은 '물병 등으로 사용되는 페트(PET)', '전선 등에 사용되는 고밀도폴리에틸렌(HDPE)', '수도 배관 등에 사용되는 피브이시(PVC)', '흡음재 등으로 사용되는 저밀도폴리에틸렌(LDPE)', '장류 용기 등의 재료로 사용되는 폴리프로필렌(PP)', '포장재 등의 재료로 사용되는 폴리스티렌(PS)' 등으로 구분된다. 플라스틱은 페트 물병과 고밀도폴리에틸렌의 우유갑 만이 재활용되고 있으며, 대부분은 매립지 및 소각장으로 보내지거나 중국으로 반출되는데, 중국에서는 또 다른 매립지나 바다에 버려진다. 생활 플라스틱 쓰레기의 97%와 산업 플라스틱 필름 쓰레기의 79%가 매립지와 바다에서 발생한다.

지니 야오와 공동 설립자인 미란다 왕(Miranda Wang)은 21살의 나이에 세계 최초로 바다에 버려져 오염되고 있는 해양 플라스틱 필름을 친환경적으로 분해하여 이염기 에스테르(Dibasic Eesters)를 생성하는 기술을 개발하고 소셜 벤처기업 바이오셀렉션을 설립한다. 바이오셀렉션은 시장성장

성과 확장성을 고려해 2021년 3월에 사명을 노보루프로 변경했다. "노보(Novo)는 새것처럼 좋은 것을 의미하고 루프(Loop)는 우리가 플라스틱 순환 경제에 초점을 맞추고 있음을 나타낸다."

오늘날 에스테르는 석유를 사용하여 생산되며 섬유 및 재료 생산에 필수적이다. 이 기술로 플라스틱으로 인한 오염을 줄이고 석유를 대체할 수 있는 환경적 영향의 두 마리 토끼를 잡을 수 있게 되었다. 이들은 오염된 플라스틱의 세척으로 인하여 오염물이 유출되는 것을 방지하기 위해 화학 공정에서는 플라스틱을 세척할 필요가 없는 액체 촉매를 사용하며, 이들의 기술로 작업 공정 3시간 이내에 최대 70%의 플라스틱 폐기물을 제품으로 전환시킬 수 있다. 이들은 플라스틱의 화학적 재활용 시스템이 지켜야 할 다음의 기준을 고려하면서 연구 개발을 지속하고 있다. 그것은 "촉매를 효과적으로 회수하고 시약을 보수적으로 사용하는 것, 가능한 한 짧은 시간 안에 많은 양을 처리하는 것(재활용할 플라스틱이 엄청 많음), 기존의 대규모 장비를 사용하여 쉽게 확장하는 것, 가능한 한 적은 폐기물을 생성하는 것, 신상품을 생산하는 데 사용할 수 있는 바람직한 결과물을 창출하는 것, 이 과정에서 온실가스 배출이 거의 없거나 전혀 없이 환경적인 영향을 창출하고 지속 가능하도록 하는 것"이다.

이들은 홈페이지에서 "우리는 플라스틱 폐기물로 할 수 있는 일을 세상에 보여 줌으로써 가장 혁신적인 소재 회사가 되고자 합니다. 우리는 가장 유용하고 지속 가능한 폴리머를 발명하여 제공하려고 하며, 우리는 사람과 지구의 미래를 보호하기 위해 혁신합니다."라고 사회적인 사명과 비전을 알리고 있다. 화학 및 플라스틱 부문은 산업 온실가스 배출에 있어 두 번째로 큰 원천이다. 2016년 엘렌 맥아더 재단(Ellen MacArtur Foundation)의 연구에서 과학자들은 현재의 해양 오염 속도로 보면 2050년에는 바다에 물고기보다 플라스틱이 더 많을 것이라고 경고했다. 이런 환경 위기 속에서 폐기물을 업그레이드하고 온실가스(GHG, GreenHouse Gas) 배출량을 줄이는 청정 생산 공정은 제조에 혁명을 일으킬 것이며, 노보루프가 이러한 전환을 주도하고 있다.

이들의 기술적인 성과를 좀 더 살펴보면, 왕과 야오는 고등학생일 때인 2012년에 '사노피 바이오지니어스 캐나다 어워드(Sanofi BioGenius Canada Award)'에서 '소비된 생물학적 플라스틱의 분해과정'을 밝혀 수상했다. 이 대회는 캐나다의 중고등학교 학생들에게 과학 장비 및 학습 재료에 대한 접근성을 높이고 실습 기회를 창출하여 호기심을 자극하고 학생들이 STEM(과학, 기술, 공학 및 수학: Science, Technology, Engineering, and Mathematics)을 탐구하도록 동기를 부여하는 대회이다. 대회 수상 이후 함께 회사를 발전시키기 위해 화학자, 협력자 및 고문 등 더 많은 파트너십을 구축하였고 ATOD™(가속열산화분해, Accelerated Thermal Oxidative Decomposition) 플랫폼과 폴리에틸렌 플라스틱 폐기물에서 추출한 폴리우레탄(PU) 제품인 OISTRE™(오이스트레)를 개발하여 특허를 받았다(〈그림 2.2〉).

〈그림 2.2〉 노부루프의 ATOD™(좌)와 OISTRE™(우)

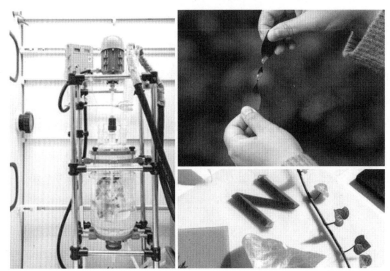

출처: 노보루프 홈페이지(2021), https://novoloop.com.

OISTRE™는 플라스틱 쓰레기에 새 생명을 불어넣고 있다. 신발, 패션 및 의류, 소비자 전자 제품, 자동차 응용 분야 등 고성능 소재를 원하는 제품 생산에 사용되면서도 환경 친화적이다. ATOD™ 기술에서 수확한 이 재활용 플라스틱은 최대 50%의 소비자 재활용 내용물을 포함하고 최대 45%의 탄소 배출량을 줄이는 데 기여하며 천연 화석 연료로 만든 재료와 같은 성능을 발휘한다. 이처럼 노보루프의 저탄소 제조 방법은 소비자, 브랜드 및 재료 산업 전반에 걸쳐서 품질을 유지하면서 의미 있는 경제적 및 환경적인 지속 가능성을 제공한다.

상업적 기업의 기업가정신은 주로 수익창출을 목적으로 사업의 기회를 발견하고, 인적 또는 물적 자원의 동원과 활용을 통하여 기업을 성장시켜 나가는 과정에서 나타나는 혁신적인 사고, 위험을 감수하려는 자세, 주도적으로 일을 처리해 나가려는 경영자의 태도나 정신을 의미하고 있다. 〈그림 2.3〉은 이러한 상업적 기업의 기업가정신이 사업 과정에서 어떻게 나타나고 있는지 보여 주고 있다[7].

〈그림 2.3〉 상업적 기업가정신의 투입 및 산출 모형

참조: Michael H. Morris, Pamela S. Lewis, and Donald L. Sexton(1994), "Reconceptualizing Entrepreneurship: An Input-Output Perspective", Advanced Management Journal, 59(1), p.29. 참조 재정리.

이러한 기업가정신은 창업기업처럼 새로운 사업을 설계하고 운영하여 제품과 서비스를 제공하고 경영성과를 창출하는 과정에서 나타나는 기업가 특유의 행동특성이나 성격요인으로 설명하고 있다. 상업적 기업의 기업가정신에서는 수익 또는 물적 성과 창출을 위한 성향이 강조된다. 즉, 영리기업의 기업가정신이 수익이나 투자회수와 같은 측정 가능한 재무적인 성과에 초점이 맞춰져 있다면 사회적기업가정신은 사회, 문화, 환경적인 목적을 달성하기 위한 봉사적이고 자발적인 정신으로 설명하고 있으며 보다 넓은 의미로써 사회문제 해결을 위하여 발휘되는 정신이라고 할 수 있다.

사회적기업가정신을 가진 기업가들은 지금까지 국민의 삶을 향상하기 위해 끊임없이 아이디어를 창출하고 사회문제들을 해결하기 위하여 노력해 왔으며, 그것은 방글라데시, 브라질, 헝가리, 인도, 폴란드, 남아프리카, 미국 등 세계 각국 및 도시에서 실행되어 왔다. 이러한 사회적기업가정신은 영리기업의 기업가정신과 유사한 면도 있지만, 차이점도 존재한다. 사회적 목표그룹을 위한 공익적 측면을 강조한 사회적기업가의 의의에서는 사회적기업가정신을 〈표 2.3〉과 같이 3가지 측면에서 설명하고 있다[8].

〈표 2.3〉 사회적 목표그룹 중심의 사회적기업가정신

구분	사회적기업가정신
삶의 질 개선의 공감정신	정치적으로 영향력이 부족하고 금융 관련 수단이 부족하여 소외와 고통을 받으며 무엇인가로부터 배제당하는 사람들에게 현재는 안정된 상황으로 보이지만 근본적으로 불합리한 이러한 상황을 변화시켜서 그들에게 이득이 되도록 하는 정신
불굴의 도전정신	이런 불균형 속에서 사회적인 새로운 가치를 개발하고, 영감과 창의성, 실천적인 행동, 불굴의 의지와 용기로 이러한 고정화된 패권에 도전하는 정신
새로운 균형 창조의 개척정신	소외 계층의 고통을 덜어 주거나 불안한 앞날에 대하여 희망의 가능성을 심어 주고 이러한 계층 또는 사회에 더 나은 미래를 보장하는 새로운 균형을 창조하려는 정신

이외에도 연구자들의 관점에 따라서도 약간씩 다른 의미로 사회적기업가정신을 정의하고 있다. 톰슨(Thomson)[9]은 "비즈니스 활동과 관련되어 있지만, 돈을 버는 것보다 지역사회에 더 많은 배려와 도움을 주는 일에서의 자질과 행동"이라고 하였으며, 본스타인(Bornstein)[10]은 "어떤 어려움이 봉착해도 사회문제 해결이라는 목표를 끊임없이 추구하면서 포기하지 않고 그들의 아이디어가 실현될 때까지 노력하는 것"이라고 하였다. 또한 오스틴, 스티븐슨 및 웨이-스킬런(Austin, Stephenson, and Wei-Skillern)[11]은 "사회적기업가정신이란 정부, 비영리기관, 기업 내에서 혹은 그것을 뛰어넘어서 이루어지는 혁신적인 사회적 가치 창출 활동의 정신"이라고 하였으며, 라이트(Light)[12]는 "사회적기업가는 중요한 사회문제를 해결하기 위하여 기존의 정부, 비영리조직, 영리기업이 실행하는 방법과 대상의 고정관념을 깨는 아이디어를 통하여 지속 가능하고도 대규모의 변화를 추구하는 개인, 그룹, 연대, 조직 또는 조직 연합체"로 보았다. 메어와 마티(Mair and Marti)[13]는 "정치 또는 경제적으로 만족한 상태가 아닌 기본적인 욕구 및 권리를 충족시켜 주는 제품과 서비스를 제공하는 혁신적인 모델을 수행하는 정신"으로 정의하였고, 니콜스(Nichols)[14]는 "사회적기업가정신이란 명시적으로 사회복지를 개선하기 위해 혁신을 수반하고 기업 조직 내에서의 활동을 통하여 사회변화를 안내하고 사회변화에 공헌하려는 정신"이라고 정의하였다.

사회적기업가정신은 내면의 심리적인 요인을 출발점으로 '이타주의, 윤리적 동기, 도덕적 책임감' 등으로 설명하기도 한다. 즉, '사회-도덕적 동기'를 중요하게 생각하며, 이러한 사회-도덕적인 요인들이 발현되기 위해서는 '공감' 능력이 필요하다는 이론이다. 이러한 '공감' 능력이 바탕이 되어 '혁신'적인 실행과 '성과' 창출을 이루는 정신이 사회적기업가정신이라고 설명한다. '공감'은 다른 사람의 정신 상태를 이해하고 추론하는 '인지 공감'과 다른 사람의 감정 상태를 공유하고 비슷한 감정을 나누는 '정서 공감', 사회문제를 인식하고 해결하기 위한 사명과 목표를 갖는 '사회문제 인식'으로 나눌 수 있다. '혁신'은 새로운 문제의 인식과 창의적인 아이디어를 찾고 전략적으로 실행할 수 있는 능력과 그 과정에서 의미를 찾는 것이며, '성과'는 조직의 활동이 경제적으로 유용한 가치를 창출하고 때론 예기치 못한 환경 변화에 신속하고 적절히 반응하며 시장 및 사회적 영역에서 지속 가능한 생존을 유지하는 것을 말한다[15].

이외에도 사회적기업가정신에서 언급되는 정신 요소들을 살펴보면 "기회 포착, 성취 욕구, 창의성, 새로운 시도, 위험 감수, 시장기회 탐색, 신제품 개발, 혁신 성과 지향, 성장과 발전 지향, 신속성, 도전성, 독창성, 기술 중시, 지역공동체 중심, 공익 및 영리의 균형감, 헌신과 봉사, 강력한 의지, 추진력, 사회적 영향 창출 및 확장" 등으로 나타나고 있다[16]. 이렇듯 현재까지 사회적기업가정신의 개념을 명확히 구분하여 정의하지는 못하지만 사회적기업가정신에는 기존 영리기업의 기업가정신에서 보여 주는 "혁신, 위험감수, 주도성"과 같이 비교적 '혁신적인 도전정신'이 있는가 하면, "사회적 가치와 목적을 공감하고 이것을 해결하는 과정에서 나타나는 도덕성 또는 윤리" 등과 같이 '도덕적인 공감정신'이 같이 존재하고 있음을 알 수 있다. 이상의 내용으로 볼 때 사회적기업가정신은 "사회문제 해결과 사회혁신 등 사회적 목적을 달성하기 위한 혁신적인 사고, 불굴의 의지, 위험감수 성향의 '혁신적 도전정신' 및 이타심, 윤리의식, 협동, 연대 등의 '도덕적 공감정신'이 함께 나타나는 사회적기업가의 행동 특성 및 성격 요인"이라고 할 수 있다.

사례연구 06

멕시코의 아카리 수산(Acarí Fish): 쓸모없는 민물고기 '마귀어(Pez diablo)'로부터 필레와 육포를 개발하여 지역공동체 어부들의 일자리와 수입을 증대시키다[17]!

남부 멕시코에서는 악마의 물고기라고 불리는 민물고기 '마귀어(Pez diablo)'가 잡힌다. 이로 인하여 물고기를 잡아 생계를 꾸려 가는 어부들이 골머리를 앓고 있었다. 먹을 수도 없고 매우 불쾌하게 생긴 이 물고기는 잡힌 물고기의 70~80%를 차지하는데, 이로 인하여 어부들의 어업 활동은 치명적인 영향을 받고 있었고 버리는 것도 일이 되어 버렸다. 2014년 남부 멕시코 타바스코(Tabasco)의 농촌 지역에서 소규모 양식업을 연구하던 마이크 미첼(Mike Mitchell)은 인근 대학 연구팀과 함께 이 물고기를 조사한 결과, 사실상 마귀어는 해조류로 알려진, 수족관에서 흔히 볼 수 있는 일명 '청소 물고기(Plecostomus)' 또는 '갑옷 메기'와 같은 종류라는 것을 알게 되었다. 잘못된 정보와 낙인 때

〈그림 2.4〉아카리 수산 공동창업자 마이크 미첼(좌)과 샘 보디아(우)

출처: 아카리 수산 홈페이지(2021), https://acarifish.com

문에 어부들은 이것을 버리지만 훌륭한 맛과 영양가 높은 물고기임을 알게 되었다. 마이크는 이러한 사실을 알게 된 후, 이 물고기에 대한 인식을 변화시키고, 지역공동체 어부에게 새로운 경제적 기회를 창출하는 새로운 도전에 매료되었다. 마이크는 이 물고기를 가공하고 상업화하기 위해 공동창업자 샘 보디아(Sam Bordia)와 함께 '아카리 수산(Acarí Fish)'이라는 창업팀을 결성하였다.

아카리는 2017년 여름, 온화한 맛과 단단한 질감을 살리면서 화학적인 방부제를 전혀 사용하지 않고 환경적으로는 아무런 영향을 주지 않으며 오메가 3와 기타 영양소가 풍부한 '엘 디아블리토(El Diablito)'라는 육포를 개발하여 2017년 11월부터 미국 지역에서 판매하고 있다. 2018년 10월에는 풍미를 높이고, 미국 농무부에서 인증을 받은 미국의 대형 공동 포장 업체와 협력하여 생산 규모를 확장하였다.

또한 뼈 없이 저민 살을 가공하여 팔 수 있는 '필레(Fillet)' 생산을 위하여 현지 어부들을 훈련시키고 가공과 포장을 위한 모듈식 장비를 개발하여 제공하였다. 생산 및 매장 판매는 지역공동체의 어부들이 맡고 아카리는 필레의 물류 및 유통을 관리하고 있으며 멕시코 전역과 미국 전역의 레스토랑 및 기업체의 주방에 판매하고 있다. 이것으로 인하여 지역공동체의 어부들은 전혀 쓸모없었던 물고기로부터 20~30%의 추가적인 경제적 가치를 창출하게 되었으며 지역공동체에는 추가적인 고용 창출이 이루어지고 있다.

아카리의 순이익은 금방 400% 이상 성장하였고, 타바스코와 멕시코시티의 불우한 사람들에게 제품의 상당 부분을 기부하고 있다. 아카리는 홈페이지에서 "우리는 멕시코에서 쓰레기 취급을 받던 물고기를 맛있는 '엘 디아블리토(El Diablito)'라는 육포로 가공하여 우리가 일하는 곳에서 새롭고 더 나은 경제적 기회를 창출하고 있습니다."라고 말한다.

〈그림 2.5〉 아카리의 육포, 필레 판매 및 기부 시식 현장

〈육포〉 〈필레 판매〉 〈기부 시식〉

출처: 아카리 수산 홈페이지(2018), http://acarifish.com.

아카리는 판매의 확장을 위하여 적십자사, 유엔, 지역 NGO와 파트너십을 통하여 지역사회를 방문하여 홍보하고 있으며 셰프들과 함께 요리 시범을 실시하고 어부와 그 가족들에게 필레 가공법 및 현지 특산물을 위한 요리방법을 가르치는 등 긴밀히 협력하고 있다. 아카리는 멕시코 남부 전역의 시골 어촌 공동체에서 활용할 수 있는 확장 가능한 모델을 개발했다.

아카리 수산은 어업협동조합과 직접 협력하여 지역 어민이 소규모 생산 시설을 가동하는 데 필요한 교육 및 기본 장비를 제공하고 생산물의 100% 구매를 보장한다. 이를 통해 어부들은 낚시나 다른 직업보다 약 40% 더 많은 수입을 올리게 되었다. 또한 어부들은 일상적으로 잡은 마귀어를 판매하여 일일 수입을 두 배 또는 세 배까지 늘릴 수 있게 되었다. 그리고 지역 해역에서 마귀어 제거를 장려함으로써 이 침입 물고기의 영향을 받는 토종 물고기 자원을 재건하도록 돕고 있다.

3 사회적기업가에게 요구되는 역량

아쇼카[Ashoka, 역주: 기원전 3세기 인도의 왕 이름이며 산스크리스트어로 '슬픔을 적극적으로 사라지게 한다(Active absence of sorrow)'는 의미] 재단은 1980년 이후 40년 동안 93개국에서 약 3800여 명의 펠로우 및 297개의 '체인지 메이커 스쿨(Changemaker Schools)'과 39개의 '체인지 메이커 캠퍼스(Changemaker Campuses)' 등을 통하여 재정, 교육, 지식 및 물류 등의 자원을 제공하고 있으며, 광범위한 네트워크를 지속해서 개발함으로써 선도적인 사회적경제 활동을 전 세계와 공유하고 있다. 아쇼카는 펠로우의 선발 과정에서 다음의 다섯 가지를 기준으로 삼고 있다.

첫째, 후보자는 사회문제에 대한 새로운 해결책 또는 접근법이 있어야 하며, 혁신적이면서 실제 변화 가능성이 있는 '새로운 아이디어'를 가지고 있어야 한다. 둘째, 목표 달성의 비전을 수립할 수 있어야 하며, 문제 해결사로서 성공적인 사회적기업가가 가지고 있는 '창의력'을 평가한다. 셋째, 사회를 위한 새로운 패턴이 될 때까지 일반적으로 쉬지 않고 도전하는 사람들로서 '기업가정신'을 평가한다. 넷째, 후보자의 새로운 아이디어는 그 자체로서 충분히 새롭고 실용적이어야 하며, 현장에서 일하는 사람들이 그것을 채택하고 새로운 표준으로 만드는 데 유용해야 한다. 새로운 아이디어는 이 분야를 크게 변화시킬 잠재력과 전국적인 파급효과를 불러올 수 있는 '사회적 영향'을 가지고 있어야 한다. 다섯째, 후보자는 다양한 이해관계자 집단에 변화의 영감을 불어넣을 수 있어야 하며 신뢰를 줄 수 있는 '윤리적인 근성'이 있어야 한다[18].

알보르드(Alvord), 브라운(Brown)과 레츠(Letts)는 사회적기업가가 사업을 성공적으로 수행하기 위해서는 '사회문제 발견 및 혁신 실행', '협력과 연대의 조직화', '사회적 영향 창출 및 확산' 역량이 필요하다고 하면서 구체적인 실행 방법으로 〈표 2.4〉와 같이 제시하였다[19].

<표 2.4> 성공을 위한 사회적기업가의 역량

역량	세부 내용
사회문제 발견 및 혁신적 실행	· 문제 해결을 위하여 지역 역량을 구축하고 문제 해결 패키지를 제공함 · 소외 그룹의 자산을 혁신에 동원하여 사용함 · 소외 그룹을 의사 결정에 참여시키고 이를 의사 결정에 반영함 · 조직의 설립은 종종 역량 있는 지도자들과 함께함 · 개인과 조직에 정보를 공유하고 체계적인 학습을 제공함
협력과 연대의 조직화	· 매우 다양한 이해관계자 사이에서 협력과 연대를 구축 · 수혜자의 범위를 확장하고 조직의 성장을 위해 시스템에 투자함 · 조직화 행위자들 및 다른 활동가들이 참여하도록 동맹 구축에 투자함 · 확산은 의사 결정자의 행위를 구체화할 동맹 및 캠페인을 통하여 실행
사회적 영향 창출 및 확산	· 다른 강력한 경쟁자를 다루기 위하여 지역조직화 운동을 구축함 · 먼저 자체 지역역량을 강화하고 난 다음 지역 또는 대상 범위를 확장함 · 지역공동체 문화를 바꿀 수 있는 지역규범과 기대, 역할을 변화시킴 · 솔루션은 생산성과 경제상황을 강화하는 도구 및 자원과 함께 제공함 · 정책 변화와 생태계 구축을 위하여 목소리를 높이고 영향을 확장해 나감

참조: Sarah H. Alvord, L, David Brown, and Christine W. Letts(2004), "Social Entrepreneurship and Societal Transformation: An Exploratory Study", The Journal of Applied Behavioral Science, 40(3), p.267-275. 참조 재정리.

사회적기업가의 역량은 "정의, 공감, 이해심, 투명성, 용기, 윤리" 등의 심리적 요소에서부터 "유연성, 유용성, 리더십, 조직관리, 전략경영, 재정관리, 사업성과, 지역 조직운동, 이해관계자 연대, 대규모 실행"의 행위적인 요소까지 매우 다양하게 분포한다. 이러한 심리적인 요소와 행위적인 요소는 <표 2.5>와 같이 "개인 특성 → 사업수행 능력 → 사회적 영향 확장"이라는 개인, 조직, 사회의 인식범위의 차원으로 나누어 볼 수 있다[20].

<표 2.5> 사회적기업가의 심리적 및 행위적 차원의 역량도표

구분	인식의 범위		
	개인 특성	사업 운영능력	사회적 영향 확장
심리적 측면	정의, 공감, 이해심, 도전정신, 혁신, 창의성	책임감, 리더십, 지속 가능성, 유연성, 유용성, 집단지성, 통찰력	소외 그룹 중심, 지역공동체 중심, 공동의 행복 추구, 사회적 가치 지향, 사회 변화의 촉진
행위적 측면	윤리, 투명성, 용기, 기회 포착, 문제 해결, 신뢰 구축	신사업 발굴, 사업모델 설계, 해결패키지, 조직관리, 재정관리, 자본 조달, 경제적 및 사회적 성과, 이해관계자 연대와 협력, 네트워킹, 역량 있는 인재 확보, 전략적 경영관리	지역 조직화, 지역 역량 구축, 사회적 생태계 구축, 대규모 실행, 다른 지역으로 확장, 정책 반영에 도모

출처: 최중석 · 성상현(2016), "사회적기업가 역량 모델링 및 교육체계 수립에 관한 연구: 경영전략 AFI Framework의 구성요소를 중심으로", 한국협동조합연구, 34(2), p.103 참조 재정리.

특히, 사회적경제 기업을 성공적으로 운영하기 위해서는 사회적기업가의 "사회문제 해결 및 사회혁신 마인드와 실행, 네트워크, 사회적 영향 창출 및 증명, 리더십(변혁적, 협동 및 섬김, 권한위임 등), 윤리적 마인드 및 실행, 사회적 마케팅, 협동의 지배구조 및 민주적인 조직문화 구축" 역량이 중요한 것으로 나타났다. 반면, 사회적기업가의 성공에 장애를 주는 대표적인 요인으로는 "자금 조달과 인적자원의 부족"으로 나타났다. 따라서 사회적기업가는 성공을 위해 요구되는 주요 역량 개발과 함께 자금 조달 및 인적자원 확보에 힘을 쏟아야 한다[21].

〈그림 2.6〉 사회적기업가에게 요구되는 중요한 역량

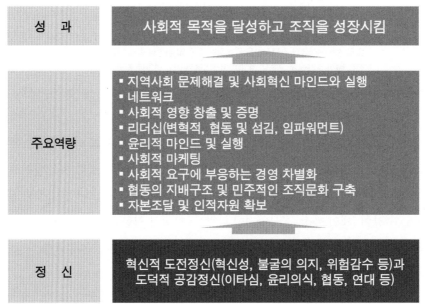

　〈그림 2.6〉에서 나타난 '지역사회 문제 해결 및 사회혁신 역량'은 제1장에서 설명하였으며 제2부 '지역공동체 조직화'에서도 실행전략으로 다룬다. '리더십 및 조직문화'는 이어지는 제4절 '사회적경제 기업(가)의 리더십과 조직문화'에서 다룬다. 또한 '협치의 지배구조', '네트워킹', '윤리적 마인드 및 실행', '사회적 마케팅', '인적자원 확보'는 제2부에서 다루고 있으며 '사회적 영향 창출 및 증명', '자본 조달'은 제3부에서 다루고 있으므로 그곳을 참고하라.

캐나다 퀘벡(Quebec)주의 사회적경제: 시장과 사회적경제,
정부가 함께하는 다원주의적 경제체계를 확립하고 시민사회가 경제의 중심이 되는 세계적인 사례를 남기다[22]!

퀘벡은 캐나다 10개 주 중 하나로 캐나다의 남동부에 위치하며, 미국과 국경을 맞대고 있다. 면적은 154만㎢이며 인구는 약 790만 명에 이른다. 식민지 시대의 영향으로 프랑스계가 모여 살던 퀘벡은 강한 독립성과 자치성을 갖고 있다. 이렇게 자긍심이 강한 퀘벡도 1980년대 경제 침체를 겪으면서 연방 재정 적자로 인하여 정부 주도의 발전 전략이 한계에 봉착하였다. 이로 인하여 지역공동체에 대한 사회복지 지원도 대폭 줄어들 수밖에 없는 실정이 되었다. 이때 퀘벡은 연방정부 주도의 민영화를 통한 효율성 제고 방안과 지역공동체의 사회적경제를 활용한 경제위기 극복 방안이라는 선택지에서 고민하고 있었다. 결국은 지역공동체 중심의 주민 참여적 경제 활성화 방안을 채택하였고, 이것을 통하여 비용감축은 물론이며 경제의 활성화 및 주민의 만족도가 크게 높아지는 일석이조의 효과를 낳았다. 작은 힘이 모여 큰 힘을 만들어 낼 수 있다는 전형적인 사례를 퀘벡에서 보여 줬다.

〈그림 2.7〉 퀘벡시 전경(좌), Penates협동조합(중), 협동조합주택(우)

출처: 주택협동합연맹 등 홈페이지(2018), http://cooperativehabitation.coop, http://commons.wikimedia.org, and http://quebecurbain.qc.ca.

1995년 5월 퀘벡의 각 지역에서 행진하여 6월에 퀘벡시에 모인 800여 명의 여성들은 많은 시민들과 함께 소위, '빵(Bread)과 장미(Rose)의 행진'이라는 운동을 진행하였다. 이 운동에 참여한 이들은 '여성노동자 권리', '공공복지 일자리 창출', '사회 인프라 프로그램 구축', '동일 임금 지급' 등 9가지 사항을 요구하였으며 이들 가운데 70%가량이 정책에 반영됐다. 같은 해인 1995년에 사회문제 해결과 지역경제 발전을 위하여 일자리를 창출하고 노동시장의 안정화에 이바지할 목적으로 샹티에(Chantier de l'economie)라는 네트워크형 조직이자 사회적경제 중간지원조직이 만들어졌다.

샹티에는 1996년 고용창출과 사회경제적 대안 마련을 위한 주정부의 '퀘벡의 경제, 사회 미래에

관한 정상회담' 회의에서 재정적 위기와 실업 위기를 해결할 전략을 제안하게 된다. 이를 통하여 퀘벡은 사회적경제를 중심 전략으로 하는 엄청난 규모의 사회적 혁신과 경제민주화를 감행하게 된다. 샹티에는 그 임무를 성공적으로 수행하면서 퀘벡주정부로부터 인정받는 기관이 됐다. 이곳에서는 "사업도 연대, 영역확장도 연대, 노동도 연대, 투자도 연대, 소비도 연대로 하되 책임감을 갖고 소비한다."는 이념을 가지고 있다. 퀘벡은 무엇이든지 연대를 통해 크고 작은 문제들을 풀어나가려는 적극적인 시민사회와 이를 흔쾌히 받아들인 정부의 자세가 혼연일체가 된 대표적인 국제적 사례다.

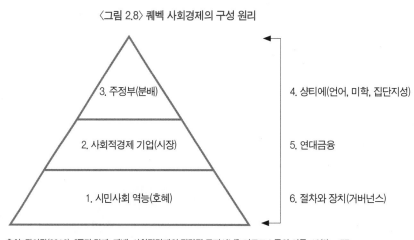

〈그림 2.8〉 퀘벡 사회경제의 구성 원리

출처: 장인권(2013), "돌담 경제: 퀘벡, 사회적경제의 전략적 포지셔닝", 마르크스주의 연구, 10(2), p.77.

샹티에는 34개의 사회적경제 기업과 지역개발기구, 사회운동단체 등 다양한 조직이 연합된 네트워크 조직이다. 이들은 환경, 근린 서비스, 소통·정보, 레저, 주거, 천연자원, 아동서비스, 문화 등의 분야에서 활동한다. 처음에는 주정부의 재정위기와 실업 극복 전략에 대처하기 위한 일시적 기구로 출발하였다가 1999년 상설기구로 전환하였으며, 다양한 이해관계를 맺은 단체들의 네트워킹을 중심으로 활동하고 있다. 퀘벡에서는 중앙정부와 주정부가 재정 및 필요한 법과 제도를 만들었다. 시민사회 영역은 협동조합의 장점을 살리고 지역운동, 여성운동, 환경운동 그리고 노동운동과 같이 다양한 시민사회운동과 함께 경제위기를 극복하기 위하여 주도적으로 나서서 사회적경제 방식으로 실천하였다. 시민사회는 사회적경제 기업을 새롭게 만들어 내면서, 공익과 지역 자산을 위한 협동의 리더십을 바탕으로 전반적인 시장 역할을 성공적으로 수행하면서 주목받게 되었다.

퀘벡은 주류 경제학에서 말하는 시장 및 국가의 이항적인 구도에 집착하지 않고 이항적 구조 사이에 시민사회가 삽입되면서 다양성을 지향하는 다원적 경제구도를 만들어 냈다. 퀘벡은 시민사회의 힘으로 정부와 협력하고 시민의식을 끌어내 사회적경제를 만들어 냄으로써 사회문제와 경제위기를 해결할 수 있었다. 이러한 다원적 경제구도의 중심에 '네트워크들의 네트워크'인 샹티에가 정부와 경제주체 사이의 역할과 중재를 하면서 퀘벡의 사회적경제라는 구조를 완성하였다.

샹티에의 가장 큰 성과는 사회적경제에 대한 개념과 원리들을 정의한 것이다. 퀘벡에선 다음과 같이 몇 가지 중요한 원리 위에 사회적경제 활동이 진행된다. 그것은 첫째, '사회적경제의 목적은 수익이 아닌 공익'이며, 둘째, '활동조직은 단체(협동조합-비영리사업체)로서 조직'되어야 하며, 셋째, '이해관계자들의 민주적 참여', 넷째, '차별화된 경제조직과 활동'이다. 차별화는 이윤의 극대화보다는 사회적 요구의 대응에서 나온다. 다섯째, '이익 창출의 다변화 구조'인데 자금 조달을 위한 투자는 정부가 직접 비용을 부담하거나 공공단체에서 서비스 수익을 얻거나 시장에서 판매 수익을 창출하거나 사회적 목적성을 추구하는 사업을 개발하고 지원하거나 사업체 출범 시기에 일시적인 지원을 제공하는 등 다양한 토대 위에 실시된다. 여섯째 '지역공동체의 활동에 대한 애착'이다.

퀘벡의 사회적경제 기업들의 활동 성과를 보면 사업체 수는 협동조합과 비영리사업체 등을 합하여 4700여 개가 넘었으며, 일자리를 창출한 숫자도 약 5만 개에 육박한다. 전체 조합원의 수는 퀘벡의 총인구인 790만 명보다 많은 880만 명에 이르고 있는데, 이는 중복으로 가입한 조합원이 있기 때문이다. 총매출은 양쪽을 합하여 420억 달러(약 47조 9443억 원)에 달한다. 단순한 연대조직에서 출발한 샹티에는 한시적인 사회연대회의 기구였다가 이제는 상설기관으로 자리를 잡았다. 이 같은 실험은 캐나다 연방정부에까지 영향을 끼쳤다. 2004년에는 폴 마틴 총리에 의하여 사회적경제를 핵심 사회정책으로 선언하였다. 이러한 정책은 캐나다 전역에서 사회적경제의 열풍이 일어나도록 했다.

퀘벡이 경제위기를 시민사회와 함께 사회적경제 방식으로 극복하고 있던 21세기 후반에, 우리는 정부와 대기업을 중심으로 토건과 중공업 위주의 성장정책을 강력하게 추진하면서 지내왔다. 사람의 가치나 일상의 행복은 뒤로하고, 민주적인 의사 표현은 죄의식으로 여기면서 그렇게 시간을 보내왔다. 그래서 그런지, 우리의 사회적경제에는 누구라고 할 것도 없이 경제적인 성과물과 잣대를 먼저 말하지 않으면 감시당할 것 같은 억눌림이 있다. 이제는 사회적경제의 본질에 대하여 새롭게 성찰하고 퀘벡의 사례에서 보듯이 올바른 길에 대한 개념을 다시 정리하고 '시장-시민사회-정부'가 함께하는 다원주의적 경제체제로의 대담한 도전이 필요할 때는 아닌가 생각한다.

인간 vs 생산, 과업 vs 관계 사이의 리더십

리더십(Leadership)이란 "개인이나 팀 또는 조직 전체를 지도하거나 안내하는 리더가 팔로워 (Follower: 추종자, 부하, 구성원 등 리더의 상대적인 개념으로 사용됨)에게 도움이나 지원을 제공하는 과정에서 무엇인가 긍정적인 영향을 끼치는 것"을 의미한다. 이러한 리더십은 개인의 '특성'이나 '행동'에 초점을 맞추어 설명하기도 하고, 다양한 '상황'을 중요한 변수로 설명하기도 하면서 발전했다. 사회적기업가는 윤리의식, 공감, 도덕성, 강한 사회적 가치 지향, 네트워크와 같은 정신 또는 역량이 요구된다. 사회적경제 기업(가)에게 어울리는 이상적인 리더십은 구성원들의 참여나 학습을 장려하고 제안이나 비판을 자유롭게 허용하고 긍정적이며 낙관적인 내부 동기와 보상 등의 참여적 리더십이 요구된다고 할 것이다.

리더십 발전의 역사를 보면, 1950년대 이전의 초창기에 나타난 '특성이론 리더십'은 리더가 신체적 특성이나 성격 또는 능력 등 내적 요인을 타고 난다는 개념에서 출발한 이론으로 '리더의 특성이 있는 사람'과 '그렇지 않은 사람'을 구분하는 모델로부터 출발한 이론이다. 하지만 성공적인 리더로부터 같은 어떤 내적 특성이 발견되지 않는다는 비판 아래에 '행동이론'이 등장하였다. 오하이오 주립대학 연구진은 리더의 행동기술을 '구조주도'와 '배려'의 2가지 범주로 구성된 'LBDQ(Leader Behavior Description Questionnaire)' 리더십 진단 설문지를 개발하였다. 구조주도는 "작업의 지시 및 수정 행위, 계획과 조정, 업무 성적의 칭찬이나 독려 등의 행위에 대한 빈도"를, 배려는 "구성원과의 열린 의사소통, 지원과 상담, 구성원의 이익을 챙기는 행위에 대한 빈도"를 확인하여 각각 4가지 유형의 리더십을 제시하였다[23]. 또한 조직 관리에 있어서 '생산성과 품질'의 문제와 '인간관계 및 배려'의 문제는 꽤 대립적인 양면성을 띠고 있는 것이 사실이다. 리더의 행동에서도 이처럼 '생산에 관한 관심도'와 '인간에 관한 관심도'라는 2가지 범주로 구분하여 〈그림 2.9〉와 같이 리더십의 유형을 생각해 볼 수 있다.

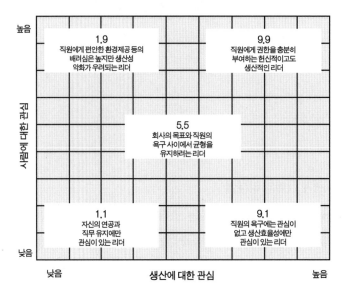

〈그림 2.9〉 인간 vs 생산의 리더십 관리격자 이론

출처: Gregory Kane(2014), "Leadership Theories", Taras Kushnir/ShutterStock Inc, p.13 참조 정리.

첫 번째, 생산 및 인간에 관한 관심이 모두 낮은 리더십 유형은 "자신의 연공 및 직무 유지에만 관심이 있는 비효율적인 리더"이며, 두 번째, 두 가지 모두 높은 리더십 유형은 "구성원에게 권한을 충분히 부여하는 헌신적인 리더로서 직원으로부터 높은 만족도와 신뢰 및 존중을 받으며 생산성을 높이는 리더"라고 할 수 있다. 이 두 가지가 중간 정도에 위치하는 리더십 유형은 "조직의 목표와 구성원의 욕구 사이에서 균형을 유지하려는 리더"이며, 생산에 관한 관심은 높으나 인간에 관한 관심은 적은 리더십 유형은 "종종 독재자 유형으로 명명되며 구성원의 욕구에는 관심이 없고 생산 효율성에만 관심을 가져와 구성원과의 마찰 및 이직을 높일 수 있는 리더"라고 할 수 있다. 다섯 번째, 생산에 관한 관심은 낮고 인간에 관한 관심은 높은 리더십 유형은 "구성원에게 친절하고 편안한 환경을 제공하며 배려심은 높지만, 생산에 방해되거나 생산성이 악화될 우려가 있는 리더"라고 말할 수 있다[24].

1969년 허시(Hersey)와 블랜챠드(Blanchard)는 '리더십 상황모형'을 제안하였는데 "리더십이란 특정한 상황에서 개인 혹은 집단이 목표를 달성하는 데 있어서 팔로워의 활동에 영향을 주는 과정"이라고 설명하였다[25].

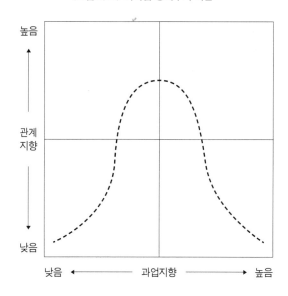

〈그림 2.10〉 리더십 생애주기 이론

출처: 최중석(2017), "사회적기업 경영자의 기업가정신과 리더십이 구성원의 직무열의 및 조직성과에 미치는 영향에 관한 연구", 동국대학교 박사논문, p.38.

특히, 허시와 블랜챠드는 〈그림 2.10〉과 같이 직무 및 관계의 2가지 차원과 팔로워의 성숙 정도 사이에서의 리더십 곡선을 제시하면서 '리더십 생애주기 이론'을 설명하여 시선을 끌었다. 생애곡선은 팔로워의 상황, 즉 팔로워의 성숙도가 어느 정도 높아질 때까지 리더는 관계 및 과업지향의 두 가지 행동을 모두 높이다가 팔로워의 성숙도(성취도, 독립성, 책임)가 중간을 넘어 높은 수준으로 발전해 감에 따라서 관계지향 행동은 줄이고 주로 과업지향 행동을 더욱 높여야 함을 설명하고 있다. 이러한 상황이론은 최근까지 주로 변혁적 리더십으로 발전하면서 조직의 성과에 영향을 미치는 중심 리더십으로 검증되고 있다.

변혁적, 섬김, 권한위임, 협동 리더십

리더십의 유형과 특징은 리더십을 연구한 학자의 수만큼이나 많다고 한다. 이는 어느 조직 혹은 개인의 특성에 알맞은 리더십을 찾아 접목하기란 그만큼 쉽지 않다는 이야기이다. 사회적경제 기업의 조직 특성에 따라서도 리더십은 달라져야 한다. 협동조합형 사회적경제 기업의 경우는 더욱 더 협동과 연대, 민주적인 의사 결정 등이 조직운영의 중요한 원리로 작동되고 있으므로 관계 지향적이며, 친절과 신뢰를 중시하는 '섬김(Servant) 리더십'과 이해관계자와 협력하는 '협동(Collaborative)의 리더십'이 필요하다. 주식회사 또는 기타 법인 형태의 사회적경제 기업은 구성원들에게 비전을 공유하며 동기를 부여하는 소위, '변혁적(Transformational) 리더십'이 더 적합한 것으로 나타났다. 또한 사회적경제 조직은 사업 분야별 직무 전문가 또는 경영관리 분야별 전문위원을 중심으로 한 리더십 대체 현상도 나타나고 있으므로 사회적기업가 1인의 리더십에 집중되기보다는 분야별 전문가의 소위, '권한위임(Empowerment) 리더십' 발휘가 필요한 것으로 보인다[26].

따라서 사회적경제 기업(가)의 리더십은 이처럼 '변혁적 리더십', '섬김 리더십', '권한위임 리더십', '협동 리더십'을 중심으로 발휘되면서 사회적경제 기업의 성과를 창출할 필요가 있다. 또한 해결하고자 하는 문제를 내부에서 직접 해결하지 못하는 경우라도 더욱 더 폭넓은 이해관계자 및 지역공동체 관점의 소통과 조직화를 통하여 자원과 사람을 하나로 모으고 가능한 경로를 제공함으로써 간접적인 방법을 통하여 해결 솔루션을 찾을 수 있다[27]. 이처럼 사회적경제 기업의 리더십은 리더와 팔로워 간의 관계뿐만 아니라 리더 그룹과 구성원 간 또는 구성원 상호 간의 관계를 고려한 보다 다층적 또는 다자적인 접근이 필요하다. 따라서 사회적경제 기업에 있어서 리더십이란 "개인 또는 팀 또는 조직의 리더(그룹)와 그 외의 구성원(들) 사이에 혹은 구성원들 상호 간에 개별적 또는 다층적 또는 다자적으로 협력하고 지원하는 과정에서 무엇인가 긍정적인 영향을 끼치는 속성"이라고 할 수 있다.

변혁적 리더십은 사회적경제 기업(가)이 구성원에게 목표 달성의 강박감을 주기보다는 스스로 혹은 조직을 긍정적으로 인식하고 높은 수준의 자아실현과 욕구를 자극하여 기대 이상의 성과를 달성하도록 서로 격려하는 행동을 말한다. 번스(Burns)는 "리더십이란 힘과 관련되어 있지만, 힘만을 소유하고 이를 통하여 팔로워에게 무엇인가를 주입하거나 강제로 변화시키는 것이 아니라 동기부여의 수준을 동반 상승하도록 하는 것이다. 이는 리더와 팔로워 간에 가치 있는 무엇인가를 거래하는 과정이거나 도덕적 교훈 혹은 동기의 증가와 같은 몰입의 과정"이라고 하면서 변혁적 리더십의 체계화에 실마리를 제공하였다[28]. 따라서 리더와 구성원 또는 구성원 상호 간에는 더 높은 차원의 욕구와 목표를 알려주고, 구성원 각자가 개인 이기주의에 빠지지 않도록 일깨워 줘야 하며, 사회 전체의 복리 및 가치를 생각할 수 있도록 동기부여와 자극, 평가 등을 제공하여야 한다. 이를 통하여 기대 이상의 좋은 성과를 달성하도록 리더십을 발휘해야 한다. 〈표 2.6〉과 같이 변혁적 리더십의 핵심적인 요인으로 4가지 범주를 제시하고 있는데, '카리스마(Charisma) 혹은 이상적 영향력(Idealized Influence)', '영감적 동기부여(Inspirational Motivation)', '지적 자극(Intellectual Stimulation)', '개별적 배려(Individual Consideration)'가 그것이다.

이와는 반대되는 개념으로 거래적 리더십을 설명하고 있는데. 이는 기존의 전통적인 리더십 유형이라고 할 수 있다. 〈표 2.6〉과 같이 '거래적(Transactional) 리더십'은 조직이 구성원에게 '성과에 따른 보상(Contingent Reward)'과 같은 거래적인 부분을 중심으로 이루어지는 리더십을 의미한다. 거래적 리더십에는 조직의 문제를 관리하거나 장애물을 해결하는 데 초점을 둔 '예외적 관리(Management by Exception)'와 주로 부정적인 리더십의 요인으로 설명되고 있는 '방임적 회피(Avoidant)'를 포함하고 있다. 예외적 관리는 다시 '능동적(Active) 예외 관리'와 '수동적(Passive) 예외 관리'로 구분하고 있다[29]. 그러나 거래적 리더십의 단점은 조직과 구성원 간의 관계가 '업무성과의 수급관계'로 흐를 수 있으며 교환관계가 충족될 때까지만 유효하게 될 수 있다. 구성원들은 개인적인 이해관계를 위해서만 행동할 수 있고, 조직의 성과 및 보상체계가 잘 운영되지 않는 경우라면 거래적 리더십의 기본 원리가 작동되지 않을 우려도 있다. 아울러 성과와 보상에는 시간이 걸린다는 문제가 있다.

거래적 리더십에 비하여 변혁적 리더십이 조직의 성과에 좋은 작용을 할 수 있지만, 거래적 리더십이 조직성과에 부정적이고 변혁적 리더십이 조직성과에 훨씬 더 유용하다고 할 수는 없다. 따라서 변혁적 리더십의 요인들과 거래적 리더십의 성과적 보상 요인을 상호 보완적으로 생각하고 사회적경제 기업의 조직적인 특성을 함께 고려하여 적용할 필요가 있다[30].

〈표 2.6〉 변혁적 리더십과 거래적 리더십의 특성 비교

구분	요인	내용
변혁적 리더십	이상적 영향력(카리스마)	구성원에게 사회적 미션과 비전을 제시하며 긍지를 심어주고 신뢰와 존경을 받음
	영감적 동기부여	중요한 목표에 대하여 간명하게 확실히 표현하며 높은 기대감과 열의를 줌
	지적 자극	합리적인 사고와 지성을 자극하고 문제 해결을 위한 세심함을 촉진함
	개별적 배려	각 구성원에게 개별적인 관심을 주며 각자의 개인 사정, 직무 또는 경력개발에 대하여 상담 및 코칭함
거래적 리더십	성과적 보상	성과에 따른 보상을 약속 또는 계약하며 성과를 촉진함
	예외적 관리	정해진 기준과 규정을 점검하고 개선할 수 있도록 하거나(능동적 관리), 어떤 기준에 미달할 때만 개입하여 관리함(수동적 관리)
	방임적 회피	개입을 꺼리며 책임과 의사 결정을 회피함

출처: 최중석(2017), "사회적기업 경영자의 기업가정신과 리더십이 구성원의 직무열의 및 조직성과에 미치는 영향에 관한 연구", 동국대학교 박사논문. p.43. 참조.

'변혁적 리더십'과 함께 변혁적 리더십의 확장된 개념으로 '섬김 리더십', '권한위임 리더십', '협동 리더십'이 사회적경제 조직의 중요한 리더십으로 나타나고 있다.

섬김 리더십은 구성원의 성과 달성, 지역공동체의 문제 해결, 자아 동기부여, 역량 개발 등의 부분에서 구성원에게 봉사하는 자세로 개별적으로 소통하고 관심을 가지며 구성원의 독특한 개성과 흥미에 대한 인식을 바탕으로 경력 개발과 목표 달성을 돕는 방식에 초점을 맞추어 발전해 왔다. 섬김 리더십은 친절과 신뢰를 기본 원리로 생각하며 구성원들을 최고로 만들기 위해 조직이 구성원들의 욕구와 목표, 잠재력 및 역량 개발 등에 대하여 구성원들과 개별적으로 소통하고 관심을 가지며 구성원들의 독특한 개성과 흥미에 대한 인식을 바탕으로 구성원들의 경력 개발과 목표 달성을 돕는다[31]. 섬김 리더십의 중요한 특징으로는 '청취하기(Listening)', '감정이입(Empathy)', '힐링(Healing)', '지각(Awareness)', '설득(Persuasion)', '개념화(Conceptualization)', '예지력(Foresight)', '책임정신(Stewardship)', '다른 사람의 발전에 공감(Assurance to the development of people)', '공동체 구축(Building community)'의 10가지가 있다[32].

권한위임 리더십은 "조직이 구성원에게 더 세부적인 권한과 의무를 부여하는 소위 '힘 실어주기'를 강화한다면 기대 이상의 성과를 달성할 수 있다고 하여 기존의 '동기부여', '영향력', '코칭 및 개발' 등에서 확장하여 '권한위임'의 중요성을 언급하고 있다[33]. 〈그림 2,11〉에서 보듯이 권한위임 리더십은 '변혁적 리더십' 또는 '섬김 리더십'을 더욱 촉진하여 구성원의 직무만족과 헌신, 장기근속을 높이는 매개 작용의 효과가 있는 것으로 나타났으므로 사회적경제 기업(가)은 '권한위임 리더십', '섬김 리더십', '변혁 리더십'에 대하여 한 번 더 숙고해 볼 필요가 있다[34].

〈그림 2.11〉 섬김 및 변혁적 리더십을 촉진(매개)하는 권한위임 리더십

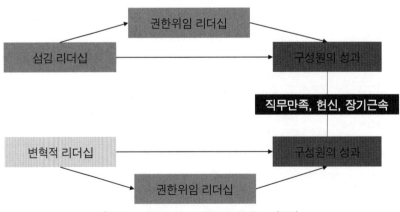

출처: Sherry K, Schneider and Winnette M, George(2010),
"Servant leadership versus transformational leadership in voluntary service organizations", Leadership & Organization Development Journal, 32(1),
pp.68-70. 참고 재정리(단, 본 연구에서는 변혁적 리더십과 헌신 사이의 유의미한 관계는 검증하지 못함).

협동 리더십은 이해관계자가 조직의 의사 결정 과정에 참여하고 협력하는 방식으로 나타난다. 특히, 협력조직의 임원 및 이사회 구성원, 자금 제공자, 기부자 및 공공사업 위임자는 사회적경제 기업의 가치를 이해하고 긍정적인 영향의 증거를 보기를 원한다. 따라서 사회적경제 기업은 지역 사회 및 협력자(조직) 등 다양한 이해관계자들을 조직의 의사 결정 과정과 실행에 참여토록 하여 함께 협동하고 봉사함으로써 리더십이 이해관계자와 함께 연계되어 발휘되도록 할 필요가 있다. 협동 리더십이 성과를 보기 위해서는 상당한 신뢰와 투자가 필요하다. 잘 발휘된 협동 리더십은 이해관계자의 투자 및 자원의 공유를 강화할 수 있으며 자금 제공자와 신뢰를 높이고 협업에 대한 약속을 더욱 높일 수 있다. 협력자(조직)와 협동 리더십이 주는 긍정적인 영향을 〈그림 2.12〉처럼 '근본적 영향(Foundational impacts)', '운영상 영향(Operational impacts)', '성과의 영향(Outcome impacts)'으로 나누어 살펴볼 수 있다.

첫째, 근본적인 영향은 '연결성'과 '신뢰'이다. 협동 리더십은 내부 구성원들 사이, 협력 공동체 사이의 연결성 및 신뢰의 질과 양을 모두 높일 수 있다. 연결성과 신뢰 없이는 운영상 영향과 성과의 영향을 높일 수 없다.

〈그림 2.12〉 협동 리더십의 11가지 긍정적인 영향

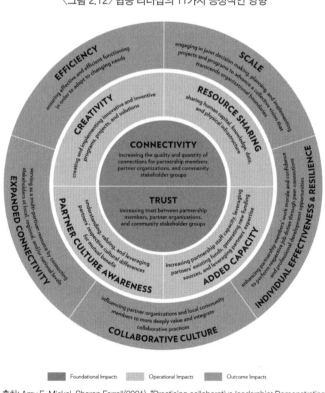

출처: Amy E. Mickel, Sharon Farrell(2021), "Practicing collaborative leadership: Demonstrating value through evidence of partnership impact", Parks Stewardship Forum, P.306.

둘째, 운영상의 긍정적인 영향은 '창의력', '자원 공유', '자원 확장', '협력조직의 문화인식'이 있다. 창의력은 구성원으로 하여금 비전을 가지고 주도적으로 일하며 기꺼이 위험을 감수할 수 있도록 하는 원동력이다. 또한 독창적인 업무나 과제, 문제 해결의 솔루션을 생성하고 구현하여 해결하도록 한다. 자원 공유와 확장은 협력조직의 구성원과 전문 지식 및 기술을 공유하고 정보를 교환하며 협력자(조직)의 장비 및 공간을 활용할 수 있게 한다. 그리고 더 나아가 새로운 자금원이 창출되고 협력조직의 직원 고용, 기존 전문 지식 및 기술의 새로운 활용으로 이어진다. 파트너 문화 인식은 협력조직의 문화와 도전 과제를 이해하며 문화 차이를 존중하고 소중히 여기며 활용한다. 셋째, 성과의 긍정적인 영향으로 '능률 구조'와 '규모 확대'가 있으며 예상을 넘어 '구성원 개인의 효율성과 탄력성', '협업 문화', '확장된 연결성'으로 확대된다. 능률은 규정과 원칙, 업무절차 등이 포함된 공식적인 의사 결정과 실행 구조를 구축하고 협력조직의 '건전성'을 정기적으로 평가하며 예기치 못한 상황과 문제에 신속하게 대응할 수 있는 유연성이다. 또한 협력 공동체 구성원들이 전체 정보에 대해 배우고 공유할 수 있도록 한다. 규모 확대는 협력자(조직)와 함께 관할할 수 있는 통합된 비전이 생기며 경계를 넘어서 공동의 의사 결정과 계획에 참여하게 한다. 또한 자연과 문화, 지역사회 참여와 교육, 정부 및 지자체로 확대된 프로그램을 운영할 수 있게 한다. 구성원 개인의 효율성과 탄력성은 다른 분야, 개발 기회, 자원, 도구 및 새로운 기술에 대한 접근이 증가하며 업무의 사기가 높아지고 자신감이 향상되는 것을 말한다. 또한 확장된 동료 네트워크를 통해 전문적으로나 개인적으로 지원받고 있다는 느낌이 향상된다. 협업 문화는 협력적 사고방식을 통합하도록 협력자(조직)에 영향을 주고 협력 공동체가 협업 방식을 이해하며 이를 가치 있게 여기고 채택하도록 영향을 주는 것을 말한다. 확장된 연결성은 협력조직의 공식 및 비공식 네트워크를 통해 다른 부문과의 의사소통과 조정이 간소화되며 구성원들이 자신의 직무 이상의 일을 할 수 있는 기회를 최대화하며 최고 의사 결정자를 대신하여 이해관계자와 긍정적인 관계를 형성한다. 또한 다양한 공동체 이해관계자를 연결하고 지역 문제와 기회를 해결하고 발전시키는 데 도움이 되는 정보 및 자원 제공자의 역할을 한다. 더 나아가 다른 협력자(조직), 지역, 지방 및 국가 수준으로 연결이 촉진된다[35].

사회적경제 기업의 조직문화

사회적경제 기업은 다양한 이해관계자들이 협동하고 연대하며 신뢰와 호혜를 바탕으로 운영되는 조직이다. "인간적이며 가족 같은 분위기, 사람을 중시하며 인적자원 개발에 힘쓰는 문화를 가진 조직은 구성원의 사기진작과 네트워크 활동, 사회(공동체)(적)인 성과와 경제적인 성과에 모두 긍정적인 영향"을 준다[36]. 따라서 사회적경제 기업은 관료적인 문화보다는 수평적인 공동체 문화를 중시하고 구성원이 의사 결정 과정과 실행에 함께 참여하도록 할 필요가 있다. 사실 관료주의 문화는 현대사회가 매우 복잡한 경영환경 하에 있다는 측면에서도 조직의 성과에 부정적이며 구성원의 직무만족에도 부정적인 영향을 주는 것으로 알려졌다. 하지만 어떤 경우에는 조직이 통합된 힘을 발휘하면서 조직성과를 창출하는 데 관료주의 문화가 유리한 측면도 있기 때문에 조직문화를 꼭 흑백논리로 보아서는 안 될 것이다[37].

조직문화란 "어느 시점에서 공개적이고 집단적으로 받아들여지는 조직의 용어, 양식, 다른 조직과 식별되는 이미지와 같은 것을 말하며 더 나아가 조직 내 내재되어 나타나는 이념이나 신념, 의식 혹은 신화와 같은 상징주의적인 형태"를 의미한다. 조직문화는 습관적으로 그리고 전통적으로 구성원들 사이에서 크게 또는 작게 공유되면서 그들의 사고방식이나 행위로 혹은 조직의 가치관이나 신념, 규범으로 나타난다[38]. 이러한 조직문화는 '유연성 및 통제성'과 '외부지향 및 내부지향'의 경쟁가치에 따라 4가지의 모형으로 분류한 경쟁가치모형을 통해 살펴볼 수 있다. 첫째, 유연성이 있으면서 내부지향적인 조직문화를 '합의문화(Consensus Culture)로, 둘째, 유연성이 있으면서 외부지향적인 조직문화를' 개발문화(Developmental Culture)로, 셋째, 통제적이면서 내부지향적인 조직문화를 '위계문화(Hierarchical Culture)로, 넷째, 통제적이면서 외부지향적인 조직문화를 '합리문화(Rational Culture)'라고 한다[39].

〈그림 2.13〉 경쟁가치모형 조직문화의 4가지 유형

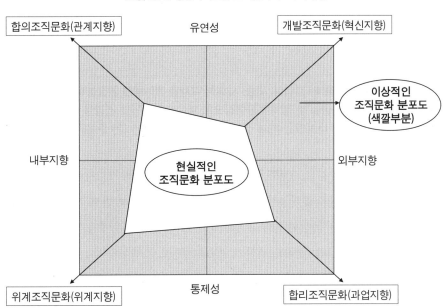

출처: Daniel R. Denison & Gretchen M. Spreitzer, 「Organizational Culture and Organizational Development」, Research in Organizational Change and Development, 5, 1991, p. 12 참고 번역 정리.

합의문화는 충성심과 단합을 중시하고 의사 결정 과정에 구성원의 참여를 권장하는 인간관계 중심의 조직문화이다. 개발문화는 변혁과 성장을 중시하고 구성원의 자발적인 계획과 자원 확보를 강조하는 조직문화이다. 위계문화는 안정과 능률을 중시하고 구성원에게 규범과 가치관을 중시하는 조직문화이다. 합리문화는 생산성과 능률을 중시하고 구성원의 효율적인 업무수행과 합리적인 목표 달성을 중요시하는 조직문화이다.

사회적경제 기업에 있어서 어느 조직문화가 좋고 어느 조직문화가 나쁘다고 단적으로 구분하여 말할 수 없지만, 대체로 합리문화가 조직의 경제적인 성과와 사회(공동체)(적) 성과에 긍정적인 영향을 미치며 합의문화도 구성원의 직무만족을 높이고 조직성과에 기여하는 것으로 나타났다. 반면 개발문화를 앞세워 조직성장과 자원획득만을 강조한다면 사회(공동체)(적) 성과에 부정적인 영향을 줄 수 있으며 마찬가지로 통제와 능률 중심의 위계문화는 경제적인 성과에는 긍정적일 수 있으나 사회(공동체)(적) 성과에는 부정적이다[40]. 따라서 사회적경제 기업은 합리문화와 합의문화가 중심으로 나타나고 변혁과 성장 혹은 안정과 능률 등의 필요에 따라서 개발문화와 위계문화가 뒷받침 된다면 좋을 것이다.

〈그림 2.13〉에서 연구자는 이상적인 조직문화로 개발문화가 중심이면서 다음으로 합리문화와 합의문화가 나타나고 끝으로 위계문화는 적게 나타나는 것을 권장하고 있지만 실질적으로는 위계문화가 중심이고 개발문화는 부족한 것이 현실임을 보여 주고 있다.

사례연구 08

한국 세종대왕의 여민동락(與民同樂) 리더십: 세종! 사회적 약자를 배려하는 공감능력과 감수성, 인재등용과 국정분담, 경연의 공공철학, 정치적 균형감으로 백성들의 가난과 건강을 힘써 돌보며 민유방본(民惟邦本, 백성이 오직 나라의 근본)과 생생지락(生生之樂, 살맛나는 즐거움)을 실천하다[41]!

세종대왕(이하, 세종으로 부름)은 1397년(조선 건국 태조 6년) 5월 7일, 지금의 서울시 종로구 통인동에서 태종(태조 이성계의 다섯째 아들)과 원경왕후(민씨)의 여섯 번째 자녀이자, 셋째 아들로 태어났다. 세종은 어려서부터 독서와 공부를 좋아하였으며 형제간 우애가 깊고 부모에게 지극한 효자로 알려져 있다. 세종은 1418년 8월 조선의 제4대 국왕으로 즉위하여 1450년 2월까지 32년간 재위하였다. 젊은 시절 무리하게 국정을 돌본 탓에 집권 후반부터 몸이 좋지 않아 시각 장애 및 여러 질병으로 고통을 겪었으며 1450년 3월 30일에 승하하였다. 세종은 재위 시절 신분을 가리지 않고 유능한 인재를 많이 등용하여 국정을 분담케 하였으며 깨끗하고 참신한 정치를 펼쳤다.

세종은 누구나 쉽게 배울 수 있는 효율적이고 과학적인 문자 체계인 훈민정음(訓民正音)을 창제하여 오늘날 대한민국의 공식 문자로 널리 쓰이도록 하였다. 이뿐만이 아니라 인사와 군사에 관한 일은 자신이 직접 처리함으로써 왕권과 신권의 조화를 이루었다. 1419년(세종 1년), 왜구가 침입하자 왜구의 근거지인 대마도를 정벌케 하였으며 1430년(세종 12년)에는 명나라에 말과 명주, 인삼 등 다른 공물을 더 보내고 공녀와 금은 조공은 중지하게 하였다. 또한 평안도와 함길도에 출몰하는 여진족을 국경 밖으로 몰아내고 4군 6진을 개척하여 압록강과 두만강 유역으로 국경을 확장하였고, 백성들을 옮겨 살게 하는 사민정책(徙民政策)을 실시하여 국토의 균형발전을 위해서 노력하였다.

또한 간의, 혼천의, 혼상, 일성정시의, 앙부일구, 자격루, 측우기 등 백성들의 생활과 농업에 직접적인 도움을 주는 과학 기구 발명을 전폭적으로 지원했다. 이 밖에도 법전과 문물을 정비하였고 전분 6등법과 연분 9등법 등의 공법(貢法)을 제정하여 조세 제도를 확립하고 천문과 역법, 금속활자와 인쇄술, 도량형 통일, 총통제작, 음악 정비, 서적 편찬, 법전 정비, 형옥 제도 확립에도 업적을 남겼다.

〈그림 2.14〉 세종의 영정(좌) 및 세종시대 발명품(우)

현주일구: 세종 1437년 　혼천의: 세종 1433년 　측우기: 세종 1442년

천평일구: 세종 1437년 　간의: 세종 1432년 　앙구일부: 세종 1434년

출처: 장영실과학관(2021), http://jyssm.co.kr.

세종은 일부 관료들의 비판에도 불구하고 관비가 출산할 경우, 1주일의 산후 휴가만 주었던 관행에서 출산 후 100일을 쉬도록 명하였고 관비의 남편 역시 산후 1개월의 휴가를 주도록 하였다. 그리고 노비를 가혹하게 다루거나 살인을 저지르는 자는 법령에 따라 엄중히 처단할 것을 명하였다. 세종 26년(1444년), 《세종실록(1418년 8월 즉위년에서 세종 32년인 1450년 2월 승하까지 기록한 세종의 역사서)》는 다음과 같이 기록하고 있다.

> 노비는 비록 천민이라고 하나, 하늘이 내린 백성 아님이 없다. 신하 된 자로서 하늘이 낳은 백성을 부리는 것만으로도 만족할 것인데, 그 어찌 제멋대로 형벌을 행하여 무고한 사람을 죽일 수 있단 말인가? 임금의 덕(德)은 살리기를 좋아해야 할 뿐인데, 무고한 백성이 죽는 것을 보고도 아무렇지 않은 듯 금하지 않고 그 주인을 치켜세우는 일이 과연 옳은가? 나는 매우 옳지 않다고 여긴다.

이 밖에도 노인을 우대하였으며, 쌀과 의복을 내려 도움을 주었고 때로는 양로연을 열어 위로하였다. 승정원(왕명의 출납을 맡았던 임금의 직속기관으로 오늘날 대통령비서실에 해당)에서는 노인 중 천민을 양로연에 참석하지 못하도록 상소하였으나 세종은 이를 크게 꾸짖고 신분과 관계없이 죄 지은 자가 아니면 모든 노인을 참석하게 지시하였다.

후대의 연구자들은 이러한 세종의 리더십을 여민동락(與民同樂)으로 부르고 있다. 맹자는 "혼자 즐기는 것보다 여럿이 함께 즐기는 게 낫고, 소수의 사람과 즐거움을 나누기보다 많은 사람과 나누면 더 즐겁다"라고 하면서 여민동락을 실천하는 것이야말로 이상 정치의 정도임을 강조했다. 실제 권력자가 백성들과 여민동락하기는 쉽지 않은데 역사의 기록물과 후대의 연구자들은 세종을 "백성과 함께 즐거움을 누리는 여민동락"을 가장 잘 실천한 정치인이자 성군으로 꼽는다. 권력은 외면을 꾸미고 힘을 과시하는 데서 나오는 것이 아니다. 구성원들은 권위를 내려놓고 함께 웃고 우는 리더에게 진심 어린 지지와 존경을 보내고 그를 따르는 것이다.

최근 문헌에서는 세종이 백성의 삶의 질에 미친 성과를 '장수(長壽)', '부유(富裕)', '강녕(康寧)'과 '고종명(考終命, 제명에 죽는 것)'의 4가지 척도로 탐색하고 재위 5년(1423년) 강원도 지방의 대기근을 조정이 어떻게 대응하였는지 연구되기도 하였다. 이 문헌에 의하면 세종은 수리시설 개간 및 북방 영토개척 등으로 경작지를 증가시키고 국가의 재정과 백성들의 경제력을 향상시켰지만 하루 한 끼로 살아가는 굶주린 백성들이 여전히 있다는 말을 듣고 "매우 마음이 아프고 불쌍히 여겨 얼굴빛이 변했으며 지방 특산물 공납을 면제"하게 했다고 한다. 그리고 세종 8년(1426년)에는 도성의 초가집들이 불타는 대규모 화재 이후에 "도로를 넓혀 사방으로 통하게 하고 대형 화재의 원인 중 하나인 초가를 개량하여 기와집으로 바꾸는 대대적인 사업을 추진"하였다.

또한 요절 혹은 비명횡사 없이 제 수명을 다해 가족 앞에서 편히 죽는 '고종명'은 예나 지금이나 중요하지만 누구나 누릴 수 있는 '복'은 아니다. 세종은 천재지변 이외의 일은 사람의 힘으로 할 수 있는 예방과 사후조치의 중요함을 언급하면서 '사람의 힘'을 강조하였다. 세종은 유아사망률을 낮추기 위해 "종래 버려진 아이들을 제생원(濟生院, 의료기관)의 노비들에게 맡겨 기르던 일을 별도로 제생원 옆에 집을 지어 자원하는 사람에게 일정한 급료를 주면서 구호하도록 하였다. 겨울철에는 덮을 것, 소금, 장(醬), 진어(陳魚), 젓갈, 미역 등의 물건을 모두에게 넉넉히 지급"하도록 했다. 또한 어린아이를 버린 자를 고발하면 상을 주고 버린 어린아이를 받아 기르기를 원하는 사람에게는 그렇게 하도록 했으며 가난하여 혼인을 못한 사람은 친족들이 보살펴 혼인할 수 있도록 하였다.

〈표 2.7〉에서 보는 바와 같이 후대의 학자 중에는 세종의 보살핌을 '생명존중', '민생해결' 및 '교화소통'을 주제로 연구하였기도 하였으며 세종의 공공성을 주제로 '여민의 공공'을 연구하기도 하였다. 또한 미래를 준비하는 세종의 통찰력을 각각 "애민(愛民), 여민(與民), 위민(爲民)"과 "장래준비, 학습사회, 징조탐색"으로 연구하였다. 다른 문헌에서는 세종의 리더십과 비전을 '공감능력'과 '감수성', 그리고 '정치적 균형감'으로 설명하고 있으며 세종의 소통정치에 대하여 '경연과 공공철학', '상향 리더십'으로 연구하였다. 세종과 성종을 비교하여 연구한 문헌도 있는데 특히, 세종의 경우는 국가의 비전과 사명을 '화합정치', '민유방본(民惟邦本, 백성이 오직 나라의 근본)', '생생지락(生生之樂, 살맛나는 즐거움)'으로 설명하고 있으며 '인재중시', '공론정치', '종교(불교) 포용', '세자(문종) 섭정'을 연구하였다.

〈표 2.7〉 세종의 여민동락 리더십 연구

구분	내용	연구자
국가사명	정치화합, 민유방본, 생생지락, 학습사회	방상근(2019), 박성원(2018)
개인특성	공감능력, 감수성, 정치적 균형감, 장래준비, 징조탐색	강상규(2016), 박성원(2018)
여민실천	장수, 부유, 강녕, 고종명, 민생해결, 생명존중, 교화소통, 공공성, 미래준비, 종교포용	박현모(2009), 정윤재(2009), 조성환(2013), 임기철(2014), 방상근(2019)
소통정치	인재중시, 공론정치, 경연과 공공철학, 상향 리더십, 세자섭정	방상근(2019), 김재익(2017), 박현모(2019)

세종이 직접 작성한 즉위교서를 보면 세종의 사명과 비전이 담겨있다. 이는 선왕의 업적을 더욱 발전시키되 급격한 변화나 정치보복은 없으며 화합을 도모하겠다는 세종의 의지이자 어진 정치로 국가를 세우겠다는 사명이기도 하다. 세종 즉위년(1418년), 《세종실록》은 다음과 같이 기록하고 있다.

태조께서 나라를 세우시고 부왕께서 큰 사업을 이어받으시니, 삼가고 조심하여 하늘을 공경하고 백성을 사랑하며, … (중략) 모두 태조와 우리 부왕께서 이루신 법도를 따를 것이며 변경은 없을 것이다. 그리고 이 거룩한 의례에 부쳐 마땅히 너그러이 사면을 선포한다. … (중략) 지위를 바로잡고 그 처음을 삼가며 종사의 소중함을 받들어 어진 정치를 행하여야 비로서 땀 흘려 이루어 주신 은혜와 덕택을 밀고 나아갈 수 있으리라.

세종은 지방의 관료들에게 "백성들과 함께 태평시대의 즐거움을 누려야 함"을 강조했으며 세종 본인도 이 사명을 위해 신명을 바쳤다. 세종 26년(1444년)《세종실록》은 다음과 같이 기록하고 있다.

나라는 백성을 근본으로 삼고, 백성은 먹는 것으로 하늘을 삼는 것인데, 농사는 옷과 먹는 것의 근원으로서 왕실의 정치에서 먼저 힘쓸 것이다. 그것은 오직 백성을 살리는 하늘의 명인 까닭에, 천하의 지극한 노고로 일하는 것이다. 위에 있는 사람이 성심으로 지도하여 거느리지 않으면 어떻게 백성들이 부지런히 힘써 농사에 종사하고 그 생생지락을 완수할 수 있겠는가?

<그림 2.15> 세종의 활동도감(좌측부터 주자소도(출판), 지음도(음악), 집현전학사도(연구))

출처: 사단법인 세종대왕기념사업회(2021), http://sejongkorea.org.

세종의 백성을 사랑하는 애틋함은 그가 높은 감수성과 공감능력을 가지고 있음을 말해 주는 것으로 이것은 세종이 성공적으로 국정을 운영할 수 있었던 원천이라고 할 수 있다. 예컨대 앞에서도 살펴본 노비의 출산 휴가 제도를 보면 사회적으로 가장 힘없는 사람들의 삶을 헤아리는 배려가 그 시대의 상식으로는 상상할 수 없을 정도의 놀라운 발상의 전환이라고 할 수 있다. 이는 시대의 관습과 계급을 넘어 인간의 존엄성에 대한 자각과 공감 없이는 도저히 불가능한 판단이다. 세종의 이러한 감수성과 공감능력은 죄수들에 대한 배려에서도 잘 드러난다. 세종 7년(1425년)《세종실록》은 다음과 같이 기록하고 있다.

옥(獄)이란 것은 죄지은 사람을 징계하는 것이지 사람을 죽게 하려는 본의는 없다. 관리자가 마음을 써서 옥을 고찰하지 아니하고 심한 추위와 극심한 더위에 사람을 가두어 질병에 걸리게 하고, 혹은 춥고 배고픔에 비명으로 죽게 하는 일이 없지 아니하니, 진실로 가련하고 민망한 일이다. 중앙과 지방의 관료들은 나의 지극한 뜻을 받들어 항상 몸소 상고하고 살피며 옥내를 수리하고 청소하여 늘 정결하게 할 것이요, 질병 있는 죄수에게는 약을 주고 치료하여 구호할 것이며, 옥바라지할 사람이 없는 자에게는 관아에서 옷과 먹을 것을 주어 구호하게 하라. 마음을 써서 이를 거행하지 않는 자는 서울 안에서는 사헌부에서, 다른 지방에서는 엄격히 감찰하여 다스릴 것이다.

세종 7년(1425년)《세종실록》의 다음 기록을 보면 세종이 나라와 백성을 사랑하는 애틋한 마음에 감동을 하지 않을 수 없게 된다.

의정부와 육조에서 대궐에 나아가 문안하였다. 임금이 가뭄을 걱정하여 7월 18일부터 11일간 밤을 지새우며 애타게 비를 기다리다 병이 났으나 외인에게 알리지 못하게 하였는데, 그때서야 여러 대신이 알고 고기반찬을 드시기를 청하였다.

세종은 백성의 고통을 마치 자신의 것으로 느껴 왔으며, 세종의 이러한 깊은 고민은 인류사 최대 발명품인 훈민정음이라는 새로운 문자의 창제로 이어졌다. 우리가 너무나 잘 아는 훈민정음 서문을 보면 세종의 간곡한 마음을 잘 확인할 수 있다(세종 28년(1446년)《세종실록》).

우리나라 말이 중국과 달라 한자와 서로 통하지 아니하므로, 우매한 백성들이 말하고 싶어도 제 뜻을 잘 표현하지 못하는 사람이 많다. 내가 이것을 불쌍히 여겨 새로 스물여덟 자를 만들었으니, 사람들이 쉽게 익히고 날마다 쓰는 데 편하게 하고자 한다.

　조선시대 '경연'이라고 함은 유교 경전의 '경' 자와 자리를 뜻하는 '연' 자가 합해져 생긴 이름으로 임금에게 유교경전(경서)과 역사서(사서)를 가르치는 교육제도이다. 그러나 세종은 이를 "전대의 임금처럼 신하가 주도적으로 임금을 공부시키는 자리가 아니라 임금이 신하와 함께 책을 읽고 논하는 자리"로 운영하는 리더십을 보여 주었다. 특히 세종은 경연에서 현안을 다루지 않았으며 정치에 직접적인 영향을 끼치는 기구로도 운영하지 않았다. 오늘날로 말하면 일종의 주로 철학과 역사를 논의하는 인문학 시간처럼 운영하였다. 세종 7년(1425년)《세종실록》은 다음과 같이 기록하고 있다.

　오늘의 편안함을 믿고 내일의 환란을 생각하지 않으면 안 될 것이다. 경서를 깊이 연구하는 것은 실용을 위한 것이다. 경서와 사기를 깊이 연구하여 다스리는 도리를 보면 그것이 보여 주는 나라 다스리는 일은 손을 뒤집는 것처럼 쉽다. (그러나) 실지의 일에 당면하면 어찌할 바를 모르는 일이 있을 것이다. 비록 내가 경서와 사서를 널리 찾아 읽었지만, 오히려 아직 능하지 못하니 이것과 다를 바가 무엇이겠는가?

　세종의 이러한 리더십은 경서와 사서를 다루는 목적이 바로 국가를 다스리는 철학과 도리를 탐구하며 역사적인 사례를 통하여 실제 정치로 활용하는 영향력을 보여 준다. 다시 말해서 세종은 '경연'을 통하여 참석한 신료들과 국가를 다스리는 철학을 공유하고 이를 실제로 국정을 운용하려는 의지를 보여 준 것이라 하겠다.

제2장의 사례연구 토론(Discussion)

사례연구 05 노보루프(NOVOLOOP): 미국 노보루프의 공동창업자 지니 야오와 미란다 왕은 21세의 나이로 세계 최초로 바다에 오염되고 있는 해양 플라스틱 필름을 친환경적으로 분해하여 새로운 원료로 개발하는 사회문제 해결의 혁신적인 사회적경제 기업을 설립하였다. ① 먼저 노보루프의 사례에 대하여 좀 더 자세히 설명하라. 그리고 ② 이들의 사회적기업가정신에 대하여 '도전'과 '공감'이라는 서로 다른 측면에 대하여 각자 설명하고 토론해 보자.

사례연구 06 아카리 수산(Acari Fish): 멕시코의 아카리 수산은 '마귀어'라는 잘못된 정보와 낙인으로 버려진 수산 자원을 새로운 시각으로 바라보고 지역공동체와 연계하여 경제적인 기회와 일자리를 창출한 혁신적인 사회적경제 기업이다. ① 먼저 아카리 수산의 사례에 대하여 좀 더 자세히 설명하라. 그리고 ② 이와 같이 우리 주변 또는 지역에 버려진 자원은 없는지 하나씩 생각해 보고 사회문제 해결의 아이디어로 발전시킬 수 있는 방안에 대하여 각자의 의견을 제시하고 토론해 보자.

사례연구 07 퀘벡(Quebec)주의 사회적경제: 캐나다 퀘벡주는 시장↔국가(정부)의 이항적인 구도 사이에서 시민사회가 합류하면서 다양성을 지향하고 사회적 가치 중심의 사회적경제 방식을 통하여 위기를 극복하고 다원적 경제구도를 정착시킨 세계적인 사례로 보고되고 있다. ① 먼저 캐나다 퀘벡(Quebec)주의 사회적경제에 대하여 좀 더 자세히 설명하라. 그리고 ② 우리 지역사회가 발전하고 사회적경제가 지속 가능한 역할을 담당하기 위하여 퀘벡을 통하여 통해 배울 점이 있다면 무엇이고 실천 방안은 무엇인지 각자의 의견을 제시하고 토론해 보자.

사례연구 08 세종대왕의 여민동락(與民同樂) 리더십: 한국의 조선시대 4대 왕인 세종은 사회적 약자를 배려하는 공감능력과 감수성, 인재등용과 국정분담, 경연의 공공철학, 정치적 균형감으로 백성들의 가난과 건강을 힘써 돌보며 민유방본과 생생지락을 실천하였다. ① 먼저 세종대왕의 여민동락 리더십에 대하여 좀 더 자세히 설명하라. 그리고 ② 우리나라 정치관료 혹은 사회적경제 리더들이 세종대왕을 통하여 배울 점이 있다면 무엇이고 실천 방안은 무엇인지 각자의 의견을 제시하고 토론해 보자.

제2장의 참고문헌(Reference)

1 Ashoka(2016), "What is a Social Entrepreneur? Why Social Entrepreneur?", http://ashoka.org/social_entrepreneur.

2 라준영(2013). "사회적기업의 기업가정신과 가치혁신", 한국협동조합연구, 31(3), 49-71.

3 최중석·성상현(2016), "사회적기업가 역량 모델링 및 교육체계 수립에 관한 연구: 경영전략 AFI Framework의 구성요소를 중심으로", 한국협동조합연구, 34(2), 83-116.

4 Thompson, J. L.(2002), "The World of the Social Entrepreneur", The International Journal of Public Sector Management, 15(4/5), 412-431.

5 Roper, Juliet and Cheney, George(2005), "Leadership, learning and human resource management: The meanings of social entrepreneurship today", Corporate Governance, 5(3), 95-104.

6 노보루프 홈페이지(2021), https:/novoloop.com.; Ellen MacArthur Foundation(2016), "Report on The New Plastics Economy: Rethinking the Future of Plastics".: Françoise Herrmann(2021), "Oh, patents! Novoloop (former BioCellection, Inc.)", https:blogger.com/. 재인용.

7 Michael H. Morris, Pamela S. Lewis, and Donald L. Sexton(1994), "Reconceptualizing Entrepreneurship: An Input-Output Perspective", Advanced Management Journal, 59(1), 21-34.

8 Martin, R. L. and Osberg, S.(2007), "Social entrepreneurship: The case for definition", Stanford Social Innovation Review, 5(2), 28-39.

9 Thompson, J. L.(2002), "The World of the Social Entrepreneur", The International Journal of Public Sector Management, 15(4/5), 412-431.

10 David Bornstein(2004), "How to Change the World: Social Entrepreneurship and the Power of New Ideas", Penguin Books.

11 James Austin, Howard Stevenson, and Jane Wei-Skillern(2006), "Social and commercial entrepreneurship: Same, Different, or Both?", Entrepreneurship Theory and Practice, 47(3), 370-384.

12 Light, P.(2006), "Reshaping social entrepreneurship", Stanford Social Innovation Review, 4(3), 46-51.

13 Mair, J. and Marti, I.(2006), "Social entrepreneurship research: A source of explanation, prediction and delight", Journal of World Business, 41, 32-44.

14 Nicholls, A.(2006), "Social Entrepreneurship: New Models of Sustainable Social Change", Oxford University Press.

15 오헌석·이상훈·류정현·박한림·최윤미(2015), "사회적기업가정신 측정도구 개발 및 타당화 연구", 직업교육연구, 34(2), 109-133.

16 Dees, J. G.(1998), "The Meaning of 'Social Entrepreneurship'", Working paper, Stanford University.; Makhlouf, Hany H(2011), "Social Entrepreneurship: Generating Solutions To Global Challenges, International Journal of Management and Information Systems, 15(1), 1-8.; Raghda El Ebrashi(2013), "Social entrepreneurship theory and sustainable social impact", Social Responsibility Journal, 9(2), 188-209.; 이광우·권주형(2009), "사회적기업의 역량요인이 공익적 성과와 영리적 성과에 미치는 영향", 산업교육연구, 23(1), 261-292.; 장성희·반성식(2010), "사회적기업의 기업가 지향성과 시장 지향성이 경제적 성과와 사회적 성과에 미치는 영향에 관한 연구", 대한경영학회지, 23(6), 3479-3496.

17 아카리 수산 홈페이지(2021), http://acarifish.com.

18 아쇼카재단 홈페이지(2021), http://ashoka.org.

19 Sarah H. Alvord, L. David Brown, and Christine W. Letts(2004), "Social Entrepreneurship and Societal Transformation: An Exploratory Study", The Journal of Applied Behavioral Science, 40(3), 260-282.

20 최중석·성상현(2016), "사회적기업가 역량 모델링 및 교육체계 수립에 관한 연구: 경영전략 AFI Framework의 구성요소를 중심으로", 한국협동조합연구, 34(2), 83-116.

21 David F. T. Almeida(2010), "Social ventures and social entrepreneurs: factors for success", ISCTE(in English Superior Institute of Business and Labour Sciences) Business School.; Cynthia Shanmugalingam, Jack Graham, Simon Tucker, and Geoff Mulgan(2011), "Growing Social Venture", Young Foundation & NESTA.; Moshe Sharir and Miri Lerner(2006), "Gauging the success of social ventures initiated by individual social entrepreneurs", Journal of World Business, 41(1), 6-20.

22 김상욱(2014), "캐나다 퀘백시 샹티에와 숙의민주주의: 주민의 아이디어와 연대를 통한 힘 모으기", 월간 주민자치, 36, 100-103.; 이수연(2013), "차별과 위기를 극복한 퀘벡의 사회적경제: 퀘벡 사회적경제의 특징과 다양한 협동조합", 새사연.; 샹티에 홈페이지(2018), http://chantier.qc.ca.; 주택협동조합연맹 등 홈페이지(2018), http://cooperativehabitation.coop, http://commons.wikimedia.org, and http://quebecurbain.qc.ca.; 장인권(2013), "돌담 경제: 퀘벡, 사회적경제의 전략적 포지셔닝", 마르크스주의 연구, 10(2), 66-98.; 충남발전연구원(2013), "캐나다 퀘벡주 협동조합 조사보고서".

23 Andrew W. Halpin(1957), "Manual For the Leader Behavior Description Question", Ohio State University, 1-9.

24 Robert R. Blake and Jane Mouton(1964), "The managerial grid: key orientations for achieving production through people", Gulf Publishing Co.

25 Hersey, P. and Blanchard, K.(1996), "Leadership Development, Managerial style", Training and Development, January, 42-47.

26 오단이(2013), "사회적경제 조직의 리더십에 관한 탐색적 사례연구", 한국사회복지행정학, 15(4), 285-311.

27 Waddock, S. A. and J. E. Post(1991), "Social entrepreneurs and catalytic change", Public Administration Review, 51(5), 393-401.

28 Burns, J. M.(1978), "Leadership", Harper and Row.

29 Bass, B. M.(1990), "From Transactional to Transformational Leadership: Learning to Share the Vision", Organizational Dynamics(Winter).; Bruce J. Avolio, Bass, B. M., and Dong I. Jung(1999), "Re-examining the components of transformational and transactional leadership using the Multifactor Leadership Questionnaire", Journal of Occupational and Organizational Psychology, 72, 441-462.

30 최중석(2017), "사회적기업 경영자의 기업가정신과 리더십이 구성원의 직무열의 및 조직성과에 미치는 영향에 관한 연구", 동국대학교 박사논문.

31 J. W. Graham(1991), "Servant leadership in organizations: Inspirational and moral", The Leadership Quarterly, 2, 105-119.

32 Asif Shahzad, Riffat Abbas Rizvi, Aamer Waheed, Imran Khan, Sardar M. Usman, Nabila Nazir, Ghazala Amin, and Talat Mahmood Kiyani(2013), "Linking Servant Leadership with Organizational Citizenship Behavior through Trust: An Embryonic Structural Modelling Approach", European Journal of Social Sciences, 273-284.

33 Avolio, B. J., Zhu, W., Koh, W., and Bhatia, P.(2004), "Transformational leadership and organizational commitment:

ediating role of psychological empowerment and moderating role of structural distance", Journal of Organizational Behavior, 25(8), 951-968.

34 Baron, R. M. and Kenny, D. A.(1986), "The moderator-mediator variable distinction in social psychological research: conceptual, strategic, and statistical considerations", Journal of Personality and Social Psychology, 51(6), 1173-1182.; Sherry K. Schneider and Winnette M. George(2010), "Servant leadership versus transformational leadership in voluntary service organizations", Leadership & Organization Development Journal, 32(1), 60-77.

35 Amy E. Mickel, Sharon Farrell(2021), "Practicing collaborative leadership: Demonstrating value through evidence of partnership impact", Parks Stewardship Forum, 303-315.; Amy E. Mickel and Leigh Goldberg(2023), "PARTNERSHIP IMPACT MODEL", https://www.onetam.org/partnership-impact-model.

36 반성식 · 김상표 · 유지현 · 장성희(2011), "사회적 기업가정신, 조직문화 및 네트워크 활동이 사회적 기업의 성과에 미치는 영향", 생산성논집, 25(3), 2011, 49-82.

37 Harrison, R.(1972), "Understand Your Organization's Character", Harvard Business Review, 50(May-June), 119-128.

38 Pettigrew, M. A.(1979), "On Studying Organizational Cultures", Administrative Science Quarterly, 24(4), 570-581.; Duncan, W. J.(1989), "Organizational Culture: 'Getting a Fix' on an Elusive Concept", Academy of Management Executive, 3, 229-236.

39 Daniel R. Denison & Gretchen M. Spreitzer(1991), "Organizational Culture and Organizational Development", Research in Organizational Change and Development, 5, 1-21.

40 정은경(2012), "사회적 기업가의 리더십 역량, 조직문화 및 조직성과 간의 관계", 청주대학교 사회복지학과, 박사학위논문.; 박해긍 · 신원식(2014), "사회적기업의 조직문화가 종사자의 직무만족에 미치는 영향", 지방정부연구, 18(2), 301-318.

41 위키백과(2021), "조선_세종", https://ko.wikipedia.org/wiki/.; 박현모(2009), "세종은 백성들의 '삶의 질'을 어떻게 높였나", 정신문화연구, 32(2), 111-136.; 정윤재(2009), "세종대왕의 천민/대천이물론과 보살핌의 정치", 한국동양정치사상사연구, 8(1), 145-161.; 조성환(2013), "[공공단상] 백성과 함께, 세종의 여민정치", 월간 공공정책, 95, 76-80.; 임기철(2014), "백성을 중심에 두고 미래를 열다", FUTURE HORIZON(19), 6-7.; 강상규(2016), "공감능력이라는 관점에서 바라본 세종의 정치적 리더십", 한국동양정치사상사연구, 15(2), 63-91.; 이치억(2016), "여민동락(與民同樂), 좋은 리더의 힘 in Redesigning Performance Management", DBR(동아비즈니스리뷰), 198호.; 김재익(2017), "[공공단상] 세종의 경연과 공공철학 대화", 월간 공공정책, 139, 78-82.; 박성원(2018), "장래를 예측하고 징조를 살핀 리더". FUTURE HORIZON(35), 26-29.; 방상근(2019), "수성에서 교화로: 세종과 성종의 리더십 비교", 한국동양정치사상사연구, 18(1), 59-93.; 박현모(2019), "세종시대 승정원의 운영과 도승지의 상향(上向)리더십 고찰", 정치사상연구, 25(1), 242-264.; 사례연구의 세종실록 내용은 이상의 여러 논문을 참조하였음.

제3장

사회적경제 비즈니스 모델(Business Model)

제3장의 개요(Outline)

3-1. 사회문제 발견 및 해결을 위한 지역조사 방법
3-2. 사회적경제 비즈니스 모델 유형
3-3. 사회적경제 비즈니스 모델 수립 유형
3-4. 사회적경제 비즈니스 모델 수립 도구 통합

사례연구 09 인도의 아이즈(Ayzh): 저개발국가의 시골 여성에게 출산용 소독 키트를 제공하여 산모와 아이의 건강을 보호하고 혁신적인 파트너십과 사회적 경영차별화 방안을 통하여 출산, 산모, 신생아, 아동 및 청소년 건강(RMNCH+A)을 위한 저비용 고품질 제품공급의 글로벌 선도기업으로 나아가다!

사례연구 10 미국의 킥스타트(KickStart): 친환경 관개용 펌프를 개발하고 저가로 공급하여 사하라 사막 이남 아프리카 농민들의 빈곤 탈출과 삶의 질 향상을 돕다!

사례연구 11 독일의 압거어드넷튼와치(Abgeordnetenwatch): 독일의 의회감시 시스템, 시민의 민주적 참여와 의회의 책임 있는 정치를 묻다!

사례연구 12 한국의 안성의료복지사회적협동조합: 공동으로 소유하고 민주적으로 운영되는 사회적협동조합의 원리와 지역공동체 중심 사회적경제 기업의 표준을 제시하다!

제3장의 학습목표(Objectives)

☞ 학습목표 3-1: 지역사회의 문제 발견 및 솔루션을 찾기 위한 지역조사의 방법으로써 양적조사 및 질적조사 방법을 이해하고 설명할 수 있다.

☞ 학습목표 3-2: '사회적 목표그룹과 재원조달 고객의 조합'을 중심으로 분류한 비즈니스 모델의 6가지 유형을 알고 설명할 수 있다.

☞ 학습목표 3-3: '사회적 목적과 재원조달 방법의 조합'을 중심으로 분류한 비즈니스 모델의 4가지 유형을 알고 설명할 수 있다.

☞ 학습목표 3-4: '사회적 목표그룹의 참여유형과 재원조달 방법을 결합'한 사회적경제 비즈니스 모델 설계 도구(캔버스)를 알고 설명할 수 있다.

☞ 학습목표 3-5: 'TBL(Triple Bottom Line) 가치 창출을 중심으로 경영 활동을 정리'하는 사회적경제 비즈니스 모델 설계 도구(캔버스)를 알고 설명할 수 있다.

☞ 학습목표 3-6: '사회적 목적, 재원조달 방법, 사회적 목표그룹의 참여유형, TBL의 3가지 가치 창출을 종합화'한 사회적경제 비즈니스 모델 설계 도구(캔버스) 'Our!SBMC'를 이해하고 설명할 수 있다.

☞ 학습목표 3-7: 제3장 뒤쪽에서 언급하고 있는 4개 사례연구의 토론주제에 대하여 타인의 의견을 경청함과 동시에 자기 의견을 밝히면서 적극적으로 토론에 참여할 수 있다.

제3장의 용어 및 개념 정리(Proposition)

▶ 지역사회 욕구조사: 부족한 지역사회의 재화와 서비스를 발견하고 자원을 투입하기 위하여 지역사회의 자료를 수집하고 분석하는 체계적인 과정

▶ 사회적 목표그룹: 금전적·사회적·정치적·육체적 등의 영향력 부족으로 고통을 받거나 배제 또는 소외를 당하는 사람들이 안정을 이루고 배제 또는 소외가 해결되어 해당 공동체 구성원들과 평등한 사회적 가치를 누릴 수 있도록 선정된 당사자 또는 당사자 그룹. 일반적으로 사회적 약자, 수혜자 혹은 문제 해결 욕구그룹 등으로도 표현되며 공동체 가치 및 환경적 가치를 지향하는 사회적경제 기업의 경우에는 조직, 기업 혹은 지역공동체 구성원 전체를 사회적 목표그룹으로 할 수 있음

▶ 사회적경제 비즈니스 모델(Social Business Model): 조직이 사회적 목적을 달성하기 위하여 내·외부 자원을 동원하여 사업을 수행하고 사회적 목표그룹 및 이해관계자와 관계하면서 경제적, 사회(공동체)(적) 및 환경적 비용을 투입하여 경제적, 사회(공동체)(적) 및 환경적 가치와 경제적, 사회(공동체)(적) 및 환경적 영향을 창출해 나가는 논리적 구조와 방법

▶ TBL: 전통적으로 재무제표의 맨 아랫부분에 표기되는 당기 순이익과 같이 재무적 수익만을 중시하던 시대에서 재무적인 가치뿐만 아니라 환경적인 품질과 사회적 가치도 함께 중요하게 받아들여야 함을 의미

▶ 사회적경제 비즈니스 모델 캔버스(Social BMC: Social Business Model Canvas): 사회적경제 비즈니스를 구성하는 요소 간의 관계를 좀 더 명확하게 한눈에 파악할 수 있도록 그 내용을 논리적으로 구조화하여 하나의 지면으로 나타낸 양식 또는 도구

사회적경제 비즈니스 모델 수립,
이웃을 향한 작은 관심에서 시작됩니다

사회적경제 비즈니스 모델 수립, 참으로 거창한 주제가 아닐 수 없습니다. 하지만 제가 직접 현장을 찾아다니며 만난 사회적경제인은 정말 우연한 기회에, 또한 아주 작고 따뜻한 마음에서 사회적경제를 시작하여 지속하고 계셨습니다. 어떤 분은 가정 밖에서 방황하는 청소년들에게 따뜻한 밥 한 끼를 차려 주다가, 또 어떤 분은 봉사활동을 하면서 친분을 갖게 된 정신장애인이 직장을 갖고 그 누구보다 평범한 일상을 살고 싶어 한다는 이야기에 어떤 사회적 사명이 생겨서 사회적경제 기업을 운영하고 있었습니다.

저 역시 2020년 우연히 재미난청춘세상이라는 곳의 사회적경제 리더 과정에 참여하면서 '사회적경제에 빠진 헤드헌터'가 되었습니다. 아니 좀 더 솔직하게 말씀드리면 빠졌다기보다는 그들의 이야기를 세상 밖으로 전하고 싶어서 사회적경제 분야에서 일어나는 결코 평범하지 않은 이야기들을 전하고 있습니다. 그리고 그 과정에서 우리 주변의 크고 작은 사회적 문제를 발견, 솔루션을 찾아가는 여정이 그 누군가를 웃게 하는, 또한 스스로도 더욱 깊은 행복에 빠질 수 있도록 하는 소중한 일이란 사실을 새롭게 깨닫고 있습니다.

"돈을 벌어 자신이 하고 싶은 일을 하면서 느끼는 행복은 얇고 짧은 데 반해 나로 인해 다른 사람들의 인생이 달라지고 행복해하는 순간을 통해 느끼는 행복은 그 깊이와 여운이 다르다"라고 말한, 세상을 바꾸는 커피를 만들고 있는 '㈜향기내는사람들' 임정택 대표의 말처럼요.

제3장에서 말하는 '사회적경제 비즈니스 모델'은 멀리 있는 것이 아니라 항상 우리 곁에 존재하고 있다는 것을 또다시 느끼는 하루입니다.

2023년 1월 8일
재미난청춘세상 착한소문쟁이 홍성실

홍성실은 (주)프로써치코리아에서 이사로 재직하고 있다. 사회적경제 분야에서 일어나는 결코 평범하지 않은 찐한 이야기들을 세상 밖으로 알리는 착한소문쟁이 활동을 하고 있다. 아주대학교 경영대학원에서 마케팅 및 인사 전공 MBA를 졸업하였다.

지역사회를 원조하고 지지하는 미국공동모금회(United Way of America)는 지역사회의 욕구를 조사하기 위하여 지역사회 구성원의 개인적 의견을 반영하고 지역사회의 특수한 보고서를 개발할 수 있도록 고안된 '탐색(Quest)'이라는 독립형 소프트웨어 패키지를 개발하였다. 이러한 소프트웨어는 욕구 조사를 위한 노력에 폭넓은 범위의 지방 조직으로부터 사람들을 개입시키고 지역사회의 자료를 모으는 과정을 돕는다[1].

사회적경제 기업이 비즈니스를 실행하기 위해서는 먼저 (지역)사회문제를 찾는 일부터 시작한다. 이러한 (지역)사회문제는 사회적기업가의 지역사회에 관한 관심과 통찰력, 관련분야에서의 경력과 경험을 토대로 우연한 기회에 발견되기도 하지만 의도적으로 지역사회의 문제를 조사하여 발견하고 능동적으로 해결책을 찾기도 한다. 이를 위해서는 지역사회 욕구 조사를 시행해야 하는데, 지역사회 욕구 조사란 "부족한 지역사회의 재화와 서비스를 발견하고 자원을 투입하기 위하여 지역사회의 자료를 수집하고 분석하는 체계적인 과정"이라고 할 수 있다. 이러한 측면은 지역사회의 책임감에 대한 어떤 동의가 존재하는 것이기도 하다.

지역사회 양적 조사 방법

지역사회 욕구 조사는 양적인 조사와 질적인 조사로 나누어 생각해 볼 수 있다. 양적인 조사는 사회적 상황과 문제에 대해 수적인 지표를 개발하는 데에 중점을 두고 있는데, 양적인 조사의 가장 대표적인 방법은 논문 및 보고서, 기록물 등의 자료 수집을 통한 조사 방법이다. 이는 현존하는 문헌 정보로부터 지역사회의 인구통계 정보 등을 포함한 전반적인 현황을 파악하고 양적 지표 중심으로 정보를 분석하는 방법이다. 예를 들어 특정 서비스에 대한 이용률, 어떤 치료를 받은 비율, 천 명당 이용자 수 등을 조사하고 국가나 특정 지역의 측정치와 비교하여 서비스의 만족스러운 기준을 세울 수 있다.

비용 및 시간 등 자원을 투입할 여건이 허락된다면 현장 조사를 직접 시행하여 양적인 자료를 생성하고 이용할 수 있다. 이러한 방법을 통하여 지역사회 문제 해결의 욕구가 있는 사람들과 깊이 연관된 요소에 대해 통계적 분석을 함으로써 이들의 문제를 파악하고 비즈니스 모델을 유용하게 산정해 낼 수 있다. 문헌정보를 통해 얻은 양적 지표는 간접적인 자료이므로 조심스러운 사용이 요구된다.

〈표 3.1〉 지역사회 조사 자료의 원천

구분	기록 정보의 원천	직접 조사 방법
내용	· 지방 자치단체별 발간 및 보관 자료 · 관련 학회 및 협회 발행 저널 및 보고서 · 통계청, 경제부, 기획재정부 등 국가통계 자료 · 유관 부처(복지, 문화, 경제, 산림, 환경 등) 자료 · 공공 기관(국회, 대학 등의 도서관)의 비치 자료 · 연구 기관(공공 및 기업 부설)의 발간 자료	· 수혜자 또는 소비자 조사 자료 · 구매자 또는 기금 제공자 조사 자료 · 정부 또는 중간지원조직 방문조사 자료 · 전문가 또는 특정 집단 면접조사 자료 · 지역사회 유관기관 방문조사 자료 · 국내 또는 해외 선진기업 방문조사 자료

따라서 문헌정보에 의한 분석 결과를 토대로 문제 해결 욕구 그룹 또는 지역사회 문제와 관련된 전문가 집단(지역활동가 및 연구자 등)에게 전화 혹은 면접을 통하여 추가 조사를 하거나 전문가 집단 등 특정 그룹 심층면담(Focusing Group Interview, FGI) 과정을 실시하여 양적 자료를 추가 검증하여 신뢰성을 확보할 수 있다.

지역사회 질적 조사 방법

또한 동시에 지역사회 내에서 충족되지 않은 욕구에 대한 질적 정보를 수집할 수 있다. 여기서 말하는 '문제 해결 욕구 그룹'은 '사회적 목표그룹' 혹은 '수혜자'라는 말로도 표현된다. 사회적 목표그룹이란 "금전적·사회적·정치적·육체적 등의 영향력 부족으로 고통을 받거나 배제 또는 소외를 당하는 사람들이 안정을 이루고 배제 또는 소외가 해결되어 해당 공동체 구성원들과 평등한 사회적 가치를 누릴 수 있도록 선정된 당사자 또는 당사자 그룹"이다. 공동체 가치 및 환경적 가치를 지향하는 사회적경제 기업의 경우에는 조직, 기업 혹은 지역공동체 구성원 전체를 사회적 목표그룹으로 보기도 한다. 아울러 지역사회에 소속된 지방정부의 기관 및 비영리조직, 상업적 기업 등의 방문 및 면담 과정을 통하여 양적인 정보와 함께 질적인 정보를 얻을 수 있으며 이를 통하여 지역사회의 문제를 발견하고 해결하기 위한 아이디어에 착안하거나 비즈니스를 실행할 때 협력 파트너로 관계를 맺을 수 있다.

〈표 3.2〉 지역사회 문제 발견을 위한 욕구 조사 방법

구분	방법	내용
양적인 조사	기록자료 분석	현존하는 기록 및 보고서 등의 자료로부터 지역사회의 전반적인 현황을 파악하고 양적인 정보를 중심으로 분석
	면접조사 보완	사회적 목표그룹 또는 지역활동가 면접 등을 통한 추가조사, 전문 상담가를 통한 심층 면담 과정을 실시하여 양적 기록 자료의 추가 검증 및 수집, 정보의 신뢰성을 확보
질적인 조사	공공포럼 토론	지역사회 포럼 등 공공모임과 함께 주제발표, 해결책 제시, 의견교환과 토론의 과정으로 진행
	표적집단 면접	지역사회 문제에 대한 전문가 집단 및 특수목적 대표집단 면접
	현장 직접 관찰	지역사회 또는 문제 해결 욕구그룹 직접 관찰
	핵심정보제공자 의견 청취	지역사회 내의 지식인(여론 지도자, 영향력 있는 개인)을 찾고 지역사회 욕구에 대한 그들의 의견을 청취

질적조사는 문제와 상황에 관한 깊이 있는 정보의 개발에 중점을 두고 '지역사회 포럼 등의 공공모임과 토론', '지역사회 문제에 대한 전문가 집단 및 특수 목적 대표집단 면접', '지역사회 또는 문제 해결 욕구 그룹 관찰', 그리고 '핵심정보제공자의 의견'을 통해 지역사회의 욕구를 심층적으로 파악할 수 있다. 보통, 형평성을 유지하기 위하여 전문가 집단 조사와 함께 문제 해결 욕구 그룹을 모두 조사하는 것이 필요하다.

'공공모임이나 포럼'은 흥미를 느낀 모두가 자신의 의사를 표현할 수 있는 개방적 모임이다. 이러한 모임이나 포럼은 일반적으로 그 규모가 크며, 문제를 말하고 선택사항을 발표하며, 중요한 해결책을 제시하고 의견을 묻는 과정을 통하여 진행된다. 보통은 범위가 큰 관점들이 등장한다. 어떤 현안에 대해 가장 잘 느끼고 이에 대해 가장 의구심을 많이 가진 지역사회 구성원이 공공모임에 참여할 가능성이 크기 때문에, 욕구를 조사하는 사람은 인신공격의 대상이 되기도 하므로 이에 대한 통제가 필요하다. '지역사회 문제에 대한 전문가 집단'은 반구조화되어 있거나 완전히 구조화된 토론을 통해 조사자의 관심이나 흥미에 반응할 수 있는 사람들의 집합을 의미한다. 이 집단의 구성원들은 그들 자신의 아이디어와 현안을 내놓으며 현안에 대한 대안적 접근법을 제시하지만, 종종 거시적 접근법에 종속되는 경향이 있으므로 현실적인 해결 대안을 같이 제시할 수 있도록 진행해야 한다.

‘특수 목적 대표집단’은 집단 구성원이 지역사회 내의 다양한 전망과 관점을 대표하기 위해 특수하게 선정되었다는 데에 의의가 있다. 지역사회의 서비스 정책을 공급하는 지역사회 정부기관 및 산하기관, 중간지원조직의 성격이 있는 비영리단체, 지역사회에 사업장을 두고 있는 상업적 기업, 특수한 목적으로 모인 이익집단이나 동호회 등이 있을 수 있다. ‘지역사회 또는 문제 해결 욕구 그룹 관찰’은 지역사회 욕구 조사자가 직접 지역을 ‘돌아다님’으로써 계속된 활동과 질문을 통하여 정보를 얻는 방법이다. 이러한 과정을 통해 지역사회에 몰입하여 무엇이 진행되고 있는지 직접 느낄 수 있다.

‘핵심정보제공자 의견’은 지역사회 내의 지식인(여론 지도자, 영향력 있는 개인, 교수 및 연구자 등)을 찾고 지역사회 욕구에 대한 그들의 의견을 나누기 위해 그들을 초청하고 조언을 얻는 방법이다. 이러한 접근의 장점은 더 깊은 정보의 획득과 지식인이라는 위치 때문에 결과 보고에 있어 어떤 무게를 실어 줄 수 있다는 사실에 있지만 이러한 개인적 관점들은 지역사회를 대표하지 않을 수도 있다는 점을 알아야 한다[2].

2013년 평생학습도시로 선정된 경기도 양주시는 평생학습 참여 비율이 경기도 평균 21.8%에 훨씬 못 미치는 11.3%에 그치고 있는 수준으로, "주민참여형 평생학습 마을 만들기"를 양주시의 핵심의제로 정하고 지역활동가와 외부 사회적경제 전문 컨설팅기관이 함께 지역조사를 실시한 경험이 있었다. 대표적인 4가지 실천과제로 ‘지역교육공간의 탄력적 운영(공유공간 확보)’, ‘양주시 지역의 평생학습 수요 및 공급 자원 매칭 체계 구축(데이터 정리, 홍보채널 다양화)’, ‘평생학습 네트워크(학습모임 및 프로그램 연계 도모)’, ‘평생학습 박람회(수요, 공급, 자원 연계)’를 위한 지역조사 계획을 다음과 같이 수립하고 실행하였다[3].

〈표 3.3〉 양주시 평생학습 활성화를 위한 실천과제 지역조사 계획표

확인해야 할 내용	조사 방법	결과물	담당
평생학습 욕구 · 수요	· FGI: 학부모, 경로당, 아파트 이용시설 · 평생학습 거점공간 수요조사(스티커 부착)	· 평생학습 경험 · 수요 · 거점 공간 수요 현황	활동가
학교별 특성화 교육과정 확인	· 홈페이지 조사 · 면접조사: 담당교사(초 · 중 1개소씩)	· 특성화교육과정 리스트 · 진행여부 · 성과 · 과제	활동가
교육청 평생학습 프로그램 홍보협조	· 추후 진행	-	-

양주시 평생학습 프로그램 연계현황	· 양주시 홈페이지 조사 · 양주시 평생학습 팀장 직접 문의	· 온라인 연계 현황 · 네트워크, 협의회구조, 거버넌스	외부기관
평생학습 가능 장소	· 인터넷검사 · 전화조사 · 평생학습 적정 공간 면접조사(예: 교회, 작은 도서관, 공공시설 등)	· 가능 공간 리스트 · 적정 공간 면접 결과	활동가
평생학습 공급자원 현황	· 양주시 평생학습관 홈페이지 · 양주시 평생학습 팀장 직접 문의 · 작은 도서관 프로그램: 시립도서관 홈페이지 또는 직접 문의	· 프로그램 현황표 · 작은도서관 프로그램 현황	활동가 + 외부기관
지역별 인구학적 특성분석	· 양주시 홈페이지 사회조사통계 보고서	· 지역별 인구학적 분포 현황	외부기관
양주시 평생학습 사업 내용 및 행정예산	· 양주시 행정자료 · 양주시 평생학습 팀장 직접 문의	· 평생학습 사업 내용 및 예산	외부기관
평생학습 홍보채널 현황	· 양주시 평생학습관 전화조사 · 주민자치센터 전화조사 · 작은도서관 전화조사	· 시 차원의 홍보방식, 공공기간, 내용 등 · 기관 및 프로그램별 홍보방법 등	활동가

출처: 사회투자지원재단(2015), "마을공동체 · 사회적경제 활성화를 위한 양주시 의제 발굴 및 실행 계획 공동수립 연구", 경기도 따복공동체지원센터, p.97.

욕구 조사의 토론 및 면담 과정에서 주의할 사항은 집단의 특성에 따라 구조화되어 있거나 반구조화 또는 구조화되어 있지 않다는 점이다. 이 차이에 따라 욕구 조사 과정에서 각각의 주장을 잘 통제해야 한다. 예를 들어 구조화되어 있지 않은 집단의 구성원들은 그들이 원하는 아무 방향에서나 현안에 접근한다. 따라서 먼저 구조화된 자료를 도출하기 위하여 조사 과정에서 모든 참여자가 개인의 의견대로 독자적으로 평가하고 순위를 매기도록 한다. 이어서 이를 분석하고 전체 집단에서의 결과를 도표화하고 모든 참여자와 결과를 공유하게 된다면 개인과 집단이 처해 있는 현 위치를 인식하게 되고 다수가 인식하는 지역사회의 중요한 문제에 대하여 몇 차례 이러한 과정을 반복하고 동의를 구하는 과정을 통하여 구조화된 자료를 얻을 수 있다.

어느 정도 구조화되어 있는 집단의 구성원들은 조사자에 의해 윤곽이 잡힌 목표를 나타냄으로써 지역사회 욕구에 대한 구체적인 정보를 제공할 수 있다. 더 나아가 각 참여자에게 독자적으로 지역사회의 현안에 대하여 리스트를 작성하게 하고 이 리스트를 회의실 등에 게시하고 공유하여 리스트에 게재된 현안에 대해 찬반을 논할 수 있다. 최종적으로 집단은 현안 가운데 우선순위를 매기기 위해 투표를 시행하고 지역사회의 문제 해결 현안 과제를 도출할 수 있다.

인도의 아이즈(Ayzh): 저개발국가의 시골 여성에게 출산용 소독 키트를 제공하여 산모와 아이의 건강을 보호하고 혁신적인 파트너십과 사회적 경영차별화 방안을 통하여 출산, 산모, 신생아, 아동 및 청소년 건강(RMNCH+A)을 위한 저비용 고품질 제품공급의 글로벌 선도기업으로 나아가다[4]!

인도의 사회적기업가 슈베이다 바이(Zubaida Bai)와 하비브 앤워(Habib Anwar)가 세운 아이즈(Ayzh)는 저비용 고품질의 제품을 저개발국가, 그중에서 특히 시골 지역의 여성들에게 필요한 물품들을 제공하는 사회적경제 기업이다. 그들은 "전 세계의 10억 5000만 명 이상의 인구가 하루에 1달러도 안 되는 돈으로 궁핍한 생활을 하고 있는데 이 중 70%가 여성이라는 문제의식"에서 출발하였다. 특히 이

〈그림 3.1〉 아이즈의 창업자
슈베이다 바이(좌)와 하비브 앤워(우)

출처: 아이즈 홈페이지(2021), http://ayzh.com

들 여성이 건강에 대한 기본적인 욕구도 해결하지 못하고 있을 뿐 아니라, 출산 과정에서조차 돌봄을 받지 못하고 있는데 매년 전 세계에서는 약 270만 명의 신생아가 태어난 지 28일 이내에 사망하고 있다. 이에 아이즈는 '감염방지, 위생적인 출산, 건강한 신생아의 탄생'을 지원하고자 출산용 소독키트 '잔마(Janma: Clean Birth Kit)'를 개발하였다.

〈그림 3.2〉 아이즈의 제품들

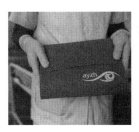

Clean Birth Kit

New Born Kit

Postpartum Kit

Menstrual Pads

Complete New Born Care Kit

Hand Sanitiser Sachets

출처: 아이즈 홈페이지(2018), http://ayzh.com.

잔마는 '저렴한 가격(249루피(약 4063원))으로 소중한 생명을 살린다'는 목적 아래 탯줄용 가위, 집게 등으로 구성하여 개발한 출산용 필수품이다. 이외에도 여성들을 위한 다양한 제품들을 개발하여 제공하고 있다. 아이즈의 비전은 이러한 제품들을 통해서 해당 지역 여성들의 삶의 수준을 향상시켜 주는 것이다. 잔마의 제품은 그리스, 온두라스, 가나, 케냐, 네팔, 탄자니아, 라오스, 소말리아, 인디아, 가봉, 나이지리아 등 아프리카와 중동의 20개 국가에서 판매되고 있다.

아이즈는 사회적 영향을 확장하는 과정에서 비영리재단 및 상업적 기업과의 파트너십을 통하여 좋은 성과를 내고 있다. 2018년 기준으로 아이즈에서 판매한 제품은 30만 개 이상이며 이로 인하여 건강이 개선된 여성과 어린이는 1억 5000명에 달하고 6000명 이상의 의료종사자가 훈련받았다. 아이즈의 사례는 사회문제를 발견하고 해결방안, 사회적 목표그룹, 비전과 사명, 사회적 경영차별화 방안, 네트워크 전략을 수립하고 운영하여 결과적으로 사회적 영향과 확장을 이루는 과정을 배울 수 있는 좋은 사례이다. 먼저 아이즈의 사회문제 발견과 솔루션을 정리하면 다음과 같다.

〈표 3.4〉 아이즈의 사회문제 발견 및 솔루션 찾기

사회문제발견(Problem)	사회문제발견(Problem)
· 여성의 RMNCH+A 분야 연속된 도전에 직면 · 매년 500만 명 이상의 산모와 영유아가 사망 · 이중 80%는 청결과 양질의 관리를 못 받음 · 특히, 자원 부족한 30개국(인도 최다)에 집중 · 이를 해결하기 위한 개입은 초기 단계 수준임 · 문제해결을 위한 통합 솔루션이 절실한 상황	· RMNCH+A의 연속된 문제를 해결하도록 신중하고 간단히 설계된 도구와 교육 번들 제공 · 이 키트 스타일의 통합된 제품(Clean Birth Kit)은 출생 시 산모 및 유아의 감염을 예방 · 신생아와 산모, 월경 위생 등 제품 추가 개발 · 의료 제공자와 여성에게 교육, 고용 기회 제공

* RMNCH+A: Reproductive, Maternal, Newborn, Child and Adolescent Health(출산, 산모, 신생아, 아동 및 청소년 건강)

사회적경제 기업의 고객은 상업적 기업과는 달리 다차원적인 개념을 가지고 있는데 아이즈 역시 '제1 혹은 제2 사회적 목표그룹', '재원조달(구매) 고객', '제품 사용자', '제품 제조 혹은 공급자'로 나누어 생각할 수 있다. 아이즈의 '첫 번째 사회적 목표그룹'은 산모와 신생아이며 이들은 일생의 중요한 시점에서 개선된 치료 품질의 혜택을 받을 수 있다. '재원조달(구매) 고객'은 의료 기관이며 이들은 산모 및 영·유아를 건강하게 돌보는 성과를 달성하는 데 도움이 되는 비용 효율적인 제품의 혜택을 받는다. '제품의 핵심 사용자'는 의료 종사자이며 이들은 학습 및 성과 향상에 도움을 받는 도구 및 교육의 혜택을 받는다. '제품 제조업체'는 농촌 여성인데 이들은 '두 번째 사회적 목표그룹'이라고 할 수 있다. 이들은 키트를 포장하고 조립하는 데 고용되며 지속 가능한 일자리의 혜택을 받을 수 있다.

- **제1 사회적 목표그룹**
산모와 신생아 ⇨ 일생의 중요한 시점에서 개선된 치료 품질의 혜택을 받을 수 있다.

- **재원조달(구매) 고객**
의료 기관 ⇨ 산모 및 영·유아를 건강하게 돌보는 성과를 달성하는 데 도움이 되는 비용 효율적인 제품의 혜택을 받을 수 있다.

- **제품의 핵심 사용자**
의료 종사자 ⇨ 학습 및 성과 향상에 도움을 받는 도구 및 교육의 혜택을 받을 수 있다.

- **제품 제조업체(제2 사회적 목표그룹)**
농촌 여성 ⇨ 키트를 포장하고 조립하는 데 고용되며 지속 가능한 일자리의 혜택을 받을 수 있다.

아이즈는 그들의 사회적 사명과 비전을 이렇게 말하고 있다. "우리의 임무는 여성의 건강에 단순함과 존엄성을 가져오는 것입니다. 우리는 출산, 산모, 신생아, 아동 및 청소년 건강(RMNCH+A)을 위한 저비용 고품질 제품의 선도적인 글로벌 공급업체가 되기 위한 여정에 있으며, 여성이 평생 건강에 접근하는 방식을 변화시키고 비즈니스가 발전할 수 있는 방법을 보여 줍니다. 우리의 여정은 유엔이 정한 지속 가능한 개발 목표에 들어맞으며 2030년까지 우리의 비전은 10억 명의 여성, 아기 및 소녀들의 생존, 건강 및 웰빙을 개선하는 것입니다." 아이즈는 목표 달성을 위한 사회적 경영차별화 방안에 대하여 '문제 해결을 위한 원스톱 쇼핑', '스스로 자립 가능한 사회적 프랜차이즈', '혁신적인 파트너십'의 세 가지로 들면서 다음과 같이 이야기하고 있다.

이 세상에는 여성과 아기가 생존하고 번성할 수 있도록 돕는 기술이 부족합니다. 설사 가장 효과적인 기술이 있더라도 "적절한 장소, 적절한 시간, 적절한 가격"에 사용할 수 없다면 이들의 생명을 구할 수 없습니다. 우리의 혁신은 저개발국가에서 고품질의 저렴한 여성용 건강 및 위생 제품을 개발하고 공급하여 "원스톱으로 쇼핑할 수 있는 환경을 구현하는 일"입니다. 산모 및 신생아 건강 부문에서 일하는 유일한 사회적경제 기업 중 하나인 아이즈는 전통적인 접근 방식인 자선 및 보조금에만 의존하지 않습니다. 지역에서 생산할 수 있는 우리의 사회적 프랜차이즈 모델은 지역의 요구와 선호도에 대한 맞춤화뿐만 아니라 광범위한 지역으로의 도달 및 선택을 위한 복제성과 확장성을 모두 가능하게 합니다. '통합화된 혁신'과 '여성 권한 부여'에 대한 우리의 접근 방식은 '건강 및 웰빙', '성평등', '회복력 있는 인프라', 그리고 '혁신적 파트너십'과 같은 유엔의 지속 가능 개발 목표와 일치하고 있으며 이를 발전시킵니다.

아이즈는 '밀러 센터(Miller Center) 및 지이(GE)의 경영진 멘토링 프로그램', '팔라디움(Palladium) 파트너십을 이용한 시장극복 프로젝트', '그랜드 챌린지 캐나다(Grand Challenges Canada) 및 화이자 재단(Pfizer Foundation)의 투자 프로젝트' 등 혁신적인 네트워크를 통하여 규모를 확대하고 인도 및 케냐에 비즈니스 모델 복제 및 허브센터를 구축하는 확장으로 발전하고 있다. GE와 밀러 센터의 프로그램은 아이즈에게 아프리카의 가장 큰 건강 문제 중 일부를 해결하기 위해 혁신적이고 매우 실용적인 접근 방식으로 사회적 영향을 확대하는 데 필요한 기술과 자원을 제공할 수 있었으며 GE와 밀러 센터 역시 아프리카의 의료에 지속적인 영향을 미칠 수 있는 파트너가 된 것을 영광으로 생각하고 있다.

특히, 팔라디움 프로그램에서는 시장 진입에 대한 두 가지의 중요한 장벽을 낮추고 인도의 비하르(Bihar) 및 오디샤(Odisha) 전역의 의료 시설에서 산모 및 신생아 치료를 개선하여 사회적 영향을 증가시켰다. 총 10개월간의 프로젝트를 통하여 아이즈는 비하르의 33개와 오디샤의 13개 의료기관에 총 5664개의 키트를 판매하였는데 이는 아이즈의 전체 판매 키트의 25%가 넘는 실적이었다. 시장 진입에 대한 두 가지 중요한 장벽 중의 하나는 '시장 접근 문제'인데 자원이 부족한 환경에서 깨끗한 출산 키트가 크게 필요하지만 새로운 제품으로 새로운 시장을 채우는 것은 아이즈와 같은 사회적경제 기업에게는 엄청난 장애물이다. 팔라디움은 커뮤니티 기반을 갖추고 있는 현지 직원과 사회적기업가를 아이즈와 연결해 줌으로써 이를 해결할 수 있도록 하였다. 두 번째 장벽은 '마케팅 비용 문제'로 글로벌 의료 분야에서 행동 변화를 일으키려면 시장 개발 자원에 상당한 투자가 필요하다. 많은 의료기관은 새로운 개념의 청정 출산 키트에 대한 필요성을 잘 인식하고 있지 못하기 때문에 제품 샘플의 배포가 필수적이다. 팔라디움은 4000개의 깨끗한 출산 키트 샘플 배포를 지원함으로써 아이즈는 상당한 금액의 마케팅 비용을 절감할 수 있었다.

아이즈는 현재(2019년 9월)까지 60만 6044명의 생명에 영향을 주었으며 2개 국가, 3개 파트너십, 400개 의료기관 고객, 23명의 직원고용, 150만 달러(약 17억 4000만 원)의 모금실적을 달성하였다. 아이즈는 2030년까지 가나, 필리핀, 케냐, 인도, 남아프리카 지역에서 10억 명의 산모 및 신생아에게 도움을 주고 여성용 천연 위생용품을 추가로 개발하여 보급할 계획이다. 이를 위하여 글로벌 확장, 조직(팀) 구축, 사회적 프랜차이징을 추진하고 사회적 책임투자, 보조금, 융자 및 자본 조달 방식으로 1000만 달러(약 116억 원)의 재원을 조달할 계획을 세우고 있다.

이처럼 많은 사회적경제 기업은 지역사회 혹은 국가에서 미처 돌보지 못하는 문제를 발견하고 이를 해결하기 위하여 생활이 어렵고 소외된 사람들에게 그들의 욕구와 필요를 채워 줄 제품 또는 서비스를 제공하고 있다. 사회적경제 영역의 기업가들은 제품의 개발이나 생산, 유통에 필요한 자금을 시장에서 판매하는 방식으로 충당하기도 하지만, 어떤 기업은 정부의 공공예산을 통하여 충당하고 수혜자들에게는 무료 혹은 저렴한 가격으로 제공하는 방식을 채택하기도 한다.

사회적경제의 비즈니스 모델은 사회문제 해결과 사회혁신이라는 사회적 목적으로부터 출발한다. 이러한 문제의식에는 기본적으로 사회적 목표그룹의 문제 해결이라는 전제가 내포되어 있다. 비즈니스 모델은 이처럼 수혜자인 사회적 목표그룹 및 금액을 지불하는 구매자와 관계하면서 내·외부의 자원을 동원하여 제품 또는 서비스를 제공하는 방식을 구조화한다. 다시 말해서 사회적경제 비즈니스 모델이란 "조직이 사회적 목적을 달성하기 위하여 내·외부 자원을 동원하여 사업을 수행하고 사회적 목표그룹 및 이해관계자와 관계하면서 경제적, 사회(공동체)(적) 및 환경적 비용을 투입하여 경제적, 사회(공동체)(적) 및 환경적 가치와 경제적, 사회(공동체)(적) 및 환경적 영향을 창출해 나가는 논리적 구조와 방법"을 말한다. 사회적경제 기업의 비즈니스 모델은 주로 '사회적 목표그룹과 재원조달 고객의 조합을 중심으로 분류'하여 구조를 설명하거나 '사회적 목적과 재원조달 방법의 조합을 중심으로 분류'하여 구조를 설명하고 있다. 구조화된 비즈니스 모델의 출발점은 제품이나 서비스를 중심으로 하는 것이 아니라 사회문제를 발견하고 사회적 가치를 목표하면서 설계한다는 본질로부터의 출발을 잊지 말아야 한다.

사회적 목표그룹과 재원조달 고객의 조합을 중심으로 분류하는 방법

먼저 '사회적 목표그룹과 재원조달 고객의 조합을 중심으로 분류'하는 모델의 유형을 살펴보면

〈그림 3.4〉처럼 첫째, '기부금 또는 보조금 기반 모델(A donations-based business model)', 둘째, '공공서비스 제공 사업 모델(A public service provider business model)', 셋째, '상업적 기업의 사회적 책임활동 협력 모델(A commercial organization cooperation business model)', 넷째, '소비자에게 직접 판매 및 전달하는 모델(A venture with a direct to customer business model)', 다섯째 '조합원 기반 비즈니스 모델(A members-based business model)'로 나누어 볼 수 있다. 그리고 재원조달의 방법을 추가로 생각해 본다면 여섯째 '사회적 영향 투자조달 방법(A social impact financing method)'을 더하여 생각해 볼 수 있다.

〈그림 3.4〉 사회적 목표그룹과 재원조달 고객의 조합에 따른 비즈니스 모델의 6가지 유형

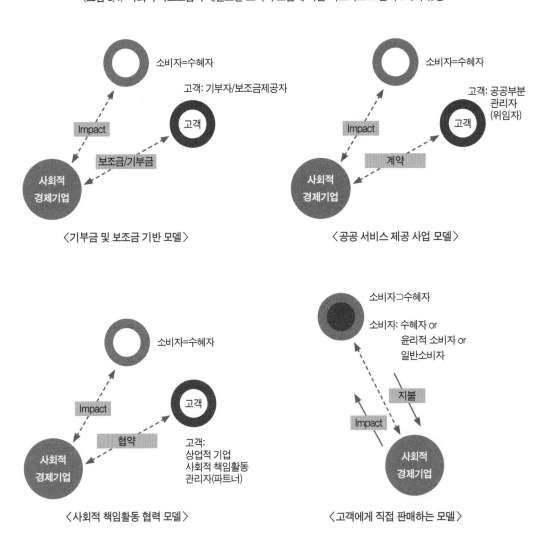

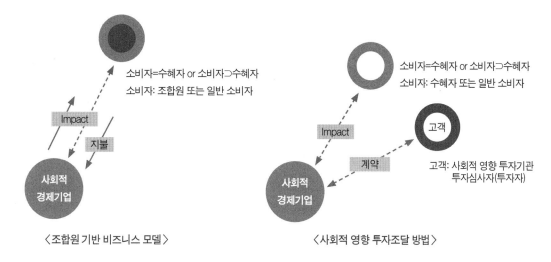

〈조합원 기반 비즈니스 모델〉   〈사회적 영향 투자조달 방법〉

출처: Cynthia Shanmugalingam, Jack Graham, Simon Tucker, and Geoff Mulgan(2011), "Growing Social Venture",
Young Foundation&NESTA, p.38 참조 추가정리.

첫째, '기부금 또는 보조금 기반 모델'의 재원조달 고객은 기부금 또는 보조금을 내는 사람 및 기부금 또는 보조금을 제공하는 기관이 되며, 이때 제품 또는 서비스의 수혜자인 사회적 목표그룹은 다른 사람(저소득층 등 사회적 약자)이다. 둘째, '공공서비스 제공 사업 모델'의 재원조달 고객은 공공 부문 관리자(위임자)이며 수혜자인 사회적 목표그룹은 '기부금 또는 보조금 기반 모델'과 같이 다른 사람인 모델이다. 셋째, '상업적 기업의 사회적 책임활동 협력 모델'의 재원조달 고객은 상업적 기업이며, 수혜자인 사회적 목표그룹은 대체로 사회적 약자인 다른 사람이 된다.

넷째, '소비자에게 직접 판매 및 전달하는 모델'은 시장에서 영업 매출을 통하여 기업이 운영되며, 재원조달 고객은 시장의 구매자이고 시장의 구매자와 사회적 목표그룹이 같거나 혹은 더 광범위한 모델이다. 다섯째, '조합원 기반 비즈니스 모델'의 재원조달 고객은 조합원이며 조합원과 사회적 목표그룹이 같거나 혹은 더 광범위한 모델이다. 여섯째, '사회적 영향 투자조달 방법'의 재원조달 고객은 사회적 영향 투자 기관이 되며 사회적 목표그룹은 사회적 약자인 다른 사람이거나 혹은 더 광범위한 경우이다.

'기부금 및 보조금 기반 비즈니스 모델'은 사용자에게 서비스를 제공하는 비용을 충당하기 위해 사회적 목적에 동의하는 개인 및 비영리재단의 기부금 또는 보조금에 의존하게 되며, 최악의 경우 이것은 수혜자의 필요와 고객의 요구 사이에서 상충이 발생하고 서비스의 질이 떨어지는 현상이 생길 수도 있다. 이 모델은 사회문제에 대한 새로운 솔루션을 혁신하고, 서비스의 영향력이 큰 사용자 수를 늘리거나, 장기적이며 체계적인 사회 변화를 계획할 필요가 있다. '공공서비스 제공 사업 모델'은 공공 부문과 계약을 맺고, 공공 혹은 수혜자에게 서비스를 제공하는 조직에서 사용하는 모델이다. 여러 면에서 공공서비스 제공 모델과 기부금 또는 보조금 기반 비즈니스 모델은 서로 유사하다. 그러나 공공 부문은 기부금 또는 보조금 모델과 달리 잉여에 대해 조금 더 관대한 편이다. 사회적경제 영역의 많은 사람들은 공공 부문의 위탁 프로세스가 관료적이며, 이로 인해 인적·재정적 부담을 감당할 수 있는 더 큰 조직을 선호하기 때문에 새로운 사회적 영향력을 창출하는 신생 사회적경제 기업의 잠재력을 저해한다고 주장하기도 한다. '상업적 기업의 사회적 책임활동 협력 모델'은 상업적 기업이 사회적 책임활동 혹은 사회적 가치 경영을 실천하기 위하여 사회적경제 기업에게 자금을 제공하고 협력하는 모델이다. 이 모델은 상업적 기업이 자사 브랜드 이미지 혹은 매출 상승을 주목적으로 참여할 경우에 수혜자가 사업의 수단으로 동원될 우려가 있으므로 사전 협의과정에서 이를 확인해야 한다.

'직접 고객에게 판매 및 전달하는 비즈니스 모델'은 일반 시장에서 경쟁하며 사용자가 제공하는 제품이나 서비스에 대하여 요금을 받는다. 이런 유형의 사회적경제 기업이 상업적 기업과 다른 점은 상업적 기업이 '경제적 이윤에 따라 최소한의 경계를 중요하게 생각하지 않는 것'에 비하여 사회적경제 기업이 제공하는 제품 또는 서비스는 사회적 요구를 충족시킬 수 있는 명확한 최소한의 경계와 목표를 두고 있다는 것이다. 이 모델의 첫 번째 사례는 저개발국가에서 흔히 볼 수 있는 직접 제품 또는 서비스를 제공하는 모델이며 사회적경제 기업은 합리적인 이윤을 창출하기 위해 노력할 수도 있다. 이럴 경우에 소비자는 종종 사회에서 가장 가난한 사람들일 경우가 있으며, 사회적경제 기업은 소비자가 필요로 하는 제품 또는 서비스를 제공할 강력한 인센티브는 가지고 있지만 이윤은 낮다. 따라서 적극적인 제품 및 서비스 홍보를 통하여 가장 많은 수의 개인에게 공급하고 규모의 경제로 다가갈 필요가 있다. 두 번째 사례로는 사회적경제 기업의 제품 및 서비스가 친환경 혹은 공정무역 사업과 같이 광범위한 지역 및 국가 등 다수에게 영향이 발생하는 사업이 여기에 해당한다. 이러한 사례의 모델을 보유한 조직은 비즈니스의 성장을 위해 조직의 프로필을 높이고 대규모 구매자를 확보하는 방법으로 윤리적 조달을 고려할 수 있다[5].

'조합원 기반 비즈니스 모델'은 뜻을 같이하는 사람들이 모여서 단체 또는 조합을 결성하고 비용을 충당하거나 회원 또는 조합원이 공동으로 혹은 회원 또는 조합(원)에서 생산 및 제공되는 제품이나 서비스를 회원(조합원)이 소비함으로써 운영되는 사회적경제 모델이다. 이러한 모델의 대표적인 사례는 (사회적)협동조합 및 상호부조에서 가장 두드러지게 나타나고 있다. '사회적 영향 투자

조달의 방법'은, 사회적 영향 투자 기관은 사회적경제 기업이 창출한 사회적 영향을 측정 및 평가하여 거기에 자금을 대고 사회적 영향의 확장에 동기를 부여한다. 이러한 방법으로 재원을 조달할 경우에는 사회적 영향 투자 기관의 과도한 경영참여 혹은 재무적 수익을 주목적으로 투자할 수 있으므로 본래의 사회적 목적보다는 경제적 이정표로의 전환이 종종 발생할 수 있어서 주의해야 한다.

사회적 목적과 재원조달 방법의 조합을 중심으로 분류하는 모델

사회적경제 기업이 지속할 수 있기 위해서는 시장에서의 수익창출(Revenues) 혹은 공공기금 및 기부금 등 사회적 조달자금(Funds)이 사회적경제 기업의 운영비(Expenditures)와 같거나 커야 한다.

$$\text{수익창출(R)} + \text{조달자금(F)} \geq \text{운영비(E)}$$

따라서 사회적경제 기업의 비즈니스 모델을 〈그림 3.5〉와 같이 '사회적 목적의 전략적인 판단'과 '시장에서의 수익 창출'이라는 두 가지 범주를 비교하면서 '외부 기금을 주요 재원으로 조달'하거나 '시장에서의 수익창출을 주요 재원으로 조달'하거나 혹은 '외부기금 및 시장에서의 수익창출의 두 가지 방법을 혼합하여 재원을 조달'하는 기업운영 방식으로 구분해 볼 수 있다[6].

〈그림 3.5〉에서 모델 Ⅰ의 사례 중 하나로 독일에서 대학 교육에 대한 가정의 지원이 부족한 근로청소년에게 대학 교육에 참여할 수 있도록 멘토링 및 정보를 제공하고, 스스로 긍정적인 정체성을 가질 수 있게 지원하는 사회적경제 기업 '아르바이터킨트'를 들 수 있다. 모델 Ⅰ의 특징은, 추구하는 사회적 가치에 비해 시장에서 가장 낮은 수익 창출이 특징인 모델이다. 이 모델은 사회적 목표그룹에게 제품과 서비스를 일방적으로 제공하는 사회적 사명을 특징으로 한다.

모델 Ⅱ의 사례로는 정치인의 행동을 추적하고 대중에게 책임 있는 정치인의 행동을 촉진하는 사회적경제 기업 '압거어드넷튼워치'를 들 수 있다. 모델 Ⅱ의 특징은 소비와 생산 측면에서 서로 다른 두 가지 사회적 목표그룹을 다룬다. 이 모델도 첫 번째 모델과 마찬가지로 소비는 전적으로 사회적 목표그룹의 사회적 사명을 위한 것에 있으며, 이를 위한 생산은 무료로 생성되며 이는 사회적 목적에 동의하는 일반인의 가치 있는 지원으로 운영된다. 이 모델은 이전 모델보다 사회적 가치 창출이 더 강력한 수익 창출로 이어질 수 있음을 시사하고 있다.

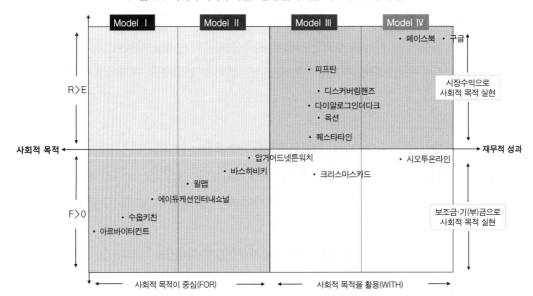

〈그림 3.5〉 사회적 목적과 재원조달 방법에 따른 비즈니스 모델 유형

출처: Susanne Dohrmann, Matthias Raith, and Nicole Siebold, "Monetizing Social Value Creation-A Business Model Approach",
Entrep. Res. J., 5(2), 2015, p.133. 참조 정리.

    그리고 일반 소비자 대상으로 수익을 창출하지만 생산(일자리)은 소외계층에게 집중된 모델 III의 예시로 2002년부터 시작해서 소외된 젊은이들에게 조리기술을 가르치고 일자리를 제공했던 영국의 유명한 레스토랑 '피프틴'을 들 수 있다. 모델 III은 생산 측면에서는 사회적 목표그룹에 집중하지만 소비 측면에서는 사회적 목표그룹이 없다. 가치를 창출하는 생산 그룹은 유료 자원이 되며, 기업은 시장에서 소비 수요를 창출하는 데 집중한다. 이 모델의 필요한 자금은 시장 수익으로 대체되며 사회적 가치 창출은 곧 수익 창출을 증가시킨다. 앞의 두 가지 비즈니스 모델과 같이 사회적 사명을 위한 가치 창출보다는 사회적 사명과 시장의 수익 창출이 함께 만들어진다. 사회적 목표그룹의 일자리를 창출하고 제품과 서비스는 일반시장에서 판매하는 사회적경제 기업들이 여기에 해당한다. 애석하게도 피프틴은 2019년 경영악화로 문을 닫았지만 그들이 창출해 온 사회적 가치와 사회적 영향은 사라지는 것이 아니고 사회적경제의 역사 속에 영원히 남을 것이다.

    또한 고객이 에너지 소비를 추적하여 에너지 이용, CO_2 배출량 및 에너지 비용을 줄이는 데 기여할 수 있도록 온라인 도구를 제공하는 '씨오투온라인(CO_2 Online)'을 모델 IV로 들 수 있다. 모델 IV는 상업적으로 활용되는 사회적 사명의 사례이다. 이 경우는 소비 측면의 많은 사람이 기업의 사회적인 사명에 이끌리고 선택적인 사회적 목표그룹의 사람들은 다른 시장의 특별한 소비 수요를 충족시키기 위한 자원으로 투입된다. 결과적으로 시장 수익이 창출되고 사회적 사명을 위한 외부의 자금 조달은 크게 줄거나 시장 수익으로 대체된다. 이전의 비즈니스 모델과 달리 기부는 이 비즈니스 모델 내에서 이루어지지 않는다. 세 번째 비즈니스 모델 범주와 유사하게 시장에서의 수익 창출은 주로 사회적 사명과 함께 발생한다.

아래는 일하는 방법, 사업의 핵심 성공 요소 등을 고려하고 사회적기업가를 지원하는 기관을 포함한 비즈니스 모델의 유형을 9가지의 다양한 형태로 정리한 자료이다[7].

〈표 3.5〉 사회적 비즈니스 모델의 다양한 형태

구분	일하는 방법	사례	핵심성공요소
기업경영 지원	사회적경제 기업(가)에 경영기술 지원	소액 금융 기관, 컨설팅 또는 기술 지원	사회적기업가를 위한 적절한 훈련
수혜자 시장 중개	수혜자가 시장에 접근할 수 있도록 서비스 제공	공정 무역, 농업 및 수공예 등 공급자 협동조합	낮은 초기 비용, 고객이 지역사회에 있음
훈련 및 고용	수혜자에게 취업 및 직업훈련 제공, 일반 시장에서 제품이나 서비스를 판매	장애인 또는 청소년 등에게 적합한 일자리 및 교육을 제공하는 단체	직업훈련의 적절성과 개인 능력에 맞는 직무 매칭
사회 서비스 제공	사회적 서비스를 고객이나 제3자에게 직접 판매	장애인, 아동, 노인 등 사회복지를 중심으로 하는 단체	혜택에 대한 적절한 요금 구조 설정 및 보조금 유치
저소득층 서비스	저소득층 수혜자에게 제품 또는 서비스 제공 주력	주거, 공공, 건강, 생활필품 제공 등의 공공 프로그램	생산, 유통, 마케팅의 효율적 및 효과적인 운영관리
협동조합형 모델	회원을 중심으로 생산 또는 소비를 공유	생산, 소비, 영농, 신용 등의 협동조합	회원들의 공통 관심사 이해, 주요 이해관계자 및 투자자 연대
고객 시장 연계	고객과 외부 시장 간의 거래 관계를 촉진	무역 관계, 시장 조사, 중개인 서비스	제품을 직접 판매하지는 않고 시장에 연결
외부시장 판매	제품 또는 서비스를 외부 시장에 판매하여 다른 사회적 프로그램에 자금지원	취업, 직업훈련, 컨설팅, 상담, 임대, 인쇄 등	전문기술, 방법론, 관계성 등의 무형 자산
조직 지원	비즈니스 활동이 사회적 프로그램과 별개로 운영	자산을 활용하는 비즈니스	조직지원 전문기술 및 방법론 등의 무형자산

출처: Erasmus and European Union(2015), "How to choose proper business model for social enterprise", Educational material, p.18. 참조 재정리.

예를 들어 농촌 지역에서 활발하게 전개하고 있는 로컬푸드(지역먹거리) 비즈니스는 '시장 중개인', '협동조합', '저소득층 고객', '시장 연계', '조직 지원' 등 〈표 3.5〉의 여러 유형이 복합적으로 작용하는 모델이라고 할 수 있다. 로컬푸드 비즈니스는 생산자와 소비자의 '물리적 거리'와 '사회적 거리'를 줄이자는 이념을 바탕으로 지역 내 직거래형 유통거점을 중심으로 지역 농가에는 안정적인 시장을 제공하고 소비자는 소량의 자연친화적인 농산물을 구매할 수 있는 시스템으로 발전하고 있다.

이러한 직매장 운영은 유통경로가 대폭 줄어들어 농민은 높은 가격에, 소비자는 저렴한 비용으로 농산물을 구매할 수 있고 '당일 수확, 당일 판매' 원칙에 따라 신선도도 높다. 완주군의 로컬푸드 운동의 경우는 지역 내 450여 개의 농가가 협동조합 방식으로 참여하고, '해피스테이션'이라는 직매장 브랜드를 지역의 명소로 발전시켰다. 로컬푸드 비즈니스 모델에서는 농산물로 만든 식당과 재배 체험 공간까지 갖추고 있으며, 직매장의 제품에는 생산자의 얼굴과 이름까지 적혀 있어 로컬푸드에 대한 소비자의 인식과 신뢰도를 높이고 활성화에 기여하게 된다[8].

〈그림 3.6〉 지역 내 직거래 유통 시스템

출처: 윤장원·송재훈(2016), "로컬푸드의 성장요인 분석", 신뢰성응용연구, 16(1), p.17.

로컬푸드 비즈니스 모델은 〈그림 3.7〉과 같이 농산물의 생산과 수요의 도농순환에 있어서 대규모 농가는 현재의 유통경로인 대형마트, 전통시장, 공공급식을 중심으로, 친환경 농가는 생협 및 공공급식을 중심으로 기존에 형성된 판로를 유지하고 작은 생협, 직매장, 꾸러미 등의 유통채널 확보 및 확대를 통하여 활성화할 필요가 있다.

〈그림 3.7〉 사회적경제를 활용한 농촌의 농산물 생산과 도시의 식품 공급 체계

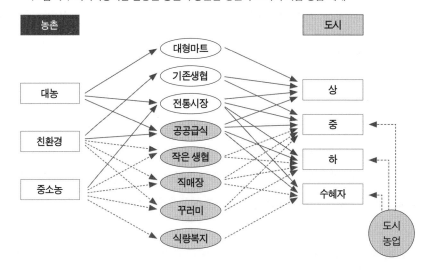

출처: 임경수(2015), "진화하는 지역, 도농관계의 전환: 농촌형 사회적경제와 도농순환", 계간 농정연구 55호, p.72(실선 화살표: 기존방식, 점선 화살표: 신규개발).

또한 중소농은 기존 전통시장을 넘어서 친환경 농가와 마찬가지로 직매장이나 특화된 도시민 맞춤형 유통경로를 통하여 순환하고 저소득층과 취약계층에 사회적인 공급을 통하여 농민에게 안정된 소득을 주고 도시민에게는 안전한 식량을 공급하며 동시에 사회적인 기여와 도농이 새로운 일자리를 창출할 수 있는 시스템으로 확장될 필요가 있다[9].

사례연구 10

미국의 킥스타트(KickStart): 친환경 관개용 펌프를 개발하고 저가로 공급하여 사하라 사막 이남 아프리카 농민들의 빈곤 탈출과 삶의 질 향상을 돕다[10]!

스콜 재단(Skoll Foundation)으로부터 2005년 스콜 상을 수상한 '킥스타트'는 아프리카 농촌 지역의 빈곤 퇴치를 목적으로 마틴 피셔(Martin Fisher)와 닉 문(Nick Moon)이 설립한 혁신적인 사회적경제 기업이다. 스콜 재단은 1999년 제프 스콜(Jeff Skoll)에 의하여 '평화와 번영의 지속 가능한 세계'라는 사명을 가지고 설립되었다. 스콜 재단은 미국 캘리포니아에 본사를 둔 비영리재단으로 '사회적기업가를 위한 스콜 상(Skoll Awards for Social Entrepreneurship)' 및

〈그림 3.8〉 킥스타트 설립자
닉 문(좌)과 마틴 피셔(우)

출처: 스콜 재단 홈페이지(2021), http://skoll.org.

'스콜 위기대응 기금(Skoll Global Threats Fund)'을 포함하여 전 세계의 사회적기업가 및 5개 대륙 165개 조직에 약 9억 3500만 달러(약 1조 846억 원)를 투자해 오고 있는 중간지원조직이다. 킥스타트의 공동설립자인 닉 문은 애석하게도 2018년 10월 10일 백혈병으로 생을 달리했다. 그를 애도하며 인류사회의 어려운 이웃과 함께한 그의 마음과 노고에 머리 숙여 감사드린다.

킥스타트는 '사하라 사막 이남 아프리카(SSA: Sub-Saharan Africa)'의 가난한 시골 농부들이 수익 창출의 기회를 얻고 가난에서 벗어날 수 있도록 농업용 기계들을 개발하여 제공하고 있다. 이러한 제품 중에서 가장 널리 사용되고 있는 관개용 펌프(irrigation pumps)는 가난한 농부들이 저렴하게 물을 신속히 끌어 올려 작물을 재배하도록 해 주는 이상적이며 환경에도 해를 주지 않는 제품이다. 이 저가형 관개 펌프는 종류별로 한 대당 35달러(약 3만 7000원) 및 100달러(약 11만 6000원)로 지역 소매점에서 판매된다. 킥스타트는 생산 공장, 운송 업체, 유통 업체 및 판매상과 협력하여 가난한 아프리카의 농촌 지역에서 펌프를 광범위하게 사용할 수 있도록 하고 있다.

이를 구입한 농부들은 강우에 의한 재배에서 관개 펌프를 통한 재배에 이르기까지 연중무휴로 농작물을 재배할 수 있으며, 농산물 가격이 비싼 시기에도 비옥한 농작물 경작으로 높은 수익을 볼 수 있다. 아프리카 농가에서 소득이 증가하면 풍요로운 음식과 깨끗한 물, 자녀의 교육 및 가족의 보건이 개선되어 빈곤에서 벗어나고 삶의 질이 향상된다. 킥스타트에 의하면 이 장비를 통하여 130만 명이 빈곤에서 벗어날 수 있었으며 27만 가구에서 농사로 인한 수익이 증가하였고 연간 신규 농장 수익 및 일자리 수입은 2억 3000만 달러(약 2668억 원)가 발생하였다고 보고하고 있다. 한 가족을 빈곤에서 벗어나게 하는 데 드는 킥스타트의 비용은 약 330달러(약 44만 원)가 소요된다.

킥스타트는 사회적 영향 측정 기관인 '60 데시벨(60 Decibels)'의 연구, '농부의 목소리를 듣다(Listening to the Voices of Farmers)'에서 농부들이 체감하는 이득의 목소리를 전하고 있는데 농부의 97%가 킥스타트의 펌프로 '농장의 방식이 개선'되었으며, '작물은 다양화' 되었음을 보고하고 있다. 또한 '가족의 노동력 투입이 감소'하였고 '건강은 향상'되었으며 '소득은 증대'된 것을 확인할 수 있었다고 보고하고 있다.

〈그림 3.9〉 킥스타의 관개 펌프 및 펌프를 사용하는 농민들

출처: 킥스타트 홈페이지(2021), "https://kickstart.org."

"지금 우리는 일 년 내내 작물을 심고 있어 관개 펌프로 자란 작물이 강우로 재배한 작물의 부족분을 보충하고 있습니다. 킥스타트의 장비로 쉽게 관개할 수 있기 때문에 더 많은 작물의 품종을 도입

했습니다. … (중략) 이러한 농산물 판매로 발생하는 수익으로 인해 아프리카 다른 지역 대부분의 사람들이 생계를 유지하지 못하는 경제 상황에서 우리 가정은 재정적으로 안정되었습니다. … (중략) 이제 온 가족이 농사에 매달리던 것과 달리 한 사람만 수고하여 스스로 밭에 물을 댈 수 있습니다. 나는 농작물에 물을 주는 데 더 이상 가축(소)을 사용하지 않습니다. 지금은 더 많은 물을 필요로 하는 다른 작물을 재배하고 있습니다. … (중략) 이제 우물이 집에서 멀리 떨어져 있어도 집으로 물을 퍼 올리기 위해 파이프를 연결할 수 있기 때문에 집에서 깨끗한 식수를 이용할 수 있습니다."

킥스타트의 문제의식은 SSA 지역 소작농이 안고 있는 열악한 환경에서부터 출발하였다. SSA 인구의 65%가 농업으로 생계를 유지하고 있는데 이들의 평균 농장의 면적은 5에이커(약 2만 ㎡)보다 조금 적으며 이들이 재배한 작물은 아프리카 식량 소비의 약 70%를 차지하고 있다. 여성은 작물재배 노동에 50% 이상 투입되지만 자산을 소유하는 일에서는 제외된다. 아프리카 소작농은 작물을 재배하는 데 들어가는 비용이 세계에서 가장 높기 때문에 쉽게 농업에 투자하기 어려우며 SSA 농업의 96%는 계절적으로 내리는 비에 의존하기 때문에 긴 건기 동안에는 수확된 작물도 부족하고 그만큼 이익도 준다.

최근에는 코로나-19 감염병의 여파로 소작농들은 '비료, 고품질 종자 및 가축과 같은 농업 투입물에 대한 접근이 중단'되었고 '도시 및 교외 지역의 비공식 시장은 폐쇄'되었으며, '여행 제한 및 운송 비용 증가로 인한 수확 후 손실이 커지고 공급이 지연'되고 있다. 사람들은 '수입 식품의 가격은 높고 신선한 농산물, 육류, 계란, 우유에 대한 접근성의 부족'을 겪고 있다.

하지만 킥스타트는 아직까지 활용하고 있지 못한 잠재력을 잘 활용한다면 이러한 문제점들을 해결하고 더 나은 방식으로 농사를 짓고 가족들은 더 나은 이득을 얻을 수 있을 것으로 생각했다. 이러한 잠재력은 먼저 SSA 농지의 4%만이 관개되며, 재생 가능한 지하수와 지표수의 10% 미만을 사용한다. 그리고 세계 경작지의 4분의 1 이상이 아프리카에 있다. 농업을 통한 경제 성장은 다른 어떤 부문보다 SSA의 극심한 빈곤을 줄이는 것으로 11배의 더 큰 효과를 볼 수 있다. 유엔식량농업기구는 여성에게 생산 자원에 대한 동일한 접근 권한이 주어진다면 작물 수확량이 20~30% 증가하여 세계 기아가 17% 감소할 것으로 추정하고 있다. 이러한 잠재력에 대한 도전이 킥스타트가 SSA 지역에서 사회적 영향을 크게 창출하고 확대할 수 있는 이유이다.

<그림 3.10> 킥스타트의 문제 해결 제품 설계단계에서 사회적 영향 창출 단계까지

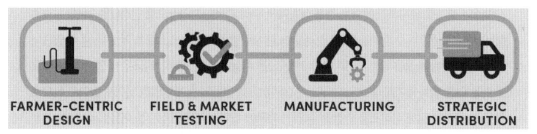

출처: 킥스타트(2020), "KICKSTART 2020 ANNUAL REPORT". p.4.

킥스타트는 〈그림 3.10〉처럼 제품을 생산할 때 농부의 의견과 현장의 요구를 반영한 설계와 시제품 테스트를 통하여 검증하고 나서 생산 및 유통하는 절차와 방법을 확립하여 사용하고 있다. 그리고 제품 성능을 최적화하기 위해 태양열 펌프 시제품을 원격으로 모니터링하고 급수의 효율성을 측정할 수 있는 데이터 수집 시스템을 갖추고 있다. 데이터 수집 외에도 킥스타트는 농부의 정성적 평가에 귀를 기울이고 다양한 설문조사 도구를 사용하여 경험을 확인하며 제품 디자인이 현장에서 그들의 요구를 충족하는지 확인한다. 내부 모니터링 및 평가 외에도 킥스타트는 타사 연구원과 협력하여 다양한 방법론을 통해 외부 모니터링 및 평가도 지속한다.

우리는 "비즈니스 모델을 구성하는 요소들 간의 관계를 좀 더 명확하게 한눈에 파악할 수 있도록 그 내용을 논리적으로 구조화하여 하나의 지면으로 나타낸 양식 또는 도구"를 비즈니스 모델 캔버스(BMC: Business Model Canvas)라고 부른다. 본 서에서는 "사회적경제 비즈니스를 구성하는 요소들 간의 관계를 좀 더 명확하게 한눈에 파악할 수 있도록 그 내용을 논리적으로 구조화하여 하나의 지면으로 나타낸 양식 또는 도구"의 의미로 '사회적 비즈니스 모델 캔버스(Social BMC: Social Business Model Canvas, 이하 'Social BMC'로 칭함)'라는 용어를 사용한다.

사회적 목표그룹의 참여유형과 재원조달 방법을 결합한 Social BMC

이 'Social BMC'는 앞에서 설명한 두 가지 비즈니스 모델인 '사회적 목표그룹과 재원조달 고객의 조합을 중심으로 분류'하는 방법과 '사회적 목적과 재원조달 방법의 조합을 중심으로 분류'하는 모델을 하나의 'Social BMC'로 담을 수 있도록 안내하는 도구이다[11]. 첫째, 앞에서 설명한 모델 Ⅰ인 '사회적 목표그룹의 소비에 집중하는 모델'은 주로 사회적 투자자로부터 재원을 조달하여 사회적 목적을 달성하고 있는데 이러한 비즈니스 모델을 'Social BMC'로 나타내면 〈그림 3.11〉과 같다.

〈그림 3.11〉 사회적 목표그룹의 소비에 집중하는 모델의 도구

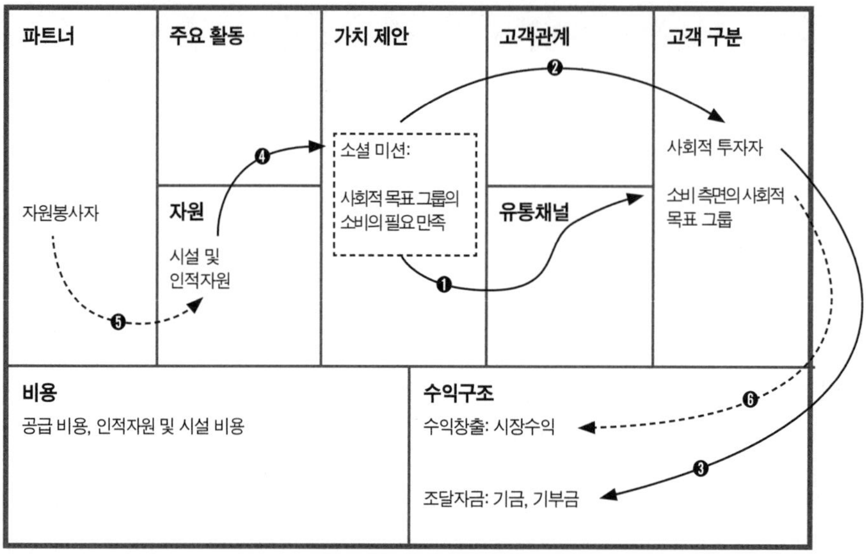

참조: Susanne Dohrmann, Matthias Raith, and Nicole Siebold, "Monetizing Social Value Creation-A Business Model Approach", Entrep. Res. J., 5(2), 2015, p.136. 참조 정리.

그림에서 번호가 매겨진 화살표는 비즈니스 모델 구성 요소 간의 중요한 관계를 보여 준다. 여기서 점선 화살표는 기본적인 모델에서 추가된 보조적인 관계를 나타낸다. 〈그림 3.11〉에서 중심 가치 제안은 일반적으로 소비 욕구 충족을 지향하는 사회적 사명으로 구성된다. 따라서 사회적으로 제공되는 재화나 서비스에 대한 재정적인 수단이 없는 사회적 목표그룹을 목표로 한다(화살표 ①). 이러한 사회적 사명을 수행하기 위해 기금 및 기부금 투자자들을 추가적인 목표 고객으로 확보(화살표 ②)하며 이렇게 조달된 자본은 수익원의 중요한 부분을 차지한다(화살표 ③). 조달된 자본은 사회적 가치 창출을 위한 인력 및 기반 시설과 같은 자원 활동에 사용된다(화살표 ④). 이러한 자원은 종종 필수적이지는 않지만 자원봉사자에 의해 보강된다(화살표 ⑤). 경우에 따라 사회적 목표그룹이 낮은 가격을 지불해야 할 수도 있으므로 소규모 시장 수익을 창출할 수 있다(화살표 ⑥).

둘째, 앞에서 설명한 모델 II인 '생산과 소비 그룹을 동시에 목표하는 혼합모델'은 사회적 목적에 동의하는 일반인의 무료 생산지원으로 운영되며 이 방법도 주로 사회적 투자자로부터 재원을 조달하여 사회적 목적을 달성하고 있는데 부가적으로 시장에서의 수익 창출을 통하여 재원을 보충할 수 있다. 이러한 비즈니스 모델을 'Social BMC'로 나타내면 〈그림 3.12〉와 같다.

〈그림 3.12〉 생산과 소비 그룹을 동시에 목표로 하는 혼합모델

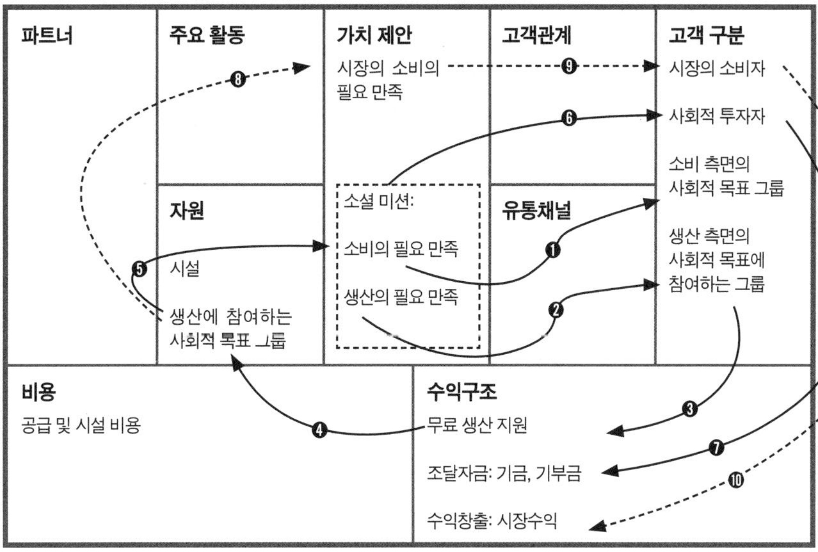

참조: Susanne Dohrmann, Matthias Raith, and Nicole Siebold, "Monetizing Social Value Creation-A Business Model Approach", Entrep. Res. J., 5(2), 2015, p.139. 참조 정리.

그림에서 사회적 사명은 전형적으로 사회적 목표그룹의 소비 욕구와 사회적 목적에 동의하는 일반인의 생산 욕구를 만족한다. 그러므로 사명은 소비(화살표 ①)와 생산 측면(화살표 ②)에 위치하는 두 개의 사회적 목표그룹을 겨냥한다. 구체적으로, 생산 측면의 사회적 목적에 동의하여 참여하는 그룹은 소비적인 사회적 목표그룹에 대하여 무료로 생산을 제공한다(화살표 ③). 이는 생산 측면의 그룹이 비즈니스 모델의 자원 투입으로 사용된다는 것을 의미한다(화살표 ④). 생산 측면의 사회적 목적에 동의하는 그룹이 사회적 목표그룹의 소비 필요성인 사회적 사명을 지원(화살표 ⑤)한다는 측면에서 이전 모델에서 이야기한 자원봉사자(모델 1 그림의 화살표 ⑤)와는 결정적인 개념적 차이가 있다. 또한 사회적 사명은 생산 측면의 사회적 목적에 동의하여 참여하는 그룹에도 명시적으로 가치를 창출해 준다. 사회적 가치를 사회적 목표그룹 모두가 이용할 수 있기 위해 사회적 사명은 기금 또는 기부금을 투자하는 사회적 투자자를 추가로 다루고 있다(화살표 ⑥). 이 모델은 생산 측면의 사회적 목적에 동의하여 참여하는 그룹의 지원으로 인해, 소비 측면의 사회적 목표그룹은 대부분 무료로 사회적 사명의 혜택을 받는다. 일부 사회적경제 기업이 시장(화살표 ⑧)의 소비 욕구(화살표 ⑨)를 추가로 만족시킬 만큼 질적으로 우수하다면 사회적 투자자에게 필요한 조달자금을 줄일 수 있도록 시장에서 수익을 창출할 수 있다(화살표 ⑩). 그런데도 시장 수익은 사회적 투자자가 자금을 조달하는 주 수익원의 보완적인 역할을 한다.

셋째, 앞에서 설명한 모델 Ⅲ인 '사회적 목표그룹의 생산에 집중하는 모델'은 생산 측면에서는 사회적 목표그룹이 담당하며 소비 측면에서는 시장의 소비자를 대상으로 한다. 이 방법은 시장에서의 수익 창출을 주요 재원조달 방법으로 사용하며 부가적으로 사회적 투자자로부터 재원을 보충할 수 있다. 이러한 비즈니스 모델을 'Social BMC'로 나타내면 〈그림 3.13〉과 같다. 중앙의 사회적 사명을 포함하고 있는 가치 제안은 생산에 대한 필요의 만족과 함께 생산 측면의 사회적 목표그룹을 지향한다(화살표 ①). 사회적 목표그룹이 생산의 자원으로 활동하여(화살표 ②) 시장의(화살표 ④) 소비 욕구를 충족시켜(화살표 ③) 시장 수익을 창출한다(화살표 ⑤). 시장 수익은 공급, 기반 시설 그리고 사회적 사명과 함께 가치 창출을 위해 필요한 자원을 구성하는 인원에 소비된다.

〈그림 3.13〉 사회적 목표그룹의 생산에 집중하는 모델

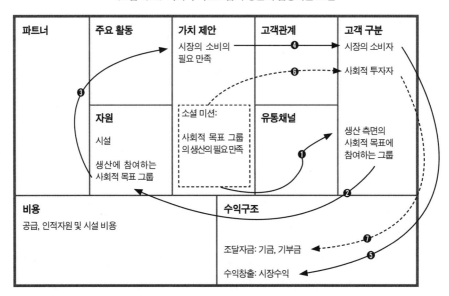

참조: Susanne Dohrmann, Matthias Raith, and Nicole Siebold, "Monetizing Social Value Creation-A Business Model Approach", Entrep. Res. J., 5(2), 2015, p.142. 참조 정리.

사회적 목표그룹이 자원으로 너무 비싸거나 생산성이 너무 낮으면 시장 수익의 창출이 부진하여 운영자금을 충족하지 못할 수도 있다. 이럴 경우 사회적 사명을 기반으로 사회적 투자자를 유치해야 하며(화살표 ⑥), 사회적 투자자의 기금으로 운영을 지원한다(화살표 ⑦).

이상의 사례와 모델을 통하여 얻을 수 있는 시사점으로는 첫째, 사회적경제 기업의 재원조달이라는 전략적 관점에서 사회적기업가는 사회적경제 기업의 수익을 증가시킬 수 있으며 사회적 가치 창출에 따르는 시장의 수익 창출 정도를 높여서 필요한 자금을 줄이거나 대체할 수 있다. 이는

사회적 목표그룹 또는 시장의 소비자를 더욱 발전시키기 위해 새로운 가치 제안을 창출하거나 사회적 목표그룹을 새로운 시장 지향적 가치 제안을 위한 자원 투입으로 사용함으로써 실현될 수 있다. 이러한 수익 구조의 변화는 기업의 수익성을 높여주지만 그런데도 본 사례에서 보여 주는 시사점은 첫째, 전반적인 사회적경제 기업의 성과가 '사회적 사명의 본질'과 '사회적 목표그룹의 구성'에 달려 있다는 것이다. 둘째, 각각의 사회적경제 기업마다 추구하는 경제적, 사회(공동체)(적) 및 환경적 목표에 대응하는 비즈니스 모델을 앞에서 언급한 비즈니스 모델의 범주에 다 맞추는 것은 불가능할 것이며, 자금 조달의 형태와 출처도 더욱 다양한 형태로 나타날 것으로 보인다.

따라서 위의 사례를 참고하여 각각의 사회적경제 조직이 추구하는 목적에 따라 다양한 형태의 비즈니스 모델을 개발하고 수립하는 방법을 적용할 필요가 있다. 셋째, 예를 들어 아쇼카 재단과 같은 비영리 재단 또는 한국사회의 중간지원조직 등에 의하여 발굴되고 지원을 받는 사회혁신 프로젝트는 조건을 갖춰야 하는 제한적인 경계를 가지고 있으면서 변화 창출이 요구되는 사례들이다. 반면, 일반적으로 개인 및 일반 기업의 형태로 진행되는 사회적 사명은 제한적인 경계를 가지고 있지 않은 개인 또는 조직적인 지향에 의해 그려지며 대단위로 규모의 경제를 달성할 가능성을 보여 주고 있다. 따라서 우리는 이 부분에서 사회혁신을 주목적으로 경영하는 조직과 상업적 기업과의 협력을 통해 사회적 사명을 대단위로 추진하는 개방적 협력모델의 필요를 감지할 수 있다.

TBL 가치 창출을 중심으로 경영 활동을 정리하는 Social BMC

지금까지 알아본 사회적 비즈니스 모델은 사회적 목표그룹 또는 재원조달 측면의 유형을 중심으로 살펴본 내용이라면 지금부터 알아보는 비즈니스 모델의 설계는 '지향하는 가치의 유형에 따른 비즈니스 모델 수립의 방법'이다. 엘킹톤(Elkington)은 기업이 지속 가능한 경영을 위해서는 경제적인 이윤과 더불어 사회와 환경에 대해서도 책임 있는 자세가 필요함을 언급하면서 사람, 지구, 이익이라는 세 측면을 모두 충족하는 TBL을 제시하였다. TBL은 향후 변혁의 키워드로 작용할 시장, 가치, 투명성, 생명주기 기술, 협력자, 시간, 기업지배구조와 더불어 "전통적으로 재무제표의 맨 아랫부분의 당기 순이익과 같은 재무적 수익만을 중시하던 시대에서 환경적인 품질과 사회(공동체)(적) 가치를 중요하게 받아들여야 함"을 강조하였다[12].

이 이론을 근거로 사회적경제 조직의 비즈니스 모델을 경제적 가치, 사회(공동체)(적) 가치, 환경적 가치 각각에 대한 중요도를 고려하면서 비즈니스 모델을 구상하고 정리할 수 있는 기준으로 삼을 수 있다는 점이다. 이러한 방법의 비즈니스 모델 설계 방법에서는 비즈니스 구조를 체계화할 때 경제적, 사회(공동체)(적) 및 환경적 측면에서 수혜자 혹은 고객과의 자원 활동과 소요 비용, 창출된 가치를 중심으로 모델을 수립한다.

이러한 방법은 사회적경제 기업이 목표로 하는 사회적 영향(Impact)이 비즈니스 모델의 일부가 되어야 한다는 문제의식에서 출발한다. 경제적 가치를 창출하는 방법의 로드맵뿐만 아니라 측정 가능한 방식으로 사회(공동체)(적) 가치 혹은 환경적 가치를 창출하는 방법을 비즈니스 모델 수립의 단계에서 보여 줄 수 있도록 고안된 유형이라고 할 수 있다. TBL 가치 창출 및 추진 전략을 통합한 대표적인 사회적경제 비즈니스 모델 설계 도구는 〈그림 3.14〉에서 보는 것처럼 '에라스무스와 유럽연합(Erasmus and European Union)'에서 제공하는 비즈니스 모델 수립 도구 'MySBM(My Social Business Model)'이 있다.

〈그림 3.14〉 My Social Business Model

참조: Erasmus and European Union(2015), "How to choose proper business model for social enterprise", Educational material, p.14. 참조 정리.

MySBM은 성공적인 비즈니스 모델을 만드는 데 필요한 사고 프로세스를 통하여 사용할 수 있도록 좀 더 세분된 구조로 구성되어 있다. 이는 〈그림 3.14〉에서 보듯이 경제적 이익(Revenue Stream), 사회(공동체)(적) 혹은 환경적 이익(Societal(Community) & Environmental Benefit)의 내용을 작성하도록 하고 있으며 아울러 경제적 비용(Cost Structure), 사회(공동체)(적) 혹은 환경적 비용(Societal(Community) & Environmental Cost)도 정리할 수 있도록 제안하고 있다[13].

먼저 이 도구는 중앙의 가치 제안을 출발점으로 상단과 하단으로 구분되어 있다. 먼저 상단의 우측 부분에는 고객과의 관계를 포함하여 경제적, 사회(공동체)(적) 혹은 환경적 이득을 설계히는 부분으로 구성되어 있고, 상단의 좌측에는 조직의 활동 상황을 포함하여 경제적, 사회(공동체)(적) 혹은 환경적 비용을 설계하는 부분이 있다. MySBM의 하단에는 해결하려고 하는 사회적인 문제나 도전과제(Social Challenge), 재정적인 지속 가능성(Financial Sustainability), 공유가치(Shared Values), 영향(Impact), 촉매(Catalysts), 수익모델(Revenue Model), 핵심역량(Core Competencies), 확장(Scaling)에 관한 내용을 정리할 수 있는 부분을 배치하여 비즈니스 모델을 수립할 수 있도록 구성되어 있다.

조이시(Joyce)와 페이퀸(Paquin)이 제안한 TLBMC(Triple Layered Business Model Canvas)에서도 비즈니스 모델 수립 도구를 경제적, 사회(공동체)(적) 혹은 환경적 가치 측면에서 바라볼 수 있도록 각각 구분된 양식을 3개의 도구(〈그림 3.15〉, 〈그림 3.16〉, 〈그림 3.17〉)로 제시하여 수평적으로 바라보도록 하는 것은 물론이고 이를 통합하여 수직적으로도 생각할 수 있도록 제안하고 있다[14].

먼저 〈그림 3.15〉처럼 경제적인 가치 측면의 내용을 정리할 수 있도록 제안된 도구인 '경제적 가치 중심의 Social BMC[편의상 'Social BMC-R'(Revenue)로 칭함]'는, 중앙에 경제적인 측면에서 비즈니스의 출발점이 되는 '가치 제안'을 배치하였다. 이어서 우측에는 '목표 고객', '고객 관계', '채널'이 구성되어 있으며 좌측에는 '주요 활동', '주요 자원', '주요 협력자'로 구성되어 있다. 마지막 하단에는 '비용 구조(경제적 비용)', '수익 흐름(경제적 성과)'의 블록으로 구성되어 있다.

이 모델은 상업적 기업의 비즈니스 모델 설계 방법[15]과 유사한데 이 모델을 사회적경제 기업의 경제적 가치를 중심으로 수정하여 다음의 그림과 같이 사용할 수 있다. 경제적 가치 창출 측면의 비즈니스 모델 계획과 구성은 '경제적 가치'를 중심으로 출발한다. '경제적 가치'는 제1장에서 설명한 사회적 목표그룹을 위한 경제적 가치를 기본으로 구성하고, 이어서 시장의 고객 문제를 해결하고 가치 제안을 통해 고객의 요구를 만족시키고자 하는 것을 추가한다. 다음은 고객 측면의 우측 블록에 대한 설명이다. '목표 고객'은 사회적 목표그룹과 함께 시장의 고객 가치를 제공받는 하나 혹은 다수로 구분된 고객을, '고객 관계'는 분류된 목표 고객별로 수립되고 관리되는 고객과 관계하는 방법을 말한다. '채널'은 커뮤니케이션, 유통 및 판매 채널을 통해 고객에게 제안된 가치를 전달하는 방법을 말한다.

〈그림 3.15〉 경제적 가치를 중심으로 작성하는 'Social BMC-R'

주요 파트너	주요 활동	경제적 가치	고객 관계	목표 고객
	주요 자원		채널	
경제적 비용			경제적 성과	

이어서 조직의 경영활동을 중심으로 설명하는 좌측 블록이다. '주요 활동'은 사회적 목표그룹 및 시장의 고객 측면의 요소들을 수행하기 위한 중요한 다수의 활동들을 말한다. '주요 자원'은 주요 활동 및 고객 측면의 요소들을 제공하고 전달하는 데 필요한 자산을 의미하며, '주요 파트너'는 이해관계자와의 협력 및 아웃소싱(Outsourcing: 기업 내부의 프로젝트나 활동을 기업 외부의 제삼자에게 위탁하여 처리하는 일. 핵심 사업에 주력하고, 부수적인 업무는 외부에 의존해서 경쟁력을 높이고자 하는 데 있음) 또는 외부로부터 네트워킹을 통하여 얻을 수 있는 자원 및 활동을 말한다. 마지막으로 사회적 목표그룹, 시장의 고객 관계 및 경영활동에 따르는 '경제적 비용'과 '경제적 성과'를 설명하는 하단 부분으로서 경제적 성과는 사회적 목표그룹의 경제적인 성과와 함께 시장에서의 수익창출 또는 기타의 자본 조달 활동을 말한다.

두 번째 〈그림 3.16〉처럼 사회적 가치 측면을 정리할 수 있도록 제안된 도구인 '사회(공동체)(적) 가치 중심의 Social BMC[편의상 'Social BMC-S'(Societal)로 칭함]'는 기업 내·외부의 이해관계자를 중심으로 사회적경제 기업의 사회(공동체)(적) 영향을 고려할 수 있도록 구성되어 있는데 특히, 사회적 목표그룹을 중심으로 조직 내·외부의 이해관계자 간 상호 관계를 포착하는 데 중점을 두고 있다. 이를 통하여 사회적경제 기업의 사회(공동체)(적) 영향이 어디에 있는지 더 잘 이해할 수 있으며 조직의 행동 혁신 및 비즈니스 모델을 탐구하여 사회(공동체)(적) 가치 창출의 잠재력을 향상하는 방법을 모색할 수 있다[16].

지역공동체	지배구조	사회(공동체)적 가치	사회문화	최종 수혜자
	직원		영향력 확장	
사회적 비용		사회(공동체)적 성과		

〈그림 3.16〉의 중앙에는 '사회(공동체)(적) 가치'를 기재하게 되어 있으며, 우측에는 '최종 수혜자', '사회문화', '영향력 확장'이라는 블록으로 구성되어 있고, 좌측에는 '직원', '지배구조', '지역공동체'로 구성되어 있다. 마지막 하단에는 '사회(공동체)(적) 비용', '사회(공동체)(적) 성과'의 블록으로 구성되어 있다.

사회(공동체)(적) 가치 창출 측면의 비즈니스 모델 계획과 구성은 '사회(공동체)(적) 가치'를 중심으로 출발한다. '사회(공동체)(적) 가치'는 이해관계자와 사회에 더 많은 이익을 창출하는 데 중점을 둔다. 다음은 고객과의 관계를 중심으로 구성된 우측 블록에 대한 설명이다. '최종 수혜자'는 최종 사용자의 요구를 해결하고 제1장에서 설명한 사회(공동체)(적) 가치 중심으로 삶의 질에 어떻게 기여하는지와 관련이 있다. 비슷한 요구를 가진 경우에는 나이, 수입, 민족성, 교육 및 장애 수준 등과 같은 인구 통계를 기초로 세분될 수 있다. '사회문화' 부분은 '사회가 실패할 때 사업이 성공할 수 없다'는 인식에서 출발한다. 따라서 조직은 지속 가능한 가치의 개념을 활용하여 사회에 대한 조직의 잠재적 영향과 행동이 사회에 긍정적인 영향을 미치는 방법을 개발하고 관계해야 한다. '영향력 확장'은 이해관계자와 구축한 관계의 깊이와 폭을 나타낸다. 이것은 장기적이고 통합적으로 관계를 발전시키고 지리적으로 영향을 미칠 수 있는 확장의 아이디어와 서로 다른 문화와 국가의 윤리적 및 문화적 행동의 차이를 어떻게 해석할 것인지를 포함할 수 있다.

이어서 경영의 내·외부 조직 구조를 중심으로 설명하는 좌측 블록의 설명이다. '직원' 부분은 조직의 핵심 이해관계자로서 해야 할 역할을 고려할 수 있는 부분으로 직원 수 및 유형, 변동 급여, 성별, 직무 역량 수준과 같은 인구 통계 자료가 여기에 포함될 수 있다. 그뿐만 아니라 훈련, 전문 개발, 추가 지원 프로그램 등 조직의 직원 중심 프로그램이 어떤 방식으로 논의되는지에 대한 내용을 포함할 수 있는데, 이러한 내용은 조직의 장기적인 생존과 성공에 기여한다. '지배구조' 부분에서는 조직 구조와 의사 결정 정책을 파악할 수 있다. 이 부분에서 조직의 소유권(예: 협동조합, 비영리법인, 개인 소유의 영리기업, 상장된 기업 등), 조직 내부의 의사 결정 구조 및 협동의 과정이 각 단계에서 어떻게 연관되는지 확인할 수 있다. '지역공동체' 부분은 기업과 지역공동체 간의 사회적 관계 형성에 관한 내용이다. 사회적경제 기업은 지역공동체와 상호 작용할 때 상호 이익이 되는 관계를 개발하고 유지함으로써 조직의 성공에도 크게 영향을 줄 수 있다.

조직이 여러 지방 또는 국가에 시설을 보유하고 있다면, 각각의 문화적 필요와 현실에 맞는 지역공동체 관계가 필요하다. 일반적으로 조직은 그들 본사를 중심으로 지역공동체에 더 집중하는 경향이 있지만, 기업은 시설이 있는 모든 지역공동체를 고려해야 한다. 마지막으로 최종 수혜자 및 조직 활동에 따르는 '사회(공동체)(적) 비용'과 '사회(공동체)(적) 성과'를 설명하는 하단 부분이다. '사회(공동체)(적) 비용'은 부정적인 사회적 영향을 의미한다. 사회(공동체)(적) 영향의 긍정적인 의미로서 '사회(공동체)(적) 성과'는 조직의 행동에서 오는 사회(공동체)(적) 이점을 명시적으로 고려하기 위한 것이다. 사회(공동체)(적) 비용과 마찬가지로 사회(공동체)(적) 성과는 다양한 지표를 사용하여 측정할 수 있다. 이러한 사회적 영향이나 그것들을 계량화하는 방법에 대해서 국내·외적으로 사회적인 합의를 이루고 가고 있는 과정에 있으므로 관련된 연구 및 보고서 등의 문헌들을 참고하고 각 사회적경제 기업에 맞도록 적용하여 사용한다.

세 번째 〈그림 3.17〉처럼 '환경적 측면의 Social BMC[편의상 'Social BMC-E'(Environmental)'로 칭함]'는 수명주기 사이클 관점에서 구축된다. 이것은 제품 및 서비스의 수명주기 전 과정인 'LCA (Life Cycle Assessment)'에 관한 연구와 실습으로 제품 또는 서비스의 환경 영향을 측정하고 정리하는 공식적인 방법을 사용한다. 'LCA'의 여러 유형의 지표들(예: CO_2, 생태계 품질, 인체 건강, 자원 고갈, 용수 사용 등)에 대한 환경영향평가 자료가 제공되며 제품 또는 서비스의 전체 수명주기 (예: 원료 추출, 제조, 유통, 사용 및 수명 종료 등)의 단계별로 환경의 영향을 고려할 수 있도록 도구를 통하여 환경적 측면의 비즈니스 모델을 수립하고 점검할 수 있다.

〈그림 3.17〉 환경적 가치를 중심으로 작성하는 Social BMC-E

공급 및 아웃소싱	생산	환경적 가치	수명의 종료	사용 단계
	재료		유통	
환경적 비용			환경적 성과	

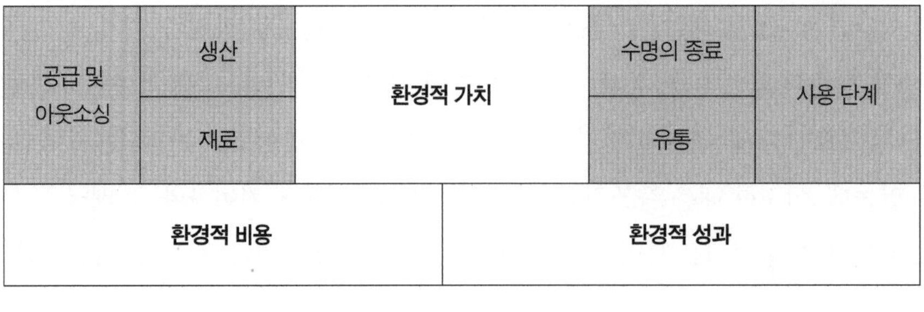

〈그림 3.17〉의 중앙에는 '환경적 가치'를 기재하게 되어 있으며, 우측에는 '유통', '사용 단계', '수명의 종료'라는 블록으로 구성되어 있고, 좌측에는 '재료', '공급 및 아웃소싱', '생산'으로 구성되어 있다. 마지막 하단에는 '환경적 비용', '환경적 성과'의 블록으로 구성되어 있다. 환경적 가치 창출 측면의 비즈니스 모델 계획과 구성은 '환경적 가치'로부터 출발한다. '환경적 가치'는 LCA 즉, 제품수명주기 평가에서 사용하고 있는 제품 또는 서비스의 기능 단위를 중심으로 설명 또는 측정치를 기재한다. 다음은 고객과의 관계를 중심으로 한 우측 블록에 대한 설명이다. '유통'은 제품이 고객에게 제공되면서 발생하는 환경적 관점에서의 제품의 운송을 말하며, 서비스 제공 업체의 경우는 서비스 전달 과정의 물리적 수단을 말한다. 운송 수단, 이동 거리 및 운송되는 것의 중량을 고려해야 한다. 또한 포장 및 배송 물류 문제도 여기에 포함된다. '사용 단계'는 제품 및 서비스를 이용하는 고객의 환경적인 측면의 영향, 제품의 유지 보수 및 수리와 관련된 영향을 포함한다.

또한 사용 과정에서 나타나는 중요 자원 및 에너지 요구 사항에 대한 고려를 포함한다. 많은 전자 제품은 기기를 충전하고 사용자 네트워크를 지원하는 데 필요한 인프라를 사용할 때 영향을 받으며 종종 생산 과정의 영향보다도 클 수 있다. 이러한 내용은 사용자가 콘텐츠를 제작하거나 자동차 공유 사업과 같이 기업과 사용자 간의 생산 및 사용 활동이 명확하게 구분되지 않을 수도 있다. '수명의 종료'는 고객이 기능적 가치의 소비를 끝내고 종종 재제조, 용도 변경, 재활용, 분해, 소각 또는 제품 처분과 같은 물질적 재사용 문제를 수반하는 경우이다. 환경적 관점에서 볼 때, 이 요소는 제품의 초기 생산 가치를 넘어서서 책임을 확장함으로써 사회적 영향을 관리하는 방법을 모색하는 내용이다. 점차로 정부는 다양한 물질의 제한 및 재활용 요구 사항을 통해 이를 해결하도록 조직에 강요하고 있다.

이어서 경영의 내·외부 활동을 중심으로 설명하는 좌측 블록의 설명이다. '재료'는 제품 및 서비스의 기능적 가치를 부여하는 데 사용된 기초적인 자원을 의미한다. 제조업체의 경우는 많은 양의 물리적 물질을 구매하고 변형하여 제품을 만든다. 반면, 서비스 조직은 연관된 인적, 물적 인프라 및 정보 기술을 구축하는 형식을 통하여 서비스 프로그램을 개발하는 경향이 있다. 컴퓨터, 차량 및 사무실, 건물과 같은 자산의 형태로 중요한 자원을 소비한다. 여기서는 이러한 조직의 주요 재료와 환경에 미치는 영향을 기록하는 것이 중요하다. '공급 및 아웃소싱'은 환경적 측면을 기준으로 기타의 소모품 및 외주 작업을 통하여 가치를 창출하는 내용이다. 여기에는 물 또는 에너지가 포함될 수 있으며, 이것은 지역의 우물 및 현장 에너지 생산을 통하여 자체 공급될 수도 있으며 지역의 자원 공급 회사를 통하여 공급될 수도 있다.

많은 기업의 경우, 이 부분은 공공 서비스나 현장 에너지를 통하여 공급하고 있으며, 이러한 활동이 잘 통제되지 않으면 환경적 측면의 영향을 조절하기가 쉽지 않게 된다. '생산'은 조직의 주요 활동을 환경적인 측면에서 생산과정을 정리하는 부분이다. 제조업체의 경우는 '원료 또는 미완성 물질을 보다 높은 가치의 생산물로 전환하는 활동'을 포함하고, 서비스업체의 경우는 IT 인프라 실행, 사람 또는 기타 물류 운송, 사무실 공간 사용 및 서비스 센터'를 포함한다. 재료와 마찬가지로 여기서 초점은 환경에 큰 영향을 미치는 활동을 중심으로 정리한다. 마지막으로 고객 및 내부 활동에 따르는 '환경적 비용'과 '환경적 성과'를 설명하는 하단 부분이다. '환경적 비용'은 제품의 생명주기 평가에 따라서 CO_2배출, 인체 건강, 생태계 영향, 천연자원 고갈, 물 소비와 같은 생체 물리적 측정과 관련된 내용이다. '환경적 성과'는 환경적인 비용의 관계와 마찬가지로 환경적 측면의 이익과 가치 창출, 그리고 생태학적 가치 창출을 포함한다[17].

TBL 기반 비즈니스 모델 도구를 사용하면서 지금까지 설명한 세 가지 측면의 도구 각각은 명확하게 서로 다른 유형의 가치 창출을 위해 광범위한 내용과 일정 수준 이상의 깊이 있는 분석을 통하여 비즈니스 모델을 전체적으로 생각할 수 있게 해 준다. 세 도구의 각 구성요소는 수직적으로 경제적, 사회(공동체)(적), 환경적 측면의 고찰에 대한 일관성을 제공한다. 이러한 상호 간의 수직적인 관계를 연결 지음으로써 조직의 지속 가능성을 위한 경제적, 사회(공동체)(적) 및 환경적인 혁신에 대하여 적극적이고 창의적인 탐구로 이어지는 방법을 보여 준다. TBL 기반 비즈니스 모델 도구는 그동안 진행했던 과거의 사업 내용을 점검할 수 있는 장점도 있으며, 아울러 미래의 사업 방향을 마련하는 데도 도움이 된다. 또한 필요한 부분과 불필요한 부분의 경영활동을 파악하고, 불필요한 활동은 줄여 나갈 수 있는 통찰력을 제공해 준다. 초기 단계 기업이면 사회적 및 환경적인 부분에서 부족함을 느끼고 지속적으로 시스템을 구축할 필요를 확인하기도 하므로 비즈니스 모델 정리와 고찰은 사업 초기에 한 번 실시하고 마는 것이 아니라 지속해서 확인하고 점검하며 때론 수정되는 도구로써 사용하는 것이 바람직하다.

사례연구 11

독일의 압거어드넷튼와치(Abgeordnetenwatch):
독일의 의회감시 시스템, 시민의 민주적 참여와 의회의 책임 있는 정치를 묻다[18]!

사회적 목표그룹이 생산과 소비에 동시에 참여하는 사회적경제 기업의 사례로 그레고르 해크막(Gregor Hackmack)과 보리스 헤켈레(Boris Hekele)가 설립한 압거어드넷튼와치(abgeordnetenwatch:

의회 감시)가 있다. 이들은 기존의 독일 의회가 첫째, '돈이 많은 개인이 로비를 통하여 의원에게 영향을 미치고 있는 현상', 둘째, '시민들은 종종 어떤 의원이 자신의 이익을 대변하는지도 모르는 투명성 문제', 셋째, '국민과 정치인은 직접적으로 의견을 교환하지 않고 따로 노는 소외 문제'를 해결하기 위하여 '의회감시'라는 이름의 플랫폼을 개발하였다. 이 기업은 생산 측면의 사회적 목적에 동의하는 그룹인 의회 구성원들의 참여와 소비 측면에서 정치적인 정

보가 부족한 사회적 목표그룹인 개별 시민들이 온라인 플랫폼 공간을 통하여 직접 공개 대화가 가능하도록 시스템을 구성하였다. 투명성을 기반으로 한 이 플랫폼은 시민들에게 정치 정보에 쉽게 접근할 수 있게 하고, 그들을 붙잡고 연설이나 기고문을 녹음하고 의회에서의 투표를 기록함으로써 정치인의 행동을 추적하고 대중에게 책임 있는 정치인이 되도록 한다. 시민들은 자세한 정치 정보를 쉽게 방문하여 볼 수 있으며 엄격한 윤리 강령을 바탕으로 사용자는 새로운 형태의 민주적 참여를 가능하게 하는 질문을 추가로 게시할 수 있다. 또한 개별 사용자의 질문에 대한 답변을 게시하며 다른 사용자도 볼 수 있다. 과거 정치 활동에 대한 검색 가능한 데이터베이스를 제공함으로써 선출된 국민의 정치 대리인과 개인 시민 간의 격차를 줄여 준다.

이 조직은 중립성을 보장하기 위해 공공 기관의 기금을 받지 않는다. 재원조달의 주요 방법으로는 의원의 프리미엄 프로파일에 대한 소액수수료, 소액 기부금 및 시스템 프랜차이즈 수수료를 받는다. 확장 검색 및 뉴스레터 기능에 대한 접근 권한을 얻은 사용자로부터도 소액의 돈을 받는다. 이들은 유료로 미디어 파트너 및 시민단체와 같은 다양한 관심 그룹에게 기록 자료별 또는 주제별 일일 요약 자료 등에 접근할 수 있는 프리미엄 기능도 제공한다. 대부분 의원들이 사용자에게 서비스를 제공하기 때문에 압거어드넷튼와치는 사회적 가치 창출로 인한 수익 창출이 증가하며, 시장 수익은 사회적 사명을 위해 필요한 기금을 줄이거나 혹은 거의 대체할 수 있을 정도의 수준까지 창출된다. 이 기업은 2010년 공정성 이니셔티브 상(Fairness-Initiativpreis 2010), 2013년 민주주의 상(Democracy Award 2013), 2016년 오토브래너 상(Otto-Brenner-Preis 2016, 오토브래너 재단이 독일 및 유럽 등의 비평적 저널리즘에게 수여하는 권위 있는 상) 등을 수상하였으며 2019년 11월 파리평화포럼(Teilnahme am Paris Peace Forum, November 2019)에 참가하였다. 2020년에는 200개 이상의 언론에서 기사(온라인, 인쇄물, 라디오 및 TV)화 되었다.

〈그림 3.19〉 2020년 압거어드넷튼와치 언론 기사화 헤드라인 사례

출처: 압거어드넷튼와치 연례 및 영향 보고서(2020), "Jahres- und Wirkungsbericht 2020", p.17.
(이미지 속의 좌하단 사진은 인터뷰 후 직원들과 함께선 저자)

2004년에 설립된 이후로 지금까지 질문 22만 8105개, 답변 18만 2868개로 응답률이 80%에 이르 며 청원 82만 3173개, 뉴스레터 구독자 17만 9115명, 지지자는 1만 1256명에 이르며, Facebook에 11만 15명, 트위터에 6만 27명, 인스타그램에 6739명, 블로그에 700명의 팔로워가 있다.

민주주의의 투명성을 높이기 위해 일하는 이들은 '시민과 정치인 사이의 공개적인 소통', '유권 자에 대한 정치인의 높은 책무성 요구', '의회와 의원에 대한 대중의 인식 제고', '정치에 대해 보 다 광범위하고 완전한 보고', '언론 보도에 대한 더 쉬운 질문', '정치 정보에 대한 쉽고 직접적인 접근' 및 '유권자가 참여할 수 있는 영구적인 기회 제공'을 목표로 한다. 2020년 사회적 영향 보 고서에 의하면 '독일 연방의회', '독일의원 유럽의회(96명)' 및 '16개 주 의회' 등 총 18개 의회 및 구성원이 참가하고 있다. 2020년 함부르크 의회 선거에서는 1월 5일부터 선거 전날(2월 22일) 까지 유권자들은 890개의 질문을 올렸고 후보들은 665개의 질문에 답하였다. 2020년 총 질 문은 1만 4400개 이상이 있었으며 이는 전년도에 비해 약 15%가량 증가한 수치이다. 의원의 응답률은 76%에 달하는데 이는 압거어드넷튼와치가 유권자와의 대화 창구로써 정치인을 위 한 플랫폼의 높은 유용성을 말해 주는 것이라고 할 수 있다. 2019년 8월 함부르크의 본사를 방

문하여 인터뷰를 진행했던 저자는 정치 민주화가 낮은 한국사회에도 이런 플랫폼을 운영하는
사회적경제 기업이 꼭 생겼으면 하는 바람을 가져 보기도 하였다.

질문들은 광범위한 주제를 포함하는데 예를 들어 지역 기업이나 지역 문제 현안에 대한 질문뿐
만 아니라 투표 행동, 의원의 추가 수입 또는 주요 정치적 논쟁에 대한 질문도 받는다. 2020년에는
코로나 감염병 대유행으로 인해 건강 문제와 함께 사회 정책, 인권과 같은 주제가 특별히 관심을 받
았다. 모든 질문과 답변은 1년 365일 12명으로 구성된 중재원들의 모니터링을 거쳐 공개되는데 이
는 시민과 의회 의원 또는 후보자 간의 초당파적이고 사실적이며 개별적인 의사소통이 가능하기
위한 장치이다. 특히, '폭력성, 인종차별, 성차별, 정치적, 종교적 박해를 나타내거나 피해자를 무시
하고 조롱하는 내용', '소속을 이유로 사람을 차별하는 글', '모욕 및 비인간적인 표현', '사생활에 관
한 질문', '직업적 기밀에 해당하는 질문', '질문이나 의견 요청이 아닌 단순 의견 표현', '출처가 뒷받
침되지 않은 사실, 인용 및 통계(숫자)의 주장을 포함하는 내용', '일반적으로 하나 이상의 다량 질
문', '정당과 의원이 스스로 하는 질문', '같은 선거에 출마한 후보자 간의 질문', '같은 의회에 속한 의
원 간의 질문', '답변자 이름이 잘못된 질문' 등을 모니터링한다.

본 4절의 내용은 저자가 연구한 '우리나라의 사회적경제 비즈니스 모델 수립 방법론 연구: 비즈니스 모델 캔버스를 중심으로'의 내용을 통해 지금까지 설명한 사회적경제 기업의 비즈니스 모델 수립을 통합적으로 연구한 자료를 공유하고 이해를 돕기 위하여 연구결과물인 'Our!SBMC'의 주요 내용을 여기에 실었다[19].

통합 도구 'Our!SBMC'의 범주와 해결과제

지금까지 우리는 사회적경제 기업의 비즈니스 모델이 사회적인 가치와 영향을 창출하기 위해서는 어떤 조건을 갖추고 경영요소 간에 어떻게 유기적으로 관계해야 하는지를 배울 수 있었다. 우리가 배운 사회적경제 비즈니스 모델 수립 방법론은 첫째, 사회적경제 기업이 지속 가능한 경영을 위해서는 '소요되는 재원을 어떻게 조달할 것인가?'와 사회문제 해결의 당사자인 '사회적 목표그룹과의 관계는 어떻게 하고 그들이 사업에 참여하는 방식은 어떤 것인가?'를 중요하게 언급해야 한다는 점을 알 수 있었다. 둘째 사회문제 해결을 목적으로 경영하는 사회적경제 기업의 비즈니스는 '사회문제를 발견하고 그것을 해결하기 위한 솔루션은 무엇인가?'와 '그러한 솔루션이 사회적 목표그룹 혹은 지역사회에 주는 사회적 가치는 무엇인가?'가 출발점이자 중심으로 논의되고 있다는 점을 알 수 있었다.

그리고 셋째, 제1장에서 언급한 것처럼 사회적경제 기업은 조직적인 측면에서 이해관계자와 함께하는 의사 결정구조 및 체계(민주, 투명, 공정, 협력, 연대 등), 지역공동체와 함께 힘을 보태는 조직화 과정이 중요하며, 넷째, 사업적인 측면에서는 부족한 자원을 동원할 수 있는 네트워킹이 중요하며, 효율과 생산성에만 매몰되지 않고 사회적 요구에 부응하는 경영차별화 방안의 균형유지, 그리고 사회적 가치를 잘 알리고 고객이 행동의 변화를 이끌도록 하여 사회적경제 기업의 이미지를 높이고 구매할 수 있도록 하는 사회적 마케팅 전략이 필요하다는 점을 인식하였다. 이 부분은 제2부 각 장에서 자세히 실었으므로 제2부를 탐독하고 다시 돌아와서 재차 살펴봐도 좋을 것이다.

또한 궁극적으로는 다섯째, 사회적경제 기업의 비즈니스 모델이 창출한 사회적 영향을 제시할 수 있으면 좋겠다는 점이다. 사회적 영향은 비즈니스 모델이 제공하는 정량적인 산출물 및 정성적인 성과와 함께 보다 광범위하게 사회에 끼친 좋은 영향을 설명하고 가능하다면 양적으로 제시하면 좋을 것이라는 점이다. 이 부분도 제3부의 사회적 영향 측정 및 관리에서 자세히 언급하였으므로 제3부를 탐독하고 다시 돌아와서 재차 살펴봐도 좋을 것이다. 이상의 조건을 토대로 'Social BMC'의 구성 요소를 7가지로 구분하고 〈표 3.5〉와 〈그림 3.20〉의 내용처럼 구성하였다. 특히 도구를 사용하고 실습함에 있어서 이해관계자와 함께한다는 의미를 부여하기 위하여 도구의 이름을 'Our!SBMC'로 정하였다. 도구의 7가지 요소는 다음과 같다.

첫째, '① 사회문제 발견 및 솔루션과 그것이 주는 사회적(경제적, 사회(공동체)(적), 환경적) 가치'를 중심에 두었다. 둘째, '② 사회적 목표그룹과 관계하는 방식'과 셋째, '③ 사업 측면의 환경 분석'을 두어 사회적 목표그룹의 사업 참여 방식을 담아내고 사업 측면에서도 경영환경을 분석하도록 하였다. 그리고 사회적 영향 확장의 비전과 이해관계자 및 지역공동체와 함께할 수 있는 넷째, '④ 조직 운영방안'과 네트워킹, 사회적 마케팅, 사회적 요구에 부응하는 경영차별화 전략 등의 다섯째, '⑤ 사업 운영방안'을 설명할 수 있도록 하였다. 이러한 비즈니스 과정의 여섯째, '⑥ 소요되는 재원을 조달하는 다양한 유형의 방식'과 비즈니스의 결과로 창출되는 일곱째, '⑦ 사회적 산출 및 성과, 그리고 사회적 영향 및 확장'을 담아낼 수 있는 구조로 구성하였다.

결과적으로 'Our!SBMC'는 '① 사회적 가치 제안', '② 관계 및 환경 정의', '③ 운영방안', '④ 재원조달 및 가치 창출'의 4가지의 범주로 크게 구분하고 '② 관계 및 환경 정의'는 다시 세부적으로 '②-① 사회적 관계정의'와 '②-② 사업적 환경정의'의 중분류로, '③ 운영방안'은 다시 세부적으로 '③-① 조직 운영방안'과 '③-② 사업 운영방안'의 중분류로 구분하였다. '④ 재원조달 및 가치 창출'은 다시 세부적으로 '④-① 사업적 재원조달'과 '④-② 사회적 성과달성'의 중분류로 구분하였다. 이러한 총 7가지 범주와 해결과제를 정리하면 〈표 3.6〉과 같다.

범주 분류		해결과제
가치 제안	사회적 가치 제안	- (지역)사회에서 발견한 문제는 무엇인가? - 발견한 문제를 해결할 핵심활동(재화 or 용역)은 무엇인가? - 추구하는 가치(경제적·사회(적)·환경적·부가된 시장의)는 무엇인가?
관계 및 환경 정의	사회적 관계정의	- 사회적 목표그룹은 누구인가? - 핵심활동이 사회적 목표그룹과 어떻게 연결되는가? - 사회적 가치 제안에 동의하는 그룹은 누구인가? - 가치 제안에 동의하는 그룹은 사업에 어떻게 참여하는가?
	사업적 환경정의	- 사회문제 해결의 최초 지역사회 범위는 어디인가? - 기타(재화 or 용역 외) 해당 지역사회의 필요와 욕구는 무엇인가? - 핵심활동에 대한 시장의 경쟁자와 고객은 누구인가?
운영방안	조직 운영 방안	- 조직의 비전(확장계획)은 무엇인가? - 조직 내부 및 외부의 이해관계자는 누구인가? - 이해관계자와 함께하는 협력적 지배구조는 무엇인가? - 지역공동체 조직화는 어떻게 할 것인가?
	사업 운영 방안	- 핵심활동의 구매자(개인·조직체·정부)는 누구인가? - 사회적 경영차별화 방안은 무엇인가? - 부족한 자원 or 역량 조달의 네트워크 원천은 누구인가? - 사회적 마케팅 방안은 무엇인가?
재원조달 및 가치 창출	사업적 재원조달	- 초기자본에 소요되는 비용(화폐적·비화폐적)은 얼마·무엇인가? - 단위기간에 소요되는 운영비(화폐적·비화폐적)은 얼마·무엇인가? - 초기비용 및 운영 비용은 어떻게 조달할 것인가? - 단위기간의 재무적인 손익구조는 어떻게 나타날 것인가?
	사회적 성과달성	- 비즈니스 활동으로 제공되는 산출물은 무엇인가? - 비즈니스 활동과 산출물이 제공하는 사회적 성과물(정성적 성과의 정량화 표현 포함)은 무엇인가? - 비즈니스 활동, 산출 및 성과물이 사회에 주는 영향(비화폐적 가치의 화폐가치화 포함)은 무엇인가?

출처: 김형우·권연순·최중석(2022), "한국의 사회적경제 비즈니스 모델 수립 방법론 연구: 비즈니스 모델 캔버스를 중심으로", 한국협동조합연구, 40(3), p.39.

통합 도구 'Our!SBMC'의 모형구조

범주별 해결과제에 따라서 'Our!SBMC'의 모형구조를 나타낸 그림은 다음과 같다. 먼저 중앙의 '사회적 가치 제안'이 출발이자 그 중심에 있으면서 나머지 6가지의 범주들이 함께 논리적으로 연결되며 상호 간에 균형을 이루어 갈 수 있도록 하였다. 이 모형구조의 가로를 내려가면서 살펴보면 비즈니스의 '관계 및 환경 정의(상단) → 조직 및 사업전략(중간) → 재원조달 및 가치 창출(하단)'이라는 경영활동의 흐름에 따라 비즈니스 모델을 정리할 수 있으며(아래 모형의 Ⓐ 방향), 2개의 영역으로 구분할 수 있도록 구성된 세로(아래 모형 Ⓑ 방향의 좌측과 우측)는 사회적경제 기업이 갖는 사회적(좌측, 아래 모형의 ① 방향) 및 사업적(우측, 아래 모형의 ⓒ 방향) 측면의 양면성을 각자는 더욱 세밀하게 그리고 상호 간에는 어떻게 균형을 이루면서 비즈니스를 운영해 나갈 것인지를 생각하면서 정리할 수 있도록 하였다.

〈그림 3.20〉 'Our!SBMC' 최종 모형구조와 내용

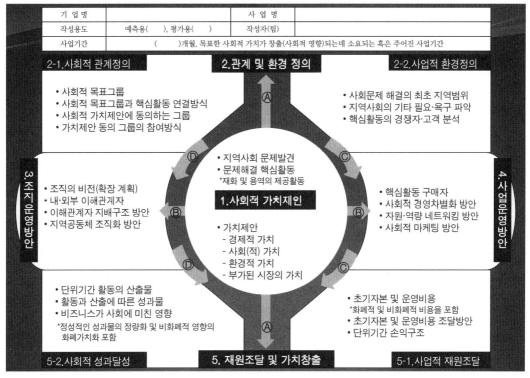

김형우·권연순·최중석(2022), "한국의 사회적경제 비즈니스 모델 수립 방법론 연구: 비즈니스 모델 캔버스를 중심으로", 한국협동조합연구, 40(3), p.40.

본 'Our!SBMC'는 짧은 기간 동안 혹은 어느 날 하루 모여서 작성하는 일회적인 도구가 아니라 사회적경제 기업이 사업 추진 과정에서 비즈니스 모델을 계획하고 실행하며 성과를 평가하고 수정 및 재적용해 나가는 경영활동의 과정에서 지속하여 사용하는 것이 좋다. 〈그림 3.21〉은 작성의 이해를 돕기 위한 사례로 '로컬푸드 활성화를 위한 플랫폼 개발 사업'의 예시 자료이다.

〈그림 3.21〉 로컬푸드 활성화 플랫폼 개발 사업의 'Our!SBMC' 예시

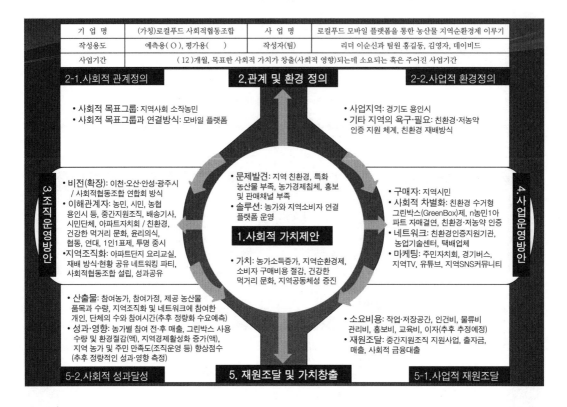

기 업 명	(가칭)로컬푸드 사회적협동조합	사 업 명	로컬푸드 모바일 플랫폼을 통한 농산물 지역순환경제 이루기
작성용도	예측용(O), 평가용( )	작성자(팀)	리더 이순신과 팀원 홍길동, 김영자, 데이비드
사업기간	(12)개월, 목표한 사회적 가치가 창출(사회적 영향)되는데 소요되는 혹은 주어진 사업기간		

2-1.사회적 관계정의 **2.관계 및 환경 정의** **2-2.사업적 환경정의**

• 사회적 목표그룹: 지역사회 소작농민
• 사회적 목표그룹과 연결방식: 모바일 플랫폼

• 사업지역: 경기도 용인시
• 기타 지역의 욕구·필요: 친환경·저농약 인증 지원 체계, 친환경 재배방식

3.조직운영방안

• 비전(확장): 이천·오산·안성·광주시 / 사회적협동조합 연합회 방식
• 이해관계자: 농민, 시민, 농협 용인시 등, 중간지원조직, 배송기사, 시민단체, 아파트자치회 / 친환경, 건강한 먹거리 문화, 윤리의식, 협동, 연대, 1인1표제, 투명 중시
• 지역조직화: 아파트단지 요리교실, 재배 방식·현황 공유 네트워킹 파티, 사회적협동조합 설립, 성과공유

1.사회적 가치제안

• 문제발견: 지역 친환경, 특화 농산물 부족, 농가경제침체, 홍보 및 판매채널 부족
• 솔루션: 농가와 지역소비자 연결 플랫폼 운영

• 가치: 농가소득증가, 지역순환경제, 소비자 구매비용 절감, 건강한 먹거리 문화, 지역공동체성 증진

4.사업운영방안

• 구매자: 지역시민
• 사회적 차별화: 친환경 수거형 그린박스(GreenBox)제, n농민1아파트 자매결연, 친환경·저농약 인증
• 네트워크: 친환경인증지원기관, 농업기술센터, 택배업체
• 마케팅: 주민자치회, 경기버스, 지역TV, 유튜브, 지역SNS커뮤니티

• 산출물: 참여농가, 참여가정, 제공 농산물 품목과 수량, 지역조직 및 네트워크에 참여한 개인, 단체의 수와 참여시간(추후 정량화 수요예측)
• 성과·영향: 농가별 참여 전·후 매출, 그린박스 사용 수량 및 환경절감(액), 지역경제활성화(액), 지역 농가 및 주민 만족도(조직운영 등) 향상점수 (추후 정량적인 성과·영향 측정)

• 소요비용: 작업·저장공간, 인건비, 물류비 관리비, 홍보비, 교육비, 이자(추후 추정예정)
• 재원조달: 중간지원조직 지원사업, 출자금, 매출, 사회적 금융대출

5-2.사회적 성과달성 **5. 재원조달 및 가치창출** **5-1.사업적 재원조달**

본 'Our!SBMC' 작성 도구는 사회문제 해결 및 사회혁신이라는 사회적 목적을 본질로 사회적경제 기업의 비즈니스 모델을 작성하는 사람들을 돕기 위한 도구이다. 따라서 사회적 목적은 수단이고 자본수익이 주된 목적이거나 다른 목적을 가지고 검토하는 비즈니스 모델 수립 도구로는 적합하지 않다. 여기서 말하는 다른 목적이라고 함은 예를 들어 정부 및 공공기관 혹은 중간지원기관의 지원 사업 수행이 중심 목적인 경우 등을 말한다. 경험에 비춰 볼 때 수익창출이 주된 목적이거나 보조 금을 매개하는 정부 혹은 중간지원기관의 행정목표 수단으로 진행되는 사업은 사회적 가치로부터 출발하여 다양한 이해관계자가 협동하고 네트워크를 이루면서 사회적 영향을 창출하는 본 캔버스 구조의 맥락상 논리적인 연결이 부자연스러울 것이기 때문이다.

따라서 이 도구를 사용하는 사람(팀)은 자신(팀)의 비즈니스 모델이 사회적 목적을 본질로 하고 있는지 아니면 수단으로 하는지, 지원 사업을 고려하고 있다면 지원 사업을 발판으로 사회적 목적 을 구현하려고 하는지, 행정목표에 매몰될 우려는 없는지 분명히 판단할 필요가 있으며, 작성하는 사람들은 작성하는 과정에서 이 부분을 명확히 확인하고 진행하는 것이 좋다. 'Our!SBMC'를 작성

하는 사람들은 사전에 '사회적경제 기업의 경영원리와 규범'에 대한 학습이 선행되고 더 나아가 '사회적경제 생태계를 구성하는 외적요인'을 함께 볼 수 있다면 더 좋을 것이다. 그리고 각 항목의 작성 분량 또는 내용에도 제한을 두지 않는 것이 좋겠다. 사회적경제 기업의 경험이 적거나 창업예정인 경우에 그렇지 않은 경우보다 각각의 항목을 이해하기 어렵거나 채우지 못하는 항목도 더러 있을 것으로 생각된다. 따라서 창업예정인 경우에는 정량적인 사회적 성과물 제시가 어렵다면 사회적 가치를 중심으로 사회문제 해결의 본질과 실행 방법에 대하여 사명감 있게 표현하면 좋을 것이라 생각된다. 작성자(팀)가 지역공동체 혹은 이해관계자와 함께할 수 있고 내부에서 공유된 이해를 통하여 작성할 수 있는 분량과 내용만큼을 기재해도 좋을 것이며 점점 더 업그레이드해 나가면 될 것이다. 'Our!SBMC'의 최종 정리는 제4장의 '사회적경제 사업계획 수립'을 먼저 탐독하고 실습한 이후에 그 내용을 요약하여 캔버스에 핵심사항을 실으면 좋겠다.

<h3>사례연구 12</h3>

한국의 안성의료복지사회적협동조합: 공동으로 소유하고 민주적으로 운영되는 사회적협동조합의 원리와 지역공동체 중심 사회적경제 기업의 표준을 제시하다[20]!

안성의료복지사회적협동조합(전, 안성의료생협, 이하 '안성의료사협'으로 칭함)은 1987년 안성군 고삼면 가유리 주말 진료소를 시작으로 탄생하였으며, 1994년 4월에 창립하여 2018년 현재 25주년을 맞이하고 있다. 창립 해인 1994년에는 안성농민의원을 설립하였고 안성농민한의원을 인수하였다. 2002년에는 생협치과의원을 개원하였다. 2003년에는 안성 3동을 중심으로 3동지점을 출범하여 그해 우리생협의원을 개원하였고, 2004년에는 사회적일자리 창출사업인 재가간병사업을 시작하게 되었다. 2011년에는 공도, 양성, 원곡면 등을 중심으로 서안성 지점을 설립하여 서안성의원과 서안성한의원을 개원하였다.

안성의료사협은 "조합원이 공동으로 소유하고 민주적으로 운영하는 조직으로, 믿을 수 있는 의료기관을 통하여 좋은 의료서비스를 제공하며 지역주민과 함께 보건·복지·건강 마을 만들기 활동을 하여 지역주민과 조합원의 건강 증진 및 건강한 지역사회를 이루는 데 기여함"을 사명으로 하고 있다. 그간 안성의료사협은 조합원 의료서비스 사업뿐만 아니라 취약계층에 대한 보건·의료·복지서비스를 제공해 왔으며, 지역사회 주민의 건강 자치능력 향상을 목적으로 교육 및 건강 소모임 활동, 조합 운영 참여 및 자치활동, 자원봉사 활동을 실시해 왔다. 2008년 현재 조합원은 3060명이며, 건강 유지·증진 소모임 및 지역별 조합원 모임도 활발하다. 2008년을 기준으로 11개의 건강 유지·증진 소모임에서 262명이 참여하였고, 지역별 조합원 모임도 대의원을 중심으로 안성 1·2·3동 및 공도, 양성, 서운면 등 12개 지역에서 119회 진행하여 1144명이 참여하였으며, 이 자리를 통하여 조합원에게 조합 운영 관련 정보를 제공하고 의견을 듣는 자리를 마련하고 있다.

특히 건강 유지·증진 소모임은 체조, 걷기, 다이어트 같은 '건강'을 위한 모임뿐만 아니라 영화 보기, 책 읽기, 댄스, 제빵 만들기와 같은 '취미 문화' 모임과 함께 '자원봉사활동', '자기계발'을 위한 모임으로 나누어서 진행한다. 또한 지역 이사, 대의원, 활동가들이 중심이 되어 조합원과 함께 지역에서 다양한 특화사업을 진행하고 있다. 이렇듯 안성의료사협은 적극적으로 조합원과 지역주민의 참여를 유도하여 조합의 운영 및 지역사회를 위한 다양한 영역에서 자원봉사자와 기부자를 만들어 내고 있다.

안성의료사협이 이처럼 다른 어떤 조직보다 사회 자원을 잘 조직화할 수 있는 까닭은 지역공동체의 요구를 직접적으로 해결하는 실천 조직으로서 이해관계자들의 참여와 지배구조를 보장하는 민주주의적인 운영 방식과 비영리성, 재정의 공정성을 갖고 있기 때문이다. 한국사회에는 안성의료사협을 시작으로 각 지역에서 활동하는 의료사협들이 출범하였으며, 이들이 한국의료사협연합회를 구성하고 서로 도우며 확장해 나가고 있다. 의료사협이 추구하는 사회자원 조직화 방식은 개인 또는 지역공동체의 돌봄 능력이 점차 약화되고, 국가에서도 미처 대처하지 못하는 영역에서 지역공동체라는 연합체의 방식으로 지역사회 돌봄의 빈틈을 담당하고 있다는 점에서도 큰 의미를 갖는다. 2009년 현재 안성의료사협의 조직도는 〈그림 3.22〉와 같으며 조합원을 중심으로 하는 사업 및 조직 운영의 규정은 정관에도 자세히 나와 있다.

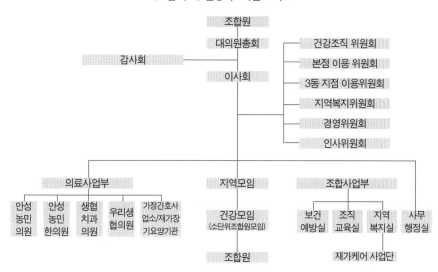

〈그림 3.22〉 안성의료사협 조직도

출처: 김선희(2009), "주민자치 의료복지모델로서 의료생협에 대한 탐색적 평가: 안성의료생협 사례분석을 중심으로", 지방행정연구 23(1), p.133.

2009년 현재 정관은 제1장 총칙, 제2장 조합원, 제3장 출자와 적립금, 제4장 총회와 이사회, 제5장 임원과 직원, 제6장 사업과 집행, 제7장 회계로 구성되어 있으며 총회운영규약, 대의원 선출규약, 임원 선거규약, 소모임 운영 등의 별도 규정과 소모임 운영 규약 또는 위원회 설치에 관한 규약을 갖추고 있다. 안성의료사협이 지역사회에서 성공적으로 운영될 수 있는 중요한 요인 중의 하나는 '조합원에 의한 민주적 운영'을 들 수 있다. 조합원, 직원, 환자, 지역주민은 총회, 위원회를 비롯한 각종 회의와 온라인, 오프라인을 통한 의견함 제도와 같은 공식적인 방법과 면대면의 비공식적 방법으로 자신의 의견을 의료사협 운영에 반영하고 있다. 또한 조합원 전체 총회 또는 대의원 총회를 연 1회 또는 2회 진행하여 조합의 중요사항을 결정하며, 매달 임원, 조합원, 직원으로 구성된 위원회를 개최하여 사전 논의를 거친 후 이사회에서 총회 결의사항에 따라 안건을 심의하고 있다. 이사회에서 결정된 사항은 다시 위원회로 내려와 위원회 위원을 중심으로 조합원과 함께 실천해 나간다.

제3장의 사례연구 토론(Discussion)

사례연구 09 아이즈(Ayzh): 인도의 아이즈는 저개발국가의 시골 여성에게 출산용 소독 키트를 제공하여 산모와 아이의 건강을 보호하고 혁신적인 파트너십과 사회적 경영차별화 방안을 통하여 출산, 산모, 신생아, 아동 및 청소년 건강(RMNCH+A)을 위한 저비용 고품질 제품의 선도적인 글로벌 공급업체이다. ① 먼저 이 기업의 사례에 대하여 좀 더 자세히 설명하라. 그리고 ② 우리 지역사회에서 이들처럼 해결해야 할 사회문제는 무엇이 있고 그것을 해결할 솔루션이 있다면 무엇인지 각자의 의견을 제시하고 토론해 보자.

사례연구 10 킥스타트(KickStart): 미국의 킥스타트는 친환경 관개용 펌프를 개발하고 저가로 공급하여 아프리카 농민들의 빈곤 탈출과 삶의 질 향상을 돕는 기업이다. ① 먼저 킥스타트에 대하여 좀 더 자세히 설명하라. 그리고 ② 킥스타트가 현장의 사회적 목표그룹(농부)의 니즈와 욕구를 제품개발에 잘 반영하고, 현장의 목소리를 듣고 사회적 영향을 확인하는 등의 현장중시 경영을 잘하였는데 우리가 배울 점과 접목할 방안은 무엇이 있는지 의견을 제시하고 토론해 보자.

사례연구 11 압거어드넷튼와치(Abgeordnetenwatch): 독일의 압거어드넷튼와치는 정치인의 연설 및 기고문을 녹음하고 의회에서의 투표를 기록하는 등 정치인의 책임 있는 행동과 시민의 정치참여를 촉진하는 사회적경제 기업이다. ① 먼저 이 시스템에 대하여 좀 더 자세히 설명하라. 그리고 ② 비교적 후진성을 면치 못하고 있는 우리나라의 정치현실을 해결할 아이디어에 대하여 압거어드넷튼와치를 보고 배울 수 있는 방안에 대하여 각자의 의견을 제시하고 토론해 보자.

사례연구 12 안성의료복지사회적협동조합: 한국의 안성의료사협은 우리나라에서 가장 민주적이며 협력적인 거버넌스 체계를 정착시킨 사회적경제 기업 1호라고 할 수 있다. ① 먼저 안성의료사협의 역사 및 주요 활동 내용에 대하여 좀 더 자세히 설명하라. 그리고 ② 우리 지역의 사회적경제 조직이 민주적이며 협력적인 거버넌스를 갖추기 위하여 안성의료사협으로부터 배울 점은 무엇이 있는지 각자의 의견을 제시하고 토론해 보자.

제3장의 참고문헌(Reference)

1 United Way of America(1986), "Quest Computer Software": NASW·김만두·김융일·박종삼(2011), "사회복지대백과사전", 나눔의집.에서 재인용.

2 Siegel, L. M., Attkisson, C. C., and Carson, L. G.(1995), "Need identification and program planning in the community context".; John E. Tropman, John L. Erlich, and Jack Rothman(1996), "Tactics and Techniques of Community Intervention(Third Edition)", Itasca.: NASW·김만두·김융일·박종삼(2011), "사회복지대백과사전", 나눔의집.에서 재인용.

3 사회투자지원재단(2015), "마을공동체·사회적경제 활성화를 위한 양주시 의제발굴 및 실행 계획 공동수립 연구", 경기도 따복공동체지원센터.

4 아이즈 홈페이지(2021), http://ayzh.com.; 아이즈 유튜브 동영상(2018), http://youtu.be/kLx07A_8RdM.; Zubaida Bai(2019), "Our Problem and Solution", Global Innovation Exchange, https://globalinnovationexchange.org/.; Zubaida Bai(2020), "Using Partnerships to Overcome Market Barriers: ayzh Case Study", https://innovationsinhealthcare.org/.; Sundar Ramamurthy and Sue Siegel(2017), "Ayzh, Making Neonatal Care Accessible in Partnership with GE in 2017 Annual Report", Miller Center.; ayzh and Palladium(2016), "Working together to scale up maternal and newborn health solutions in the private sector", SEAD(Social Entrepreneurship Accelerator at Duke).

5 Cynthia Shanmugalingam, Jack Graham, Simon Tucker, and Geoff Mulgan(2011), "Growing Social Venture", Young Foundation and NESTA.

6 Susanne Dohrmann, Matthias Raith, and Nicole Siebold(2015), "Monetizing Social Value Creation-A Business Model Approach", Entrep. Res. J., 5(2), 127-154.

7 Erasmus and European Union(2015), "How to choose proper business model for social enterprise", Educational material.

8 윤장원·송재훈(2016), "로컬푸드의 성장요인 분석", 신뢰성응용연구, 16(1), 15-25.

9 임경수(2015), "진화하는 지역, 도농 관계의 전환: 농촌형 사회적경제와 도농순환", 계간 농정연구, 55호.

10 킥스타트 홈페이지(2021), "https://kickstart.org/".; 스콜 재단 홈페이지(2021), http://skoll.org/.; 킥스타트(2020), "KICKSTART 2020 ANNUAL REPORT".

11 Susanne Dohrmann, Matthias Raith, and Nicole Siebold(2015), "Monetizing Social Value Creation-A Business Model Approach", Entrep. Res. J., 5(2), 127-154.

12 Elkington, J. B.(1997), "Cannibals with folks: The triple bottom line of 21st century business", Capstone Publishing.

13 Erasmus and European Union(2015), "How to choose proper business model for social enterprise", Educational material.

14 Joyce, A. and Paquin, R. L.(2016), "The triple layered business model canvas: a tool to design more sustainable business models", Journal of Cleaner Production, 135, 1474-1486.

15 Alexander Osterwalder and Yves Pigneur(2010), "Business Model Generation: A Handbook for Visionaries, Game Changers, and Challengers", John Wiley & Sons.

16 Joyce, A. and Paquin, R. L.(2016), "The triple layered business model canvas: A tool to design more sustainable business models", Journal of Cleaner Production, 1-13.

17 Joyce, A. and Paquin, R. L.(2016), "The triple layered business model canvas: a tool to design more sustainable business models", Journal of Cleaner Production, 135, 1474-1486.

18 압거어드넷튼와치 홈페이지(2021), https://abgeordnetenwatch.de.; 압거어드넷튼와치 연례 및 영향 보고서(2020), "Jahres- und Wirkungsbericht 2020".; Susanne Dohrmann, Matthias Raith, and Nicole Siebold(2015), "Monetizing Social Value Creation-A Business Model Approach", Entrep. Res. J., 5(2), 127-154.

19 최중석(2020), "우리나라의 사회적경제 비즈니스 모델 수립 방법론 연구: 비즈니스 모델 캔버스를 중심으로", 한국연구재단.; 김형우·권연순·최중석(2022), "한국의 사회적경제 비즈니스 모델 수립 방법론 연구: 비즈니스 모델 캔버스를 중심으로", 한국협동조합연구, 40(3), 25-51.

20 한국의료생협연대(2009), "의료생협의 사회적 가치와 역할, 의료생협 15주년 기념토론회 자료집", (현)한국의료복지사회적협동조합연합회.; 최중석·이재식·정길채(2013), "안성의료생협 3동지점 조직활성화를 위한 중·장기 비전 및 전략수립", 한국사회적기업진흥원.; 김선희(2009), "주민자치 의료복지모델로서 의료생협에 대한 탐색적 평가: 안성의료생협 사례분석을 중심으로", 지방행정연구 23(1), 119-156.

제4장

사회적경제 사업계획 수립(Business Plan)

제4장의 개요(Outline)

4-1. 사업계획서의 의의와 역할

4-2. 사업계획서의 사회적 영향 달성과제

4-3. 사업계획 수립의 주요 구성내용

4-4. 사업계획의 전략방향 수립 및 작성실무

> **사례연구 13** 독일의 아르바이터킨트(Arbeiterkind): 사회문제 해결의 도전 과제와 사회적 사명을 명확히 함으로써 기부금 및 보조금을 통한 지분 조달에 동기를 부여히디!
>
> **사례연구 14** 미국의 청소년 개발 유스빌드(YouthBuild USA): 청소년 개발 유스빌드 프로그램을 통하여 학업 배경이 부족한 저소득 청소년의 삶과 역할을 변화시켜 나가고 지역공동체를 개발하다!
>
> **사례연구 15** 스페인의 시각 장애인을 위한 전국기구 온세 사회적 그룹(ONCE Social Group): 전 세계적으로도 독특한 복권게임 사업으로 자금을 확보하여, 장애를 겪고 있는 사람들의 개인적인 자율성과 사회적 포용의 새로운 이정표를 만들고 장애인 삶의 질 향상에 대규모로 기여하다!
>
> **사례연구 16** 한국의 태봉고등학교: 입시경쟁에 찌든 사회에 행복과 사랑, 서로 배우고 나누는 배움 공동체의 소중함을 알리다!

제4장의 학습목표(Objectives)

☞ 학습목표 4-1: 사회적경제 기업 사업계획서의 용도와 역할을 이해하고 설명할 수 있다.

☞ 학습목표 4-2: 지역사회 문제 해결이라는 핵심 도전 과제의 중요성과 그것을 해결하기 위한 방안, 해결에 따른 사회적 영향과 비전을 기술하는 방법을 이해하고 설명할 수 있다.

☞ 학습목표 4-3: 사업계획서의 주요 구성내용을 '조직소개 및 사회문제 해결의 사업목적', '사회문제 솔루션', '사회적 목표 고객 및 재원조달 구매자', '조직 및 사업 운영전략', '사회적 성과 창출 목표'로 나누어 그 하부요소를 이해하고 설명할 수 있다.

☞ 학습목표 4-4: 사회적경제 기업 사업계획서의 전략방향 수립, 작성내용의 중점사항 및 불확실성 관리방법을 알고 설명할 수 있다.

☞ 학습목표 4-5: 제공된 사회적경제 기업 사업계획서 실습양식의 작성방법을 알고 설명할 수 있으며 실제 작성할 수 있다.

☞ 학습목표 4-6: 제4장 뒤쪽에서 언급하고 있는 4개 사례연구의 토론주제에 대하여 타인의 의견을 경청함과 동시에 자기 의견을 밝히면서 적극적으로 토론에 참여할 수 있다.

제4장의 용어 및 개념 정리(Proposition)

▶ 사회적경제 기업의 사업계획서: 수익 창출 목적이 중심이 아닌 사회문제를 해결하고 사회혁신을 이루기 위한 목적과 이를 수행할 사업의 추진 계획과 실행 방법을 기능별로 단계적으로 정리한 문서로써 1년 또는 3~5년에 걸쳐서 달성할 목표와 행동 과정을 정의하고 세부적으로 단계별 혹은 연도별 추진할 사업에 대하여 기능별로 실행 계획을 담은 문서

▶ 사회적 사명: 사회적경제 기업의 사회문제 해결 및 사회혁신 등 사회적 목적을 향해 이끌리는 공유된 인식으로써 신념 및 임무

▶ 사회적경제 기업의 비전: 사회적 사명을 중심으로 운영되는 사회적경제 기업의 미래에 대한 상 또는 그림으로, 일정 기간이 정해진 중기 또는 장기간 내에 사회적경제 기업이 목표를 달성했을 때 그려지는 모습으로 궁극적으로 사회적 영향이 확장된 사회적경제 기업의 미래상

▶ 경영 이념 혹은 가치: 사회적경제 기업이 사회적 사명을 유지하고 궁극적으로 비전을 달성하기 위하여 대내·외적으로 지향해야 할 사회적경제 기업 구성원의 생각과 행동 기준

생활 속 작은 불편 해결을 목표로 작게나마 사회적 가치를 꾸준히 실천하고 있습니다.

20년간 첨단 IT회사와 글로벌 중소기업에서 치열하게 영업하며 직장생활을 했습니다. 48살에 전략사업부 임원으로 실적부진 권고사직 당할 때까지 다양한 사업을 기획하고 실행하였습니다. 그런데 이런 전투적 경험이 오히려 재미난청춘세상의 사회적경제 리더 과정에 참여하면서 '수익추구'에 길들여져 앞만 보고 달렸던 저를 혼란스럽게 했습니다.

이익보다는 주변을 살피고 사회적 가치를 달성해야 하는 사회적경제 기업의 사업계획은 쉬운 듯 어려웠습니다. 6개월 과정을 마치고 비즈니스 계획을 발표하며 사회적 목적의 현실화를 고민 하였습니다. 묵묵히 먼저 길을 가고 있는 사회적기업 멘토 선배님의 도움과 영향이 컸습니다. 덕분에 3년이 지나도 초심을 잃지 않고 전기와 조명, 간단한 집수리 등 가정 및 사무실의 각종 불편을 해결하는 일에 사회적 가치를 담아 즐겁게 이어 가고 있습니다.

저의 후반인생은 멋진 쉰(50) 세계를 찾아 다양한 직업 경험과 하고 싶은 것에 도전하는 자유인입니다. 강제 퇴직의 충격으로 2년간 셀프유배 불가촉(不可觸) 백수생활과 수차례 전직 실패도 하였습니다. 하지만 재미난청춘세상 제1기 과정 수료를 계기로 '생활 속 작은 불편 해결'을 목표로 작게나마 사회적 가치를 꾸준히 실천하고 있습니다. 더불어 제1기 동문으로 꿈꾸었던 재미난청춘세상 봉사밴드 '신촌블루투스'의 세컨드 기타와 이벤트 MC도 맡고 있습니다. 7년째 자유인 아재주부로 가사 노동을 병행하며 결국 설거지, 빨래, 청소는 의무이고 '요리가 진정한 가족사랑'이자 가사의 완성임을 드디어 깨닫고 있습니다. 그래서 엄마의 사랑은 음식으로 함께 기억되는 듯합니다. 사회적경제 기업도 단기간 목표를 이루고 원하는 비를 성취할 수 없을 것입니다. 분명 시행착오와 갈등을 거치고 사회적 교감을 통해 서서히 완성될 것입니다.

여기 제4장 사회적경제 기업의 사업계획 수립에서는 '사회적 가치 창출 방안'에 대해서 구체적이고 실질적인 학습을 하게 됩니다. 여러분의 첫 사회적경제 사업계획서 작성이 즐거운 의무이자 나아가 잘 요리하셔서 우리 사회를 사랑하는 따뜻한 마음까지 맛깔나게 담으시길 바랍니다.

2023년 1월 10일 수리아재 대표 김일수

김일수는 노동자이자 자유인이다. 전기와 조명, 간단 집수리 등 가정 및 사무실의 각종 불편을 척척 고쳐주는 수리아재의 대표이다. 전기기능사와 소방설비기사이며 경기도 김포시 의용소방대원이다.

1 ▷ 사업계획서의 의의와 역할

사업계획서의 의의 및 용도

　상업적 기업의 사업계획서는 수익 창출을 위한 사업의 전략과 조직 기능의 수행을 단계별로 정리한 자료이며, 종종 전통적인 투자자를 설득하고 끌어들이기 위한 문서로 사용된다. 그러나 사회적경제 기업을 위한 사업계획서는 "수익 창출 목적이 중심이 아닌 사회문제를 해결하고 사회혁신을 이루기 위한 목적과 이를 수행할 사업의 추진 계획과 실행 방법을 기능별로 단계적으로 정리한 문서"로서 "1년 또는 3~5년에 걸쳐서 달성할 목표와 행동 과정을 정의하고 세부적으로 단계별 혹은 연도별 추진할 사업에 대한 기능별 실행 계획"을 담고 있다[1]. 사업계획서는 기존에 실행하고 있는 사업 내용을 실을 수도 있으며, 아직 실현되지 않은 사업 아이디어를 계획할 수도 있다. 사업계획서는 사업의 주체인 사회적기업가 또는 내부 인원의 실행 지침으로도 역할을 하지만 이러한 결과로 얻어지는 지속 가능한 사회적 영향을 토대로 사업의 협력자(조직) 또는 잠재적인 사회적 영향 투자자 혹은 대출기관이 사업에 참여하도록 설득하는 데 중요한 도구로 사용된다. 이 경우에 사업계획서는 조직이 임무를 수행하고, 재물 및 현물 자원을 확보하는 데 도움이 되는 판매 문서이며, 사회적 영향 투자자에게 사회적 목적 달성의 진전된 사항을 알릴 방법을 안내하는 로드맵 역할을 한다[2].

〈표 4.1〉 사업계획서의 용도

· 특정 사회문제에서 새로운 기회 파악
· 유망한 새로운 접근법으로 이어지는 혁신 개발
· 사회적 영향을 정기적으로 측정하여 책임성 입증
· 재무 지속성을 달성할 수 있는 예측 가능한 수익원 확보

특히 사회적 영향을 정기적으로 측정하고 책임성을 입증하는 일은 외부의 투자자뿐만 아니라 내·외부 이해관계자들에게 기업의 사회(공동체)(적) 및 환경적인 가치를 알리고 사회의 책임 있는 경제 주체로서 인정을 받기 위해서도 매우 중요한 일이다.

사업계획서의 분량 및 역할

여러분이 처음으로 사회적경제 기업에 관심을 가지든 아니면 이 분야의 베테랑이든 상관없이, 사업계획서는 기회, 혁신, 책임성 및 재정의 지속 가능성을 사회문제 해결에 적용하기 위한 필수 도구이며, 사회적경제 기업 혹은 사업과 그에 투자하는 조직에게 사회문제 솔루션을 개발하고 확장하는 데 있어서 중요한 도구이다. 사업계획서의 분량은 개별 사업의 특성 또는 용도에 따라서 길수도 있고, 보다 짧을 수도 있다. 중요한 점은 해당 사업의 내용을 정확하고 설득력 있게 전달하는 데 필요한 분량이라는 점이다. 사업의 특성 및 용도에 따라서 다르겠지만 짧게는 사업계획의 요약만을 담은 5페이지부터 중간 정도 분량인 20페이지, 더 길게는 약 50페이지 정도가 될 수 있으며 자세한 정보는 부록으로 첨부할 수 있다. 부록에 더욱 상세한 정보를 싣는 경우는 본문 길이의 두 배정도까지도 첨부한다. 따라서 사업계획서의 총길이는 기본적인 개념을 이해할 수 있는 5페이지 정도부터 부록을 포함한 30페이지 내·외, 길게는 50~100페이지 정도라고 할 수 있다. 중요한 점은 이론이나 추상적인 내용이 아니라 실행 가능한 살아 있는 문서로 채워져야 한다. 내용 일부는 실행 과정에서의 경험을 토대로 다시 수정하여 적용한다. 잘 작성된 사업계획서는 〈표 4.2〉와 같이 다섯 가지의 중요한 이점 또는 역할을 제공해 줄 수 있다[3].

〈표 4.2〉 완전한 사업계획서의 이점 또는 역할

구분	내용
사업의 로드맵 역할	사업계획은 조직의 리더십, 확립된 협력 구조 및 사회적 영향 투자가 조직의 사명을 수행하고 일상적인 결정을 내리며 궁극적으로 지속적인 사회적 영향을 미칠 수 있는 방향을 제시함
자원 획득 지원	사업계획은 기업, 재단, 정부 및 개인으로부터 새롭고 회수 가능한 투자를 요청하며 소득 수입원 및 현물 재화와 서비스의 조달에 있어서 가장 중요한 자금 조달 도구가 됨
성과 측정 및 모니터링 방법 제공	사업계획은 조직 외부 이해관계자에게 공통된 참고사항을 제공함. 특히, 이사회 멤버가 귀하의 성과를 평가하고 이해할 수 있게 하며, 사회 영향 투자자들이 그들의 돈이 잘 사용되고 있음을 보장함
협력자(조직)를 수립하는 데 도움	사업계획은 협력자(조직)를 확인하고 다양한 이해관계자의 정치적 지원을 요청할 때도 필수적인 모집 도구가 됨
보다 넓은 사회적 문제의 공유된 이해 제공	사업계획은 실무자, 사회적 영향 투자자, 연구원 및 정책 입안자와 공유할 수 있는 형태로 문제에 대한 접근 방식을 분명히 함으로써 조직의 목표가 사회적 문제를 둘러싼 분야에 기여함

출처: Andrew Wolk and Kelley Kreitz(2008), "Business Planning for ENDURING SOCIAL IMPACT", Root Cause, p.5. 참고 재정리.

에코잉 그린(Echoing Green)은 지난 35년 동안 전 세계 86개 국가에서 860명 이상의 사회적기업 가인 펠로우를 발굴하고 매년 270만 달러(약 31억 3200만 원)의 종잣돈을 투자하고 있다. 이를 통하여 '세상에 긍정적인 영향을 미칠 수 있는 최고의 아이디어를 가진 사람들'을 지원하고 있다. 선정된 펠로우에게는 2년간의 집중적인 프로그램을 통하여 그들의 솔루션에 생명을 불어넣고 혁신적인 변화를 주도하는 데 필요한 도구를 제공한다. 에코잉 그린은 각자가 처한 상황에 맞는 전략적 지원은 물론이며 에코잉 그린을 통해 성장한 전 세계 사회적기업가들의 글로벌 네트워크를 제공하고 있다. 에코잉 그린은 사회문제를 해결할 새로운 사업계획을 수립하려는 도전자들에게 다음과 같은 당부와 용기를 주고 있다.

세상에 긍정적인 변화를 가져올 아이디어와 비전이 있다면 사회적기업가와 함께할 지원그룹은 주변에 많이 있습니다. 사업계획이나 프로필이 완벽하지 않더라도 걱정하지 마십시오. 중요한 것은 당신이 발견한 사회문제를 해결하고 인류사회에 더 큰 영향을 줄 준비가 되어 있고 그것을 위하여 최선을 다하고 있다는 점입니다. 우리는 사회적기업가의 사회적 목적과 열정을 봅니다. 이것을 통하여 당신이 사회문제 및 공동체에 관심을 두는 이유를 이해할 수 있습니다. 또한 도전과제의 목표를 예측하고 사회문제를 해결하려는 방법으로써 유연성과 창의성도 중시합니다. 아울러 당신이 조직의 목표를 이루고 사회적 영향을 달성하는 데 도움이 되는 독특한 기술과 경험으로써 리더십을 갖추고 재정, 사람 및 기타 자원을 조달할 수 있는 능력이 있음을 보여 주기 바랍니다.

에코잉 그린의 펠로우십 프로그램에 참가하기 위한 사업계획서에는 '발견한 사회문제와 솔루션', '참가자 소개', '인종차별 혹은 기후위기 문제 부분에 지원한 경우에는 그 이유', '예산', '이전에 지원한 경험이 있는 경우는 그간의 변동사항', '협력자(조직)' 등에 대하여 작성하고 제출해야 한다[4].

사례연구 13

독일의 아르바이터킨트(Arbeiterkind): 사회문제 해결의 도전 과제와 사회적 사명을 명확히 함으로써 기부금 및 보조금을 통한 자본 조달에 동기를 부여하다[5]!

아쇼카 펠로우인 카트야 우르바취(Katja Urbatsch)와 그의 동료 울프 더만(Wolf Dermann)(〈그림 4.1〉)이 2008년 독일에 설립한 아르바이터킨트는 "학생 복지를 포함한 청소년 복지와 교육을 증진하고 독점적이고 직접적인 자선 목적을 추구하는 사회적경제 조직"이다. 아르바이터킨트는 사회문제 해결을 위한 도전 과제의 중요성을 잘 알려 주는 대표적인 사례이다. 2021년 현재 독일의 대학에는 약 300만 명이 공부하고 있다. 그러나 대학교육에 참여하는 경로는 예전이나 지금이나 가정의 사회적인 배경에 따라 다르다. 학벌이 높은 가정의 자녀는 100명 중 79명이 대학 학위를 시작하는 반면, 대학 교육의 경험이 없는 가정의 자녀는 100명 중 27명만이 대학에 간다. 이러한 사회적인 배경은 대학에서도 계속되는데 학벌이 높은 가정의 학생 64명이 학사 학위를 취득하고 43명이 석사 학위를 취득하고 6명이 박사 학위를 취득하는 데 비하여 대학 교육의 경험이 없는 가정의 경우에는 학사 학위를 받는 학생은 20명, 석사는 11명, 박사는 2명뿐이다. 이처럼 아르바이터킨트는 학업적인 배경을 가지고 있지 않은 가정의 젊은이들에게 멘토링 네트워크와 정보 플랫폼을 제공함으로써 대학 생활을 할 수 있도록 돕고 전통적인 장벽을 극복할 수 있게 한다. 이러한 장벽에는 주로 재정적인 문제, 사회적 네트워크 부족, 독일 대학의 무료 교육에 대한 낮은 관심을 포함한다. 아르바이터킨트는 이것을 통하여 사회적 목적에 동의하는 사람과 기관에 기부금 및 보조금을 통한 자금 조달의 동기를 분명히 하고 재정을 관리하는 대표적인 사회적경제 사업 모델이다.

〈그림 4.1〉 아르바이터킨트 설립자(좌)와 설립자 및 동료들과 함께 선 저자(우)

Katja Urbatsch(좌), Wolf Dermann(우)

출처: arbeiterkind.de(2021), "JAHRESBERICHT(연례보고서)", p.6(좌).; 저자(2019), "베를린 본사 방문 사진(우)".

아르바이터킨트는 전국적으로 6000명의 자원봉사자가 80개의 지역그룹에 참여하고 지원함으로써 운영되며 사회 내의 노동자 집안 젊은이를 위한 긍정적인 정체성을 창출하는 데 도움을 준다. 이 기업은 독일의 대학 교육 시스템에 대한 정보와 접근성이 어려운 이들에게 이러한 사회적 차별을 근절하기 위해 노력한다. 이 목표를 달성하기 위해 지역단체 및 프로보노(Pro bono, 자원봉사와는 달리 자발적으로 보수 없이 전문적인 기술을 공동체의 이익을 위하여 혹은 비정부(영리)조직을 위하여 제공함)가 멘토로서 활동을 하며 기부금 및 정부 보조금을 수령하여 유지한다.

아르바이터킨트의 사업은 자원봉사자 및 정부, 사회적 투자자가 자원을 투입하고 사회적 목표그룹에게는 일방적으로 사회적 가치 창출을 가능하게 한다. 이 사업은 시장 수익이 없으므로 조직의 운영을 위하여 외부 자금 조달을 위한 명확한 사회적 사명과 동기, 확고한 이념과 조직 가치, 그리고 사회적 영향 확장의 비전이 필요하다. 사회적경제 기업에서 말하는 사회적 사명은 "사회적경제 기업이 사회문제 해결 및 사회혁신 등 사회적 목적을 향해 이끌리는 공유된 인식으로써의 신념 및 임무"를 말한다. 그리고 이러한 사명은 종종 구성원이 지향해야 할 경영 이념 혹은 가치로 정의하여 지키도록 하는데 '경영 이념 및 가치'는 "사회적경제 기업이 사회적 사명을 유지하고 궁극적으로 비전을 달성하기 위하여 대내·외적으로 지향해야 할 사회적경제 기업 구성원의 생각과 행동 기준"을 말한다. 그리고 사회적경제 기업에 있어서 '비전'이란 "사회적 사명을 중심으로 운영되는 사회적경제 기업의 미래에 대한 상 또는 그림으로, 일정 기간이 정해진 중기 또는 장기간 내에 사회적경제 기업이 목표를 달성했을 경우에 그려지는 모습으로 궁극적으로 사회적 영향이 확장된 사회적경제 기업의 미래상"을 말한다. 결국 사회적경제 기업의 성공은 '사회적 영향의 확장'을 의미한다. 그래서 상업적 기업에서 말하는 '사업의 성공'의 대체된 용어로 사회적경제 기업에서는 '사회적 영향의 확장'이라는 용어를 사용한다.

〈그림 4.2〉 아르바이터킨트 지역그룹(좌) 및 교육 현장(우)

출처: 아르바이트킨터 홈페이지(2018), http://arbeiterkind.de(좌).; arbeiterkind.de(2021), "JAHRESBERICHT(연례보고서)(우)".

아르바이터킨트의 참가자는 2019년에는 3만 명에 달하였고 코로나 감염병 여파에도 불구하고 2020년과 2021년에도 각각 1만 5500명과 2만 180명이 함께하였다. 아르바이터킨트의 자원봉사자 및 멘토는 온·오프라인을 통하여 학교 방문, 공개 회의, 박람회 참가 및 정보 제공 현장에서 이들과 함께 상담하고 토론한다. 2021년에는 42개의 전국 교육 박람회에 아르바이터킨트 정보 부스가 있었으며 128회의 워크숍과 웹 세미나를 개최하였다. 80개 지역 그룹 모두는 학업에 대한 질문과 조언을 구하는 사람들을 위해 사무실을 계속 오픈하였으며 자원봉사자들의 월간 공개모임도 온라인 또는 대면으로 지속적으로 진행되었다. 579명이 정보 핫라인을 통하여 공부에 대한 전화 질문을 하였고 3000명의 사람들은 아르바이터킨트의 교육과정에 참여하였다. 아르바이터킨트는 2021년에 평균 3일마다 미디어에 등장하였다.

아르바이터킨트에는 다양한 산업 분야에서 일하는 1200명 이상의 실무 멘토가 학생 또는 졸업생에게 조언을 제공하고 있다. 멘토들은 참가자들이 선택적으로 또는 장기간에 걸쳐 충분한 정보에 입각한 직업 생활을 시작하도록 돕는다. 여기에는 구직 및 지원을 위한 정보뿐만 아니라 가능한 전문 분야를 평가하고 잠재력을 얻고 추가 개발 기회를 얻는 데 도움을 준다. 개인 멘토링 외에도 아르바이터킨트는 조지 차원에서 모든 참가자를 위한 워크숍 및 이벤트 패키지를 제공하며 어기에는 신청 절차, 전문 네트워킹 및 개별 부문에 대한 교육이 포함된다. 경험이 풍부한 학자와의 온라인 대화도 제공된다. 2018년에는 설립자 카트야 우르바취가 독일 연방대통령 프랑크발터 슈타인마이어(Frank-Walter Steinmeier)로부터 독일연방공화국 공로훈장을 받았으며 2021년 2월 비욘드젠더(BeyondGender) 어젠다에서는 독일 경제에서 다양성, 형평성 및 포용이라는 주제를 홍보하는 "주목할 만한 다양성 동인 상위 50인(Top 50 Diversity Drivers)"에 선정되었다. 또한 2018년과 2020년에도 언론 단체 및 대학에서 디지털 참여상 및 공로상을 수여받는 등 다양한 조직과 단체, 학교 및 언론에서 그들의 공로를 인정하여 주목하고 있다.

2 사업계획서의 사회적 영향 달성과제

국내·외의 많은 중간지원조직에서는 사회적경제 비즈니스 경연대회를 열고 사회적경제 기업으로 창업을 준비하는 참가자의 사업계획서를 비교·평가하고 시상하는 대회를 열고 있다. 특히 지속 가능한 사회적 영향 달성의 중요한 도구로써 사업계획서에 대하여 서류 심사 및 면접 발표 등의 형식을 통하여 선발하고 지원한다. 이러한 사업계획서 경연대회는 일회성 심사 이상의 의미를 지니고 있다. 경연대회를 통하여 사회적경제에 대한 인식을 제고하고, 참가자의 사회적 혹은 사업적 역량 배양과 참가자 교육 및 코칭, 수상자에 대한 상당한 후속 지원을 포함하는 프로세스를 가지고 있다.

〈그림 4.3〉 사회적 영향 창출의 중요 도구, 사업계획서

출처: Andrew Wolk and Kelley Kreitz(2008), "Business Planning for Enduring Social Impact", Root Cause, p.4.

2019년까지 20년 동안 진행되었던 '글로벌 소셜 벤처 공모전(Global Social Venture Competition, GSVC)' 사업계획서 작성의 '사회적 영향 작성 가이드라인(GSVC Social Impact Guidelines)'을 살펴보면 사회적 영향은 기업이나 영역 및 사회적 맥락에 따라 다른 의미가 있을 수 있지만 공통으로 사회문제 해결의 솔루션이 왜 그리고 어떻게 사회적 영향을 미칠 수 있는지, 제안하는 비즈니스 모델이 원하는 영향을 달성하는 최선의 방법인지 아닌지의 의미를 지니고 있다. 따라서 사업계획서에

는 첫째, "해결하려는 도전 과제(사회문제)가 무엇인지", 둘째, "이 도전은 왜 중요한지", 셋째, "이 도전을 어떻게 해결할 것인지", 넷째, "눈앞에 보이는 도전 과제를 넘어서서 미래 영향력의 파급효과와 비전은 무엇인지"를 설명해야 한다[6]. 앞서 언급하였듯이 사회적경제 기업에 있어서 비전이란 "사회적 사명을 중심으로 운영되는 기업의 미래에 대한 상 또는 그림으로, 일정 기간이 정해진 중기 또는 장기간 내에 기업이 목표를 달성했을 경우에 그려지는 모습으로 궁극적으로 사회적 영향이 확장된 사회적경제 기업의 미래상"을 말한다.

사회문제 발견 및 중요성 파악

사업계획서의 첫 번째 질문인 '사회문제의 내용'은 도전이 얼마나 광범위하고 영향을 받는 사람이 얼마나 되는지, 각 사람에게 미치는 영향이 얼마나 심각한지, 솔루션이 즉시 적용되어야 하는 것이 얼마나 긴급한지 등을 표현한다.

〈표 4.3〉 사회문제의 내용을 요약한 사례

사업주제: 나이지리아 북부의 실업자 청소년에게 농업 소득을 제공하는 농업 단체의 도전

· 도전 규모가 상대적으로 작은 시나리오의 예
"청년 실업률 10%(정량적 문제제기)의 실업 상태에 있는 청년들은 재정적으로 독립적인 가족 구성원들에 의해 비교적 편안하게 지원(문제의 심각성)받고 있지만 아무런 변화가 즉시 발생하지 않는다면, 단기적으로는 이러한 청년들이 현 상태에 머물러 있을 것이다.(문제의 즉각적 영향)"

· 도전 규모가 상대적으로 큰 시나리오의 예
"청년 실업률 80%(정량적인 문제제기)의 실업 상태인 청년과 그 가족은 수입이 부족하여 심각한 영양실조를 겪고 있으며 자녀를 양육할 수 없는 상태이고 또한 이 지역에는 테러 집단도 있다(문제의 심각성). 현재 청년 실업자 프로그램에 재정적 인센티브를 많이 사용하고 있지만, 문제를 해결하기에는 부족한 실정이다. 만약 청년 실업 문제가 조만간 해결되지 않으면 많은 청년이 테러리스트 그룹에 가입하게 되며 심각한 사회문제를 초래할 것이다(문제의 즉각적 영향)."

출처: GSVC(2017), "Social Impact Guidelines 2018", p.2. 참고 정리.

두 번째 질문인 '사회문제의 중요성'은 공모자의 솔루션이 문제에 노출된 개인 또는 공동체에 이로움을 줄 것이며 예상되는 부정적인 결과 및 외부의 충격을 감소시키거나 사회에 긍정적인 영향을 줌으로써 사회적 가치를 창출할 수 있다는 것에 대한 솔루션의 파급효과를 제시해야 한다. 예를 들어 솔루션으로 인해 농민 소득이 증가한다면 이러한 소득 증가로 인한 영향은 무엇인지, 더 많은 가족의 자녀 교육을 감당할 수 있는지, 혹은 제시하는 솔루션이 사회적 불의와 인간의 존엄성 상실로 인한 어려움을 어떻게, 누구를 위하여 해결할 수 있는지 등을 제시하여야 한다.

〈표 4.4〉 사회문제의 중요성을 기술한 예시

- 예 1) "장애인을 배제하는 고용 관행은 장애가 있는 사람들에게 경제적인 기회를 제한하고 있으며, 지역사회 및 국가와 장애인 모두에게 성장에 기여할 수 있는 기술과 재능을 놓치는 결과를 낳고 있다."

- 예 2) "우리가 제안하는 중등학교 교육 프로그램은 학교에서의 아동 수를 증가시키게 될 것이며 프로그램 참가 이후 이들은 숙련된 노동집약산업에 참여하여 국가의 능력을 향상할 것이다. 이 프로그램은 더 많은 인구에게 역량 개발을 지원하는 국가적인 교육의 장이 될 것이다."

- 예 3) "우리의 솔루션은 근본적으로 불공정하고 해결해야 하는 도전 과제를 안고 있는 목표그룹은 물론이며 지역사회 및 국가에 사회(공동체)(적) 또는 경제적 이익을 가져다준다. 이러한 도전은 기본적으로 인권 신장을 포함하고 있다."

출처: GSVC(2017), "Social Impact Guidelines 2018", p.3. 참고 정리.

사회문제 해결방안 및 파급효과

세 번째 질문인 '사회문제의 해결방안'에서는 문제 해결의 규모를 고려할 때 솔루션에서 기대하는 사회적 영향과 목표그룹은 누구이며 문제의 상당 부분을 제안하는 솔루션을 통해 해결할 수 있다는 합리적인 이유를 설명하는 부분이다. 따라서 긍정적인 사회적 결과가 의도적인 계획을 세우고 추진할 수 있는지 기재해야 한다. 또한 다른 공공 부문, 전통적인 사회사업 부분, 민간 상업 시장 또는 기존의 다른 솔루션에 비하여 제시한 솔루션이 더 잘 해결할 수 있는 이유에 대하여 이미 운영 중인 다른 사회적경제 사업 혹은 상업적 기업과 비교하여 적절성과 필요성을 명확히 말할 수 있어야 한다. 또는 윤리적인 지속 가능한 관행을 통해 가치 사슬의 이해관계자(예: 직원, 공급 업체, 고객 등)에게 긍정적인 변화를 가져오는 사회적 영향 혹은 사회적 책임 수행을 적극적으로 추구할 수 있다는 점에 대해서도 제시하여야 한다.

〈표 4.5〉 사회문제 해결방안의 적절성 여부의 사례

- 예 1) "공공 부문과 자선단체가 필리핀의 모든 어린이에게 무료로 A형 간염 예방 접종을 제공하기 위해 이미 노력하고 있다면, A형 간염 예방 접종 비용을 청구하는 사회적경제 기업의 사업계획을 정당화하는 것이 어려울 것이다."

- 예 2) "미국에서 양말을 생산하는 회사가 불우한 사람들을 적극적으로 모집하여 회사 내에서 훈련 및 취업 기회를 제공함으로써 지역사회의 동기를 부여하는 접근 방식을 취할 수 있다. 이 회사는 양말을 통하여 사회적 영향을 달성하지는 못하더라도 이러한 경영 관행은 사회적 영향으로 채택될 수 있다. 반대로 아동 노동을 사용하지 않기로 한 어떤 양말 생산회사가 있다면 이 회사의 관행은 경쟁사보다 비교적 생산성 면에서는 우수하지만 잘못된 행동을 선택하지 않는다는 사실만으로 사회적 영향으로 간주하기에 충분하지 않다."

출처: GSVC(2017), "Social Impact Guidelines 2018", pp.4-5. 참고 정리.

네 번째 질문인 '미래 비전'에서는 해당 비즈니스가 시장 개발에 있어서 어떤 역할을 하며, 사회문제 해결의 결과에 따라 행동과 구조를 실질적으로 변화시킬 수 있는 방법은 어떤 것인지, 그리고 지속적으로 영향을 미칠 장기적인 계획은 무엇인지 등을 설명해야 한다.

〈표 4.6〉 사회문제 해결의 영향 확대 및 비전에 관한 사례

- 예 1) "전형적으로 소량만 판매할 수 있는 농민들로부터 농작물을 구매하고, 농작물을 집계하고 대량 구매하는 대기업에 판매하는 모잠비크의 사회적경제 기업의 사례는 작업을 통해 농작물을 모으고, 대규모 구매자와 농민을 연결하는 것으로 재정적으로 매력적인 시장이라는 것을 보여 준다. 따라서 새로운 사회적경제 기업이 시장에 진입하여 개별 농가 각자가 진행하기 어려웠던 방식으로 농민을 연결한다. 사회적 영향은 사회적경제 기업이 제공하는 수익이 개별 농민이 판매하던 방식의 수익을 뛰어넘는다. 아울러 조직적으로 전체 시장을 창출함으로써 농부에게 지속 가능한 혜택을 증대시켜 줄 수 있다."

- 예 2) "아크라의 빈민가에 위생 화장실을 제공하는 사회적경제 기업은 화장실을 정기적으로 사용하는 사람들뿐만 아니라 지역사회에 대한 인식을 높여 사람들이 가정, 학교 및 지역사회 전체에서 위생에 대해 더욱 관심을 갖도록 장려할 수 있다."

출처: GSVC(2017), "Social Impact Guidelines 2018", pp.5-6. 참고 정리.

2012년부터 인도의 타타그룹(Tata Group)과 캘커타 경영대학(Indian Institute of Management Calcutta, IIM-C)이 함께하는 '타타 사회적경제 경진대회(Tata Social Enterprise Challenge)'에서는 매년 최종 10개 팀을 선발하여 전문 멘토링, 작업장 지원, 사회적 벤처 금융 지원 등을 실시하고 있다. 이 대회는 인도에서 가장 유망한 초기 단계의 사회적경제 기업을 찾고, 사회적기업가정신을 위한 생태계를 창조하기 위해 노력한다. 사업계획서 경쟁 방식으로 진행되는 이 대회는 특히 지속 가능하고 확장 가능하며 측정 가능한 사회적 영향이 선발의 핵심 사항이다. 대회의 참가 자격은 초기 사회적경제 기업 또는 지속 가능한 사회적 영향을 창출할 수 있는 유망한 아이디어를 가진 사회적기업가이며, 참가팀은 사회적 성과 또는 개념을 증명하고 사회적 영향을 입증해야 한다.

<그림 4.4> 타타 사회적경제 경진대회 그랜드 피날레

출처: TSEC 홈페이지(2018), "http://tatasechallenge.org."

대회는 3단계로 구성이 되어 있는데, 제1단계는 참가팀이 웹 사이트를 통해 '사회적 영향 제안서(Impact Proposal)'를 제출해야 한다. 이 제안서는 사회적 요구와 그를 통해 창출한 사회적 영향 개발의 상세한 사업계획서로 구성되어 있다. 제2단계는 '세미파이널(Semi-Finals)' 형식으로 진행되며 최대 20팀을 선발하는데, 사회적 벤처캐피탈, 사회적경제 기업가 및 캘커타 경영대학의 교수진으로 구성된 심사 위원단에서 선발한다. 제3단계는 '그랜드 피날레(Grand Finale)'로 최대 10개 팀이 선정되며, 타타의 비즈니스 리더, 사회적 벤처캐피탈의 CEO 혹은 창업자, 사회적기업가 및 캘커타 경영대학 교수로 구성된 심사위원단에서 선발한다. 최종 선발된 팀은 캘커타 경영대학의 이노베이션 파크(IIM Calcutta Innovation Park, IIMCIP)의 인큐베이팅 센터에 입주하여 "전담 멘토십, 조달자금 연결, 사무 공간 및 작업장 제공, 법률·비서·IT 인프라·인사 및 급여·여행 및 물류 서비스 지원, 학생지원, 경영대학의 기업가 정신 등 다양한 교육 프로그램을 제공받는다.[7]

한국사회에서도 다양한 사회적기업가 발굴 프로그램을 운영하고 있다. 대표적으로 2018년 대한민국 경기도의 따복공동체지원센터는 경기도 각 시군에서 지역사회의 필요와 문제를 따뜻하고 혁신적인 관점으로 해결하는 사회적경제 예비 창업자(팀) 및 도약 단계의 성장기업을 발굴하고 지원하였다. 이 사업에 지원을 받고자 하는 참가팀은 "지역사회에서의 문제 발견과 해결 솔루션, 비즈니스 모델 및 마케팅 전략, 이해관계자 협력 및 네트워크 방안, 사회적 가치 및 영향" 등에 대한 사업계획서를 제출해야 한다. 참가팀 선발 및 지원은 총 3단계로 진행되었다. 사회적경제 연구자, 사회적기업가, 사회적 금융조직의 임직원, 사회적경제 전문 멘토단이 참가하여 제1단계 사업계획서 서류심사와 제2단계 면접심사를 통하여 참가팀을 선발하였다. 선발된 참가팀은 제3단계에서 창업에 필요한 기초자금을 지원받으며 동시에 사회적경제 창업학교에 입학하여 집중적인 교육 지원을 받았다[8].

심사 항목	심사기준	배점
사회적 목적 (20)	지역사회 문제 발견 및 솔루션	10
	지역사회 문제 해결을 위한 노력	10
사회적 목적 달성 수단 (20)	제품 혹은 서비스 수요예측	10
	제품 혹은 서비스 목표 고객	10
가치 창출 방안 (40)	창업팀 및 조직 운영방안	10
	사업 네트워킹 및 협력적 지배구조	10
	홍보 및 영업전략	10
	자금 조달 방안	10
사회적 가치(영향) (20)	지표선정	10
	달성목표	10

출처: 경기도 따복공동체지원센터(2018), "지역사회 기반 따복 사회적경제 창업학교 모집공고", p.8. 참조 재정리.

2018년 경기도 동서남북 4개의 권역에서 각각 실시한 3단계 사회적경제 창업학교는 권역별 특색에 따라 지역공동체 기반 사회적경제 혁신리더 양성을 목표로 운영되었다. 특히 강의식 수업이 아닌 문제를 발견하고 해결책을 찾아가는 실행 중심의 학습으로 진행되었다. 사회적경제 CEO, 사회적금융 자본 조달 기관, 사회적경제 컨설턴트, 사회적경제 연구자 등으로 구성된 영역별 전문가 멘토단이 경기도 4개 권역에서 학습 멘토로 참여하여 문제 해결기법과 가설검증방법을 전파하였다. 멘토단 및 학습자 간 소통과 집단지성을 통하여 실행성과를 창출하는 열린 학습을 지향하였다. 또한 학습 중간에 네트워킹 데이(Networking Day)를 운영하여 지역사회 사회적경제 창업 네트워크를 구축하였다. 수료 즈음에는 지역사회혁신대회를 실시하고 우수팀을 선발하여 시상하였다. 뿐만 아니라 수료자들에게는 후속 성장과정을 지원한다.

사례연구 14

미국의 청소년 개발 유스빌드(YouthBuild USA): 청소년 개발 유스빌드 프로그램을 통하여 학업 배경이 부족한 저소득 청소년의 삶과 역할을 변화시켜 나가고 지역공동체를 개발하다[9]!

1999년 세계의 평화와 번영이 지속 가능하기를 바라는 제프 스콜(Jeff Skoll)의 비전으로 설립된 스콜재단(Skoll Foundation)은 미국 캘리포니아에 본사를 둔 비영리재단이다. 2018년 현재 스콜상을 포함하여 128개 사회적기업가 및 5개 대륙 106개 조직에 약 4억 7000만 달러(약 5365억 원)를 투자해 오고 있는 재단이다. 스콜재단으로부터 2007년 스콜상을 수상한 '청소년 개발(YouthBuild)

USA'의 도로시 스톤먼(Dorothy Stoneman)은 1990년부터 2016년까지 유스빌드 USA의 설립자이자 CEO였다. 스토먼은 시민사회의 참여를 통한 저소득층 청소년의 빈곤 퇴치를 추구하는 활동가이자 사회적기업가이다. 1924년에 시민운동에 합류한 스톤먼은 뉴욕의 동 할렘(East Harlem)에서 24년 동안 살았으며, 그곳의 버려진 아파트 건물을 개조하면서 지역 청소년과 협력하여 1978년에 처음으로 유스빌드 프로그램을 시작하였다. 유스빌드는 주택, 교육, 고용, 범죄

〈그림 4.5〉 도로시 스톤먼(Dorothy Stoneman)

출처: 스콜재단 홈페이지(2018), http://skoll.org.

예방 및 저소득 공동체가 직면한 핵심 문제를 동시에 해결하는 청소년 및 지역사회 개발 프로그램이다. 미국에는 아직도 교육 및 훈련 또는 일자리를 찾지 못한 16~24세의 저소득층 청소년이 적어도 230만 명이나 존재하고 있다. 유스빌드 프로그램에서 저소득층 청소년들은 고등학교 졸업장을 취득하고 직업 기술을 배우며 살기 적당한 저렴한 주택 짓기 활동을 통하여 지역사회에 봉사한다. 이러한 과정에서 그들은 사회에서 자신의 삶과 역할을 변화시켜 나간다.

1984년에 스톤먼과 뉴욕시는 유스빌드 프로그램을 뉴욕시 전체로 확장하였고 1988년에는 전국으로 확산하였다. 유스빌드 프로그램의 보조금은 1992년 전)상원의원 존 케리가 발의한 법안을 통해 이루어 졌으며 나중에 '주택 및 도시 개발부(Department of Housing and Urban Development)'에서 '노동부(Department of Labor)'로 이전되어 현재까지 남아 있다. 유스빌드 운동은 2000년 남아프리카에서 시작하여 국제적인 확장이 진행되었으며 2007년에는 '국제 유스빌드(YouthBuild International)'가 만들어져 전 세계적으로 활동하고 있다. 유스빌드는 스톤먼이 거의 40년 동안 유스빌드 운동을 이끌고 성장시킨 후 2017년 1월 존 발베르데(John Valverde)가 계승했다. 발베르데는 전 세계적 사명을 가진 비영리 단체를 이끄는 최초의 이전 수감자가 되었다.

유스빌드는 홈페이지에서 그들의 사명과 비전, 가치를 다음과 같이 설명한다. 우리의 미션은 "사랑과 존중으로 청소년 참여자와 협력하여 평생 학습, 생활 진로 및 리더십 기술과 사고방식을 구축"하는 것이다. 우리의 비전은 "모든 젊은이들이 자신의 잠재력과 자신, 지역사회를 변화시킬 힘을 볼 수 있는 세상을 만들기 위해 노력"하는 것이다. 그리고 우리의 가치는 "참여 청소년들이 직장에서 성공할 뿐만 아니라 지역사회에서 성공하는 데 필요한 기술을 개발하는 데 도움이 되는 이념"이며, 그것은 첫째, "모든 개인을 존중하고 소중히 여기며 열린 팔과 열린 마음으로 그들을 환영하는 '사랑'", 둘째, "정직하게 말하고 행동하며 자신과 타인을 존중하는 '책

임'", 셋째, "공통의 목표를 달성하기 위해 함께 일하고 지원하며 공동체에 기여하는 '협업'", 넷째, "온전한 사람 공동체로부터 영감을 받고 지식과 힘을 얻는 '다양성'", 다섯째, "우리의 모든 잠재력을 실현하고 다른 사람들이 그들의 잠재력을 인식하도록 돕는 '리더십'"의 5가지다.

〈그림 4.6〉 유스빌드 학습(상단) 및 현장(하단) 전경

출처: 유스빌드 USA 홈페이지(2023), https://youthbuild.org.

2023년 현재까지 1994년부터 18만 명이 넘는 유스빌드 학생들이 275개 이상의 프로그램에 참여하면서 5000만 시간 이상의 지역사회 봉사 활동을 하였으며 미국 전역의 농촌 및 도시 지역에서 3만 5000개가 넘는 저렴한 주택을 생산하였다. 2023년 현재 미국 46개 주 및 자치령에서 220개의 프로그램과 기타 17개 국가에서 56개의 유스빌드 프로그램이 운영되고 있다. 매년 약 1만 명의 젊은 성인들이 참여하고 있다. 최근에는 유통 및 바리스타 훈련 프로그램이 추가되었다.

2022년에는 미국 내에서 약 7000명의 학생에게 서비스를 제공하였다. 이들의 87%는 입학할 때 고등학교 졸업장이 없었으며 85%가 경제적으로 불리한 상태였다. 남성이 63%, 여성이 37%였고 이들의 46%는 흑인 또는 아프리카계 미국인, 31%는 히스패닉, 라틴계 또는 스페인계, 23%는 백인이었으며, 3%는 아시아계 미국인, 3%는 아메리칸 인디언 또는 알래스카 원주민, 19%는 법원 재소자 관련, 11%는 부모였다. 2022년 사회적 성과는 79%가 고등학교 졸업장 또는 이와 동등한 자격 또는 기타 자격을 취득했으며 72%가 프로그램을 수료했다. 또한 43%가 고등 교육을 받거나 직업을 가졌으며 직장에서 평균시급 12.9달러(약 1만 5천 원)을 받고 있다. 법원 재소자 관련 학생의 경우 재범률은 8%로 줄었다. 또한 미국 이외 지역에서 5700명 이상의 학생들에게 서비스를 제공했

다. 국외 참가자들의 86%가 프로그램을 수료했고 64%가 직업, 인턴십, 견습, 자영업 또는 기술 교육 기회를 확보하거나 추가 교육을 받았으며 65개의 공동체 건물을 지었다.

앞서 설명한 경기도 따복공동체지원센터의 지역사회 기반 사회적경제 초기 단계 창업 지원사업의 사업계획서 내용을 보면 창업자(팀) 소개와 사업계획의 두 부분으로 구성되어 있다. 먼저 창업자(팀) 소개에는 "구성원 리스트, 창업자(팀)가 해결하고자 하는 사회문제에 관심을 두게 된 계기 및 경험, 사업을 위한 구체적인 노력, 창업 관련 본인과 팀원의 역량(업무 경험, 교육 등), 창업자(팀) 비전 및 포부"를 적는다. 사업계획 부분은 다시 7개의 하부 주제로 구성되어 있으며 그 내용은 〈표 4.8〉과 같다[10].

〈표 4.8〉 경기도 따복공동체지원센터 창업지원 사업계획서 내용

구분	내용
1. 요약	· 아래 2~8번까지 내용의 요약
2. 사회적 사명 및 조직비전, 사업목적, 지역조사 및 환경 분석	· 발견한 지역사회 문제 혹은 해결하고자 하는 지역사회 문제 정의 및 현황 · 조직의 사회적 사명 및 중장기 비전 · 지역사회 욕구조사 및 환경 분석(사업의 거시 · 시장 환경 등) · 지역사회 문제 해결 방안
3. 목표 고객 및 상품 (사명 달성의 수단)	· 지역사회 문제 해결을 위한 수단으로써 ① 제품 혹은 서비스 정의 ② 주요 목표 고객(사회적 목표그룹, 구매자(혹은 자본제공자) 및 사용자로 구분) 정의
4. 창업팀 운영 및 제품(서비스) 생산(운영) 계획	· 창업자(팀) 핵심역량 및 내부 조직운영(팀 빌딩) 방안 · 제품(서비스) 생산(운영) 계획 및 품질 관리 방안
5. 이해관계자 협치 및 네트워크 방안	· 이해관계자 참여 구조 및 협력 방안 · 내 · 외부 인적자원, 조직체 및 정책 연계 등 네트워크 운영 방안
6. 사회적 마케팅 전략	· 사회적 마케팅으로써 미디어홍보, 유통채널, 영업전략 등
7. 사회적 가치 및 영향 달성	· 창업팀의 사회적 가치 및 영향 달성을 지표와 수량의 형태로 제시(사회(공동체)(적) 성과, 경제적 성과, 환경적 성과의 구체적인 내용) ① 현재까지의 결과 ② 다음 년도 혹은 중장기 목표

8. 자본 조달 계획 및 사업 추진 일정표	· 구체적이며 실현 가능한 자본 조달 계획
	① 이후 2년간 자금이 필요한 항목과 금액
	② 조달 방안(매출, 자기 자본, 지원기금, 기부금, 금융조달 등)
	· 전체 사업의 추진 일정표(향후 2년간)

출처: 경기도 따복공동체지원센터(2018), "지역사회 기반 따복 사회적경제 창업학교 신청서", pp.1-7. 참조 재정리.

경기도 따복공동체지원센터와 같이 중앙 및 지방 정부 주도로 사회적경제 기업 혹은 창업자의 사업계획서를 심사하고 지원하는 경우가 있는가 하면, 국내·외의 많은 비영리재단은 사회적 목적을 추구하는 사업계획이 원활히 추진될 수 있도록 체계적이고 분석적인 도구와 제도를 가지고 지원한다. 비영리기관의 사업 및 경영을 지원하고 사업계획서 등의 도구를 제공하고 있는 '프로펠 난프로핏(Propel Nonprofits)'에서는 사회적경제 성장 단계의 조직을 위한 '사업전략 중심의 사업계획서 작성지침'을 정리하여 안내하고 있다. 〈표 4.9〉와 같이 사업계획서의 내용은 "요약, 조직의 사명, 사업 배경 및 조직 구조, 시장 분석, 경쟁 분석, 제품 및 서비스, 마케팅과 판매 전략, 운영 방법, 사업목표 측정 및 평가, 재무전략 및 실행 계획"의 10가지로 구분하여 제시하고 있다.

'요약'은 읽는 이로 하여금 사업계획의 핵심정보를 한눈에 파악할 수 있도록 제공한다. 이 부분은 대개 마지막에 작성하게 된다. '조직의 사명'은 사업을 추진하는 조직의 임무 및 비전을 기입한다. 때에 따라서는 모 법인과 사업 추진 조직 간의 사명 또는 사업의 연계 등을 기입한다. '사업구조 및 조직배경'은 조직의 법적 구조 및 협력적 지배구조 등을 기재하는데, 이는 모 법인의 조직구조 속에 사업조직의 형태로 나타날 수 있다. '시장 분석'은 사업계획의 핵심이다. 사회적경제 기업에 있어서 이 부분을 간과할 수도 있지만 목표 고객을 이해하고 기업이 시장에서 어떻게 격차와 수요를 충족시킬 수 있는지에 대한 확실한 연구가 필요하다. 시장에서 사회적경제 기업에 대한 제품 또는 서비스에 대한 선의의 욕구가 존재할지라도 이것이 시장 지식의 부족을 넘을 수는 없음을 알아야 한다.

〈표 4.9〉 프로펠 난프로핏의 사업전략 중심의 사업계획서 작성지침[11]

구분	내용
1. 사업계획서 요약	조직 설명, 비즈니스 개념, 시장 설명, 가치 제안 또는 경쟁 우위, 주요 성공 요인·재무 요약 및 자본 요구 사항
2. 조직의 사명	조직의 사회적 임무 및 비전 선언문, 사회적경제 기업과 조직(모 법인이 있을 경우)의 사명 관계 또는 사회적경제 기업을 위한 별도의 사명
3. 사업 배경 및 조직 구조	비영리단체에 대한 간략한 설명(모 법인이 있을 경우), 사회적경제 기업의 조직구성, 법률 구조 및 거버넌스(이사회, 자문위원회, 보고 등)

4. 시장 분석	현재 시장 상황 요약, 목표 시장 및 고객, 고객 특성, 충족되지 않은 수요 및 구매 요인과 해당 사회적 목표그룹
5. 경쟁 분석	주요 경쟁자, 경쟁력 있는 제품 및 서비스, 경쟁 시장에서의 위험과 기회, 업계의 최근 또는 새로운 변화, 제안된 제품 또는 서비스의 경쟁 우위 및 가치에 대한 구체적인 설명
6. 제품 및 서비스	제품 및 서비스 설명, 제품 및 서비스의 위치 결정, 향후 제품 및 서비스
7. 마케팅과 판매 전략	마케팅 전략, 판매 전술, 광고 및 홍보, 판매 예측 요약
8. 운영 방법	경영 구조, 인력 충원 계획 및 주요 인력(별도 프로그램이 있을 때 투입 인력 포함), 재료 및 생산 비용 요약을 포함한 생산 계획 또는 서비스 제공 계획, 고객 서비스 및 지원 전략과 계획, 특수 설비 또는 개선을 포함하여 필요한 설비, 비즈니스가 소매업일 경우에 위치(입지) 특성
9. 사업목표 측정 및 평가	정량화할 수 있는 재정적 목표, 정량적인 사회적 사명 및 영향 달성의 목표, 모니터링 및 평가 전략
10. 재무 전략 및 실행 계획	장비, 기술 또는 일회성 비용에 대한 비용 및 투자, 자본 요구 사항 및 출처, 수입 및 비용 예측, 개시 대차 대조표, 현금 흐름 요약, 재무 전략의 가정 및 주석

출처: Propelnonprofits(2018), "Social Enterprise Business Plan", pp.1-2. 참고 재정리.

'경쟁 분석'은 경쟁 업체(비영리 및 영리)와 비교하여 제안된 비즈니스의 가치 또는 시장 이점에 관해 설명하는 부분이다. '제품 및 서비스'는 수요를 충족시킬 제품 또는 서비스에 대한 요약이다. '마케팅과 판매 전략'은 조직이 목표 시장에 도달하는 방법과 이러한 잠재 고객을 유료 고객으로 전환하는 방법을 설명한다. '운영 방법'은 비즈니스 제품 또는 서비스의 생성 및 전달 방법을 설명한다. '사업목표 측정 및 평가'는 경제적 혹은 사회(공동체)(적) 가치 달성 측면의 성공을 평가하기 위해 측정할 요소에 대해 설명하는 부분이다. '재무전략 및 실행 계획'은 최소 3년간의 수익 및 비용 예측을 포함하고 자본 설비, 재고, 초기 마케팅 및 직원 배치에 대한 운전 자금과 이 기간에 손실을 충당하는 데 필요한 보조금에 대해 자세히 설명한다. 이러한 자본 요구 사항은 비영리단체의 기부금, 정부 및 기업 보조금 또는 부채 조달을 통해 조달할 수 있다. 자본 조달은 제12장 '사회적 영향 투자·조달' 부분에서 자세히 설명하고 있다. 프로펠 난프로핏의 사업계획서 작성은 사회적 목적 및 사명이 분명한 사회적경제 조직이 경제적 관점의 경영기술이 부족하거나 영업 매출을 주된 목적으로 사업을 추진할 때에 참고할 수 있다.

지금까지의 내용을 토대로 사업계획서의 구조와 내용을 종합적으로 정리해 보면 다음과 같다. 가장 앞부분에는 기업[창업의 경우는 창업자(팀)] 등 조직을 소개하는 부분이 나오며 이어서 사업 계획을 구체적으로 설명하는 부분이 나온다. 조직소개는 "조직기구, 구성원 목록, 조직이 해결하고 자 하는 사회문제에 관심을 두게 된 계기 및 경험, 사업을 위한 구체적인 노력의 여정, 대표자와 이사회, 협의체 및 감사, 구성원 등의 거버넌스, 조직의 비전 및 포부" 등을 설명하는 부분이다. 비전이란 앞서 말한 것처럼 "사회적 사명을 중심으로 운영되는 기업의 미래에 대한 상 또는 그림으로,

일정 기간이 정해진 중기 또는 장기간 내에 기업이 목표를 달성했을 때에 그려지는 모습으로 궁극적으로 사회적 영향이 확장된 사회적경제 기업의 미래상"을 말한다.

사업계획을 설명하는 부분은 다시 몇 개의 범주로 구분되는데 '사회문제의 발견 및 솔루션'을 포함하여 '사회문제 해결의 목표그룹 및 제공하는 재화 혹은 서비스의 내용', '사회적 마케팅 전략', '협력적 지배구조 및 네트워킹 전략', '자원 조달 방법', '재무전략 및 사회적 영향 달성' 등이 그것이다. 사업계획서는 사업의 목적에 따라 단기 또는 중기 계획으로 작성할 수 있다. 그러나 무엇보다도 사업계획서의 출발점은 사회문제의 발견 또는 사회혁신을 달성하기 위한 조직의 사회적 사명에서 출발하여야 한다는 점이다. 사회적 사명이란 "사회적경제 기업이 사회문제 해결 및 사회혁신 등 사회적 목적을 향해 이끌리는 공유된 인식으로서의 신념, 가치 및 임무"를 의미한다. 〈표 4.10〉 사업계획서 작성의 주요구조 및 작성내용은 첨부 혹은 증빙 서류가 필요한 경우 함께 준비한다. 용도(회사소개, 교육 등 내부용도인지? 이해관계자 이해 혹은 영업 및 홍보 자료인지? 재원조달 등 외부에 제출하여 심사받을 용도인지?)에 따라서 해당하는 내용을 발췌하여 작성하고 해당 독자를 고려하여 적합한 문서 형식에 갖추어 작성한다.

〈표 4.10〉 사업계획서의 주요구조 및 작성내용

구분	내용
1. 요약	· 아래 2~5번까지 내용의 핵심을 요약
2. 조직소개 및 사업목적	· 2-1. 조직소개 · 사회문제에 관심을 두게 된 계기 및 경험 · 사회문제 해결을 위한 구체적인 노력의 여정 · 거버넌스(대표자, 이사회, 협의체, 감사, 사업조직, 구성원 현황) · 조직 내적 환경 분석(강점 및 약점) · 2-2. 사업목적 · 지역사회 문제 발견 및 솔루션 설명 · 지역사회 욕구조사 및 지역자원 분석 · 조직 외적 환경 분석(기회 및 위협) · 솔루션(문제 해결 핵심활동)의 전략방향(조직과 사업 측면) · 조직의 사회적 사명 및 비전 제시
3. 목표 고객 및 솔루션 정의	· 3-1. 사회적 목표그룹 및 재원조달 고객 · 사회적 목표그룹 및 시장의 목표 고객(사용자) · 재원조달의 주요고객(개인 · 조직체 · 공공의 구매자) · 추구하는 사회적(경제 또는 사회(공동체)(적) 또는 환경적) 가치 · 부가된 시장의 가치

	· 3-2. 솔루션(제품 혹은 서비스) · 제품 혹은 서비스 정의 및 전달 방법 · 제품 혹은 서비스의 주요 특징 및 핵심성공요소 · 사회적 목적에 동의하는 그룹(개인 또는 조직)의 참여방식
4. 조직 및 사업 운영전략	· 4-1. 협력적인 지배구조 방안 · 내 · 외부 이해관계자가 함께하는 조직체계 설명 · 민주, 투명, 공정, 협동, 연대, 노동 중심의 운영방안 제시 · 4-2. 지역공동체 조직화 전략 · 지역공동체 소개(지역, 구성원, 단체 현황) 및 필요 파악 · 단계별(준비, 사업 및 조직 구축, 실행) 지역공동체 조직화 방안 · 4-3. 네트워킹 및 사회적 경영차별화 방안 · 개인(전문가 등) 네트워크 및 활성화 방안 · 조직체(비영리 기관, 상업적 기업 등) 네트워크 및 활성화 방안 · 정책(행정기관, 중간지원기관 등) 네트워크 및 활성화 방안 · 사회적 요구에 부응하는 경영차별화 전략 · 4-4 사회적 마케팅 전략 · 연간(1~3년) 제공되는 사업의 산출물 · 재원조달 고객별 연간(1~3년) 총 제공(액)목표(= 수요예측) · 마케팅 포지셔닝 전략(사회적 미션+시장 메커니즘) · 연간(1~3년) 재원조달 제공(액)목표 고객별 마케팅 방안 · 입소문 뉴미디어 노출 방안 · 사회적 목표그룹 옹호 및 사회적 동원 전략
5. 사회적 성과 창출 목표	· 5-1. 투자 자본 및 손익계산서 · 사업(시작)에 필요한 (초기)자본 및 조달방법 · 연간(1~3년) 총 제공(액)목표에 따른 소요비용 추정 · 연간(1~3년) 제공(액)목표와 소요비용이 적힌 손익계산서 작성 · 5-2. 사회적 영향 창출 · 연간(1~3년) 창출한 사회적 산출(이해관계자에게 제공된 산물) · 연간(1~3년) 창출한 사회적 성과(이해관계자가 인지한 이득) · 연간(1~3년) 창출한 사회적 영향(더욱 광범위한 사회변화 기여) · 사회적 투자 대비 수익 혹은 사회적 비용 · 편익 분석 · 5-3. 사회적 영향 확장 · 지역사회공헌 혹은 지역사회 재투자 계획 · 사회적 영향의 확장 계획(직접적 방법 혹은 간접적 방법) · 사업계획의 단계별 추진 일정(항목, 기간, 담당, 방법, 비용 등) · 결론

스페인의 시각 장애인을 위한 전국기구 온세 사회적 그룹(ONCE Social Group): 전 세계적으로도 독특한 복권게임 사업으로 자금을 확보하여, 장애를 겪고 있는 사람들의 개인적인 자율성과 사회적 포용의 새로운 이정표를 만들고 장애인 삶의 질 향상에 대규모로 기여하다[12]!

스페인의 시각 장애인을 위한 전국기구(ONCE)는 스페인뿐만 아니라 유럽 및 세계적 맥락에서도 매우 특이한 사회적경제 조직이다. 온세는 1930년대에 스페인의 안달루시아, 카탈로니아 및 지중해(Andalusia, Catalonia and the Mediterranean region) 등 여러 곳에서 시각 장애인에게 생계를 제공하기 위해 복권판매를 시작했다. 1936년에서 1939까지 진행된 스페인 내전으로 시각 장애인의 수는 많이 늘어났다. 이에 관련 협회들이 통합하고 공공 기관과 협상을 통하여 1938년 12월 13일에 시각 장애인을 위한 기관인 온세가 창립되었다. 온세는 법률에 따라 1939년 5월 8일에 첫 번째 복권추첨으로 시각 장애인들에게 양질의 생계를 제공하기 위해 소위 '프로 블라인드(pro-blind)' 쿠폰 또는 로또의 일종인 '티켓(ticket)'을 판매하기 시작했다. 그 당시 추첨은 지방을 기반으로 진행되었고, 기관의 관리는 행정부가 '국가 지도자(national leader)'로 명명된 책임자를 임명하고 관리하였다.

온세가 주최한 복권게임은 곧 스페인에서 매우 인기를 얻었으며 지금까지 조직의 주요 자금 원천이 되었다. 이를 통하여 시각 장애인을 위한 사회 및 교육 서비스에 전념하는 상당한 자원을 확보했으며 쿠폰 판매자는 모두 장애인으로 고용했다. 또한 교육부문에서 온세는 시각 장애인을 위한 새로운 전문 직업의 진로를 찾기 위하여 1960년대에 전화 학교, 직업 훈련 센터 및 대학 물리 치료 학교와 같은 선구적인 일을 시작하였다. 교육은 좋은 훈련을 보장하기 위한 기초적인 환경에서부터 점자 및 오디오 지원을 제공하는 도서관과 같은 문화적인 공간도 갖추어 갔다. 온세는 1982년 1월 19일에 첫 번째 민주 선거를 치렀다. 이후 추첨은 전국적으로 이루어졌고 상금의 증가와 함께 자금유입도 크게 증가하여 시각 장애인을 위한 새로운 사회 서비스를 구축할 수 있게 되었다. 그리고 1988년에는 장애인의 사회적 포용이라는 새로운 이정표의 시작을 위해 복권게임 수입의 3%를 시각 장애인 및 다른 장애를 가진 사람들을 포함하여 지원하는 것을 목표하게 되었다. 1993년에는 자원의 증가 및 장애인을 위한 고용 창출의 두 가지 목표를 위해 내부의 조직 확장을 시작하여 세탁, 시설 서비스, 관광(26개의 호텔 체인), 건강, 정보 기술 등 매우 다양한 기업을 설립하였으며 이들이 합병하여 2015년에 '일루니온(ILUNION)' 그룹을 만들었다. 현재 온세 소셜 그룹(ONCE Social Group)은 '일루니온'과 함께 시각 장애인으로만 구성된 원래 복권게임 조직 '온세', 장애인의 직업 훈련 통합과 고용 프로그램 그리고 전 세계적으로 접근 가능한 환경, 제품 및 서비스 창출을 촉진하는 '온세 재단', 이렇게 3개의 조직으로 운영된다. 온세 재단 이사회는 스페인의 주요 장애인 단체 대표들로 구성되어 있다.

〈그림 4.7〉 1939년 최초 복권추점 사진(좌) 및 온세 서비스 현장(우)

출처: 온세 홈페이지(2023), https://www.once.es.

온세의 연간 복권 매출은 2018년 기준 31억 6600만 유로(약 4조 1158억 원)이며 이는 스페인 사회적경제 단체 총매출의 2%를 차지하며 스페인 GDP의 0.27%에 해당한다. 이 중에서 약 6700만 유로(약 871억 원)가 온세의 수입이며 이는 온세의 인건비 및 운영비로 사용된다. 또한 그중 최소 3%는 온세 재단에 투자된다. 온세의 직원은 약 2만 2000명(게임 판매자 1만 9000명, 그중 87.5 %가 장애인)이 근무하고 있으며 일루니온은 다양한 부문의 사회적경제 분야에서 3만 8000명에게 고용을 제공하며, 그중 40.5%는 장애인이다.

〈그림 4.8〉 온세 참여자 직업훈련(좌) 및 스포츠 활동(우) 전경

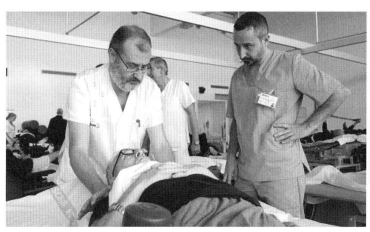

출처: 온세 홈페이지(2023), https://www.once.es.

고용 측면에서 전체 약 7만 명이 근무하는 온세 소셜 그룹은 스페인 사회적경제 단체 전체 직원의 3.2%, 스페인 고용인의 0.38%를 차지하는 비중이다. 그리고 장애가 있는 직원의 수는 특히 중요한데, 총 직원 중 약 50%인 약 3만 5000명이 장애인이며, 이는 의심할 여지없이 온세 소셜 그룹이 전 세계에서 가장 큰 장애인 고용주이며 이는 2018년 스페인 전체 장애인 48만 5900명의 7.24%에 해당한다. 그러나 온세는 장애인 부문에만 국한하지 않고 '사회적경제법' 초안 작성 및 제3섹터를 포함한 사회적경제 전반의 제도적·법적 발전과 유럽연합 경제 및 사회 위원회 회원 및 제3섹터 스페인 플랫폼의 창립 멤버로 참여하는 등 사회적경제 전반의 활동에도 크게 기여하고 있다.

SWOT 분석을 통한 사업계획의 전략방향 수립

사업계획의 구체적인 내용 및 실행 방안을 작성하기에 앞서서 제시된 지역사회의 문제 해결을 위한 전략적인 방향 또는 실천 대안을 마련하거나 검증해 볼 필요가 있다. '스와트(SWOT) 분석' 기법은 이런 측면에서 도움을 줄 수 있는 도구이다. SWOT는 "조직 내부의 강점(Strengths)과 약점(Weaknesses), 외부환경의 기회(Opportunities)와 위협(Threats)의 영문 머리글자를 따서 만든 용어이다. SWOT 분석을 통하여 강점과 기회(SO), 약점과 기회(WO), 강점과 위협(ST), 약점과 위협(WT) 등의 조합으로 방향이나 대안을 마련"할 수 있다.

아래는 '사회적협동조합의 국공립어린이집 위탁 사업 추진을 위한 연구보고서'에서 제시된 SWOT 분석의 예시이다. 먼저 국공립어린이집 운영에 있어서 사업의 전략적인 위치를 정의해 보면, 대체로 "공익을 중시하면서도 투명한 운영, 지역사회와의 연대를 통한 열린 어린이집으로 전환기"인 것으로 파악되었다. 또한 외부환경의 기회는 "서울시 및 자치구의 사회적협동조합 위탁운영 활성화"로 볼 수 있으며, 위협은 "일부 어린이집의 부정적인 이미지"에 있다고 할 것이다. 내부환경의 강점은 "기존 사회적경제 영역에서 본 사업을 추진할 때 오랜 경험과 노하우를 통한 공익적 가치 중심의 조직운영"을 들 수 있다. 반면, "신규 조직화에 따른 어린이집 운영 경험 부족 및 준비 기간 필요"는 약점으로 작용할 수 있을 것이다. 이상의 내용을 토대로 SWOT 분석을 통해서 전략 대안을 마련하고, 전략 목표를 선정하면 〈표 4.11〉과 같다[13].

<표 4.11> 국공립 어린이집 운영의 전략적 위치와 전략대안 마련

영유아 돌봄 국공립어린이집 위탁사업의 전략적인 위치
공익을 중시하면서도 투명한 운영, 지역사회와의 연대를 통한 열린 어린이집으로의 전환기

내부환경 (Internal) 외부환경 (External)	강점(S) 사회적경제 영역에서의 오랜 경험과 노하우를 통한 공익가치 중심의 조직운영	약점(W) 신규 사업조직화에 따른 어린이집 운영경험 부족 및 준비기간 필요
기 회 (O) 서울시 및 지자체의 사회적협동조합 위탁운영 활성화	SO 전략 ■ 지자체별 신축 국공립어린이집 위탁 준비 및 성 공적 운영 ■ 기존 사회적경제 노하우를 통한 민주적 협동조 합 출범	WO 전략 ■ 지역의 부모, 보육교사, 보육분야 활동가가 결합 하는 실무중심 사회적협동조합 운영 ■ 치밀한 준비 및 혁신 경영
위 협 (T) 어린이집 운영의 부정적인 이미지	ST 전략 ■ 지역 내의 기존 어린이집 운영 주체와의 협력과 상생노력 ■ 사회적 가치의 초심을 견지하고 모범적인 경제 모델로 성장	WT 전략 ■ 서울시의 민관 연대방식의 위탁사업 발굴 및 성 공적 운영 ■ 풀뿌리 영유아보육에 더 집중하고 기회를 계속 탐색함

전략목표의 선택	
제1안	① 사업의 전략적 위치, 외부의 기회와 내부의 강점을 고려한 전략(SO전략) 선택 ② 본 전략을 보완하는 방법으로 ST전략 및 WO전략을 실행과제로 추진
제2안	③ 제1안의 성과 도출이 어렵다는 시나리오 하에 WT전략을 병행하여 추진함 ④ 병행 전략으로 기회비용이 발생할 수 있지만 궁극적으로 영유아 돌봄이 추구하는 공익목적에 위배되지 않기 때문에 실현 가능한 투 트랙(Two-Track) 전략임

출처: 최중석·성상현(2015), "사회적협동조합의 국공립어린이집 위탁사업 추진방안 연구", 한국협동조합연구, 33(2), p.68.

SWOT 분석은 기본적으로 경제적, 인구학적, 사회문화적, 정치적, 기술적 외부환경과 함께 자원 봉사 및 자선적인 측면의 환경도 같이 분석한다. 외부환경 분석은 "문헌 검토, 정부 문서, 대학 발 간 연구자료, 영리 및 비영리 조직의 환경 탐색, 공청회, 주요 정보원, 전문가 패널" 등을 통해 가능 하다. 이 부분은 제3장의 '사회문제 발견 및 해결을 위한 지역사회 조사 방법' 부분에서 자세히 다루 고 있다. '사회적 목표그룹, 소비자, 요금을 지급하는 구매자에 대한 분석'도 매우 중요하며, 이러한 이해관계자들은 조직의 미래에 잠재적으로 긍정적 또는 부정적 영향을 줄 수 있으므로 주의할 필 요가 있다. 자원 조달과 관련하여 공적자금뿐만 아니라 사적자원 조달환경도 같이 분석하는 것이 중요하며, 조직의 미래에 대한 기회와 위협의 측면에서 분석해야 한다. 외부환경 분석의 최종 요소는 경쟁 분석이다. 어떤 사회적경제 기업은 자신을 다른 비영리 조직과 경쟁관계에 있다고 보지 않지만, 실제로 어느 정도는 모두 경쟁하고 있다. 경쟁 분석은 조직이 일하고자 하는 시장 내에서의 경쟁적 위치를 구체적으로 보여 준다. 이 분석은 조직의 경쟁 상대 파악, 경쟁의 초점, 상대적인 장·단점 등을 살펴봄으로써 얻어지며 이러한 분석을 토대로 현재 존재하는 경쟁 시장에 관한 관심을 가지도록 한다. 내부환경 분석은 '사람, 돈, 시설, 장치, 정보, 기술 등' 자원의 보유 및 접근성에 대하여 현황, 가능성, 부족한 사항 등으로 장점과 단점을 분석한다. 이 과정을 통하여 조직의 이미지, 프로그램, 서비스, 차별점, 관리, 직원, 자원봉사자, 외부와의 의사소통, 시설, 기금, 모금 등의 사안에 관한 방안을 마련할 수 있다. 내부환경 분석에서는 구하기 어려운 정보까지 최대한 활용해야 한다[14].

사업계획서 작성의 중점 점검사항

하버드 비즈니스 스쿨(Harvard Business School)에서는 사회적경제 기업이 지속 가능한 사회적 영향 창출을 위하여 고려해야 할 사업계획서 작성의 주안점(특히 중점을 두어야 하는 것)에 대하여 "비전을 명확히 할 것, 성공하기 위하여 처음부터 챙겨야 할 사항, 시작하기 전부터 알아야 할 사항"의 3가지로 구분하여 〈표 4.12〉와 같이 점검표 형식으로 제공하고 있다[15].

첫째, '비전을 명확히 하기 위한 문제의 발견과 기회 파악'은 "그것이 왜 중요하며 그 규모는 얼마인지, 근본적인 원인 및 기여할 수 있는 요인은 무엇인지 파악"한다. 또한 "어떻게 그것을 풀 수 있는지, 다른 접근법이 시도되었지만 그 결과는 무엇이고 만약 당신이 그것을 풀 수 있다면 세상은 어떻게 변화될 것인지"에 주안점을 두고 개발한다.

〈표 4.12〉 사업계획서 개발의 주안점

구분	내용
1. 비전을 명확히 할 것	문제의 발견과 기회 파악, 사명의 선언, 비전을 행동에 연결하고 변화를 위한 전략의 믿음 또는 논리적인 근거
2. 성공하기 위하여 처음부터 챙겨야 할 사항	리더십(팀 구성원 및 이사회), 재원조달 방식, 사명 달성을 위한 측정 지표 및 평가, 문제 및 해결책에 대한 교훈 및 의사소통
3. 시작하기 전부터 알아야 할 사항	사회적경제 생태계, 위험의 파악과 해결방안, 확장전략

출처: Margot Dushin and Stephanie Dodson(2015), "Developing a Social Enterprise Business Plan", Harvard Business School Workshops, p.2. 참고 재정리.

사명은 사회문제를 개선하고 변화하기 위하여 자원을 동원하고 경영을 하는 데 대한 믿음과 이론적인 근거가 있으면서 지역공동체 및 조직적 변화 두 곳 모두에 초점이 맞춰져 있는지 생각한다. 예를 들어 티치 포 아메리카(Teach For America)는 미국 뉴욕주에 본부를 두고 있는 비영리단체이다. "미국 내 대학의 졸업생들이 교원 면허 소지와 관계없이 2년간 미국 각지의 교육 곤란 지역에 배치되어 2년간 학생들을 가르치는 프로그램 운영"이라는 사명이 있다. 이 기업은 사명에 대한 믿음과 변화 이론의 근거에 대하여 "우리는 모든 학생이 훌륭한 교육을 받을 자격이 있으며 모든 교실에서의 양질의 교육을 모든 학생이 높은 수준에서 배울 수 있도록 보장하는 것이 가장 중요한 요소라고 믿는다. 우리는 현재의 교육 위기가 매우 시급한 상황이라고 판단한다. 앞으로는 모든 분야에서 새로운 세대의 리더가 필요하며 이러한 문제를 직접 경험해 본 젊은이들이 이 문제를 해결하는 것이 최선의 방법이라고 믿는다. 이러한 믿음을 바탕으로 우리의 가장 뛰어난 대학 졸업자들이 2년 동안 빈곤율이 높은 학교에서 가르치는 데 봉사하는 일을 동의한다면 다음과 같은 사회적 영향이 달성될 것이다. 그것은 그들이 가르치는 학생들은 현재 양질의 교육을 받을 것이며, 가르치는 사람들은 사회 변화에 헌신하는 평생 지도자가 될 것이다."로 두고 있다[16]. 사명의 작성은 장기적으로 달성할 목표에 대하여 4M(Memorable, Manageable, Measurable, Motivational Mission)을 기준으로 기억에 남고, 관리하기 쉽고, 측정이 가능하며, 동기부여가 가능하도록 작성한다. 〈표 4.13〉의 예시를 참고할 수 있다.

〈표 4.13〉 사명 작성의 사례

· 어느 날, 이 나라의 모든 어린이가 훌륭한 교육을 받을 수 있는 기회를 얻게 하는 것.
· 빈곤 퇴치를 위해 소액 대출, 비즈니스 훈련 및 기타 금융 서비스 등 필요한 금융 도구를 사람들에게 제공하는 일.
· 서아프리카의 청년 실업 해소.
· 대출을 통해 사람들을 연결하고 빈곤을 완화하는 일.
· 도시 젊은 성인들에게 전문 직업 및 고등교육을 통해 잠재력을 발휘할 수 있는 능력, 경험 및 지원을 제공함으로써 기회 나누기를 하는 일.
· 세상을 변화시키는 지도자 교육.

로카(Roca)는 '감옥은 줄이고 미래를 위하여'라는 캐치프레이즈를 가지고 있는 사회적경제 기업으로 1988년 몰리 볼드윈(Molly Baldwin)이 미국 첼시아에 설립한 기업이다. 이 기업은 "미국 첼시아의 젊은 사람들이 자신의 삶을 변화시키도록 돕기 위해 의식을 바꾸고 빈곤의 흐름을 끊어 내는 작업이 필요하다. 이것은 청년들이 긍정적이고 집중적인 관계를 통해 다시 참여하고, 자신을 구금 시설에서 벗어날 수 있도록 기술, 교육 및 고용의 역량을 키워야 한다. 이것을 통하여 자신과 외부에 해를 끼치지 않고 경제적 자립을 향한 삶으로 나아갈 수 있다."라는 이론적 근거를 가지고 일한다."[17]

문제 해결을 위한 솔루션은 〈표 4.14〉와 같은 질문을 통하여 보다 명확히 할 수 있다.

〈표 4.14〉 문제 해결 솔루션의 명확화를 위한 점검표

- 수혜자 또는 고객은 누구입니까?
- 어떻게 봉사할 것입니까?
- 구체적으로 프로그램이 어떤 모습입니까?
- 전략을 실행하기 위해 어떤 초기 관리 및 지배구조를 적용할 것입니까?
- 어떤 협력자(조직) 및 협업이 중요하거나 유용할 것입니까?
- 비영리단체 또는 영리단체가 되기 위해 선택한 기준은 무엇입니까?
- 어떤 전제(경험 및 지식)에서 솔루션을 구축했습니까?
- 당신의 비전을 누구와 어떻게 테스트했습니까?

둘째, '성공하기 위하여 처음부터 챙겨야 할 사항'에 대해서 팀 구성원과 이사회는 이 계획을 실행할 가능성이 얼마나 되는지, 사회적 사명에 대해 각 개인의 의식, 배경, 경험, 전문성은 갖추고 있는지 파악해야 한다. 또한 부족한 자원에 대한 접근성을 높이기 위하여 전문 지식을 보유하고 있지 않을 경우에 어떻게 보충할 수 있는지, 시간이 지남에 따라 팀 구성원과 이사회가 어떻게 바뀔 수 있는지 준비하고 가야 한다. 수익모델은 기부금 및 수익으로 구분하여 따져 보고 사업 운영에 대한 고정비 및 변동비를 식별해야 한다. 또한 단위당 비용의 구조를 파악하고 이 구조가 성장에 따라서 어떻게 변화되는지 고려해야 한다. 3~5년간의 손익계산서를 추정하고, 현금 흐름을 예측하여야 한다. 좋은 프로젝트도 나쁜 프로젝트도 현금 보유 여부에 따라 종결될 수도 있다. 또한 사업 초기에 얼마나 많은 초기자본이 필요한지, 종자 자본을 제공하는 데 사용할 수 있는 조달처는 어디이며 어떻게 쓸 것인지, 지출 속도는 어떻게 증감되는지, 다음 단계로 가기 위한 자본 조달 또는 조직 확장을 위한 기금은 어떻게 마련할 것인지 생각해야 한다. 사회적 사명의 측정 및 평가 부분에 있어서는 먼저 데이터를 중요하게 생각하는 문화와 구조를 만드는 것이 필요하다. 사명을 완수하는 데 있어서 조직의 효과성을 어떻게 평가할 것인지, 성과측정 지표가 사명, 변화 이론 및 전략에 연결되어 있는지 확인해야 한다. 또한 충분한 지표와 중요한 지표를 같이 고려하고 장기 목표 달성을 위한 중간 목표 설정 및 측정, 프로그램 및 조직을 개선하기 위한 조치를 해야 한다. 메시지 전달 및 커뮤니케이션에서는 당신의 메시지는 무엇이고 문제와 해결책에 대해 어떻게 이야기할 것인지, 어떤 이야기를 할 수 있는지 어떤 예를 공유할 수 있는지, 팀에 대해 어떻게 이야기할 것인지, 어떻게 의사소통을 하는지 등을 생각하고 다양한 분량의 설명과 경영진 정보, 프레젠테이션 자료, 전체 사업

에 대한 계획서를 보유하고 있어야 한다. 아울러 소셜 미디어 및 웹사이트를 갖추고 있어야 한다.

셋째, '시작하기 전부터 알아야 할 사항'에 있어서는 사회적경제 생태계의 규칙(규제, 세금, 정책, 제도 등)은 무엇이며 시장에서의 기회와 경쟁적 환경(사회문제를 해결하기 위한 다른 접근법의 시도 여부), 우리의 접근 방식과 조직에 있어서 특이점, 매년 얼마나 많은 자금이 흐르고 어떻게 배포되는지, 새로운 자원을 유치하는 방법은 무엇인지 파악한다. 아울러 위험 관리를 위하여 사업의 내용 및 전략, 프로그램상의 위험과 함께 공적 위험을 파악하고 어떻게 완화할 것인지 파악한다. 끝으로 확장전략에 있어서 실습, 프로그램 또는 프로세스의 확산을 기반으로 측정 가능한 사회적 영향의 증가량을 추정하고 조직이 성장하고 더 많은 지역의 사이트를 개설하는 문제, 다른 조직을 사용하여 모델을 복제하는 문제, 사회적 운동을 창조하는 문제, 집단행동을 조직하는 문제, 정부 정책 및 관행을 변화시키는 문제에 대하여 생각한다. 그리고 이를 통해 당신이 창조하고자 하는 가치 극대화의 방법, 속도, 프로그램 품질을 어떻게 잘 조화시켜 사회적 가치 창출을 최적화할 것인지 고려한다[18].

사업계획서 내용의 불확실성 점검

사업계획의 수립에 있어서 다음의 4대 불확실성을 점검하는 것이 좋다. 그것은 첫째, '사업 내용의 불확실성', 둘째, '목표 고객의 불확실성', 셋째, '재원조달의 불확실성', 넷째, '실행 계획의 불확실성'이 그것이다.

사회적경제 기업이 놓치기 쉬운 가장 큰 문제는 바로 '사업 내용의 불확실성'이다. 이러한 경우는 사업계획서의 존재 이유에 문제점을 안고 있다. 따라서 가장 핵심인 '사회문제 발견 및 솔루션의 타당성'을 검토하고 어떻게 '사회적경제 기업의 운영전략'과 '사회적 성과 창출'로 연결되는지 설명해야 한다.

'목표 고객의 불확실성'은 시장조사, 이해관계자 협력, 네트워킹 전략 등을 충분하게 조사하지 않고, 준비하지 못했다는 증거이다. 사회적경제 기업의 재원조달 목표 고객은 시장의 구매고객과 사회적인 가치를 구매하는 고객을 구분하고 '개인 고객(윤리적 소비자, 조합원 소비자, 지역공동체 소비자, 사회적 소비자, 시장의 일반 소비자 등)', '조직체 고객(시장의 기업 및 단체, 사회적 목적에 동의하는 구매조직 등)', '정부고객(직접 사용을 위한 공공구매, 사회적 목표그룹의 소비연계를 위한 구매 등)'으로 나누어 그에 맞는 사회적 마케팅의 실행 방법을 제시하여야 한다.

'재원조달의 불확실성'은 재원조달 목표 고객별 제품 및 서비스의 가격과 수요예측(매출) 혹은 재원조달 당사자별 그리고 프로젝트 단위별 구매 및 조달금액은 얼마인지 예측해야 한다. 상업적 기업에서는 일반적으로 수익모델이라는 용어로 사용하지만 사회적경제 기업의 경우는 시장에서 판매한다는 개념의 수익모델을 포함하여 사회적 영향 창출을 위한 보다 광범위한 재원조달 방식을 고려해야 한다. 특히, 창업기업의 경우에는 이것저것 아무 방식이나 시장매출 혹은 재원조달을 고려하기보다는 성장 단계별 시장매출 및 재원조달의 우선순위와 그것이 왜 가능한지의 설득력을 갖추고 있어야 한다.

'실행 계획의 불확실성'은 사전 준비에 필요한 이해관계자 협력 혹은 지역공동체 관계는 언제까지 어떻게 구축할 것인지, 개발이 필요한 내용이 있다면 그 기간과 사양, 금액 및 일정은 어떻게 할 것인지, 적합한 조직형태는 무엇이며 거버넌스 구성을 위한 주요 이해관계자는 누구이며 언제까지 어떤 방법으로 구성할 것인지에 대한 추진 일정을 구체화하는 것이 좋다. 특히, 지금까지 경험하지 못했던 사회문제 해결 솔루션으로 사업화하고자 하는 경우에는 추진 과정에서 수정될 수 있겠지만 더욱 치밀하고 세부적인 사항까지 예측하고 추진하는 것이 좋다. 즉, 추진해야 할 항목별 세부내용을 정의하고 그것을 담당할 담당자, 일정, 정보원천, 투입 비용(회계적 혹은 비회계적 화폐비용을 포함)을 구체적으로 정의하는 것이 좋다.

사업계획서 작성의 주요부분 실습양식 및 작성방법

다음에 제공되는 사업계획서 주요부분에 대한 실습양식과 작성방법은 필요에 따라서 지역여건, 비즈니스 모델의 특성, 조직 혹은 사업의 환경에 맞추어 변경하여 적용할 것을 권장한다. 여기서 실습한 주요부분은 앞에서 설명한 〈표 4.15〉의 사업계획서 각 구성부분에 채우고 빈 부분은 추가로 작성하여 사업계획서를 완성하면 좋다[19].

첫째, '① 사회적 가치 제안' 부분의 '지역사회 문제 발견'은 개인(특히 사회적 목표그룹) 혹은 지역에서 해결하기 어렵거나 대응 혹은 조달하기 곤란한 재화와 용역에 대한 그 구성원 또는 지역사회의 욕구와 필요를 발견하고 '그 문제점'을 기재한다. 세부적으로 '문제의 심각성', '정량적인 문제제기', '문제의 즉각적 영향'으로 나누어 기재한다. '문제 해결 핵심활동'은 앞에서 언급한 대응 혹은 조달하기 곤란한 재화와 용역의 '구체적인 제품 및 서비스 제공내용'을 기재한다. '사회적 가치 제안'은 다음의 4가지 분류에 대한 설명 중에서 '설명문 속의 해당하는 부분의 내용'을 기재한다[복수기재 가능, 아래의 설명문에 없을 경우는 해당기업이 추구하는 사회적인 가치의 내용을 각자의 목표대로 기입(이하 다른 항목들도 동일함)].

먼저 '경제적 가치'는 "사회적 과정을 통하여 개인적으로는 금융 수단이 부족하고 가난한 사람들, 더 나아가 지역공동체 구성원 등 이해관계자가 일할 기회를 얻고 의·식·주를 포함한 가난을 극복하며 다른 한편으로는 왜곡된 경제구조(한국사회의 경우 농축산물의 유통구조, 대기업과 중소기업 사이의 상생구조, 소상공인의 생존구조 등)로 인하여 불이익을 받는 경제주체들이 바람직한 경제구조가 만들어지는 데 따른 가치"를 기재한다. '사회(공동체)(적) 가치'는 "사람들이 공동체 속에서 사회적 과정을 통하여 건강, 교육, 보육, 금융, 노동, 영양, 안전, 문화, 예술, 언론, 법률, 정치, 민주, 평화 등의 서비스 또는 먹거리를 포함한 생필품 등의 제품 공급에 있어서 균등한 혹은 바람직한 기회를 보장받고 공동체성을 회복하게 하는 등의 공동체적 가치"를 기재한다.

〈표 4.15〉 '① 사회적 가치 제안' 실습 양식

구분	소제	내용(설명 또는 스케치)
1. 지역사회 문제 발견	1-1. 문제의 심각성	
	1-2. 정량적 문제제기	
	1-3. 문제의 즉각적인 영향	
2. 문제 해결 핵심활동	2-1. 문제 해결을 위한 솔루션 제공내용 (제품 또는 서비스)	

3. 사회적 가치 제안 (해당되는 부분 기재)	3-1. 경제적 가치	
	3-2. 사회(공동체)(적) 가치	
	3-3. 환경적 가치	
	3-4. 부가된 시장의 가치	

'환경적 가치'는 "사회전체 또는 공동체 구성원들이 한편으로는 위생과 물 및 기후를 포함하여 지역, 지방, 국가 및 지구의 천연자원과 다른 한편으로는 경제주체들의 생산물이 안전하고 지속할 수 있도록 친환경적으로 관리 및 공급되는 등의 가치" 중에서 해당하는 내용을 기재한다. '부가된 시장의 가치'는 "상업적 기업의 경우와 마찬가지로 시장의 소비자에게 기존의 제품 또는 서비스의 가치를 개선·개발·혁신하거나 새로운 시장을 개척하는 등의 활동으로 인하여 부가적으로 제공되는 가치"를 기재한다. 이 경우에는 시장의 가치가 중심인 경우가 아닌 앞의 경제적 가치, 사회(공동체)(적) 가치, 환경적 가치를 중심으로 시장의 가치가 부가된 경우를 기재한다. 이때에도 최소한의 윤리적 기준(공정, 환경, 행위자 간 신뢰 등)을 준수할 필요가 있다.

둘째, '② 사회적 관계 및 사업적 환경 분석'의 '사업의 정체성' 부분에는 '기업명(창업예정인 경우는 가상의 명칭)', '사업명', '작성용도(창업예정인 경우는 예측용에, 사업중인 경우는 평가용에 체크)', '작성자(팀)(작성 리더와 참가자 기재)', '단위기간[목표한 사회적 가치가 창출(사회적 영향)되는 데 걸리는 기간 혹은 주어진 프로그램 및 사업기간의 개월 수, 정해지지 않았으면 1년(12개월)]'을 기재한다.

<표 4.16> '② 사회적 관계 및 사업적 환경 분석' 실습 양식

사업의 정체성			
☞ 사업명 정하기			
☞ 기업명 정하기			
☞ 작성용도	예측용(　) 평가용(　)	☞ 단위기간	
☞ 작성자(팀원)			
☞ 사회적 미션 선언			
사회적 관계분석			
사회적 목표그룹(A)	'A'와 핵심활동 연결방식	가치 제안 동의그룹(B)	'B'의 사업 참여방식
사업적 환경 분석			
사회문제 해결의 최초 지역범위			
최초 지역범위 지역 자원 조사	유형적 자원		
	무형적 자원		
지역사회의 기타 필요·욕구 파악			
핵심활동 시장분석	경쟁자		
	고객		

　'사회적 관계분석' 부분에서 '사회적 목표그룹'은 경제적·신체적·정신적·사회적·정치적·금융적 여건 등이 부족하여 배제 또는 고통과 소외를 당하는 사람에게 고통과 소외를 해결하여 혜택을 받을 수 있도록 하는 '그 대상자 또는 대상자 그룹'을 기재한다. 일반적으로 사회적 약자, 취약계층, 수혜자라는 용어로 사용된다. 예시로는 '가난한 사람 또는 가정', '(중증)정신·지체·발달 등의 장애인', '(독거)노인', '노숙자', '청소년 가장', '근로 청소년', '학교 밖 청소년', '한 부모 가정', '장기 실업

자', '소규모 농·축·수산업자' 등을 들 수 있다. 이보다 더 일반적인 계층도 사회적 목표그룹의 대상이 될 수 있다. 예를 들어 정치 정보의 제공과 정치인 소통을 위한 플랫폼을 운영하는 독일의 '의회감시 사회적경제 기업'의 사회적 목표그룹은 '해당 지역구의 일반 시민 전체'가 되며, 환경적 가치를 지향하는 어느 사회적경제 기업의 경우에는 어느 조직이나 지역공동체 구성원 전체를 사회적 목표그룹으로 할 수 있다(이 경우에는 그 전체 속에 소위, 사회적 약자가 먼저 포함되어야 하며 가능하면 사업지역의 범위를 최소화하는 것이 필요하다). '사회적 목표그룹과 핵심활동 연결방식'은 사회적 목표그룹에게 '핵심활동(제품 또는 서비스)을 연결하는 방식'으로 '직접 대면 제공', '플랫폼을 통한 연결', '직원으로 채용', '요양보호사를 통한 돌봄', '매장에 방문하여 구매 또는 서비스' 등과 같은 방법으로 기재한다. '사회적 가치 제안에 동의하는 그룹'은 무상으로 핵심활동에 지원하는 자원봉사자 및 프로보노(경험과 경력으로 쌓인 전문적인 역량을 무상으로 제공하는 사람)의 이름 혹은 단체, 공공기관을 기재한다. '사회적 가치 제안에 동의하는 그룹의 참여방식'은 '핵심활동의 중요한 부분에 참여하는 방식'을 기재한다. 예를 들어 고객에게 제공하는 제품의 생산 활동에 참여, 고객에게 제공하는 정보를 축적하고 플랫폼에 업로드하는 일, 고객에게 제공하는 서비스 활동에 참여 등-핵심활동인지 아닌지는 '① 사회적 가치 제안'의 '문제 해결 핵심활동'과 관련성이 큰일인지 여부로 판단한다.

'사업적 환경 분석' 부분에서 '사회문제 해결의 최초 지역범위'는 '지역의 명칭'을 '행정동', '지역사회의 어느 거리 또는 공간에 대한 공유된 명칭', '시·군·구', '광역시·도', '남한', '북한', '한반도', '다른 나라의 국가 이름', '대륙 이름', '인류사회 전체' 등으로 기재한다. 가능하면 가장 작은(좁은) 단위에서 시작하여 확장하는 것이 좋다. '최초 지역범위 지역자원 조사'는 설정한 최초 지역범위의 유형적 자원과 무형적 자원을 조사하여 기재한다. '지역사회의 기타 필요·욕구 파악'은 사회적 가치 제안의 (지역)사회 문제 발견 및 핵심활동에서 언급한 것 이외의 욕구와 필요, 즉 '재화나 용역 이외의 지역사회의 욕구와 필요'를 기재한다. 예를 들어 '지역공동체 활동 공간 부족', '주민 공동체성 필요', '근로 청소년 혹은 학교 밖 청소년 현황 파악', '친환경 인증시스템 지원체계 필요' 등이 해당할 수 있다. '핵심활동의 시장 경쟁자·고객 분석'은 지역범위에서 핵심활동의 재화와 용역을 공급하는 '시장의 경쟁자는 누구'인지 기업 및 단체 명칭, '고객은 누구'인지 명칭을 개인은 인구통계(성별, 나이별, 소득수준별, 직업별 등)의 특성으로, 기업 및 단체(정부 및 지자체 포함)는 명칭으로 기재한다.

'③ 조직운영 방안' 및 부분의 '조직비전(확장 계획)'은 먼저 확장 지역에 대하여, 현재 비즈니스 모델이 정착된 다음에 '확장 예정인 지역'을 '사회문제 해결의 최초 지역범위'와 같이 명칭을 기재한다. 확장방법은 '지점설치', '사회적 프랜차이징', '연합회(협회) 결성', '스마트 네트워크(정부 및 지자체, 기관, 기업 및 비영리단체가 공동으로 추진)', '컨설팅 및 역량 구축 지원', '오픈 소스(모든 정보를 내어 줌)' 등에서 '확장방법의 계획'을 기재한다. 이 부분은 제13장 '사회적 영향 확장'에서 자세히 언급하였으므로 그 부분을 탐독하고 다시 돌아와서 작성해도 좋다.

〈표 4.17〉 '③ 조직운영 방안' 실습 양식

조직비전(확장계획)	
확장 예정지역	확장방법 계획

내부 및 외부 이해관계자 정의	
외부 이해관계자	내부 이해관계자

이해관계자와 함께하는 협동의 지배구조			
민주적인 의사 결정	공정하고 투명한 운영	자본보다 노동중심	협동과 연대의 구조

지역공동체 조직화 방안	
미션공유 단계	
사업형성 단계	
조직구축 단계	
사업집행 단계	

'내·외부 이해관계자'에서 '내부 이해관계자'는 '직원', '조합원', '주주', '이사회', '감사', '경영 관련 위원회', '사업참여 지역공동체 구성원' 등에서 구체적인 이름이나 단체 명칭으로 '구체적인 명칭'을 기재한다. '외부 이해관계자'는 '수혜자', '구매자', '소비자', '공급자', '협력자(조직)', 'NGO', '사회적금융 투자자', '일반 투자자', '채권자', '노동조합', '지역사회 단체', '중앙정부 부처', '지방정부', '중간지원조직', '미디어', '언론' 등에서 그 '구체적인 명칭'을 기재한다. '이해관계자 협동의 지배구조 방안'은 이해관계자와 함께할 내용을 '민주적', '공정한', '투명성(정보공유 등)', '윤리적', '자본보다 노동중심', '협동', '연대' 등의 내용을 참고하여 '중요한 내용의 우선순위 혹은 그 방안'을 기재한다. '지역공동체 조직화 방안'은 각 단계에서 '공동체 구성원 만남', '지역공동체 의견 수렴', '지역공동체 의제 공유', '솔선수범', '공동체 구성원 관리', '구성원과 함께 조직 구축', '공동체 조직 개발', '구성원과 성과 공유', '권한위임', '공동체 조직화를 위한 자기역량 강화' 등의 내용을 참고하여 '중요한 내용의 우선순위 혹은 그 방안'을 기재한다. 이 부분은 제2부의 각 장에서 자세히 언급하였으므로 그 부분을 탐독하고 다시 돌아와서 작성해도 좋다.

'④ 사업운영 방안' 부분의 '핵심활동 구매자'는 '개인 고객(윤리적 소비자, 조합원 소비자, 지역공동체 소비자, 사회적 소비자, 시장의 일반 소비자 등)', '조직체 고객(시장의 기업 및 단체, 사회적 목적에 동의하는 구매조직 등)', '정부고객(직접 사용을 위한 공공구매, 사회적 목표그룹의 소비연계를 위한 구매 등)' 등의 내용을 참고하여 '자신의 경제적인 효익 때문에 구매하는 사람과 사회적 가치를 구매하는 고객으로 구분하여 구체적인 명칭 혹은 대상'을 기재한다. '사회적 경영차별화 방안'은 이윤의 극대화를 위한 차별화가 아니라 사회적 요구의 대응에서 나오는 차별화를 의미한다. 인도 아라빈드 안과병원이나 지안살라(빈곤층 어린이 교육)는 사회적 목표그룹이 수행하기에 용이하도록 치료 및 교육 시스템을 패러스킬링(제조공정이나 서비스과정에 필요한 기술을 쪼개서 매우 단순한 업무로 전환하여 비숙련공도 쉽게 수행토록 함)화 한일, 참여자가 작업이 쉽도록 표준화 및 분업화하고 사회적 목표그룹에게 저가 제공이 가능하도록 원가를 절감하고, 탄력근무 및 공동간병제 등을 통한 일 가능시간과 업무 필요시간 매칭으로 일자리를 축소하지 않고 인건비를 절감하는 일 등이 대표적인 사회적 경영차별화 방안이라고 할 수 있다. 이처럼 조직이 지향하는 사회(공동체)(적), 경제적, 환경적인 가치의 기준과 사회적 목표그룹 혹은 지역공동체의 사회적인 요구에 따라서 '상업적 기업의 경제 및 경영차별화 전략을 사회적경제 기업의 사회적 요구에 맞도록 변경'하여 기재한다.

<표 4.18> '④ 사업운영 방안' 실습 양식

핵심활동 구매자		
개인 고객	조직체 구매자	공공구매자

사회적 경영차별화 방안			
( )	( )	( )	( )

자원 및 역량 네트워킹 방안	
☞ 개인 네트워크	
☞ 조직체 네트워크	
☞ 정책 네트워크	

사회적 마케팅 전략			
사람·사회의 행동 변화 전략	행동 변화 목표		개인 고객 마케팅 방안
	행동 변화 동기		조직체고객 마케팅 방안
핵심구매자 공통 마케팅 방법		공공구매자 마케팅 방안	

'자원·역량 네트워킹 방안'은 비즈니스 활동에서 부족한 자원 혹은 역량을 조달할 네트워킹을 개인 네트워크, 조직체 네트워크, 정책 네트워크로 구분하여 '그 원천의 구체적인 명칭'을 기재한다. '사회적 마케팅 방안'은 앞에서 기재한 핵심활동 구매자별 사회적 마케팅 방안(사람과 조직의 생각과 행동을 사회적 가치에 두고 변화하도록 진행되는 마케팅)을 '대면영업', '구매제안', '상업적 기업 협력 프로그램', '공공구매시장', '옹호 및 사회적 동원', '입소문 뉴미디어 전략' 등의 방법을 참고한다. '핵심활동 구매자 모두에게 해당하는 방법과 각각의 구매자에게 해당하는 방법을 매칭(구매자별 복수선택 가능)'하여 기재한다. 이 부분도 제2부의 각 장에서 자세히 언급하였으므로 그 부분을 탐독하고 다시 돌아와서 작성해도 좋다.

　'⑤ 사회적 가치 창출'에서 '⑤-1 사업적 재원조달' 부분의 '초기자본 및 운영 비용'의 '초기자본'은 '개발 비용', '공간 비용(온·오프 라인)', '비화폐적 투입 비용(무상 조달 물품 혹은 사람)' 등의 내용을 참고하고 각자의 사업에 맞도록 소요되는 항목의 금액(비화폐적 투입 비용은 금액으로 환산)을 구분하여 기재한다. '운영 비용'은 단위기간에 소요되는 '원가', '인건비', '일반관리비', '광고선전비', '이자(대출에 따른)', '비화폐적 운영 비용(무상 조달 물품 또는 사람)' 등의 내용을 참고하고 각자의 사업에 맞도록 소요되는 항목의 금액(비화폐적 운영 비용은 금액으로 환산)을 구분하여 기재한다. '초기자본 및 운영 비용 조달방안'은 각각의 재원조달 방안을 '시장매출', '기부금', '보조금', '정부위탁사업', '상업적 기업 협력', '조합원기반', '사회적 금융(사회적 영향 투자) 조달(대출 혹은 지분참여 포함)' 등으로 구분하여 '조달 방법별 금액과 비중'을 기재한다. '손익구조'는 초기자본 및 운영 비용과 조달금액을 정리하여 손익구조를 파악한다. 이 부분은 제3부의 각 장에서 자세히 언급하였으므로 그 부분을 탐독하고 다시 돌아와서 작성해도 좋다.

〈표 4.19〉 '⑤-1 사업적 재원조달' 실습 양식

초기 투입자본 및 사업 운영비 계산(산출근거 및 금액)		
☞ 초기에 필요한 투입자본	개발 비용	
	공간 비용 (on or off line)	
	기타 비용	
	비화폐적 투입 비용 (화폐화)	물품
		사람

	원가	
☞ 사업 운영비	인건비(복리후생비 등 포함)	
	일반관리비(임차료 등 포함)	
	광고 선전비	
	이자(대출에 따른)	
	기타	
	비화폐적 운영 비용 (화폐화)	물품	
		사람	

재원조달 금액 및 조달방법(비즈니스 모델 수립의 재원조달방식 참고)		
☞ 초기에 필요한 투입자본	개발 비용	
	공간 비용 (on or off line)	
	기타 비용	
	비화폐적 투입 비용 (화폐화)	물품	
		사람	
☞ 사업 운영비	원가	
	판매비 및 일반관리비	
	기타	
	비화폐적 운영 비용 (화폐화)	물품	
		사람	

'⑤-2 사회적 성과달성' 부분의 '단위기간 활동의 산출물(Output)'은 사업을 통하여 '제공한 산출물의 수량'에 대하여 사회적 목표그룹 및 지역공동체에 제공된 '제품 또는 서비스의 수량', '일자리의 숫자', '제품 또는 서비스의 판매량 및 매출액', '가난을 극복한 가구 수 또는 인원', '환경이 보존된 지역 수 혹은 숲의 면적', '범죄 감소 건수 혹은 감소율' 등과 같이 직접적인 수량으로 기재한다. '사

업의 성과(Outcome)'는 사업을 통하여 제공한 산출물에 의하여 사전에 의도했든 의도하지 않았든 사회적 목표그룹 혹은 지역공동체에 준 이익을 '정성적인 내용으로 설명한다. 가능하면 정량적인 수치를 함께 표현'하여 기재한다. '이해관계자별 사회적 영향(Impact)'은 사업의 성과물로 "이해관계자 및 지역사회에 미친 광범위한 효과의 지속적이고도 중요한 변화의 영향을 설명하고 가능하면 화폐의 대용치를 찾아 화폐가치로 함께 표현"하여 기재한다. 이 부분도 제3부의 각 장에서 자세히 언급하였으므로 그 부분을 탐독하고 다시 돌아와서 작성해도 좋다.

〈표 4.20〉 '⑤-2 사회적 성과달성' 실습 양식

단위기간 활동의 종류별 산출물(Output)			
( )	( )	( )	( )

이해관계자별 중요한 변화와 인지한 사회적 성과(Outcome)		
이해관계자	중요한 변화	인지한 성과
☞( )		
☞( )		
☞( )		

이해관계자별 사회적 성과에 따른 사회적 영향(Impact)			
이해관계자	성과별 영향	화폐 대용치 및 계산	영향의 화폐 가치화

사업계획서 작성 형식의 주안점

끝으로 외부에 제출하여 심사받을 용도로 작성하는 사업계획서는 그 내용 및 문서의 표현에서도 다음과 같이 '구체성', '현실성', '미관성'의 3대 요건에 주의하며 작성한다. 첫째, '구체성'은 사업계획서만 읽으면 누구나 사회적기업가가 하고자 하는 사업의 내용을 알 수 있도록 구체적으로 작성해야 한다. '사업계획서의 요약'을 포함하여 '사업목적 및 조직소개', '목표 고객 및 제품 또는 서비스 설명', '사업 운영 및 사회적 마케팅 전략', '재무목표 및 사회적 영향 창출' 등으로 구성한다. 사업계획서 내용이 알기 쉽고 구체적으로 기술되어 통상적인 지식을 가진 사람은 누구나 그 내용을 머리에 그릴 수 있도록 작성하는 것이 좋다. 구체적으로 되기 위해서는 먼저 기존에 나와 있는 문헌정보 및 현장정보를 충분히 수집하여 제시하는 것이 중요하다. 제3장의 '사회문제 발견 및 해결을 위한 지역사회 조사 방법'에 나와 있는 것처럼 기록물 정보와 직접조사 방법을 병행하여 사업계획서의 각 항목에서 설명하는 내용의 정보를 구체적으로 제시하는 것이 필요하다. 특히 정량적인 정보를 표 혹은 그래프로 보여 줄 수 있다면 신뢰감을 높일 수 있다. 관련 출처 및 증빙자료가 있다면 표기하거나 첨부한다. 그러나 구체적이어야 한다고 해서 계획서가 지나치게 방대해지는 것은 바람직하지 않다. 너무 긴 계획서는 오히려 전하고자 하는 핵심을 놓칠 수 있고, 작성자가 중요한 내용과 그렇지 못한 내용을 구분하지 못한다는 인상을 주기 쉽다.

둘째, '현실성'은 사업계획서가 지나치게 교과서적이거나 비현실적이어서도 곤란하다. 일단 사업이 시작되면 사업계획서대로 운영하여도 손색이 없을 정도로 현실에 맞게 설계되어야 한다. 특히 수익창출 및 재원조달, 이해관계자 및 네트워크 형성, 사회적 영향 창출 및 확장에 있어서 너무 과장된 수치를 제시하면 현실성이 떨어질 수 있다. 그동안 조사하고 준비한 내용에 기초하여 현재까지 가능한 사항과 미래에 가능할 예측 사항을 구분하여 제시하는 것이 좋다. 따라서 사업계획서의 작성 전에 혹은 작성 후에 사회적경제 기업의 선배, 전문가, 멘토 등을 통하여 사회적 목표 달성을 위한 실행 방법으로써 사업계획(서)의 내용이 타당한지 먼저 검토해 보는 것이 좋다. 제3자인 전문가로부터 평가를 받아봄으로써 해당 사업계획의 문제점을 좀 더 객관적으로 살펴볼 수 있고, 사업계획을 한 단계 향상시키는 데에도 유리하다. 특히 머릿속에서 맴도는 사회문제 해결 및 솔루션, 사업 추진의 아이디어가 아무리 뛰어나도 지면으로 옮기다 보면 새로운 문제점이 발견되기 마련이다. 사회적기업가는 이런 문제점을 전문가와 상의하여 수정·보완할 필요가 있다. 흔히 범하는 실수 중의 하나가 지나치게 사업의 영향과 확장을 낙관하는 점에 있다는 것도 생각해 보는 것이 좋다.

셋째, '미관성'은 사업계획서는 보는 사람에게 끌리도록 하는 매력이 있어야 한다. 상기에서 언급한 구체적이며 현실적인 것이 전제조건이 된 상태에서 기획 관점에서의 논리적인 전개와 디자인적인 관점에서의 심미성이 고려되면 좋다. 논리적인 전개는 연역적인 방법과 귀납적인 방법을 적절히 혼용하면서 읽는 사람이 설득력을 불러일으키도록 하여야 한다. 물론 사회적 목적과 그 추진전략을 명확히 함으로써 기획의도가 빗나가지 않도록 일관되게 서술해 나가는 것이 중요하다. 이러한 기획 관점의 내용을 디자인적인 관점에서 풀어나가기 위해서 적절한 이미지의 사용, 정량적인 정보의 도표 및 그래프를 사용하여 더욱 시각적으로 표현하면 좋다. 글씨체도 2가지 내·외, 최대 3가지 이내로 사용하여 혼란스럽지 않도록 하며 각 제목과 본문 글씨체의 대·소 및 굵기도 구분하여 작성하는 것이 좋다.

사례연구 16

한국의 태봉고등학교:
입시경쟁에 찌든 사회에 행복과 사랑, 서로 배우고 나누는 배움 공동체의 소중함을 알리다[20]!

2015년 GSVC 국내대회에서 청소년 아이디어 부문 대상 수상팀인 태봉작업장학교는 경남 마산 태봉고등학교 내 작업장 형태의 교육공간으로 학생들이 다양한 직업을 체험하며 지역주민들에게 전문 직업 기술을 배울 수 있는 곳이다. 이곳에서 배워서 만든 제품은 이곳에서 판매되며, 학부모, 어르신들이 강사이자 소비자로 함께하여 지역 내 세대 간 소통의 장이 되고 있다. 자율형 공립 기숙 대안학교인 태봉고등학교는 배움의 공동체 원리를 적용하며 높은 참여율과 만족도를 자랑한다. 태봉고등학교는 반드시 기숙사 생활을 해야 하며 공부보다는 건강을 우선시하는 이념을 지향한다. 또한 학교는 자율적인 학습 분위기 속에서 학생들이 할 수 있는 모든 것을 최대한 배려해 주고 도와준다. 태봉고등학교는 2010년 3월 1일에 설립되었으며 2023년 현재 학생 수는 130명(남 62명, 여 68명), 교원 수는 30명(남 14명, 여 16명)이다.

〈그림 4.9〉 태봉고등학교 축제 모습들

〈공연 연습〉　　　　　〈선생님 말씀〉　　　　　〈축제 전 작품 전시회〉

주요 교과목으로는 국어, 수학, 사회, 과학, 영어, 예체능을 기본으로 하며, 특히 "명상, 삶과 철학, 농사, 한 주를 여는 시간, 인턴십 프로그램 LTI(Learning Through Internship), 공동체 회의" 등이 있다. '한 주를 여는 시간'은 매주 월요일 아침 1교시에 전교생이 모두 참석한다. 누구나 한 번은 발표와 사회자를 할 수 있게 순서를 정해 놓고 새로운 일주일을 맞는 준비를 하고 있다. '공동체 회의'는 매주 수요일 7교시에 하는 회의이다. 학생이 중심이 되어 학교를 이끌어 가며 교칙, 벌칙, 문제들도 모두 학생들이 논의하여 결정하고, 교사들도 모두 참석하여 안건을 내고 회의를 같이 진행한다. LTI는 자신이 원하는 직업에 대하여 근처의 해당 업소를 직접 방문하여 직업을 체험해 보는 것이다.

'학교를 넘어선 학교! 사랑과 배움의 공동체'라는 학교 비전을 토대로 '서로 배우고 함께 나누는 행복한 사람을 육성'한다는 교육 목표는 다음과 같이 제4대 김정인 교장선생님의 인사말에서도 잘 읽혀진다. "배움이라는 것은 학교 울타리 안에서만 일어나는 것이 아니라 우연히 길을 걷다, 누군가를 만나 이야기하다, 우리가 의식하지 않은 곳곳에서 일어납니다. 태봉고등학교는 이런 배움의 과정을 소중하게 여기는 학교입니다. 교과 공부만을 위한 공부가 아니라 나의 현재와 미래를 위해 꼭 필요한 공부를 하는 학교, 즉 배움이 스스로 일어나는 학교가 바로 우리 태봉고등학교이며, 이것이 태봉고등학교의 가장 큰 매력입니다."

〈그림 4.10〉 태봉작업장학교 공간(좌, 우) 및 졸업식에서 만나 맞절하는 스승과 제자(중)

출처: 태봉고등학교 홈페이지(2023), https://taebong-h.gne.go.kr.

2017년 3월 31일에는 교육부에서 '태봉고등학교 사회적협동조합' 인가를 받았다. 2015년 8월에 완공된 태봉작업장학교는 "청소년이 작업을 통해 서로 배우고 가르치고 창업하는 배움터"로써 학생운영위원회에 의해 자치적으로 운영되고 약 20여개의 직업체험 활동을 하며 태봉고등학생, 외부 초·중·고등학생, 학교 밖 청소년 등 많은 청소년들이 작업장에서 작업을 하며 치유하고 진로를 찾아간다. 태봉고등학교 전·현직 교사가 대화식 수다를 풀어 출간한 '선생님들의 수다: 배움과 성찰에 목마른 교사들의 10년 실천교육학' 도서에도 이런 태봉고등학교의 자율적이고 창의적인 분위기와 서로를 배려하는 철학들이 잘 담겨져 있다. 하태종 교사의 대화, "태봉에서는 서로가 서로에게 귀를 기울이려고 해요. 누군가 자기 말에 귀 기울여 주면 자신의 내밀한 감정, 생각을 있는 그대로 드러낼 수 있어요. 그 과정에서 자신을 짓누르던 감정에서 자유로워지고 해방감을 느끼게 돼요." 손옥금 교사의 사례, "5년 전인가, 하연이가 욕을 주제로 '한주를 여는 시간'을 시작했어요. 욕의 기원과 의미(가족 욕이나 성적으로 비하하는 욕을 중심으로)를 발표하면서 아무렇지 않게 욕을 쓰는 것이 타인에게 얼마나 상처를 줄 수 있는지, 또 주변 사람에게 얼마나 혐오감을 주는지 당차게 그 욕을 사용해서 의미를 전달하며 이야기했죠. 이로 인해 아무렇게나 욕을 쓰던 아이들이 충격을 받고 대중 앞이나 선생님들 앞에서 조심하기 시작했어요." 류주욱 교사의 학생자치에 대한 소회, "학생들은 이전의 좋은 것은 이어가지만 새로운 것을 만들어보고 싶어 하기도 했어요. 그렇게 학생 스스로 뭔가를 만들어 나가는 것이 학생자치의 매력이죠. 밤을 새며 이어지는 회의로 행사를 새롭게 만들어내려는 의욕을 보였어요."가 그렇다. 백명기 교사는 "학교는 왜 필요한가에 대한 화두를 던지고 교사들이 거기에 대해 논의할 시점"이라고 했으며, 이인진 교사는 코로나 감염병 여파로 "처음에는 학교에 오고 싶어 하던 아이들이 집에 있는 시간이 길어질수록 이대로가 좋다"고 한다며 학교가 역할을 제대로 못 했던 것 같다는 아쉬움을 토로하기도 했다. 뒷부분의 다음과 같은 학생들의 수다도 정겹다. "교수님을 자주 찾아가는 것도 태봉에서 배운 것 같아요. 태봉에서는 선생님들과 친하잖아요.", "새벽 독서 시간이 참 좋았어요. 아침 6시에 이순일 샘과 원하는 학생들이 함께 모여 책을 읽었는데, … (중략) 지금까지 좋은 영향을 준 것 같아요.", "상대방이 어떤 장점과 단점을 가지고 있더라도 편견을 가지지 않고 존재 자체로 볼 수 있게 된 것이 가장 많이 변화된 모습이라고 생각합니다.", "지켜만 보는 것이 아니라 직접 참여해서 목소리를 낼 수 있는 주체적 시민으로 살아가기 위해 노력하는 것을 태봉고에서 배운 것 같아요."

태봉고등학교는 입시경쟁에 찌든 우리 사회에 행복과 사랑, 서로 배우고 나누는 배움 공동체의 소중함을 알려 주는 우리 모두의 소중한 자산이자, 바라보고 나가야 할 등대는 아닐까 생각해 본다.

제4장의 사례연구 토론(Discussion)

사례연구 13 독일의 아르바이터킨트(Arbeiterkind)는 학업적인 배경이 열악한 젊은이들에게 외부의 보조금 및 기부금 등 자본 조달을 통하여 학업을 지원하는 사회적경제 기업이다. ① 먼저 이 기업의 사례에 대하여 좀 더 자세히 설명하라. 그리고 ② 사회적경제 기업이 운영 자본을 조달하면서 소비자(사회적 목표그룹 또는 일반인)에 따라서 '매출을 통한 수익창출 방식'과 '기부금 및 보조금 등 영업 외 수입을 통한 재원조달 방식'이 각각 어떻게 차이가 날 수 있는지 각자의 의견을 제시하고 토론해 보자.

사례연구 14 미국의 유스빌드(YouthBuild USA)는 청소년 개발 프로그램을 통하여 학업배경이 부족한 저소득 청소년의 삶과 역할을 변화시켜 나가고 지역공동체를 개발한 사례이다. ① 먼저 이 단체의 연혁과 프로그램에 대하여 좀 더 자세히 설명하라. 그리고 ② 우리나라에도 유스빌드의 설립자 도로시 스톤먼과 같은 헌신적인 활동가가 있(었)는지 이야기해 보고 한국사회에의 적용방안에 대해서도 토론해 보자.

사례연구 15 스페인의 온세 사회적 그룹(ONCE Social Group)은 독특한 복권게임 사업으로 자금을 확보하고 장애인 삶의 질 향상에 대규모로 기여한 세계적인 사례이다. ① 먼저 이 그룹의 연혁과 사회적 성과 및 영향에 대하여 좀 더 자세히 설명하라. 그리고 ② 우리나라에도 존재하는 다수의 사행성 산업 및 정책에 대하여 스페인의 온세처럼 사회적 가치와 영향으로 사업을 변경하거나 혹은 접목할 수 있는 방안이 있다면 무엇인지 토론해 보자.

사례연구 16 한국의 태봉고등학교는 자율형 공립 기숙 대안학교로써 배움의 공동체 원리를 중심으로, 이론보다는 이념을 중시하며 체험 중심의 자율적인 학습 분위기를 통해 높은 참여율과 만족도를 자랑으로 하고 있다. ① 먼저 이 학교의 시스템에 대하여 좀 더 자세히 설명하라. 그리고 ② 입시위주로 매몰된 우리나라 공교육 제도를 개선할 방안으로써 대안학교 또는 공동체 중심의 원리 또는 체험중심의 자율적인 학습제도의 필요성에 대하여 각자의 의견을 제시하고 토론해 보자.

제4장의 참고문헌(Reference)

1 Andrew Wolk and Kelley Kreitz(2008), "Business Planning for ENDURING SOCIAL IMPACT", Root Cause.

2 ILO(2011), "Social Business Plan Competition Handbook", ILO Cataloguing in Publication Data.

3 Andrew Wolk and Kelley Kreitz(2008), "Business Planning for ENDURING SOCIAL IMPACT", Root Cause.

4 에코잉 그린(2021), "에코잉 그린의 미션(MISSION)", https://echoinggreen.org.; 에코잉 그린(2020), "FELLOWSHIP APPLICATION".; 에코잉 그린(2020), "2020-Echoing-Green-Application-Worksheet", https://echoinggreen.org.

5 아르바이터킨트 홈페이지(2018), http://arbeiterkind.de.; arbeiterkind.de(2021), JAHRESBERICHT(연례보고서).; Susanne Dohrmann, Matthias Raith, and Nicole Siebold(2015), "Monetizing Social Value Creation-A Business Model Approach", Entrep. Res. J., 5(2), 127-154.

6 GSVC(2017), "Social Impact Guidelines 2018".

7 TSEC(Tata Social Enterprise Challenge, 2018), http:/tatasechallenge.org.

8 경기도 따복공동체지원센터(2018), "지역사회 기반 따복 사회적경제 창업학교 모집공고".

9 스콜재단 홈페이지(2018), http://skoll.org.; 유스빌드 홈페이지(2023), https://youthbuild.org.; 유스빌드(2022), "YouthBuild_Fact_Sheet_January_2022-At A Glance".

10 경기도 따복공동체지원센터(2018), "지역사회 기반 따복 사회적경제 창업학교 모집공고".

11 Propelnonprofits(2018), "Social Enterprise Business Plan", https://propelnonprofits.org.

12 Antonio-Luis Martinez-Pujalte and 최중석(2019), "스페인의 사회적경제 역사와 사례연구", 한국연구재단.; 온세 홈페이지(2023), "https://www.once.es/".

13 최중석·성상현(2015), "사회적협동조합의 국공립어린이집 위탁사업 추진방안 연구", 한국협동조합연구, 33(2), 55-77.

14 NASW·김만두·김융일·박종삼(2011), "사회복지대백과사전", 나눔의집.

15 Margot Dushin and Stephanie Dodson(2015), "Developing a Social Enterprise Business Plan), Harvard Business School Workshops.

16 Teach For America(2018), http://teachforamerica.org; Margot Dushin and Stephanie Dodson(2015), "Developing a Social Enterprise Business Plan, Harvard Business School Workshops.

17 Roca(2018), http://rocainc.org.; Margot Dushin and Stephanie Dodson(2015), "Developing a Social Enterprise Business Plan", Harvard Business School Workshops.

18 Margot Dushin and Stephanie Dodson(2015), "Developing a Social Enterprise Business Plan", Harvard Business School Workshops.

19 최중석(2019~2022), "재미난청춘세상 제1기~제5기 사회적경제 리더과정 Workshop Textbook", 재미난청춘세상.

20 태봉고등학교 홈페이지(2023), http://taebong.hs.kr.; 한국사회적기업진흥원(2015), "2015 소셜벤처 경연대회 300일 간의 기록", http://socialenterprise.or.kr.; 류주욱·백명기·손옥금·오도화·이인진·하태종(2021), "선생님들의 수다: 배움과 성찰에 목마른 교사들의 10년 실천교육학", 여름언덕.

제2부

사회적경제의
전략과 실천

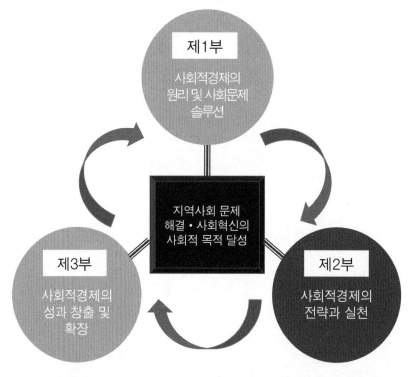

- 제01장 사회적경제의 원리와 규범
- 제02장 사회적기업가정신 및 리더십
- 제03장 사회적경제 비즈니스 모델
- 제04장 사회적경제 사업계획 수립

제1부

사회적경제의
원리 및 사회문제
솔루션

지역사회 문제
해결·사회혁신의
사회적 목적 달성

제3부

사회적경제의
성과 창출 및
확장

제2부

사회적경제의
전략과 실천

- 제10장 사회적경제의 재무분석
- 제11장 사회적 영향 측정 및 관리
- 제12장 사회적 영향 투자 및 조달
- 제13장 사회적 영향 확장

- 제05장 이해관계자 협동의 지배구조
- 제06장 지역공동체 조직화(Community Organizing)
- 제07장 비즈니스 네트워킹(Business Networking)
- 제08장 사회적 경영차별화(Social Differentiation)
- 제09장 사회적 마케팅(Social Marketing)

더불어 행복한 삶의 길

저는 시스템공학도로서 40여 년을 살았습니다. 시스템 관점에서 조직 내외 문제를 해결하고자 했습니다. 조직 한계를 넘어설 혁신방안을 찾곤 했습니다. '효율성', '효과성', '경제성' 등을 고려하며 해결책을 찾기 마련입니다. "더 빨리, 더 많이, 더 높이, 더, 더, 더……" 이 안에 "더불어"가 있었는지 되돌아봅니다.

국민평균소득 3만 달러를 넘은 지 꽤 시간이 지났습니다. 우리나라는 10위권 경제 대국이며 군사력은 6위입니다. 최근 조사에서는 전 세계에서 영향력 순위 6위인 국가가 되었습니다. 그런데 자살률이 1위이고, 출산율은 0.7명에 국민행복지수는 매우 낮습니다. 코로나-19가 시작된 2020년 2월에 재미난청춘세상을 만났습니다. 재미난청춘세상은 "사회적경제 방식을 통한 지역사회 문제 해결과 사회적 목적 및 사회적 가치 창출"을 추구합니다. 사회적경제 분야에서 활동하려는 중장년 퇴직자나 퇴직 예정자 그리고 청년 구직자나 구직 예정자들을 위한 사회적경제 교육 프로그램을 제공합니다. 여기에서 첫 주 강의를 맡았습니다.

사회적경제는 "더불어 행복한 삶을 위한 경제"를 지향합니다. 이 분야 전문 지식이 없는 내가 무엇을 강의한다는 말인가요? 재미난청춘세상 이민재 대표는 내가 환갑 이후에 이전과는 달리 활기찬 삶을 살아가는 모습을 보고 살아온 이야기를 해달라고 하였습니다. 한 번만 강의하고 끝날 줄 알았던 인연을 4년째 이어갑니다. '효율성'을 노래하던 내가 재미난청춘세상에서 더 큰 가치를 발견하고는 밀려나지 않으려고 꽉 버티고 있기 때문입니다.

최중석 주임교수의 지도로 여러 재미난청춘세상 동문이 참여하여 《사회적경제학(Social Economics)》 개정판을 준비했습니다. 이 책은 많은 사례와 이론을 제시합니다. 책임 저자인 최중석 교수가 직접 발로 뛰고 눈으로 확인한 사회적경제 외국 사례는 실로 가치 있는 정보입니다. 개정판에서는 《사회적경제학(Social Economics)》 초판으로 공부한 동문들이 경험과 생각을 추가했습니다. 사회적경제 현장에서 몸으로 느낀 체험이 담겨 있습니다.

'더불어 행복한 삶의 길'을 추구하는 분에게 이 책을 권합니다. 독자 여러분의 사례가 이 책 증보판에 수록되기를 응원합니다.

2023년 1월 10일
고등국방정책연구소 연구위원 최종섭

최종섭은 현재 고등국방정책연구소 연구위원이며 고려대학교 겸임교수로 있다. 전)한국국방연구원 책임연구위원과 홍익대학교 초빙교수, 한국엔터프라이즈아키텍처학회 회장을 역임하였다. 시스템공학 박사이며 공인정보시스템감리사이자 CISA(Certified Information Systems Auditor)이다.

이해관계자 협동의 지배구조(Governance)

제5장의 개요(Outline)

5-1. 블랙스완 이벤트(Black Swan Event)의 교훈

5-2. 이해관계자 경영의 중요성

5-3. 이해관계자 협동의 거버넌스 의의 및 효과

5-4. 이해관계자 협동의 거버넌스 실천 전략

사례연구 17 영국의 비피(BP): 최고기업의 바닷가 기름 유출 사고로 예견치 못한 엄청난 경제적 · 환경적 손실을 초래하였으며, 재발방지를 위한 환경 관리체계 구축과 엄격한 실행, 아울러 실행 결과의 평가와 성찰의 과정을 통하여 과오를 씻어 가다!

사례연구 18 스웨덴의 바스타(basta): 사회적 목표그룹의 권한부여기반 모델을 토대로 노동 및 사회 통합을 이루고 사회적 목표그룹이 사회적기업 거버넌스의 핵심주체가 되다!

사례연구 19 프랑스의 SOS그룹: 모든 형태의 배제와 싸우는 것을 사명으로 출발하여 건강, 교육, 농촌 지역, 연대, 문화, 생태 전환 및 음식 분야에서 대규모로 사회적 요구를 충족시켜오다!

사례연구 20 한국의 한살림: 지난 36년 이상 지역 살림 운동, 도농 직거래 운동을 펼치면서 대한민국에서 농민운동 및 생명사상 본질을 잃지 않고 가장 믿을 만한 먹거리를 제공하는 생활협동조합이 나가야 할 방향의 최고 표준이 되다!

제5장의 학습목표(Objectives)

☞ 학습목표 5-1: 블랙스완 이벤트의 의미를 알고 위정자 및 경영자의 비윤리적이고 부도덕한 의사 결정이 사회에 줄 수 있는 손실이 얼마나 큰지 사례를 들어 설명할 수 있다.

☞ 학습목표 5-2: 이해관계자 경영을 바라보는 규범적, 도구적, 기술적 접근 방법을 설명하고, 내 · 외부 이해관계자는 누구인지 구체적으로 언급할 수 있다.

☞ 학습목표 5-3: 이해관계자 윤리경영의 의미를 알고 효과를 설명할 수 있다.

☞ 학습목표 5-4: 이해관계자 거버넌스의 의미를 정부, 상업적 기업, 사회적경제 기업으로 구분하여 차이를 설명하고, 좋은 거버넌스가 주는 비즈니스의 효과를 알고 설명할 수 있다.

☞ 학습목표 5-5: 이해관계자 협동의 거버넌스 실천사례로써 농협 거버넌스의 개선방안과 다중이해관계자 협동조합의 특징 및 원리를 설명할 수 있다.

☞ 학습목표 5-6: 제5장 뒤쪽에서 언급하고 있는 4개 사례연구의 토론주제에 대하여 타인의 의견을 경청함과 동시에 자기 의견을 밝히면서 적극적으로 토론에 참여할 수 있다.

▶ 블랙스완 이벤트(Black Swan Event): 도저히 일어날 것 같지 않거나 혹은 예측되지만 한번 발생할 경우 시장 및 사회에 커다란 영향 혹은 엄청난 충격을 몰고 오는 사건. 예측된 일의 대응 부족에 따라 발생하는 반복적 위기를 화이트 스완(White Swan) 이벤트로, 반복된 위기이지만 대처나 파급효과를 알 수 없는 위기를 그레이 스완(Gray Swan) 이벤트로, 기후 변화가 초래하는 위기를 특별히 그린 스완(Green Swan) 이벤트라고 부르기도 하지만 본 장에서는 예기치 않는 일로 그 파급효과 혹은 영향이 매우 큰 사건을 통틀어서 블랙스완 이벤트로 부름.

▶ 이해관계자(Stakeholder): 주주뿐만 아니라 구성원, 지역공동체, 공급자, 정부 및 지자체, 중간지원조직, 협력자(조직) 등 내·외부에서 조직에 특별한 공헌을 하고 반대로 조직은 그들에게 서로 다른 이익을 제공하는 관계에 있는 개인, 기업 또는 단체

▶ 윤리(Ethics): 행동이나 태도의 옳고 그름이나 선과 악을 체계적으로 구분하는 판단기준으로써, 개인, 집단, 전문가, 혹은 문화에 의해서 마땅히 지키거나 행해야 할 도리나 규범

▶ 거버넌스(Governance, 지배구조): 공통의 사회문제 해결을 위한 사회적 조정 방법으로써, 소수에 의한 결정이나 보이지 않는 손에 의한 결정보다는 다양한 참여 주체들 간의 상호 신뢰적이고 의존적인 수평적 관계를 특징으로 대화나 협상, 조정을 통한 타협이나 동의에 더 큰 가치를 두는 통치 방식 혹은 관리 체계

▶ 이해관계자 경영: 기업의 목표 달성 및 행위에 영향을 주거나 영향을 받는 이해관계자들과 경영 전반의 의사 결정 및 경영활동을 공유하고 협력하는 경영

▶ 이해관계자 윤리경영: 기업이 내·외부의 이해관계자와 밀접하게 관계되어 이들에게 이익을 주거나 해를 줄 수 있는 의사 결정 과정 및 결과에 있어서 도덕적 정서 등의 윤리를 기준으로 하는 판단 또는 그것을 지키려는 기업의 경영 행태

▶ 상업적 기업의 사회적 책임 ESG(Environmental, Social, corporate Governance) 경영: (상업적 기업이) '환경', '사회' 및 '지배구조'의 비재무적 요소를 중심으로 사회적 책임을 다하려는 경영 활동 혹은 그러한 활동을 표준지표에 맞춰 측정하고 공시하여 기업 가치를 평가받고 투자로 순환되는 일련의 과정

▶ 사랑받는 기업(Firms of Endearment): 주주(조합원) 위주의 경영에서 벗어나서 지역공동체, 공급자, 협력사, 고객, 구성원, 환경 등의 다변화된 모든 이해관계자를 위해 감정적, 경험적, 사회적, 재정적 측면에서 중요한 여러 형태의 가치 창출을 추구하는 기업

▶ 이해관계자 협동의 거버넌스: 사회적경제 기업이 빈곤, 실업, 양극화, 소외 및 배제 등과 같은 지역사회 문제들에 있어서 중앙 또는 지자체 중심의 문제 해결 방식에 머물러 있지 않고 지역공동체를 중심으로 내·외부의 이해관계자와 함께 적극적이고 능동적으로 상호 작용하면서 민주적이며 투명한 운영 원리를 토대로 자본보다는 사람과 노동을 중시하고 협동과 연대를 중심으로 문제들을 해결해 나가고 사회혁신을 이루어가는 경영 의사 결정 및 수행의 구조와 행위의 전 과정

다양한 사람들과 같이하는 가치 추구

'삶'

신영복 시인

사람으로 읽어도 좋습니다.
삶으로 읽어도 좋습니다.
사람의 준말이 삶이기 때문입니다.
우리의 삶은 사람과의 만남입니다.
우리가 일생동안 경영하는 일의 70%가 사람과의 일입니다.

좋은 사람을 만나고
스스로 좋은 사람이 되는 것이
나의 삶과 우리의 삶을
아름답게 만들어 가는 일입니다.

언제 들어도 마음에 와 닿는 신영복 선생님의 시입니다. 삶이란 결국 사람이 사람을 만나 다양한 이해관계 속에서 인생을 만들어 가는 것입니다. 80억 지구인 중에서 5100만 대한민국의 한 명인 '나'와 '우리'가 재미난 청춘세상에서 만난 것은 참으로 귀한 인연이 아닐 수 없습니다. 그런 우리들이 서로 이해와 열린 소통으로 새로운 가치를 만들어 가고자 합니다. 경쟁과 제일주의가 아닌 더불어 살아가며 사회에 선한 영향력을 미치고 사회적 가치를 추구하는 것은 다양한 이해관계자들이 함께할 때 만들어 낼 수 있는 것입니다.

제5장에서는 우리가 사회를 바라봐야 하는 시각과 다양한 이해관계자들이 열린 소통을 하며 사회적 가치를 추구해 나가는 과정의 필요성에 대해 기술하고 있습니다. 사회의 아름다운 선순환을 위해 사회적경제 이해관계자들이 다시 한번 자세를 가다듬을 시점입니다. 더불어 행복한 사회를 위한 사람 중심의 세상! 하나보

다는 둘, 둘보다는 셋, 셋보다는 넷, 다양한 이해관계자가 함께 펼쳐나갈 사회적경제의 새로운 장으로 여러분을 초대합니다.

2023년 1월 8일
행복한 에너자이저 여은희

여은희는 (사)한국디지털치료레크리에이션협회에 재직하고 있으며 사회복지학 석사를 졸업하였다. 청소년교육활동가이며 10년 넘게 학생상담자원봉사를 하고 있고 청소년성취포상제 포상감독관이자 포상심사관이다. 재미난청춘세상에서 MC로 활동하고 있다.

1 블랙스완 이벤트(Black Swan Event)의 교훈

블랙스완 이벤트(검은 백조 또는 흑고니 사건)는 그 규모나 결과에 있어서 예기치 않은 사건, 즉 "도저히 일어날 것 같지 않거나 혹은 예측되지만 한번 발생 하면 시장 및 사회에 커다란 영향 혹은 엄청난 충격 을 몰고 오는 사건"을 말한다[1]. 대표적인 블랙스완 이 벤트는 '독일 베를린장벽의 붕괴', '소련(소비에트 사 회주의 공화국 연방)의 붕괴', '일본의 후쿠시마원전 사고', '아랍의 민주화 물결을 일컫는 아랍의 봄', '미

〈그림 5.1〉 확연히 눈에 띄는 Black swan

출처: http://welivesecurity.com(2018).

국의 9.11 테러', '2016년 한국 대통령의 국정농단 사태 및 시민 촛불혁명'을 들 수 있다. 예측된 일 의 대응 부족에 따라 발생하는 반복적 위기를 화이트스완(White Swan) 이벤트로, 반복된 위기이지 만 대처나 파급효과를 알 수 없는 위기를 그레이스완(Gray Swan) 이벤트로, 기후 변화가 초래하는 위기를 특별히 그린스완(Green Swan) 이벤트라고 부르기도 하지만 본 장에서는 사건의 규모나 결 과에 있어서 파급 효과 혹은 영향이 매우 큰 사건을 통틀어서 블랙스완 이벤트로 부르기로 하며 그 중에서 특히 부정적인 파급효과가 큰 사건들을 성찰하고 반복되지 않을 예방이나 대응방안은 없는 지 생각해 보고자 한다.

기업 측면에서는 세계적인 회계법인 아더앤더슨이 연관된 미국의 '엔론 및 월드컴의 회계부정' 사건과 우리나라에서 1990년대 후반에 발생한 '한보그룹 등 대기업의 분식회계' 사건, 2015년 전후 로 발생한 '대기업 오너의 기업 승계 및 이권 창출을 위한 뇌물공여' 사건을 들 수 있다. 이러한 사 례들은 사회적으로 엄청난 파문을 불러온 블랙스완 이벤트의 대표적인 사례이다. 국가적으로는 '1997년 한국 등 아시아 지역의 금융위기', '2008년 글로벌 금융위기' 및 '2020년 세계 코로나-19 감 염병 대유행' 사건을 들 수 있으며 이들 역시 해당 국가 및 인류사회 전체에 막대한 영향을 끼친 대

표적인 블랙스완 이벤트라고 할 수 있다.

한국사회는 1997년 국가 부도 사태에 따라 국제통화기금 IMF(International Monetary Fund)로부터 구제 금융을 받게 되었고, 수많은 기업의 부도, 주식의 폭락 및 근로자의 대량 해고 사태 등 견디기 어려운 시기를 겪었다. 2008년 글로벌 금융위기는 미국으로부터 시작되어 유럽 등지로 확산된 주택담보대출이 자산 유동화기법의 발달로 공격적인 대출상품의 출시와 방만한 대출이 지속된 데서부터 발생하기 시작하였다. 2006년 말부터 주택담보대출 연체율이 높아지면서 관련 대출업체가 파산을 시작하였고 미국 및 유럽 지역 등의 투자은행들도 연이어 심각한 타격을 받았다. 이와 연관된 여파가 산업은행, 투자회사, 펀드 등 금융권 전반으로 그리고 국제적으로 확산되었다. 그 결과, 과거 금융위기와는 달리 손실 규모를 정확히 파악할 수 없는 글로벌 금융위기 상황이 발생하였고, 몇몇 유럽 국가들은 국가 부도 사태를 맞이하였다. 또한, 다른 국가들은 이웃 나라의 도움으로 빚을 갚는 등 어려운 국면을 맞이하게 되었다[2]. 미국 월가에서는 소득불균형, 기업윤리, 정부에 대한 기업의 지배력, 생태환경적 지속 가능성 등을 쟁점으로 기존 자본 시스템에 대한 항의 운동인 '월스트리트 점령운동(Occupy Wall Street)'이 벌어졌다. 2011년에 시작된 이 운동은 보스턴, 워싱턴, 시카고 등으로 퍼져나갔고, 트위터나 페이스북 등의 소셜네트워크 미디어를 통하여 전 세계로 확산되었다[3].

2020년에 발생한 코로나-19 감염병 대유행 사태는 2019년 12월 중국 후베이성 우한시에서 처음 확인된 코로나 바이러스가 전 세계적으로 유행한 상황을 말한다. 세계보건기구는 2020년 1월에 '국제적 공중보건 비상사태(PHEIC, Public Health Emergency of International Concern)'를 선언하였고, 3월에는 '세계적 대유행(pandemic)'으로 격상시켰다.

〈그림 5.2〉 블랙스완 이벤트[2001년 미국 9.11 테러(좌), 2008년 아일랜드 금융위기(중)
및 2020년 코로나-19 감염병 사태(한국 백신접종 준비(2021년), 우]

출처: 12 Black Swan Events(2018), http://call-levels.com.; 대한민국 질병관리청(2021), https://kdca.go.kr.

2023년 1월 12일 기준, 전 세계적으로 코로나-19로 인한 사망자는 669만 2538명이며 6억 6074만 6894명이 확진되었다. 최근까지 여러 종류의 백신이 개발되었으며 2020년 말부터 미국과 유럽을 시작으로 대한민국을 비롯해 세계 여러 나라에서 백신 접종이 시작되었다. 2023년 1월 5일 현재 총 131억 702만 2929회의 백신이 접종되었다. 이는 인류사회에 미친 사회적, 경제적 영향도 막대하여 1930년대 전후에 발생한 세계 대공황 이후 가장 불경기라는 평가를 받고 있다[4].

지금까지 살펴본 블랙스완 이벤트 중에서 심각한 문제를 일으킨 사건들의 공통점을 살펴보면 국가적인 경우는 일부의 위정자나 지역 및 개인에 의하여 발생하였다. 기업의 경우는 단일 기업 또는 특정 산업에서 정부와 결탁한 기업 경영자의 잘못된 행위로 인하여 발생한다는 점을 알 수 있다. 위정자나 경영자의 부도덕하고 비윤리적인 의사 결정과 행동이 국가적으로 혹은 이를 넘어서 전 세계적으로 수많은 사람들의 삶에 커다란 영향을 끼친다. 따라서 이러한 사건 이후에 그것을 방지하기 위하여 보완 시스템을 구축하여 실행하고, 그 실행 과정에 대하여 내·외부의 감시 기능을 통하여 평가하고 성찰하는 과정이 진행되어야 함에도 불구하고 어떤 사건의 경우는 불과 몇 년 혹은 십 수 년 만에 반복되고 있다는 사실이 더욱 더 충격적이다. 따라서 사건 발생 이후에 재발 방지를 위한 시스템의 구축과 실행, 엄격한 관리와 평가, 개선 및 성찰의 과정을 통해 다시는 이러한 사건들이 발생하지 않도록 사후 조처하는 일이 중요하다.

사례연구 17

영국의 비피(BP): 최고기업의 바닷가 기름 유출 사고로 예견치 못한
엄청난 경제적·환경적 손실을 초래하였으며, 재발방지를 위한 환경 관리체계 구축과 엄격한 실행,
아울러 실행 결과의 평가와 성찰의 과정을 통하여 과오를 씻어 가다[5]!

2007년 대한민국 충청남도의 태안반도 인근 해안에서는 유조선 충돌사고로 많은 양의 원유가 유출되어 바다 생태계와 지역경제에 엄청난 해를 끼친 사고가 있었다. 이는 삼성중공업 소속 삼성 1호 크레인 부선(동력이 없는 배)의 예인선 와이어가 끊어지면서 바다에 정박해 있던 외국의 유조선과 충돌하여 생긴 사건으로 유조선 내 원유 1만 2547키로리터($k\ell$)가 유출된 사고였다. 이 사고로 타르 찌꺼기가 전라남도 해안과 제주도 북쪽 추자도에서도 발견되는 등 바닷물이 심각하게 오염되었고, 용존 산소량 부족으로 인근 양식장의 어패류는 대량으로 폐사하였으며, 어장이 황폐화되면서 해당 지역의 생업을 비롯한 지역경제에 악영향을 끼치는 결과를 초래하였다.

원유 유출 이후에는 전국에서 123만 명 이상의 자원봉사자가 찾아와 추운 겨울날 꽁꽁 언 손으로 검게 기름 범벅이 된 돌을 하나하나 닦아 내는 등 전 국민적 파장을 몰고 왔다. 이 사고는 초기에 발견된 이상 징후에 대처하지 못한 안전 불감증과 사전에 안전 시스템을 갖추지 못한 데서 낳은 인재였다. 지역주민들과 시민단체는 삼성이 경제적, 환경적, 사회(공동체)(적) 그리고 도덕적 책임을 만회하기 위해 대책을 세우고 재발 방지에 노력하여 국민의 사랑받는 기업으로 다시 되돌아올 것을 촉구하였다.

삼성의 원유 유출 사고가 발생한 지 3년 후인 2010년 4월에는 걸프만에서 영국의 석유회사 BP의 시추 장비가 폭발하면서 11명의 노동자가 사망하고 약 400만 배럴[약 63만 5949키로리터(㎘)]의 석유가 뿌려지는 사고가 발생하였다. 이 유출 원유의 청소비용만으로도 140억 불(약 16조 2400억 원)이 소요되었다. 유출된 원유가 해안선 2000㎞ 이상의 지역까지 퍼져 나가면서 바다 생물과 야생 동물들이 죽어 갔으며, 관광 및 어업 산업에 엄청난 재정적 손실과 함께 치명적인 환경적 손실을 초래하였다. BP는 영국 런던에 본사를 두고 있는 영국 최대의 기업으로서 미국 엑슨모빌에 이어 세계 2위의 석유 회사이자 세계에서 3번째로 큰 다국적 에너지 기업이다. 예전에 '브리티시 페트롤륨(British Petroleum, 영국의 석유회사)'이라고도 불렸는데, 현재는 '비욘드 패트롤륨(Beyond Petroleum, 석유를 넘어서)'을 슬로건으로 하고 있다.

BP의 최고경영자인 토니 헤이워드(Tony Hayward)는 즉시 해고되었고, 이 사건과 관련해서 최근 187억 불(약 21조 6920억 원)을 배상하기로 미국 연방정부 및 멕시코만 주변 5개 주정부들과 합의하기에 이른다. 이 사건의 기술적인 문제는 차치하더라도 전문가들은 BP의 경영 의사 결정이 잘못되어 발생한 씻을 수 없는 인재임을 강조하고 있다.

〈그림 5.3〉 삼성의 태안반도(좌) 및 BP의 걸프만(우) 원유 유출 사고 관련 사진

출처: 위키백과(2018), http://ko.wikipedia.org/wiki.; 위키피디아(2018), http://en.wikipedia.org/wiki.

BP는 이보다 5년 전인 2005년에도 텍사스 정유 공장에서 폭발사고가 발생하여 15명의 사망자를

낸 경험이 있었으며, 그다음 해인 2006년에도 알래스카 북쪽 경사면에서 엄청난 오일 누출로 파이프라인이 터지는 사고를 경험하였지만, 경영진은 안전을 중요시하는 문화를 갖추는 데 실패하였다. 이런 일로 인하여 몇 년 전부터 이사회에서 안전에 대한 우려가 제기되었지만, 경영진은 비용 절감 전략에만 몰두하면서 반복적인 과오를 범하게 된 사건이 되었다. BP는 엄청난 재난 이후에야 비로소 이 사건을 교훈 삼아 걸프만에서 석유 시추 사업과 관련하여 '사업 운영의 무결점', '작업 운영의 안전', '환경 위험의 체계적인 관리'에 대한 노력을 기울여 왔다고 밝히면서 이러한 과정을 외부에 보고하기 위하여 '검증된 환경 선언문 2016'을 발표하였다. BP는 엄격한 리스크 관리를 위하여 내부운영관리시스템, 'OMS(Operating Management System)'를 갖추고 실행하고 있으며, 외부 감독 기능을 통하여 실행 과정을 관리하고 있음을 보고하고 있다.

OMS는 건강, 안전, 보안, 환경, 사회적 책임, 운영 신뢰성, 유지 보수, 계약자 관계 및 조직 학습 영역에 있어서 환경적으로 안전한 운영과 신뢰할 수 있는 운영을 위해 설계된 통합적인 프레임 워크이며 체계적인 관리 방식이라고 설명하고 있다. 보고서에는 특히 멕시코만 연안의 작업장에서 발생하는 '대기로의 배출', '허용 폐수 배출', '액체 탄화수소 및 화학물질 배출', '폐기물 배출'의 4가지 환경적인 영향에 대한 관리와 결과에 대하여 2013, 2014, 2015년 사이의 변화 추이를 보고하여 알리고 있다. 먼저 '대기로의 배출'에서 '플레어 링(역주: 가연성 가스 연소 장치로 뿜어지는 불꽃 또는 그 가스, Gas flaring)'은 일부 플랫폼의 매각으로 2013년의 5만 4873톤에서 41% 감소하여 2015년에는 3만 2312톤으로 줄어들었으며, '온실가스 배출'은 시추 증가 등으로 2014년에 약간 증가하였다. 반면, 2015년에는 시추 활동 감소로 인해 2013년 수준 이하로 감소된 것으로 보고하고 있다. '허용 폐수 배출'에서는 2013년에는 324만 1954톤의 물이 생산되어 배출되었고 이 중에는 약 43.75톤의 오일을 포함하고 있다. 또한 2015년에는 533만 1630톤의 생산된 물을 배출했는데 여기에는 약 82톤의 오일을 포함하고 있는 것으로 조사되었다. 이러한 증가는 순수한 석유 생산량의 증가와 오래된 유정의 노화로 인한 것으로 추정하고 있다. '액체 탄화수소 및 화학물질 유출'은 특히 엄격하게 추적하고 조사하여 이 지역에서 발생할 수 있는 문제 또는 추세를 이해하도록 돕는다. 여기에 보고된 수치는 규제 기관의 허용 가능한 양을 충족시키는 수치로 보고 의무가 있는 화학물의 유출은 없음을 기록하고 있다.

먼저 탄화수소 배출량은 2013년에는 총 9395갤런[약 3만 5563리터(ℓ)]의 탄화수소가 배출되었는데 이는 2014년에는 124갤런, 2015년에는 446갤런[약 1688리터(ℓ)]으로 감소하였다. 이렇게 감소한 데에는 "우수한 설계 원칙과 엔지니어링을 실무에 적용, 프로세스상의 안전 시스템 검토, 정기 검사 및 유지 보수 프로그램을 통한 예방 활동, 교육을 통한 인식 개선과 발생 가능한 사건에 대한 사례 학습 활동"을 통하여 성과를 낸 것으로 보고하고 있다. '폐기물 배출'에서는 위험 폐기물로 분류된 폐기물의 비율은 2013년 1.09%에서 2015년에는 전체 폐기물의 0.20% 미만으로 감소했으며 같은 기간 동안 비유해 폐기물의 경우는 2013년에 약 88.36%에서 99.56%로 증가하였음을 보고하고 있다. 이러한 BP의 관리 시스템 구축과 엄격한 실행, 아울러 실행 결과의 평가와 성찰의 과정은 사고 후 재발 방지를 위한 노력이라고 하겠다.

최근 BP는 'ESG 경영[Environmental, Social and corporate Governance, 상업적 기업이 '환경(Environmental)', '사회(Social)' 및 '지배구조(corporate Governance)'의 비재무적 요소를 중심으로 사회적 책임을 다하려는 경영 활동 혹은 그러한 활동을 표준지표에 맞춰 측정하고 공시하여 기업 가치를 평가받고 투자되는 일련의 과정] 보고서'를 통하여 '탄소중립(Net zero)', '온실가스 배출량(Greenhouse gas emissions)', '안전(Safety)', '환경(Environment)', '사회(Social)', '거버넌스(Governance)'의 총 7가지 범주의 측정 수치를 종합적으로 보고하고 있는데 그중에서 '환경'의 경우는 '원유유출(Spills)', '물 소비(Water)', '대기 배출(Air emissions)', '폐기물 발생 및 회수(Waste)', '기타(Other)'의 5가지로 구분하여 총 117개의 측정 수치를 보고하고 있다. 〈표 5.1〉은 대표적인 측정 항목들이다. 기타는 '환경 비용' 및 '환경 및 안전 관련 벌금' 등의 수치를 보고한다.

〈표 5.1〉 BP ESG 환경부문의 대표적인 측정항목

구분	측정 항목	구분	측정 항목
원유유출	1차 격리 유출(손실) 기름 유출 수(1배럴 초과) 상류 및 하류 유출 횟수 기름 유출 부피	대기배출	대기 중 총 배출량 대기 배출(질소산화물) 대기 배출(황산화물) 대기 배출(메탄가스)
물 소비	음용수 총 담수 취수량 강·호수·대수층 총 취수량 공업용수 및 증기 총 취수량 화학적 산소요구량 하류 방류수	폐기물	유해폐기물 발생 유해폐기물 회수 유해하지 않은 폐기물 발생 유해하지 않은 폐기물 회수

출처: BP(2021), "ESG datasheet 2020", pp.9-11.

2 이해관계자 경영의 중요성

이해관계자 경영의 개념

금융위기와 불황의 반복, 빈부격차와 실업 등 경제 주체 간의 양극화와 국민 소득의 불균형 문제가 심화됨에 따라 자본주의의 새로운 방향을 모색하려는 국제적인 움직임이 확산되었다. 또한 기업과 영향을 주고받는 내·외부 이해관계자와 공생경영이 재조명되면서 경영 패러다임은 변화 과정을 거치고 있다.

기업에 영향을 주는 집단이 기업으로부터 영향을 받는 집단과 반드시 동일하지 않지만 장기적인 관점에서 볼 때 기업에 영향을 주는 집단뿐만 아니라 기업으로부터 일방적으로 영향을 받는 집단도 이해관계자로 보는 적극적인 시각이 필요하다[6]. 이해관계자는 기술적, 도구적, 규범적 접근 방법으로 구분하여 〈표 5.2〉와 같이 설명되면서 이해관계자 경영의 이해를 돕고 있다.

〈표 5.2〉 이해관계자 경영을 바라보는 서로 다른 시각

구분	내용
기술적 접근 (Descriptive approach)	기업의 본질 및 경영활동과 관련하여 설명을 시도하는 접근 방식: 경영자가 어떻게 기업 경영을 생각하고 있는지, 이사회가 이해관계자를 어떻게 바라보는지, 그리고 기업이 실제로 어떻게 운영되는지 등을 포함하여 기업의 본질 또는 경영활동을 설명하는 방식의 접근
도구적 접근 (Instrumental approach)	기업 경영에 있어서 이해관계자가 기업의 전통적인 목표라고 할 수 있는 수익성과 어떤 상관관계가 있는지 규명하려는 접근 방식: 이해관계자와의 신뢰구축을 당위적인 측면보다는 전략적 차원에서 이해하려고 하며 특히 전통적인 재무적 성과지표들을 중심으로 관계함
규범적 접근 (Normative approach)	기업 경영을 도덕적 또는 철학적 가이드라인으로 해석하는 접근 방식: 이는 전통적으로 논의되어 온 기업윤리나 규범적 관점의 사회적 책임과 맥을 같이 하고 있으며, 결국 이러한 접근 방식은 모든 이해관계자들이 권리 및 본연적 가치를 지녔기 때문에 이들 모두의 이익 극대화를 최종 목표로 삼고 의사 결정을 해야 한다는 의무론적 명제를 가지고 있음

출처: 진윤정·안윤기(2007), "지속 가능경영을 위한 이해관계자 관리 방안", 환경경영연구, 15(11), p.22. 참고 재정리.

이처럼 이해관계자 경영을 바라보는 시각은 먼저 '이해관계자에게 조직 운영 방식을 설명하고 조직 행동을 예측하는 데 도움을 주는 것'에 초점을 맞춰서 광범위한 차원에서 '기업의 본질과 경영활동을 중심으로 설명'하는 기술적인 측면의 시각[7]으로 설명한다. 또한 이해관계자를 '경영활동의 의사 결정에 참여하는 권한을 가진 자' 혹은 '기업에 대하여 어떤 요구를 할 수 있는 위치에 있는 자'로 생각하고 기업도 동시에 '그들에게 책임을 물을 수 있는 관계'처럼 이해관계자를 기업과 영향력이 교환되는 관계 중심의 도구적인 시각으로 설명하기도 한다[8]. 기업의 이해관계자 경영은 '기업에 대한 이해관계자의 영향력 때문이라기보다 그들의 이해가 규범적인 타당성을 지니기 때문'이라고 당위성에 집중하여 설명하기도 한다. 〈그림 5.4〉에서는 원 안쪽의 규범적 관점이 더 핵심적이며 본질에 가까운 관점임을 보여 주고 있다[9].

〈그림 5.4〉 이해관계자를 바라보는 3가지 관점의 범위

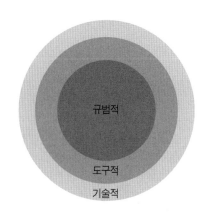

출처: Thomas Donaldson and Lee E. Preston(1995), "The Stakeholder Theory of The Corporation: Concepts, Evidence, and Implications", Academy of Management Review, 20(1), p.74.

내·외부 이해관계자의 구성

이해관계자는 〈그림 5.5〉와 같이 기업 내부의 이해관계자와 외부의 이해관계자로 구분할 수 있다. 기업에 있어서 내·외부 이해관계자들은 조직에 특별한 공헌을 하며 기업은 반대로 그들에게 서로 다른 형태의 이익을 제공하게 된다. 구성원은 그들의 시간과 재능을 기업에 제공하고, 그 대가로 급여 또는 복리라는 교환가치를 얻는다. 주주 또는 조합원은 기업이 발전하고 가치가 더 상승할 것이며 지역공동체는 더 행복해질 것이라는 기대를 하고 자본을 투자한다. 기업은 그 대가로 배당금을 지급하거나 또는 사회적 사명감에 일조한다는 소속감 혹은 효능감을 높여 주고 지역공동체의 삶의 질 향상에 일조하는 교환의 관계를 맺고 있다. 또한 지역사회는 기업에게 인적 또는 물적

자원, 기반시설, 그리고 공적 안전을 제공한다. 그리고 그 답례로 지역사회는 기업이 지역의 문제를 해결하고 공동체성을 회복하며 아울러 세금을 납부하고 사회적인 일자리와 서비스를 제공하며 환경이 오염되지 않기를 기대한다.

이러한 관점에서 사회적경제 기업의 이해관계자란 "주주뿐만 아니라 구성원, 지역공동체, 공급자, 정부 및 지자체, 중간지원조직, 협력사 등 내·외부에서 사회적경제 기업에게 특별한 공헌을 하고, 반대로 사회적경제 기업은 그들에게 서로 다른 이익을 제공하는 관계에 있는 사람 또는 조직"으로 정의할 수 있다. 또한 이해관계자 경영은 "사회적경제 기업의 목표 달성 및 행위에 영향을 주거나 영향을 받는 개인, 기업 또는 단체와 경영 의사 결정 및 경영활동을 공유하고 협력하는 경영"으로 정의할 수 있다.

〈그림 5.5〉 사회적경제 기업의 내부 및 외부 이해관계자

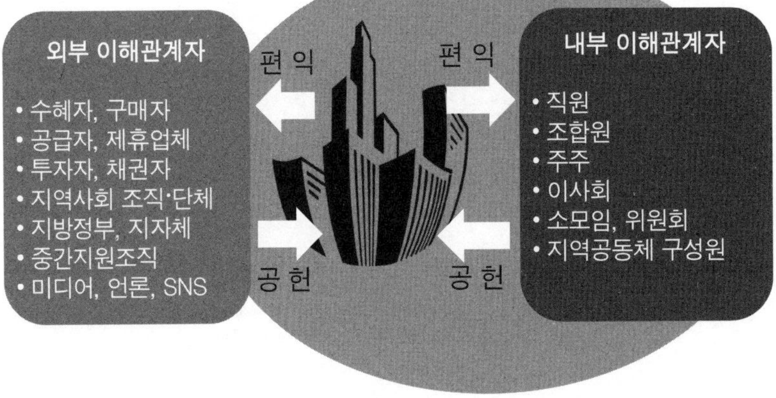

출처: Frank T. Rothaermel(2017), "Strategic Management, 3e", McGraw-Hill Irwin, p.14. 참조 재정리

결론적으로 사회적경제 기업은 기업 내·외부의 다양한 이해관계자와 교환관계에 놓여 있는 것이며 만약 어느 이해관계자가 떠나게 되면 그것은 기업의 성과에 부정적인 영향을 미치게 된다. '사랑받는 기업(Firms of Endearment)'은 "주주(조합원) 위주의 경영에서 벗어나서 지역공동체, 공급자, 협력사, 고객, 구성원, 환경 등의 다변화된 모든 이해관계자를 위해 감정적, 경험적, 사회적, 재정적 측면에서 중요한 여러 형태의 가치 창출을 추구하는 기업"이다.

이러한 기업은 다른 기업에 비하여 더욱 경영성과가 높다는 사실을 발견할 수 있는데 결국 기업이

장기적인 경쟁 우위를 확보할 수 있는 유일한 길은 이처럼 사랑받는 기업이 되는 길이다[10]. 따라서 이해관계자를 위한 가치 창출은 기업의 장기 생존을 위한 동인이며 중요한 책임 활동으로 볼 수 있다. 기업에게 만족한 이해관계자는 보다 협력적이면서 많은 정보를 공개하게 된다. 이것은 기업의 성과를 더욱 높여 주고 비용은 절감시켜 준다. 또한 이해관계자와 신뢰가 증가하게 되면 기업의 거래 비용이 줄어들고 명성이 강화되어 시장에서 자원에 대한 접근성과 제품의 경쟁력이 향상된다[11]. 그러므로 이해관계자 관리는 기업이 성장하기 위한 잠재력이자 핵심역량이므로 조직 문화의 필수적인 부분이 되어야 한다[12].

이해관계자 윤리경영

'윤리(Ethics)'란 "행동이나 태도의 옳고 그름이나 선과 악을 체계적으로 구분하는 판단기준으로, 개인, 집단, 전문가, 혹은 문화에 의해서 마땅히 지키거나 행해야 할 도리나 규범"을 말한다[13]. 윤리경영은 일찍이 이해관계자와의 의사 결정 과정과 결과 속에서 받아들여지는 신뢰와 만족, 도덕적 정서를 중심으로 연구됐는데 연구자별 이해관계자 윤리경영의 개념을 살펴보면 〈표 5.3〉과 같다.

〈표 5.3〉 이해관계자 윤리경영의 개념[14]

연구자	윤리경영의 개념
Baumhart(1961)	기업이 고객, 직원, 주주 및 다른 기업 등 이해관계자와 밀접하게 관계된 의사 결정에 있어서 옳고 그름 또는 선하고 악함과 관련된 과정과 그 결과에 관련된 것(경영)
Gandz and Hayes(1988)	경영에 있어서 다양한 이해관계자 및 광범위한 사회에 이익을 주거나 해를 줄 수 있는 의사 결정 과정과 결과
Thomas M. Jones(1995)	최고경영진의 도덕적 정서를 반영하는 기업의 정책과 결정에 있어서 이에 영향을 받는 이해관계자에게 개인의 도덕성과 같이 성실한 태도와 평판으로 판단되는 기업의 도덕적 정서를 반영하는 경영
한진환(2011)	기업의 의사 결정이나 행위에 영향을 받는 이해관계자들이 추구하는 가치개념에 대하여 기업이 어떤 의사 결정과 행위를 할 것인가를 체계적으로 판단을 하는 기준으로써 꼭 지켜야 할 도덕적 기준을 반영하는 경영
김영복·최만기(2011)	기업이 윤리적 방침, 시스템 및 문화 등을 실천함으로써 기업 이미지를 제고하는 동시에 이해관계자의 호응을 얻어 조직성과와 경쟁력을 제고하는 경영

이해관계자 경영에 있어서 윤리는 매우 중요한 가치이다. '이해관계자 윤리경영'이란 "기업이 내·외부의 이해관계자와 밀접하게 관계되어 이들에게 이익을 주거나 해를 줄 수 있는 의사 결정 과정 및 결과에 있어서 도덕적 정서 등의 윤리를 기준으로 하는 판단 또는 그것을 지키려는 기업의 경영 행태"라고 할 수 있다. 앞에서 살펴본 블랙스완 이벤트와 같이 경영자의 부도덕하고 비윤리적

인 의사 결정과 행동이 국가적으로 혹은 이를 넘어서 수많은 사람들의 삶에 영향을 미친다는 매우 충격적인 사실을 알 수 있다. 기업의 행위가 구성원과 협력업체뿐만 아니라 소비자나 투자자, 금융 기관 및 정부 등 다양한 이해관계자의 삶에 밀접하게 연관된 것이기 때문에, 최고경영자 및 구성원의 윤리경영 의지와 실천은 매우 중요하다고 하겠다.

기업의 윤리경영은 중요한 경영전략의 하나로 받아들여지고 있다. 기업 내·외부의 이해관계자들은 기업이 각각의 이해관계자가 추구하는 가치와 욕구를 어떻게 충족시켜 주느냐에 따라서 그 기업에 대한 호응은 달라진다. 그 호응은 기업의 성과에 영향을 미친다. 기업의 윤리적인 의사 결정은 고객과 지역공동체가 만족을 얻고 이해관계자들의 지지와 인정을 기대하는 방향으로 추진되어야 한다. 이것은 기업경영에 있어서 윤리적 상황은 점점 더 다양해지는 사회적 기대, 공정한 경쟁, 타인 또는 이해관계자의 권리와 법적인 보호, 그리고 지역사회의 책임과 같은 지역공동체 문제들을 포함하기 때문이다. 동시에 기업은 이해관계자의 권리와 책임을 명확히 해 주고 조정하는 기능을 수행하며 아울러 그 기반이 되는 윤리경영의 준거 틀로 존재하기 때문이다[15].

이것은 기업의 윤리경영이 고객 및 수혜자뿐만 아니라 조직 구성원, 지역공동체, 투자자나 협력업체 등 주요 이해관계자들의 지지와 직결되어 있음을 시사하고 있다. 또한 기업의 좋은 이미지는 좋은 품질의 제품과 서비스를 제공할 때 높아지고 신뢰를 얻는 것과 마찬가지로 윤리경영을 실천하는 기업은 신뢰할 수 있는 기업으로 인식된다. 또한 내부 이해관계자인 조직구성원의 결속력과 정체성을 강화하고 외부의 이해관계자에게는 기업의 사회적 이미지가 호의적으로 형성된다. 이러한 긍정적인 이미지는 외부 투자자의 의사 결정에 큰 영향을 미치는 등 기업 이미지와 이해관계자 호응은 서로 밀접한 관계를 맺고 있다.[16]

사회적경제 기업은 지역사회의 문제를 해결하고 사회적 목적을 달성하려는 사명을 가진 조직으로서 상업적 기업보다 투명성과 공정한 기업운영 등 도덕적 정서에 대하여 더 높은 내·외부 이해관계자의 요구가 있다. 비영리조직의 연구에 있어서 윤리적 환경에 호의적일수록 구성원들의 윤리적인 행동이 조직성과에 좋은 영향을 미치고 있다. 윤리경영의 수준이 높은 조직의 경우에 구성원들의 조직 몰입이 높아지고, 자발적으로 조직에 남으려는 경향이 높아진다. 또한 구성원들은 자신이 속한 조직이 윤리경영을 실천한다고 인식할 경우, 관리자나 조직에 대해 강한 믿음을 갖게 된다[17]. 경제적 보상이 충분하지 않은 사회적경제 기업이 구성원의 조직몰입을 높이고 사회적 목적을 달성하기 위해서는 윤리경영 체계를 갖추고 실천하는 것이 중요하다.

윤리경영의 실천은 기업이 추구하는 가치와 목표 그리고 이를 실현하기 위한 구체적인 행동 기준을 제시하는 문서화 작업, 실천하기 위한 감시, 감독, 교육, 처벌, 신고, 보상 등의 제도화 작업, 그리고 윤리경영 시스템을 구축하여 운영하는 조직 구성으로부터 이루어진다. 윤리경영이 추상적인 구호로만 멈추지 않기 위해서는 경영진의 의사 결정이나 구성원들의 행동에 영향을 줄 수 있는 실체적인 윤리경영 시스템 구축과 실천이 필요하다[18]. 국민권익위원회가 개발한 '기업 윤리경영 모델'은 기업의 윤리경영이 국제적인 표준과 규범에 부응하고 자율적 윤리경영 체제를 이룰 수 있도록 실무적인 지침과 편람으로 개발한 모델이다. 반부패, 거버넌스, 회계투명성 등의 분야에 초점을 두고 UN과 OECD 등 국제기구들이 발표한 윤리경영 원칙과 지침, 협약 등의 기준을 접목하였다[19].

〈표 5.4〉 기업 윤리경영 모델 주요 내용

구분	윤리경영 구축 내용
윤리경영 방침	윤리경영 의지, 윤리경영 비전, 윤리경영 규범
조직 및 시스템	지배구조, 추진조직, 회계투명성, 부패방지, 평가 및 보고
주주 및 투자자	주주 및 투자자 보호
고객	고객보호, 고객만족
임직원	종업원 다양성, 인권보호, 보상 및 복리후생, 교육훈련, 보건 및 안전, 노사관계, 부패방지
협력업체	계약 및 거래시스템, 상생협력, 커뮤니케이션, 부패방지
지역사회	사회공헌, 부패방지
환경	환경경영체제, 환경영향, 환경인증 및 보고

출처: 국민권익위원회의(2009), "반부패 지표중심의 윤리경영 보고서 표준안", p.41.

사례연구 18

스웨덴의 바스타(basta): 사회적 목표그룹의 권한부여기반 모델을 토대로 노동 및 사회 통합을 이루고 사회적 목표그룹이 사회적기업 거버넌스의 핵심주체가 되다[20]!

바스타는 1994년 스웨덴 스톡홀름에서 알코올이나 약물 남용으로 고통받는 사람들을 대상으로 일 경험을 통한 재활(노동통합) 프로그램을 시작하였다. 이들은 정부 및 지자체와 협동으로 정신적 문제를 겪고 있는 사람들의 회복, 재활, 사회 재진입을 위한 바람직한 방법과 더 나은 가치에 집중하는 방식으로 약 27년 이상을 헌신해 오고 있다. 최초 약물 및 알코올 중독자가 소유하고 운영하는 사회적기업을 만드는 아이디어는 1989년 바스타의 설립자 알렉 칼버그(Alec Carlberg)가 이탈리아의 사회적협동조합인 산 파트리냐노(San Patrignano)를 방문했을 때 영감을 받았다.

이들은 '배제와 사회적 고립에 맞서 싸우고', '개인적 성장과 자존감 증가에 초점을 맞추며', '1년 프로그램 이후에도 계속 고용을 목표로 하면서', '① 권한부여의 여정', '② 새로운 직업 기술 획득', '③ 일을 통한 자부심 향상', '④ 의사 소통기술 연습', '⑤ 새로운 정체성과 사회적 관계 형성', '⑥ 기업의 지속 가능성과 잉여의 재투자'라는 '6가지로 사회적 목적'을 구분하여 밝히고 있다.

〈그림 5.6〉 바스타의 사업영역별 주요 사진

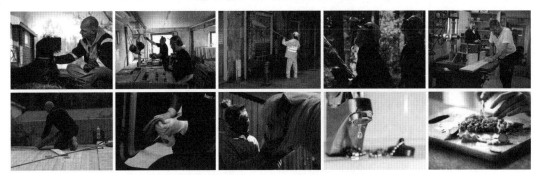

출처: 바스타 홈페이지(2022), "Work Site", https://english.basta.se/.

사업영역은 〈그림 5.6〉처럼 좌측 상단부터, '애견 호스텔', '파레트 리모델링 판매', '낙서 제거', '녹지 조성 및 관리', '목공', '건축', '기차 혹은 차량 청소', '마굿간(말 투어 및 캠핑)', '빌딩 및 부동산 유지보수', '자체 시설내의 부엌 일'의 10가지 영역으로 구분하여 관리하고 있다.

비영리 협회인 모회사와 다수의 사회적기업(유한회사)인 자회사를 운영하고 있는 바스타는 고품질 생산이 사회적기업의 생존과 경제적인 수익 창출을 위하여 꼭 필요한 것임을 인식하고 있다. 매년 이들의 잉여금 100%는 바스타의 활동에 재투자되고 있으며 바스타에 있는 사람들과 바스타에 오기를 원하는 사람들을 위해 더 많은 더 나은 작업 기회를 만드는 데 사용된다. 2015년 현재 120명의 일자리를 창출하고 있으며 150개 이상의 지방 자치 단체와 교도소에 서비스 및 기본 협약(Framework

〈그림 5.7〉 노르순트의 재활시설

출처: 바스타 홈페이지(2023),
"basta Norsesund", https://english.basta.se/.

agreement)을 맺고 일하고 있다. 매출은 연간 약 550만 유로(약 75억 1400만 원)에 달한다. 모법인은 재활이나 생산 활동은 하지 않으며 다른 계열사를 지원하고 봉사한다.

바스타는 최초 5개의 지방정부에서 1백만 크로나씩 총 5백만 크로나(약 8억 4000만 원)를 출연하여 설립되었다. 그러나 이 돈은 설립 후 10년 이내에 모두 갚았고, 현재는 대부분의 운영비를 자체 충당하고 있다. 계열사인 '① 니크바른(basta in Nykvarn)'은 바스타가 처음 문을 연 곳으로 건설, 낙서 제거, 목공 생산을 통해 참여자에게 업무 기회를 제공하며, '② 란힐스보르그(basta Ragnhildsborg)'는 2008년에 돌봄과 생활을 위해 문을 연 생활시설이다. '③ 바스타 웨스트(basta West)'는 2003년 스웨덴 서부에 문을 연 재활시설이며 현재 '프리스타트(Fristad)'와 '노르순트(Norsesund)' 두 마을에서 재활 시설이 운영되고 있다. '④ 엠지팔(MG Pall)'은 파레트를 개조, 제작 및 판매하는 회사이며, '⑤ 이코클린(Icko Clean)'은 재활과 훈련을 위해 사고가 난 기차 혹은 낙서 기차를 청소하는 회사이다. '⑥ 분스포(Bunsbo)'는 스웨덴 남서부의 호텔 및 컨퍼런스 센터, 접수원, 주방일, 청소, 세탁 등 다양한 업무 훈련 기회를 제공하는 회사이다.

〈그림 5.8〉 바스타의 조직도

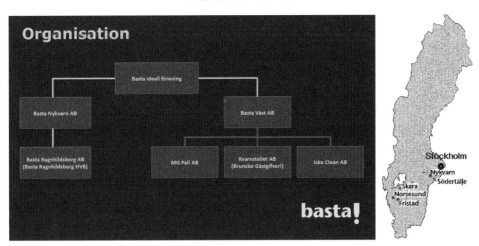

출처: 바스타 홈페이지(2022), "View our organisational chart here", https://english.basta.se/.

바스타는 '권한부여 기반모델'을 강조하고 있는데, 이들은 이것을 노동 및 사회 통합의 중요한 원리로 여기고 있다. 그것은 첫째, 성공적인 재활과 회복은 권한부여 과정이 중요하며, 힘을 얻는다는 것은 매우 복잡하고 내부적인 과정으로 사람마다 다르지만 바스타 프로세스에서 사용되는 도구는 매우 실용적이며 간단한 것으로 실행한다. 이것은 '실제 작업 제공', '지속적인 학습', '경력을 쌓고 전문적으로 성장할 수 있는 기회를 제공하는 것'이며 이들이 '책임을 맡고 자신의 주거공간을 구할 수 있는 기회를 인식'하며 '통제권을 갖게 하는 것' 등으로 매우 실용적이고 간단한 것임을 밝히고 있다.

그리고 둘째, 수십 년 동안 사회적으로 배제된 사람을 위해 자신의 삶을 통제할 수 있도록 개인적인 여정을 시작하고 소규모의 조직화된 그룹을 통한 치료도구로써 일이 수행되고 개인 개발 프로세스를 진행하는 것이라고 말하고 있다. 하루 8시간의 근무과정 속에 지속적이고 비공식적인 의사소통 교육을 실시하여 서로 다른 상황에서 자기 이해력과 함께, 자신과 주변을 처리하는 능력을 배우고 자존감을 회복한다.

셋째, 권한부여의 진정성은 서비스를 제공하는 사람이 아니라 서비스를 사용하는 사람의 환경에 뿌리를 둬야 하며, 매슬로우(Maslow) 욕구단계 이론에 따라 인간이 먹고, 마시고, 잠을 자고 기본적인 안정감을 갖게 되면서 점점 더 높은 자아실현 욕구를 충족시키려고 노력하므로 계층구조의 각 단계는 자존감을 높이는 과정이 수반될 필요가 있음을 밝히고 있다.

바스타는 다음과 같이 '6가지의 이념적인 초석(Six corner stones ideology)'을 신망하고 있다. 그것은 첫째, 커뮤니케이션, 치료도구로써의 '실제 일(Real work)'을 중요하게 생각하는데 작업은 그 자체로 목적이 아니라 의사소통과 인간 상호 작용을 촉진하는 수단으로 사용된다. 장기간 약물 남용에 연루된 많은 사람들은 노숙자, 범죄를 경험하고 감옥과 재활 시설에 들어갔다 나오게 된다. 많은 마약 투약자들은 수년 동안 사람들과 정상적인 방식으로 의사소통을 하지 못한다. 그러나 바스타에서 실제 업무를 수행함으로써 사람들은 잃어버린 자존감을 되찾고 의사소통 기술을 구축하는 과정을 시작한다.

둘째, 프로세스의 모든 측면에서 '품질인식(Quality consciousness)'을 중요하게 생각하는데, 직원들은 고객이 상품과 서비스가 저렴하거나 혹은 고용된 사람들에 대한 동정심 때문에 구매하는 것이 아니라 고객에게 판매되는 상품과 서비스를 제대로 아는 것을 중요하게 생각한다. 이것은 바스타의 제품이 고품질이어야 함을 의미하며 그런 측면에서 바스타는 절대로 가격을 낮추지 않는다.

셋째, 이기적인 태도를 넘어서는 '연대(Solidarity)'로 신입 멤버가 친근감 혹은 회사 같은 느낌이 들도록 멘토링 시스템을 적용한다. 이기적인 태도는 일반적으로 습관적인 약물 남용의 피할 수 없는 부산물이다. 바스타는 멘토링 시스템을 사용하여 모든 신입 멤버에게 문제가 있을 때 멘토를 지정하며 바스타에서 1년 이상 근무한 이후에는 신입 멤버를 위한 멘토가 될 기회를 갖게 된다.

넷째, '생태와 건강(Ecology & health)'으로 생태는 자신에 대해 생각하고, 건강한 식사와 운동을 통하여 개인 건강을 돌보는 것이다. 마약 투약자는 자신의 몸을 돌보는 데 익숙하지 않다. 그들은 유해한 화학 물질을 주입할 뿐만 아니라 그들이 먹는 음식과 개인위생, 생활환경에 대해 많이 생각하지 않는다. 대다수는 신체적, 정신적으로 상태가 좋지 않다. 바스타의 생태학 개념은 시간이 지남에 따라 그룹과 직장 그리고 지구환경을 돌보기 시작하는 것으로까지 더욱 확대된다.

다섯째, 참여자가 주인인 '좋은 본보기(The benefit of the good example)'로 이사회 및 경영진의 거의 모든 직책은 재활한 참여자가 보유하고 있어서 신입 멤버는 자신과 같았던 사람들이 성공적인 사회적기업을 운영하고 있음을 본다는 의미이다. 이사회 및 경영진의 거의 모든 직책은 바스타에서 일하는 사람의 90% 이상이 차지하고 있다. 신입 멤버가 오면 자신과 같았던 사람들이 성공적인 사회적기업을 운영하는 것을 볼 수 있다.

여섯째, '독립에 대한 자부심 권장(The pride of being independent)'으로 자신의 삶을 스스로 통제하고 독립적인 사회적기업의 일원이라는 자부심을 가지는 것이다.

거버넌스의 의미

기업은 이해관계자와 열린 소통을 통하여 조정과 합의를 끌어내는 거버넌스(Governance, 지배구조)를 구축하고 통합과 시너지를 창출할 필요가 있다. 이러한 통합과 시너지의 핵심요소로는 〈그림 5.9〉와 같이 먼저 '차원 높은 존재 목적(Higher Purpose)'이 있어야 하며, '깨어 있는 문화(Conscious Culture)', '깨어 있는 리더십(Conscious Leadership)', '이해관계자 간 조율과 조정(Stakeholder Alignment)'이 필요하다[21]. 첫째, '차원 높은 존재 목적'은 수익과 이윤 이상의 높은 이상과 가치를 기업의 존재 목적으로 설정하고, 이에 대해 모든 이해관계자의 공감과 동참을 끌어내는 것을 말한다. 둘째, '깨어 있는 문화'는 임원과 관리자들이 내·외부 이해관계자들의 관리에서 통제나 지시, 권력에 기반을 두기보다는 섬김과 감성지능의 문화를 정착하는 것이다. 셋째, '깨어 있는 리더십'은 신뢰, 진정성, 배려, 투명성, 윤리성, 학습, 권한위임의 핵심적인 가치관이 강하게 공유되어 내부뿐만 아니라 외부의 이해관계자들과도 공유하거나 상호 영향력을 미치는 것을 의미한다. 마지막으로, '이해관계자 간 조율과 조정'은 조직 내부 부서와 부문 간의 양보와 협력을 끌어내고, 이해관계자들과 열린 소통으로 조정과 합의를 끌어내는 과정을 의미한다.

〈그림 5.9〉 이해관계자 통합 및 시너지의 요인들

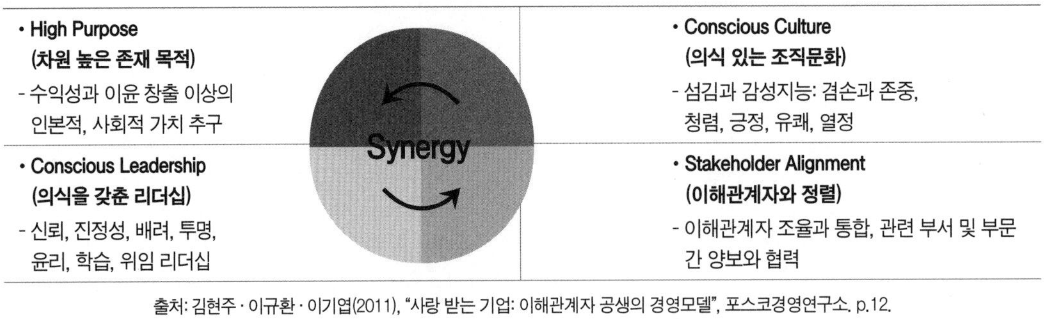

- **High Purpose**
  (차원 높은 존재 목적)
  - 수익성과 이윤 창출 이상의
    인본적, 사회적 가치 추구
- **Conscious Leadership**
  (의식을 갖춘 리더십)
  - 신뢰, 진정성, 배려, 투명,
    윤리, 학습, 위임 리더십

Synergy

- **Conscious Culture**
  (의식 있는 조직문화)
  - 섬김과 감성지능: 겸손과 존중,
    청렴, 긍정, 유쾌, 열정
- **Stakeholder Alignment**
  (이해관계자와 정렬)
  - 이해관계자 조율과 통합, 관련 부서 및 부문
    간 양보와 협력

출처: 김현주·이규환·이기엽(2011), "사랑 받는 기업: 이해관계자 공생의 경영모델", 포스코경영연구소. p.12.

'거버넌스'의 사전적인 개념은 "정부나 시장 혹은 둘 이상의 어떤 관계망이 가족이나 집단, 공식 또는 비공식 조직, 지역 내 혹은 지역 외 사회 시스템, 법률·규범·권력·사회언어에 의하여 영향을 받든지 아니든지 간에 관계없이 진행되는 모든 관리 절차"를 의미한다[22]. 이러한 거버넌스는 실무적으로 공공 및 행정기관, 상업적 기업, 사회적경제 기업에 따라서 그 의미는 약간씩 차이를 두면서 해석 및 적용되고 있다.

공공 및 행정의 측면에서 보는 거버넌스는 "일방적인 정부의 통치가 아닌 시민과 이해관계자들이 참여할 수 있는 의사 결정 구조"를 의미하는데 이는 현대 국가가 당면한 다양한 문제들 가운데 전통적인 국가의 통치 방식만으로는 해결하기 어려운 공공의 문제들이 존재하기 때문이다. 예를 들어 빈곤, 실업, 양극화, 사회통합 같은 문제들에 대처하기 위해서는 공공을 비롯하여 기업과 시민 사회가 협력하고 네트워크를 구축하여 해결해 나가는 민관 협력 방식의 거버넌스가 필요하다. 이는 종종 '민관 협치의 거버넌스'라는 용어로 사용되고 있다[23].

과거 상업적 기업에 있어서 거버넌스는 주로 "이해관계자의 이익을 고려하면서, 기업의 효율성과 수익성의 극대화를 달성하도록 경영자에게 영향을 가하고 경영자를 통제하는 절차"로 설명해 왔다[24]. 하지만 최근 상업적 기업의 거버넌스는 "이해관계자의 이득, 이사회 및 감사의 활동뿐만 아니라 준법 감시, 윤리, 반부패, 공정과 같은 사회의 책임 있는 행동에 대한 규칙, 규범 및 행동을 구조화하고 유지하며 규제 또는 책임을 지는 방식"으로 발전하였다. 기업, 정부 및 기타 조직이 사회문제 해결을 이해하고 전달하는 것을 돕는 국제적 독립 표준조직인 'GRI(Global Reporting Initiative)'는 거버넌스 요소를 "최고경영자 및 이사회의 구조, 기능, 역할, 평가, 보수와 함께 윤리 및 투명성, 이해관계자 참여와 보고 관행"을 주요지표로 구성한다. 딜로이트 ESG 경영진단 프레임(ESG Compass)의 거버넌스 요소는 '거버넌스 구조', '이사회 참여', '이사회 구성', '의장 리더십', '이사회 운영', '이사회 역동성', '성과 평가', '이사회 보고', '윤리경영'을 주요지표로 구성한다. 삼정KPMG의 거버넌스 요소는 '이사회 및 감사위원회 구성', '뇌물 및 반부패', '로비 및 정치 기부', '기업윤리', '내부준법감시 시스템', '공정경쟁'을 주요지표로 구성하고 있다[25]. 상업적 기업의 거버넌스는 이처럼 '사회적 책임의 거버넌스'라고 할 수 있다.

사회적경제 기업에 있어서 거버넌스는 연구자들의 여러 논의에도 불구하고 상호 간 합의된 명확한 정의는 없다. 하지만 대체로 "공통의 사회문제 해결을 위한 사회적 조정 방법으로써, 소수에 의한 결정이나 보이지 않는 손에 의한 결정보다는 대화나 협상, 조정을 통한 타협이나 동의, 더 나아가 함께 참여하는 협동이나 연대에 더 큰 가치를 두는 의사 결정 및 실행 방식"이라고 할 수 있다[26].

즉 "시민사회의 성숙으로 사회의 문제 해결에 있어서 참여 주체들 간의 상호 신뢰적이고 상호 의존적인 수평적 관계를 특징으로 다양한 사회 주체가 자발적으로 함께 참여하는 네트워크식 관리 체계"를 의미한다[27]. 따라서 본 서에서는 사회적경제 기업의 거버넌스를 앞서 설명한 행정 차원의 '민관 협치 거버넌스'와 상업적 기업 차원의 '사회적 책임 거버넌스'를 연계하고 지역사회의 문제 해결을 가장 중요한 목적으로 함께하는 '이해관계자 협동의 거버넌스'를 중심에 두고 논의하고자 한다.

즉, 사회적경제 기업의 거버넌스는 "빈곤, 실업, 양극화, 소외 및 배제 등과 같은 지역사회 문제들에 있어서 중앙 또는 지방 정부 중심의 문제 해결 방식에서 머물러 있지 않고 사회적경제 조직이 지역공동체를 중심으로 내·외부의 이해관계자와 함께 적극적이고 능동적으로 상호 작용하는 거버넌스"가 필요하다. 따라서 사회적경제 기업에 있어서 '협동의 거버넌스'란 "사회적 목표그룹을 우선적으로 고려하면서 이해관계자와 민주적이며 투명한 운영 원리를 토대로 자본보다는 사람과 노동을 중시하고 협동과 연대를 중심으로 문제들을 해결해 나가고 사회혁신을 이루어 가는 경영 의사결정 및 수행의 구조와 행위의 전 과정"으로 정의할 수 있다. 사회적경제 기업은 지역공동체 이해관계자와 적극적으로 협력하고 관계를 형성해 나가면서 공정하고 투명한 관리를 통하여 '좋은 거버넌스'를 형성해 나가야 한다.

<그림 5.10> 협동의 거버넌스 모델

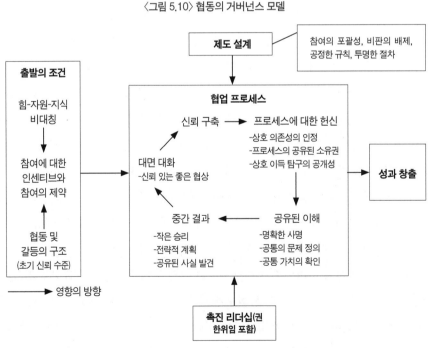

출처: Ansell, Chris and Alison Gash(2008), "Collaborative Governance in Theory and Practice",
Journal of Public Administration Research and Theory, 18(3), p.550.

협동의 거버넌스 모델은 〈그림 5.10〉과 같이 지역공동체 조직화의 핵심 행위자를 중심으로 '거버 넌스의 출발 조건', '제도적인 설계', '협업 프로세스', '촉진적인 리더십'의 4가지 요소의 협력적 실행 을 통하여 '좋은 성과'를 창출하는 거버넌스 모델로 설명할 수 있다. 오늘날 사회적경제 기업 및 그 와 연결된 이해관계자 간에는 상호 협력과 수혜 및 때로는 적절한 견제의 관계로 형성되어 있으면 서 각 주체 간에는 균형점을 이루려고 하는 성질이 있다. 따라서 특정한 이해관계자에게 권력이 집 중되지 않고 분산되어 있다는 수평의 원리를 이해하는 것이 중요하다. 사회적경제 기업의 거버넌 스는 다양한 이해관계자가 참여하는 협동의 지배구조를 갖추는 것이 필요하다. 첫 번째, '출발의 조 건'은 힘, 자원, 지식의 비대칭과 갈등의 구조를 파악하고 초기 신뢰와 협동의 수준을 확인하여 이 해관계자의 참여를 높인다. 확신을 갖지 못하는 이해관계자는 공동체가 활성화됨에 따라 추후 참 여도는 높아진다. 이 단계에서 공동체 구성원들을 위하여 주요의제 혹은 추진계획 등 정보와 직무 를 공유하고 내·외부 전문가, 활동가, 지역단체 및 시민대학 등의 지역 인프라를 활용하여 공동체 조직화 학습, 직업교육 및 역량강화 프로그램 등을 실시한다. 행정과 협의하여 단체 및 기업의 참 여를 위한 세금감면 혹은 인센티브 제도를 도입하거나 재정지원을 통하여 새로운 일자리와 고용에 대한 동기를 부여할 수도 있다. 이때 지역기반의 연구기관 혹은 대학과 함께 협력적 거버넌스의 전 체 청사진을 만들고 제공한다.

두 번째, '협력 프로세스'는 공식 혹은 비공식 대화나 토론을 통하여 신뢰와 관계망을 쌓아간다. 마 을사람, 시민기자 등이 참여하는 마을 신문이나 마을 방송국을 통한 생활 네트워크를 운영하고 누 구든지 자발적인 의견과 건의사항을 말하게 하고 반영한다. 투명한 정보공개, 정례적인 포럼을 통 하여 공동의 이해를 증진하고 공식적인 문서화를 통하여 이해관계자와의 숙의과정과 토의내용을 공개한다. 핵심의제의 인프라 구축작업을 실시하고 사회적 영향 창출 가능성이 크고 집중 투자할 만한 가치가 있는 프로젝트를 선정하여 중간성과를 보여줄 필요가 있다. 사업의 규모와 범위를 결 정해야 하며 기존의 시설과 기반을 활용한 시범적용 형태의 사업을 위한 교부금 제공과 새로운 전 략의 구상, 전체 사업의 관리와 통합을 위한 사업위원회 운영, 사업별 활동가 등의 역할도 필요하다.

세 번째, '제도설계'는 시정부와 함께 민관협치기구를 만들고 매달 혹은 분기별 모든 시민, 연관된 산하기관, 지역기관과 소통하고 의견을 청취한다. 시의회 내에 소위, 지속 가능공동체발전위원회 등을 설치하고 지역공동체 활성화를 뒷받침하거나 발전시킬 수 있는 제도를 마련한다. 지역공동체 이사회, 구성원 대표, 시정부, 시의원, 회계전문가 등이 참여하는 감사위원회도 운영한다.

네 번째, '촉진적 리더십'은 민간과 시정부 및 시의회가 모두 필요하다. 시정부와 시의회는 강력한 추진의지를 가지고, 지도자로 나서기보다는 공동체 활성화를 위하여 후방에서 적극적으로 지원한다. 지역공동체는 시작과 추진 과정의 성실성, 부문별 사업에 대한 모니터링, 자체 역량강화를 위한 학습조직 운영, 좋은 거버넌스 구축, 연구기관 혹은 대학 인적 네트워킹을 통하여 창출된 지역사회의 사회적 성과 및 영향을 측정하고 알리는 일, 지역 내·외에서 사람과 자본을 조달하는 방법을 배우고 힘을 기르며 성과를 창출하도록 힘을 쏟는다[28].

협동 거버넌스의 필요와 효과

대한민국의 노인장기요양보험법은 "고령이나 노인성 질병 등의 사유로 일상생활을 혼자서 수행하기 어려운 노인 등에게 제공하는 신체활동 또는 가사활동 지원 등의 장기요양급여에 관한 사항을 규정하여 노후의 건강 증진 및 생활 안정을 도모하고 그 가족의 부담을 덜어줌으로써 국민의 삶의 질을 향상하도록 함"을 목적으로 하고 있다[29].

한국사회에서 많은 수의 사회적경제 기업이 노인장기요양서비스 사업을 수행하고 있는데, 이 사업은 '서비스를 받는 수혜자'와 '사업을 수행하는 사회적경제 기업'은 물론이고 '중앙정부', '지방정부', '국민건강보험공단' 등 공공과 민간의 이해관계자가 협동으로 사업을 추진하고 있다. 따라서 이러한 돌봄 서비스 사업에 있어서 가장 중요한 '서비스 품질관리' 문제는 공적자금을 지원받아 사업을 수행하는 '서비스 수행기관'의 책임으로만 보기에는 어려우며 〈표 5.5〉와 같이 다양한 이해관계자가 서비스 품질 문제에 책임을 지고 협동할 필요가 있다.

〈표 5.5〉 이해관계자별 노인장기요양서비스의 품질관리 문제점

이해관계자	주요 개선점
중앙정부	· 서비스 품질 관리의 전략과 실천 방향 설정 필요 · 법적 및 제도적 기반의 취약성을 개선 · 인적자원의 서비스 수행 관리 기능 개선
지방정부	· 시설 관리자의 역할 정립 및 개선 · 시설 운영 감독자 기능의 한계를 보완
국민건강보험공단	· 서비스 품질의 개념화에 대한 합의 마련 · 서비스 제공 기준의 구체성 마련 · 서비스 품질 관리를 위한 평가주체의 적합성 검토 및 보완

서비스 공급자	· 서비스 품질 개선을 위한 자발적인 실천 노력 · 서비스 품질을 위한 정보공개의 수준을 높이도록 개선
민간 비영리기관 및 소비자	· 서비스 품질 관리를 위한 시설인증(평가) 기관 필요 · 시설을 감시할 수 있는 소비자 및 시민단체 필요

출처: 이민홍·최재성·이상우(2014), "노인장기요양서비스의 질 관리체계와 개선방안: 이해관계자(stakeholder) 관점을 중심으로", 사회복지정책 41(4), p.68.

이해관계자별 주요 역할을 보면 중앙정부는 서비스 품질관리 관련법, 지침, 기준을 마련하고 지방정부는 시설 인허가 및 지도 감독 기능을 수행하며 국민건강보험공단은 서비스 보험자 및 관리자, 평가자로서의 기능을 수행한다. 개별 서비스 공급기관은 자발적인 서비스 품질관리 개선 노력을 수행하고 있는 것으로 역할을 구분해 볼 수 있다. 하지만 이러한 과정에서 서비스 수행기관인 민간 비영리기관 등 사회적경제 기업과 서비스 수혜자인 고령 인구 상호 간의 사회적 관계는 형성되지 못하고 비즈니스의 제공자와 수요자로만 인식되는 안타까운 경향이 있는 것으로 분석되고 있다[30].

한국의 고령화 속도가 다른 선진국보다 빠르게 진행되고 있는 인구학적 특성으로 인하여 노인장기요양서비스의 중요성은 어느 국가보다 절실하다. 65세 이상 노년인구는 2000년 7.2%에서, 2017년에는 13.8%로 상승하였고, 2020년에는 15.6%, 2045년까지는 35.6%에 도달할 것으로 예상된다. UN 기준으로 노년 인구가 20% 이상이 되면 초고령사회로 구분되는데, 한국은 2025년이면 초고령사회로 진입할 예정이다[31]. 따라서 노인장기요양서비스의 수요가 꾸준히 확대될 수밖에 없는 한국 사회의 인구통계적인 구조에 비추어 서비스품질 차원에서 노인 및 그 가족의 삶의 질 향상으로 연결될 수 있도록 공공과 민간 등의 이해관계자가 역할 및 상호 협동의 체계를 긴밀히 하면서 실행 과정과 결과를 환류하고 서비스 품질을 관리하는 노력이 필요하다.

좋은 거버넌스를 갖추고 있다면 다음과 같은 효과를 볼 수 있다. 첫째, 경영자가 부정한 행위를 하거나, 사익을 취할 가능성 혹은 기업이 도산할 위험성을 줄여준다. 둘째, 정직하고 건전한 경영으로 성과가 향상되고 조합원(주주) 가치가 증대된다. 셋째, 자본 조달 시장에서 기업 평판이 좋아지고 유리한 조건으로 자금을 조달하기가 쉬워진다. 또한 이러한 거버넌스를 가진 조직은 다음과 같은 특징이 있다. 첫째, 이사회 구성원들이 진실성과 역량을 보유하고 있으면서 효과적이며 책임감 있게 일한다. 둘째, 이사회에 의하여 역량 있는 최고경영자가 고용되고 비즈니스 수행에 있어서 자신의 역량을 잘 발휘하게 된다. 셋째, 최고경영자에 의하여 선정된 좋은 사업은 이사회의 조언과 협조를 받아들이며, 이는 조직이 해당 산업에서 사회적인 가치와 경제적인 수익성을 갖출 수 있을 정도로 효과적이며 매력적이다. 이것은 경쟁 우위를 가지고 성공하는 데 필요한 자원과 기술을 가지고 있음을 의미한다. 넷째, 최고경영자는 이사회의 조언과 협조를 통하여 타당성 있는 비즈니스 개념을 창출하고 이것은 다시 구성원들에 의하여 실행된다. 비즈니스 개념이란 상품과 서비스가 제공되는 수단과 절차에 의하여 고객에게 서비스되고 유통되는 것을 의미하며 타당성 있는 비즈니스 개념은 사회적인 가치를 제공함과 동시에 고객의 욕구를 탁월하게 또는 유일한 방법으로 충족시키면서 가치를 창출한다[32].

사례연구 19

프랑스의 SOS그룹: 모든 형태의 배제와 싸우는 것을 사명으로 출발하여
건강, 교육, 농촌 지역, 연대, 문화, 생태 전환 및 음식 분야에서 대규모로 사회적 요구를 충족시켜오다[33]!

1984년 아쇼카 재단의 후원을 받아 쟝 마크 보렐로(Jean-Marc Borello)가 설립한 SOS 그룹은 프랑스 파리에 본사를 두고 있다. 이들은 "모든 형태의 배제와 싸우는 것"을 사명으로 출발한 비영리 조직이며 기업의 형태를 갖추고 노동 및 사회 통합을 실천하는 사회적경제 조직이다. SOS 그룹은 그 역사만큼이나 건강, 교육, 농촌 지역, 연대, 문화, 생태 전환 및 음식과 같은 다양한 분야에서 대규모로 사회적 요구를 충족시킨다. 사회적 목표그룹에게 서비스를 제공함에 있어서 종합적인 사회 통합차원에서 서비스를 제공하고 있다. 예를 들어 한 노숙인에게 사회 서비스를 제공할 때, 단순히 주거만을 지원하는 것이 아니라 건강 및 교육 등 다양한 문제가 있다는 것을 인지하여, 주거라는 표면적인 문제를 해결하고 보다 근본적인 문제를 해결하기 위해 SOS 그룹에서 보유하고 있는 병원에서 건강을 회복시키고, 재활센터를 통해 재활을 위한 다양한 교육까지 제공함으로써 사회적 목표그룹의 삶 자체를 변화시키는 것을 목적으로 하고 있다.

이들은 '청소년(Jeunesse)', '고용(Emploi)', '연대(Solidarités)', '건강(Santé)', '노인(Seniors)', '문화(Culture)', '생태 전환(Transition écologique)', '국제 활동(Action internationale)', '지역 활동(Territorial action)'의 9가지로 구분하여 사업을 운영한다. 그중에서 고용분야는 요리·리셉션 등의 컨벤션센터 '루지나(L' Usine, 1,800㎡)', 스포츠 경기장, 녹지·도로·공공 등 야외 공간 개발 및 개조 작업장, 공정무역 오프라인 매장과 온라인 쇼핑몰, 유지보수 및 세탁, 녹지 관리 및 산업 하청, 뷰티살롱, 레스토랑, 관광 회사 등에서 일한다. 고용분야의 참여자들은 24개월 계약기간 동안 교육 및 숙소를 제공받고 경제활동을 통한 통합과정에 참여하여 회사의 중요한 역할을 맡아 일한다. SOS 그룹은 일을 통한 경제적인 독립과 함께 인류와 공동체에 책임 있는 제품과 서비스를 제공하는 역할의 중요성을 확신하고 있으며 그것을 통하여 사회의 또 다른 모델이 가능하다는 것을 증명하고 있다. 이들은 더 지속 가능하고, 더 인간적이고, 더 책임감 있는 조직이 될 것임을 밝히고 있다.

〈그림 5.11〉 SOS 그룹 뷰티살롱(좌) 및 저자방문(중, 우)

출처: GROUPE SOS(2019), "LE GROUPE SOS EN 2019: Rapport d'activités(2019년 활동보고서)", p.33.; 저자(2019),
"방문촬영(중: 본사, 우: 연대(Solidarités) 사업파트 케어센터 매니저 Isacc Aguiler와 함께)".

SOS 그룹의 거버넌스는 창립협회인 '청소년(GROUPE SOS Jeunesse)', '연대(GROUPE SOS Solidarités)', '건강(GROUPE SOS Santé)' 및 '노인(GROUPE SOS Seniors)'의 4대 그룹 및 그 아래 다수 조직이 편제되어 운영된다. 2019년 현재 이사회는 행정사, 의사, 고위 공무원, 회사 관리자, 임원 및 협회 관리자 등 36명으로 구성되어 있다. SOS 그룹은 2000년대부터 재정적 어려움이나 성장을 추구하는 조직을 통합하고 사업영역을 다각화하기 시작하였으며, 2008년부터는 재정적 어려움에 처한 병원을 인수하여 빈곤층을 위한 의료 서비스 저하 문제에 대한 해답을 제시함으로써 비자발급이 어려운 외국인, 극빈층 환자 등 소득 수준에 상관없이 모두가 무료로 우수한 의료 서비스를 받을 수 있도록 하고 있다. 2011년에는 노인 부양 및 건강 부문에 투자를 시작하였다.

2020년에는 그룹의 9번째 부문인 'SOS 그룹 지역 활동(SOS GROUP Territorial action)'을 시작했다. 지역 활동은 지역 개발 및 통합을 촉진하는 활동으로, 이 부문의 주요 프로젝트는 '1000 Cafés'이다. 주민이 3500명 미만인 마을에 1000개의 카페를 열겠다고 선언하고 프랑스의 시골 지역에 활기를 불어넣기 위해서 자영업 및 소자본 기업을 지원한다. 같은 해, SOS 그룹은 최초의 유럽식 '씽크 앤 두 탱크(Think & Do Tank, 씽크탱크'의 발전된 개념으로, 현장전문지식을 동원하여 사회 혁신 및 실질적 효과를 창출해내는 조직)인 '임팩트 탱크(Impact Tank)'를 출범했다.

2019년 기준 2만 1500명의 직원이 프랑스 12개 지역의 550개 시설 및 서비스 센터에서 일하고 있으며 직접 수혜자는 연간 170만 명에 이른다. 국제적으로도 44개 국가에서 활동하고 있다. 2019년 기준 노동통합 분야인 고용분야는 9개 조직의 15개 이상 작업장에 1664명이 취업하였다. SOS 그룹의 직원고용 및 사업운영비는 공공보조금 및 시장매출을 통하여 조달한다. 2019년 SOS 그룹 전체 예산은 10억 2100만 유로(약 1조 3814억 원)였다.

4 | 이해관계자 협동의 거버넌스 실천 전략

협동 거버넌스 실천 전략

사회적경제 기업은 "지역사회에 공헌한다는 명확한 목적, 시민이 주도하여 설립하는 조직, 자본의 소유에 좌우하지 않는 의사 결정, 활동으로 영향 받는 사람들의 참여, 이윤분배의 제한" 등을 특징으로 한다[34]. 또한 최근의 사회적경제 조직은 "빈곤, 실업, 복지와 같은 전통적인 사회문제뿐만 아니라 교육, 간병, 가사 지원, 보육, 취약계층 여성 및 아동 문제, 환경, 양극화, 사회통합, 정치민주 및 통일 등과 같은 문제들"까지 포함하면서 보다 다양한 측면에서 사회문제 해결의 주체로서 인식되고 있다.

따라서 사회적경제 기업의 거버넌스는 다양한 사회적인 가치를 지향하면서 지역공동체 중심의 이해관계자와 더 적극적·민주적·협력적 거버넌스를 형성하고 운영해야 한다. 아울러 시민사회와 정부가 대등한 관계에서 정책 과정에 참여하면서 지역공동체의 가치를 강조할 수 있는 민관 거버넌스 형성을 위해 노력해야 한다. 유럽과 미국의 사회적경제 조직이 빈곤층과 낙후된 지역에 사회, 교육, 보건 등의 기초적인 사회적 서비스가 전달될 수 있는 새로운 복지 전달 체계의 중심축 역할을 담당하고 있는 것처럼 한국의 사회적경제 기업도 지역공동체 이해관계자 협력, 상호 신뢰, 시민 책임감, 민주적 가치 등을 장려함으로써 사회적 자본을 창출하고 개발하는 데 중요한 역할을 담당해야 한다.

그리고 소셜네트워크 중심의 정보통신시대를 맞이하면서 정보통신 미디어를 중심으로 사회문제 해결을 위해 시민단체와 공동체 네트워크를 형성하고 정보 교류와 협력, 교환과 피드백, 지식 및 자원봉사활동 혹은 다른 참여 형태의 풀 제공, 공동체의 발전에 대한 자발성의 증대와 협력의 장으로 활용할 필요가 있다. 사회적경제 기업이 성과를 달성하기 위해서는 정부 및 시민사회와 협력적 거버넌스를 형성하는 것이 중요한데 정부 부문의 법적 지원, 시민사회 부문의 신뢰와 착한 소비, 사회적경제 기업 당사자의 윤리경영, 협력, 네트워크, 조직 관리는 사회적경제 기업이 사회적인 성과를 달성하는 데 유의미한 인과관계를 갖는 것으로 밝혀졌다[35].

이러한 거버넌스 실천 전략을 정부, 시민사회 그리고 사회적경제 당사자 측면에서 정리하면 다음과 같다. 첫째, 정부 부문에서는 사회적경제 기업의 관리 혹은 인증을 중심으로 하는 제도와 법률이 아니라 지역공동체의 가치를 중심으로 사회적 영향의 파급효과를 달성하고, 사회적 자본이 선순환될 수 있도록 정비해야 한다. 둘째, 시민사회 부문에서는 사회적경제 조직의 신뢰 제고와 착한 소비 확산을 위해 노력해야 하며 건전하고 올바른 사회적경제의 전체 문화가 정착될 수 있도록 직접적인 참여, 이해관계자와의 협력 및 격려, 아울러 건전한 감시 기능을 담당해야 한다. 셋째, 사회적경제 기업 당사자는 윤리경영과 사회적 책임의 자세를 가지고 내·외부 이해관계자, 상업적 기업, 중앙정부 및 지방정부, 중간지원조직과의 정책적 협력을 강화하고 역량 개발에 힘써야 한다.

사회적경제 기업의 거버넌스 형성 단계에서 중요하게 고려되어야 할 부분은 이사회의 구성이다. 이사회의 구성에는 먼저 의장을 선발하는 단계가 필요하다. 모집을 통하여 의장을 선발할 때는 직무 내용과 역할을 작성하고 네트워크를 통해 알리고 후보자에 대하여 패널을 통해 면접을 시행하여 여러 사람이 후보자에 대한 의견을 나눌 수 있도록 진행하는 것이 좋다. 사회적경제 기업에 있어서 의장은 단순한 명예직이 아니다. 따라서 탁월한 비즈니스 경험, 조직의 대의에 대한 공감, 건설적이고 협력적인 접근 방식, 자발적으로 조직의 사명을 증진하기 위한 노력의 의지를 가진 사람을 찾아야 한다. 의장은 이사회 회의에 주도적으로 참석하여 중요한 사항을 결정하고 조직에 적절하게 관여하여야 한다. 조직의 핵심에 누군가 새로운 참여를 허용하는 것은 위험한 것처럼 보일 수도 있지만 훌륭한 리더십을 갖춘 의장은 사회적경제 기업이 한 단계 성장하는 데 중요한 역할을 한다. 아울러 전문성을 갖춘 이사회 조직을 만들어야 한다. 이사들은 현재와 미래의 조직에 유용할 스킬과 전문 지식에 대해 신중히 생각한 후 구성 또는 모집해야 한다. 예를 들어 어떤 조직은 재무, 사업 개발, 마케팅, 커뮤니케이션 및 법률 분야를 중심으로 이사회 모집에 중점을 두기도 하며, 어떤 경우는 조직 문화적 적합성에 중점을 두고 구성하기도 한다. 이사는 뛰어난 전문 기술뿐만 아니라 사회적 사명 및 시장에의 개인적 연결이 풍부한 사람으로 찾는 것이 좋다. 조직이 추구하는 사업과 적합한 공공 부문 또는 상업적 부문의 경험을 고려하는 것도 좋은 방법이다[36].

협동 거버넌스 실천사례

협동의 거버넌스 구성의 실천적 방안으로 제시된 두 가지의 사례가 있다. 첫 번째는 2012년 협동조합기본법 시행 이전부터 존재했던 농협 등의 협동조합은 비교적 취약한 거버넌스 구조를 가지고 있기 때문에 이에 대하여 문제의식을 가지고 개선방안을 마련해야 한다는 것이다. 이는 다수의 이용자가 협동조합의 소비자이지만 의사 결정과정에서 배제되어 있고, 협동조합이 지역사회의 사회적 자본이지만 사회적 문제 해결에는 소극적인 측면이 있다. 협동조합과 같이 소유와 경영이 분리된 기업에서 경영은 경영자와 직원들에게 맡겨진다. 경영자는 직원들을 직접 선발·통제하고, 사업을 선택하며, 자원 배분을 결정하는 등의 경영활동을 수행한다. 그러므로 경영자가 이러한 활동을 통하여 이해관계자의 욕구와 필요를 충족하고 조합원 및 지역사회 가치를 창조하도록 하는 메커니즘이 필요하다. 따라서 조합원 및 고객과 지역사회의 참여를 통한 내부 거버넌스 강화, 사업부문의 투명화와 평가, 이해관계가 배제된 외부 전문가를 이사회에 참가시키는 등의 외부 거버넌스 역할도 강화해야 한다[37].

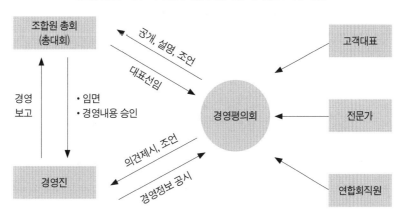

〈그림 5.12〉 외부 이해관계자를 포함시킨 거버넌스 기구 제안

출처: 장경수(2006), "협동조합의 조합원 가치와 거버넌스에 관한 고찰", 한국협동조합연구, 24(1), p.18.

〈그림 5.12〉에 제안된 거버넌스의 확대 구조를 보면 새로운 의사 결정의 중심조직으로써 '경영평의회'를 신설하여 운영한다. 이 조직이 기존에 내부를 중심으로 운영되는 경영진 및 대의원 총회와 교류하면서 경영정보의 공개, 설명, 조언, 공시 등의 과정을 거치도록 하고 있다. 또한 외부 이해관계자인 고객과 연합회, 외부 전문가를 거버넌스에 참여시켜 투명하고 민주적인 의사 결정 과정을 구축하도록 제안하고 있다.

두 번째 사례로는 '다중이해관계자 협동조합(Multi-Stakeholder Cooperative, MSC)' 형태의 거버넌스를 제안한 사례이다(〈그림 5.13〉 참조). 2012년 협동조합기본법이 시행된 이후 여러 분야에서 다중이해관계자 협동조합이 운영되고 있다. 이는 다음처럼 세 가지의 방식이 결합된 다목적 활동으로 생각할 수 있다. 그것은 첫째, 비영리단체의 사업 방식인 '경제·사회적인 약자를 위한 사회적 목적형 경제 활동(수익이나 잉여가 분배되지 않음)'이다. 그리고 둘째, 사회적경제 조직의 사명인 '민주적인 의사 결정, 제품 및 서비스의 생산과 사회적 목적을 위한 경제적인 활동 및 책임(수익이나 잉여는 장기적 목적으로 축적)'이다. 마지막 셋째, 협동조합의 원리인 '회원 자조, 상부상조, 연대를 통한 회원 중심의 기업경영(수익이나 잉여는 조합의 발전 및 조합원 가치 증대에 사용 또는 축적)'이 결합된 방식으로 해석할 수 있다.

〈그림 5.13〉 다중이해관계자 협동조합의 운영구조

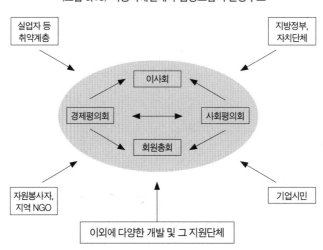

출처: 전형수(2009), "사회적기업의 육성 방안: 이해관계자 협동조합을 중심으로", 한국협동조합연구, 27(2), p.22.

협동의 거버넌스로써 다중이해관계자 협동조합은 다음과 같은 원리와 특징을 가지고 있다. 첫째, 조합은 회원 및 이용자의 경제적, 사회적 욕망 충족을 위하여 이용자 중심으로 경제적인 협동을 실시한다. 둘째, 조합의 주요 목적은 회원이나 취약계층을 포함한 공동체 전체 생활 여건의 개선에 있으며 회원의 자조, 상호 부조, 협동 및 연대를 위하여 외부 자원을 이용한다. 셋째, 자본투자자에 대한 이윤 배분을 엄격히 규제하며 특히 개인적 또는 투기적 자본수익을 배제한다. 넷째, 사업으로 인하여 주주 가치가 지속해서 증대되어야 한다는 압박을 받지 않으며 자본은 봉사적 기능을 담당한다. 다섯째, 회원의 투표권, 이윤이나 잉여금의 분배 등을 투입자본이 아닌 다른 기준으로 결정한다. 따라서 자본은 단지 조직운영을 위한 봉사적 기능으로 그 의미가 제한된다. 여섯째, 사회적, 윤리적 가치에 바탕을 둔 경영관리로서 회원 참여를 전제로 한 기업의 목적 설정, 의사 결정, 회원 및 이용자의 사업과 시장 간 가교 역할 등을 실시한다. 일곱째, 사람 중심의 경영과 민주적 지배구조를 갖는다. 이는 자본이 아닌 사람을 중심에 둔 윤리경영이며, 1회원 1표의 원칙을 견지한다. 이를 테면 이자소득을 추구하는 경제가 아니라 인간의 복지 증진을 위한 경제이며 회원이 조직의 경영과 관리를 책임지는 사회적 통제의 요구이다. 여덟째, 특수한 형태의 자본 조달 및 유지와 경제적 효과와 사회적 효율의 측정 및 평가를 실시한다. 이는 영리주의의 회계적 수치에 의존한 조직의 형식적 평가뿐만 아니라 수치화가 불가능한 사회적, 문화적, 환경적 성과를 포함한 조직 활동의 전반에 걸친 실질적 평가를 목적으로 하며 이를 통한 사회적 자본 조달의 선순환 과정으로 유지한다[38].

사례연구 20

한국의 한살림: 지난 36년 이상 지역 살림 운동, 도농 직거래 운동을 펼치면서
대한민국에서 농민운동 및 생명사상 본질을 잃지 않고 가장 믿을 만한 먹거리를 제공하는
생활협동조합이 나가야 할 방향의 최고 표준이 되다[39]!

한살림 1세대 생산자들은 이미 1970년대부터 더 이상 화학농법으로는 농부와 도시 소비자가 안전하지 않음을 인식하고 자연과 생명을 살리는 마음으로 농사를 짓고 이를 이해하고 믿는 소비자와 함께 생명존중 운동을 하였다. 1986년 12월 4일 서울 동대문구 제기동에서 작은 쌀가게로 시작한 한살림은 우리나라 생활협동조합 중 가장 오랜 역사를 지녔고 가장 많은 조합원이 참여하고 있다. 생명의 세계관을 바탕으로 밥상살림, 농업살림, 지역살림을 전개하며 더불어 행복한 생명살림 세상을 만들어 간다. 한살림 먹거리에 대한 믿음은 생산자와 생산자 조직에 대한 믿음으로부터 나와 도시 소비자와 함께 강력한 생활 농민공동체를 이루고 있다. '나와 가족의 건강한 밥'은 "생산과 소비를 잇는 도농직거래, 밥상과 농업을 지키는 책임생산·책임소비, 내 몸과 지구를 생각하는 먹거리·생활용품"으로부터 시작된다. 이는 "서로의 삶을 돌보는 생애주기별 돌봄, 위기에 함께하는 상호부조, 함께 어울리며 성장하는 조합원활동" 이라는 '이웃과 동네의 건강한 밥'으로 발전하고, "사회제도 개선을 위한 정책활동, 생명의 가치 확산을 위한 교육·연구·출판, 지속 가능한 내일을 위한 생활실천운동"을 통하여 '사회의 건강한 밥'으로 성장한다.

한살림은 1990년대에 "생산자는 소비자의 생명을, 소비자는 생산자의 생활을", "생산과 소비는 하나"라는 한살림 생협운동의 중요한 이념을 정립하였다. 수돗물 불소화를 비롯해 한미자유무역협정(FTA: Free Trade Agreement), 광우병 의심 쇠고기 수입 등 첨예한 문제들에 성명을 내고 여러 단체와 연대활동을 했다. 한살림 조합원들은 먹을거리의 소중함을 알아가는 과정을 통해서 생활 속에서 실천하는 대안운동을 하고 있다. 2000년부터 식량 기반 확보 및 농업과 먹거리의 안전을 위한 유전자조작식품(GMO, Genetically Modified Organism) 반대운동을 하였고 Non-GMO 물품을 취급·개발하고 있다. 1989년 한살림선언, 2017년 릴레이 탈핵 및 한살림 탈핵 선언과 핵발전의 지속불가능성에 대해 경고하였다. 후쿠시마 핵발전소 폭발사고 이후 자체적으로 방사성물질 검출 기준을 한국 국가기준보다 엄격하게 정하고, 한살림 농식품분석센터에서 방사성물질검사를 자체적으로 실시하고 있다.

한살림 운동이 지향하는 방향은 대표적으로 다음과 같다. 그것은 첫째, "우리는 우리 안에 모셔진 거룩한 생명을 느끼고 그것을 실현한다. 사람은 자기 안에 모셔진 거룩한 생명을 공경할 때 자기다움을 실현할 수 있다. 우리는 이렇게 나를 모시고 공경하듯 다른 사람의 거룩한 생명도 공경한다." 둘째, "우리는 우리가 딛고 사는 땅을 내 몸처럼 생각한다. 어머니의 젖을 통해 어린 생명이 길러지듯 우주의 젖인 안전한 밥상을 통해 인간의 생명은 길러진다. 그래서 식량생산의 터전인 땅과 우리 농업을 살리기 위한 삶의 문화를 일구어 생명살림을 펼쳐 나간다.", 셋째, "우리는 이웃과 생산자와 소비자를 가족으로 생각한다. 무관심과 소외가 만연된 우리 삶에서 이웃 간의 믿음과 사랑을 회복해 나가고자 한다. 한살림의 생산자는 소비자의 생명을, 소비자는 생산자의 생활을 책임지면서 더불어 사는 공동체를 이루어 나간다." 넷째, "우리는 우주 생명의 일원으로서 생태계에 책임지고자 한다. 생명의 근본은 함께 사는 것이다. 오늘의 나를 있게 한 모든 자연환경, 햇빛과 그늘, 바람과 도랑을 흐르는 작은 물까지도 귀하게 여겨 사랑을 나누고자 한다. 그래서 온 생명이 더불어 사는 생명살림 세상을 만들어 나간다.", 다섯째, "우리는 더불어 사는 삶을 위해 나부터 시작한다. 한살림은 한 사람 한 사람이 자신의 존재를 넓혀 나감으로써 우리의 이웃과 자연만물, 나아가 우리의 다음 세대에까지 관심과 사랑을 가지고 서로 보살피며 돕는 운동이다. 나부터 삶의 가치와 생활양식의 올바른 전환을 통한 실천이 있을 때 우리의 지역과 이웃을 함께 살기 좋은 곳으로 만들어 나갈 수 있다."

2021년에 한살림은 '기후위기 해결을 위한 생활실천과 계획 수립', '한살림 생산자들의 국내외 이웃돌봄', '온라인을 통한 교류 강화', '9월부터 멸균팩도 살림포인트 지급 시행', '온라인 장보기 개선', '국민총행복과 농산어촌 개벽대행진', '한살림 먹거리를 통한 돌봄활동', '포장폐기물과 플라스틱 줄이기', '먹거리문제와 정책 개선', '제33차 세계협동조합대회 참가' 등의 일을 하였다.

〈그림 5.14〉 한살림 가입(좌상)과 온라인구매 절차(좌하) 및 한살림 운동(우)

출처: 한살림(2022), "한살림 2021년 연차보고서_세상의 밥이 되는 한살림".

한살림이 창출한 2021년 사회적 영향은 첫째, '생명을 살리는 생산-공급-소비', 둘째, '기후위기 대응과 자원순환', 셋째, '지역·공동체 기여', 넷째, '식생활교육과 생명살림 운동', 다섯째, '조합원이 주인', 여섯째, '국내·외 연대와 협력'의 분야로 구분하여 정량적인 수치로 제시하고 정성적으로 설명하고 있다.

먼저 첫째, '생명을 살리는 생산-공급-소비' 분야의 생산자 수는 2278세대, 가공생산지 수는 123 개, 생산공동체 수는 127개, 생산면적은 4856만 1983㎡에 달한다. 한살림 농사는 제초제와 화학비료를 사용하지 않는 친환경 유기농사를 통해 환경을 보전하는 농업의 가치를 추구하고 우리 땅을 살린다. 나아가 각 지역의 기후와 풍토에 맞는 농사방식을 지향하여 우리 농업의 자생력을 높이는 한편, 건강한 토양에서 생명과 자연이 자연스럽게 순환되도록 한다. 또한 생산자와 소비자가 함께 확인하는 한살림만의 인증제도를 통하여 생산공동체에서 주체적으로 생산을 관리하고, 생산자-소비자-실무자로 구성된 자주점검단이 농사현장을 방문해 직접 살펴보며 미흡한 부분에 대해서는 함께 개선점을 찾아 간다. 2021년에는 52개 생산공동체가 참여인증에 함께했다. 우리 땅에 뿌리박은 토박이작물의 씨앗을 거두어 재배함으로써 생물다양성을 보전하고 다품종 소량생산의 지역순환 먹거리 체계를 지향한다. 2021년에는 72만㎡의 농지에서 재배한 32가지 토박이씨앗살림물품을 조합원에게 공급했다. 수입 옥수수 대신 국산 보리를 이용해 만든 사료로 돼지를 먹여 식량주권을 지키는 한편, 사료 수입에 따른 탄소 발생량도 줄이고 있다.

2021년 현재 전국의 매장 수는 239개, 물품 안전성검사 건수는 2138건, 가격안정기금 집행액은 1억 1422만 7410원, 신규 개발 물품 수는 66개에 달한다. 가격안정기금은 시장가격의 급격한 변화로 한살림 농산물 가격과 시중 농산물 가격 간 차이가 커 생산자와 조합원의 피해가 예상되는 경우 공급가격을 완충하기 위한 것으로, 생산자와 조합원이 공급액의 0.1%를 적립하여 조성한다. 매달 한살림 농식품분석센터에서 진행하는 방사성물질 검사 결과를 조합원에게 안내하고, 기준치를 미달한 경우에도 검출여부와 검출량을 투명하게 공개한다. 한살림의 방사성물질 자주기준은 성인·청소년은 8베크렐(Bq)/kg, 영유아는 4Bq/kg으로 국가 허용기준인 100Bq/kg보다 훨씬 엄격하다. 이 밖에 잔류농약검사, 유정란검사, 항생제검사, 중금속검사 등을 실시하며 물품 안전성 관리에 힘쓰고 있다. 조합원 수는 79만 5315세대, 공급액은 4936억 3000만 원, 생산안정기금 집행액은 8억 5399만 5363원, 한살림펀딩 금액은 87억 6700만 원에 이른다. 생산안정기금은 태풍, 장마, 이상 기후 등에 따른 자연재해로 피해를 입은 생산자에게 평년 소득의 50~60%(주잡곡, 영세농, 귀농인은 60%)를 보전하여 생산자가 안정적인 생산을 이어갈 수 있도록 하는 것으로, 조합원과 생산자가 공급액의 0.1%를 적립하여 조성한다. 한살림펀딩은 조합원이 원하는 생산지의 펀딩상품에 투자자가 되어 마음을 보탬으로써 생산자는 농산물 수매자금, 가공원료 매입자금, 운영자금, 시설자금 등을 확보하고 한살림다운 생산을 이어갈 수 있다. 2021년까지 '한살림펀딩'을 통해 투자받은 생산지는 41곳으로 펀딩상품은 127건, 투자 건수는 5407건이다.

둘째, '기후위기 대응과 자원순환' 분야의 남.음.제로 캠페인을 통한 온실가스(CO_2) 감축 효과는 27만 톤으로 이는 30년생 소나무 4094만 그루를 심은 효과로 추산된다. 남.음.제로 캠페인은 음식물쓰레기 최소화를 위하여 남은 음식을 줄이는 캠페인으로 6400여명이 참여하였다. 또한 회수된 재사용병 수는 38만 4592개, 옷되살림 모음양은 137.8톤, 우유갑·멸균팩되살림 모음양은 5만 3954kg, 감축한 공급상자 수는 209만 8048개에 달하였다. 한살림은 1997년부터 25년째 플라스틱이 아닌 종이 상자에 물품을 공급하며 재사용한다. 더 이상 재사용할 수 없게 되면 폐지로 재활용하기 위해 상자 내외부에 은박, 코팅, 표백 처리를 하지 않는다. 포장 개선으로 감축한 플라스틱 사용량은 20톤이며 한살림햇빛발전을 통한 전력 생산량은 136만 9694kwh이다.

셋째, '지역·공동체 기여' 분야의 행복기금 적립액은 1646만 24원, 보호종료 자립준비 청소년 지원 기금은 2080만 5194원, 먹거리돌봄 한살림재단 지원액은 5309만 5800원, 한살림 공유부엌 지원액은 2545만 원에 달한다. 넷째, '식생활교육과 생명살림 운동' 분야의 식생활교육 참여자 수는 2만 3192명, 한살림연수원 마음살림과정 참여자 수는 949명, 식생활교육 활동가 양성 인원수는 118명,

모심과살림연구소 강좌 등 참여자 수는 810명이다.

　다섯째, '조합원이 주인' 분야의 회원생협 수는 23개, 위원회 수는 116개, 조합원모임 수(마을모임·소모임·매장모임·온라인모임)는 506개, 도농교류 참여자 수는 5622명에 이른다. 조합원 교류와 활동의 장인 조합원모임은 조합원이 주체가 되어 자발적으로 만들어가는 한살림의 기본 활동 단위입니다. 이웃 조합원과 한살림 정보나 일상을 나누는 마을모임, 육아·요리·독서 등 관심사가 비슷한 조합원끼리 교류하는 소모임, 같은 매장을 이용하는 조합원과 물품 및 매장 소식을 나누는 매장모임 등이 있다. 2021년에는 57개의 온라인모임을 시범운영했다. 여섯째, '국내·외 연대와 협력' 분야의 팔레스타인가자지구 지원 모금액은 3808만 6363원, 필리핀 설탕 생산공동체 기금액은 1810만 원에 이른다.

제5장의 사례연구 토론(Discussion)

사례연구 17 영국의 비피(BP)는 2010년 걸프 만에서 대규모 기름 유출 사고로 예견치 못한 엄청난 경제적·환경적 손실을 초래하였다. 먼저 ① 이 사건에 대하여 자세히 설명하라. 그리고 ② 재발방지를 위한 환경 관리체계 구축과 실행 과정을 이야기해 보고 한국에서 자주 발생하는 대형 참사(세월호 침몰 혹은 이태원 압사 사건 등) 사건에서 배워야 할 재발방지 체계 구축과 평가, 성찰의 과정에 대하여 토론해 보자.

사례연구 18 스웨덴의 바스타(basta)는 권한부여 기반모델을 토대로 노동 및 사회 통합을 이루고 사회적 목표그룹이 사회적기업 거버넌스의 핵심주체가 된 사회적경제 기업이다. 먼저 ① 이 기업의 권한부여기반 모델과 6가지 이념적 초석에 대하여 자세히 설명하라. 그리고 ② 한국의 사회적경제 기업들도 그들이 목적하는 사회적 목표그룹이 조직 거버넌스의 핵심주체가 될 수 있기 위해서는 어떤 노력을 해야 하는지 의견을 내고 토론해 보자.

사례연구 19 프랑스 SOS그룹은 모든 형태의 배제와 싸우는 것을 사명으로 출발하여 건강, 교육, 농촌 지역, 연대, 문화, 생태 전환 및 음식 분야에서 대규모로 사회적 요구를 충족시켜 오고 있다. 먼저 ① SOS그룹이 하는 일에 대하여 9가지로 구분하여 자세히 설명하라. 그리고 ② 한국사회의 정책이나 실무에 접목할 수 있는 제도 혹은 아이디어가 있다면 무엇인지 의견을 내고 토론해 보자.

사례연구 20 한국의 한살림은 지난 36년 이상 지역 살림 운동, 도농 직거래 운동을 펼치면서 대한민국에서 농민운동 및 생명사상 본질을 잃지 않고 가장 믿을 만한 먹거리를 제공하는 생활협동조합이다. 먼저 ① 한살림의 사상과 철학, 하는 일에 대하여 자세히 설명하라. 그리고 ② 한국사회의 일부 대형 생활협동조합이 협동조합의 본질을 잃고 경제적 이정표로 흘러가는 경우가 왕왕 발생하는데 그렇지 않기 위한 협동조합의 장치나 운영방식에 대하여 의견을 내고 토론해 보자.

제5장의 참고문헌(Reference)

1 Nassim Nicholas Taleb(2007), "The Black Swan: The Impact of the Highly Improbable", Random House.; 한경 경제 용어사전(2021), "검은 백조(Black Swan)", https://dic.hankyung.com.

2 최중석(2015), "비즈니스 경영전략, 개정 2판", 도서출판 두남.

3 위키백과(2018), "월가를 점령하라", http://ko.wikipedia.org.

4 WHO(2023), "WHO Coronavirus (COVID-19) Dashboard", https://covid19.who.int.; 위키백과(2023), "코로나-19_범유행", https://ko.wikipedia.org.

5 위키백과(2018), "삼성1호-허베이 스피릿호 원유 유출 사고" and "딥워터 허라이즌 기름 유출 사고", http://ko.wikipedia.org/wiki.; 오마이뉴스(2017), "삼성은 태안 참사의 주범: 삼성 본관에 모인 태안 어민들", http://ohmynews.com.; Daniel Gilbert and Justin Scheck(2014), "BP Found Grossly Negligent In Deepwater Horizon Disaster", The Wall Street Journal, September 4.; 허핑턴포스트(2015), http://huffingtonpost.kr.; Richard Morrison(2016), "BP in the Gulf of Mexico, Verified Environmental Statement 2013-2015".; BP(2021), "ESG datasheet 2020". https://bp.com.; VIVIENNE WALT(2020), "[포춘US]세계 500대 기업 / BP는 '석유의 그늘'에서 벗어날 준비가 되어 있을까?", fortunekorea.; 김환이(2020), "영국 BP, 석유화학사업 매각 '탄소중립목표, 친환경사업 집중'", IMPACT ON(임팩트온).

6 Freeman, R. E.(1984), "Strategic management: A stakeholder approach", Pitman Publishing Ltd.: Mario Minoja(2012), "Stakeholder Management Theory, Firm Strategy and Ambidexterity", J Bus Ethics, 109, 67-82에서 재인용.

7 Brenner, S. N. and Cochran, P.(1991), "The stakeholder theory of the firm: Implications for business and society theory and research", Paper presented at the annual meeting of the International Association for Business and Society, Sundance, UT.

8 Jones, T. M.(1995), "Instrumental Stakeholder Theory: A Synthesis of Ethics And Economics", Academy of Management Review, 20(2), 404-437.; Davis, K. and William C. Frederick(1984), "Business and Society: Corporate Strategy, Policy, Ethics", McGraw-Hill International Editions.; Rhenman, E.(1968), "International Democracy and Industrial Managment", Tavistock Publications Ltd.

9 Thomas Donaldson and Lee E. Preston(1995), "The Stakeholder Theory of The Corporation: Concepts, Evidence, and Implications", Academy of Management Review, 20(1), 65-91.; Mitchell, R. K., Bradly R. Agle, and D. J. Wood. (1987), "Toward a Theory of Stakeholder Identification and Salience: Defining the Principal of Who and What Really Counts", Academy of Management Journal, 22, 853-886.

10 Rajendra Sisodia, David Wolfe, and Jagdish Sheth(2007). "Firms of Endearment", Wharton School Publishing.

11 Mario Minoja(2012), "Stakeholder Management Theory, Firm Strategy, and Ambidexterity", J Bus Ethics, 109, 67-82.; Bidhan L. Parmar, R. Edward Freeman, Jeffrey S. Harrison, Andrew C. Wicks, Lauren Purnell, and Simone de Colle(2010), "Stakeholder Theory: The State of the Art", Academy of Management Annals, 4(1), 403-445.

12 Post, J. E., Preston, L. E., and Sachs, S.(2002), "Managing the extended enterprise: The new stakeholder view", California Management Review, 45(1), 5-27.

13 다음백과사전(2018), http://dic.daum.net.

14 Baumhart, R. C.(1961), "How ethical are businessmen?", Harvard Business Review, 39(4). 6-31.; Jeffrey Gandz and Nadine Hayes(1988), "Teaching business ethics", Journal of Business Ethics, 7(9), 657-669.; Thomas M. Jones(1995), "Instrumental Stakeholder Theory: A Synthesis of Ethics and Economics", The Academy of Management Review, 20(2), 404-437.; 한진환(2011), "윤리경영이 조직신뢰 및 조직시민행동에 미치는 영향", 대한경영학회지, 24(4), 2225-2244.; 김영복·최만기(2011), "윤리경영, 이해관계자 호응, 기업 이미지 및 조직성과에 관한 실증연구", 윤리경영연구, 13(1), 1-56.

15 Koh, H. C. and Boo, E. H.(2001), "The link between organizational ethics and job satisfaction: A study of managers in singapore", Journal of Business Ethics, 29(4), 309-324.; Phillips, R. A. and Reichart, J.(2000), "The environment as a stakeholder? A fairness-based approach", Journal of Business Ethics, 23(2), 185-197.

16 Gray, J. G., Jr.(1986), "Managing corporate image: The key to public trust", Quorum Books.; 김영복·최만기(2011), "윤리경영, 이해관계자 호응, 기업 이미지 및 조직성과에 관한 실증연구", 윤리경영연구 13(1), 1-56.

17 이혁준·오영삼·이지선(2010), "사회복지사가 지각한 조직공정성이 조직몰입과 이직의도에 미치는 영향에 관한 연구: 성장욕구의 매개효과를 중심으로", 연세대학교 사회복지조사연구소, 24, 153-181.; 김진곤(2011), "비영리 사회복지조직의 윤리경영이 조직몰입 및 직무만족에 미치는 영향에 관한 연구", 석사학위논문.; 이경철(2010), "사회복지사의 직무태도 및 행동 관련 변수 간의 인과모형연구", 박사학위논문.

18 김영복·최만기(2011), "윤리경영, 이해관계자 호응, 기업 이미지 및 조직성과에 관한 실증연구", 윤리경영연구, 13(1), 1-56.

19 국민권익위원회의(2009), "반부패 지표중심의 윤리경영 보고서 표준안".

20 바스타 홈페이지(2023), "About basta", https://basta.se/.; 최중석(2022), "경기도 정신재활시설협회 회원사 직원 글로벌 정신재활 선진기관 사례연구와 발전방안 학습프로그램", 경기도정신재활시설협회.; 최중석·윤길순·송선영·박성순(2020), "한국 자활사업의 사회적 성과(Social Impact) 연구", 한국지역자활센터협회.; EU(2017), "Triple R(Rehabilitation for Recovery and Reinsertion): Manual on rehabilitation and recovery of drug users".

21 김현주·이규환·이기엽(2011), "사랑받는 기업: 이해관계자 공생의 경영모델", 포스코경영연구소.

22 Bevir, Mark(2013), "Governance: A very short introduction", Oxford University Press.

23 강병준(2014), "거버넌스 관점에서의 사회적 경제조직의 성과요인 분석: 이해관계자의 인식조사를 중심으로", 공간과 사회, 24(3), 5-46.; 국제개발협력시민사회포럼(2016), "알기 쉬운 지속 가능발전목표 SDGs".

24 Jean Jacques Du Plessis, Anil Hargovan, Mirko Bagaric, and Jason Harris(2015), "Principles of Contemporary Corporate Governance: Third Edition", Cambridge University Press.

25 GRI(2021), "gri-standards-all-2020", https://globalreporting.org.; 이준희(2020), "한국기업들의 ESG 경영을 위한 변화 I : ESG 경영의 개념과 접근 방법", 딜로이트 안진회계법인.; 이효정·김규림·임두빈·박도현·전창의·장지혜(2021), "ESG의 부상, 기업은 무엇을 준비해야 하는가?", Samjong INSIGHT, 74, 삼정KPMG 경제연구원.

26 이명석(2002), "거버넌스의 개념화: '사회적 조정'으로서의 거버넌스", 한국행정학보, 36(4), 321-338.

27 한승준(2007), "신거버넌스 논의의 이론적, 실제적 한계에 관한 연구", 한국행정학보, 41(3), 95-116.

28 Ansell, Chris and Gash, Alison(2007), "Collaborative Governance in Theory and Practice", Journal of Public Administration Research and Theory, 18(3), 543-571.; 이원동·최명식(2017), "지역기반형 도시재생을 위한 협력적 거버넌스", 국토연구, 127-147.

29 법제처(2013), "노인장기요양보험법", http://moleg.go.kr.

30 이민홍·최재성·이상우(2014), "노인장기요양서비스의 질 관리체계와 개선방안: 이해관계자(stakeholder) 관점을 중심으로", 사회복지정책 41(4), 51-75.

31 통계청(2018), "주요 연령계층별 추계인구(생산가능인구, 고령인구 등)", http://kosis.kr.

32 Jean Jacques Du Plessis, Anil Hargovan, Mirko Bagaric, and Jason Harris(2015), "Principles of Contemporary Corporate Governance, 3e", Cambridge University Press.; John L. Colley Jr., Wallace Stettinius, Jacqueline L. Doyle, and George Logan(2004), "What is Corporate Governance?", McGraw-Hill.

33 GROUPE SOS(2019), "LE GROUPE SOS EN 2019: Rapport d'activités".; 위키피디아 프랑스(2023), "Groupe_SOS", https://fr.wikipedia.org.; GROUPE SOS(2018), "Preparing the future".; 최중석·윤길순·송선영·박성순(2020), "한국 자활사업의 사회적 성과(Social Impact) 연구", 한국지역자활센터협회.; SOS 그룹 홈페이지(2021), "ACT WITH US", https://groupe-sos.org.

34 Borzaga, C. and J. Defourny(eds.)(2001), "The Emergence of Social Enterprise", Routledge.

35 강병준(2014), "거버넌스 관점에서의 사회적 경제조직의 성과요인 분석: 이해관계자의 인식조사를 중심으로", 공간과 사회, 24(3), 5-46.

36 Social Business Trust(2017), "Unlocking Growth: The Insider's Guide to Scaling Your Social Enterprise".

37 장경수(2006), "협동조합의 조합원 가치와 거버넌스에 관한 고찰", 한국협동조합연구, 24(1), 1-26.

38 전형수(2009), "사회적기업의 육성 방안: 이해관계자 협동조합을 중심으로", 한국협동조합연구, 27(2), 1-32.

39 위키피디아(2023), https://ko.wikipedia.org/.; 한살림 홈페이지(2023), http://hansalim.or.kr.; 한살림(2022), "한살림 2021년 연차보고서_세상의 밥이 되는 한 살림".; 한살림(1989), "생명의 지평을 바라보면서-한살림 선언", 한살림모임 창립총회.

제6장

지역공동체 조직화(Organizing)

제6장의 개요(Outline)

6-1. 지역공동체의 의의와 관점

6-2. 지역공동체의 유형 분류와 사업 형태

6-3. 지역공동체 조직화 개념과 행위자

6-4. 지역공동체 조직화 실천 전략과 운영 원리

사례연구 21 호주의 스트리이트(STREAT): 거리카페(Street Cafes)를 통해 지역공동체에 산업 교육 및 고용 기회와 광범위한 사회적 지원 프로그램을 제공하고 사업의 발전상을 정량적인 성과로 측정하여 그 파급효과 및 활동의 가치를 알리다!

사례연구 22 일본의 가나자와(金澤)시: 지역공동체 스스로 전통 건물과 경관을 보존하고 문화 예술촌으로 재탄생하여 세계에 주목받다!

사례연구 23 중국 홍콩의 완차이(灣仔, WanChai) 마을: 사회복지기관과 지역공동체가 중심이 되어 지역의 역사 자산을 보존하고 호혜 정신을 바탕으로 지역경제를 살리다!

사례연구 24 한국의 완주군 농촌활력사업: 민관 거버넌스 로컬푸드(local food, 지역먹거리)를 비롯한 사회적경제 운동으로 시장경제에 휘둘린 농촌의 악순환을 안정화시키고 본래를 찾아가다!

제6장의 학습목표(Objectives)

☞ 학습목표 6-1: 문제 해결형 지역공동체와 전문직 지역공동체의 의미를 이해하고 두 공동체와 지역사회 문제 해결을 위한 사회적경제의 사명과의 관계를 설명할 수 있다.

☞ 학습목표 6-2: 주민과 행정의 관계에 따른 지역공동체 활성화 전략을 크게 정부 주도, 민관협력, 주민주도로 구분하여 이해하고 설명할 수 있다.

☞ 학습목표 6-3: 지역공동체 조직화의 행위자를 중심(핵심) 행위자와 내부 지원자, 외부 지원자로 구분하여 설명할 수 있다.

☞ 학습목표 6-4: 지역공동체 조직화 방법을 '알린스키', '가와하리 스스무', '생명주기 이론'의 단계로 구분하여 각각을 이해하고 각 단계별 특징과 해결과제를 설명할 수 있다.

☞ 학습목표 6-5: 지역공동체 조직화의 운영 원리를 알고 설명할 수 있다.

☞ 학습목표 6-6: 제6장 뒤쪽에서 언급하고 있는 4개 사례연구의 토론주제에 대하여 타인의 의견을 경청함과 동시에 자기 의견을 밝히면서 적극적으로 토론에 참여할 수 있다.

제6장의 용어 및 개념 정리(Proposition)

▶ 지역공동체: 일정한 지리적, 물리적인 공간을 바탕으로 국가로부터 멀리 떨어진 공동체 구성원의 의식과 생활에 도움이 될 수 있는 사회화 기능의 중간자적인 주체이며 구성원 각자 혹은 상호 간 의미와 정체성을 중요시하고 공동체 소속감과 밀접한 유대를 가지고 상호 작용하는 사회적인 조직

▶ 지역공동체 조직화: 지역사회 문제를 해결하고 사회혁신을 이루기 위하여 지역공동체 구성원들이 함께 뭉쳐 계획하고 행동하는 가치 창출의 전 과정

▶ 지역활동가: 지역 자원의 조사, 분석, 동원과 연결 등의 다양한 자원 및 조직 활동과 더 나아가 공동체 구성원의 상담, 자문, 교육 등의 촉진 활동을 통하여 지역공동체 조직화가 성과를 이루도록 적극적으로 힘쓰는 사람

▶ 지역공동체 조직화 행위자: 지역공동체의 주체인 구성원 및 사업을 추진하는 사회적경제 기업을 중심으로 지역공동체 조직화에 직·간접적인 영향을 주고받는 내부 지원자(또는 조직)와 외부 지원자(또는 조직)

마을 공동체를 이룬 인류의 DNA,
우리는 모두 형제다!

옛날에 한 아이를 키우려면 온 마을이 필요하였듯이 인류의 제일 오래된 사회적 공동체는 마을이 아닌지 싶다. 인생이란 어쩌면 어느 작은 마을에서 태어나 어느 낯선 마을로의 여행일지 모른다는 생각이 든다. 모두가 저마다의 주인공인 여행지에서 우리는 만나고 또는 헤어진다.

우연한 기회에 시작한 마을살이에서 나는 오래전 잊고 살았던 나와 마주했고 다시 그곳으로 돌아갈 준비를 하고 있다. 사회적경제에 대한 관심 또한 어쩌면 다시 돌아갈 마을살이를 위한 준비로 시작한 선택임을 고백한다.

이 도서를 다 넘기기 전에 사회적경제의 그 선한 가치를 세상에 내놓을 자리를 찾는다면, 작은 시도나마 여기 제6장에서 발견해 보시길 희망한다. 발현해 볼 기회 또한 뒤따르길 응원한다. 반세기가 흐르기 전에 마을은 검색어에만 나오는 단어로 퇴색할지 모를 일이지만 물고기와 바다같이, 우리는 세상이라는 그물망에 엉켜있는 존재이기에 마을과 지역공동체에서 함께 웃고 부딪히면서 몸이 불편한 사람도 건강한 사람도, 부자도 가난한 사람도, 아이들도 어른들도, 여자도 남자도 함께 사람 사는 세상의 가치를 느껴야 하지 않을까?

가능하다면 공동체 속의 어려운 이웃을 먼저 함께 돌보면서 말이다. 한동안 나에게 숙제를 던진 오래된 미래라는 책에 나오는 시애틀이라는 추장의 말을 인용하며….

2023년 1월 16일
전통주 빚기를 즐기는 김규리

김규리는 서산시 귀농귀촌 협의회 자문위원이며 마을에서 가양주 협동조합을 준비중이다. 전)탱자성 협동조합 생생문화재 사업부 팀장, 전)서울시 전통시장 연계형 도시재생 지역 팀장, 전)예술 창작집단 톰방의 홍보이사를 역임하였다. 전통주 빚기에 조예가 깊다. 재미난청춘세상 사회적경제 리더 제2기 과정을 수료했다.

'지역공동체(Local Community)'는 지역이라는 '지리적 공간'과 공동체라는 '공통의 가치를 공유하는 사회적 조직'의 합성어로 "같은 지리적 공간을 배경으로 공통의 가치를 공유하는 사회적 조직"으로 간단히 정의할 수 있다[1]. 그러나 지역공동체는 지리적인 측면보다는 유대관계의 특성을 나타내는 의미로, 인간관계 속에서 상호 의존적이며 애착을 갖는 자연적으로 생성되는 조직체라는 의미에 더 부합한다. 결과적으로 이는 인류에게 가장 필수적인 욕구라고 할 수 있다[2]. 지역공동체라는 말의 어원인 라틴어 코뮤니스(communis)의 사전적 의미도 '친목, 인간관계나 정서적 지역공동체'라는 개념으로 설명하고 있다[3]. 좀 더 나아가 사회적기업가의 역할과 사회보호의 의미로 설명하고 있는 영국 사회서비스부(Britain by the Secretary of State for Social Services)의 지역사회사업국에서는 지역공동체를 '사회보호를 이해하는 데에 중점을 두고 의미를 부여'하고 있다. 영국 노동당의 바클레이(Barclay) 보고서는 지역공동체를 "애정, 우정 및 공통된 관심, 지리적인 가까움, 직업적인 교류 혹은 서비스의 교환 등 공동체 구성원들의 다양한 조합에 의한 인간관계의 연결망 또는 공식적인 관계"로 규정하고 있다. 노동당은 사회적 보호를 "지역공동체 연결망에 의해 비공식적으로 제공되든지 공공서비스에 의하여 공식적으로 제공되든지 간에, 어려움에 부닥친 이들에게 유용한 도움(때로는 필요하면 통제를 하지만)이 되는 자원의 총체"로 정의하고 있다[4]. 따라서 구성요소를 바탕으로 볼 때 지역공동체는 "일정한 지리적·물리적 공간을 바탕으로 지역공동체 구성원들 간 긴밀하게 상호 작용하고 정서적 유대감을 공유하는 사회적 조직단위체"라고 할 수 있다[5].

지역공동체는 대표적으로 '공동사회(Gemeinschaft)'와 '이익사회(Gesellschaft)'로 나누어 볼 수 있다. 공동사회는 가족·친족·민족·마을처럼 혈연이나 지연 등 애정을 기초로 하여 이루어지며, 비타산적이라는 특징을 갖는다. 반면 이익사회는 회사·도시·국가·조합·정당 등과 같이 계약이나 조약, 협정으로 인위적이고 타산적 이해에 얽혀 이루어진다. 이 개념은 지역공동체의 사회적 관계에 관한 논의를 이해하는 데에 중요한 기초를 제공하고 있다[6].

지역공동체에 대한 의미는 연구자마다 조금씩 다르게 해석하고 있는데 마츠모토 야스시(松本康)는 지역공동체의 의미를 광의와 협의, 그리고 더 좁은 협의의 세 가지 관점으로 설명하고 있다. 먼저 광의로는 "특정한 의미를 갖고 공동생활을 영위하는 구성원들의 집합"이라고 정의하고 있다. 협의로는 "일정한 지리적 범위 안에서 공동생활을 영위하는 구성원들의 집단"으로 정의한다. 더 좁은 협의의 의미는 "거주지를 중심으로 일상적인 접촉의 범위 내에서 특정한 의미를 갖고 공동생활을 영위하는 구성원들의 집단"으로 정의한다[7].

　　또한 〈표 6.1〉과 같이 이재열은 "거주 단위를 기본으로 소속과 유대를 공유하는 집단"으로 설명하고 있으며 박병춘은 "물리적 공간으로써 일정 지역을 기반으로 지역주민들이 생활전반에 대해 긴밀하게 상호 작용하면서 공동의 가치와 목표라는 정서적인 유대감을 공유하는 사회적 조직 단위"로 정의한다. 전대욱 등은 "심리적 유대감이나 소속감을 느낀 일정한 지리적 영역을 공유하는 구성원 집단"으로 정의한다. 마테시츠(Mattessich) 등은 "지리적으로 한정된 지역 안에 거주하면서 상호 간 자신들이 사는 장소에 대해 사회적 심리적 유대를 가지고 있는 구성원들"로, 던컨(Duncan)은 "다양한 공간수준에서 공간을 공유하면서 사회적 상호 작용을 통해 공동의 목적을 달성하는 집단"으로 정의하였다[8].

〈표 6.1〉 지역공동체의 다양한 개념 정의

연구자(연도)	지역공동체의 정의
이재열(2006)	거주단위를 기초로 소속감과 유대감을 공유하는 집단
박병춘(2012)	물리적 공간으로써 일정 지역을 기반으로 지역주민들이 생활전반에 대해 긴밀하게 상호 작용하면서 공동의 가치와 목표라는 정서적인 유대감을 공유하는 사회적 조직 단위
김성배(2011)	일정한 지역에서 서로 상호 작용 하면서 함께 공존하는 사람들의 집단
정기환(2006)	지리적 경계를 가지는 일정한 공간적 범위 안에서 경제, 사회, 문화적으로 상호유대와 의존적인 관계를 형성하면서 지역적, 문화적 정체성을 지니고 살아가는 사람들의 집단
곽현근(2012)	일정한 지리적 경계 안에서 살면서 주민들 상호 간에, 그리고 자신이 살고 있는 장소에 대해 사회적, 심리적 유대를 가진 사람들
이종수(2012)	인간이 만족할 모둠 살이 할 수 있는 친밀권역
전대욱 외(2012)	심리적 유대감이나 소속감을 가진 일정한 지리적 영역을 공유하는 구성원 집단
Hillery(1955)	일정한 영역에서 공동의 유대감을 가지고 상호 작용을 하는 주민의 집단
Mattessich, et, al.(1997)	지리적으로 한정된 지역 안에 거주하면서 상호 간 자신이 살고 있는 장소에 대해 사회적 심리적 유대를 가지고 있는 구성원들
Duncan(1989)	다양한 공간수준에서 공간을 공유하면서 사회적 상호 작용을 통해 공동의 목적을 달성하는 집단
Master et al.(1988)	협동적인 인간관계 속에서 대면접촉하고 상호 작용을 하며 살아가는 인간의 집단

출처: 한국지방행정연구원(2013), "현대적 지역공동체 모델정립 및 활성화 방안 연구", 안전행정부, p.15.

한국사회는 예로부터 조상 대대로 마을 단위 경제생활에 있어서 서로 공생하는 문화에서 기인한 공동체 활동이 존재해 왔다. 대표적으로 두레와 품앗이를 들 수 있다. 두레는 "농촌에서 농민들이 농사일이나 길쌈(부녀자들이 가정에서 베·모시·명주·무명의 직물을 짜는 모든 과정) 등을 협력하여 함께하기 위해 마을 단위로 만든 공동노동조직"이다. 공동노동의 일은 주로 모내기·김매기 때와 같이 단기간에 대규모의 노동력을 집약적으로 투입해야 할 때 관행되어 왔다. 두레는 공동노동조직이기도 하면서 줄다리기·횃싸움·편싸움 등의 오락에서도 큰 몫을 하였다. 두레에 가입하려는 남자는 자기의 힘을 마을사람들에게 '신참례(新參禮)'라고 불리는 시험을 보여서 그들의 찬동을 얻어야 했다. 여기에서 고대부터 있어 온 성년식의 유풍을 찾을 수도 있다. 두레의 유래에 대해서는 이견이 없는 것은 아니지만, 고대 씨족공동사회에서 찾는 견해가 많다. 토지소유 형태면에서는 토지가 촌락공동체, 즉 두레에 속했으므로 공동경작·공동분배를 했을 것이고, 따라서 전체 주민의 공동노동조직도 두레로 불리게 되었을 것이다. 이러한 관계는 토지소유관계의 변화에 따라 점차 약화하였지만 토지의 사적 소유가 확립될 때까지는 남아 있었다. 1970년대 중반 강원도 횡성군에서 조사된 두레는 다른 지역에서는 찾아볼 수 없을 만큼 온전하게 유지되고 있었다고 알려진다. 그곳에서는 모내기를 1주일 정도 앞두고 두레를 짜고 운영하였다고 한다. 그러나 화폐경제가 지배하는 자본주의사회가 더욱 발전함에 따라 두레는 점점 소멸하여 갔다.

품앗이는 "일을 서로 거들어 주어 품을 지고 갚는 교환노동"을 의미한다. 두레가 한 마을의 성년 남자 전원이 거의 의무적으로 참가해야 했던 것에 반하여 품앗이는 기본적으로 개인의 의사에 따라 이루어지는 소규모의 노동력 상호교환조직이라고 할 수 있다. 그러나 품앗이는 상대방의 노동능력을 평가하는 데 있어서 타산적이 아니다. 일반적으로 남성과 여성, 장정과 소년의 노동력이 동등하게 평가되는 일이 많았다. 즉, 인간의 노동력은 원칙적으로 모두 대등하다는 가정에서 품앗이를 짜는 경우가 많았다. 이러한 가정이 품앗이를 성립시키는 근본적인 가치 관념으로 보인다. 품앗이를 짜는 개인이나 소집단 상호 간에는 그 선행조건으로 상호부조의식 또는 의리라고 할 수 있는 정신적인 자세와 때로는 처지가 서로 비슷해야 품앗이를 짤 수 있다는 믿음과 관념들이 바탕에 깔린 것이다. 결국, 품앗이는 서로 도움을 도움으로 갚아야 한다는 증답의례적 호혜의식(贈答儀禮的 互惠意識, 서로 특별한 혜택을 주고받는 규율이나 의식)이 제도화된 협동체계라 하겠다. 여기서는 품삯을 위한 농업노동자는 배제되어 있었다. 오늘날에도 품앗이는 조직되고는 있으나 그 양상은 많이 달라졌다. 근대화되는 농촌사회에서 환금의식(換金意識, 현금으로 바꿈)이 발달했기 때문에 품앗이의 바탕에 깔린 인력에 대한 평등의식은 더 합리적인 타산성의 작용을 받게 되었다. 순수한 인력의 교환 내지 주고받던 품앗이보다 임금노동이 증가하고 있으며, 집단적 임금노동의 형식인 '품앗이고지' 같은 것이 등장하게 된 것도 이러한 세태의 영향이다[9].

　지역공동체를 공간적인 '형태' 중심으로 바라보는지, 그 속에서 이루어지는 '행위'를 중심으로 바라보는지에 따라서도 서로 다른 두 가지 관점이 존재한다. 첫째는 공간의 개념을 중심으로 바라보는 '구조적인 관점'이다. 이것은 지역공동체를 그들의 공간, 모수(Parameter: 집단 전체의 특성을 나타내는 값들, 예를 들어 농촌지역, 도시지역, 도농복합지역 등으로 구분하는 것처럼), 그리고 국가라는 총체와 그 지역공동체의 정체성과의 관계를 중심으로 바라보는 개념이다. 구조적인 관점에서 지역공동체는 종종 지역사회 구성원인 개인과 국가 사이에서 중재자 역할로 설명한다. 국가는 개인에게서 너무 멀리 떨어져 있어서 지역공동체와 같은 중간 조직의 도움을 통하여 공동체 구성원의 의식과 생활에 도움이 될 수 있는 사회화 기능을 수행해야 한다는 것이다. 그러므로 지역공동체를 개인과 국가로 대표되는 전체 사회의 연결 고리, 즉 지역공동체는 구성원 개개인에 의하여 형성되고 사회화시키고 변화시키는 연결 고리의 역할로 파악한다. 구조적 관점에서 지역공동체를 특히 정치적 또는 행정적 범주로 보는 경우가 많은데, 공동체가 지역, 도시, 읍·면, 근린지역 등으로 구분된다는 측면에서 더욱 그러하다. 이러한 구조에 따라서 많은 정치·사회적 기능이 수행되고 있으며 이 과정에서 핵심적인 국가 권력으로부터 개인을 중재한다[10].

　둘째는 공동체 내부에서 상호 간 행위적인 측면을 중심으로 바라보는 사회심리적인 관점이다. 이 개념은 각자의 혹은 상호 간의 의미와 정체성, 배제 또는 소외되지 않는 관계, 그리고 소속감을 강조하는 관점이다. 사회심리적 관점은 구성원 사이의 관계와 경로의 이해에 주로 관심을 집중한다. 공동체 사회에서 인간은 '상호관계, 운명공동체, 밀접한 유대', 그리고 그러한 유대에서 초래되는 '개인적 보상과 의무'를 통해 서로 관련을 맺게 된다. 지역공동체는 국가와 개인 간의 중재자적인 구조적 개념의 역할을 하면서도 관계 중심의 심리적 개념이 동시에 존재하면서 다른 많은 사회적이고 공간적인 관계로 얽혀진다. 따라서 지역공동체는 단일 차원으로만 보기보다는 구조적 차원과 사회심리적 차원의 복합적인 의미로 받아들이는 것이 더 적절하다고 하겠다.

　이런 측면에서 지역공동체를 정의한다면 "일정한 지리적, 물리적 공간을 바탕으로 국가로부터 멀리 떨어진 공동체 구성원의 의식과 생활에 도움이 될 수 있는 사회화 기능의 중간자적인 주체이며 구성원 각자의 혹은 상호 간의 의미와 정체성을 중요시하고, 공동체 소속감과 밀접한 유대를 가지고 상호 작용을 하는 사회적인 조직체"라고 할 수 있다. 하지만 지역공동체는 산업사회를 지나오면서 무분별한 개발 정책으로 인하여 구성원 개개인의 의미나 정체성은 등한시됐고 느슨해졌다.

아울러 급속한 도시화와 인간 간의 경쟁 심화로 소속감이나 유대감은 상당히 쇠퇴하였다. 공동체성 회복을 통하여 사람 중심의 가치를 회복하고 더불어 행복할 수 있는 신뢰의 관계망 구축이 무엇보다도 요구된다.

사례연구 21

호주의 스트리이트(STREAT): 거리카페(Street Cafes)를 통해 지역공동체에 산업 교육 및 고용 기회와 광범위한 사회적 지원 프로그램을 제공하고 사업의 발전상을 정량적인 성과로 측정하여 그 파급효과 및 활동의 가치를 알리다[11]!

호주의 '스트리이트(STREAT)'는 2008년 벡 스콧(Rebecca Scott OAM, CEO)과 케이트 버레럴(Dr. Kate Barrelle, Chief Impact Officer(최고영향책임자))에 의하여 시작되었으며, 2010년 호주 멜버른(Melbourne)의 페더레이션(Federation) 광장에서 음식을 파는 작은 카트(Carts)에서 출발하였다. 호주에는 약 10만 명의 노숙자들이 있는데, 25세 이하 연령대도 가정의 문제로 노숙자가 되는 경우가 많다. 이들은 학교를 그만두고 약물이나 알콜 혹은 도박에 빠지기 쉽고, 다시 학교로 돌아가기 어려운 생활을 하는 경우가 많다. STREAT는 이처럼 집이 없거나, 불우한 환경에 있는 노숙 청소년에게 장기적이고 의미 있는 직장을 찾을 수 있도록 지원하는 기업이다. STREAT는 '거리카페(Street Cafes)'를 통한 산업 교육 및 고용 기회 발견과 함께 광범위한 사회적 지원 프로그램을 제공하고 있다. STREAT는 노점식으로 음식을 판매하는 다양한 푸드 및 커피 카트를 운영하여 수익을 창출하고 있으며, 거리카페는 연수생에게 유급으로 취업 경험을 제공하는 교육 프로그램의 핵심 부분으로도 사용되고 있다. STREAT는 2018년 현재 약 800만 명의 고객을 구축했으며, 1100명이 넘는 젊은이들에게 6만 5000시간 이상의 교육을 제공했다.

〈그림 6.1〉 STREAT 설립자(좌: 스콧, 우: 버레럴) 및 노점 카페

출처: STREAT 페이스 북(2023) and 홈페이지(2018), http://streat.com.au.

STREAT는 호주 멜버른의 본부와 별도로 시내에 청소년을 위한 훈련용 거리카페를 운영한다. 이들의 운영재원은 초기 정부 지원금 외에 5% 정도의 추가 정부지원 및 후원과 제휴기관들의 도움으로 운영된다. 시청은 이들에게 숙소를 제공하고 일부 교육기관에서는 교육을 지원한다. 또한 출장 뷔페 기관 등 다양한 기관들과 협력체계를 구축하였다. 이들은 수익이 발생하면 카페 운영을 위한 매장 구입, 교육 및 훈련, 전문가 초빙 등의 지출에 재투자한다. 2014년에는 자기 지분 50%와 투자자 지분 50%로 실제 커피 로스팅 카페를 운영하기 위하여 호주에서 가장 일반적인 회사 형태인 독점 유한(PTY LTD, Proprietary Limited)회사를 설립하였다.

STREAT는 사회적 영향 투자를 통하여 사회(공동체)(적), 경제적 및 환경적 영향을 측정하고 평가하기 위해 호주의 '영향투자 파트너십'에서 진행한 SROI 측정 프로젝트에 참여하였다. 아울러 투자자 등의 이해관계자에게 회사에서 예상하고 있는 영향력 및 활동의 가치를 명확하게 알릴 필요도 있었기 때문에 SROI 분석 프로젝트에 참가하게 되었다. STREAT는 SROI 분석 프로젝트 참여를 통하여 고용을 지원하는 STREAT의 가치를 확인하고 측정 및 평가 프레임워크에 대한 기준 데이터를 작성할 수 있었다. 경영층은 "SROI 측정 데이터들은 STREAT의 활동이 진행되었을 때와 그렇지 않았을 때 어떻게 차이가 나는지 깨닫게 해 주었으며, 우리는 양질의 기본 데이터를 통해 동태적으로 사업의 진행 상황을 추적할 수 있는 위치에 서게 되었다."라고 소감을 밝히고 있으며 "일부 이해관계자와는 의견을 나누기가 어려웠고 이로 인하여 일부의 이해관계자와 그들의 잠재적인 성과가 제외된 점은 아쉬움이다."라고 술회하고 있다. STREAT의 측정 및 평가 프레임 워크는 사업이 성숙됨에 따라 보다 유용하고 관련성이 높은 데이터를 포함하도록 진화하고 있으며 SROI 보고서는 STREAT의 주요 마케팅 및 커뮤니케이션 자료로 사용되고 있다.

2019년 보고서에 따르면 이들이 창출한 사회적 영향은 다음과 같다. 첫째, '사람(People)' 측면에서는 '청소년이 독립적으로 생활하고 잠재력을 발휘'하도록 도우며 '사람과 문화를 육성하고 성장'시키고 더 나가가 '다른 사람들을 변화시키는 사람'이 되도록 하였다. 정량적인 성과로는, 40명의 젊은이들과 집중적으로 일하면서 그들에게 2만 950시간의 서비스 교육 및 사업 전반에 걸친 업무 경험을 제공했다. 특히 '소속감', '건강한 자아', '건전한 직업', '건강한 가정'을 가질 수 있도록 하였는데 조사결과 점수는 소속감은 95점, 건강한 자아 형성은 94점에 달한 것으로 나타났다. 수강한 모든 젊은이의 85%가 프로그램을 완료했으며 수료 6개월 후, 연락할 수 있었던 사람들의 76%가 여전히 취업 중이거나 교육 또는 훈련을 받고 있었다. 전체 교육프로그램 만족도는 93점에 달하였다. 둘째, 직원을 62명에서 78명으로 늘렸고 직원 이직률은 30% 미만이었다. 직원에게 정신 건강

응급 처치(114시간), 젊은이들과 함께 일하는 요령(144시간), 용기 있는 대화(45시간)와 성별 및 성적 다양성에 대한 자부심(124시간)을 포함하여 연중 427시간의 전문성 개발 프로그램을 제공했다. 성소수자 및 성별이 다양한 젊은이들과 함께 일하는 것을 교육하기 위한 지침과 교육 지원을 늘렸다. 또한 '트랜스젠더(transgender, 사회적 성과 생물학적 성별이 일치하지 않는 사람)' 젊은이들과의 작업을 돕는 '트랜스 밴'을 출시했으며 '커밍아웃(coming out, 성소수자가 스스로 자신의 성정체성을 드러내는 것)'하거나 전환할 때 지원하는 것을 도왔다. STREAT는 '2018 Workplace Giving Excellence Awards(직장 기부 우수상 대회)'에서 SEEK와 함께 가장 혁신적인 자선 단체·고용주 파트너십으로 금메달(GOLD Award)을 수상하였으며 Social Traders로부터 '2018 Social Enterprise Growth Award(사회적기업 성장상)'를 수상하였다. 벡 스콧은 '호주 훈장(Order of Australia medal)'을 수상했다. 2019년 STREAT는 사회적경제 기업 부문에서 옹호, 창업에 대한 조언, 사회적기업가 지망생의 역량 강화, 부문 간담회 및 강의, 미디어 및 학교 그룹 간담회, 호주 및 전 세계의 사회적기업가 초청 등 총 2500시간의 업무를 소화했다.

둘째, '지구와 장소(Planet and Place)' 측면에서는 치료견이 청소년과 직원에게 1920 시간의 치료를 제공하여 놀라울 정도의 효과를 보았다. STREAT는 80명 이상의 숙련된 자원봉사자와 함께 지역사회 녹색 작업에 참여했다. 녹색 공간 및 장소 조성의 하나로 현장에서 만든 생분해성 세정제인 '이워터(eWater)'를 사용하여 8750리터의 유해한 화학 물질이 수로에 유입되는 것을 방지했으며 크롬웰(Cromwell) 정원의 식물 종을 다양화하여 다양한 곤충과 새를 끌어들였다. 회복력 있는 생태계 구축 및 육성의 하나로 유기 폐기물(부엌 찌꺼기, 커피 껍질, 커피 찌꺼기, 달걀 상자 및 사무용 용지)을 18만 마리의 벌레에게 먹임으로써 1.3톤의 벌레 서식지 공간을 조성했고 1200리터의 토양 강장제를 생산했다. 이러한 노력으로 매립되는 유기물 폐기물을 없애고 25톤 이상의 유기물을 전환했다. 20.8톤의 커피 찌꺼기를 절약했는데 이는 57만 6888개의 라떼(latte, 우유를 넣은 커피의 일종)가 매립되는 것을 방지한 것과 동일하며 3만 9459kg의 유해한 온실 가스를 줄인 효과와 같다. 또한 고객 교육과 캠페인, 판매용 컵 공유와 재사용 가능한 컵 옵션을 제공하여 재사용 가능한 커피 컵 사용량을 15%에서 34%(업계 평균은 2~7%)로 늘려 10만 9000개의 일회용 커피 컵이 매립되는 것을 방지했으며 12톤의 이산화탄소가 방출되거나 동일한 양의 CO_2를 포집하기 위해 84그루의 나무를 심었다. STREAT는 연질 플라스틱 재활용 시스템을 구현했으며 사업장 전체에서 플라스틱 빨대를 식사용 재사용 금속 빨대와 테이크아웃용 종이 빨대로 교체했다. Cromwell 정원에 빗물 탱크에서 100% 공급되는 관수 급수 시스템을 설치했다. 현장에서 자랄 수 있는 식용 식물을 늘리고 실내의 자가 급수 화분에 여러 식물을 추가했다. Cromwell에 118개의 태양광 패널을 설치하여 한 달이면 일반 주택에 116일 동안 전력을 공급할 수 있는 전기를 수확할 수 있게 되었다. 여기에는 연간 에너지 생성 및 사용량을 모니터링할 수 있도록 스마트 계량기(smart meter)를 설치했으며 2020년부터 100% 재생 가능 에너지로 전환된다. 저탄소 운송 수단 사용을 위하여 2020년에는 직원들이 집, 직장, 외부 회의 사이를 이동할 수 있도록 회사 전기 자전거도 만들었다. 직원의 79%가 집과 직장 사이를 오가는 친환경 교통수단(자전거 타기, 스쿠터 타기, 걷기, 자가용 같이 타기 또는 대중 교통 이용하기)을 사용하고 있다. 저탄소 제품 및 서비스 생산을 위하여 생산물의 80% 이상이 계절 및 지역에서 공급되도록 하였으며 Cromwell 정원에서 재배되는 농산물의 양을 늘리고 푸드 마일을 푸드 미터로 바꾸고 있다. STREAT는 육류 사용을 더욱 줄이고, 특히 붉은 육류를 흰 육류로 단계적으로 낮추고 지속 가능한 생선 사용을 늘림에 따라 카페와 출장 메뉴 전반에 걸쳐 새로운 채식주의 요리를 증가하고 있다. 또한 다양한 기업가, 디자이너 및 제조업체와 협력하여 폐기물에서 고부가가치 제품을 만들고 있다. 여기에는 비누에 커피 찌꺼기 사용, 커피 자루를 가방으로 업사이클링, 플라스틱을 다양한 잠재적 제품으로 사용하는 것이 포함된다.

〈그림 6.2〉 STREAT 크롬웰 정원(좌) 및 카페(우)

출처: STREAT 홈페이지(2023), http://streat.com.au.

셋째, '성과(Performance)' 측면에서는 비즈니스를 확장하여 10개의 사업부(카페 6개, 출장 회사 1개, 빵집 1개, 커피 볶는 곳 1개 및 농부 마켓 가판대 1개)를 운영하고 있다. STREAT는 수익의 73%를 자체 사업에서 창출하여 재정적 지속 가능성을 더욱 확대했다. 40만 명 이상의 고객에게 서비스를 제공했으며 2019년에 10만 명이 추가되었다. STREAT의 제품 및 서비스는 전체 매장에서 5점 만점에 4.6으로 평가됐다. 다양한 조직(RACV, SEEK, Pace, Arup, ANZ, AMP, Z endesk, Westpac, RMIT, LinkedIn, Kozminsky, Blue Rock Places, John Holland, Victorian Funds Management Corporation)과의 관계를 심화했다. 기부금, 정부 및 기업 지원금, 사회적 영향 투자를 포함하여 총수익이 510만 달러(약 58억 3950만 원)에서 670만 달러(약 76억 7150만 원)로 31% 증가했으며, 사업 수익은 360만 달러(약 41억 2200만 원)에서 500만 달러(57억 2500만 원)로 약 37%가 증가했다. 빅토리아 주 정부의 사회적 조달 방침으로 추진력을 얻어서 정부 및 관련 기관에 출장 서비스를 확대할 수 있었다. 그리고 마침내 2012년에 Social Roasting Company로부터 카페 2개와 커피 로스터 1개를 인수하면서 조달한 사회적 영향 투자의 33%를 상환했다. 빅토리아 주의 사회적경제 기업 부문 성장을 목표로 하는 '빅토리아 사회적 기업 네트워크(SENVIC)'의 창립 멤버이다. 스윈번 대학(Swinburne University)과 함께 다년간 '건강의 사회적 결정 요인에 대한 연구 프로젝트'를 진행하였으며 SVA(Social Ventures Australia)와 함께 '청소년 범죄자와의 작업을 심화할 수 있는 방법'을 포함하여 여러 연구 프로젝트에 참여했다.

목적에 따른 지역공동체의 분류

지역공동체는 그 목적에 따라 '문제 해결형 지역공동체', '전문직 지역공동체', '민족적 지역공동체'로 구분하여 설명한다[12]. '문제 해결형 지역공동체'는 현대사회가 '아노미(Anomie: 공통된 가치관이 붕괴하고 목적의식이나 이상이 상실됨에 따라 사회나 개인에게 나타나는 혼돈)' 상태에서 그 관심을 지역공동체로 돌렸다. 이는 가족의 기능이 점점 더 약화하고 멀어져 가고 있음을 느끼기 때문이다. 문명과 산업화의 진전과 함께 가족 구성원의 수는 적어지고 전통적인 속성과 포용력을 잃어 가면서 많은 사람은 가족과 공동사회의 자리를 대신할 대안을 준비해 왔다. 가족의 축소 또는 해체는 개인의 선택에 의한 쇠퇴 혹은 축소라기보다는 산업사회로의 전환이 가져온 경제구조 변화의 결과물로 나타난 측면이 더 크다고 하겠다. 지역공동체를 추구하는 노인을 위한 지역 공간, 청소년들을 위한 놀이공간이나 작은 독서실, 여성의 보육과 돌봄을 위한 공간이나 공방 등은 새로운 지역사회가 되고 있다. 이는 직장생활을 통하여 가정의 생계를 책임지는 가장의 역할보다는 아무래도 지역 혹은 동네에서 많은 시간을 보내는 노인, 청소년 그리고 여성들의 욕구와 필요에서 나타난 현상으로 볼 수 있다.

농촌경제가 중심이었던 전 근대적 노동집약적 사회에서는 가족 구성원들 자체가 생산성을 담보하는 자원이었지만 탈 농촌화와 대량생산 경제체제로의 전환은 도시의 불균형적 팽창과 그에 따른 가족해체 및 인간소외 같은 사회문제를 불러왔다. 산업화 및 도시화의 과정에서 개인의 선택은 무의미해지고 기업의 성장과 세계화 속에서 개인의 욕구와 필요를 희생당해 온 것이다. 사람들이 만든 인위적인 환경은 다시 그들의 지역공동체가 되고 가족이 존재하지 않거나 실패했을 때 그들의 욕구를 충족시키는 새로운 유대를 만든다.

1936년에 개봉된 찰리 채플린 주연의 영화 〈모던 타임즈(Modern Times)〉는 가족해체와 인간 소외 문제를 극적으로 보여 준 영화이다. 영화는 지하철역에서 나오는 노동자들 속에서 시작된다. 혼자 떠돌던 주인공은 공장에서 일하게 되는데 사장은 빠르게 생산할 것을 지시한다. 이 와중에 떠돌이 주인공은 나사 모양으로 생긴 것은 무엇이든지 조이려는 정신병에 걸려 병원으로 이송된다. 정신병원에서 나온 주인공은 공장에서 해고되어 다시 거리를 떠돈다. 그러다가 우연히 트럭에서 떨어진 빨간 깃발을 트럭 운전사에게 주려고 하다가 공산주의자로 몰려 경찰서에 간다. 그런데 경찰서에서 탈옥수를 잡은 공으로 사면된다. 경찰서에서 나온 후 새로운 일자리를 구하려고 하지만 쉽게 구하지 못하여 다시 경찰서로 들어가고 싶어 한다. 그러던 중에 떠돌이는 백화점에 야간 경비원으로 취직했지만 도둑들과 술을 마시게 되어 다시 경찰서로 간다. 한편, 빈민가에서 가난하지만, 실직자인 아버지와 행복하게 살던 한 소녀가 아버지가 사고로 죽자 경찰에 의하여 고아원에 보내지려 한다. 소녀는 몰래 탈출하였고 떠돌이도 경찰서를 나와 둘은 우연히 마주쳤고 우여곡절 끝에 카바레에 취직한 둘은 행복한 삶을 살 것으로 예상했지만 경찰은 소녀를 잡으려 하고 소녀와 떠돌이는 다시 도망자 신세가 된다. 떠돌이와 소녀는 새벽에 희망을 품고 걸어가면서 영화는 막을 내린다[13].

'문제 해결형 지역공동체'는 "지역사회에서 문제의 발견과 해결을 통하여 사회혁신을 꾀하려는 사회적경제 기업의 사명"과 맞닿아 있는 개념이다. 인간은 가족이 적어질수록 인위적으로 만들어진 집단에서 또는 지역공동체에서 삶의 목적과 의미를 찾게 된다. 사람들은 때로는 그들의 전문직 집단이나 이익집단에서 이러한 정체감과 중요성의 욕구를 부분적으로 충족하고 있다. '전문직 지역공동체'는 지역적 연관성이 적은 지역공동체이며 혈연적 연결도 없는 사람들로 구성된 공동체이다. 사람들은 그들의 생계를 책임지는 산업화 속에서 대부분 시간을 보내고 있으며, 때로는 날로 새로이 출현하는 직업군을 탐색하고 적응하는 과정에서 형성되는 직업적 혹은 전문가 집단이 그들의 정체성에 중요한 원천을 제공한다. 이는 지역이라는 공간의 경계를 뛰어넘는 다른 형태의 이익집단으로서 지역공동체를 약하게 대체하고 있는 것으로 볼 수 있다. 직업적 또는 전문가적 공동체 구성원들은 때로는 전국적인 혹은 전 세계적인 연합체를 구성하고 활동하기도 한다. '국경없는의사회' 또는 '민주사회를 위한 변호사 모임'과 같이 지구촌의 어려운 이웃을 돌보거나 인권 등 민주화를 위하여 활동함으로써 '전문직 공동체'는 이익집단이라는 인식 속에서 자선이나 봉사단체의 의미를 함께 갖고 발전하기도 한다. 그들은 집단의 목표를 형성하고 이를 동조하는 사람들에게 소속감과 활동의 근거와 방법들을 제공한다. '민족형 지역공동체'는 역사적으로 부당한 권력에 대항하고 민주적인 국가와 정부를 회복했던 운동을 통하여 공동체성을 경험해 왔다. 아프리카, 아메리카와 일부 유럽 국가에서는 '민족'이라는 개념보다는 '인종' 문제를 중심으로 공동체 운동을 진행하여 발전시켜 왔다. 시민사회는 '민족형 지역공동체'를 통해 때로는 정치적으로 무책임한 집단에 대항했고, 구성원의 결속과 지지를 유지했으며, 지역공동체의 존재 이유를 확인시켜 주기도 하였다.

주민과 행정의 관계에 따른 지역공동체 분류

주민과 행정의 관계를 통한 지역공동체 정책이 전개되기 전까지 한국사회는 "1910년에서 1950년까지의 일제 강점, 1960년대 의식화 및 조직화 학습, 1970년대 독재정권 탄압, 1980년대 민주화 운동, 1990년대 시민사회 참여"의 역사를 거치면서 자발적 공동체 운동을 추진했다. 1962년 경제개발 5개년계획으로 산업화가 시작되었고 농작물 저가 정책, 외국산 대량 수입 등으로 농촌의 붕괴는 가속화되고 도시화는 빠르게 진행되었다. 농촌인구는 1960년대에 전체 인구의 64.2%였던 것이 1980년도에는 절반 수준인 32.6%로 감소했다. 농촌을 떠나 도시로 향한 사람들은 도시 변두리의 달동네에 정착하기 시작했다.

공동체 조직화 운동은 1960년대 후반 주로 진보적 기독교 집단에 의한 의식화 및 조직화 학습과 1970년대 독재정권의 탄압에 저항하면서 시작되었다. 급속한 도시화 과정은 전통적 유대관계의 빠른 해체, 대규모 인구이동의 구조적 변화 속에서 도시민들이 당면한 삶의 문제와 필요들을 개인을 넘어 집합적이고 의도적인 대응의 도시공동체운동으로 나타나게 되었다. 1980년 광주민주화운동과 1987년 6월 항쟁은 공동체 조직화운동을 더욱 급격히 진화시켰다. 이 시기는 개인 삶과 지역사회 문제뿐만 아니라 국가의 변혁을 시도하는 시기였다. 특히 신군부정권에 의한 달동네 빈민밀집 지역의 폭력적이고 강제적인 철거는 공동체 조직가들을 더욱 급진적으로 변하게 만든 계기가 되었다. 1990년대를 지나면서 사회주의 국가들의 정권 붕괴와 한국의 문민정부 탄생으로 급진적인 운동은 쇠퇴하였고 지방자치제가 부활하면서 공동체 운동은 다시 지역사회를 변화시키는 새로운 활동을 모색하게 되었다. 2000년대에 들어서면서 정부는 사회복지 분야에 관심을 두고 자활사업, 지역아동센터, 협동조합, 교육운동 등 다양한 분야로 투자를 확대하게 되었다. 공동체 조직화 운동은 공동체 구성원과 행정이 협력하면서 분야별로 전문화되어 갔다. 한국사회는 서구처럼 점진적인 산업화가 아닌 급속한 진행 속에서 큰 충격과 변화를 겪은 만큼 공동체 운동이 가지는 의미와 역할도 클 수밖에 없다. 따라서 공동체 운동의 대응 방식도 〈표 6.2〉처럼 이러한 환경 변화와 그 속에 살아가는 공동체 구성원의 필요에 따라 다양하게 나타난다[14].

〈표 6.2〉 도시공동체에 대한 다양한 기대들

구분	내용
심리적 측면	안정과 신뢰감 형성
사회적 측면	상호 부조의 연결망 형성
경제적 측면	생활재와 공공재의 공동생산
정치적 측면	참여를 통한 학습과 민주주의 역량 형성

출처: 정규호(2012), "한국 도시공동체 운동의 전개과정과 협력형 모델의 의미", 정신문화연구, 35(2), p.11.

지역공동체는 '주민과 행정과의 관계', '지역공동체 사업 형태'에 따라서 다양한 방식으로 분류할 수 있다. '주민과 행정과의 관계'에 따라서는 공동체 활동의 주체를 어디에 더 비중 있게 두는가에 따라 분류하는 유형이다. 즉, 〈표 6.3〉처럼 행정이 중심인 '정부 주도형', 행정과 주민이 함께하는 '민관협력형', 주민이 중심인 '주민주도형'으로 구분하고 있다. '정부 주도형'은 다시 '중앙정부 주도형'과 '지방정부 주도형'으로, '민관협력형'은 다시 '민간자율 우선형'과 '재정지원 우선형'으로, '주민주도형'은 다시 '저항형', '파트너십형', '로컬 거버넌스형'으로 구분할 수 있다. '저항형' 지역공동체란 "1980년대에 도시 속에서 공동체적 기반을 갖추고 있던 곳을 중심으로 도시 재개발과 강제 철거로부터 자신들의 주거 생존권을 지키려는 공동체"를 말한다. 더 작게는 동네의 주민자치위원회 역할을 중심으로 '기초지방자치단체(지자체) 또는 읍·면·동의 행정 주도 모델', '기초지자체 또는 읍·면·동의 행정과 주민자치위원회 협력 모델', '주민자치위원회 주도 모델'로 구분하여 설명하기도 한다[15].

〈표 6.3〉 주민과 행정의 관계에 의한 지역공동체 활성화 유형

구분	관리주의 모델	파트너십 모델	지역공동체 협치 모델
초점	서비스 전달 체계의 중요성	민관 공동생산을 위한 지역공동체 참여	지역공동체에게 사회문제 해결의 실질적 권한 부여
공동체의 역할	고객으로서의 공동체	공동생산자, 동반자(행정과 대등한 관계)	협치의 상대방
행정의 역할	공급자	공동생산자, 동반자	촉매자, 촉진자
주민자치센터 기능	문화여가 및 편의 제공	민관협력 네트워크 구축	지역공동체 자치
지역의 중요성	복지서비스 혜택의 장, 공동소비와 여가 향유	대의민주주의 실천의 장, 공동체 의식 함양	참여 민주주의 실천의 장, 지역공동체 의식 함양
사례	한국 주민자치센터, 일본 공민관, 서양 커뮤니티 센터	일본의 마치츠쿠리, 영국 이즐링턴구의 동네 포럼	스위스 준직접민주제(주민총회 및 주민투표제) 코뮌

출처: 김현호(2013), "지방자치단체 주도의 지역공동체 활성화 방안", 한국지방행정연구원, p.19.

행정안전부에서는 공동체 사업 형태를 〈표 6.4〉와 같이 '지역산업형', '지역교육형', '지역복지형', '환경생태형', '문화역사형', '다문화지원형', '지역안전형', '생활정비형'으로 구분하고 각 유형별로 차별화된 전략 과제 도출과 지원방안을 모색할 필요가 있음을 제안하고 있다[16].

〈표 6.4〉 사업형태에 따른 지역공동체 구분

유형구분	주요 내용
지역산업형	향토산업, 시장활성화 등 지역소재 산업 지원
지역교육형	평생교육, 청소년 쉼터 등 지역교육 연계사업
지역복지형	보육 공동체, 저소득층 서민 지원, 노인 지원 등 지역복지 연계사업
환경생태형	자원재생, 생태보존 등 자원재생 및 보전을 통한 지역 순환
문화역사형	문화역사 마을 가꾸기 등 지역문화보전 및 활용을 통한 지역 홍보
다문화지원형	다문화가정 등 거주 외국인 지역사회 정착 지원
지역안전형	어린이통학로 등 방범, 방재, 교통의 지역 안전 지원
생활정비형	노후주택, 주차장, 슬럼가 등의 두꺼비하우징 또는 노후생활 여건 정비

출처: 한국지방행정연구원(2013), "현대적 지역공동체 모델정립 및 활성화 방안 연구", 안전행정부, p.171 참조 재정리.

이외에도 공동체 활성화의 필요를 어디서부터 찾느냐에 따라 욕구 중심 지역공동체와 자산 중심 지역공동체로 구분하기도 한다. 전자는 공동체 활성화가 필요한 이유를 지역사회의 욕구로 보고 변화 주체를 권력의 소유자로 보는 방식이며, 후자는 〈표 6.5〉의 예처럼 자산을 지역공동체의 중요한 요소로 보는 방식이다. 자산을 제공하는 주체를 개인, 조직, 공동체 전체의 세 가지 차원으로 구분한다. 이는 욕구 중심 공동체와 반대로 외부의 도움이 없이 지역공동체가 가진 자산이 무엇인지를 밝히고, 그 자산을 중심으로 공동체를 개발하면서 공동체가 지니고 있지 못한 것을 스스로 채워나가는 방식이다[17].

특히 사회적경제 기업에 있어서 자산을 중심으로 공동체 활성화의 필요를 보는 방식은 다음과 같은 측면에서 중요하다. 첫째, 사회적경제 기업이 지역 자산을 활용하기 위하여 지역주민과 지역의 중요한 기관들을 접촉하고 교류하는 과정에서 지역공동체 문제에 대해서 서로 알게 된다. 둘째, 지역공동체가 지역의 문제를 인식하면 공동체 구성원들의 참여가 활발해지고 의사소통이 원활해짐으로써 부족한 자원을 동원하고 활용하기가 쉬워진다. 셋째, 지역 자산을 활용하는 과정에서 지역공동체 구성원들과 함께 일하고 그 과정에서 많은 신뢰가 축적되며 이것이 사회적경제 기업의 역량으로 직결된다. 따라서 지역 자산의 활용도를 높이는 것이 매우 중요하다[18].

<표 6.5> 문화·역사적 자원의 예

대분류	중분류	예시
유형적 자원	점적 자원	· 전통가옥: 한옥, 너와집, 귀틀집 등 · 종교적 건물: 향교, 서원, 사찰, 성지 등 · 문화시설 및 기념비적 건축물: 각종 문화시설(미술관, 아트홀, 문예회관, 극장 등), 역사적 건축 및 건축터, 근대 건축물, 기념비 등 · 예술품: 예술작품, 지역 고유의 생산양식의 향토산물 · 기타: 역사적 사건의 현장, 토산품 생산지 등
	선적 자원	· 문화의 거리: 거리형 전통상가(예: 인사동), 문화예술인의 거리(예: 대학로) · 마을길, 골목길: 보존 가치가 있는 길
	면적 자원	· 도성지 및 읍성, 산성지: 실제 생활이 영위되고 있는 지역 · 한옥마을: 실제 생활이 영위되고 있는 한옥 집락촌(예: 북촌한옥마을) · 근대산업·상업촌: 근대적 산업·상업 유산지(예: 탄광촌, 차이나타운) · 전통상가: 전통시장, 근대시장
무형적 자원	신화 및 유래	· 역사적 사건·이야기: 전설, 신화, 역사적 사건 · 고유의 생활 및 생산양식: 지역 고유의 생활습관, 생산활동 양식 등
	이벤트	· 문화예술축제: 예술제, 전통축제 · 마을축제: 공동체의 장으로서 마을축제
	기예 및 기술	· 무형문화재: 무형문화재 보유자 · 문화콘텐츠: 다양한 문화 콘텐츠 등의 생산기술의 생산지 및 보유자 · 전통예능: 토산품·공예품 등의 생산기술의 생산지 및 보유자 · 기술: 다양한 산업적 기술 보유자 및 집적지

출처: 한국지방행정연구원(2013), "현대적 지역공동체 모델정립 및 활성화 방안 연구", 안전행정부, p.176 참조 재정리.

사례연구 22

일본의 가나자와(金澤)시:
지역공동체 스스로 전통 건물과 경관을 보존하고 문화 예술촌으로 재탄생하여 세계에 주목받다[19]!

이시카와현은 일본 열도 중앙에서 조금 아래쪽에 위치해 있으면서, 북쪽으로는 해변이 접해 있는 지방으로 지형은 남서에서 북동에 걸쳐 가늘고 길게 퍼져 있다. 이시카와현에는 가나자와 이외에 10개의 시가 있는데, 2019년 10월 31일 현재 인구는 114만 명이다. 가나자와시는 이시카와현의 현청 소재지로서 면적 467.77㎢, 인구는 2016년 1월 현재 46만 5191명에 이른다. 관광도시로 유명한 이곳은 제2차 세계대전 때는 전쟁의 화를 모면했기 때문에, 시가지에는 새로 개발된 근대적 건축물과 함께 역사적인 거리가 공존하고 있다. 가나자와시의 '히가시(동쪽) 찻집거리'는 2001년에 '중요 전통적 건조물군 보존지구'로 지정되었으며, 일본 게이샤의 찻집문화가 전수되어 옛 모습과 찻집에서의 게이샤 공연이 그대로 보존되어 오고 있다. 가나자와시의 전통적 역사 경관 보존 움직임은 1968년 가나자와시 '전통환경보존조례'의 제정으로부터 시작되었다. 경관 보존 조례는 일본 지방자치단체 가운데 최초이며, 도시 개발로 고유의 전통 환경이 파괴되는 것을 방지하고, 전통 환경의 보존을 위해 제정된 것이다. 이러한 전통 환경 보존 전략은 기본적으로는 지역의 역사 자원을 보존하고, 주민의 정주 여건을 개선하는 데 있지만, 이를 통해 지역의 문화예술 활동을 권장하고 관광을 활성화할 목적도 함께 존재한다. 먼저 도시의 전통 경관을 유지하기 위하여 필요하다고 인정되는 건축물과 목죽(木竹)은 보존 대상물로 지정하고, 이를 변경할 경우에는 신고하도록 하였다. 구도심 18.87㎢의 광범위한 지역을 '전통환경보존구역'으로 지정하였으며, 2004년을 기준으로 29개 건조물이 이 조례에 의하여 시 지정 보존 건조물로 지정되었다.

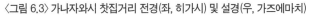

〈그림 6.3〉 가나자와시 찻집거리 전경(좌, 히가시) 및 설경(우, 가즈에마치)

출처: 가나자와시 홈페이지(2018), http://kanazawa-tourism.com.

특히 조례와 기본적인 전략방향은 시에서 제정하였지만 세부적인 추진은 지역주민 주도의 마을 만들기 운동을 토대로 진행되었다. 지역주민이 주도하여 만들어 낸 히가시 지구 마을 만들기 운동 속에서 시의 주요 자산인 '히가시 찻집거리'를 중앙정부의 전통 건조물 보존지구(전건지구)로 지정받기 위한 노력이 이어졌다. 중앙정부로부터 전건지구로 지정되면 보존사업 예산의 절반을 국가가 부담하며 수많은 관광객이 방문하는 효과가 있다. 2003년을 기준으로 일본의 60여 개 전건지구를 방문한 관광객은 연간 2800만 명 이상으로 집계되고 있다. 히가시 찻집거리는 2001년 중앙정부에 의해 전건지구로 지정되어 수많은 관광객을 맞이하는 주요 관광명소가 되었다. 또한 찻집거리의 예기(역주: 기생들의 예능)들에 의해 전수되고 있는 가나자와 '스바야시(역주: 일본의 전통음악 및 무용의 일부 악기만으로 연주하는 매우 특색 있는 전통 예능)'를 시의 무형문화재로 지정하고 육성을 위하여 다양한 지원 사업을 추진하고 있다.

가나자와시는 2009년에 '공예와 민속예술' 분야의 유네스코 창의도시네트워크(UNESCO Creative Cities Network)에 가입하였다. 유네스코 창의도시네트워크는 창의적인 도시의 문화자산과 문화

산업을 육성하고 도시들 간의 협력과 발전을 장려하는 국제 연대사업이다. 가나자와시가 전통역사 도시로서 일본 국내·외에 명성을 얻게 된 것은 무엇보다도 대대로 내려온 역사 자산이 있었기 때문이지만, 전통 예기라는 무형 자산을 배경으로 예기들이 살던 건조물을 보존하고 히가시 찻집거리를 중앙정부의 전건지구로 지정되기까지 지역주민들의 갈등을 스스로 해결하며 공동체 스스로가 자신의 마을을 보존·활용하도록 이끌었기 때문이다. 지역공동체 스스로 조사위원회를 결성하고 마을을 조사하여 보존할 부분과 지원받을 부분을 결정하고 이를 추진하였다. 또한 전통적인 외관을 훼손하는 상업용 가판대나 주차 차량을 건물 내부로 이전하는 등 공동체 스스로 마을의 전통 경관을 살리는 데 노력하였고, 전통 예기 문화에 대한 올바른 인식 형성과 이를 보존·계승하고자 하는 노력을 기울였다. 또한 지역의 문화예술단체, 지역주민단체와 함께 대중적인 문화로 인식되도록 다양한 행사와 프로그램을 운영하였다. 지역공동체 주도로 진행된 이러한 문화예술 활동들이 오늘의 성공한 문화관광마을 가나자와를 만들었다.

가나자와 마을의 시민예술촌, 21세기 미술관, 창작의 숲, 공예공방 등에서는 가나자와 시민들이 자연스럽게 문화예술 활동에 참여하고 즐기는 모습을 볼 수 있다. 그중에서도 가나자와시의 문화예술을 대표하는 곳이 시민예술촌이다. 이곳은 가나자와시에서 '다이와 방적 주식회사' 공장을 매입하여 예술공간으로 꾸며 시민들이 가장 사랑하는 공간으로 변모하였다.

〈그림 6.4〉 가나자와 시민예술촌 전경

출처: 가나자와 시민예술촌 홈페이지(2023), http://artvillage.gr.jp.

가나자와에는 시민들의 의견을 반영하고 문화 및 예술 활동을 총괄 기획하는 '가나자와 예술창조재단'이 있다. 재단의 이사회는 문화예술전문가와 의원들로 구성되어 있으며 평의원회를 별도로 운영하고 있다. 가자자와시의 모든 문화예술 활동은 재단의 사무국 아래 이루어지고 있다. 재단 사무국 아래로 각종 미술관과 문화홀, 아트홀, 공예공방 등의 문화예술 공간이 있으며 각 공간에는 관장 혹은 촌장, 관리책임자 및 직원들이 각 시설의 기획과 관리를 맡아 운영한다.

3   지역공동체 조직화 개념과 행위자

지역공동체 조직화 개념

'조직화'는 '어떤 조직체가 목표를 달성하기 위하여 행하는 상호 연관된 활동의 전 과정'이다. '지역공동체 조직화'는 "개인, 집단, 이웃 등이 사회적 상호 작용을 통해 공동의 목적을 달성하는 것을 목표로 하는 지역사회의 일련의 활동"을 말한다. 이러한 지역공동체 조직 활동은 이웃과 같은 작은 지역사회 활동에서부터 국가라는 큰 지역사회 활동까지 모두를 포괄하는 개념이다[20]. 다시 말해서 "지역사회 구성원들이 자신들이 속한 지역공동체의 이익을 추구하고 공동선이라는 목표를 달성하기 위하여 함께 뭉쳐 소통하고 계획하고 행동하는 가치 창출의 전 과정"을 말한다[21]. 지역공동체 조직화 과정은 부유하며 권력을 가진 집단과 그렇지 않은 집단 간 불균형을 해소하고 더불어 살아가기 위한 노력이다. 이것은 양적인 활동, 제도, 기구, 기관 및 다양한 이해관계자에 의하여 영향을 받는다. 지역공동체를 조직하는 특정 현안이 무엇이든 간에 조직화의 가장 중요한 요구는 바로 민주화이다. 이것은 자원 배분의 민주화, 다수에서 소외받지 않는 재분배 민주화, 지역공동체 조직화 과정의 민주화 등을 포함한다. 지역공동체 조직화는 이처럼 민주주의를 지향하는 사상 및 집단과 밀접하고 복잡한 지적 관계를 맺는다. 따라서 지역공동체 조직화 이념과 과정은 공동체 구성원의 공개적이고도 능동적인 참여의 권리가 전제되어야 한다.[22].

지역공동체 조직화를 사회적경제 측면에서 살펴보면 그동안 지역공동체를 중심으로 하는 사회적경제 사업이 특히 빈곤퇴치, 아동복지, 청소년 서비스, 노인 및 장애인 보호와 같은 영역에서 지역공동체의 참여를 강화하는 혁신적인 접근법이 개발됐고 막대한 관심을 끌어왔다[23]. 사회적경제 기업은 지역사회 문제 해결과 사회혁신의 실천방법으로 지역공동체를 조직하고 공동체 구성원 개인 및 집단의 사회적, 경제적인 복리를 향상하기 위해 노력하고 있다. 사회적경제 영역에서의 지역공동체 조직화는 다양한 형태를 띠고 있다. 그것은 지역공동체 구성원들이 스스로 문제를 발견하고 해결할 수 있도록 하는 자발적인 역량 강화 활동 형태로 나타나기도 하고, 지역 활동가 및 전문가의 정밀한 사회경제적인 계획과 정책 제안, 수행 활동 형태로 나타나기도 한다. 때에 따라서는 공정한 기회 박탈의 구조적인 불균형을 바로잡고자 조직적인 도전과 저항 활동의 형태로 나타내기도 한다. 이러한 각각의 활동 형태는 지역공동체 조직화의 주체들이 주변 이해관계자와 맺고 있는 역학적인 관계에 따라 탄력적인 선택의 결과들이 응집되어 가시화되고, 마침내 하나의 독자적 형태로 진행되면서 완성된다[24].

지역공동체 조직화라는 용어는 종종 '주민 조직화'나 '주민 참여'와 같은 용어와 혼용되어 사용하기도 한다. 앞에서 살펴본 바와 같이 지역공동체의 개념이 지리적 의미로서 구조적인 개념과 사회적 동질성을 띤 단위로써 심리적인 개념을 포함하고 있어서 지역공동체 조직화는 '사람'에 대한 조직화와 '장소'에 대한 조직화를 모두 포함하는 개념이라고 할 수 있다[25]. 이러한 점에서 사회복지 서비스의 지원 체계 혹은 서비스 이용자 조직화를 통하여 효과적인 사회복지 서비스의 운영을 목적으로 추진하는 '주민 조직화'와는 조금 다른 의미가 있는 것으로 봐야 한다[26].

즉, 더 포괄적인 개념으로서 지역공동체 조직화에는 주민 조직화를 포함하고 있다. 따라서 사회적경제 활동에 있어서 '지역공동체 조직화'란 "지역사회의 문제를 해결하고 사회혁신을 이루기 위하여 지역공동체 구성원 및 사회적경제 기업과 내·외부 행위자들이 함께 뭉쳐 계획하고 행동하는 가치 창출의 전 과정"을 말한다. 지역공동체 조직화와 주민 조직화 차이는 〈표 6.6〉에 제시하였다.

〈표 6.6〉 지역공동체 조직화와 주민 조직화의 의미

구분	의미
지역공동체 조직화	지역사회의 문제를 해결하고 사회혁신을 이루기 위하여 지역공동체가 소통하면서 함께 뭉쳐 계획을 수립하고 실행하고 성과를 평가하고 재적용하는 일련의 가치 창출 과정
주민 조직화	사회복지 서비스의 운영과 효과 달성을 위하여 서비스 지원 체계 혹은 서비스 이용자의 결속력을 높여가는 일련의 활동으로 주민 조직화는 지역공동체 조직화의 한 부분으로 실천될 수 있음

지역공동체 조직화에서 말하는 지역사회의 문제는 구성원들의 공동 문제로 인식하고 지역공동체 구성원이 조직하여 함께 해결 가능성을 찾도록 작동되어야 한다. 또한 지역공동체를 지속해서 발전시킬 수 있는 장기적인 측면에서 공동체 건설을 목표로 구성원들 안에 내재한 가치와 강점을 스스로 찾도록 하고 문제에 대한 대응보다는 문제 예방과 행동 변화를 중심으로 역량을 강화해야 한다(〈표 6.7〉 참조)[27].

<표 6.7> 지역공동체 조직화의 주안점

관점	내용
지역 공동의 문제를 조직화로 해결	지역사회에서 발생하는 문제는 개인의 문제가 아닌 공유되는 공동의 문제로 인식하고 해결함
지속 가능한 조직 목표 지향	지역 조직화는 지속적이고 장기적인 문제 해결 관계를 형성하고 유지한다는 데 목표를 둠
구성원 역량 강화 노력	지역 조직화는 조직 활동 참여를 통해 주민들의 역량 강화가 이루어지도록 실천함

출처: 이찬희·문영주(2013). 부산지역 사회복지현장 실무자의 지역조직화사업 수행 경험에 관한 연구, 한국지역사회복지학, 45, p.5 참조 정리.

지역공동체 조직화 행위자

역사적으로 사회복지사들은 지역사회를 배경으로 일해 왔다. 그들이 진행하는 사회사업은 소외계층을 위한 사회적경제 사업을 포함하여 사회복지 차원에서 더욱 광범위한 범위로 진행해 왔다. 이들은 점점 더 유동적이고 산업화하여 가는 사회 속에서 행정적, 역사적인 어려움에도 지역공동체에서 그 뿌리를 이탈하지 않았다. 사회사업은 전문적 영역의 사업개발은 물론이고 개인, 가족 또는 집단을 더 큰 사회적 연계망으로 묶는 고리 역할을 함께 하는 것으로 이해해야 한다. 지금까지 사회복지사들은 지역사회에서 소외된 사람들의 문제를 해결하고 알리기 위해 지역공동체 자원의 동원자 역할을 해 왔다. 이런 의미에서 사회복지사는 지역공동체 조직화의 주체인 공동체 구성원과 함께 살아 있는 증인이자 중요한 지원자라고 할 수 있다[28]. 지역공동체 조직화는 행정 입장에서 볼 때는 지방자치 시대에 지역 중심의 복지서비스 전달체계 구축 및 지역 욕구를 기반으로 하는 복지체계 구축의 필요성을 실천하는 방법이다. 주민 입장에서 볼 때는 지역공동체 스스로 지역의 문제를 규정하고 해결하려는 주민 욕구 기반의 복지서비스 재편의 필요성을 실천하는 방법이다. 행정과 주민 모두 공통의 필요성을 가지고 있다. 반면, 이러한 이유로 복지 수요에 비해 한정된 복지공급의 문제 해결을 위해 지역공동체의 역량을 강화하여 지역사회 내에서 스스로 문제를 해결하고 주민들이 더불어 살아가는 지역공동체를 구축하고자 하는 시도들이 새롭게 증가하고 있다. 한국 사회에서 이러한 필요가 나타난 대표적인 사업이 '마을 공동체 만들기' 혹은 지역 중심의 '사회적기업', '사회적협동조합', '마을기업'과 같은 사회적경제 조직의 태동이다[29]. 이러한 움직임은 2000년대 후반부터 주민 참여가 확대되고 지역공동체, 시민단체, 중앙정부 및 지자체, 중간지원조직이 각각 역할을 분담하면서 사회적경제 방식으로 다수의 마을 만들기, 도시재생, 마을 기업 육성 등의 사업을 진행하여 왔다[30]. 특히 사회복지관은 주민 참여를 지역공동체의 자원으로써, 행정기관은 정책사업의 정당성을 확보하는 방안으로, 시민단체는 지역자치와 민주주의를 위한 과정을 목적으로 공동체를 조직화하면서 다양한 유형과 성격을 가진 지역공동체 조직들이 생겨났다.

지역공동체 조직화 행위자 역할

　행정안전부에서는 우리나라의 지역공동체 조직화 혹은 주민 조직화와 관련된 행위의 주체를 크게 '지역주민', '중앙 및 지방정부', '중간지원기관'의 세 가지 그룹으로 나누고 있다. '지역주민'은 지역공동체 활성화의 가장 중요한 주체이다. '중앙 및 지방정부'는 주로 공동체 형성 초기에 정책 지원을 통하여 지역공동체 출발에 도움을 주는 지원자이며, '중간지원기관' 역시 지역공동체와 정부와의 사이에서 중개자로 활동하는 지역공동체 조직화의 지원자이다. 아울러 '중간지원기관'의 요청이나 파트너로 혹은 '지역공동체' 요청이나 파트너로 활동하는 외부 사업지원전문가 및 선배 사회적기업가 역시 지역공동체 조직화의 중요한 지원자 역할을 수행하고 있다. 중간지원기관은 '사회적경제에 대한 정보 제공', '사회적경제 리더 발굴과 육성', '사회적경제 경영, 회계, 세무, 인증 준비 등 전문 컨설팅 지원', '사회적경제 기업 간 연계 협력 지원', '사회적 금융기관 지원 연계', '시설 제공', '사회적 영향 측정 방법 전파 및 지원' 등으로 정리될 수 있다[31].

〈표 6.8〉 지역공동체 행위자들의 조직화 역할

구분	주요역할	내용
지역공동체 구성원 참여를 위한 소통	공동체 구성원 만남	행위자가 구성원들과 직접 만남
	지역공동체 의견 수렴	의견수렴, 참여유도, 사업설명회 개최, 소통 공간 등 마련
	지역공동체 의제 공유	지역사회 문제 발견 및 솔루션 마련을 위한 공유의 장(회의, 토론, 세미나, 교육 등)
	솔선수범	행위자의 솔선수범으로 지역공동체에 더 다가감
공동체 조직관리	이해관계자 관리	지역공동체와 관공서 등 이해관계자 간 조율
	조직 구축 및 조직 개발	신규 법인 및 협의체 등 조직 구축과 수평적, 개방적, 학습중심, 소모임 등 조직 개발
	이해관계자 성과 공유	지역공동체 성과 공유로 동기부여
	권한위임	공동체 조직화의 핵심인 구성원에게 권한 위임
	자기역량 강화	공동체 유지기술 습득 및 역량강화를 위한 자기개발 노력
자원 네트워킹	지역 네트워킹	지역 내 다양한 조직과 네트워킹
	자원 및 정보 획득	정부, 중간지원조직의 지원 등 정보 획득, 관공서 및 전문가와의 교류

출처: 박해긍·김주희·조보경·최정임(2017), "지역조직가의 역할에 관한 사례연구", 한국지역사회복지학, 63, p.110.

　〈표 6.8〉처럼 지역사회 문제 해결을 위한 지역공동체 조직화 행위자의 역할을 보다 광의의 개념으로 보면 사회적 목적에 동의하는 다양한 주체를 포함하고 상호 간 협력하면서 성과를 이룰 필요가 있다. 사회적경제 기업가는 지역공동체 조직화의 중요한 행위자이다. 지역활동가는 "지역 자원의 조사, 분석, 동원 및 연결 등의 다양한 자원 및 조직 활동과 더 나아가 공동체 구성원의 상담, 자문, 교육 등의 촉진 활동을 통하여 지역공동체 조직화가 성과를 이루도록 적극적으로 힘쓰는 사람"으로서 역시 지역공동체 조직화의 중요한 공동 행위자이다. 사회적경제 연구자 및 사업지원 전문

가는 선진경영기법 또는 사례를 연구하여 전파하며 경영기술을 지원하고, 상담 또는 컨설턴트로서 역할을 한다. 이처럼 지역공동체 조직화의 행위자란 "지역공동체의 주체인 구성원 및 사업을 추진하는 조직과 함께 지역공동체 조직화에 직·간접적인 영향을 주고받는 공동 행위자(조직) 또는 내부 지원자(조직) 및 외부 지원자(조직)"를 말한다. 그러나 무엇보다도 그 중심에는 지역사회 문제 해결을 위하여 의제를 공유하고 사업을 추진하는 지역공동체 구성원과 사회적경제 기업이 있다. 이상의 내용을 〈그림 6.5〉로 정리했다.

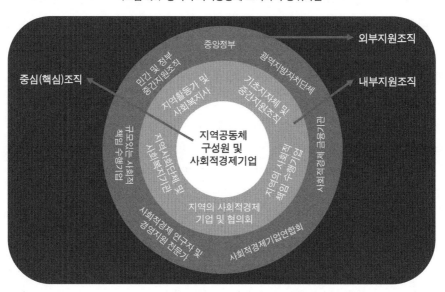

〈그림 6.5〉 광의의 지역공동체 조직화의 행위자들

중국 홍콩의 완차이(灣仔, WanChai) 마을: 사회복지기관과 지역공동체가 중심이 되어 지역의 역사 자산을 보존하고 호혜 정신을 바탕으로 지역경제를 살리다[32]!

홍콩섬 중앙에 자리한 완차이(Wan Chai) 지역은 6차례에 걸쳐서 바다를 매립하여 모습을 갖춘 지역이다. 이곳은 홍콩 컨벤션센터 등의 고층빌딩, 바닷가의 센트럴 플라자가 있는 신시가지와 복잡하고 좁은 길 사이로 오래되고 낡은 건물과 소규모 상점들이 빼곡한 구시가지가 공존하는 지역이다. 홍콩은 우리나라와 같이 1997년 경제 위기를 겪었으며, 완차이 지역도 2001년부터 재개발의 붐이 시작되었다. 다수의 전통적인 건축 유산들과 사당 및 사찰들이 철거될 위험에 놓이자 기존의 도시 재개발 방식에 대해 우려하는 목소리와 대안들이 나타났고, 고령 인구 역시 꾸준히 늘어나 이들을 위한 사회 서비스의 수요도 높아졌다. 이러한 위기의 상황에서 완차이 지역의 비영리 사회복지시설인 '세인트 제임스 세틀먼트(St. James Settlement)'는 완차이 지역의 역사 자산을 보전하고 지역 특성을 반영한 도시재생을 성공적으로 추진한 사례로 알려지고 있다. 완차이 마을은 지역공동체 중심의 상호 보완 및 호혜적 정신을 기반으로 하는 지역경제체제와 지역공동체 기반의 다양한 사회적경제 기업이 운영되고 있으며 활성화를 이루었다.

완차이역으로부터 남쪽으로 약 500여 미터 위치에 본사가 있는 세인트 제임스 세틀먼트는 1949년에 설립된 홍콩의 대표적인 사회복지시설이며 비영리기관이다. 정부로부터 지역사회의 복지서비스 사업을 위탁받아 어린이 및 청소년 서비스, 노인 및 재활 서비스를 포함한 다양한 서비스를 제공하고 있다. 현재는 홍콩 전역에 걸쳐 58개의 서비스 센터가 운영되고 있으며, 2020년 9월 말까지 약 1600명의 직원과 약 1800명의 자원봉사자가 활동하면서 매년 약 290만 명에 달하는 어린이, 청소년, 가족, 노인 및 장애인 등 다양한 연령대의 사람들에게 다양

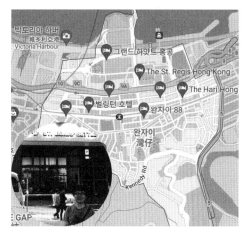

〈그림 6.6〉 완차이 마을 지도

출처: 구글지도(2021), http://google.co.kr.
(원은 세인트 제임스 셔틀먼트를 배경으로 선 저자)

한 고품질 서비스를 제공하고 있다. 세인트 제임스 세틀먼트는 "우리는 사회의 다양한 요구를 충족시키고, 개인이 스스로를 도우며 다른 사람들을 조화롭고 통합된 공동체를 건설할 수 있도록 고품질의 종합 서비스를 제공하는 멀티사회봉사 기관"을 사명으로 한다. 따라서 사회서비스 기능뿐만 아니라 사업영역을 '청소년 서비스(Youth Services)', '교육 서비스(Education Services)', '재활 서비스(Rehabilitation Services)', '커뮤니티 센터 서비스(Community Centre Services)', '자선 서비스(Charity Services)', '지속적인 관리(Continuing Care)', '가족 및 상담 서비스(Family&Counselling Services)', '벤처 기업(Corporate Venture)'의 8개 영역으로 나누고 집행위원회를 정점으로 최고경영자와 자문기구, 사업기구, 경영지원기구 등의 조직을 편제하여 사업을 운영하고 있다.

완차이 마을이 주목받는 이유는 먼저 '지역공동체 중심의 상호 보완 및 호혜적 정신을 기반으로 지역경제체제를 살렸다는 점'이다. 특히 지역화폐 제도를 통하여 공동체 구성원들의 노동 시간, 물건 기증 또는 자원 활동을 상품 및 서비스와 교환할 수 있도록 '시간쿠폰' 형태로 화폐화하여 사용할 수 있도록 했다. 변호사나 청소 노동자 등 직무에 관계없이 노동의 가치를 동일

하게 생각하고 '시간쿠폰화'를 할 수 있는 호혜 정신으로 운영되도록 하였다. 지역화폐는 60분 단위로 받아서 본인이 필요한 상품을 구입하거나 서비스를 제공받을 수 있다. 2015~2016년 기준 연간 281명의 회원이 15만 7776시간의 타임쿠폰을 거래하였으며, 교환된 중고품 수는 3359개에 이르는 것으로 나타났다.

〈그림 6.7〉 완차이 마을기업(좌: 유기농 상점, 우: 중고 공산품가게)

출처: 희망제작소(2012), "홍콩 완차이, 지역사회를 살린 비결", http://makehope.org.

또한 제품을 생산하고 유통하면서 지역공동체를 지속 가능하게 해 주는 사회적경제 기업들이 운영되고 있다. 주부들은 재봉 기술을 활용하여 가내 수공업의 형식으로 핸드백을 만들어서 유통하기도 하고, 유명 브랜드 회사에서 작업 문의가 들어와서 소득 창출로 이어지기도 한다. 또한 농촌 지역에서 재배된 농작물을 받아서 월병 등 식품으로 만들어 판매하는 사업이 운영되고 있으며, 지역 마켓을 통하여 농촌의 농작물과 함께 2차 가공한 월병이나 잼, 두유 및 건과류 등 다양한 제품들이 판매되고 있다. 유기농 채소를 재배하고 판매하는 사업, 싱글맘 가정의 집수리 사업도 진행하고 있다. 〈그림 6.7〉 좌측 유기농 상점에서는 완차이 부녀회가 유기농 재료를 사용하여 계절음식, 명절음식, 과자류를 직접 만들어 판매한다. 월요일, 목요일에는 채소를 구입할 수 있다. 모든 거래는 홍콩달러와 타임쿠폰으로 이루어진다. 또한 세인트 제임스 세틀먼트는 지역공동체 스스로 지역재생에 대한 의견을 제시하도록 하고, 이를 통하여 상가 활성화나 주거지 재생 등을 지원한다. 대표적인 재생의 사례로 꼽히는 '블루하우스'는 이 지역의 랜드마크로서 1920년대에 세워진 가장 오래된 파란색의 주거 건물이었다.

〈그림 6.8〉 완차이 마을 타임 쿠폰숍(좌) 및 중고 거래물품(우)

출처: Ching Shang Pang(2019), "담당 직원제공 사진", St. James' Settlement.

〈그림 6.8〉 우측의 중고 공산품가게에서는 주민 커뮤니티 공간으로 만들어져서 물물교환이 이루어지는 장소로 사용하다가 상설매장으로 발전했다. 오래된 옷을 가져가면 젊은 디자이너들이 재능기부를 통해 옷을 고쳐(reform) 주며 매주 화요일마다 거리 패션쇼가 열린다.

2006년에 홍콩 정부는 완차이 지역의 재개발을 결정하고 블루하우스의 철거를 명령하였지만 완차이 주민들은 철거가 아닌 새로운 대안을 모색하기 위하여 주민, 설계사, 디자이너 및 세인트 제임스 세틀먼트와 함께 지역재생에 대한 토론과 워크숍을 실시하였다. 그리고 그 대안을 정부에 제시하여 전통적인 청첩장 인쇄거리를 보존하고 블루하우스의 건물 외형과 원주민의 생활을 보전하면서, 지역 예술가, 연구자 등이 거주하게 되었고, 지역공동체의 보전과 활성화를 위한 자원센터로 발전하게 되었다. 지역화폐가 유통되는 타임쿠폰숍이 본 블루하우스 건물 1층에 자리 잡고 있다(〈그림 6.8〉 좌측).

지역공동체 조직화 단계와 실천 전략

지역공동체 조직화가 성공하기 위해서는 무엇보다도 지역사회 이해당사자의 적극적인 참여와 지원이 중요한 것으로 나타났다. 또한 사업 추진에 있어서 주민 주도적인 리더십을 발휘하고, 이를 바탕으로 지역 자원을 조사, 분석하고 활용하는 활동도 중요하다. 조직화 추진에 있어서 확고한 지역정체성을 확립하고 여기에 활동 과정들을 정렬시켜서 진행해야 하는 일, 교육을 통한 인력 양성에 힘을 쏟는 일도 중요하다.

〈그림 6.9〉 지역공동체 발전의 경험적 성공요소

출처: 한국지방행정연구원(2013), "현대적 지역공동체 모델정립 및 활성화 방안 연구", 안전행정부, p.47.

〈그림 6.9〉에서 나타난 지역공동체 조직화 성공을 위한 5가지 요소 중에서 '지역 자원을 활용하는 활동'의 실천 팁으로는 마을 고유의 테마와 체험프로그램, 지역 주력 상품 혹은 특산품에 관심을 두고 추진하며 이를 브랜드화하는 것이다. '지역 정체성을 확립하고 조직화 과정에 정렬'하기 위해

서 자생적 공동체 활성화를 목표로 활동하며 공동의 목적과 취약계층에 대한 배려를 중시해야 한다. '인력 양성과 교육'을 위한 지역대학을 조사하고 연계하며, 해당 권역 출신 연구진의 도움을 구한다. '주민 주도적 리더십의 형성'에 있어서 혁신적인 지역 리더를 발굴하고 참여할 수 있도록 하며 혁신 리더에 대한 지원이 따를 수 있도록 한다. 또한 중앙 및 지자체의 지원과 정책적인 협조와 함께 민간의 지원과 자문을 병행함으로써 지역 이해당사자의 참여와 지원을 적극 개발한다[33].

우리나라의 지역공동체 활성화 모델의 유형을 연구한 문헌에서는 지역공동체를 크게 '정부 주도형'과 '민간 주도형'으로 구분하고 다시 '민간 주도형'은 '자립형', '파트너십형(주민-전문가 융합형)', '거버넌스형(주민-정부-전문가 협력체형)'으로 나누어 성공 사례를 분석하기도 하였다. 특히, 민간 주도형 지역공동체의 유형에서 좋은 성과를 나타내고 있는 것으로 언급되었다. 이러한 민간 주도형 공동체 추진 방식을 조금 더 살펴보면 공동체 조직화 전략에 참고할 수 있다. 먼저 '자립형 공동체'인 경우에는 외부 요인에 영향을 받지 않고, 공동체 구성원 스스로가 참여하고 주도하여 지역주민 의식 고취 및 신념과 믿음을 통하여 공동체 삶과 사업이 활성화된 경우이다. '파트너십형 공동체'인 경우는 공동체 구성원이 지역공동체 활성화의 주체가 되고, 다양한 분야의 전문가가 같이 참여하여 공동체를 만들어 가는 것을 의미한다. 이때 전문가는 공동체의 방향을 중심으로 지역주민 전문성이 부족한 분야를 집중적으로 교육하고 지원하는 역할을 수행한다. '거버넌스형 공동체'는 공동체 구성원이 지역공동체의 주체이다. 공동체 내 부족한 자원을 중앙정부와 지자체의 지원을 통하여 해결하며 전문가가 초기 단계부터 개입하는 모형이다. 이러한 민간 주도형 모형의 효과는 지역문제에 대하여 자발적으로 참여하여 해결하며 다양한 활동들을 지역공동체로 통합하여 묶고 발전시킴으로써 역량을 지역공동체로 내재화할 수 있다는 점이다. 아울러 이를 통하여 지속 가능한 생산과 소비의 지역공동체 경제사회를 만들 수 있다는 효과가 있다[34].

프랑스의 지역관리기업전국네트워크(Charte nationale des Régies de Quartier, CNLRQ)는 광역 혹은 지역 단위의 지역공동체 사업을 추진하면서 그 기술적인 측면과 아울러 사회적인 측면을 고려할 것을 주문하고 있다. 이는 공동체 구성원, 특히 사회적 목표그룹이 피고용인임과 동시에 주체로서 직접 참여하는 경제활동을 통하여 사회통합을 이루고 공동체 논리에 입각한 새로운 민주주의 방식을 지역경제에 도입한다. 이를 통하여 지역사회에서 새로운 사회적 유대를 창출하는 것을 의미한다. 이러한 조직은 다양한 주체들이 참여하는 거버넌스와 공동체의 주도성을 보증하기 위하여 민간단체 형태를 취하게 된다[35].

지역공동체 조직화 실천 전략을 위해서는 공동체의 진화 혹은 발전 단계에 따라 필요한 내용을 준비하고 내·외부의 이해관계자와 함께 실천해 나가면서 체계를 구축해 가야 한다. 공동체의 진화 단계는 공통으로 합의된 견해가 존재하는 것은 아니며, 지역사회 여건과 구성원 참여 정도에 따라 달라질 수 있다. 또한 추진 목적과 활동 내용을 어디에 초점을 두느냐에 따라서도 다양하게 구분된다. 대체적으로는 조직의 발전 및 진화와 문제 해결의 수단인 사업 개발을 중심으로 구분하고 있다. 지역공동체 조직화는 특정한 사업개발로 범위를 한정하고 공동체 발전 단계를 중심으로 주요 활동 경과와 성과 창출 단계를 중심으로 세부과제들을 해결해 나가는 방식으로 구축한다. 이 방법에서는 '소통 및 역량강화 단계', '목표합의 및 계획단계', '투자 및 협력단계', '성과 창출 및 확산단계'로 구분하고 세부과제를 해결해 나간다[36].

알린스키는 전 세계 대공황 시기였던 1930년대 미국에서 가난한 사람들의 운동으로 공동체 조직화 이론의 기틀을 마련하였고 이후 1960년대 흑인 민권운동과 1970년대 풀뿌리 운동으로 발전하면서 지역공동체 조직화 영역의 고유한 발전을 이루었다. 그는 지역공동체 조직화를 "모순과 갈등이 존재하는 현실세계에서 다양한 시민들이 자발적으로 참여하고 토론하는 노력과 운동을 통하여 사회를 더욱 생동감 있게 만들고 문제를 해결해 나가는 민주적인 과정"이라고 하였다. 그리고 이러한 과정에서 활동가 혹은 개혁가 역할의 중요성과 함께 특히 이해당사자인 주민의 존재적 근거와 자발성을 강조하였다. 그는 조직화의 요소로, 첫째, "세상을 바꾸거나 변화에 저항하는 언제나 작동하는 본질적인 생명력으로 힘(Power)", 둘째, "지역공동체 안에 존재하는 종교단체, 노동조합, 운동동호회, 문화센터, 사업자그룹 등과 관계를 형성하고 지원을 얻기 위한 다양한 조직(Organization)", 셋째, "공동의 경제관계, 서비스의 공동사용, 그리고 이것을 해결해 나가기 위한 이해관계 차원의 공동체(Community)", 넷째, "공동체 구성원에 대한 무한한 애정을 가지고 그들이 경험한 세계를 이해하며 관계와 혁신을 촉발하고 변화에 헌신하는 사람으로서 활동가[원문에는 조직가(Organizer)]"를 꼽고 있다. 알린스키의 지역공동체 조직화 단계는 "① 활동가 또는 지역조직이 지역에 대한 정보를 파악한다. → ② 지역사회 정보를 토대로 주민들과 만나면서 지역사회 문제를 발굴해 나간다. → ③ 지역사회 문제에 공감하고 해결해 나가고자 하는 사람들을 모은다. → ④ 일차적 조직을 만들고 문제를 해결해 나간다. → ⑤ 지속적으로 지역사회 문제 해결 과제를 찾고 해결해 가면서 더 큰 주민 공동체를 형성한다."로 이루어져 있다[37].

가와하리 스스무는 〈표 6.9〉와 같이 지역공동체 활성화의 단계를 '미션공유단계', '사업형성단계', '설계건설단계', '사업집행단계'로 구분하여 제시하고 있다.

<표 6.9> 가와하리 스스무의 지역공동체 활성화 단계

단계별	주요 내용
미션공유 단계	- 3대 미션 설정: 해결과제, 해결목표, 해결방법 - 인적 네트워크 형성의 장 마련: 지역공동체 포럼
사업형성 단계	- 4대 사업 추진: 사업계획, 조직화, 자금 조성, 리스크 최소화 방안
조직구축 단계	- 지역공동체 조직 설립, 중간지원조직 등 협력확보 - 지역공동체 공유 공간 마련 등
사업집행 단계	- 사업 실행 및 운영 소식 공유 등

출처: 가와하리 스스무 외(川原 晋, 2011), "마을 만들기 시민 사업: 새로운 공공 의한 지역 재생(まちづくり市民事業~新しい公共による地域再生),
학예 출판사(学芸出版社).: 김현호(2013), "지방자치단체 주도의 지역공동체 활성화 방안", 한국지방행정연구원. p.27.에서 재인용.

'미션공유단계'는 지역공동체 활성화의 토양이 되는 단계로서 지역공동체의 해결과제와 해결목표를 설정하고 행동계획을 마련하는 세 가지 미션을 수립하고 결정하는 단계이다. '사업형성단계'는 사업계획을 수립하고 사업체를 조직하며, 사업의 위험을 줄일 방법을 모색하는 단계이며, '설계건설단계'는 중간지원조직의 협력을 확보하고 재원을 마련하는 단계이며, '사업집행단계'는 실제 계획에 따라 사업을 진행하고 관리하는 단계이다[38].

생애주기 이론은 산업, 제품 혹은 조직의 발전단계를 설명할 때 자주 사용되는 방법이다. 무생물에 생명체의 생애주기를 접목하여 사물이나 조직이 마치 생명체와 같이 "태어나서 성장하고 성숙해지는 생애주기의 과정"을 가지고 발전하는 것으로 설명한다. 지역공동체 조직화의 생애주기별 발전 단계는 〈표 6.10〉과 같이 '태동기', '형성기', '발전기', '정착기'로 구분하여 설명할 수 있다[39].

<표 6.10> 생애주기 관점의 지역공동체 활성화 단계

단계별	주요 내용
태동기	- 공동체 구성원 간 상호 작용의 필요성 확인 - 인적 네트워크 형성의 장 마련 - 공동체 구성원 간 미션 공유
형성기	- 공동체 사업, 조직, 예산의 명확화 - 인적 네트워크 형성의 정례화 마련 - 공동체 구성원 간 공동의 미션을 계획하고 실행 - 공동체 구성원 간 가치의 공유 및 확산
발전기	- 공동체의 가치, 공감, 연대가 명확해짐 - 공동체 구성원 간 상호 작용과 미션 실행이 정렬됨 - 공동체의 외형과 내적 상호 작용이 명확히 정립

제6장 지역공동체 조직화(Organizing) **291**

정착기	- 지속 가능한 공동체로서 자생적 발전이 가능 - 사회적 미션의 재생산 및 다른 지역으로의 확대 - 공동체 구성원 간 신뢰와 상호 작용이 공고화 됨

출처: 남재걸·정정화·오수길(2016), "지역공동체의 진화에 따른 이해관계자 간 역할변화 분석", 한국정책학회보, 25(3), p.111.

〈표 6.10〉에서 보면 첫째, '공동체 태동기'는 식물에서 싹이 돋는 맹아기처럼 기지개를 켜는 시기이다. "우리 동네에서도 새로운 활동을 추진하자!"라는 공감대를 형성하는 시기이며 지역공동체 조직화의 출발점으로서 매우 중요하다. 이 단계에서는 구성원 간에 상호 작용의 필요성을 인지하고 내부와 외부의 이해관계자 네트워크가 형성되며 구성원 간에 문제 해결 의제와 사회적 사명을 공유함으로써 지역공동체 조직화가 꼭 필요하다는 공감대를 형성한다. 둘째, '공동체 형성기'는 공동체의 명칭을 만들고 조직을 구성하며 사업계획과 자금 운영 계획을 수립하고 실행하는 단계이다. 이 시기에는 공동체의 성장계획이 확정되며 내부와 외부 이해관계자의 활동이 이전보다 더 구조화된다. 공동체 미션을 같이 계획하고 실행하게 되므로 무엇보다도 공동체의 가치가 현실적으로 보이고 공유되며 확산이 일어난다. 셋째, '공동체 발전기'에는 내부와 외부 이해관계자를 중심으로 더 많은 주변 사람들에게 알려지고 주변 환경과도 적극적으로 상호 작용을 하며 공동체의 정체성이 더욱 명확해지는 과정이다. 이 시기에 가장 중요한 것은 '공동체 발전기' 초기의 정부 지원과 의존에서 반드시 벗어나서 독립적인 운영과 순환이 가능하게 해야 한다는 것이다. 이때는 정부의 자금 혹은 지원 제도를 이용하는 경우라도 내부의 의사 결정 체계를 가지고 객관적인 판단을 할 필요가 있다. 지역공동체 구성원 간에 조직 가치에 대한 공감과 연대가 명확해지고 공동체의 내적 상호 작용과 규모가 명확히 정립되는 것이 특징이다. 넷째, '공동체 정착기'는 공동체가 구조적인 체계와 조직 운영이 더욱 견고해지고 다른 방향으로 이탈하기 어려운 시기이다. 아울러 체계와 운영 경로가 더욱 공고화되는 과정이기도 하다. 이 시기에는 공동체 구성원의 동기가 약해질 수 있으므로 이러한 동인을 파악하여 재충전하고 다시 활기를 찾는 것이 필요하다. 정착기의 평가 기준은 지속 가능한 자생적 운영과 발전이며 사회적 영향의 확대 혹은 재생산, 구성원 간의 신뢰 공고화, 더 나아가 정착된 구조와 운영 방식을 다른 지역으로 확산하는 시기이기도 하다[40].

지역공동체 조직화의 운영 원리

지역공동체 조직화의 실천 단계에서 바라봐야 할 원칙에 대한 중요한 관점이 있다. 그것은 '과정 중심적 접근', '가치 중심적 접근', '선순환적 접근', '상호 성장 중심적 접근', '다양성 강조 접근'이다. 첫째 '과정 중심적 접근'은 결과 중심의 평가에 고착되어 실천 과정에 따른 긍정적 효과와 영향력을 등한시하면 안 된다는 원칙이다. 지역 조직화 사업은 단기간의 성과를 기대하기 어려운 분야이므로 결과와 함께 과정을 중시하는 접근이 필요하다. 둘째 '가치 중심적 접근'은 철학적 근본과 가치를 잊지 말고 교육이나 근로의 보장, 인간다운 삶, 모성 보호, 보건과 주거 등의 사회권, 시민의 권리, 약점보다는 강점을 보는 시각, 사회정의와 같은 가치들이 적용될 수 있도록 한다. 셋째 '선순환적 접근'은 지역공동체의 발전을 위한 '문제의 발견과 의제의 선택', '문제의 해결과 다른 지역으로의 확산' 과정이 순환될 수 있도록 해야 한다. 넷째 '상호 성장 중심적 접근'은 지역공동체 조직화의 과정이 구성원 개개인의 배움의 과정으로 인식하고 상호 작용을 통해 각자가 동반 성장을 이룬다는 목표로 진행해야 한다. 내·외부 행위자와의 관계에서도 긍정적, 호의적인 상호 작용을 통해 지역공동체 구성원과 함께 다른 행위자의 성장도 같이 목표로 한다. 다섯째 '다양성 강조 접근'은 지역공동체 조직화의 행위자는 다양하게 참여시키고, 의제도 다양한 관점에서 접근하여 편협하지 않도록 한다[41].

사회적경제의 지역공동체 조직화 전략을 추진하다 보면 내·외부 이해관계자와의 관계에서 딜레마에 봉착하는 경우가 있다. 첫 번째 딜레마는 자원봉사자 혹은 공공의 지원에 따른 비용 우위의 장점이 있지만 규모의 경제를 갖추지 못하는 데서 오는 비용 열위의 단점을 가지고 있다는 것이다. 두 번째의 딜레마는 사회적경제가 소비자나 수혜자의 욕구를 살피는 세심함이라는 장점이 있지만 행정 서비스가 주는 형평성 혹은 지속성을 지키기 어렵다는 것이다. 세 번째 딜레마는 구성원들이 경영 의사 결정에 참여하고 개인의 가치관과 사회적 배려를 중요시하는 문화를 가질 수 있다는 장점이 있지만 경영 혹은 조직 운영상의 효율성이 떨어진다는 것이다. 이러한 딜레마는 사회적경제의 규범과 원리를 되새김과 동시에 지속적인 사회적 합의 과정을 통하고 지속해서 혁신적인 경영원리를 개발하고 정착시키는 노력으로부터 해결점을 찾아야 한다[42].

사례연구 24

한국의 완주군 농촌활력사업: 민관 거버넌스 로컬푸드(local food, 지역먹거리)를 비롯한 사회적경제 운동으로 시장경제에 휘둘린 농촌의 악순환을 안정화시키고 본래를 찾아가다[43]!

칼 폴라니(Karl Polanyi)는 "시장경제는 상호주의와 재분배에 기반을 두었던 '인류의 경제 정신'을 바꾸어 놓았고, 점점 더 경제 자유주의 마인드를 가진 자본주의 제도의 확대로 발전하면서 이러한 '사회적 경향'은 훼손되고 있다."라고 하였다. 우리나라 농촌은 칼 폴라니가 말하는 시장경제에는 대응하지 못하고 있으면서 나눔과 배려라는 인류의 경제 정신은 간직하고 있는 모순 속에서 점점 더 낙후되고 있다. 경제적인 이익도 얻지 못하고 사회적인 가치도 평가받지 못한 채 인구 감소와 고령화, 지역 침체로 인해 삶의 질 저하라는 악순환을 벗어나기 어려운 실정에 놓여 있다.

이러한 어려움 속에서 협동조합이나 마을기업 등 사회적경제 조직들은 농촌 지역이 가지고 있는 호혜와 상호부조 정신을 바탕으로 농촌 경제를 살리고 일자리를 창출하려는 다양한 시도를 해 오고 있다. 이러한 시도들 중에서 활발한 움직임과 가시적인 성과를 보여 준 사업으로 우리나라 전라북도 완주군의 '로컬푸드 중심의 농촌활력사업으로 시작한 사회적경제 사업'을 꼽을 수 있다. 완주군은 2021년 현재 약 821㎢의 면적에 3개의 읍과 10개의 면으로 구성되어 있고, 인구는 약 9만 5000명 정도 되는 농촌 지역이다. 로컬푸드 운동은 기존의 농·식품 체계를 넘어서서 대안을 모색하려는 움직임이라고 할 수 있다. 어느 지역에서는 먹을 것이 부족한 '식량 안보'의 문제, 어느 지역에서는 농약 등 먹거리의 위험과 위해에 따른 '식품 안전'의 문제, 또 어느 곳에선 농산물의 복잡한 유통구조와 대형기업의 등장으로 인한 농촌의 왜곡된 '경제 종속' 문제들이 제각각이다. 이를 해결하고자 1970년대부터 유럽, 미국, 일본 등에서 로컬푸드 움직임이 전개되어 왔다. 로컬푸드 운동은 "석유 및 화학농업을 배격하고, 생산자와 소비자 간의 사회적·물리적 거리를 감소시킴으로써 지속가능한 먹거리체계를 지향하는 움직임이며 추상적 시장관계를 넘어서 사람과 사람이 만나는 대안 농·식품 체계"라고 할 수 있다.

완주군은 2010년 지방선거 이후 농촌활력과를 신설하고 지역사회에 필요한 일을 지역주민이 스스로 해결하는 사회적경제 사업방식으로 5년간 약 500억 원을 지원하는 농촌활력사업을 민관 거버넌스로 추진하였다. 이를 통하여 완주군의 400여 개 마을 중에 100여 개의 마을이 '마을회사육성사업'에 참여하여 마을기업의 수익과 상시고용 일자리를 창출하고 있으며, (사)마을여행사업단 마을통에서는 도농 교류와 농촌체험을 지원한다. 중간지원조직인 완주공동체지원센터는 공동체 창업, 일자리 창출, 교육, 문화 복지 분야의 다양한 지원을 실시하고 있다. 두레농장은 비닐하우스와 공동작업장을 조성하여 어르신 일자리 창출에 기여하고 있다. 농산물을 도시 회원에게 직거래하는 방식의 꾸러미 사업을 진행하는 건강한밥상 영농조합과 지역별로 직매장을 운영하는 완주로컬푸드 주식회사가 있다. 또한 농민거점가공센터에서는 농산물 가공의 편의를 돕고 있으며, 공공급식지원센터는 학교급식, 병원 등에 로컬푸드를 공급하고 있다.

출처: 충청미디어넷(2018), http://chungnam.net(좌) 및 네이버블로그 세상 속으로(2018), http://blog.naver.com/austinwine(우)

2016년 현재 완주군 로컬푸드는 천여 명에 이르는 로컬푸드 생산자가 안정된 소득을 올리고 있으며, 관련된 유통 및 가공 분야에서 500명이 넘는 일자리를 창출하였다. 또한 전국에서 연간 3만 명 이상이 완주군을 방문하여 배우고 간다. 완주군의 농촌활력사업은 민관 협력을 바탕으로 밀착형 관리를 통하여 진행되었기 때문에 가능했다. "작은 규모의 농사로도 소득을 올릴 수 있는 지역, 다양한 농산물 가공이 가능한 지역, 농업 이외에도 다양한 일자리가 있는 지역, 주민 스스로 지역을 바꾸어 가고 있는 지역"으로 알려지게 되면서 도시민들의 귀농귀촌 희망을 현실로 바꾸어 주며 동기를 만들어 주고 있다. 또한 완주군의 활력사업은 지역의 영세한 고령 농민에게 직매장을 통하여 농산물을 소량으로 판매할 수 있게 함으로써 소득 증가로 이어지도록 하였고, 경제 활동에 대한 자부심과 심리적 만족감을 제공하고 있다. 경제활동뿐만 아니라 다른 조합원, 소비자, 직매장직원, 완주군과 관계 맺음을 통하여 정보 교류와 소통, 사회심리적 만족감도 높아져서 지역사회에서 공동체성 회복의 중요한 의미도 가지고 있다.

완주군은 지자체, 지역공동체, 중간지원단체가 협력하며 '사회적경제 1번지'를 향해 진화해 가고 있다. 농촌마을 공동체 활동으로 시작해서 사회적경제로 확장하는 중이다. 이에 부응하여 완주군은 2016년에 '사회적경제'를 전담하는 부서를 신설했고 2019년에 사회적경제과로 명칭을 변경했다. 완주군 사회적경제는 2010년 중간지원조직인 '완주커뮤니티비지니스센터'에서 시작했다. 농촌마을을 중심으로 공동체 사업과 활동을 지원하여 지역향토식품 기획생산 체계가 안착화를 도왔다. 2015년에는 지원조직 이름을 '완주공동체지원센터'로 바꾸었다. 2019년에는 완주군 삼례읍의 한 폐교된 중학교에 중간지원조직인 '완주소셜굿즈센터'가 자리를 잡았다. '소셜굿즈'는 완주군의 사회적경제를 통칭하는 상표 이름(brand naming)이다. 사회적경제(social)와 상품(goods)을 합친 말이다. 지역향토식품, 농촌공동체, 도시공동체를 아우르는 '사회적경제 방식'으로 지역순환경제를 구축해 나가겠다는 의지이다.

2017년에는 '완주사회적경제네트워크(완사넷)'을 창립하였다. 개별 사회적경제 조직이 참여해 민간을 대표하는 연대 조직이다. 완주군 지역사회는 지역향토식품, 농촌마을, 지역사회, 교육·문화, 에너지 등 여러 영역에서 120여 개에 달하는 많은 사회적경제 조직을 통해 지역주민의 필요를 사업방식으로 해결해 왔다. 개별 조직의 성과를 넘어서 지역사회를 연결하여 순환경제를 만들지 않으면 지속할 수 없다는 한계를 절감했다. 2017년부터 핵심지도자들은 '사회적경제 포럼'을 운영했다. 2017년 말 54개 개별 사회적경제 조직이 참여하는 '완주사회적경제네트워크'를 사회적협동조합으로 설립하였다. '완주소셜굿즈센터'는 '완사넷'이 행정으로부터 사업을 수탁해 운영한다. 행정과 민간의 두 기둥이 서로 협력하고 지원하며 완주군의 '사회적경제 생태계'를 갖춰 오고 있다.

이윤 추구가 만연한 시장 사회에서 대안을 찾지 않는다면 대다수 농민과 소비자는 생계와 생존을 위한 형식적 경제에 포섭될 수밖에 없다. 공동체 구성원끼리 잉여를 서로 공유하여 안정된 물질적 삶을 가능하게 하는 실체적 경제가 없이 개인 자본으로 축적하는 정도로는 사회 수준이나 개인의 생활수준도 지속적으로 담보할 수 없다. 대형마트나 편의점, 슈퍼마켓과 같은 전 지구적 시장 힘에 대항하는 다양한 대안적 활동은 공공재 요소를 지닌 '둥지 튼 시장(Nested Market. 역주: 공동체 사회관계망이 농산물의 다양한 역학 및 부가가치의 재분배, 유통과 가격 등 생산자와 소비자 간의 독특성과 결합하여 새롭게 형성한 사회적 시장)'의 개념처럼 식량권, 요리 전통, 빈곤 경감, 경관과 생명 다양성의 존중, 일자리 창출, 공정무역 등의 공적 가치로 나타난다. 이는 지역먹거리 운동이 갖는 사회적 의미와 잠재력을 잘 보여 준 것이다. 농민의 개별 경제활동은 지역먹거리 조직과의 관계망을 통해 사회적 의미를 부여받으며, 소비자도 지역 생산자와 관계를 맺으며 의미를 갖는다. 상품이지만 농산물은 둥지 튼 시장을 통해 사회적 의미를 갖게 되며, 관계망을 통해 지역사회가 구성된다.

제6장의 사례연구 토론(Discussion)

사례연구 21 호주의 스트리이트(STREAT)는 거리카페(Street Cafes)를 통해 지역공동체에 산업 교육 및 고용 기회 발견과 함께 광범위한 사회적 지원 프로그램을 제공하고 있다. ① 먼저 이 사례에 대하여 좀 더 자세히 설명하라. 그리고 ② 우리나라 많은 곳에 존재하는 거리 포장마차 음식점들이 더욱 지역공동체를 중심으로 발전적인 방식으로 거듭날 수 있는 방법은 있는지 각자의 의견을 제시하고 토론해 보자.

사례연구 22 일본 가나자와(金澤)시 찻집거리는 공동체를 중심으로 역사적 자산을 보존하고 새로이 활용함으로써 지역을 살리고 명성을 되찾은 사례이다. ① 먼저 이 사례에 대하여 좀 더 자세히 설명하라. 그리고 ② 우리의 지역사회에 있는 역사적인 자산에 대하여 생각해 보고 보존 및 활성화 방안에 대하여 각자의 의견을 제시하고 토론해 보자.

사례연구 23 홍콩의 완차이(灣仔, WanChai) 마을은 지역의 사회복지기관이 지역사회의 재건을 위하여 지역공동체 조직화 운동과 사회서비스 및 사회적적경제 활동을 밀접하게 추진하면서 일자리 창출, 지역의 사회적 목표그룹의 필요 해소, 지역상가 활성화 및 도시재생을 성공적으로 추진한 사례이다. ① 먼저 이 시스템에 대하여 좀 더 자세히 설명하라. 그리고 ② 우리 지역에서 배울 점 혹은 실천방안에 대하여 정책적인 측면과 공동체 주도 측면으로 나누어 각자의 의견을 제시하고 토론해 보자.

사례연구 24 한국의 완주군의 농촌활력사업은 지방자치단체와 지역주민이 사회적경제 방식으로 협력하여 유통환경을 개선하고 로컬푸드 생산자의 안정된 소득과 지역사회의 공동체성 회복에 앞장서고 있는 사례이다. ① 먼저 이 시스템에 대하여 좀 더 자세히 설명하라. 그리고 ② 우리지역에서 이처럼 민관 거버넌스를 통하여 사회문제를 해결하고 있는 좋은 사례를 이야기해 보고 아울러 보다 발전적인 개선방안에 대해서도 각자의 의견을 제시하고 토론해 보자.

제6장의 참고문헌(Reference)

1 김현호(2013), "지방자치단체 주도의 지역공동체 활성화 방안", 한국지방행정연구원.

2 Tönnies, F.(1957), "Community and society(Gemeinschaft und Gesellschaft), (C.P. loomis, Trans., Ed.)", East Lansing.

3 Murray, Bradley, Craigh, and Unions(1988), "새 영어사전(New English Dictionary on Historical Principles)".

4 National Institute for Social Work(1982), "Social workers: their roles and tasks(Barclay Report)", Bedford Square Press.; NASW · 김만두 · 김융일 · 박종삼(2011), "사회복지대백과사전", 나눔의집.에서 재인용.

5 남재걸 · 정정화 · 오수길(2016), "지역공동체의 진화에 따른 이해관계자 간 역할변화 분석", 한국정책학회보, 25(3), 105-132.

6 Tönnies, F.(1957), "Community and society(Gemeinschaft und Gesellschaft), (C.P. loomis, Trans., Ed.)", East Lansing.; 위키백과(2018), "공동사회와 이익사회", http://ko.wikipedia.org/wiki.

7 松本 康(1990), "都市コミュニティの文化形成とライフスタイル", 都市問題, 2월호, 東京市政調査會.: 한국지방행정연구원(2013), "현대적 지역공동체 모델정립 및 활성화 방안 연구", 안전행정부.에서 재인용

8 각 연구자의 지역공동체 정의에 관한 문헌.: 한국지방행정연구원(2013), "현대적 지역공동체 모델정립 및 활성화 방안 연구", 안전행정부.에서 재인용

9 한국민족문화대백과사전(2021), "두레와 품앗이", http://encykorea.aks.ac.kr/.

10 Durkheim, E.(1960), "The division of labor in society", Free Press.

11 STREAT 홈페이지(2018), http://streat.com.au.; Investing in Impact Partnership and Social Ventures Australia Consulting(2012), "Social Return on Investment: Lessons learned in Australia", SVA Consulting.; 권찬호(2017), "호주의 사회적 기업에 관한 사례연구: 'STREAT'을 중심으로", 한국공공관리학보, 31(4호), 217-241.; STREAT(2019), "Annual report 2019".

12 NASW · 김만두 · 김융일 · 박종삼(2011), "사회복지대백과사전", 나눔의집.

13 위키백과(2021), "모던타임스(영화)", https://ko.wikipedia.org/wiki/.

14 김한수(2019), "의식화와 조직화의 만남: 한국 공동체조직화(co) 운동의 역사", 도서출판 동연.; 정규호(2012), "한국 도시공동체운동의 전개과정과 협력형 모델의 의미", 정신문화연구, 35(2), 7-34.

15 김현호(2013), "지방자치단체 주도의 지역공동체 활성화 방안", 한국지방행정연구원.; 정규호(2012), "한국 도시공동체운동의 전개과정과 협력형 모델의 의미", 정신문화연구, 35(2), 7-34.; 곽현근(2012), "영국 신노동당 정부의 동네재생 국가전략과 동네관리", 자치행정, 291, 24-27. in 곽현근(2012), "동네자치를 위한 동네거버넌스 형성의 방향과 과제: 영국 동네거버넌스 제도 실험의 교훈.

16 한국지방행정연구원(2013), "현대적 지역공동체 모델정립 및 활성화 방안 연구", 안전행정부.

17 Kretzmann, J. P. and McKnight, J. L.(1993), "Building Communities from the Inside Out: A Path toward Finding and Mobilizing a Community's Assets", ACTA Publications.: 김현호(2013), "지방자치단체 주도의 지역공동체 활성화 방안", 한국지방행정연구원.에서 재인용.

18 한상일 · 김경희(2013), "한국 사회적기업의 지역자산 활용: 자산기반지역공동체발전 관점에서의 사회적기업 활성화 방안 모색", 지방행정연구, 27(3), 153-180.

19 가나자와 홈페이지(2018), http://kanazawa-tourism.com.; 한국지방행정연구원(2013), "현대적 지역공동체 모델정립 및 활성화 방안 연구", 안전행정부.; 김혜동(2011), "일본 가나자와, 쇠락한 방직공장을 시민예술촌으로", 홍주일보.; 가

나자와 시민예술촌 홈페이지(2023), https://artvillage.gr.jp.; 정수희(2017), "도시의 문화자산으로서 공예와 공예도시 연구: 유네스코 창의도시 네트워크(UCCN)를 중심으로", 문화콘텐츠연구, 14, 81-107.

20 Walter A. Friedlander(1974), "Introduction to Social Welfare(Prentice-Hall sociology series)", Prentice Hall.

21 Parachini, L. and S. Covington.(2001), "The Community Organizing Toolbox", Neighborhood Funders Group.;김욱진 (2008). "사회적 자본을 활용한 지역사회조직화전략 재고", 한국지역사회복지학, 26, 31-52.에서 재인용.

22 NASW · 김만두 · 김융일 · 박종삼(2011), "사회복지대백과사전", 나눔의집.

23 Emilia E. Martinez-Brawley(1990), "Perspectives on the Small Community: Humanistic Views for Practitioners", NASW.: NASW · 김만두 · 김융일 · 박종삼(2011), "사회복지대백과사전", 나눔의집.에서 재인용.

24 김욱진(2008), "사회적 자본을 활용한 지역사회조직화전략 재고", 한국지역사회복지학, 26, 31-52.

25 이찬희 · 문영주(2013), "부산지역 사회복지현장 실무자의 지역조직화사업 수행 경험에 관한 연구", 한국지역사회복지학, 45, 1-32.

26 홍영준(2016), "지역사회복지와 마을공동체: 내가 변하고 지역이 변해야 복지국가가 완성된다.", 월간복지동향, 218, 19-24.

27 이찬희 · 문영주(2013), "부산지역 사회복지현장 실무자의 지역조직화사업 수행 경험에 관한 연구", 한국지역사회복지학, 45, 1-32.

28 NASW · 김만두 · 김융일 · 박종삼(2011), "사회복지대백과사전", 나눔의집.

29 홍영준(2016), "지역사회복지와 마을공동체: 내가 변하고 지역이 변해야 복지국가가 완성된다.", 월간복지동향, 218, 19-24.

30 박해긍 · 김주희 · 조보경 · 최정임(2017), "지역조직가의 역할에 관한 사례연구", 한국지역사회복지학, 63, 97-131.

31 김현호(2013), "지방자치단체 주도의 지역공동체 활성화 방안", 한국지방행정연구원.

32 세인트 제임스 세틀먼트 홈페이지(2021), http://sjs.org.hk.; St. James' Settlement(2017), "St. James' Settlement 2015-2016 Annual Report", "http://sjs.org.hk".; 희망제작소(2012), "홍콩 완차이, 지역사회를 살린 비결", http://makehope. org.; 정소양 · 임상연(2015), "해외의 지역기반 사회적 경제조직 운영 사례: 일본과 홍콩의 경험", 국토, 409, 38-46.

33 한국지방행정연구원(2013), "현대적 지역공동체 모델정립 및 활성화 방안 연구", 안전행정부.

34 전대욱 · 박승규 · 최인수(2012), "지역공동체 주도의 발전전략 연구", 한국지방행정연구원.

35 엄한진 · 안동규(2009), "사회적 경제와 대안적인 지역개발 패러다임", 한국사회학회, 사회학대회 논문집, 517-526.

36 남재걸 · 정정화 · 오수길(2016), "지역공동체의 진화에 따른 이해관계자 간 역할변화 분석", 한국정책학회보, 25(3), 105-132.

37 Alinsky, S. D.(1971), "Rules for Radicals: A Practical for Realistic Radicals", Random House; Reitzes, Donald C. and Dietrich C. Reitzes(1987), "Alinsky in the 1980s: Two Contemporary Chicago community organization", Sociology Quarterly, 28(2), 265-283.: 김한수(2019), "의식화와 조직화의 만남: 한국 공동체조직화(co) 운동의 역사", 도서출판 동 연.에서재인용.

38 가와하리 스스무 외(川原 晋, 2011), "마을 만들기 시민 사업: 새로운 공공 의한 지역 재생(まちづくり市民事業~新しい 公共による地域再生), 학예 출판사(学芸出版社).: 김현호(2013), "지방자치단체 주도의 지역공동체 활성화 방안", 한국 지방행정연구원.에서 재인용.

39 남재걸 · 정정화 · 오수길(2016), "지역공동체의 진화에 따른 이해관계자 간 역할변화 분석", 한국정책학회보, 25(3),

105-132.

40 남재걸·정정화·오수길(2016), "지역공동체의 진화에 따른 이해관계자 간 역할변화 분석", 한국정책학회보, 25(3), 105-132.

41 홍영준(2016), "지역사회복지와 마을공동체: 내가 변하고 지역이 변해야 복지국가가 완성된다.", 월간복지동향, 218, 19-24.

42 김혜인(2015), "일본편: 지역혁신의 촉매, 커뮤니티 비즈니스, 지역공동체 응집성 고취 및 지역혁신 촉진-사회·경제자원 발굴, 잠재수요 부각으로 새로운 시장 창조", 월간 주민자치, 41, 104-108.

43 Karl Polanyi(1945), "The Great Transformation", Farrar & Rinehart.; 김철규(2011), "한국 로컬푸드 운동의 현황과 과제: 농민장터와 CSA를 중심으로", 한국사회, 12(1), 111-133.; 임경수(2015), "진화하는 지역, 도농관계의 전환: 농촌형 사회적경제와 도농순환", 계간 농정연구, 55호.; 김태완·김철규(2016), "지역먹거리 운동 조직과 농민 생활의 변화", 농촌사회, 26(1), 117-156.; 황영모(2021), "지역사회 사회적경제의 힘, 연대와 협력을 담는 그릇을 만들자", 한국농어민신문.; 이병천(2004), "칼 폴라니의 제도경제학과 시장사회 비판: 60주년에 다시 읽는 〈대전환〉", 경영과학연구, 30, 143-158.; Schneider, S., J. D. van der Ploeg, and P. Hebinck.(2015), "Reconsidering the contribution of nested markets to rural development," in P. Hebinck, J.D. van der Ploeg, and S. Schneider(eds), "Rural Development and the Construction of New Markets", Routledge.

비즈니스 네트워킹(Networking)

제7장의 개요(Outline)

7-1. 네트워킹의 개념 및 효과

7-2. 네트워킹의 유형 및 절차

7-3. 상업적 기업과 네트워킹

7-4. 중간지원조직과 네트워킹

제7장의 학습목표(Objectives)

☞ 학습목표 7-1: 사회적경제 영역에서 네트워킹이 주는 효과에 대하여 신뢰 형성, 사회자본 구축 및 사회적 영향 달성의 흐름으로 설명할 수 있다.

☞ 학습목표 7-2: 네트워킹의 평가 및 측정 기준을 이해하고 네트워크의 유형 및 원천에 대하여 '개인', '조직체', '정책'으로 구분하여 설명할 수 있다.

☞ 학습목표 7-3: 사회적경제 기업의 성장 단계별 네트워킹의 절차를 '접근성', '가용성', '불확실성'과 연관 지어 설명할 수 있으며 목적에 따라서 '사회적', '평판적', '마케팅', '지식, 혁신 및 기술' 네트워킹으로 구분하여 설명할 수 있다.

☞ 학습목표 7-4: 사회문제 해결 및 사회적경제 생태계 발전을 위한 상업적 기업과의 협력 방안을 이해하고 설명할 수 있다.

☞ 학습목표 7-5: 사회적경제 중간지원조직의 역할을 알고 미국, 영국 및 한국의 중간지원조직의 예를 들 수 있으며 중간지원조직과 네트워킹 방안을 이해하고 설명할 수 있다.

☞ 학습목표 7-6: 제7장 뒤쪽에서 언급하고 있는 4개 사례연구의 토론주제에 대하여 타인의 의견을 경청함과 동시에 자기의견을 밝히면서 적극적으로 토론에 참여할 수 있다.

제7장의 용어 및 개념 정리(Proposition)

▶ 네트워킹(Networking): 사회적경제 조직의 내·외부에서 개인, 조직 및 단체, 정부기관 등 네트워크 행위자들과 신뢰관계 및 사회자본을 형성하고 이를 통하여 지역공동체 구성원들이 공동의 목표를 향해 효율적인 힘을 발휘하여 궁극적으로는 사회적경제 기업이 성과를 달성하게 하는 목표지향적인 경영활동

▶ 사회자본(Social Capital): '정보(Information)', '영향력(Power)' 및 '연대(Solidarity)'의 원천으로써 호혜성을 바탕으로 일어나는 사람과 사람 사이의 협력 및 사회적인 거래를 촉진하는 신뢰와 규범 등 지역공동체 구성원들이 힘을 합쳐 공동의 목표를 향해 효율적으로 움직일 수 있도록 하는 일체의 사회적 자산

▶ 산업집적(Industrial Cluster): 산업별 연관된 기업 및 연구소와 경영 및 금융 등의 지원기관들이 네트워킹의 시너지를 창출하기 위하여 자연발생적으로 혹은 의도적으로 일정한 지역으로 모이는 것

▶ 비즈니스 플랫폼(Business Platform): 사업목적을 위하여 온라인 혹은 오프라인 환경에서 사업의 주요 이해관계자들에게 여러 가지 기능들을 제공하는 공통의 실행 환경

▶ 상업적 기업의 사회적 책임(Corporate Social Responsibility, CSR): 기업이 생산 및 영업활동을 하면서 환경경영, 윤리경영, 사회공헌과 노동사를 비롯한 지역사회 등 사회 전체의 이익을 동시에 추구하는 의사 결정과 활동 과정

▶ 상업적 기업의 사회적 책임 ESG(Environmental, Social, corporate Governance) 경영: 상업적 기업이 사회적 책임의 일환으로써 '환경', '사회' 및 '지배구조'의 비재무적 요소를 중심으로 사회적 책임을 다하려는 경영 활동 혹은 그러한 활동을 표준지표에 맞춰 측정하고 공시하여 기업 가치를 평가받고 투자로 순환되는 일련의 과정

▶ 상업적 기업의 공유가치 창출(Creating Shared Value, CSV): 상업적 기업이 사회적 책임의 일환으로써 지역공동체와 함께 자신들의 경영정책 및 사업 추진 과정을 공유하면서 지역공동체의 사회적 가치 및 경제적 가치를 창출함과 동시에 기업 자신의 경쟁력을 강화시키는 일련의 활동

▶ 상업적 기업의 기업 시민권(Corporate Citizenship): '사회적 권리의 제공자'로, '시민적 권리의 봉사자'로, '정치적 권리의 창구'로, 지역공동체 또는 사회 전체의 시민권을 존중할 공공의 행위자이며, 이를 위하여 때론 주도적으로 때론 국가 및 지역공동체 등과 협력하여 시민권을 보호해야 한다는 기업의 사회적 책임에 대한 최상의 제안

▶ 중간지원조직(Intermediaries): 사회적 목적에 헌신하면서, 정해진 프로젝트나 프로그램보다는 사회문제 해결을 위하여 도전하는 새로운 사업에 중점을 두면서 사회적경제 조직에 재정, 숙련(경영기술), 기술개발, 물리적인 협업 공간, 증거물[도구(사회적 영향 측정 등), 정보, 자료, 사례 등] 및 네트워크를 모아서 연결시켜 주는 특별한 조직

발상의 전환

재미난청춘세상 제2기 동문으로 사회적 경제를 공부하는 것은 새 언어를 배우는 것과 유사했습니다. 마치 'I는 you를 매우 love해요' 라는 문법의 언어를 쓰던 사람이 'I love you very much'라는 문법의 언어를 구사해야하는 것과 같았습니다. 간혹, 제가 지인들에게 사회적경제를 공부한다고 했을 때, 어떤 분들은 사회적경제라는 말을 듣자마자 바로 자기 언어로 설명하는 분들도 있었습니다. 그러나, 그 분들은 여전히 'I는 말이쥬 you를유 겁나게 Love해유' 정도로 말했다고 봅니다.

이 책에 나오는 사회적경제의 주제들은 비사회적 경제 출신들에게도 낯설지 않음에도 불구하고 쉽지 않습니다. 낯이 익어 금방 이해가 될 듯하고, 배운 것을 소화했다고 생각했는데, 다시 짚어 보면 사회적 경제답지 않고 원위치로 돌아와 있곤 합니다. 익숙한 문법을 버리지 않고 새 언어에 적용하면 콩글리시가 됩니다. 태생이 사회적 경제가 아닌 분들에게 사회적 경제를 위해서 익혀야 하는 문법이 있다면, 바로 발상의 전환이 아닐까 합니다. 이 도서에서는 매 장마다 주제별로 단단한 기본기가 될 수 있는 발상의 전환을 안내하여 줍니다. 특히, 초보 사회적경제인들에게는 네트워킹을 통하여 전혀 상상하지 못했던 경영 노하우와 비지니스 모델이나 협업의 아이디어들을 얻을 수 있습니다. 그렇다면, 사회적경제를 위한 네트워킹에 필요한 발상의 전환은 무엇일까요?

상업적 기업에게는 네트워킹이 기업의 목적을 이루기 위한 수단이지만, 사회적경제 기업에게는 네트워킹 자체가 사회적 가치의 실현이므로 목적이기도 합니다. 우리나라는 아직 사회적경제를 위한 기반이 열악합니다. 사회적경제 기업을 운영하면서 부족할 수밖에 없는 여러 자원을 채워나가기 위해서, 성실한 네트워킹은 사회적경제 기업인들이 꼭 장착해야 하는 의무가 아닐까 합니다.

이 장을 통하여 사회적 경제기업의 네트워크가 주는 진심어린 응원과 호혜를 배우시기 바랍니다.

2023년 1월 10일
송활

송활은 재미난청춘세상 사회적경제 리더과정 제2기를 수료하였다. 현재 사회적경제 기업인들을 위한 SNS 마케팅 플랫폼을 준비 중이다. 컴퓨터공학과를 전공했으며 B2B용 소프트웨어회사의 한국 지사장이다.

네트워킹의 개념

'네트워크(Network)'란 '두 개 이상의 무엇인가가 서로 연결된 관계'로 설명할 수 있다. 이것은 컴퓨터 무선통신망, 전선, 혈관 또는 물리적인 통로와 같이 광범위한 범위로 사용되고 있지만 개인 혹은 조직 간의 관계를 중심으로 설명하는 네트워크는 특히 그 행위자에 초점이 맞춰져 있다. '네트워킹(Networking)'이라는 의미는, 개인의 목적에 따라서 "개인 경력과 관련된 정보나 지원을 받을 수 있도록 조직 내·외부의 시스템 또는 관계망을 개발하는 활동"으로 설명하기도 하고[1], 대인관계를 중심으로 "조직 내·외부의 사람들과 비공식적인 인간관계를 구축하기 위해 고안된 행동"으로 설명하기도 한다. 이처럼 네트워킹에는 행위자 간의 우정이나 좋아하는 감정, 정보, 이득 및 영향력의 교환 관계를 포함하고 있다[2].

조직 내 관계를 중심으로 보면, "자신의 업무를 더 잘 수행할 수 있도록 도움을 주거나 지원할 것이라고 기대되는 직속 상사 및 부하 직원 이외의 사람들과 비공식적인 협업관계를 구축하고 유지하는 과정"으로 보기도 하며[3] "개인의 노력이나 경력에 있어서 도움을 줄 가능성이 있는 다른 사람들과의 관계를 발전시키고 유지하려는 시도"라고 볼 수도 있다. 또한 "자발적으로 자원에 대한 접근을 허가하고 공통의 이점을 극대화함으로써 개인의 작업 관련 활동을 촉진하는 잠재적인 이점을 지닌 비공식적인 관계를 구축, 유지 및 사용하는 것을 목표로 하는 행동"으로 네트워킹을 정의하기도 한다[4]. 네트워킹 활동은 조직의 내·외부에서 모두 행해질 수 있으며, 그 대상도 개인, 조직 및 단체, 정부 등 넓은 범위를 내포하고 있다. 특히 비즈니스와 같이 경쟁관계에 있어서는 내부보다는 외부 네트워킹의 효과가 더 큰 것으로 나타나고 있다[5]. 이러한 내용들로 보면 일반적으로 네트워킹은 조직 내·외부의 대인관계를 형성하고 발전시키고 활용하는 목표지향적인 활동으로 볼 수 있다[6].

대한민국의 서울시 성수동 1가 일대가 '소셜벤처 밸리(Social Venture Valley)'로 알려지면서 주목을 받고 있다. 이곳에는 사회적경제 조직들이 모여 네트워킹함으로써 더 큰 개별적인 또는 집합적인 상승효과와 더 큰 사회적 영향을 가져오고 있다. 2014년 12월에 이곳 성수 1가 1·2동, 성수 2가 1·3동 일대 약 88만㎡에 달하는 구역이 '서울형 도시재생 시범사업'으로 선정되었다. 다양한 비영리단체·사회적경제 기업·청년 벤처·지역 소상공인들이 모이면서 2015년 10월을 기준으로 약 80개의 조직이 자리하고 있다. 이곳은 빈부와 지역에 상관없이 대한민국 모든 청소년에게 언제 어디서나 멘토링 제공을 목표하는 '공부의 신', 체인지메이커(Changemaker: 사회의 다양한 문제들에 관심을 가지고 혁신적인 방법으로 이를 해결하려는 사람들)를 발굴·육성·지원하는 '루트임팩트', 공간으로 인한 단절을 막고 커뮤니티를 지원하는 도시재생 건축기업 '어반소사이어티', 다양한 사회문제의 솔루션을 만드는 신생 및 초기 소셜벤처를 돕는 '소풍', 소셜벤처 등 사회적경제 조직에 공간을 제공하고 행사와 프로그램을 운영하는 '카우앤독(〈그림 7.1〉 참조)' 등이 입주해 있으면서 사회적 네트워킹을 형성하고 있다[7].

〈그림 7.1〉 카우앤독 전경 및 카페

출처: 카우앤독 홈페이지(2018), http://cowndog.com.

　이곳은 조직의 형태나 활동 특성과 관계없이 '조직 간 네트워크', '외부 커뮤니티 네트워크', '지역사회 네트워크'의 연결망을 가지고 있으면서, 협업과 연계를 통하여 지역공동체에 다양한 시설 및 프로그램을 제공하고 있다. 이곳에 모인 기업 또는 단체 본인들의 시너지 효과 창출뿐만 아니라 지역경제 활성화, 이웃 주민들과의 관계 개선, 마을 행사 참여 및 관심의 증가 등 사회적으로도 긍정적인 영향을 미치고 있다[8].

네트워킹의 효과

네트워킹은 시간이 지나면서 약한 연결에서 강한 연결로 진화하게 되고 행위자들은 서로를 더욱 신뢰하게 된다. 이러한 신뢰관계는 정보 흐름의 효과적인 통로를 제공하고, 서로 간에 공유 채널을 창출하며, 공유 채널은 활동 기반을 더 넓은 곳으로 확대할 수 있는 학습 기회를 제공한다[9]. 또한 신뢰관계는 경쟁력을 높일 수 있는 이용 불가능한 자원의 접근을 용이하게 하고, 신뢰를 기반으로 한 정보의 흐름은 행위자들 간에 강하고 장기적인 관계를 형성하도록 한다. 이러한 신뢰관계는 공식적인 계약 관계를 넘어서는 소위 '호의(favor)'라고 불리는 상호 간의 자발적인 노력을 통하여 더욱 발달된다[10].

〈그림 7.2〉 네트워킹 효과와 사회적경제 기업 성과 달성의 흐름

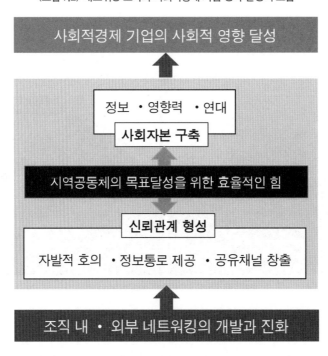

또한 〈그림 7.2〉와 같이 신뢰는 사회자본(Social Capital)을 구성하는 제일 중요한 요소라고 할 수 있는데, 사회자본이란 "호혜성을 바탕으로 일어나는 사람과 사람 사이의 협력 및 사회적인 거래를 촉진하는 신뢰와 규범 등 일체의 사회적 자산"을 말한다. 이는 '정보(Information)', '영향력(Power)' 및 '연대(Solidarity)'의 원천이 된다[11]. 또한 지역공동체 구성원들이 힘을 합쳐 공동의 목표를 향해 효율적으로 움직일 수 있도록 하는 힘이 되며 궁극적으로 사회적경제 기업이 성과를 달성하는 데 핵심 성공요소로 작용한다.

이상의 내용을 토대로 사회적경제 기업에 있어서 네트워킹이란 "사회적경제 조직의 내·외부에서 개인, 조직 및 단체, 정부기관 등 네트워크 행위자들과 신뢰관계 및 사회자본을 형성하고 이를 통하여 지역공동체 구성원들이 공동의 목표를 향해 효율적인 힘을 발휘하여 궁극적으로는 사회적경제 기업이 성과를 달성하게 하는 목표지향적인 경영활동"으로 정의할 수 있다.

기업은 네트워킹을 통해 비용 효율적인 방식으로 소유권을 갖지 않는 자원에 접근하여 역량을 확보하고 조직성과를 달성하기 위하여 노력해야 한다. 네트워크 자원의 크기, 가용성 및 품질은 네트워크 역량의 척도가 될 수 있다[12]. 기존 기업뿐만 아니라 내부 자원이 제한적일 수밖에 없는 신생 기업의 경우는 다양한 파트너십을 통해 네트워크 자원을 적극적으로 찾아야 한다[13]. 사회적경제 기업은 조직이 지향하는 사회적 목적으로 인하여 경제적 자원, 특히 재정적 자원을 확보하는 데 어려움이 더 크기 때문에 다른 행위자들과 네트워킹을 통하여 유기적인 상호 작용을 더 할 필요가 있다[14]. 또한 사회적경제 기업은 상호 호혜와 신뢰를 바탕으로 다양한 이해관계자가 참여하는 지배구조 및 지역공동체 조직화를 통하여 사회적 가치를 추구하는 특징을 가지고 있으므로, 사회적경제 조직에 있어서 네트워킹은 그래서 더욱 중요하다.

사례연구 25

독일의 씨오투온라인(co2online): 소비자, 정부, 상업적 기업과 네트워킹을 통하여 온라인으로 개인 가정의 전력 및 난방 사용을 추적하여 계산하고 에너지 소비와 요금, CO_2 배출량을 줄이다[15]!

요하네스 헹스텐베르그(Johannes Hengstenberg)의 사회적경제 기업 씨오투온라인(co2online)은 고객이 에너지 소비를 추적하여 에너지 소비, CO_2 배출량 및 에너지 비용을 줄이는 데 도움이 되는 무료 온라인 도구를 제공하는 온라인 플랫폼을 운영한다. 온라인으로 할 수 있는 실습 메뉴에는 전국 평균 에너지 소비량과 개인적인 비교를 통해 소비자의 에너지 요금을 분석하는 프로그램이 포함되어 있으며, CO_2 배출량과 금액을 비교하면서 저감 잠재력을 확인할 수 있다. 또한 지속 가능한 제품의 경제적 이익을 계산하여 에너지 절약을 소비자 제품 선택의 중요한 요소로 강조한다. 또한 씨오투온라인은 고효율 제품에 대한 소비자의 요구와 제조업체의 최신 에너지 절약 기술 간에 직접적인 소통을 지원한다. 에너지 절감을 위한 혁신적인 노력은 〈그림 7.3〉과 같이 홈 리소스즈 어카운트(Home Resources Account) 및 에너지 모니터링 장치를 통하여 확인 및 계산할 수 있도록 제공한다.

<그림 7.3> 전력소비(좌) 및 난방소비(우) 계산 온라인 메뉴

출처: 씨오투온라인 홈페이지(2018), "홈페이지에서 에너지 요금 계산 기능", http://co2online.de.

씨오투온라인은 에너지 절약 캠페인, 서비스 지불 및 컨설팅 비용에 대하여 정부의 보조금을 받는다(연간 예산의 70%가 공공기금). 또한 기관 및 온라인 사용자로부터 홈 리소스즈 어카운트에 대한 임대료를 받는다. 상업적 기업은 에너지 절약 도구, 설문지, 추세 및 선호도에 관한 사용자 데이터 기반의 전문 지식을 구입할 수 있다. 이 사회적경제 기업의 기본적인 비즈니스 모델은 서로 다른 고객과의 네트워킹을 통하여 서로 다른 비즈니스를 창출한다. 즉, 사회적경제 기업은 서비스를 무료로 이용하는 사회적 목표그룹을 자원으로 투입하며, 이를 통한 정보 및 통계는 상업적 기업의 유료 자원으로 연결되고 정부기관 네트워킹을 통하여 에너지 정책으로 책정된 보조금 지원을 받게 된다. 이 사례는 사회적경세 기업, 소비사, 상업적 기업, 정부기관의 네트워킹이 종합적으로 연결되지 않았다면 진행될 수 없는 사업이라고 할 수 있다. 이러한 사업 모델은 결과적으로 사회적 가치 창출의 수익화 정도가 매우 높게 나타난다. 그 이유는 사용자에게 무료로 정보를 제공하고 에너지 절약 기술에 대한 컨설팅 서비스를 상업적으로 활용하여 돈을 벌기 때문이다. 그럼에도 불구하고 이 특정 비즈니스의 접근법은 시장 네트워킹이 완전하게 이루어지기보다는 정부의 지원을 통하여 이루어진다.

씨오투온라인의 사회적 영향 보고서에 의하면 2021년에 380만 명이 이들의 서비스를 이용하였으며 62만 5000톤의 CO_2를 절감하였다. 40명의 기후 보호 전문가가 활동하면서 20년의 에너지 절약 노하우를 가지고 사업을 진행한다. 내적으로도 기후보호 행동에 게을리 하지 않는다. 직원 수는 54명이며 평균 근무기간은 6년 5개월에 이른다. 2021년에 프로그래밍 가능한 경제적인 온도 조절 샤워기 24개를 설치하였고 자전거로 이동한 거리는 2만 5000km에 이르며 28명은 식단을 기후 친화적으로 바꿨고 5명은 채식주의자(Vegetarier)이거나 완전 채식주의자(Veganer)이다.

독일은 건축 부문이 최종 에너지 소비량의 거의 3분의 1을 차지하고 있으며 그중 87%가 개인 생활공간이다. 이들의 목표는 이러한 건축 부문에서 엄청난 CO_2 절감 잠재력을 활용하는 것이다. 40명의 기후 보호 전문가로 구성된 학제 간 팀이 전기 및 난방 에너지 절약, 현대화 및 건설, 그리고 적절한 보조금에 대한 주제에 대해 사용자에게 조언한다. 참여의 결정부터 성공적인 조치 및 관련 모니터링까지 함께한다. 건물 임차인, 소유주 및 자산 관리자는 온라인 도구를 사용하여 각자의 위치에서 에너지 절약 및 에너지 효율성 향상에 대한 정보를 얻을 수 있다. 이뿐만 아니라 사회적인 수준에서도 효과적인 기후 보호를 위한 정책에 영향 미치고 사용자들과의 교류를 통해 에너지 절약의 조치에 대한 장애물과 요구 사항을 알고 정치, 미디어 및 과학 분야의 파트너와 함께 네트워크의 힘을 통하여 문제를 해결하고 있다.

이들이 CO_2 감소에 기여하는 방법은 〈그림 7.4〉와 같이 논리모델에 따라서 설명한다. CO_2 배출의 사회적 도전과제에 대하여 첫째, '입력(Input)' 단계는 최종 소비자 및 네트워크와 투명하고 효과적인 기후 보호 행동에 동기와 열정을 쏟는 단계이다. 이를 통하여 둘째, '산출(Output)' 단계에는 건물의 기후 보호 조치에 대해 독립적이며 디지털 및 데이터 기반의 조언 및 제품을 제공하며 이는 사용자의 최초 의사결정에서 선택 및 구현, 조치의 성공에 이르기까지 사용자와 함께한다. 이 단계에서는 설문 조사와 사용자 피드백을 통해 작업을 지속적으로 평가한다. 셋째, '성과(Outcome)' 단계에서 사용자는 어떤

〈그림 7.4〉 씨오투온라인 성과창출의 논리모델

출처: 씨오투온라인(2021), "사회적 영향 보고서, Wirkungsbericht der co2online gGmbH 2021", p.44.

기후 보호 조치가 그들에게 가장 효과적인지 알게 된다. 또한 구체적이며 대상 그룹별 권고 사항을 통해 조치를 효과적으로 구현할 수 있다. 이 단계에서 개인은 CO_2 발자국을 줄이는 성과를 본다. 넷째, '영향(Impact)' 단계는 사회에 미치는 긍정적이고 효과적인 기후 보호에 기여한다.

또한 씨오투온라인은 UN의 지속 가능 개발 목표, SDG 17개 목표 중에서 6가지 목표에도 구체적

으로 기여한다. 그것은 첫째, SDG 목표 4인 '모든 사람을 위한 포용적이고 형평성 있는 양질의 교육 보장 및 평생교육 기회 증진'으로써 '에너지 절감 챔피언(Energy Saving Champion) 대회'를 통해 효과적인 기후 보호를 학교에 도입하여 이를 가시화하고 젊은이들을 지속 가능성의 실천가로 만들고 있다. 둘째, SDG 목표 7인 '모두에게 지속 가능한 에너지 보장'으로써 씨오투온라인의 활동은 에너지 소비에 투명성을 가져오는데 이는 사람들이 소비를 줄이고 재생 가능 에너지원으로 전환하도록 동기를 부여하는 방법이다. 셋째, SDG 목표 11인 '포용적인·안전한·회복력 있는 지속 가능한 도시와 거주지 조성'으로써 기후 보호 계획에 기여하는 지자체 정보 및 동기 부여 캠페인을 위한 제품을 개발한다. 넷째, SDG 목표 12인 '지속 가능한 소비 및 생산 패턴 확립'으로써 정보 캠페인은 올바른 냉장고의 사용에서부터 보다 경제적인 물 소비에 이르기까지 지속 가능한 소비에 대한 인식을 높인다. 다섯째, SDG 목표 13인 '기후변화와 그 영향을 대처하는 긴급 조치 시행'으로써 씨오투온라인은 디지털 방식으로 가정 내에서 효과적인 기후 보호 조치에 대해 조언한다. 여섯째, SDG 목표 17인 '이행 수단 강화 및 지속 가능한 발전을 위한 글로벌 파트너십 재활성화'로써 씨오투온라인의 파트너십과 전문가 네트워크를 기반으로 하는 활동이 현장에서 기후 보호의 구현으로 이어진다.

네트워킹 유형과 원천

　네트워킹은 '네트워크의 양(크기)', '네트워킹 빈도(횟수)', '네트워킹 밀도(신뢰도)'로 측정 및 평가할 수 있는데, 이러한 '네트워크의 크기', '네트워킹의 빈도', '네트워킹 행위자 간의 신뢰도'는 모두 조직의 성과에 유의미한 영향을 미치는 것으로 조사되었다. 이 중에서도 특히 네트워킹 행위자 간의 확실한 신뢰관계는 조직의 경영성과에 가장 중요한 요인으로 파악되었다[16]. 네트워크의 유형은 보통 인구통계학적으로 분류하고 있다. 가족, 친척, 친구, 조직 구성원의 지인, 회계사, 법조인, 컨설턴트, 고객, 거래처, 공급자, 관련 협회 및 학회, 협력기업, 대학, 연구기관, 민간단체, 개인투자가, 벤처캐피탈, 금융기관, 창업보육센터, 중앙정부 부처 또는 광역 및 기초지자체 부서, 정부산하기관 등으로 광범위하게 분류할 수 있다[17]. 이 중에서 은행, 컨설턴트, 회계사, 협회, 학회, 변호사, 세무서 등은 공식적인 네트워크이고, 가족, 친지, 친구, 지역의 기업 등은 비공식적인 네트워크라고 할 수 있다[18].

　이러한 네트워크의 원천들을 〈표 7.1〉과 같이 유형별로 세분화해 보면 '사회적 네트워크', '시장 네트워크', '재무 네트워크'로 나눠 볼 수 있다. '사회적 네트워크'는 가족, 친지, 친구, 조직 내 구성원 및 가족, 교수, 대학, 연구원, 발명가, 변호사, 회계사, 경영컨설턴트 등으로, '시장 네트워크'는 공급자, 구매자, 경쟁자, 협력사, 수요자 또는 고객 등으로, '재무 네트워크'는 개인투자가, 사회적 벤처 캐피탈 등 투자회사, 은행 등 금융기관, 정부, 공공기관 등으로 분류할 수 있다[19].

〈표 7.1〉 네트워크의 유형 분류 및 원천

유형	원천
사회적 네트워크	가족, 친지, 친구, 조직 내 구성원 및 가족, 교수, 대학, 연구원, 발명가, 변호사, 회계사, 경영컨설턴트 등
시장 네트워크	공급자, 구매자, 경쟁자, 협력사, 수요자 또는 고객 등

재무 네트워크	개인투자자, 사회적 벤처캐피탈 등 투자회사, 은행 등 금융기관, 정부, 공공기관 등

출처: 반성식·김상표·유지현·장성희(2011), "사회적 기업가정신, 조직문화 및 네트워크 활동이 사회적 기업의 성과에 미치는 영향", 생산성논집, 25(3), pp.64-65. 참조 재정리.

행정기관의 입장에서는 지역혁신체계 구축에 필요한 '연구기관(대학, 국립연구기관, 계약에 의해 수행하는 민간연구기관 등)', '민간단체(소비자 그룹, 환경단체, 각종 단체)', '기업협회(다국적 기업 협회, 중소기업협회, 산업협회)', '정부기관(국회, 과학기술부, 지방정부, 기타 연구 관련 부처 등)'을 네트워킹의 행위자를 나누기도 한다[20]. 이상과 같이 인구통계학적 기준을 토대로 네트워킹의 유형을 분류하는 방법 이외에도 '중심성(Centrality)' 분석의 개념을 도입하여 네트워킹을 평가하기도 한다. 이는 네트워크상의 각 행위자가 갖는 역할과 형태, 위치적 특성을 파악하여 복잡하게 연결되어 있는 네트워킹의 구조적 특성을 도형화하고 분석하는 방법이다[21]. 네트워킹의 행위자[노드(Node) 라고 칭함] 중에서 중요한 행위자[허브(Hub)라고도 칭함]를 중앙으로 배치하고 각 행위자 간의 다중적인 연결 관계를 외곽의 행위자로 연결해 간다. 이러한 분석을 통하여 어떤 행위자가 다른 행위자와 얼마나 많은 연결 관계를 맺고 있는지를 파악할 수 있으며 네트워킹 집단 내에서의 직접적 영향력의 크기를 측정하는 데 사용할 수 있다. 또한 연결이 직접적 또는 간접적으로 되어 있는지에 따라서 상호 간 영향을 끼치는 속도, 정보자원에 대한 접근성, 중간 매개자의 역할을 파악할 수 있다. 만약 상호 간의 간접적인 연결 고리가 적고 대부분이 직접 연결되어 외곽으로 퍼져 나가는 네트워킹 체계를 가시고 있다면, 이는 네트워킹이 선방위적이고 고른 흐름을 갖기 어려우며 전체 네트워크가 취약해질 수 있다[22].

사회적경제 기업의 네트워킹은 공공 또는 사회적 목적 달성이라는 측면의 '사회적인 가치 창출 활동'을 가장 중요하게 생각하면서 제품의 생산 및 서비스의 전달이라는 '본원적 활동'과 이를 지원하는 기획, 인사, 총무, 재무, 전산 등의 기능적인 '지원 활동'을 병행해야 한다. 따라서 사회적 가치 창출에 필요한 자원과 경제적 가치 창출에 필요한 자원에 대하여 내부 및 외부의 네트워킹을 통하여 조달 및 교환하면서 신뢰 관계를 높여 가야 한다. 이러한 조달 및 교환 관계는 개인과의 관계를 통하여 또는 기업이나 단체 등 조직체와의 관계를 통하여 또는 광역 및 기초지자체 혹은 중간지원조직을 통하여 관계를 맺을 수 있다. 어떤 경우는 각 주체와 독립적으로 관계하거나 어떤 경우는 각각의 주체와 협력적 관계 속에서 네트워킹을 진행할 수 있다. 이상의 내용들을 토대로 사회적경제 기업의 네트워크 유형을 '공식 또는 비공식 등의 개인 네트워크', '상업적 기업 또는 사회적 목적 기업 등의 조직체 네트워크', '광역 및 기초 지자체 또는 중간지원기관 등의 정책 네트워크'로 분류하여 정리하면 〈표 7.2〉와 같다.

구분	중분류	원천
개인 네트워크	비공식 개인네트워크	가족, 친지, 친구, 지역주민, 동문, 동호회 등
	공식 개인네트워크	수혜자, 개인 고객, 구성원, 조합원, 주주, 활동가, 멘토, 컨설턴트, 회계사, 변호사, 법조인, 임팩트 투자자, 교수, 연구자 등
조직체 네트워크	상업적 기업 및 단체 네트워크	공급자, 기업 또는 단체 구매자, 지역 기업, 경쟁 기업, 기타 기업, 상업적 벤처캐피탈 및 금융기관 등
	사회적 목적 기업 및 단체 네트워크	수혜자 단체, 자선 단체, 지역 단체, 사회적 목적 기업, 비영리 기관, 사회적경제 연합체(회), 자선적 벤처캐피탈 및 사회적 금융기관 등
정책 네트워크	중앙 및 광역 또는 기초 지자체 네트워크	중앙정부, 광역 지자체 또는 시·군·구, 주민자치센터 등 기초 지자체
	중간지원기관 네트워크	중앙정부, 광역지자체, 시·군·구 등 기초 지자체 지정 중간지원기관, 시민사회 설립, 사회적기업가 혹은 사회적경제 기업 설립, 사회적 책임기업 설립 중간지원기관 등

사회적경제 기업은 그들이 인지한 기회를 개발하기 위하여 요구되는 전체 자원 중에서 내부에서 부족한 자원을 외부에서 활용해야 한다. 따라서 기회가 있을 때 기업의 성장 속도별 요구되는 외부 자원을 적극적으로 활용하는 것이 중요하다. 특히 네트워킹은 기업 외부의 개인이나 기업과 비공식 혹은 공식적인 관계를 통하여 사업화의 초기에 발생하는 다양한 문제들에 있어서 해결에 도움을 받고, 그 과정에서 네트워킹 행위자들에게 제품 또는 서비스와 기업 이미지를 향상시킬 수 있다[23]. 특히, 네트워킹은 신생기업이 성공하는 가장 중요한 비결 중의 하나가 될 수 있으며 초기 단계에서 투자자나 멘토, 경영자문가 등 외부 자원과의 네트워킹이 매우 중요하다. 기업에 있어서 제일 중요한 것은 사회적기업가 및 내부 자원들이지만 기업이 필요적으로 갖추어야 할 스킬들 중에서 부족한 것은 외부의 투자자나 경영자문가가 대신할 수 있다. 이러한 외부 자원은 기업이 스스로 만들 수 없는 통찰력을 경영 과정에 불어넣어 준다. 누구든지 기업을 잘 운영하는 것에 동원할 자원에는 한계가 있으며, 이럴 때 외부 자원의 도움은 기업을 성장하게 하는 일종의 품질보증이라는 것을 알아야 한다[24].

특히, 사회적경제 기업은 열악한 여건을 극복하기 위해 사회적인 인식을 확대시키거나 사업 추진의 협력적 관계 형성을 위해 인적·사회적 네트워크의 기반이 되는 학연, 지연, 사회적 친분 등을 중요한 요인으로 여기며 지역사회의 사회단체 및 산업 조직과 연결된 호의적인 관계를 유지해야 한다. 이것은 인맥 및 네트워크의 조력, 지역주민의 설득 및 계몽, 인근지역 기업과의 호의적인 관계, 정부 및 지자체와의 호의적인 관계, 지역 금융기관과의 호의적인 관계를 포함한다[25]. 성공한 사회적기업가는 연관된 분야에서의 경험과 경력, 헌신적인 마인드, 설립 단계의 자본 조달 능력을 갖추고 있었다. 이와 함께 사회적인 네트워크를 형성하고 공공기관 및 비영리기관과의 정기적인 네트워킹 역량을 가지고 있는 것으로 나타났다[26]. 네트워크를 통하여 외부의 자원과 전문성을 동원하는 일은 타인 혹은 다른 기업으로 하여금 사회적경제 기업의 불확실한 미래에 자본과 노동력, 기술과 노하우를 제공하도록 하는 과정이다. 이 일은 학연, 지연, 사회적 친분 관계 등 기존의 네트워크 자원으로부터 시작될 수 있다. 추가로 네트워크 자산을 만들고 구축하는 데 시간과 노력을 투자해야 한다[27].

네트워킹 절차와 방법

네트워킹의 절차와 방법은 네트워크 행위자들을 어떻게 찾아서 어떻게 신뢰를 형성하고 사회자본으로 구축해 나갈 것인가의 문제라고 할 수 있다. 이것은 제1장에서 살펴본 것처럼 사회적경제 기업이 창업기, 성장기, 성숙기, 확장기 등에 따라 발전하듯이 네트워킹도 시기에 맞도록 변화할 필요가 있다[28].

사회적경제 기업을 막 시작했거나 성장 초기에는, 필요한 자원에 대한 접근성이 떨어지고 활용도도 부족하며 네트워킹에 대해 전반적으로 불확실성이 높다. 즉, '접근성', '가용성', '불확실성'의 문제가 있는 시기이다. 이 시기에는 사회적기업가가 기존에 보유하고 있는 '개인 네트워크'를 중심으로 조직의 정체성에 대해 정보를 교환하고 상호 간 자원 교환 통로를 제공한다. 일상의 관계와 흐름 속에서 네트워킹을 실시하면서 점점 '접근성', '가용성', '불확실성'의 문제는 줄어들고 네트워킹은 진화된다. 또한 성장기로 접어들면서 정체성 중심의 네트워킹이 계산적 네트워킹으로 이동하기 쉽고, 사회적 약속 또는 관계 중심에서 경제적 교환 또는 수단을 중심으로 변할 여지가 높다. 종종 네트워킹의 응집력은 떨어지면서 네트워킹의 구조에 구멍이 생기기도 한다. 이는 네트워킹이 진화하고 외부 자원의 필요가 줄어들면서 나타난 현상으로 볼 수 있으며, 의도적인 네트워킹 활동이 필요한 시기이기도 하다[29]. 이 시기에는 특히 창업기에 필요한 자원을 확보하고 사업화에 집중하면서 조직 정체성과 관련된 가치를 놓치고 갈 수 있으므로 주의해야 한다. 또한 점점 더 복잡해지고 변화하는 경영환경 속에서 그에 맞는 네트워크 및 자원의 요구도 변하게 되므로 전략적인 대응과 네트워킹이 필요하다.

사회적경제 영역에서 네트워킹을 비즈니스에 활용하는 전략으로, '플랫폼 비즈니스(Business Platform)'의 성공 사례가 자주 등장하고 있다. '비즈니스 플랫폼'이란 "사업목적을 위하여 온라인 혹은 오프라인 환경에서 사업의 주요 이해관계자들에게 여러 가지 기능들을 제공하는 공통의 실행 환경"을 말하는데 이것은 네트워킹 자체를 하나의 사업화로 발전시킨 비즈니스 모델의 사례라고 할 수 있다.

〈그림 7.5〉 온라인 기반 비즈니스 플랫폼의 참가자들

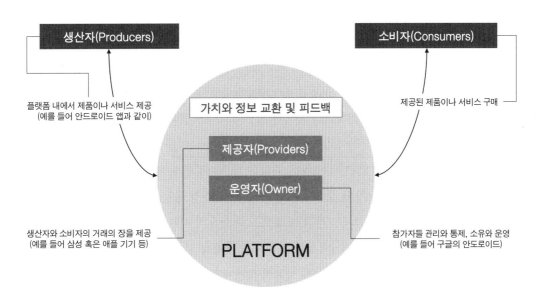

출처: Van Alstyne, M. W., Parker, G. G., and Choudary, S. P.(2016), "Pipelines, platforms, and the new rules of strategy", Harvard Business Review, 94(4), p.57. 참조 정리.

'비즈니스 플랫폼의 사업자(Owner)'는 〈그림 7.5〉와 같이 플랫폼 제공자(Providers)', 제품이나 서비스를 생산하여 제공하는 '생산자(Producers)', 제품이나 서비스를 소비하는 '소비자(Consumers)'를 구성하여 사업을 진행한다. 플랫폼 구조의 가장 큰 특징 중의 하나는 플랫폼 사업자가 직접 재화나 서비스를 생산하거나 소비자에게 판매하는 행위보다는 네트워크 연결에 더 집중한다는 점이다. 플랫폼은 생산자와 소비자를 끌어 모으는 시장에 인프라와 규칙을 제공한다. 이 생태계 구성원들은 주로 4가지 주요 역할로 분류되지만, 그 역할은 뒤바뀔 수 있으며 생태계 안팎의 관계를 이해하는 것이 플랫폼 전략의 핵심이라고 볼 수 있다. 이러한 플랫폼 전략이 성공하기 위해서는 세 가지 조건이 갖춰져야 한다. 첫째, 두 종류 이상의 서로 다른 계층의 소비자가 존재해야 하며, 둘째, 이렇게 서로 다른 소비자 계층을 연결함으로써 이익이 발생해야 하며, 셋째, 소비자들은 플랫폼에 의해 더 많은 혜택을 획득할 수 있어야 한다[30].

네트워킹은 '배태성(Embededdness: 시간이 지남에 따라 행위자들 간에 내재된 일종의 무언의 약속이나 제약이 생겨나는 속성)'[31]으로 인하여 복잡한 사회적·경제적 관계 속에서도 행위자들 간에는 묵시적이고 비확정적인 계약을 체결할 수 있다. 이것은 행위자들 간에 접근성이 높다는 장점이 있지만 좋지 않은 결과를 낳기도 한다. 창업 단계에서는 이러한 측면에서 주의를 기울이면서 긍정적인 효과와 부정적인 효과 사이에서 균형을 찾아야 한다[32].

네트워킹이 진화하면서 관련 분야에서 기술, 금융, 노하우를 보유한 기업이 네트워킹의 중심 행위자 역할을 하는데 이러한 네트워킹은 특히, 기술을 기반으로 발전한다. 이 단계에서 기존 참여자는 제한된 행위자와 관계를 맺고, 신규 행위자는 네트워킹에 참여하기 어려워지며, 신규 참여자는 기존 행위자의 추천을 통하여 참여하거나 응집력이 떨어져서 구멍이 생긴 부분에서 역할을 함으로써 네트워킹에 참여할 기회를 갖는다[33]. 성공한 기업의 경우는 다양한 유형과 적극적인 네트워킹을 하고 있는 것으로 분석되었고 반면 덜 성공한 기업은 네트워킹의 유형이 제한적인 것으로 분석되었다. 후발 주자는 성공한 기업가와 강한 유대관계 및 토론 과정 등을 통하여 "미래의 비전을 확인하게 되고, 가능성 있는 중요한 잠재 고객을 소개받을 수 있으며 시간이 지남에 따라서 선임자 혹은 멘토로 관계가 심화되어 제품이나 서비스를 거래하는 관계를 넘어서서 사회적인 관계로 발전"할 수 있게 된다. 많은 경우에 경제적인 관계는 사회적인 관계가 형성된 이후에 발생한다[34].

실리콘밸리의 정보통신기술 기업을 연구한 문헌에서는 다음과 같은 주제들을 중심으로 네트워킹의 발전 단계를 설명하고 있다. 첫째, '사회적 네트워킹'은 앞에서 살펴본 것처럼 가장 기초적인 네트워킹이다. 사회적 네트워킹은 신생기업이 비즈니스 네트워크에 들어가기 위한 기본적인 조건이며 때로는 수직적이며 때로는 수평적인 유대 관계로 이어진다. 사회적 네트워크가 없다면 기업은 비즈니스 관계를 구축할 수 없다. 사회적 네트워킹은 비즈니스 관계에 있어서 보상 혹은 징계의 사전 기능을 갖고 있다. 사회적 네트워킹에 전적으로 의존하는 것은 경로의존성(일정한 경로에 의존하기 시작하면 나중에 그 경로가 비효율적이라는 사실을 알고도 여전히 그 경로를 벗어나지 못하는 경향성)에 따른 품질문제와 네트워크의 발전에 제약이 될 수도 있다. 둘째, '평판적 네트워킹 (평판을 줄 수 있는 상대 기업의 파트너가 되어 명성을 얻으려는 네트워킹)'은 행위자가 자기 기업의 평판과 미래의 유리한 선택을 위해 본인들의 중요한 정보나 채널을 상대방에게 제공하는 형태이며 시장에서 신뢰를 높일 수 있다. 셋째, '협력적 네트워킹'은 고객을 잃는 등의 손해를 입지 않으면서 일을 다른 경쟁 기업에 맡기거나 하청계약 형태로 협동하는 체계를 말한다. 때로는 컨소시엄 형태로 일하기도 한다. 넷째, '마케팅 네트워킹'은 특히 마케팅 측면에서 마케팅 정보를 공유하거나 더 나아가 공동 고객관리와 같은 방식으로 네트워킹을 하는 것을 말한다. 다섯째, '지식, 혁신 및 기술 네트워킹'은 가지고 있는 지식, 기술 및 노하우 등 외부에 공개하기 어려운 자원을 공유하고 협력하는 전략적인 네트워킹을 의미한다.

따라서 신생기업은 초기 단계에 사회적 네트워크를 광범위하게 활용하고 평판 네트워크를 구축하는 것이 가장 중요하다. 이러한 네트워크는 사업 초기 관계형 네트워크 플랫폼을 구축하고 미래의 선택 가능한 옵션을 만들어 준다. 평판 네트워킹을 위하여 자사의 중요한 기술 혹은 역량이 유출 혹은 상대방과 공유될 수 있다. 다음 단계는 네트워크 관리의 핵심 부분인 마케팅 네트워킹과 협동적 네트워킹이다. 기업이 상당한 매출을 창출하는 단계이다. 이어서 기술 혹은 노하우를 중심으로 협력적 네트워킹이 더 견고해지며 규모가 커지고 중심성을 확보하여 평판 메이커가 되는 단계이다. 이 단계에서 기술 제휴는 기술 플랫폼을 강화하고 보완 자산을 늘리며 보다 강력한 혁신적인 기술 위치를 구축하는 데 사용된다. 마지막으로 시간이 지나고 성숙해지면서 기업은 관계 중심 네트워킹이 한계에 이르게 되며 미래 성장을 보장할 수 있는 새로운 네트워크의 관리가 필요하다. 이를 위하여 네트워크 관계를 추가하거나 사회적 관계가 비즈니스 관계로 성숙할 수 있도록 네트워킹의 구조 관리가 필요하다. 이 단계에서 기업은 기존에 형성된 네트워킹의 신뢰에 손상을 입을 수 있으므로 주의할 필요가 있다[35].

스위스의 네스프레소(Nespresso):
사회적 및 환경적 책임을 다하기 위하여 체계적이며 정량적인 경영계획을 수립하고 실행에 앞장서다[36]!

스위스 로잔에 본사를 두고 있는 네스프레소(Nespresso)는 2019년 현재 전 세계 50여 개국에서 7000명이 넘는 직원이 근무하고 있다. 이 기업은 "도덕성, 정직, 존경, 공정한 거래 및 법률 준수"를 기업 이념 및 핵심 가치로 경영하면서 사회적인 책임을 다하고 있는 상업적 기업이라고 할 수 있다. 네스프레소의 가치 제안은 '집에서 즐기는 레스토랑 수준의 고품질 에스프레소(고압·고온하의 물을 미세하게 분쇄한 커피 가루에 가해 추출해 내는 고농축 커피의 일종)'에 두고 있다. 고객은 '직장인과 가정'이며 주로 '홈페이지 및 쇼핑몰, 브랜드 매장, 콜센터, 소매점(기계용)'에서 판매하고 있다. 주 수익원은 '캡슐(1잔 분량씩 용기에 담긴 분쇄된 커피, 캡슐 커피 전용 머신에 집어넣어서 추출)' 판매이다. 네스프레소의 사회적 및 환경적 가치를 중심으로 사업 추진 전략 및 계획을 살펴보면 다음과 같다. 이 기업의 사회적 가치 창출 전략의 출발은 "더 맛있고 건강한 식음료를 제공하고 건강한 라이프 스타일을 장려함으로써 매일 소비자의 삶의 질을 향상시킬 수 있음"으로 두고 있다. 먼저 '직원' 부분에 있어서 사회적 가치는 "고객 지향적인 직원, 글로벌 다양성을 맞는 직원 구성을 기업의 인재상으로 두고 정기적인 조사를 통하여 관리"하고 있으며 "현재 직원의 70% 이상이 고객 지향적인 것으로 조사되었으며, 90개국 이상의 국적을 가진 이들이 60개국 이상에서 근무"하고 있다. 이것은 기업이 전 세계적인 유통과 급속한 성장을 고려할 때 "직원의 다양성에 기초한 긍정적인 직장 편성과 강력한 고객 관계를 유지하면서 성장할 수 있는 핵심"으로 작용한다.

'지배구조' 부분에서는 "모기업 네슬레의 통제를 받는 것이 아니라 자율적인 사업 부서로서 의사 결정은 투명하고 이해관계자는 적극적으로 참여시켜 가치를 창출할 수 있는 구조"로 협치의 지배 구조를 만들었다. '지역공동체' 가치 창출 부분에서는 "양질의 커피가 대량으로 필요하기 때문에 커피 농가와 성공적인 공급 관계를 개발하는 것이 특히 중요"하며 이러한 커피 수요를 충족시키기 위해 NGO 단체인 '레인포레스트 연맹(Rainforest Alliance: 농촌 지역사회와 협력하여 산림을 보전하고 지속 가능한 생계를 유지하기 위하여 1987년 설립한 단체, 2019년 현재 76개국 130만여 개 이상의 농가와 협력 파트너 관계를 맺고 있음)'과 파트너 관계를 맺고 6만 2000명이 넘는 농부들과 지속적인 관계 및 개발을 통하여 커피의 품질과 수확량을 향상시키고 그들의 수입이 증대되도록 협력"하고 있다. '사회문화'적인 가치 창출 계획으로는 "개개인의 개성을 중시하는 문화 형성, 강력한 기업의 사회적 책임 관행과 프로그램을 통하여 책임성과 능동적인 문화 형성"에 중점을 두고 있다. '사회적 영향력의 확정'을 위한 전략으로는 "전 세계 60개국 이상의 320개가 넘는 매장에서 사회문화적인 관계를 형성하고 있으며 아울러 언어 교육 및 소액 대출 프로그램과 같은 추가적인 사회적 프로그램을 실행"하고 있다. '최종 소비자'의 가치 창출 방안으로는 "카페인의 상승(부스트) 효과, 맛과 따뜻함 측면에서 사용자의 필요를 충족시켜 가치를 제공"하는 데 역점을 두고 있다. 부정적인 영향으로서의 '사회적 비용'을 파악하고 관리하는 부분에 있어서는 "지역 농민과의 계약으로 인하여 잠재적으로 기존의 농업 문화 및 사회적 관행을 혼란스럽게 하거나 대체할 수 있다는 점"과 "카페인 중독의 영향으로 담배, 알코올 및 정크 푸드와 마찬가지로 사회적 질병이 될 수도 있다는 점"을 인식하고 이를 관리할 수 있는 정책들을 개발하고 있다.

네스프레소의 '사회적 성과'는 "레인포레스트 동맹과의 파트너십을 통해 농가 및 구성원들에게 직·간접적으로 커피 공급 업체에 대한 교육 기회를 제공하는 것과 지역공동체 이해관계자의 참여를 통한 그들의 삶의 질을 향상시키는 정책과 계획"을 통하여 달성하고 있다. 네스프레소는 사회적 가치 측면의 기업 사명을 사업계획 측면으로 일관되게 정의하고 이를 정량화시킴으로써 이해관계자들로 하여금 회사의 사회적 가치를 명확하게 인식할 수 있게 하였다.

<그림 7.6> 네스프레소 제품, 커피농가 및 자문위원회

〈생산 제품〉 　　　　　　　〈커피 농가〉 　　　　　　　〈지속 가능 자문위원회〉

출처: 네슬레 네스프레소 홈페이지(2018), http://nestle-nespresso.com.

네스프레소는 탄소 배출량이라는 정량적인 지표를 중심으로 측정치의 증감 여부를 추적하고 관리하면서 환경적 가치를 어떻게 실천하고 있는지 설명하고 있다. 네스프레소의 환경적 가치 창출 전략의 출발은 "제품의 기능 단위인 40㎖ 에스프레소에 대하여 1년의 단위 기간 동안의 가치에 대하여 제품의 생명주기에 따라서 환경적인 측면에서 무엇이 검토되고 있는지 '원재료', '생산', '공급 및 아웃소싱', '유통', '수명 종료'로 구분하여 추적 관리하고 있으며, 아울러 잠재적으로 환경을 고려한 대체적 모델 탐구의 기준을 제시하여 설명하고 있다. 예를 들어 '환경적 비용' 측면에서 "탄소 배출량의 약 46.6%를 차지하는 사용자 사용 단계의 비용이 가장 큰 환경적인 측면의 비용"임을 분석하고 관리하고 있으며, '환경적 성과'를 높이기 위하여 "기계를 재설계함으로써 탄소 배출량을 20.7%를 감소시키는 효과"를 거두었다. 네스프레소는 이처럼 제품의 라이프 사이클 접근 방식으로 환경 영향을 평가하고 환경적 영향에 대한 일반화 및 직관적 설명을 넘어서서 보다 지속 가능한 측정 방법과 수치로 제시함으로써 확고한 정량적 기반을 사업계획 및 목표로 설정하고 추적 관리한다.

반면 네스프레소는 채굴용 알루미늄 캡슐의 유해성에 대하여 환경단체의 문제제기와 생산과정에서 환경인증 알루미늄(ASI, Aluminium Stewardship Initiative)을 사용하겠다는 약속을 지킬 것을 지속적으로 요구받고 있다. 이에 대하여 네스프레소는 알루미늄 캡슐의 100%가 재활용될 수 있으며 1991년부터 추가한 재활용 정책의 일환으로 최근 스웨덴의 라이프 싸이클 자전거 브랜드인 벨로소피(Velosophy)와 제휴하여 재활용 알루미늄 커피 캡슐로 만든 자전거를 생산하여 판매 및 기부하고 있음을 발표하면서 사용 후의 커피 캡슐에 대한 재활용 의지와 자사의 환경보호에 대한 사명을 지지해 줄 것을 호소하고 있다.

네스프레소는 사회적 영향 측정 도구 '비-코퍼레이션(B-Corporation)'의 기준을 통과하고 인증을 받았는데 이는 기업 운영 방식의 모든 단계를 신중하게 생각하고, 직원, 고객, 사회, 환경 등 모두에게 미칠 영향을 고려해 결정하는 인증제도이다. 네스프레소는 홈페이지에서 "우리는 단순히 이윤 극대화가 아닌, 더 의미있는 목적을 위해 노력하는 기업과 소비자들이 함께하는 세계적인 움직임의 일원이며 새로운 재활용 프로그램 또는 레인포레스트 연맹, 공정무역기구와 같은 파트너들과 협력을 통해 혁신 및 개선을 도모하고, 협업한다."라고 언급하고 있다. 또한 "비-코퍼레이션(B-Corporation)의 인증은 사회적 및 환경적 프로그램과 활동, 조직을 통해 자원 순환성, 기후 변화 대응, 지역사회에 기여하는 것을 의미하며 네스프레소의 지배구조, 기업 구성원, 고객, 지역사회, 환경이라는 5개 영역에서 그 가치와 공헌을 엄격하게 인증 받았음을 의미한다."라고 설명하고 있다.

3 ▷ 상업적 기업과 네트워킹

상업적 기업의 사회적책임 경영 및 추세

기업은 다른 경제주체들과 네트워킹을 통하여 유기적인 상호 작용의 관계를 갖출 필요가 있다. 이를 통하여 각자의 역량은 높이고 비용은 절감하면서 시장에서의 경쟁력 확보와 환경 변화 대응의 민첩성을 높일 수 있다. 기업 간 네트워크에는 공동으로 진행하는 연구개발·투자·생산·판매와 같은 전략적 제휴, 컨소시엄, 지분참여, 장기계약, 산업집적 등의 형태를 포함한다. '산업집적(Industrial Cluster)'은 "산업별 연관된 기업 및 연구소와 경영 및 금융 등의 지원기관들이 네트워킹의 시너지를 창출하기 위하여 자연발생적으로 혹은 의도적으로 일정한 지역으로 모이는 것"을 말한다. 이것은 경쟁 기업을 견제하는 전통적인 시장경제 이론과는 달리 각자가 가지고 있는 서로 다른 역량과 자원을 연계하여 시장에서 더 큰 가치를 창출한다는 점이 강조된다[37]. 규모가 작은 기업은 기업 간 네트워킹을 통하여 상호관계를 증대하고 외부의 경쟁 환경에 대응하는 것이 중요한 성공 요인으로 인식되고 있다.

사회적경제 기업은 내·외부의 다양한 네트워크 행위자들의 협력 또는 지원을 통하여 사업을 개발하고 성장한다. 여기에는 지역 내 비영리단체 및 사회적경제 기업, 상업적 기업, 행정기관, 중앙 및 지방 정부와 그 중간지원조직, 시민단체 및 사회적책임 기업이 설립한 중간지원기관 등이 모두 해당된다. 이러한 조직들은 때로는 사회적경제 기업의 재정에 도움을 주기도 하고, 인적자원을 공급해 주기도 하며, 때로는 허가 및 인증의 관리자 역할로도 일한다. 또한 경영자문, 사업개발, 마케팅을 도와주기도 한다. 이러한 조직과의 네트워킹은 지역공동체에서의 성공적인 정착뿐만 아니라, 그들과 지역공동체가 상호 발전할 수 있는 중요한 역량이라고 할 수 있다. 이를 통하여 개별 조직의 한계를 극복하고, 사회적 가치를 실현하고자 하는 사명감을 확고히 인식시켜 주며, 지역사회 자원과의 연계를 통해 조직 성과를 높일 수 있다[38].

이 중에서 상업적 기업은 사회적경제 기업과 상호 협력을 통하여 사회적 책임과 사회적 영향을 높이고 확장할 수 있는 중요한 네트워킹의 상대방이다. 따라서 사회적경제 기업은 상업적 기업의 사회적책임과 협력하면서 상호 간 사회적인 성과를 높일 필요가 있다. 상업적 기업의 사회적책임(Corporate Social Responsibility, CSR)은 "기업이 생산 및 영업활동을 하면서 환경경영, 윤리경영, 사회공헌과 노동자를 비롯한 지역사회 등 사회 전체의 이익을 동시에 추구하는 의사 결정과 활동 과정"을 말한다[39]. 〈그림 7.7〉과 같이 기업의 사회적 책임의 수준을 피라미드 형식을 빌려 단계적으로 경제적 책임에서부터 법적 책임, 윤리적 책임, 자선적 책임까지 표현하기도 한다. 최근에는 기업의 법적 책임을 넘어서 윤리적 책임에 대한 논의가 활발하게 진행되고 있다. 앞으로는 상업적 기업도 자선적 책임, 즉, 기업이 지역공동체 혹은 사회 전반의 가치를 목표로 운영하는 사회적 목적 실현 기업으로서 '시민권(Citizenship)'을 존중할 책임 있는 공공 행위자로서의 선량한 '기업 시민(Corporate citizen)'이 되기를 기대한다[40].

〈그림 7.7〉 기업의 사회적책임 피라미드

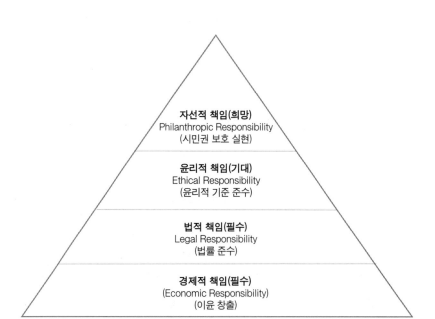

출처: Carroll, A. B.(1991), "The Pyramid of Corporate Social Responsibility: Toward the Moral Management of Organizational Stakeholder", Business Horizons (July/August), p.42. 참조 재정리.

'시민권(Citizenship)'은 개인이 건강, 안전, 복지, 교육 등 다양한 측면에서 사회적 참여와 혜택, 자유를 누릴 '사회적 권리(Social rights)', 정부 등 제3자의 남용과 간섭으로부터 행동, 사상, 언론, 신앙 등에 있어서 자유로울 '시민적 권리(Civil rights)', 그리고 개인의 사적 영역을 보호받고 사회에 적극적으로 참여할 수 있는 권리로써 투표권, 집단적 의사 표현, 정치 참여 등 '정치적 권리(Political rights)'의 3가지로 설명한다[41]. 기업은 '사회적 권리의 제공자'로, '시민적 권리의 봉사자'로, '정치적 권리의 창구'로, 지역공동체 또는 사회 전체의 시민권을 존중할 공공의 행위자이다. 기업의 사회적 책임의 최상위에 있는 '기업 시민권(Corporate citizenship)'이란, 기업이 때론 주도적으로 때론 국가 및 지역공동체 등과 협력하여 시민권을 보호해야 한다는 기업의 사회적 책임에 대한 최상의 제안이라고 볼 수 있다[42].

2004년에 설립되어 기업의 평판을 조사하고 분석하는 렙트랙컴퍼니(RepTrak Company™)는 2021년 2000개 이상 기업을 분석하고 '제품 및 서비스(Products & Services)', '혁신(Innovation)', '직장(Workplace)', '거버넌스(Governance)', '시민권(Citizenship)', '리더십(Leadership)', '성과(Performance)'의 7가지 요소에 대하여 세계 시민의 인식조사를 토대로 순위로 매기고 상위 100대 기업을 발표하였다. 여기서 말하는 "시민권"은 "환경을 보호하기 위해 책임감 있게 행동하고 사회에 긍정적인 영향을 미치며 선의를 지원하는 것"으로 정의하여 조사한다. "직장"은 "동등한 기회 제공, 공정한 보상, 직원의 건강과 웰빙"을 중심으로 조사하여 평가한다. 온라인 설문 조사를 통해 15개 국가에서 수집된 6만 8577명의 평판 인식에 대한 응답을 분석한 2021년 보고서에 의하면 세계에서 평판이 가장 좋은 기업으로 1위는 '레고그룹(Lego Group)', 2위는 '롤렉스(Rolax)', 3위는 '페라리(Ferrari)', 4위는 '보쉬그룹(The Bosch Group)', 5위는 '할리-데이비슨(Harley-Davidson)', 6위는 '캐논(Cannon)', 7위는 '아디다스(Adidas)', 8위는 '월트디즈니(The Walt Disney Company)', 9위는 '마이크로소프트(Microsoft)', 10위는 '소니(Sony)'가 차지했다. 대한민국의 기업 중에서는 '삼성그룹'이 17위, '㈜LG'가 67위를 차지하였다[43].

렙트랙컴퍼니는 이번 조사에서 COVID-19 감염병 대유행의 여파로 기업은 사회적 참여 및 시민 기대치의 급격한 변화, 미래에 대한 급격한 불확실성 등으로 점점 더 이해관계자의 복잡한 압력과 요구에 직면해 있다고 언급하였다. 특히 기업이 지속 가능하면서도 번창하기 위해서는 이해관계자가 매우 중요하다. 이것은 CEO가 기업의 목적을 고객, 직원, 공급업체, 지역사회, 주주 등 5개 이해관계자 그룹 각각에 대해 헌신하는 것에 있음을 공개적으로 약속(Business Roundtable's Statement)한 181개 기업에서 특히 좋은 결과가 나타났음이 증명되었다고 밝혔다. CEO는 진화하는 이해관계자 관점과 목소리, 특히 직원의 관점과 목소리를 의사 결정에 통합해야 하는 압박에 계속 직면할 것이라고도 밝히고 있다.

제5장 영국 BP의 사례에서도 잠깐 언급되었지만, 상업적 기업의 'ESG 경영'은 상업적 기업이 "환경, 사회 및 지배구조의 비재무적 요소를 중심으로 사회적 책임을 다하려는 경영 활동 혹은 그러한 활동을 표준지표에 맞춰 측정하고 공시하여 기업 가치를 평가받고 투자로 순환되는 일련의 과정"을 말한다. 이번 평판 데이터 분석 결과, 대중이 기업의 ESG(환경, 사회, 거버넌스) 노력을 잘 인식한 경우에 좋은 성과를 거둔 것으로 나타났다. ESG는 여전히 기업에서 진행 중인 작업일 수 있지만, 주요 이해 관계자를 참여시키는 방법으로 ESG를 사용하여 빛을 발할 기회가 있다. 여기서 환경(E)은 "기업이 취하고 소비하는 자원"으로, 사회(S)는 "기업이 비즈니스를 수행하는 사람들 및 커뮤니티와 맺는 관계"로, 거버넌스(G)는 "기업이 자신을 통제하고, 의사 결정을 내리고, 법률을 준수하고, 이해관계자의 요구를 충족시키기 위해 채택하는 내부 시스템"으로 정의한다. 기업의 비즈니스 목표가 무엇이든 ESG에 관심을 기울여야 하며 강력한 ESG 성과를 목표에 담아야 한다. 왜냐하면 ESG는 위기의 순간에 대중이 기업에 이익을 줄 것인지 아닌지, 그 기업에서 구매하고, 올바른 일을 하도록 신뢰하고, 다른 사람에게 추천할 것인지 아닌지를 결정할 때 가장 중요한 3대 요소이기 때문이다.

특히, 밀레니얼 세대(Millennials, 2023년 기준 27~42세의 연령대로 1981년부터 1996년 사이에 태어난 세대)에 관심이 있는 기업은 그들이 회사에 대해 긍정적인 말을 하도록 하려면 강력한 ESG 경영이 중요하다. 조사에 의하면 밀레니얼 세대는 긍정적인 입소문이나 기업에 대한 좋은 말을 할 때 ESG가 밀레니얼 세대가 아닌 사람들보다 1.8배 더 중요한 것으로 나타났다. Z 세대(Generation Z, 2023년 기준 11~26세의 연령대로 1997년부터 2012년 사이에 태어난 세대) 역시 ESG는 기업에 대해 좋은 말을 할 것인지, 의심의 여지를 줄 것인지, 신뢰할 것인지를 결정하는 가장 중요한 요소이다. 이들 세대는 소셜 미디어에서 분노를 표현하는 것은 말할 것도 없고 자신이 좋아하는 것과 싫어하는 것을 부끄러움 없이 공유한다는 점을 고려할 때 기업은 ESG 약속을 이러한 그룹에 알리고 잠재적 위험에 대한 완화 전략을 준비하기 위한 강력한 계획을 개발해야 한다.

상업적 기업의 사회적책임 경영 사례와 네트워킹

지금까지 '사회적 권리'의 제공자로서 기업의 사회적책임은 홍보에만 집중하고 사회적인 목적을 실현하는 데는 소극적이었기 때문에, 장기적인 차원에서 지역공동체 또는 사회 전체로부터 정당성을 인정받기 어려웠으며 지속 가능한 성과에도 한계가 있었다. 따라서 보다 적극적으로 기업이 운영되는 지역공동체와 함께 사회적 가치 및 경제적 가치를 창출하고 공유할 필요가 있다. 기업은 이러한 필요를 지역공동체와 함께 '공유가치 창출(Creating Shared Value, CSV)'이라는 노력을 통하여 해결하고 있어 주목을 끈다. '공유가치'란 "지역사회의 필요와 도전 과제 해결을 통하여 사회적 가치 및 경제적 가치를 창출하고, 이러한 전 과정을 기업과 지역공동체가 함께 나누는 것 또는 그런 가치"를 말한다. 결국 '공유가치 창출'이란 "기업이 지역공동체와 함께 자신들의 경영정책 및 사업 추진 과정을 공유하면서 지역공동체의 사회적 가치 및 경제적 가치를 창출함과 동시에 기업 자신의 경쟁력을 강화시키는 일련의 활동"이라고 할 수 있다[44]. 공유가치 창출을 통하여 지역공동체의 문제를 해결하고 선량한 기업 이미지와 경쟁력을 확보한 다양한 사례가 나오고 있다. 기업들은 공유가치 창출 과정에서 사회혁신을 이루고 있으며, 그 과정에서 사회적경제 기업들과 협력 또는 지원 네트워킹을 통하여 사회적경제 전체 생태계 발전에도 좋은 역할을 하고 있다[45]. 공유가치 창출 전략은, 상업적 기업은 사회적경제 기업과 함께, 사회적경제 기업은 상업적 기업과 함께 공유가치를 발견하고 창출하는 네트워킹 실천 전략의 중요한 동기이기도 하다.

세계에서 가장 빠른 속도로 고령화가 이루어지고 있는 한국사회에서 노인가구의 빈곤 문제는 매우 심각하다. 〈그림 7.8〉과 같이 유한킴벌리는 고령화 문제를 해결하기 위하여 "시니어들이 일과 봉사활동, 커뮤니티 활동을 통해 적극적인 경제활동과 사회활동에 참여하여 보다 행복한 삶을 추구하고, 그 과정에서 시니어 산업이 촉진되어 경제 발전에도 기여하자는 공익 차원의 '액티브시니어' 사업을 추진"하고 있다. 또한 시니어에 대한 사회적 인식을 '고령자에서 액티브시니어로 전환'하기 위한 운동의 하나로 '액티브시니어 캠페인'도 실시하고 있다.

〈그림 7.8〉 유한킴벌리 시니어 산촌학교

출처: 유한킴벌리 홈페이지(2018), https://www.yuhan-kimberly.co.kr/.

이 사업은 시니어 산업 관련 소기업을 발굴하여 파트너십 제도를 운영하고 소기업 및 사회적경제 기업 등의 협력업체들을 지원하고 있다. 이를 통하여 유한킴벌리는 노인에게 일자리 제공과 시니어 산업의 활성화라는 사회적 가치를 창출하였고, 자사의 매출 증대 및 사업 기회 확대라는 경제적 가치도 창출하고 있다. 2015년 현재 26개의 시니어 산업 관련 소기업을 발굴하였고, 총 211명의 시니어 일자리를 창출하였다. 또한 기능성 신발, 종이호일, 가스차단기, 요실금 팬티 등 유한킴벌리의 시니어 관련 제품들은 매년 17% 이상 매출이 성장하는 등 유한킴벌리의 경제적 성과도 달성하고 있다[46].

CJ 제일제당은 자사의 중소 협력업체와 상생을 통한 동반성장, 지역 전통식품 보존이라는 가치를 창출하고, 건강한 식품산업 생태계를 조성하는 것을 목적으로 2011년부터 '즐거운 동행' 사업을 진행하고 있다. 이를 위하여 "협력업체의 지역별 향토음식 발굴, 협력업체의 안전성 및 품질 향상 컨설팅, 중소기업과 공동브랜드 사용, 공정 합리화 및 공장 위생·환경 개선, 백화점, 할인점 등 유통채널 입점, 고객대응서비스 지원"을 실시하고 있다. CJ제일제당은 2015년 현재 갓김치, 된장, 두부, 막걸리 등 6개 품목 총 25개 제품의 지역별 향토식품을 발굴하여 '즐거운 동행-상생제품' 브랜드로 판매하고 있으며 콩나물, 국수, 칼국수, 당면, 단무지 등 5대 품목을 선정하여 판매 가격을 낮추고 '즐거운 동행-국민식품' 브랜드로 판매하고 있다. 이를 통하여 자사의 이익은 감소하더라도 협력업체의 매출은 유지 및 증대시켜 주고 있다. 2017년 현재 협력 중소기업 핵심인력 장기 재직 유도 및 고용안정화를 위하여 민간기업 최초로 10명에게 내일채움공제를 지원하였다. 식품의 '생산-제조-유통'의 전 과정에서 식품 위생을 인증해 주는 식품의약품안전처의 안전관리인증 제도인 '해썹(Hazard Analysis and Critical Control Points, HACCP)' 인증 및 갱신을 69건 지원하였고, 협력 중소기업 매입액을 4495억 원으로 확대하였으며, 금융 무상지원 95억 원, 상생펀드 482억 원을 지원하였다. CJ제일제당은 이처럼 중소기업인 협력업체의 성장 및 경쟁력 확보, 지역 전통식품 보존 및 육성이라는 사회적 가치와 함께 자사의 사업 포트폴리오 확장 및 매출 성장이라는 경제적 가치를 함께 창출하고 있다[47].

구글, IBM, 인텔(Intel), 존슨앤존슨(Johnson&Johnson), 네슬레(Nestlé), 유니레버(Unilever), 월마트(Wal-Mart)와 같은 세계적인 기업들은 지역공동체와 함께 공유가치를 창출하기 위하여 다양한 사업과 활동을 전개하고 있다. 상업적 기업의 공유가치 창출 활동은 이제 시작 단계라고 볼 수 있다. 공유가치 창출 기회를 발견하고 실행하는 3가지 방법이 있다. 그것은 첫 번째, '제품 및 시장을 다시 조사하고 사업 다각화를 꾀하는 과정'에서 발견할 수 있으며, 두 번째, '기업의 전체 경영활동 과정을 재정립하고 생산성을 높이는 과정'에서 발견할 수 있다. 세 번째는 '지역공동체의 문제를 분석하고 지원하는 과정'을 통하여 발견하고 공유가치를 창출할 수 있다.

다음은 3가지 방법에 관한 선진기업의 사례이다[48]. 재료, 고분자, 화학 및 생명공학 분야의 미국 기업 '다우 케미컬[Dow Chemical, 2017년 다우듀폰(DowDuPont)으로 합병되었다가 2019년 농업 부문이 분사되어 코르테바(Corteva Agriscience)로 독립함]'은 생물체로부터 해충을 막을 수 있는 원료를 추출하여 해충 방지 제품인 '스파인토람(Spinetoram)'을 개발하였다. 이 제품의 사회적 가치는 기존의 살충제보다 적게 사용하여 효능을 볼 수 있으며 유익한 곤충에게는 덜 해롭다는 점이다. 또한 자외선 및 토양 미생물을 통한 자연 분해가 가능하고 물에 대한 용해도가 낮다. 사람에게는 독성이 낮으며 최저의 위해 수준을 가지고 있어 이 제품을 사용하더라도 농산물에 대한 유기농 인증에는 문제가 없다. 해당 기업은 제품 출시 이후 지속적인 성장을 보여 왔고, 2010년에 두 자리 숫자의 성장률을 기록하였다.

'유칼립투스(Eucalyptus)' 나무에서 추출하는 펄프의 세계 최대 생산 임업기업인 브라질의 '피브리아[Fibria, 2018년 경쟁 기업인 수자노(Suzano)와 합병하여 현재 기업명은 수자노로 바뀜]'는 나무 보호구역 지정, 유기물질을 통한 토양 및 임업 관리, 오염 제어 기술 개발, 산림지 내 소작농의 농산물 재배 허용하는 방식으로 생산 과정을 재정립하였다. 유칼립투스 농장 2860㎢ 중에서 전체의 37%인 1700㎢가 자연보호구역이 되었으며 토착식물 등의 생물 다양성 증가로 생태계가 균형을 유지하고 있으며 4000여 가구가 파트너십을 통해 숲에서 기른 나무를 회사에 판매함으로써 수익을 얻는 사회적 성과를 기록하고 있다.

네트워크, 무선 및 보안 장비 분야의 미국 기업 '시스코(Cisco)'는 '시스코 네트워킹 아카데미'를 통하여 전 세계의 낙후 지역 중고등학교에서 네트워크 노하우를 전수하고 직장을 찾도록 지원하였다. '시스코'는 미국 내 50개 주 및 전 세계 165개 국가에서 만 개 이상의 아카데미 설립하였으며 400만 명이 넘는 학생들이 교육을 받았다. 그 결과로 졸업생 중 50% 이상이 새로운 직업을 얻었으며, 전체적으로 70%의 학생들에게 새로운 그리고 더 나은 직장생활을 할 수 있도록 도움을 주었다. 또한 시스코 공급 업체, 지역공동체 및 정부와의 관계도 강화되었다.

비금속, 미네랄, 귀금속 및 광물 등의 자원을 개발하는 영국의 '앵글로 아메리칸(Anglo American)'은 남아프리카의 광업 관련 중소기업을 대상으로 남아공 기업 투자 기금인 '앵글로 지멜(Anglo Zimele)'을 설립하여 2010년 현재 전체 약 5억 9000만 달러(약 6844억 원)의 공동사업 가치가 있는 509개 기업에 투자하고, 9514명의 직원을 공동으로 고용했다. 새로운 일자리 창출과 지역공동체에 새로운 비즈니스의 파급효과가 나타났고, 중소기업 근로자와 소유주의 소득 증대에 기여하고 있다. 또한 앵글로 아메리칸의 지역 공급 업체가 많아짐으로써 거래 비용이 절감되고 서비스 수준과 품질이 향상되었다.

사례연구 27

영국의 영 파운데이션(Young Foundation): 선구적인 연구와 지역사회 협력을 통하여 불평등과 싸우며 사람들의 삶에 진정으로 변화를 주고 사회혁신을 확장하는 커다란 성과를 이루다[49]!

영국의 영 파운데이션은 런던에 본사를 둔 구조적 불평등 해결 및 사회 혁신을 전문으로 하는 비영리, 비정부 싱크 탱크이다. 영 파운데이션은 'Open University', 'which?', '경제 및 사회 연구위원회', '사회적기업가 학교', '언어 라인' 등 60개 이상의 조직을 만든 영국 사회학자이자 사회 운동가인 고 마이클 영(Michael Young)의 이름을 따서 명명되었다. 영은 1945년 영국의 제43대 총리인 클레멘트 애틀레 정부 때 노동당 정책위원회 비서를 맡았으며 "미래를 직시하자(Let Us Face the Future)"라는 노동당 선언문을 작성하였고 전후 복지 국가를 형성하는 데 중요한 역할을 했다. 1958년에 그는 '능력주의의 부상(The Rise of the Meritocracy)'이라는 책을 저술했는데, '능력주의'란 평등의 민주주의 사회에서 만들어진 불평등이라는 모순을 비켜가기 위해 만든, 정당화되고 제한되지 않는 수단이라고 하였다. 지금의 사회에서는 지식과 능력이 사회의 중심 교리가 되어 이전의 사회 계급 구분을 대체하고 능력을 가진 엘리트와 자격이 없는 하층민 사이에 계층화된 사회를 만든다고 하였다. 영은 이런 능력주의가 새로운 계층과 불평등을 만들어내고, 계층사이에 높은 벽이 만들어져 오히려 계층 간의 이동이 가로막힌다고 하였다.

영 파운데이션의 사명은 영국 전역에서 더 잘 연결되고 지속 가능한 커뮤니티를 개발하는 것에 있다. 영 파운데이션은 UKRI(UK Research and Innovation, 영국 행정부서인 '사업, 에너지 및 산업 전략부'에서 후원하는 비부서(non-departmental) 공공기관)의 공인 독립 연구 기관이다. 그들은 사회 투자자 및 지역사회 개발 실무자로서 임무를 수행하며 지역사회 구성원들의 이야기와 생생한 경험을 확대 발전시키면서 이것을 지역 주도의 공동체 활동 및 사회적경제 기업을 위한 디딤돌로 사용한다. 그리고 여러 지역사회에서 배운 것을 토대로 국가적 필요와 기회의 유형을 파악하고 국가와 협력하여 지역사회 문제의 국가적 과제를 해결하기 위한 새로운 생각과 행동을 지원한다. 영 파운데이션은 지금까지 선구적인 연구 및 지역사회와 협력하여 불평등과 싸우는 데 전념해 왔다. 이들은 '하는 일'보다는 '함께하는 사람들의 정신'을 중요하게 생각하면서 "사람들의 삶에 진정으로 변화를 가져다 준 사회 혁신의 창조와 확장을 지원하는 데 있어서 놀라운 실적을 가지고 있다.

〈그림 7.9〉마이클 영(좌), 기후행동 이벤트(중) 및 저자 방문(우)

출처: 영 파운데이션 홈페이지(2023), https://youngfoundation.org(좌, 중).;
저자(2019), "커뮤니케이션즈 매니저 라이안 보이시(Ryan Boyce)와 함께", 영 파운데이션 방문 촬영(우).

영 파운데이션이 연구하고 지원하는 사회문제는 '불평등(Inequality)', '청소년 및 교육(Youth & Education)', '장소(Places)', '건강과 웰빙(Health & Wellbeing)'의 4가지로 나뉜다. 첫째, '불평등 연구' 부문은 현대 불평등의 특성과 사회적으로 혁신적인 관행을 연구하여 변화를 창조하고 세상을 개선하려는 정책 입안자, 조직 및 기관에 도움을 주기 위해 진행한다. 세부주제는 '사회 혁신, 특히 지역사회 주도의 이론과 실천', '불평등의 성격과 경험에 관한 민족지학(주어진 사회적 상황에서 참가자의 행동을 조사하고 해석하는 연구)적 연구', '들리지 않는 목소리를 전달하는 데 도움이 되는 이야기(스토리텔링(Storytelling) 및 내러티브(Narrative)) 작업'이 있다. 최근 주요 연구 실적으로는 '바르셀로나 빈곤을 해결하기 위한 보편적 기본 소득 효과 테스트', '부품업체 및 제조업체 간의 탈중앙화 및 대량 협업, 분배 가속화', '에식스(Essex)지방의 사회적 고립 문제 해결', '북 아일랜드의 공동체 주도 혁신 지원'이 있었다.

둘째, '청소년 및 교육' 부문은 젊은이들이 자신의 길을 탐색하는 데 적극적이고 탄력적으로 행동하도록 도움을 주기 위해 교육하고 지원한다. 이들은 정부, 중고등학교 및 대학, 자금 제공자, 자선 단체, 사회적경제 기업 및 상업적 기업과 함께 일한다. 그중에서 '영 아카데미(The Young Academy)'는 대표적인 프로그램으로, 교육의 불평등을 줄이고 어릴 때부터 취업까지의 젊은이들을 위해 집중적으로 사업 및 금융 지원 프로그램을 운영하고 영국의 불우한 젊은이들에게 혜택을 줄 수 있는 잠재적인 사회적경제 기업의 개발을 돕는다. 이외에도 교육 자선단체 '샤인 트러스트(SHINE Trust)'와 함께 교사가 자신의 아이디어를 개발하고 확장하도록 지원하는 'Let Teachers SHINE Accelerator', 젊은이들이 지역사회의 불평등을 해결하는 데 실질적인 변화를 가져올 혁신을 만들고 추진하도록 지원하는 '젊음 증폭(Amplify Youth)' 프로그램을 운영하였다.

셋째, '장소' 부문은 성장주의의 전통적인 접근 방식은 사회의 모든 부분에 도움이 되지 못했음을 알고 장소와 지역사회의 많은 자산을 사용하여 증가하는 불평등의 흐름을 바꾸는데 목적이 있다. 이러한 장소 작업은 모든 사람의 이익을 위해 도시 성장, 재생 및 지역사회 주도 행동을 자극한다. 구체적으로 '지역사회가 관심을 갖는 문제를 해결하기 위한 아이디어를 공동체와 그 구성원이 주도하고 소유'할 수 있도록 하며 '지방정부, 상업적 기업, 제3섹터 조직 및 시민사회 간 새로운 파트너십 모델 창출'을 돕고 '거주하는 곳, 일하는 장소의 긍정적인 미래를 위해 헌신하는 사람들의 지역운동 구축'을 지원한다. 최근 주요 운영 프로젝트는 '북 아일랜드의 공동체 확장을 위한 북 아일랜드 증폭(Amplify Northern Ireland)', '산업화 이후 도시에서 밝은 미래 탐색', '난민 공동체를 위한 공공 공간의 중요성', '타워 햄릿에서 건강한 삶을 향한 변화 주도의 공동체' 프로젝트가 있었다.

넷째, '건강과 웰빙' 부문은 건강에 중요한 것을 깊고 상세히 연구한다. 이를 위하여 지역사회에 참여하고, 지역사회에서 건강을 만들고 유지하는 새로운 아이디어를 개발하기 위해 협력한다. 최근 진행한 주요 프로그램은 '공동체 참여와 행동을 통해 더 나은 건강을 위한 타워 햄릿 지역운동 구축', '공동체 웰빙을 평가하는 협동조합과 함께 영국 전역 2만 8000개의 공동체 웰빙 지수 개발', '사회적 고립과 외로움에 맞서기: 고립과 외로움을 줄이기 위해 에섹스(Essex) 지역 공동체에 존재하는 사회적 네트워크와 연결'이 있었다.

중간지원조직 이해 및 현황

사회적경제 '중간지원조직(Intermediaries)'은 "사회적 목적에 헌신하면서, 정해진 프로젝트나 프로그램보다는 사회문제 해결을 위하여 도전하는 새로운 사업에 중점을 두면서 사회적경제 조직에게 재정, 숙련(경영기술), 기술개발, 물리적인 협업 공간, 증거물(도구(사회적 영향 측정 등), 정보, 자료, 사례 등) 및 네트워크를 모아서 연결해 주는 특별한 조직"으로 정의할 수 있다.

중간지원조직은 첫째, 진정으로 사회문제 해결이라는 본질에 기초하여 사회적경제 조직이 더 잘 유지되고, 지속 가능할 수 있도록 돕는 일, 둘째, 사회적경제 기업과 함께 사회적 영향을 객관적으로 정량적으로 측정하는 일, 셋째, 중간지원기관의 도움으로 추가적으로 발생한 가치에 대하여 금융 및 경영 정보를 투명하게 공개하는 일, 넷째 다른 중간지원기관과 맺은 재정 지원 등의 협약사항은 존중하면서 함께 일하는 일, 다섯째, 사회적경제 기업을 더 많이 발굴하고 사회적경제 기업 서로 간 구매 및 지원을 장려하는 일을 목표로 일해야 한다[50].

한국사회에서는 종종 중간지원조직을 행정과 시민 또는 사회적경제 기업 또는 지역공동체의 다양한 이해관계자를 연결해 주고, 활성화를 지원하는 거버넌스의 연결 고리로 설명하기도 한다[51]. 영국, 이탈리아, 스페인, 벨기에 등 유럽의 각국은 사회적경제 당사자 조직이 중심인 '사회적경제 컨설팅 기관', 협동조합을 중심으로 하는 '사회적경제 연합체(회)', '사회적경제 기업 간 컨소시엄 또는 지역 내 사회적경제 기업 그룹' 등의 형태를 가진 다수의 중간지원기관이 자국 및 유럽 지역을 중심으로 활동하고 있다[52]. 미국의 경우는 빌 드레이튼(Bill Drayton), 슈밥 부부(Klaus&Hilde Schwab), 웨인 실비(Wayne Silby)와 조쉬 메일맨(Josh Mailman), 조지 로버츠(George Roberts), 제프 스콜(Jeff Skoll)과 같이 사회혁신가 또는 사회적기업가가 창립한 비영리재단 아쇼카(Ashoka), 슈밥(Schwab), SVN(Social Venture Network), REDF(Roberts Enterprise Development Fund), 스콜

(Skoll) 등이 활동하고 있으며 제너럴 애틀랜틱(General Atlantic)에서 출연하여 만든 에코잉 그린(Echoing Green)처럼 기업 출연을 통하여 만든 비영리재단 등이 세계적으로 사회적기업가를 발굴하고 지원하는 중간지원기관의 역할을 하고 있다. 마이클 영(Michael Young)이 설립한 영 파운데이션(Young Foundation)과 국가 복권기금으로 설립 및 운영되는 NESTA도 잘 알려진 영국의 중간지원기관이라고 할 수 있다.

특히 미국 및 영국 등의 선진 비영리재단들은 다양한 전문영역 및 지역공동체 등에 특화되어 중간지원조직으로서의 전문적인 기능을 수행하고 있으며 재단들 사이에도 혁신적 상호 경쟁을 통해 차별화를 거듭하고 있다. 결국 선진국의 비영리재단들은 중간지원조직으로써 사회적경제 생태계 발전에 중요한 역할을 담당하고 있다. 이에 비하여 한국사회의 경우는 〈표 7.3〉과 같이 재단의 설립 및 출연 규모 자체가 적은 편이며 사회적경제 생태계 조성의 중간지원조직으로써 역할은 아직 부족한 현실이다. 따라서 국내 재단의 구조 및 운영 방식에 대한 혁신적 변화를 통하여 사회적경제 생태계 조성의 중요한 역할을 담당해야 할 필요성이 제기된다[53].

〈표 7.3〉 국내 재단과 미국 재단의 연평균 규모 비교(상위 20개 재단, 단위: 백만 원)

구분	자산 총합	평균자산	사업비 총합	평균 사업비
미국	153,030,269	7,651,513	8,217,342	410,867
한국	4,985,690	249,285	184,022	9,201
미국 : 한국	30 : 7		44 : 7	

출처: 문철우(2012), "사회적기업, 사회적 투자(Impact Investment)의 발전과 경영전략적 시사점",
경영학연구, 41(6), p.1443(환율은 2009년 평균, 1138원 적용, 2009년 기준(일부 미국재단 자료는 2010년 12월 31일 기준),
국내 재단 사업비 중 의료사업비(삼성생명공익재단, 아산사회복지재단의 병원운영지원) 등은 제외.

한국사회는 중앙정부 및 지자체 주도로 사회적경제 정책사업을 지원하기 위하여 설립 또는 지정한 중간지원기관이 많은 것으로 알려지고 있다. 행정안전부의 자료에 따르면 2013년 현재 전국적으로 중앙부처, 광역시·도, 시·군·구가 설치하고 있는 마을만들기지원센터가 대략 47개 이상에 이르고 있다. 이와는 별도로 2018년 현재 한국사회적기업진흥원이 지정한 16개의 중간지원조직이 전국의 광역시·도에서 활동하고 있다. 경기도는 따복공동체지원센터(2022년 현재 사회적경제 센터와 마을공동체지원센터로 분리 운영 중), 서울시는 사회적경제지원센터 등 광역시·도에 중간지원조직을 설치하여 운영하고 있으며, 각 기초 지자체 시·군·구에는 지역중심의 사회적경제지원센터가 설치되어 운영되고 있다. 자활사업을 지원하는 중간지원기관으로 보건복지부 재단인 한국자활복지개발원이 있으며 광역시·도에는 광역자활센터가 설치되어 있고 전국적으로 기초 지자체 시·군·구에도 240곳 내외의 지역자활센터가 설치되어 자활사업을 지원하고 있다. 사회적기업 육성법 제정 이전부터 자활사업을 중심으로 마이크로크레딧 금융기관 역할을 해 오던 신나는조합, 사회연대은행, 열매나눔재단 등 다수의 기관은 정부의 중간지원기관 역할 및 정책 사업을 지원하고 있으며, 상업적 기업 펀딩을 통하여 소액금융을 지원하는 역할도 지속해서 담당하고 있다. 민간 중간지원조직으로는 SK그룹에서 설립한 행복나눔재단이 있으며 사회적 영향 투자를 중심으로 활동하는 루트임팩트(Root Impact), 한국사회투자, 소풍(Sopoong), 디쓰리쥬빌리(D3Jubilee)파트너스, 엠와이소셜컴퍼니(MYSC)가 있다. 임팩트 투자 부분은 제12장 사회적 영향 투자 및 조달 부분에서 별도로 언급되므로 그 부분을 참고하기 바란다.

중간지원조직의 역할과 네트워킹

많은 경우 중간지원기관의 지원이 사회적경제 기업의 창업기에 집중되어 있으며 상대적으로 중요한 '과도기의 성장 단계' 기업을 위한 지원은 부족한 것으로 나타났다. 금융 지원은 사회적경제 기업에게 가장 기대되고 중요한 사항이라고 할 수 있지만, 사회적경제 기업 창업을 희망하는 숫자에 비하여 금융지원의 기회 및 규모는 매우 작다. 2010년 현재 영국의 경우, 사회적경제 창업기업이 영향력을 발휘하기 위해서는 평균 5만 프랑(약 7천 500만 원)에서 25만 프랑(약 3억 7500만 원)의 자금이 필요하지만, 실제 창업기업에게 지원된 자금은 3분의 2 이상의 기업에서 5000프랑(약 750만 원) 이하인 것으로 나타났다. 사회적경제 기업에게 항상 금융 지원만이 중요한 것은 아니다. 사업 개발 초기에는 경영기술 지원, 비즈니스 모델 형성에 대한 조언, 네트워킹 지원이 더욱 중요하다. 사회적경제 영역의 금융 투자에는 일반적으로 수익은 낮으며 성장은 더디다는 점을 감안하면 '인내 투자(Patient investment)' 또는 상업적 및 사회적 투자를 결합하는 방식의 '자선 투자(Philanthropic investment)'나 '사회적 영향 투자(Social Impact investment)'가 필요하다. 중간지원조직이 사회적경제 기업을 지원할 때는 가까이서 잦은 만남을 통하여 정보를 안내하거나 상담을 지원하는 것으로 나타났다. 〈그림 7.10〉과 같이 영국에서는 중간지원기관의 역할을 '금융', '사람, 네트워크 및 전문성', '마케팅 및 유통', '혁신'을 지원하고 '모니터'의 역할을 수행하는 것으로 설명하고 있다.

〈그림 7.10〉 사회적경제 중간지원기관의 5가지 역할

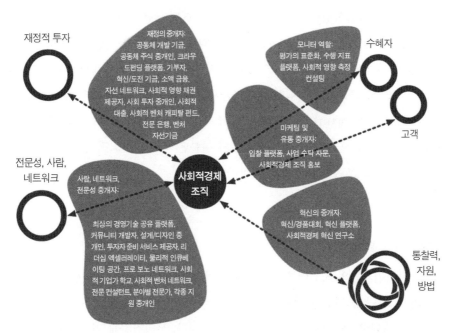

출처: Cynthia Shanmugalingam, Jack Graham, Simon Tucker, and Geoff Mulgan(2011), "Growing Social Ventures,
The role of intermediaries and investors: who they are, what they do, and what they could become", Young Foundation & NESTA, p.21. 참조 재정리.

〈그림 7.10〉을 보면 중간지원기관은 첫째, 기업의 사회적·경제적 수익구조와 자금 욕구 사이를 잘 조정하여 금융을 지원하고 둘째, 네트워크, 물리적 공간, 전문 컨설팅, 자원봉사자 배치 등 다양한 형태로 사회적경제 기업의 경영기술 구축을 도와주고 전문지식을 제공하며 교육과 직원고용의 연결을 제공한다. 셋째, 사회적경제 기업이 다양한 형태의 시장에서 고객 또는 수혜자를 찾고 연결하는 일을 도와주며, 고객 또는 수혜자가 사회적경제 기업을 찾도록 도와준다. 넷째, 새로운 방법으로 사회문제를 해결하고 사회적 가치와 영향을 달성하려는 모험 기업의 창업과 성장에 집중하여 지원하며, 다섯째, 사회적경제 기업의 효과 및 영향을 평가하고 시장에서 필요한 기능적인 정보를 제공하는 역할을 한다. 이러한 역할은 사회적경제 기업의 발전단계에 따라 요구되는 역량과 필요한 지원도 조금씩 달라진다. 〈표 7.4〉는 성장 단계별 필요한 중간지원기관의 지원 내용을 정리한 표이다[54].

〈표 7.4〉 사회적경제 기업 성장 단계별 필요한 지원 내용

구분	초기 단계	성장 단계	규모화 단계
내용	· 기초기술훈련 · 리더십 개발 · 네트워킹 플랫폼 · 고위험창업자금 · 창업공간, 법률 조언 · 비즈니스 모델 설계 · 멘토링 및 기타 도움 · 사회적 영향 측정 기술	· 협력적 네트워킹 기술 · 인력지원 및 자문 · 사회적 마케팅 및 판매 · 시장 경로와 점유율 확대 · 경영 체계 조언 및 개발 · 정책 네트워크 및 조언 · 입찰 플랫폼 참여 · 다양한 재원조달 방법	· 사회적 영향 확장 실행 · 사회적 전략경영 컨설팅 · 사회적 인수·합병 자문 · 고도의 숙련가 채용 · 사회적경제 생태계 조성 · 정책 및 제도화 지원

출처: Cynthia Shanmugalingam, Jack Graham, Simon Tucker, and Geoff Mulgan(2011), "Growing Social Ventures, The role of intermediaries and investors: who they are, what they do, and what they could become", Young Foundation & NESTA, p.26. 참조 재정리.

이외에도 중간지원기관은 '사회적경제 기업 설립 컨설팅', '네트워킹의 구심점', '프로젝트 직접 참여 혹은 자문', '정보통신 서비스', '조사 연구 및 정책 개발', '자체 창업기업 배출' 등의 역할을 담당하고 있다[55].

한국사회에서 중간지원기관은 사회적 기업을 육성하는 정책 과정에서 주로 인증 및 행정관리 역할을 맡으면서 시작되었다. 이후 마을 만들기를 비롯한 지역공동체 사업이 확산되면서 점차 지역공동체 또는 시민들이 참여할 수 있는 촉매자의 역할을 함께 갖추어 가고 있다. 하지만, 중간지원기관이 행정과 시민을 이어 주는 하나의 주체로 인식되기보다는 행정의 하부조직 중 하나로서 인식되고 있다. 이는 상당수의 중간지원기관이 행정으로부터 위탁을 받거나 직영으로 운영되는 '정부 중심' 또는 '행정 중심' 중간지원기관이 갖는 한계라고 볼 수 있다.

한국사회에서 사회적경제에 대한 사회적 합의 수준을 높이는 문제는 가장 시급하면서도 지속적인 노력이 필요한 과제라고 볼 수 있다. 한국에서는 사회적경제에 대한 담론은 거의 정부가 독점 중이라고 할 수 있다. 결국 사회적 합의 수준을 높이는 문제의 상당부분은 행정기관 및 중간지원조직의 개선 노력이 필요한 부분이라고 할 수 있다. 다양한 이해당사자들의 참여로 폭넓은 사회적 자본을 형성하고 이들의 활동이 정부 정책과 시장에 대한 개입의 여지를 넓히고 이를 통하여 사회적경제가 사회적 정당성과 효율성 차원에서 그들의 존재가치를 사회적으로 인정받아야 한다. 본질적으로 지역사회의 필요를 기반으로 형성되는 사회적경제는 생산된 재화 및 서비스에 관계된 다양한 이해당사자들의 연계를 통해서 사회적 자본을 형성해야 한다. 이렇게 형성된 사회적 자본을 근거로 사회적경제 기업들은 이해당사자들 간의 상호이익적인 호혜관계를 지속해서 유지하고 거래비

용을 줄이는 지속적 효과와 함께 사회적경제 기업이 애초에 갖고 있던 사회적 목적에서 이탈을 방지하도록 작동될 필요가 있다[56].

여기에 공공정책은 유럽사회의 전통적인 공공정책의 전통 속에서 발견되는 원칙처럼 사회적경제 기업이 재화와 용역이라는 수단에 사회적 목적이라는 본질이 매몰하지 않도록 사회문제 해결의 기능을 지역중심의 사회적경제 조직에게 제도적으로 적절히 배분할 필요가 있다. 동시에 사회적경제 기업들은 과도하게 정부에 기대는 의존성에서 벗어나 보다 주체적인 모습으로 거듭나야 한다. 이러한 사회적경제의 제반 활동들은 결과물을 중심으로 움직이는 것이 아니라 과정을 중심으로 작동되어야 한다. 즉 사회적경제가 세상을 '얼마만큼' 변화시키는가가 아니라 '어떻게' 변화시키는가에 주목해야 한다. 앞에서도 말했듯이 이 부분에서 행정기관 및 중간지원조직의 사고와 관점을 대폭적으로 개선할 필요가 있다[57].

사례연구 28

한국의 원주협동사회경제네트워크: 민간의 자율적인 움직임으로 지역공동체의 정체성을 확립하고 지역사회 전체의 협동사회경제네트워크 생태계를 만들다[58]!

강원도 원주는 1960년내부터 협동조합운동의 풍부한 경험을 갖고 있는 지역이다. 원주 지역에서는 2003년 6월에 원주 지역 사회적경제 영역의 자립기반을 구축하고 지속 가능한 협동조합운동을 전개할 목적으로 '밝은신협협동조합', '원주한살림소비자생활협동조합', '원주소비자생활협동조합', '원주의료소비자생활협동조합', '공동육아협동조합 소꿉마당', '남한강삼도소비자생활협동조합', '성공회원주나눔의집', '원주지역자활센터' 등 독립적으로 활동하는 협동조합, 지역자활센터, 사회적기업, 그리고 비영리단체 등 8개 조직이 연대하여 '원주협동조합운동협의회'를 결성하게 된다. 이 조직은 2009년에 '원주협동사회경제네트워크'로 개명하고 2013년에는 사회적협동조합으로 인가를 받은 오늘에 이르렀다. '원주협동사회경제네트워크'는 "상부상조의 협동정신과 생명존중 사상을 바탕으로 협동조합 운동 등 협동사회경제운동을 활성화하며, 상호 긴밀한 연대를 통해 협동과 자치·자립의 지역사회 건설, 자연과 인간이 상생하는 생명 공동체를 만들어 가는 것"을 목적으로 하고 있다.

원주 협동조합운동의 역사는 지난 반세기 동안 이어져 온 고 지학순 주교의 민주화운동과 고 장일순 선생의 생명평화운동으로 거슬러 올라간다. 천주교 원주교구의 초대 교구장이신 지학순 주교

님의 도움으로 무위당 장일순 선생께서 1966년 11월 13일 천주교인 35명과 함께 원주에서 처음으로 신용협동조합을 결성했다. 고리사채로부터 농민과 소상인을 보호하고 자본주의 모순 속에서 사람답게 사는 공동체를 만들고자 시작한 일이다. 이후 장일순 선생은 1968년 원주 가톨릭센터에 협동조합 강좌를 개설했고, 1969년 10월 13일에는 진광중학교에 협동교육연구소를 여는 것과 동시에 학교 정규과목에 협동조합을 포함시켰으며, 전국 최초로 학교소비조합을 만들었다. 1972년에는 원주 밝음신협 설립을 도왔으며 같은 해 발생한 남한강 대홍수 재해대책사업을 이끌면서 협동조합 운동을 강원 권역으로 확대했다. 1973년 이후에는 저임금 고물가 구조에 시달리는 광산 지역(사북, 고한, 태백 등) 노동자를 위해 후학들을 파견, 신용협동조합 운동과 소비자협동조합 운동을 전개했다. 1960년대 후반부터 박정희 정권이 공업 중심, 도시 중심의 정책을 펼치면서 농촌이 피폐의 길을 걷자 장일순 선생과 지역 협동조합 운동가들은 새로운 협동조합 운동의 필요성을 깨닫게 되었고, 이에 대한 결과물로 1985년 5월 18일 한살림의 전신인 '원주소비자협동조합'을 창립하게 된다. 생산자는 소비자의 생명을, 소비자는 생산자의 생활을 책임지는 도농상생의 새로운 길, 호혜(互惠)의 길을 연 것이다.

〈그림 7.11〉 원주협동사회경제네트워크 참여단체

출처: 원주협동사회경제네트워크 홈페이지(2018), http://wjcoop.or.kr.

1990년대 원주 지역의 협동조합운동은 일시적인 정체기를 맞게 된다. 신자유주의의 확산으로 경쟁이 가속화되고 양극화가 심화되었으며, 금융위기와 경제구조의 재편이라는 격동을 거치면서 한국에도 대량 실업과 빈곤 문제가 대두되었다. 이러한 문제의식과 해결을 위한 방안으로 1999년에는 '성공회원주나눔의집'과 2001년에는 원주지역자활센터가 설립되었다. 하지만, 당시 원주 지역의 협동조합들은 공동의 논의 과정을 마련하지 못하고 각개약진하고 있는 실정이었다. 2000년대에 들어와서 식품 안전성 및 의료 민영화 등의 이슈로 사회적 관심이 증폭하였는데, 이로 인하여 원주 지역의 생협운동이 다시금 성장하게 되었다. 2002년 5월에는 의료 상업화를 극복하고 지역공동체 스스로 건강한 의료서비스를 지키기 위한 '원주의료소비자생활협동조합'이, '밝음신용협동조합'과 '원주한살림소비자생활협동조합', '원주소비자생활협동조합'의 공동 발의로 설립되었다. 이는 원주의 협동조합운동이 안전한 먹거리를 공동 구매하는 소비조합 중심에서 보건의료라는 사회서비스 영역으로 확장해 나가는 것을 의미했다.

〈그림 7.12〉 원주협동사회경제네트워크 상호 간 생산과 소비 관계망

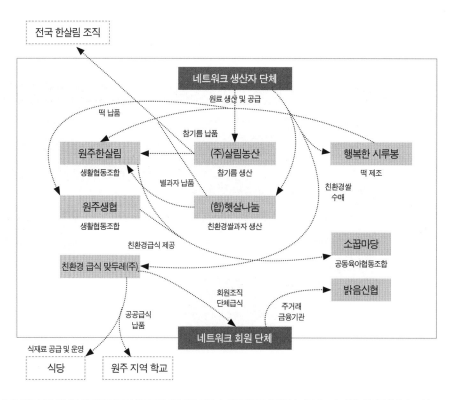

출처: 정규호(2013), "도시공동체운동과 협동조합 지역사회 만들기: 원주 협동조합운동과 네트워크의 역할", 정신문화연구, 36(4), p.30.

'원주협동사회경제네트워크'는 2018년 현재 34개의 단체가 네트워크에 참여하고 있으며, 2012년 기준으로 3만 5000명의 조합원과 460명의 종사자가 활동하고 있다. 이 조직은 과거의 추억이나 막연한 가능성을 넘어서서 구체적인 삶의 희망이자 지역공동체의 대안적인 역할을 하고 있으며, 지역사회가 당면한 문제를 공동으로 해결하고 생활에 필요한 공공재를 공동으로 생산하고 소비하며 상호의존적인 관계망을 만들어 심리적 안정감과 소속감도 높이고 있다.

무엇보다도 '원주협동사회경제네트워크'는 민간의 자율적인 힘을 바탕으로 지역공동체의 정체성을 만들어 내고, 이를 통하여 지역사회와 민간의 협동조합 조직들이 사회적경제 영역의 당면한 문제들을 성공적으로 해결하고 있다는 점이 성과라고 할 수 있다. 즉, 개별 민간주체들이 해결하기 힘든 일을 협동으로 극복하면서 지역공동체 전체의 협동조합 생태계를 만들었다는 점이 가장 큰 장점이라고 할 수 있다.

〈그림 7.13〉 원주의 협동조합운동 현장(좌: 마을기업체험, 우: 생생마켓)

출처: 원주협동사회경제네트워크 홈페이지(2018), http://wjcoop.or.kr.

원주는 전체 인구의 약 11%에 해당하는 사람들이 소비·생산·금융·의료·교육·문화의 다양한 영역에서 협동조합의 조합원으로 참여하고 있다. 원주는 '협동조합 간 협동'을 가장 잘 실천하고 있는 곳이다.

〈표 7.5〉 원주협동사회경제네트워크의 지역공동체에 대한 기여

구분	내용
경제적 기여	협동조합 수익의 조합원 및 지역공동체 재투자로 지역사회 일자리 창출
사회적 기여	의료생협, 노인생협, 노숙자생협 등 사회적 목표그룹에 대한 복지서비스 제공
정치적 기여	친환경 급식조례와 같은 제도 개선 및 지역사회 문제에 대한 의제화
문화적 기여	문화행사, 환경축제, 플리마켓(벼룩시장) 행사 등 진행

출처: 정규호(2013), "도시공동체운동과 협동조합 지역사회 만들기: 원주 협동조합운동과 네트워크의 역할", 정신문화연구, 36(4), p.21.

또한 원주는 인구 32만의 작은 도시로서 수도권의 대도시가 아닌 지방 중소도시에서 부족한 자원의 한계를 극복하고 정부의 지원과 제도적 틀에 의존하지 않고, 단체장의 적극적인 도움도 받지 않은 채 자율적인 협동조합운동의 성과를 냈다는 점에서 다른 지방의 중소도시에서 협동사회경제의 모델로 삼을 수 있다. 2012년 한 해 동안 원주의 협동조합운동을 배우기 위하여 전국의 198개 단체에서 약 5000여 명이 다녀갈 정도로 전국적으로 주목을 받고 있다.

어떤 활동가는 '사람의 관계'와 '상호 협력의 전통'을 기본으로 하는 원주의 협동조합운동을 혈연, 지연, 학연이라는 용어에 빗대어 '협연(協緣)'이라고 표현했다. 협동조합운동으로 생겨난 인연으로서 '협연'이라는 단어는 다른 지역과 달리 원주만이 가지고 있는 특징이다. 이것은 자본주의의 개념을 넘어서고자 하는 원주 지역의 사회적경제 기업과 시민사회 단체, 그리고 그 조직의 구성원들이 공유하고 있는 철학과 가치관에서 비롯되는 호혜와 협력의 관성이라고 할 수 있다. 오늘의 지역사회는 경제적, 사회적 그리고 공간적 영역을 포함하여 사회심리적으로 복잡한 위기 상황에 직면해 있는 것이 현실이다. 우리는 산업사회의 진전과 함께 지역자립 기반의 붕괴, 공동체적인 관계의 해체, 부의 불균형과 소득 양극화의 심화로 이어지는 악순환 속에서 살고 있다. 이러한 현실 속에서 원주의 협동조합운동이 지역공동체와 구성원의 정체성과 자존감을 회복하고, 상호 신뢰와 연대를 높일 수 있는 선순환 체계를 만들어 내고 있는 점은 잘 알려진 해외의 유명한 지역공동체 성공 사례 못지않은 우리나라 지역공동체 운동의 귀감일 것이다.

사례연구 25　독일의 씨오투온라인(co2online)은 고객의 에너지를 추적하고 에너지 소비, CO_2배출량 및 비용을 절감하기 위하여 소비자, 정부, 상업적 기업과 네트워킹을 통하여 협력하고 있다. ① 먼저 이 사업에 대하여 좀 더 자세히 설명하라. 그리고 ② 우리 지역사회 또는 사회적경제 기업의 네트워킹 전략에 있어서 배울 점은 무엇이 있는지 각자의 의견을 제시하고 토론해 보자.

사례연구 26　스위스의 네스프레소(Nespresso)는 '도덕성, 정직, 존경, 공정한 거래 및 법률 준수'를 핵심가치로 경영하는 상업적 기업이다. ① 먼저 이 회사가 사회적 가치 및 환경적 가치를 창출하기 위하여 취하는 정량적이고 체계적인 관리방안에 대하여 좀 더 자세히 설명하라. 그리고 ② 우리나라 상업적 기업이 네스프레소에게 배울 점은 무엇이 있는지 각자의 의견을 제시하고 토론해 보자.

사례연구 27　영국의 영 파운데이션(Young Foundation)은 선구적인 연구와 지역사회 협력을 통하여 불평등과 싸우며 사람들의 삶에 진정으로 변화를 주고 사회혁신을 확장하는 커다란 성과를 이루고 있는 중간지원조직이다. ① 먼저 이 조직의 설립자와 사업 내용에 대하여 좀 더 자세히 설명하라. 그리고 ② 우리나라 사회적경제 중간지원조직이 영 파운데이션에게 배울 점은 무엇이 있는지 각자의 의견을 제시하고 토론해 보자.

사례연구 28　한국의 원주 협동사회경제네트워크는 민간 주도로 진행된 사회적경제 조직 네트워크로서, 사회적경제 조직 상호 간 활성화를 효율적으로 추진하고 있으면서 지역공동체 연합조직으로서 지역 생태계 구축과 더불어서 소속감과 안정감을 얻고 있다. ① 먼저 이 네트워크에 대하여 좀 더 자세히 설명하라. 그리고 ② 우리 지역에서 사회적경제 조직 간의 네트워크 더 나아가 상업적 조직 및 정책적 네트워크 활성화를 위한 배울 점 혹은 실천방안에 대하여 각자의 의견을 제시하고 토론해 보자.

제7장의 참고문헌(Reference)

1 Gould, S. and Penley, L. E.(1984), "Career strategies and salary progression: a study of their relationships in a municipal bureaucracy", Organizational Behavior and Human Performance, 34(2), 244-265.

2 Michael, J. and Yukl, G.(1993), "Managerial level and subunit function as determinants of networking behavior in organizations", Group & Organization Management, 18(3), 328-351.

3 Orpen, C.(1996), "Dependency as a moderator of the effects of networking behavior on managerial career success", The Journal of Psychology, 30(3), 245-248.

4 Forret, M. L. and Dougherty, T. W.(2001), "Correlates of networking behavior for managerial and professional employees", Group & Organization Management, 26(3), 283-311.

5 Wolff, H. G. and Moser, K.(2009), "Effects of networking on career success: a longitudinal study", Journal of Applied Psychology, 94(1), 196-206.

6 Carter Gibson, Jay H. Hardy III, and M. Ronald Buckley(2014), "Understanding the role of networking in organizations", Career Development International, 19(2), 146-161.

7 각 기업 홈페이지(2018), "기업의 비전 또는 사회적 사명", 공부의 신(http://gongsin.com/gs-intro), 루트임팩드(http://rootimpact.org), 어반소사이어티(http://urbansociety.co.kr), 소풍(http://sopoong.net), and 카우앤독(http://cowndog.com).

8 이유리·이명훈(2017), "사회적경제조직의 네트워크 효과에 따른 지역사회 영향 분석-성수동 소셜벤처 밸리를 중심으로", 한국지역개발학회지, 29(2), 161-187.

9 Coles, A. M., Harris, L., and Dickson, K.(2003), "Testing goodwill: Conflict and cooperation in new product development networks", International Journal of Technology Management, 25, 51-64.

10 Uzzi, B.(1997), "Social Structure and Competition in Interfirm Networks: The Paradox of Embeddedness", Administrative Science Quarterly, 42, 35-67.; Lipparini, A. and Sobrero, M.(1994), "The glue and the pieces: Entrepreneurship and innovation in small-firm networks", Journal of Business Venturing, 9, 125-140.

11 Adler, P. S. and Kwon, S. W.(2002), "Social Capital: Prospects For A New Concept", Academy of Management Review, 27, 17-40.

12 Kogut, B.(2000), "The network as knowledge: generative rules and the emergence of structure", Strategic Management Journal, 21, 405-425.

13 Gulati, R.(1999), "Network location and learning: the influence of network resources and firm capabilities on alliance formation", Strategic Management Journal, 20(5), 397-420.

14 이광우(2008), "지속 가능한 사회적기업의 성공요인에 관한 연구", 숭실대학교 박사학위논문.

15 씨오투온라인 홈페이지(2018), http://co2online.de.; Susanne Dohrmann, Matthias Raith, and Nicole Siebold(2015), "Monetizing Social Value Creation-A Business Model Approach", Entrep. Res. J., 5(2), 127-154.; 씨오투온라인(2021), "사회적 영향 보고서, Wirkungsbericht der co2online gGmbH 2021".

16 이현숙·이장우(2004), "비즈니스 인큐베이터의 관여에 따른 기업가적 네트워크와 기업성과와의 관계", 인사·조직연구, 12(특별1호), 90-109.; 원종하·이도화(2001), "벤처기업 네트워킹 활동이 경영성과에 미치는 영향", 벤처경영연구, 4(1), 33-62.

17 정대용 · 양준환(2009), "중소기업의 네트워킹이 지각된 기업성과에 미치는 관계 모형에 관한 실증적 분석", 인적자원개발연구, 12(1), 1-26.; 원종하 · 이도화(2001), "벤처기업 네트워킹 활동이 경영성과에 미치는 영향", 벤처경영연구, 4(1), 33-62.

18 Watson, J.(2007), "Modeling the Relationship Between Networking and Firm Performance", Journal of Business Venturing, 22(6), 852-874.

19 반성식 · 김상표 · 유지현 · 장성희(2011), "사회적 기업가정신, 조직문화 및 네트워크 활동이 사회적 기업의 성과에 미치는 영향", 생산성논집, 25(3), 49-82.

20 최영출 · 최외출(2010), "사회적 기업 간 네트워크 작동에 관한 연구", 한국비교정부학보, 14(1), 63-76.

21 Wasserman, S. and Faust, K.(1999), "Social network analysis: Methods and applications", Cambridge University Press.: 이유리 · 이명훈(2017), "사회적경제조직의 네트워크 효과에 따른 지역사회 영향 분석", 한국지역개발학회지, 29(2), 161-187.에서 재인용.

22 박치성(2006), "사회서비스 비영리조직들의 협력 패턴에 대한 탐색적 연구", 한국행정학보, 40(4), 353-376.; 이재희(2015), "사회적기업간 네트워크 특성과 조직성과", 이화여자대학교 박사학위논문.

23 박상문 · 배종태(1998), "우리나라 벤처기업의 네트워크 활동 특성: 영향요인 및 성과 간의 관계 분석", 기술혁신연구, 6(2), 101-121.

24 Eileen Fischer and A. Rebecca Reuber(2003), "Support for Rapid-Growth Firms: A Comparison of the Views of Founders, Government Policy Makers, and Private Sector Resource Providers", Journal of Small Business Management, 41(4), 346-365.

25 이광우(2008), "지속 가능한 사회적기업의 성공요인에 관한 연구", 숭실대학교 박사학위논문.

26 Mair, J. and I. Marti(2006), "Social Entrepreneurship Research: A Source of Explanation, Prediction, and Delight", Journal of World Business, 41(1), 36-44.

27 Moshe Sharir and Miri Lerner(2006), "Gauging the success of social ventures initiated by individual social entrepreneurs", Journal of World Business, 41, 6-20.

28 Matias Kalm(2012), "The Impact of Networking on Firm Performance: Evidence from Small and Medium-Sized Firms in Emerging Technology Areas", ETLA-The Research Institute of the Finnish Economy, Discussion Papers(1278).

29 Hite, J. M. and Hesterly, W. S.(2001), "The evolution of firm networks: from emergence to early growth of the firm", Strategic Management Journal, 22, 275-286.

30 Van Alstyne, M. W., Parker, G. G., and Choudary, S. P.(2016), "Pipelines, platforms, and the new rules of strategy", Harvard Business Review, 94(4), 54-62.

31 Mark Granovetter(1985), "Economic Action and Social Structure: The Problem of Embeddedness", American journal of Sociology, 91(3), 481-510.

32 Hite, J. M.(2005), "Evolutionary processes and paths of relationally embedded network ties in emerging entrepreneurial firms", Entrepreneurship Theory and Practice, 29, 113-144.

33 Gay, B. and Dousset, B.(2005), "Innovation and network structural dynamics: Study of the alliance network of a major sector of the biotechnology industry", Research Policy, 34, 1457-1475.; Baum, J. A. C., Cowan, R., and Jonard, N.(2010), "Network-Independent Partner Selection and the Evolution of Innovation Networks", Management Science, 56, 2094-2110.

34 Jack, S., Dodd, S. D., and Anderson, A. R.(2008), "Change and the development of entrepreneurial networks over time: a processual perspective", Entrepreneurship & Regional Development, 20, 125-159.

35 Lechner, C. and Dowling, M.(2003), "Firm Networks: External relationships as Sources for the Growth and Competitiveness of Enterpreneurial Firms", Enterpreneurship & Regional Development, 1-26.

36 네스프레소 홈페이지(2023), http://nestle-nespresso.com.; 위키백과(2018), http://ko.wikipedia.org/wiki/에스프레소.; Joyce, A. and Paquin, R. L.(2016), "The triple layered business model canvas: A tool to design more sustainable business models", Journal of Cleaner Production, 1-13.

37 한계숙 · 김재욱 · 최지호(2007), "기업간 네트워크의 특성과 혜택 간의 관계: 산업클러스터에 입지한 중소기업을 대상으로," 중소기업연구, 29(1), 137-142.

38 Laville, J. and Nyssens, M.(2004), "The Social Enterprise: Towards Theoretical Socio-Economic Approach. The Emergence of Social Enterprise", Routledge.; 최영출 · 최외출(2010), "사회적 기업 간 네트워크 작동에 관한 연구", 한국비교정부학보, 14(1), 63-76.에서 재인용.

39 위키백과(2018), "기업의 사회적 책임", http://ko.wikipedia.org/wiki.

40 Carroll, A. B.(1991), "The Pyramid of Corporate Social Responsibility: Toward the Moral Management of Organizational Stakeholder", Business Horizons(July/August), 39-48.

41 Marshall, T. H.(1965), "Class, citizenship and social development", Anchor Books.: Dirk Matten and Andrew Crane(2005),"Corporate Citizenship: Toward an Extended Theoretical Conceptualization", Academy of Management Review, 30(1), 166-179.에서 재인용.

42 Dirk Matten and Andrew Crane(2005), "Corporate Citizenship: Toward an Extended Theoretical Conceptualization", Academy of Management Review, 30(1), 166-179.

43 RepTrak Company 홈페이지(2018), http://reptrak.com/.; RepTrak Company(2021), "2021 Global RepTrak 100".; 위키백과(2023), "밀레니얼 세대, Z 세대", https://ko.wikipedia.org/

44 Porter, M. E. and Kramer, M. R.(2011), "Creating Shared Value", Harvard Business Review, 89(1/2), 62-77.

45 강민정(2017), "사회혁신 생태계의 현황과 발전 방안", 과학기술정책연구원, Working Paper.

46 유한킴벌리 홈페이지(2018), http://yuhan-kimberly.co.kr.; 이정기 · 이장우(2016), "공유가치 창출(CSV) 전략의 유형화와 실천 전략", Korea Business Review, 20(2), 59-83.

47 CJ제일제당 홈페이지(2018), https://www.cj.co.kr/.; 이정기 · 이장우(2016), "공유가치 창출(CSV) 전략의 유형화와 실천 전략", Korea Business Review, 20(2), 59-83.

48 각 회사 홈페이지(2021), 코르테바(https://corteva.com), 수자노(https://suzano.com.br/en/), 시스코(http://cisco.com), and 앵글로 아메리카(http://angloamerican.com).; Michael E. Porter(2011), "Creating Shared Value: Redefining Capitalism and the Role of the Corporation in Society", FSG CSV Leadership Summit 자료(FSG: 마이클 포터와 마크 크레이머가 설립한 컨설팅 기관).

49 영 파운데이션 홈페이지(2022), https://youngfoundation.org.; 영 파운데이션(2012), "The Best of New Britain: An UpRising survey on leadership in the UK".; 영 파운데이션(2018), "BUILDING BRIDGES, BUILDING HEALTH: An evaluation of SPEAR's Homeless Health Link Service".; Liam Harney, Ajeet Jugnauth, Eleanor Heathcote, and Sarah Faber(2021), "Let Teachers SHINE An evaluation report for The Shine Trust by The Young Foundation". 영 파운데이

션.; 위키피디아(2023), "Ethnography", https://en.wikipedia.org.

50 Cynthia Shanmugalingam, Jack Graham, Simon Tucker, and Geoff Mulgan(2011), "GROWING SOCIAL VENTURES, The role of intermediaries and investors: who they are, what they do, and what they could become", Young Foundation & NESTA.

51 희망제작소(2016), "중간지원조직과 거버넌스", 희망이슈, 5호.

52 엄형식·마상진·이동필(2011), "유럽의 사회적기업 중간지원조직 현황과 시사점", 한국농촌경제연구원.

53 문철우(2012), "사회적기업, 사회적 투자(Impact Investment)의 발전과 경영전략적 시사점", 경영학연구, 41(6), 1435-1470.

54 Cynthia Shanmugalingam, Jack Graham, Simon Tucker, and Geoff Mulgan(2011), "GROWING SOCIAL VENTURES, The role of intermediaries and investors: who they are, what they do, and what they could become", Young Foundation & NESTA.

55 엄형식·마상진·이동필(2011), "유럽의 사회적기업 중간지원조직 현황과 시사점", 한국농촌경제연구원.

56 장원봉(2006), "'사회적 경제'의 의미와 발전과제", 한국도시연구, 도시와빈곤, 80, pp.92-115.; 장원봉(2008), "사회적 경제와 협동조합운동", 녹색평론, 100호.

57 신명호(2021), "사회적경제는 세상을 얼마나 바꿀 수 있을까?" in "한국 사회적경제의 거듭남을 위하여", 착한책가게(2021).; 장원봉(2008), "공동생산자로서 지방정부와 사회적기업의 파트너십 형성과 전망", 한국거버넌스학회보, 15(3), pp.299-320.

58 원주협동사회경제네트워크 홈페이지(2018), http://wjcoop.or.kr.; 신명호·이아름(2013), "원주 지역 협동조합의 생성과 지속 가능성에 영향을 미치는 요인", 정신문화연구, 36(4), 31-58.; 정규호(2013), "도시공동체운동과 협동조합 지역사회 만들기: 원주 협동조합운동과 네트워크의 역할", 정신문화연구, 36(4), 7-36.

사회적 경영차별화(Social Differentiation)

제8장의 개요(Outline)

1. 사회적경제 기업 경영전략의 배경
2. 사회적경제 기업 경영전략의 체계
3. 사회적경제 기업 사업전략 수립방법
4. 사회적 경영차별화 실천 전략

사례연구 29 스페인의 라 파제다(La Fageda): 심리 사회적 장애를 가진 사람들의 노동통합을 통하여 사회적 포용을 실천하고, 전문가와 함께 상업화 체인에 성공하여 시장에서 경쟁하고 도시농업 최고의 품질을 제공하다!

사례연구 30 독일의 다이알로그 소셜 엔터프라이즈(Dialogue Social Enterprise)와 오티콘(Auticon), 디스커버링 핸즈(Discovering hands): 시각장애, 자폐성장애를 가진 사회적 목표그룹의 탁월한 전문성 및 민감성을 가치 있는 자산이자 독특한 능력으로 밝히고 기업의 소중한 인적자원으로 일하다!

사례연구 31 인도의 아라빈드(Aravind) 안과병원: 대량생산방식의 분업원리를 통하여 안과수술 작업의 표준화 및 분업화를 통하여 빈곤층의 수술은 무료로 제공하면서 세계에서 가장 큰 규모의 사회적 안과병원으로 성장하다!

사례연구 32 한국의 점프(JUMP): 사회적 요구에 부응하는 불평등 해소의 플랫폼 전략을 통하여 사회인 및 대학생이 함께하고 지역사회의 저소득층 및 다문화 가정 청소년을 위한 배움과 나눔을 실천하다!

☞ 학습목표 8-1: 상업적 기업과 사회적경제 기업의 경영전략을 자본 중심 경제 vs 사람 중심 경제, 경쟁우위 전략 vs 협력 상승 전략으로 비교하여 설명할 수 있다.

☞ 학습목표 8-2: 사람 중심의 경제로 가기 위한 올바른 방향에 대하여 "기업 유형과 전략, 성과 측정과 투자"의 4가지 요소를 비교하면서 설명할 수 있다.

☞ 학습목표 8-3: 사회적경제 기업 경영전략 수립의 단계인 "기업전략 → 사업전략 → 기능전략"의 의미를 알고 설명할 수 있다.

☞ 학습목표 8-4: 사회적경제 기업이 사회문제를 해결하는 방법을 '전통적인 방법'과 '혁신적인 방법'으로 구분하여 "기업전략 → 사업전략 → 기능전략"의 선순환 구조의 흐름 속에서 비교하여 설명할 수 있다.

☞ 학습목표 8-5: 사회적경제 기업의 기업전략에 대하여 "사회적경제 기업의 확장전략을 탐색하는 준(June) 매트릭스"와 "사회적경제 기업의 확장영역을 탐색하는 준(June) 매트릭스"로 설명할 수 있다.

☞ 학습목표 8-6: 상업적 기업의 사업전략 선택의 주요수단을 '전사적 원가우위 전략', '차별화 전략', '집중화 전략'으로 구분하고 각각의 전략 기회 평가요소를 설명할 수 있다.

☞ 학습목표 8-7: 사회적경제 기업의 사업전략 수립의 3대 조건을 설명할 수 있다. 특히, 첫 번째 조건인 사회적 경영차별화 전략의 실행 방법으로써 사회적 목표그룹의 참여방식[고객인 경우와 공급자(공급자, 근로자, 생산자)인 경우]에 따른 7가지 전략을 들어 설명할 수 있다.

☞ 학습목표 8-8: 사회적경제 기업의 사업전략 수립 방법을 '시나리오(Scenario)', '전략 나침반(Strategic Compass)', '스와트(SWOT) 분석기법'으로 구분하여 설명할 수 있다.

☞ 학습목표 8-9: 사회적경제 기업의 "사회적 요구에 부응하는 생산 차별화와 서비스 차별화 전략"에 대하여 사회적경제 기업의 구체적인 예를 들어 설명할 수 있다.

☞ 학습목표 8-10: 제8장 뒤쪽에서 언급하고 있는 4개 사례연구의 토론주제에 대하여 타인의 의견을 경청함과 동시에 자기의견을 밝히면서 적극적으로 토론에 참여할 수 있다.

▶ 상업적 기업의 경쟁우위(Competitive advantage) 전략: 상업적 기업이 경영환경의 분석(Analysis)을 통하여 경쟁전략을 공식화(Formulation)하고 이를 일관되게 실행(Implementation)하여 시장에서 경쟁자를 이기고 지속 가능한 자본수익의 성과를 내려는 전략

▶ 사회적경제 기업의 협력상승(Cooperation synergy) 전략: 사회적경제 기업이 더불어 행복한 사회를 위한 사회문제 해결에 있어서 사람 중심의 경제와 경영환경을 분석하고 이를 통하여 이해관계자와 협동과 연대의 실행전략을 공식화하고 이를 일관되게 실행함으로써 지속 가능한 사회적 가치와 사회적 영향 창출의 사회혁신을 이루려는 전략

▶ 사회문제: 해결 및 대응하기 어렵거나 시장의 일반적인 가격으로 조달하기 곤란한 재화와 서비스에 대한 개인 또는 지역공동체의 욕구와 필요

▶ 사회혁신: 정부의 도구 또는 프로그램과 시민사회의 부족한 자본, 기술 및 자원으로는 충족할 수 없는 사회문제를 해결하기 위하여 개방된 영역에서 개방된 절차로 기존의 방법과는 다른 참신하고 개선된 아이디어를 통하여 새로운 관계와 협력을 창출하고 효과적이며 효율적으로 사회적 가치를 창출하고 사회적 영향을 확산시키는 활동

▶ 사회적경제 기업의 '기업전략': 어느 영역의 사업에 참여하여 사회문제를 해결하고 사회혁신을 이룰 것인가, 어느 영역에서 협력하고 상승할 것인가의 사업영역을 정하는 전략이며 사회적경제 기업이 새로운 사회문제 솔루션을 찾는 사업 다각화 전략을 말함

▶ 사회적경제 기업의 '사업전략': 기업전략(사업영역)에서 정한 사회문제 해결 및 사회혁신의 사회적 목적 달성을 위해 어떻게 이해관계자와 협력상승하며 사업을 진행할 것인가에 대한 방법 혹은 대안을 찾는 전략을 말함

▶ 사회적경제 기업 사업전략으로써 '사회적 경영차별화 전략': 이윤의 극대화를 위한 차별화가 아니라 '패러스킬링', '유통망 공유', '상업적 노동수요 연계' 등과 같이 사회적 요구의 대응에서 나오는 실행 방법들을 통칭하여 부르는 말로써, 조직이 지향하는 사회(공동체)(적), 경제적, 환경적인 가치의 기준과 사회적 목표그룹 혹은 지역공동체의 사회적인 요구에 따라서 상업적 기업의 차별화 전략을 사회적경제 기업의 사회적 요구에 맞도록 차용한 전략의 개념을 말함

▶ 사회적경제 기업의 '기능전략': 각 기능에서 사업전략을 어떻게 실행할 것인가에 대한 방법으로써, 사회적 경영차별화 전략 등 사회적경제 기업이 택한 사업전략을 지배구조, 지역 조직화, 비즈니스 네트워킹, 조직문화, 연구개발, 디자인, 제조, 유통, 영업, 인사관리, 사회적 마케팅 등 각 기능 부문에서 어떻게 실행 할 것인지에 대한 전략을 말함

▶ 사회적경제 기업 기능전략으로써 '패러스킬링(Paraskilling)': 제품의 생산, 교육 및 건강 관리와 같이 숙련된 공정과 서비스가 필요할 때 숙련 근로자의 전문적인 부분과 비숙련 근로자가 쉽게 완료할 수 있는 단순화된 작업으로 분해하여 보조 기능화하고 분담함으로써 전체적으로 생산성과 품질 측면에서 개선 또는 혁신적인 성과를 보려는 전략

▶ 사회적경제 기업의 서비스품질(Service Quality): 기업이 제공하는 서비스에 대한 고객의 기대와 실제로 제공한 서비스에 대해 고객이 지각한 것과의 차이(기대-인식)를 의미하며, 기업 이미지, 고객 니즈, 정보, 경험, 개인적 욕구 등에 의하여 서비스 기업이 제공할 것이라고 기대한 서비스와 제공받은 서비스에 대해 인지한 서비스를 비교한 것을 말함

사회적 요구에 부응하는 경영차별화 전략, 사람 중심의 경제로 가는 길!

　제8장에서는 인류사회가 채택한 자본 중심 경제는 기업으로 하여금 시장에서 경쟁자와 싸워 더 나은 위치를 확보하는 데 몰두하게 하는데 이처럼 자본수익을 중심으로 작동되는 경제체계는 깊어지는 인류사회 문제를 해결할 체계로는 부족하다고 말한다. 인류사회의 행복을 위한 사람 중심의 경제 체계가 갖추어야 할 경영전략적 방법론으로, 사회적 요구에 부응하는 차별화 전략이 장착되어야 한다는 필요성을 제시한다.

　이에 경쟁우위가 최고의 목표가 아닌 개인 삶의 가치와 자존감을 높이고 공동체에 대한 소속감과 상호 간 신뢰 및 연대를 높일 수 있는 선순환 체계를 더 다듬어 나가야 한다고 역설한다. 이를 위하여 사회적 경영전략의 배경, 사회적 경영전략의 체계, 사회적 경영전략 수립방법, 사회적 경영차별화 실천 전략의 새로운 이론을 제안하고 다양한 사례를 통하여 사회적 경영차별화 방안에 대하여 설명하고 있다.

　사회적경제가 치열한 자본주의 시장에서 사람 중심의 경제체계로의 방향성을 제시하며 우리의 관심에 지속적으로 남아 있을 수 있을까? 사회적경제 조직이 사회적 가치와 함께 기업으로서 이윤을 모두 창출할 수 있을까? 여기 제8장은 사회적경제 조직이 수많은 어려움을 겪고 여러 갈등 요소에도 불구하고 다양한 사례와 구체적인 전략의 제시로 사회적 차별화를 통하여 이를 이뤄낼 수 있다는 효과적인 실행방안과 함께 고민하는 내용으로 채워져 있다.

　막연하게 사회적경제 조직이 가지는 경영상의 차별성은 무엇일까? 또 다르다는 것을 다시 환기시켜야 하는 지금, 시의적절하며 사례가 풍부한 이 장을 읽어 보고 함께 고민하기를 권한다.

　그리고 재미난청춘세상으로 이어진 여러 인연들이 감사하다!

2023년 1월 8일 늦은 밤

이상헌

　이상헌은 장애인복지기관인 학산보호작업장의 원장으로 재직하고 있으며 포항시사회적기업협의회 회장, 포항시지역사회보장협의회 대표위원, 한국장애인직업재활시설협회 이사 및 정책위원을 역임했다. 재활상담사이며 사회복지사이다. 장애인 직업재활 전문가로 활동하고 있다.

자본 중심 경제 vs 사람 중심 경제

지금까지 인류사회가 채택한 자본 중심 경제는 기업으로 하여금 시장에서 경쟁자와 싸워 더 나은 위치를 확보하는 데 몰두하게 하였다. 경쟁우위를 목표로 진행되는 자본 중심 경제의 성과 평가는 투입된 자본대비 수익의 높고 낮음을 따져보는 일이 핵심이다. 상업적 기업에 있어서 일찍이 마이클 포터는 그 해답을 해당 산업 및 시장에서 외부 및 내부의 경영환경을 분석하고 그에 따른 '경쟁전략(Competitive strategy)'을 수립하고 일관되게 추진하여 '경쟁우위(Competitive advantage)'를 달성하는 일로 설명한다[1]. 본 장에서는 이러한 상업적 기업의 경쟁우위 전략을 사회적경제 기업의 전략으로 발전시키면서 상호 간에는 어떻게 결합되고 더 바람직한 '협력상승(Cooperation synergy)' 전략으로 정착해 나가야 하는지 실명하고자 한다.

자본 중심 경제체제하에서 경쟁우위 성과를 분석하는 많은 도구가 발달해 왔는데 대표적인 방법인 총자산순이익은 경쟁자 혹은 산업평균과 비교하여 투입된 총자산(자기 자본 + 부채) 대비 창출된 순이익(ROI, Return On Investment)을 평가하는 방법으로 그 값을 높이기 위하여 총자산 대비 발생한 매출액을 증가시키거나 매출액 대비 발생한 순이익을 높이는 경쟁전략을 찾고 실천할 수 있도록 한다. 이것은 사회적경제 기업이 사회적인 성과를 따져보는 사회적투자수익(SROI, Soical Return On Investment)의 동기를 제공하였다. ROI 및 SROI의 보다 자세한 내용은 제10장과 제11장을 참조하기를 바란다. 상업적 기업은 더 나아가 자기 자본 순이익(ROE, Return On Equity), 투하자본이익(ROIC, Return On Invested Capital), 영업활동의 납세 후 이익(NOPAT : Net Operating Profits After Tax), 초과이익(RI, Residual Income), 경제적부가가치(EVA, Economic Value Added), 주가수익률(PER, Price-Earnings Ratio) 등을 계산하여 더 정교하게 투입자본별 수익 창출의 정도를 비교 분석하고 있다. 또한 신규 사업의 투자타당성을 분석하기 위하여 (경제적) 할인율(예상 수익률)을 적용한 순현재 가치(NPV, Net Present Value) 혹은 내부수익률(IRR, Internal Rate of Return)

을 계산하기도 하는데 사회적경제 기업 입장의 사업타당성 분석에서는 이러한 경제적 할인율 대신 사회적 할인율을 적용하여 NPV와 IRR을 계산하고 있다. 더 자세한 내용은 제10장과 제11장을 참조하기를 바란다[2].

그러나 이처럼 자본수익을 중심으로 작동되는 경제 체계는 특히, 1970년대 후반부터 미국과 영국, 그리고 한국도 예외 없이 많은 국가에서 경제주체와 강력한 정부가 결합하는 신자유주의를 유행시키게 하였다. 하지만 이는 20세기 후반 한국 및 아시아 지역의 국가부도 사태, 21세기가 시작된 이후 2008년부터 2010년까지 이어진 글로벌 금융위기, 그리고 2020년 초부터 시작된 전 세계 코로나-19 대유행 감염병 사태를 겪게 되면서 정기적으로 반복되는 위기 대응 시나리오 부재, 빈익빈 부익부의 불평등 문제, 기후위기 등 점점 깊어지는 인류사회 문제를 해결할 체계로는 부족하다는 인식이 팽배해지면서 사람 중심의 경제 체계가 정착되어야 한다는 데 강한 필요성을 갖게 되었다.

자본수익이 최고의 가치이자 목표 아래에서 공동체 구성원 간에 더 많은 재물을 쫓고 잉여를 끝도 없이 축적하는 일은 대다수 서민이나 지역사회를 위하여 안정된 물질적 삶을 보장하지도 못하며 후손들에게 더불어 행복한 세상을 물려줄 수 있는 방법도 아님을 알게 되었다. 이러한 문제를 극복하기 위하여 지금까지 많은 선구자와 여러 지역에서 사람의 가치와 공동체의 행복을 위하여 노력해 왔듯이 앞으로도 경쟁우위가 최고의 목표가 아닌 개인 삶의 가치와 자존감을 높이고 공동체에 대한 소속감과 상호 간 신뢰 및 연대를 높일 수 있는 선순환 체계를 더 다듬어 나가야 한다.

서로 간 협동과 연대를 바탕으로 더 높은 가치를 이루어 내고 올바른 길에 대한 개념을 다시 정리하고 더불어 행복한 사람 중심의 사회가 목적이 되고 가치가 되도록 함께 노력해야 한다. 이를 위하여 지역공동체 주민·활동가·행정·기업·비영리 등의 모든 구성원과 중앙정부 및 지방정부, 사회적경제 조직 및 중간지원조직은 물론이고 지역대학 및 사회적경제 연구자, 경영 자문가, 사회적 목적에 동의하는 상업적 기업, 비영리 조직 등 이해관계자 모두가 더불어 행복한 사회를 위한 사람 중심의 경제를 바로 세우는 데 함께 노력해 나가야 할 것이다.

인류사회의 행복과 사람이 중심인 세상을 이루기 위한 노력은 세계적인 추세라고 할 수 있다. 비영리 조직이나 사회적경제 기업뿐만 아니라 자본수익을 중심으로 작동하는 상업적 기업도 시장에서 지속 가능한 고객의 사랑을 받기 위해서는 윤리적 기준과 사회적 책임, 사회적 규범을 지키는 등 바람직한 게임의 규칙을 준수하면서 경영해야 할 것이다. 정확히 구분하여 말하기가 어렵고 많은 요인들은 서로 중복되지만, 사람이 중심인 경영은 최근 ESG로 대변되는 상업적 기업의 사회적 책임 경영과 사회적경제 기업의 사회적 가치 경영을 통하여 보다 전략적으로 정교하게 추진되고 있다. 이 둘은 어떻게 비교되고 더 발전적인 방향으로 가야 하는지를 〈그림 8.1〉로 정리하였다.

〈그림 8.1〉 사람 중심의 경제로 가는 길(기업 유형과 전략, 성과 측정과 투자 비교)

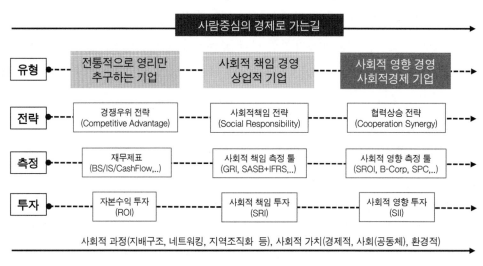

측정과 투자 부분의 용어 및 의미는 제10장, 제11장, 제12장 참조

경쟁우위 전략 vs 협력상승 전략

앞서 언급한 것처럼 상업적 기업의 경쟁우위 전략은 "경영환경의 분석(Analysis)을 통한 전략의 공식화(Formulation)와 이를 일관되게 실행(Implementation)하는 통합적 관리(소위, AFI Framework)의 과정"으로 설명하는데 이는 상업적 기업이 "경쟁자를 이기고 시장에서 더 높은 자본수익의 성과"를 낼 수 있도록 돕는 구조적인 틀을 제시하고 있다[3].

상업적 기업이든 사회적경제 기업이든 관계없이 경영환경을 분석하여 실행전략을 공식화하고 이를 일관되게 추진하는 통합적 경영전략의 논리는 같다고 할 수 있다. 하지만 사회적경제 기업은 "경쟁우위 전략을 통한 지속 가능한 자본수익 창출"이라는 상업적 기업의 작동방식과는 달리 "지속 가능한 사회적 가치와 사회적 영향 창출의 사회혁신"을 위해서 앞장들에서 언급해 온 것처럼 지역사회와 공동체를 중심으로 이해관계자들이 협동하고 연대하는 협력을 통하여 상승의 효과를 보는 전략이 중요하다. 즉, 사회혁신을 위한 협력상승의 전략은 사회적경제 기업이 (지역)사회 문제를 해결하고 사회혁신을 이루는 사회적 경영전략의 중요한 방법이라고 할 수 있다. 즉, 사회적경제 기업에 있어서 '협력상승(Cooperation synergy)' 전략이란 "사회적경제 기업이 더불어 행복한 사회를 위한 사회문제 해결에 있어서 사람 중심의 경제와 경영환경을 분석하고 이들 통하여 이해관계자와 협동과 연대의 실행전략을 공식화하여 이를 일관되게 실행함으로써 지속 가능한 사회적 가치와 사회적 영향 창출의 사회혁신을 이루려는 전략"을 말한다.

여기서 말하는 '사회문제'는 "해결 및 대응하기 어렵거나 시장의 일반적인 가격으로 조달하기 곤란한 재화와 서비스에 대한 개인 또는 지역공동체의 욕구와 필요"이다. 인류사회는 오래전부터 질병, 폭력, 그리고 굶주림과 결핍으로부터의 보호를 포함하여 지역사회와 그들 구성원이 바라는 '욕구'가 무엇인지에 관해 고민해 왔으며 지역사회 구성원의 바람직한 삶의 질에 대한 목표와 현재 상태 사이의 '필요'를 줄이기 위해 노력해 왔다. 특히 현대 산업사회를 거쳐 신자유주의 사상이 팽배해지면서 사회문제의 주요 관심거리는 가진 자와 가지지 못한 자 사이의 자원 분배에 관한 사항이다[4]. 이러한 사회문제의 유형은 일반적인 기준으로 받아들여지는 규범적 측면의 문제, 개인의 관점에서 타인의 것을 비교함으로써 나타나는 상대적 측면의 문제, 개인의 혹은 하위집단의 관점에서 느끼는 인지적 측면의 문제, 그리고 더 좋은 처우와 더 나은 삶의 질에 대한 필요적 측면의 문제로 구분할 수 있다[5].

'사회혁신'은 상업적 기업의 비즈니스에서 말하는 경쟁우위 전략을 목표로 추진되는 혁신과는 다른 의미를 지니고 있다. 상업적 기업의 혁신은 일반적으로 새로운 시장을 개척하거나 혹은 새로운 제품 및 서비스를 개발하여 조직이 상당한 경제적 성과를 창출하는 행위로 본다. 사회혁신은 기존의 산업 및 경제 성장을 중심으로 진행하는 혁신이 아니라 인류와 사회가 당면한 문제를 해결하고 더불어 행복한 삶을 보장하는 지속 가능한 사회를 목표로 하는 혁신, 즉 사회적 목적을 달성하기 위한 혁신을 의미한다. 사회혁신은 적극적으로 사회문제를 해결하고 인류에 기여한다는 문제의식에 기반을 두고 있다. 사회혁신이란 이처럼 "정부의 도구 또는 프로그램과 시민사회의 부족한 자본, 기술 및 자원으로는 충족할 수 없는 사회문제를 해결하기 위하여 오픈된 영역에서 오픈된 절차로 기존의 방법과는 다른 참신하고 개선된 아이디어를 통하여 새로운 관계와 협력을 창출하고 효과적이며 효율적으로 사회적 가치를 창출하고 사회적 영향을 확산시키는 활동"이라고 할 수 있다.

따라서 사회적경제의 혁신 방법은 〈그림 8.2〉처럼 헨리 체브리스(Henry Chesbrough)가 이야기한 오픈형 혁신의 방법을 차용할 필요가 있다. 그는 "조직 내부에서만 개발되는 기존의 닫혀 있는 혁신은 점점 더 내부 비용을 증가시키게 하는 데 반하여 시장의 규모는 정해져 있고 경쟁자와 대체재의 진입과 경쟁은 늘어나게 되어 조직의 성장은 줄어들 수밖에 없는 구조가 형성된다. 따라서 관계된 다양한 이해관계자들과 함께 외부 유입과 내부 유출 행위를 통해 끊임없이 새로운 기술과 새로운 인력, 새로운 조직 활동을 통하여 기존 조직 시스템으로는 바라보지 못했던 완전히 새로운 시장을 개척하고 조직 내부의 운영 효율성은 높이면서 새로운 운영 방법, 새로운 제품 또는 서비스를 개발해야 한다."라고 하였다[6]. 사회적경제 영역의 혁신은 지역사회의 다양한 이해관계자와 끊임없이 교류하고 협력하면서 사회적 목적 달성을 위한 새로운 비즈니스 모델의 개발, 사회문제 해결 및 사회혁신 시장의 개척과 확보, 사회적 영향 달성 및 확산을 이루는 상승의 효과가 필요하다.

〈그림 8.2〉 오픈형 혁신 모델(Open Innovation Model)

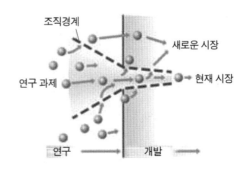

출처: Henry W. Chesbrough(2003), "The Era of Open Innovation",
MITSloan Management Review, 44(3), p.37.

사회혁신을 좀 더 구체적으로 살펴보면 〈그림 8.3〉과 같이 사회적 필요(Needs)의 충족과 함께 사회적 가치(Value) 및 사회적 영향(Impact)이라는 사회적 목표 달성의 세 가지 관점을 중심으로 각각 중요한 의미를 가지면서 그 속에서의 사회혁신 순환 과정으로 설명할 수 있다. '사회적 필요'라는 측면에서 설명하는 혁신은 필요를 해결하여 바람직한 목표에 도달하는 것으로 설명하고 있는데, 예를 들어, 유럽정책자문위원회(Bureau of European Policy Advisers, BEPA)에서는 "새로운 사회적 아이디어(제품, 서비스 및 모델)를 통하여 사회적 욕구를 충족시키고 나른 대안보다도 효율적으로 새로운 사회적 관계 또는 협력을 창출하는 일"로 사회혁신을 설명하고 있다[7].

〈그림 8.3〉 사회적 필요·영향·가치 달성의 순환 과정

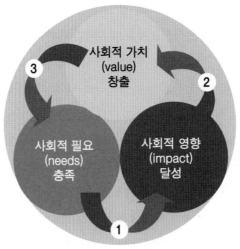

또한 영국 국립과학기술예술재단(The National Endowment for Science Technology and the Arts, NESTA)과 영 파운데이션(Young Foundation)은 "정부의 고전적인 도구와 시민사회의 부족한 자본, 기술 및 자원으로는 해결되지 않는 사회적 필요를 오픈된 영역에서 오픈된 절차를 통하여 새로운 사회적 관계를 형성하고 협력하여 해결하는 것"으로 사회혁신을 설명하고 있다[8]. 경제협력개발기구(Organization for Economic Cooperation and Development, OECD)도 사회혁신은 "개인과 지역사회 문제 해결을 목적으로 고용, 소비 또는 참여를 통해 개인과 지역사회의 복지를 향상시키는 것"으로 사회혁신을 정의하고 있으며[9] '유럽의 사회혁신 구축을 위한 이론, 실증 및 정책 재단(역주, The Theoretical, Empirical and Policy Foundations for Building Social Innovation in Europe, TEPSIE)'에서도 "사회적 목적 및 수단과 사회적인 욕구와 필요를 다루는 새로운 접근 방식으로 수혜자의 참여와 동원을 통해 수혜자의 권력과 자원에 대한 접근성을 개선함으로써 사회적 관계를 변화시키는 것"으로 설명하고 있다[10].

사회혁신은 사회적 필요 및 욕구를 해결하는 과정과 결과를 통하여 소외된 개인과 지역사회 전반에 가치를 부여하고 파급효과를 불러온다. 스탠퍼드 사회혁신 리뷰(Stanford Social Innovation Review, SSIR)에서는 '사회적 가치'라는 측면에서 혁신을 설명하고 있는데, 혁신은 "사회문제 해결을 위한 새로운 솔루션을 통하여 기업가, 투자자, 불우하지 않은 평범한 사람의 개인적 가치를 창출하는 것이 아니라 진정으로 공공이나 사회 전반에 대하여 기존 솔루션보다 더욱 더 효과적이고 효율적이며 지속 가능한 사회적 가치를 창출하는 것"으로 설명하고 있다[11].

'사회적 영향' 측면에서 정의하고 있는 길월드(Gillwald)의 사회혁신은 "이미 확립된 해결책과 비교하여 기존 해결책의 결과에 의한 것보다 훨씬 더 참신하고 개선된 해결책을 제공하는 사회적 성과"로 기술하고 있으며[12], 로버츠 재단의 사회적경제 자선투자기관으로 잘 알려진 로버츠개발기금(Roberts Enterprise Development Fund, REDF)에서는 "사회적 가치 창출에 따른 영향을 효과적으로 증명하면 더 많은 조직과 자본이 사회적경제 영역의 투자를 촉진할 것"이라며 사회적 영향을 측정하는 방법으로 '사회적투자수익률(Social Return On Investment, SROI)'을 제안하고 있다[13]. 사회적 영향이란 "사회적경제 기업이 사회문제 해결 및 사회혁신을 위하여 수행한 사업을 통하여 사전에 의도하였든 의도하지 않았든, 단기적이든 혹은 장기적이든 관계없이 사회적 목표그룹 혹은 지역공동체 구성원 등 이해관계자가 인지한 이익(성과, outcome)과 그 이상의 경제적, 사회(공동체)(적) 및 환경적인 가치 창출의 중요하고도 긍정적인 사회변화의 기대효과(영향, impact)를 의미하며 보다 광범위하게는 사업 수행의 산출물(output) 및 이를 위하여 투입된 자원의 바람직한 활동

(activity)을 포함"하여 설명할 수 있다. 사회적 영향의 자세한 내용은 제11장을 참조하기를 바란다.

스페인의 라 파제다(La Fageda): 심리 사회적 장애를 가진 사람들의 노동통합을 통하여 사회적 포용을 실천하고, 전문가와 함께 상업화 체인에 성공하여 시장에서 경쟁하고 도시농업 최고의 품질을 제공하다[14]!

라 파제다는 1982년 스페인 카탈로니아(Catalonia) 북부 지로나(Girona)주의 심리사회적 장애를 가진 사람들의 노동과 사회적 통합을 목표로 설립되었다. 라 파제다 창업자인 크리스토발 콜론 (Cristobal Colon)은 낙농업과 정신질환 치료를 연계한 세계 최초의 낙농업 사업가가 되었다. 정신적인 장애를 치유하는 대안으로 목가적인 자연과 낙농업을 통한 의미 있는 노동을 떠올린 게 고민의 시작이었다. 크리스토발 콜론은 여러 정신 병원에서 수년 동안 일했으며, 그곳에서 유일한 의학적 접근 방식으로는 정신 질환이 있는 사람들을 재활하고 사회에 통합할 수 없음을 발견하게 되었다.

〈그림 8.4〉 설립자 크리스토발 콜론(좌) 및 라 파제다 사람들(우)

출처: 라 파제다 홈페이지(2023), http://fageda.com.

그는 일이 재활의 핵심 도구라는 생각을 가지고 있었고, 이 사람들에게 자유 시간을 주기 위해 몇 가지 수작업을 제공하는 것만으로는 충분하지 않다는 직관을 가지고 있었다. 그들은 시장의 평범한 사람들에게 매력적인 유용한 제품을 만들 수 있는 실질적이면서도 유급 고용을 가져야한다고 생각했다. 따라서 시장에서 자유롭게 경쟁할 수 있고 직원이 주인이 되어야하는 진정한 회사를 만드는 것이 필요했다. 크리스토발 콜론과 그의 아내는 병원을 떠났고 14명의 심리사회적 장애를 가진 사람들과 함께 프로젝트를 시작했다.

오늘날 라 파제다는 세 가지 조직구조로 구성되어 있다. 그것은 첫째, 지적 또는 심리사회적 장애가 있는 114명을 고용하고 정원 가꾸기, 식물 묘목장, 농업 개발, 요구르트 및 기타 유제품 공장 등 라 파제다의 다양한 경제 활동에 종사하는 협동조합이다. 둘째, SAG(Servicios Asistenciales La Garrotxa; La Garrotxa Welfare Services)라는 재단이다. 이곳에는 일반 노동 시장에 접근 할 수 없는 중증 장애인에게 의료 및 복지 서비스를 제공하는데, 그중에서 주택, 교통 및 여가 서비스와 가장 중요한 것 중에 하나인 전문 인력의 도움을 받아 보완적 업무를 수행하는 보호 작업장 일이다. 셋째, 센팃(Sentit)이라고 불리는 재단으로 재정, 법률, 상업 및 행정 분야에서 협동조합을 지원하는 업무를 맡고 있으며 장애가 없는 135명을 고용하고 있다. 라 파제다의 경제 활동은 농식품 산업 분야에 속한다. 다양한 요구르트, 디저트, 감귤젤리, 아이스크림을 생산하며 2020년 매출은 코로나 대유행병 상황에도 불구하고 2019년 대비 5.5% 증가한 2454만 1466 유로(약 332억 원)에 달한다. 라 파제다는 자선 단체가 아니라 자유 시장에서 운영되며 다른 회사의 제품과 동등한 조건으로 시장에서 경쟁할 수 있는 고품질 제품을 제공하고 있다. 이것은 라 파제다에서 일하는 다양한 분야의 전문가들이 있기 때문에 생산 및 성공적인 상업화 체인을 가능하게 한다.

〈그림 8.5〉 라 파제다 제품(상) 및 목장과 공장(하)

출처: 라 파제다 홈페이지(2023), http://fageda.com.

라 파제다는 근로자 및 기타 수혜자에게 다음과 같은 4가지 영역에서 분산된 다양한 복지 서비스를 제공한다. 첫째, 앞에서 언급하였듯이 노동 시장에 접근 할 수 없는 중증 장애인을 위한 보호 작업장에서 치료 활동을 하고 보완 작업도 수행한다. 2018년에는 45명이 참여하였다. 둘째, 노무 안내 및 고용 중재 서비스이다. 이것은 노동 시장에 접근 할 수 있지만 여전히 충분한 노동 기술이 부족한 사람들을 위해 안내 서비스를 제공한다. 그들은 그들의 능력을 강화하기 위한 훈련을 받고 그 후에 회사에 고용되거나 보호 작업장에 파견된다. 2018년에는 이 서비스 교육을 받은 사람은 15명이었다. 반면에 일반 회사에서 일할 수 있는 충분한 능력을 가진 장애인을 위해 라 파제다는 중재 서비스도 제공한다. 이 서비스의 수혜자들은 교육과 지원을 받고 라 파제다는 이러한 사람들의 고용을 위하여 회사를 돕고 고용되면 직장에서 근로자를 지원한다. 라 파제다는 현재 20개 이상의 기업과 협약을 맺고 있으며 2018년에 일반 노동 시장에 30명 이상을 투입 할 수 있었다. 셋째, 주택 서비스이다. 라 파제다는 장애인을 위한 2개의 거주지를 운영하고 있으며 36명이 거주하면서 영구적인 전문적 치료를 받는다. 또한 집에서 자율적으로 생활할 수 있는 장애인을 위한 지원 서비스를 제공하며 집 정리, 구매, 청소 또는 요리 등의 도움을 제공한다. 또한 심리사회적 장애가 있는 4명은 시기적절한 지원과 전문가의 도움을 받으면서 혼자서 생활할 수 있는 주택에서 산다. 넷째, 레저 서비스이다. 라 파제다는 근로자들에게 다양한 종류의 문화, 스포츠 및 여가 활동을 제공한다.

사회적경제 기업 경영전략 수립 모델

  사전적 의미의 전략은 비즈니스 활동에서의 방법이나 책략을 의미하는데 사실 전략이라는 단어가 내포하고 있는 의미는 본 서에서 자주 언급이 되겠지만 훨씬 더 심층적인 내용을 포함하고 있다. 앞에서 살펴본 것처럼 상업적 기업에 있어서 경쟁우위 전략은 조직이 경쟁자와 비교하여 우위를 달성하고 이를 지속 가능하도록 투입자본 대비 창출한 이익을 목표로 활동하도록 하지만 사회적경제 기업은 사회적 목적을 달성하기 위하여 이해관계자가 함께 사람을 중심으로 협력하고 상승의 효과를 추구한다. 사업을 영위하고 있는 기업이나 부서에서는 그 규모(예산, 제품, 조직)를 떠나서 매년 말에 다음 년도의 사업계획과 경영전략을 수정 혹은 새롭게 수립하여 경영의 나침반으로 사용하고 있다. 때에 따라서는 분기별 혹은 그보다 더 짧은 기간 내에 기존의 사업계획과 전략을 수정·보완·적용하는 역동적인 순환을 거친다. 이러한 일련의 사업계획 및 경영전략 수립은 논리적인 과정과 체계적인 방법을 가지고 진행하는 것이 필요하다. 사회적경제 기업의 경영전략은 단계별 기업전략, 사업전략, 기능전략으로 구분할 수 있다[15]. 제3장 사회적경제 비즈니스 모델 캔버스 'Our!SBMC' 에서는 사회적 가치 제안을 위한 전략으로써 사업 운영방안과 조직 운영방안의 2가지 축으로 나누어 살펴보았다. 그곳에서 나온 이해관계자 협동과 연대, 지역조직화 전략 등의 조직 운영방안과 네트워킹, 사회적 마케팅 등의 사업운영 방안은 여기서 말하는 기능전략에 해당된다고 할 수 있다.

〈그림 8.6〉 사회적경제 기업 경영전략 수립 및 추진 단계

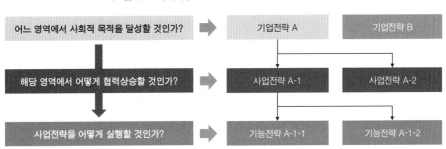

〈그림 8.6〉과 같이 사회적경제의 기업의 '기업전략'은 "어느 영역의 사업에 참여하여 사회문제를 해결하고 사회혁신을 이룰 것인가, 어느 영역에서 협력하고 상승할 것인가(Where to Synergy?)의 사업영역을 정하는 전략이며 사회적경제 기업이 새로운 사회문제 솔루션을 찾는 사업다각화 전략"을 말한다. 상업적 기업의 경우에는 기업전략을 채택함에 있어서 최고경영자 혹은 조직의 성향이 기업전략 대안 선택에 중요한 영향을 미친다. 상업적 기업은 이러한 성향에 따라서 방어형(Defender), 혁신형(Prospector), 분석형(Analyzer), 반응형(Reactor)으로 구분하기도 한다[16]. 방어형(Defender)은 좁은 시장이나 사업영역에서 한정된 제품을 생산·판매함으로써 틈새시장을 지향하고 그 밖의 또 다른 기회를 추구하지 않으면서 안정을 추구하려는 전략 선택의 성향을 말한다. 혁신형은 탐색형 또는 공격형이라고도 불리는데 이는 새로운 제품과 시장기회를 찾는 데 관심을 기울이는 공격적인 전략 선택의 성향을 말한다. 이는 일종의 신생기업이 진입장벽을 돌파하고 시장에 침투하려는 전략이다. 분석형은 방어형과 혁신형의 장점을 모두 살려서 한편으로는 안정을 추구하면서 이를 바탕으로 새로운 변화와 혁신을 추구하는 전략 선택의 성향을 말한다. 이는 일종의 시장에 적응한 기업이 또 다른 기회를 탐색하려는 전략이다. 반응형은 새로운 환경변화에 적응하지 못한 기업이 별다른 전략 없이 미래가 불안정한 상태로 남아 있을 때 부르는 전략 선택의 성향을 말하는데 일종의 제품의 수명주기가 다한 기업이 별다른 전략 없이 쇠퇴기로 접어들 때를 이른다.

사회적경제 기업의 '사업전략'은 "기업전략(사업영역)에서 정한 사회문제 해결 및 사회혁신의 사회적 목적 달성을 위해 어떻게 이해관계자와 협력하고 상승하도록 사업을 진행할 것인가(How to Synergy?)에 대한 방법 혹은 대안을 선정하는 전략"이다. 여러 개의 사업본부가 있으면 각 사업본부를 중심으로 진행되는 사회문제 혹은 사회혁신의 특정 제품이나 서비스에 대한 전략을 말한다.

다음으로 사회적경제 기업의 '기능전략'은 "각 기능에서 사업전략을 어떻게 실행할 것인가(How to Implement Business Strategy?)에 대한 방법으로써, 사회적 경영차별화 전략 등 사회적경제 기업이 택한 사업전략을 지배구조, 지역 조직화, 비즈니스 네트워킹, 조직문화, 연구개발, 디자인, 제조, 유통, 영업, 인사관리, 사회적 마케팅 등 각 기능 부문에서 어떻게 실행 할 것인지에 대한 전략"을 말한다.

만약에 여러분이 혹은 여러분의 조직에서 새로운 사업문제 해결의 솔루션으로 새로운 사업을 시작하려고 한다면, 이 역시 사업을 기획하고 실행하면서 전체를 이해하는 시각이 필요하다. 이럴 때 처음에는 지역사회 욕구조사를 통하여 사업기회를 탐색하고 아이디어를 내는 단계부터 진행해야 한다. 이를 통하여 예비사업 목록이 선정되고, 사회적 과정이 중요하게 고려되면서 사회적 영향 창출의 가능성에 대한 사업타당성 분석을 통하여 하나의 더 구체적인 사업계획 수립과 경영전략을 수립한다. 이러한 절차를 진행하면서 도출된 내용을 용도에 맞게 문서로 정리한 것이 바로 사업계획서가 된다. 사회적 목적 달성과 사회적 영향 창출이라는 사회적경제 기업의 성공을 위해서는 치밀한 준비가 필요하다. 실리콘밸리의 경영자들은 비즈니스 관계자들과 식사하면서 냅킨에 사업 내용을 그려보고 투자의 타당성을 점검하는 이른바 "냅킨분석"의 독특한 문화가 있다. 사회적경제 기업 역시 계획사업의 사회적 목적과 사회적 영향 달성이라는 성공으로 이끌기 위해서는 치밀한 분석과 준비가 필요하고, 사업계획과 경영전략을 도출하는 데 상당한 시간을 요하기도 하지만 때에 따라서는 짧은 시간 안에 사회문제 해결 아이디어를 평가하고 취사선택하는 직감도 필요하다[17].

　전략수립의 절차와 구성은 각 기업 혹은 사업이 처한 경영환경과 조직의 비전, 사명, 경영이념 및 추구가치에 따라 달라지기 때문에 '이러한 의미이다', '이러한 방법으로 수립하고 실행해야 한다'라는 정답은 없다. 그렇지만 일반적으로 전략수립은 사회적 가치 제안을 중심으로 내부 및 외부의 경영환경 분석을 통하여 전략방향을 수립하게 되고 이러한 전략방향의 거시적인 달성을 비전으로 나타낸다. 그리고 이러한 비전을 달성하기 위해서 전사적인 사업전략을 수립하게 되고 전사전략과 일관되게 하위조직의 기능전략을 수립하게 된다.

〈그림 8.7〉 사회적경제 기업 경영전략 수립 및 실행의 선순환 구조

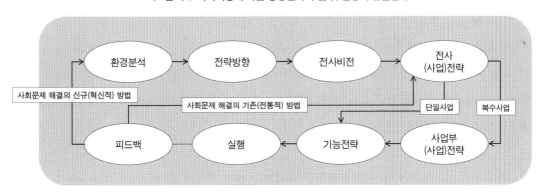

출처: 최중석(2015), "비즈니스 경영전략, 개정2판", 도서출판 두남. p.25. 참조 재정의.

　〈그림 8.7〉에서 보는 것과 같이 기업이 여러 개의 사회문제 해결 사업을 영위할 때에는 해당 사업부의 책임과 목표를 정하고 그것을 달성하기 위한 사업전략을 수립하게 된다. 단일 사업을 영위하는 기업의 경우는 전사 사업전략과 사업부 사업전략은 같은 의미를 갖게 된다. 마지막으로 전사

사업전략 혹은 사업부 사업전략을 달성하기 위해서 수행할 구체적인 자원과 기능의 유지, 확보, 실행에 관한 기능전략(예를 들어 지배구조, 지역 조직화, 생산기능, 유통기능, 영업기능, 조직문화 및 인사관리 기능, 사회적 마케팅, IT지원 등)을 수립하게 된다. 기능전략의 실행과 피드백 단계를 거쳐 원하는 사회적 성과를 창출하게 되는 일련의 과정이 전략수립 및 실행의 단계라고 할 수 있다. 사업전략과 기능전략의 요소를 구분하면 〈그림 8.8〉과 같다.

〈그림 8.8〉 사회적경제 기업 사업전략과 기능전략의 주요 구성요소

기능전략은 협동과 연대 활동, 지역 조직화 및 네트워크 활동, 영업 및 판촉 활동, 인재채용과 급여의 지급, 기술개발을 위한 비용 소요 등 대부분 비용을 들여서 추진되는 항목으로 손익계산서상에서는 주로 비용과 관련된 항목으로 나타나게 된다. 사업전략의 결과는 기업의 수익과 연동되고 기능전략의 결과는 비용과 연동된다.

경영전략의 실행은 논리적인 구조와 체계를 가지고 진행이 되어야 한다. 제3장의 사회적경제 비즈니스 모델의 수립에서는 사회적 가치 제안의 출발과 사회적 영향 창출의 성과를 중심으로 사회(조직)적 측면과 경제(사업)적 측면의 구조와 논리를 설명한 바 있는데 이를 경영전략적 관점에서 좀 더 확대하여 Analysis(환경 분석) ⇔ Strategy(전략수립·실행)과정 ⇒ Result(결과예측)의 3단계 ASR 모델로 정리해 보면 〈표 8.1〉과 같다.

〈표 8.1〉 사회적경제 기업 경영전략 수립 및 실행의 3단계 ASR 모델

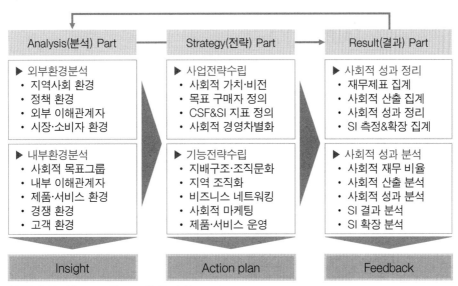

Analysis(분석) Part → Strategy(전략) Part → Result(결과) Part

▶ 외부환경분석
• 지역사회 환경
• 정책 환경
• 외부 이해관계자
• 시장·소비자 환경

▶ 사업전략수립
• 사회적 가치·비전
• 목표 구매자 정의
• CSF&SI 지표 정의
• 사회적 경영차별화

▶ 사회적 성과 정리
• 재무제표 집계
• 사회적 산출 집계
• 사회적 성과 정리
• SI 측정&확장 집계

▶ 내부환경분석
• 사회적 목표그룹
• 내부 이해관계자
• 제품·서비스 환경
• 경쟁 환경
• 고객 환경

▶ 기능전략수립
• 지배구조·조직문화
• 지역 조직화
• 비즈니스 네트워킹
• 사회적 마케팅
• 제품·서비스 운영

▶ 사회적 성과 분석
• 사회적 재무 비율
• 사회적 산출 분석
• 사회적 성과 분석
• SI 결과 분석
• SI 확장 분석

Insight | Action plan | Feedback

*CSF: Critical Success Factor, SI: Social Impact

기존 사업을 운영 중인 경우는 사업실행의 결과인 사회적 성과 지표와 새로운 외부 및 내부 환경 분석을 토대로 다음 연도 혹은 이후의 사업목표와 실행전략을 수립한다. 즉, 기존사업의 경우는 Analysis(환경 분석) ⇔ Result(결과 분석)을 거쳐서 Strategy(전략수립·실행)과정을 거치게 된다. 만약에 신규 사회문제 해결의 사업을 추진하는 경우라면 Analysis(환경 분석)⇔Strategy(전략수립·실행)과정 이후에 Result(결과예측)의 단계를 거치게 된다.

기업전략, 사업의 영역을 선정하는 방법

기업전략은 사회적경제 기업이 사회적 목적을 달성하기 위하여 어느 영역에서 사회문제를 해결하고 사회혁신을 이룰 것인가에 대한 문제이다. 상업적 기업의 기업전략은 '사업단위와 제품의 집합체'인 사업 포트폴리오(Business Portfolio) 분석을 통하여 기존 사업을 확장, 축소 혹은 제거하거나 기존의 사업영역과 연관된 분야로 진출하여 범위의 경제(자원을 같이 사용하여 비용절감 및 효율발생)[18]를 구현하고 수익강화를 꾀하면서 시장의 지위를 확대할 수도 있다. 혹은 전혀 새로운 영역으로 사업을 확장하여 성장동력을 찾을 수도 있다.

〈그림 8.9〉 상업적 기업의 성장전략을 탐색하는 엔소프(Ansoff) 매트릭스

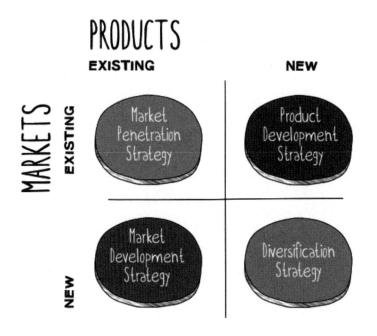

출처: H. Igor Ansoff(1956), "Strategies for Diversification", Harvard Business Review, 35(5), p.114.

〈그림 8.9〉의 엔소프 매트릭스(Ansoff Matrix)는 이러한 기업전략을 제품과 시장관점으로 분석하여 4가지의 방향으로 성장전략을 탐색할 수 있도록 하였다. 기존시장에 신제품으로 진출(상품개발)하거나 신시장에 신제품으로 진출하는 전략(다각화 전략), 기존시장에 기존제품으로 진출(시장침투)하거나 신시장에 기존제품으로 진출하는 전략(시장개발)으로 기업의 성장기회를 찾을 수 있다[19]. 상업적 기업의 성장전략 선택은 신사업이 기업의 매출과 목표이익에 부합하는가, 기업의 자원(인력, 자본, 기술)이 뒷받침 하는가를 고려해야 한다. 기업전략 추진의 방법은 대표적으로 내부개발, 공동투자, 전략적 제휴, 인수합병 등의 방법이 있다.

반면, 사회적경제 기업의 궁극적인 목적은 제품 및 서비스를 수단으로 사회적 영향을 창출하는 일에 있다. 따라서 엔소프 매트릭스를 변경하여 〈그림 8.10〉과 같이 4가지의 사회적경제 기업의 성장전략을 생각할 수 있다. 기존지역의 사회문제에 기존 제품 및 서비스로 사회적 영향을 확장하거나 새로운 제품 및 서비스로 사회적 영향을 개발하는 전략, 신규지역 사회문제에 기존 제품 및 서비스로 사회적 영향을 확대하거나 새로운 제품 및 서비스로 사회적 영향을 다각화하려는 전략을 통하여 사회적 영향을 창출하거나 크기를 키울 수 있다.

<그림 8.10> 사회적경제 기업의 확장전략을 탐색하는 준(June) 매트릭스

구 분	기존 제품 및 서비스	새로운 제품 및 서비스
기존지역 사회문제	사회적 영향 확대 (Social Scaling Up)	사회적 영향 개발 (Social Scaling Development)
신규지역 사회문제	사회적 영향 확장 (Social Scaling Out)	사회적 영향 다각화 (Social Scaling Divercification)

출처: H. Igor Ansoff(1956), "Strategies for Diversification", Harvard Business Review,35(5), p.114. 참조하여 사회적경제 기업의 목적에 맞게 재정의.

사회적경제 기업의 확장전략 선택은 신사업이 사회적경제 기업의 사회문제 해결 및 사회적 영향 창출에 부합하는가, 사회적경제 기업이 동원할 수 있는 내·외부 자원(인력, 자본, 기술)이 이를 뒷받침 하는가를 고려해야 한다. 사회적경제 기업이 확장전략을 추진하는 대표적인 방법은 기술 생성 및 정교화, 옹호 및 로비 활동을 통한 연결 구축, 강력한 후원자 동원, 프레임 및 담론 생성, 전략적 제휴, 협회(결성)를 통한 추진, 스마트 네트워크, 학습 및 컨설팅 등의 방법이 있다. 사회적 영향의 확장에 대한 자세한 내용 및 방법은 제13장을 참고하기를 바란다.

최적의 사업 포트폴리오는 경영환경상의 여러 기회에 자사의 강점과 약점을 최적으로 적응 시키는 것을 의미한다. 상업적 기업은 포트폴리오 분석을 통하여 어떤 사업에 더 많은 투자를 하고, 또 어떤 사업에 더 적게 또는 전혀 투자하지 않을 것인가를 결정하는데 이러한 포트폴리오 전략 수립의 대표적인 기법으로 <그림 8.11>의 비씨지 매트릭스(BCG(Boston Consulting Group) Matrix)가 있다. 비씨지 매트릭스는 시장성장율과 시장점유율을 토대로 네 가지의 영역으로 나누어 의사 결정에 참고할 수 있는 좌표를 제시하였다. 판매가 증대될수록 생산비용이 낮아지는 규모의 경제 원리를 달성할 수 있다면 수익극대화를 위하여 시장점유율을 극대화하는 전략을 꾀해야 할 것이다[20].

〈그림 8.11〉 비씨지의 상업적 기업 "시장성장율-시장점유율" 매트릭스

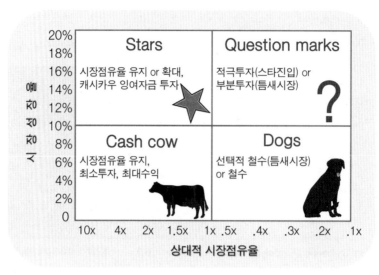

출처: 최중석(2015), "비즈니스 경영전략, 개정2판", 도서출판 두남, p.288.

시장에서 경쟁우위를 목적으로 경영하는 상업적 기업과는 달리 사회적경제 기업은 이해관계자와 협동하는 방식으로 사회문제 해결의 기존 방법(사회복지와 연계된 전통적인 방법) 혹은 신규 방법(사회혁신의 창의적인 방법)을 통하여 사회적 가치를 높이고 사회적 영향을 창출한다. 따라서 비씨지 매트릭스를 변경하여 사회문제 해결방법과 이해관계자 거버넌스 정도에 따라서 〈그림 8.12〉와 같이 4가지의 영역으로 나누어 확장 영역을 분석하고 준비할 수 있다.

〈그림 8.12〉 사회적경제 기업의 확장영역을 탐색하는 준(June) 매트릭스

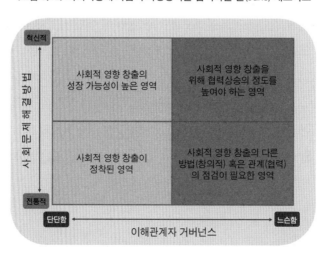

출처: 최중석(2015), "비즈니스 경영전략, 개정2판", 도서출판 두남, p.288. 참조하여 사회적경제 기업의 목적에 맞게 재정의

먼저 이해관계자 거버넌스가 단단하면서 사회문제 해결의 전통적인 방법으로 운영하는 사업은 '사회적 영향 창출이 정착'된 영역이며, 이해관계자 거버넌스가 단단하면서 사회문제 해결의 혁신적인 방법으로 운영하는 사업은 '사회적 영향 창출의 성장 가능성이 큰 영역'으로 유지 혹은 확대하는 전략이 필요하다. 다음으로 이해관계자 거버넌스가 느슨하지만, 사회문제 해결의 혁신적인 방법으로 운영하는 사업은 '사회적 영향 창출을 위해 협력상승의 정도를 높여야 하는 영역'이며, 이해관계자 거버넌스가 느슨하면서 사회문제 해결의 전통적인 방법으로 운영하는 사업은 '사회적 영향 창출의 다른 방법(창의적) 혹은 관계(협력)의 점검이 필요한 영역'이라고 할 수 있다.

사례연구 30

독일의 다이알로그 소셜 엔터프라이즈(Dialogue Social Enterprise)와 오티콘(Auticon), 디스커버링 핸즈(Discovering hands): 시각장애, 자폐성장애를 가진 사회적 목표그룹의 탁월한 전문성 및 민감성을 가치 있는 자산이자 독특한 능력으로 밝히고 기업의 소중한 인적자원으로 일하다[21]!

1988년 안드레아스 하이네케(Andreas Heinecke)가 설립한 사회적경제 기업 다이알로그 소셜 엔터프라이즈(Dialogue Social Enterprise)는 장애인이든 아니든 관계없이 소외된 사람들을 이해하고 존중하는 것뿐만 아니라 상호 작용할 수 있는 공간을 운영하고 있다. 장애를 능력으로써 재정의하여 편견을 없애고 전통적인 장애를 극복하도록 한다. 이들은 세계 최초로 '어둠 속의 대화(Dialogue in the Dark)'를 설립한 이래 지금은 '침묵 속의 대화(Dialogue in Silence)', '시간과의 대화(Dialogue with Time)', 그리고 최근에는 '다양성과 포용을 위한 박물관I(Museum for Diversity and Inclusion)'을 운영한다. 〈그림 8.13〉과 같이 '어둠 속의 대화'는 시각 장애인들이 어두운 공간에서 진행되는 국내 및 국제 전시회에서 비장애인을 위한 가이드 역할을 함으로써 장애인 및 비장애인 간의 격차를 좁히고 있다. 시각 장애인은 이처럼 소통 공간을 관리하고 방문객을 가르침으로써 리더십, 커뮤니케이션 및 관리 기술을 습득한다. 또한 특수한 세미나를 통해 학교 수업, 회사 및 인적 자원 부서 또는 임원 팀을 교육한다. 다이알로그 인 더 다크의 자금은 전시회 참가 및 세미나 수입뿐만 아니라 전 세계 전시회의 라이선스 및 컨설팅 비용으로 충당한다.

2021년에는 전 세계 23개 장소에서 사업을 운영하였다. 이 중에서 16개는 'Dialogue in the Dark'로 운영되고 있으며 7개는 그 외의 사업으로 운영된다. 4회의 '침묵 속의 대화' 전시, 2회의 '시간과의 대화' 전시를 진행하였다. 전 세계에서 고용한 직원은 697명이다. 이 중에서 시각 장애인 직원은 323명, 청각 장애인 직원은 71명이며 70세 이상의 직원도 58명에 이른다. 총 방문객 수는 약 26만

1800명이다. 이 중에서 약 22만 4000명은 전시 방문객이며 1만 8200명 이상은 워크숍 참가자, 약 7800명은 만찬 및 행사 참가자, 1만 1800명 이상은 온라인 활동 참가자이다.

〈그림 8.13〉 다이알로그인더다크 안내(좌)와 세미나(중) 장면 및 저자 방문(우)

출처: 다이알로그 소셜 엔터프라이즈 홈페이지(2018), http://dialogue-se.com(좌, 중).; 저자(2019),
"프로젝트 매니저 Daniel Vollstedt와 함께", 저자 방문 촬영.

사회적경제 기업 디스커버링 핸즈(Discovering hands)는 아쇼카의 펠로우인 프랭크 호프만(Frank Hoffmann)이 설립한 기업이다. 2020년 '국제 암 통계(Global Cancer Statistics 2020)' 자료에 의하면 전 세계적으로 여성 유방암은 약 226만 명(독일은 약 7만 명)이 발생하였다. 이는 전체 여성의 암중에서 24.5%를 차지하는 비율이며 여성에서 가장 많이 발생한 암이었다. 2020년에 전 세계적으로 약 68만 명(독일은 약 1만 8000명)의 여성이 유방암으로 사망하였는데 이는 여성 암 사망원인의 15.5%를 차지하는 비율이다. 유방암은 암 사망원인과 발생의 빈도에서 모두 1위를 차지했다. 디스커버링 핸즈는 여성의 유방암 문제에 있어서 시각 장애인들이 숙련된 유방암 검사 진단자인 의학 촉각 검사관(MTEs, Medical Tactile Examiners)으로 훈련시킴으로써 새로운 저비용 유방 검사 방법을 개발하였다.

MTE는 의사가 실시한 비표준 유방암 검진과 비교하여 평균 정밀도가 높고 유방암을 평균 의사보다 먼저 발견하여 의사보다 신속하게 진단하고 보다 효과적인 치료를 할 수 있다. MTE를 사용하는 의사는 회사에 라이선스 비용을 지불한다. 디스커버링 핸즈 사례 역시 다이알로그 소셜 엔터프라이즈처럼 사회적 목표그룹에 대한 이해와 존중을 바탕으로 운영되는 것이 아니라 사회적 목표그룹의 전문성을 사용한다. 이들은 시장의 고객을 위해 경쟁력이 높고 혁신적인 제품과 서비스를 제공하여 효과적으로 문제를 해결하는 사회적 가치 창출의 높은 수준에 참여함을 의미한

〈그림 8.14〉 MTE의 진단장면

출처: 디스커버링핸즈 홈페이지
(2023), http://discovering-hands.de.

다. 어떤 경우에는 사회적 투자자가 사회적 목표그룹의 교육에 자금을 지원하는 경우가 있는데, 특히 이러한 사회적경제 기업이 시장에 진입하기 전에는 그렇다. 장기적으로 시장에서 발생하는 수익은 주로 사회적 사명의 교육 프로그램에 자금을 공급하는 데 사용된다. 디스커버링 핸즈는 지금까지 'BBGM 혁신상(BBGM Innovation Award)', '2018년 기업 디자인 상(Corporate Design Award 2018)', '2017년 랜드 오브 아이디어(Land of Ideas 2017)', '2017년 EESC 시민사회상(EESC Civil Society Prize 2017)', '2016년 지역 공헌상(Regionally Committed 2016)', '2016년 넥스트 이코노미 상(next economy award 2016)'을 수상했다.

2011년부터 자폐성장애가 있는 사람을 IT분야의 컨설턴트로 독점적으로 고용하고 소프트웨어 테스트 및 품질 보증 분야에서 일하도록 하는 사회적경제 기업 오티콘(Auticon)이 있다. 오티콘은 자폐성장애를 가진 사람들이 갖고 있는 탁월하고 전문적인 능력을 바탕으로 다양한 업무 환경을 원하는 고객들과 협력해 왔다. 보통 자폐성장애를 가진 사람들은 사회성과 의사소통 능력이 낮고 반복적인 행동을 보이는 등 뇌 기능 장애를 가지고 있지만 기억력 및 암산 능력, 퍼즐이나 음악 부분 등에서는 능력이 뛰어난 것으로 알려져 있다. 오티콘에서 일하고 있는 전문 컨설턴트 마틴 노이만은 "오티콘에서 일하는 가장 좋은 점은 내가 잘하는 일을 할 수 있다는 것이다."라고 말한다(〈그림 8.15〉).

〈그림 8.15〉 오티콘의 컨설턴트 마틴 노이만(Martin Neumann)

출처: 오티콘 홈페이지(2023), http://auticon.com.

오티콘은 2011년 자폐증이 있는 아들이 더 나은 취업 기회를 갖기를 원하는 아버지에 의해 베를린에서 설립되었다. 2013년에는 '쿠르트 쇠퍼(Kurt Schöffer)'가 최고경영자로 임명되었다. 쿠르트는 오티콘의 첫 번째 투자자 중 한 명으로 썬 마이크로시스템즈(Sun Microsystems)를 고객으로 둔 유럽의 중급 컴퓨터 제품 유통업체인 DNS에서 CEO로 15년 동안 일하면서 10억 유로(약 1조 3530억 원) 이상의 매출을 올렸다. DNS에서의 경험을 통해 쿠르트는 세상을 긍정적으로 변화시키기 위해 비즈니스 원칙을 활용하는 것을 강력하게 지지했다. 쿠르트는 'STEM(과학, 기술, 공학 및 수학 영역을 통합하는 학습 및 개발에 대한 접근 방식) 기술'을 보유하고 있는 자폐성장애를 가진 성인의 실업률 증가라는 사회적 문제를 해결하기 위해 그의 비즈니스 통찰력을 힘껏 발휘할 수 있게 되었다. 쿠르트는 이후 6개의 독일 사무소를 개발하고 파리와 런던으로 사업을 확장했고 BMW, 알리안츠 등 주요 고객사와 신기술 컨설팅 서비스를 추가했다.

2016년에는 버진 그룹(Virgin Group)의 창업자 리처드 브랜슨(Richard Branson) 경의 투자로 회사가 이탈리아와 스위스로 확장되면서 국제적인 관심을 끌었다. 2018년에는 북미의 자폐 고용주 회사인 로스앤젤레스의 마인드 스파크(MindSpark)와 캘거리의 메티쿨론(Meticulon)을 인수했다. 나중에 미국의 클라우드 기반 소프트웨어 회사인 세일즈포스(Salesforce)와 영국 런던에 본사를 둔 세계에서 가장 큰 회계 전문 서비스 기업인 딜로이트(Deloitte)를 고객으로 추가하고 전 세계적으로 200명 이상의 자폐 직원을 고용하고 있다. 2019년에는 호주에서 가장 큰 고용주 중 하나인 울워스(Woolworths)와 함께 오티콘이 문을 열었다. 2023년 현재 전 세계 8개국에 약 400명의 직원을 둔 세계 최대의 자폐 IT 회사로 운영되고 있다.

상업적 기업 사업전략 선택의 주요수단

상업적 기업이 전략대안을 선택할 때 경쟁우위의 수단과 전략의 범위라는 구성요소에 따라서 전사적 원가우위(Overall Cost Leadership) 전략, 차별화(Differentiation) 전략, 집중화(Focus) 전략으로 구분하여 선택한다(〈그림 8.16〉). 마이클 포터는 이렇게 함으로써 기업경영의 가치사슬 중에서 본원적인 요소에 집중하여 지속적인 경쟁우위를 확보할 수 있다고 하였다. 전사적 원가우위 전략은 "경쟁 기업과 동일한 제품 및 서비스를 전사적 차원에서의 원가절감을 통하여 경쟁 기업보다 저렴하게 제공함으로써 경쟁우위를 달성하고 고객에게 가치를 제공하려는 전략"이다. 차별화 전략은 "차별화된 제품이나 서비스를 제공하고 산업전반에서 경쟁 기업에 비하여 전문적이며 독특하다고 인식되도록 추구함으로써 경쟁우위를 달성하려는 전략"으로 수단의 선택에 따라 제품혁신ㆍ마케팅ㆍ품질ㆍ디자인ㆍ기술ㆍ브랜드ㆍ기업 이미지ㆍ서비스 차별화로 구분한다. 집중 전략은 "특정한 고객이나 제품 혹은 지역 등의 세분시장에 집중하여 기업의 자원을 투입함으로써 경쟁우위를 달성하려는 전략"이다[22].

상업적 기업은 외부환경이 불확실하고 동적인 경우, 효과성을 중시하고 창의적 사고가 필요한 경우, 다양한 제품을 보유하였거나 마진폭 증대를 통한 수익성 향상이 필요할 경우에는 차별화 전략 대안을 선택할 수 있다. 산업 및 제품의 수명주기 상 도입기 및 성장기에 선택할 수 있는 대안이다. 반대로 외부환경이 예측 가능하며 정적인 경우, 효율성을 중시하고 가격통제가 요구되는 경우, 제품이 다양하지 않고 규모의 경제를 통한 시장점유율 상승을 꾀해야 할 경우에는 전사적 원가우위 전략 대안을 선택할 수 있을 것이다. 이는 산업 및 제품의 생명주기상 성숙기에 선택할 수 있는 대안이라고 하겠다.

〈그림 8.16〉 상업적 기업의 사업전략 수준 경쟁전략 선택 유형

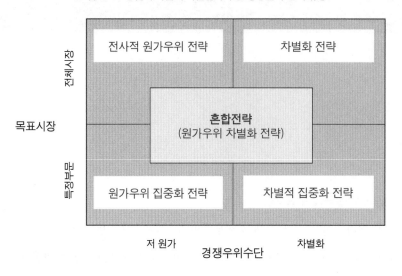

한편 원가우위와 차별화를 동시에 추구하는 혼합전략(Dual or Hybird Strategy)을 선택하여 성공할 수 있다면 다른 전략대안의 선택보다 높은 성과를 창출할 수 있다. 다만, 마이클 포터는 혼합전략이 원가우위나 차별화 중에서 어느 부분에서도 경쟁력을 확보하지 못하고 어려움에 처할 수 있는 어정쩡한 상태(Stuck in the middle)에 빠질 수 있다고 하였다. 따라서 혼합전략은 가격내비 고객에서 큰 가치를 부여하는 속성을 지닌 제품을 경쟁사 대비 저가로 제공하는 전략으로 고가치저원가전략을 통하여 추진하여야 한다. 우리나라 기업을 대상으로 한 연구에서 불확실성이 높을수록 혼합전략이 다른 경쟁전략보다 높은 성과를 볼 수 있다는 것을 밝혔다[23].

〈표 8.2〉는 원가우위 혹은 차별화전략을 구현하기 위한 요구조건과 평가요소에 대한 내용이다[24]. 원가우위 전략은 생산 공정의 자동화를 통한 생산성 증대, 빈번한 비용통제, 고객직접 판매, 가치사슬 활동을 줄이거나 온라인으로 대체하는 방안이 필요하며 차별화전략은 경쟁사의 제품보다 차별화를 꾀하고 프리미엄 가격전략을 구사한다. 제품 브랜드 충성도를 높여야 하며 경쟁 기업이 잘 갖추지 못한 차별적인 역량을 보유해야 한다. 혼합전략의 경우는 제품, 공정, 마케팅 분야에서의 상호협력 및 차별화를 보유해야 하며 생산방식 및 경영기법 등의 개발을 통하여 동시에 원가우위와 차별화를 추구해야 한다.

구 분	원가우위 전략	차별화 전략
필요 기술과 자원	- 지속적인 자본조달과 투자 - 공정공학기술 - 노동력집중감독 혹은 핵심기술 운영 - 제조나 유통하기 쉬운 제품 및 서비스 설계 - 저비용 유통시스템	- 강력한 마케팅 능력 - 제품공학기술 - 창의적 재능과 감각 - 기초연구분야의 우수한 능력 - 품질이나 기술상의 기업명성 - 동 업계 오랜 역사 혹은 타 산업기술의 독특한 결합 - 채널의 강력한 협력 - 메이저 부품을 공급하는 공급자와 강력한 협력
조직적인 요구사항	- 철저한 원가관리 - 빈번하고 자세한 통제보고 - 끊임없는 개선, 벤치마킹 - 구조화된 조직과 책임 - 양적 목표에 기반한 인센티브	-연구개발, 제품개발, 마케팅기능의 강력한 협업 - 주관적 평가와 인센티브(양적 대비) - 고 노동자, 과학자, 창의인재를 유인할 수 있는 분위기 - 핵심고객에 대한 친밀감 - 영업과 운영, 기술과 마케팅에서 몇몇 숙련된 인력

*집중화 전략: 전략적 목표시장에서 상기의 각 정책을 조합

사회적경제 기업 사업전략 수립의 3대 조건

사회적경제 기업 사업전략 수립의 첫 번째 조건은 '사회적 요구에 부응하는 차별화 전략'이다. 지금까지 살펴본 것처럼 상업적 기업 경영전략 수립은 '경쟁자와 다른 독특한 포지션'을 중요한 조건으로 둔다. 상업적 기업이 경쟁우위를 얻기 위해서는 소비자에게 제품이나 서비스를 제공함에 있어서 경쟁자의 제품이나 서비스보다 더 높은 가치를 제공하거나 아니면 유사한 제품과 서비스에 대하여 더 낮은 가격으로 제공하여야 한다. 이것을 달성하기 위해서는 경쟁자와 비교되는 자기 조직만의 독특성을 가지고 있어야 하며 경쟁자와 다른 활동을 수행하거나 혹은 유사한 활동을 수행하더라도 다른 방식으로 운영하는 전략적인 포지션을 지향해야 한다.

하지만 협력상승을 중심으로 운영되는 사회적경제 기업의 전략대안 마련은 사회적인 측면이 고려되어야 한다. 제2장의 사례에서도 설명한 것처럼 퀘벡이 이룬 사회적경제 방식의 성과에는 연대라는 가치가 그 중심에 자리 잡고 있는데 퀘벡에서는 "사업도 연대, 영역확장도 연대, 노동도 연대, 투자도 연대, 소비도 연대로 하되 책임감을 갖고 소비한다."라는 이념을 가지고 있다. 사례연구에서도 살펴본 것처럼 퀘벡에서는 몇 가지 중요한 원리 위에 사회적경제 활동이 진행되었는데 그중에서 눈에 띄는 것은 "이윤의 극대화보다는 사회적 요구의 대응에서 나오는 차별화된 경제조직과 활동"이라는 부분이다[25].

이처럼 사회적 요구에 부응하는 차별화는 국내·외의 다양한 사회적경제 기업에서 중요한 경영전략의 방법으로 사용되고 있다. 발달 장애인에게 일자리를 제공하는 '동천모자'는 생산성 저하라는 약점을 극복하기 위해 장애인의 꼼꼼한 성격을 활용하고 디자인 혁신과 극단적인 분업의 원리를 통하여 높은 수준의 공정품질을 유지하는 생산 차별화를 이루었다. 사회적 목표그룹 여성을 고용하여 간병서비스를 제공하는 '다솜이재단'은 공동 간병실을 설치하고 간병사를 탄력적으로 배치하여 24시간을 운영함으로써 간병사의 피로도를 줄이고 간병비용도 절감하면서 간병서비스의 품질과 효율성을 동시에 높일 수 있었다. 빈곤층 아이들에게 저렴한 교육서비스를 제공하는 인도의 '지안살라'는 교사자격증이 있는 교사는 부가가치가 높은 프로그램 개발과 강사교육에 전념하고, 아이들을 가르치는 교사는 고졸 출신 마을 주민이 담당하게 하여 교육비를 절감하면서도 양질의 교육서비스를 제공하는 전략을 통하여 탁월한 교육성과를 이루었다[26]. 지안살라의 자세한 내용은 이어지는 제4절에서 확인할 수 있다.

　이처럼 "제품의 생산, 교육 및 건강 관리와 같이 숙련된 공정과 서비스가 필요할 때 숙련 근로자의 전문적인 부분과 비숙련 근로자가 쉽게 완료할 수 있는 단순화된 작업으로 분해하여 보조 기능화하고 분담함으로써 전체적으로 생산성과 품질 측면에서 개선 또는 혁신적인 성과"를 보려는 패러스킬링(Paraskilling) 관행은 많은 사회적경제 기업의 경영전략으로 사용되고 있다. 즉, 사회적 목표그룹이 생산에 참여하는 경우는 생산품질 문제, 소비에 참여하는 경우는 가격을 저렴하게 제공해야 하는 가격정책의 문제가 있는데 품질을 확보하고 저비용 운영구조를 갖추기 위한 방법으로 패러스킬링 전략과 같이 사회적 요구에 부응하는 차별화 전략이 필요하다[27].

　〈표 8.3〉과 같이 사회적 목표그룹이 소비하는 비즈니스 모델의 경우, 저비용 운용구조를 갖추기 위한 사회적 차별화 전략으로 패러스킬링 이외에도 '소유보다는 사용료 지급방식(Pay per use)', '핵심에 집중(No Frills Service)', '유통망 공유(Shared Channel)'의 방법이 있다. 생산에 참여하여 품질을 높여야 하는 경우에도 패러스킬링 이외에 '생산 전에 판매하기(Contract Production)', '직거래(Deep Procurement)', '상업적 노동수요 연계(Demand-led Training)'의 방법이 있다. 〈표 8.3〉은 이러한 전략의 내용과 사례이다[28].

　이처럼 사회적경제 기업의 '사회적 경영차별화 전략'이란, "이윤의 극대화를 위한 차별화가 아니라 '패러스킬링', '유통망 공유', '상업적 노동수요 연계' 등과 같이 사회적 요구의 대응에서 나오는 실행 방법들을 통칭하여 부르는 말로써, 조직이 지향하는 사회(공동체)(적), 경제적, 환경적인 가치의 기준과 사회적 목표그룹 혹은 지역공동체의 사회적인 요구에 따라서 상업적 기업의 차별화 전략을 사회적경제 기업의 사회적 요구에 맞도록 차용한 전략의 개념"을 의미한다.

〈표 8.3〉 사회적 목표그룹 비즈니스 모델의 사회적 경영차별화 전략

	고객으로서의 저소득층				공급자, 생산자, 근로자로서의 저소득층		
	Pay per use	No Frills Service	Paraskilling	Shared Channel	Contract Production	Deep Procurement	Demand-Led Training
개요	재화(자산)를 구매하는 대신 공동소유 설비의 사용료 지불	특화된 영역의 초저가 서비스 모델	업무 프로세스 리엔지니어링을 통한 저숙련 노동자 활용	기구축된 채널을 활용해 저소득층 접근	특정작물/물품 생산 지원 및 구매보장	소비자와 생산자간 직거래 중개 시스템	제3기관을 통한 근로자 모집·훈련·채용 대행
핵심 편익	저소득층의 현금흐름에 상응하는 소비	규모의 경제실현이 가능한 자산효율성 극대화	고급 인력의 가용성을 향상시키는 서비스 모델	사업자의 자체 채널 구축 노력 경감	구매원가 절감 및 농민소득 향상	중간 유통의 비효율성 및 낭비제거	근로자와 기업 간 원활한 노동력 수급
사업 모델을 구성하는 핵심요소	-사용요금 및 자산 사용에 관한 정책 -설비의 통합방식 -제3자에 의한 서비스 운영 관리	-최소한의 자산 및 서비스 -높은 서비스 생산성(스루풋) -특화된 서비스 -표준화된 서비스 제공절차(프로토콜)	-프로세스 리엔지니어링 -단순화된 업무절차 -저숙련 채용·훈련 인력의 채용·훈련·유지	-기존의 유통 플랫폼 활용 -복수 제품 판매 -사원의 육성 -유통망 참가자에 대한 인센티브 체계 -효과적 제휴 관계	-합리적인 선도 구매 계약조건 -필요 생산요소 및 자원지원 -품질관리 -최종제품의 집하 및 운송	-시장 중개기능 -농민으로부터의 직구매 관계 -품질보증 -최종제품의 집하 기능 -기술적 지원	-시장 중개 기능 -사전에 확정된 근로 수요 -근속 지원 제도 -근로자의 자격보증 제도
기업 사례	-Byrraju Foundation의 정수장 -SunIabob Rural Energy의 태양광 렌탈	-LifeSpring 산부인과	-Gyan Shala School -Aravind Eye Care	-Hindustan Unilever Ltd. 정수필터 -Yeshasvini 보험사	-Calypso Food의 오이생산 -Fabindia의 공예제품	-ITC의 e-Choupal -Nestle Pakistan의 우유 수급	-TeamLease -Guangsha Constructuion

출처: DBR(2011), "비즈니스 모델, 저소득층 시장에서의 혁신? 유통망과 가격장벽 잊지 마라", 77호(3월 Issue 2), 동아비즈니스리뷰.

인도 아라빈드 안과병원이나 지안살라(빈곤층 어린이 교육)는 사회적 목표그룹이 수행하기에 용이하도록 치료 및 교육 시스템을 보조기능화한 일, 참여자가 작업이 쉽도록 표준화 및 분업화하고 사회적 목표그룹에게 저가 제공이 가능하도록 원가를 절감하고 탄력근무 및 공동간병제 등을 통한 일 가능시간과 업무 필요시간 매칭으로 일자리를 축소하지 않고 인건비를 절감하는 일 등이 대표적인 사회적 경영차별화 방안이라고 할 수 있다.

사회적경제 기업 경영전략 수립의 두 번째 조건은 '사회적 과정의 기회비용과 사회적 영향 투자의 선순환 구조'가 마련될 수 있는 전략이어야 한다. 상업적 기업은 전략적 포지션의 선택으로 한 속성이 이득을 얻게 되면 다른 쪽의 속성은 감소하거나 없어지는 선택과 집중의 '트레이드 오프(Trade-offs)'를 중요한 조건으로 생각한다. 즉, 경쟁관계에 있어서의 두 가지가 양립할 수 없는 전략적 포지션에 선택과 집중하면 전략적 포지션을 변경하여 추격해 오거나 양다리 전략을 실시하는 경쟁자들로부터 보호받고 경쟁우위를 이룰 수 있다. 뉴트로지나(Neutrogena) 비누는 대량생산, 저가판매, 슈퍼마켓 유통을 포기하는 대신에 비누의 속성과 품질을 중시하는 생산, 메디컬 마케팅 및 약국 판매를 실시하는 트레이드 오프를 통하여 일련의 시스템을 구축함으로서 경쟁 기업의 진입장

벽을 갖출 수 있었다. 아이보리(Ivory) 비누는 비싸지 않은 일상 비누로서의 기본적인 포지션을 지니고 있었기 때문에 뉴트로지나 비누의 프리미엄 평판과 일치하도록 이미지를 변형하는 데 어려움이 따르고 새로운 이미지를 창출하려는 노력에는 상당한 비용을 초래한다.

하지만 사회적경제 기업의 입장에서 트레이드 오프는 앞서 설명한 자본 중심 경제와 사람 중심 경제의 차이를 통하여 설명된다. 사회적경제 기업은 자본수익을 중심으로 효율성 혹은 수익성에 집중하는 것이 아니라 사람을 중심으로 사회적 과정과 사회적 가치, 그리고 사회적 영향을 달성하려는 의지와 목표가 있다. 따라서 그로 인하여 추가되는 기회비용을 사람과 자본이 사회적경제 기업에게 힘을 쏟아주는 사회적 영향 투자로 치환된다. 따라서 사회적경제 기업은 사회적 과정의 기회비용이 사회적 영향 투자로 치환될 수 있는 원리를 중요하게 고려하고 이를 경영전략의 방법으로 나타날 수 있도록 해야 한다.

사회적경제 기업 경영전략 수립의 세 번째 조건은 '선택한 전략과 조직의 적합성'이다. 사회적경제 기업이 선택한 전략과 조직 활동의 적합성이 높아야 한다. 따라서 구성원들에게 사회적 요구에 부응하는 차별화 전략, 그리고 사회적 가치와 사회적 영향을 위한 각 활동들을 심화시키고 독창성을 높여야 한다. 또한 사회적 목표 고객을 분명히 정하고 그들의 요구를 해결하기 위한 규율과 한계의 설정, 전략에 어울리는 조직 실계 및 구조, 이를 위한 경영층의 의지와 사회적기업가성신, 내·외부 이해관계자와의 의사소통, 아울러 사회적 경영전략에 맞는 조직문화가 필요하다. 사회적경제 기업 사업전략 수립의 3대 조건을 그림으로 나타내면 〈그림 8.17〉과 같다.

〈그림 8.17〉 사회적경제 기업 사업전략 수립의 3대 조건

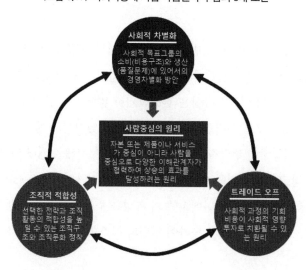

사회적경제 기업 사업전략 수립 방법

　　상업적 기업은 시장과 경쟁자 분석, 자사와 고객 분석 등 외부 및 내부 환경 분석을 토대로 사업전략을 도출한다. 특히 산업의 매력도와 자사경쟁력을 비교 평가하여 전략적인 위치를 파악하고 외부 및 내부 환경의 시사점과 핵심이슈를 도출하여 전략방향의 대안을 찾는다. 산업매력도가 크면서도 사업경쟁력이 강한 위치에 있는 사업의 경우는 지속적인 투자와 경쟁력을 유지해야 한다. 반대로 산업의 매력도와 사업경쟁력이 모두 낮은 쪽에 위치해 있다면 산업매력도의 상승 가능성을 탐지하고 경쟁력을 확보하거나 아니면 시장에서 철수하는 전략적인 시사점을 도출할 수 있을 것이다.

　　그러나 사회적경제 기업은 사회문제 해결방법이 혁신적이면서도 이해관계자 거버넌스가 단단한 사업에 더 투자하고 사회적 영향 창출의 성장 가능성을 높여야 한다. 그리고 해당 사업분야에서 시장과 경쟁자, 자사와 고객 분석보다 더 넓은 범위의 사회적인 환경을 고려해야 한다. 제2절의 '사회적 경영전략 수립 및 실행의 3단계 ASR 모델'에서도 살펴본 것처럼 지역사회 및 정책 환경, 외부 이해관계자 분석, 사회적 목표그룹 및 내부 이해관계자 분석을 통하여 사회적 가치와 비전, 사회적 경영차별화 전략대안을 마련해야 한다. 그리고 전략대안 평가와 선정을 통하여 전사비전을 수립하고 실천할 수 있도록 한다. 경우에 따라서는 비전을 먼저 정한 후 전략대안을 구체화하기도 한다.

〈그림 8.18〉 사회적경제 기업 경영전략 수립의 전체 흐름

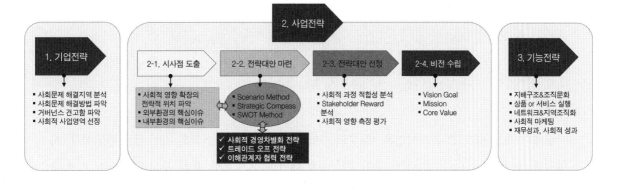

　　〈그림 8.18〉에 보이는 사업전략 대안의 마련 방법 중에서 첫째, 시나리오(Scenario) 방법은 상업적 기업의 경우, 예측 가능한 산업전개의 시나리오 대안별로 산업의 수명주기 자체를 선도하는 전략 혹은 산업의 변화에 유연하게 대처하는 전략 혹은 투자는 유지하되 공격은 피하는 보수적인 전략 중에서 하나의 방법을 택하는 전략이다. 산업전개의 수명주기 예측이 빗나갈 경우엔 위험이 따를 수 있다[29]. 사회적경제 기업도 사회적 영향 창출을 위한 사업 영역의 시나리오 대안별로 사회문

제 해결 및 사회혁신을 선도하는 전략, 기존 혹은 신규 조직과 함께 사회문제 해결을 공동으로 진행하는 전략, 후방에서 다른 조직을 지원하면서 사회문제 해결을 돕는 전략 중에서 선택할 수 있다. 둘째, 전략나침반(Strategic Compass) 기법은 자사의 전략방향에 결정적 영향을 주는 두 가지의 요소를 결정하고 그 위에 자사의 현 위치를 표시하고 나아갈 수 있는 가능한 전략대안을 찾는다(〈그림 8.19〉).

〈그림 8.19〉 사회적경제 기업 사업전략 대안 마련의 전략나침반 기법

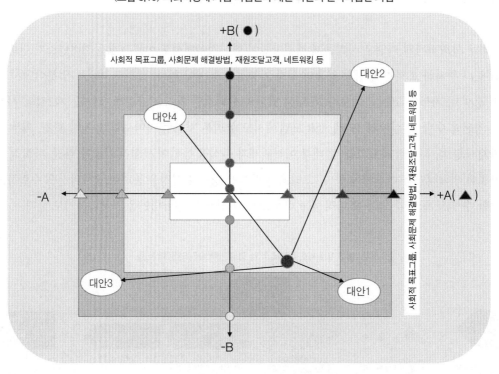

셋째, 스와트(SWOT) 분석기법은 제4장의 사업계획 수립에서도 언급된 적이 있는 방법이다. 사업전략 대안뿐만 아니라 기업전략 대안, 기능전략 대안을 찾기 위한 방법, 부서 및 개인이 비전 혹은 목표를 정하는 일에서도 광범위하게 사용할 수 있다. 스와트 분석은 내부의 강점과 약점, 외부의 기회와 위협을 조합하여 전략대안을 찾는 방법으로 내부환경 분석으로부터 도출된 핵심이슈를 강점(Strengths)과 약점(Weaknesses)으로 분류하고 외부환경 분석으로부터 도출된 핵심이슈를 기회(Opportunities)와 위협(Threats)으로 분류한 다음 네 가지의 그룹, 즉 강점과 기회(SO), 약점과 기회(WO), 강점과 위협(ST), 약점과 위협(WT)의 조합으로 전략대안을 탐색하는 방법이다(〈그림 8.20〉).

〈그림 8.20〉 전략대안 마련의 스와트 분석도구

내부 환경 / 외부 환경	강점(S)	약점(W)
기회(O)	〈SO전략〉	〈WO전략〉
위협(T)	〈ST전략〉	〈WT전략〉

전략대안의 우선순위	주요 전략대안의 추진방안

외부환경은 지역사회, 정책, 외부 이해관계자, 시장과 소비자 환경에 대하여 지역사회 내·외부의 동일한 기업이나 선도 기업과 비교하여 기회와 위협요소를 찾아야 한다. 내부환경은 사회적 목표그룹, 내부 이해관계자, 제품 또는 서비스, 시장 내 경쟁자, 재원조달 고객 환경을 분석한다. 아래의 사례는 각각 '공연예술 (예비)사회적기업', '광역지역 영농공동체 사업단'의 스와트 분석 사례이다[30].

먼저 〈표 8.4〉는 2010년 공연예술 (예비)사회적기업인 그랜드오페라 뮤직쿠키사업단 사업비전과 전략수립을 위한 스와트 분석 사례이다. 분석 당시 공연에 대한 사회 및 문화적인 관심이 증대되고 공연산업의 수요와 공급 증가가 지속되고 있는 점, 아울러 문화관광부와 고용노동부 중심의 정책·제도적인 지원이 커지고 있는 점은 공연산업 분야의 거시적인 환경에 대한 긍정적인 신호로 분석되었다. 하지만 회복되지 못하고 있었던 글로벌 금융위기의 충격과 해소 노력에 따른 여파, 향후 국내 경기의 둔화 가능성은 지속해서 점검되어야 할 숙제이다. 타 산업에 비하여 공연예술 산업의 노동집약도가 높고 노동생산성이 낮은 노동집약적 산업환경도 위협으로 파악되었었다.

<표 8.4> 2010년 (예비)사회적기업, 그랜드오페라 뮤직쿠키사업단 스와트 분석 사례

내부 역량의 강점은 경험과 노하우, 약점은 자본/인재 영입의 한계 에 있으며 시장의 기회는 우호적인 분위기/자원 협력과 조달, 위협은 제작투자비 과 부담/노동생산성 취약에 있음. 따라서 단기적으로 우호적인 이해관계자와의 협력적인 분위기를 기반으로 지속적인 경험과 노하우 축적하여 중장기적으로 대형프로젝트 성공, 수도권 시장으로 확대하는 전략을 취하는 것이 좋겠음

역량분석 시장환경		강점(S) ● 관련 분야의 경험과 노하우 ● 지역내 외부자원 조달, 협력 ● 실무자의 경영 마인드	약점(W) ● 전문 인적자원 영입 어려움 ● 제작비 투자 자본 여력 미흡 ● 문화산업 측면의 지역적 열세
기회(O)	● 문화산업 및 공연 수요 증가 ● 정책 및 제도의 지원 ● 지역내 기업 브랜드 효과	〈SO전략〉 ◆ 현재 바탕으로 어린이, 청소년 공연분야의 지속적인 연구/개발/시행의 노하우 확보	〈WO전략〉 ◆ 다양한 외부자원 동원을 통한 사업 지속과 그 기간 동안 조직 및 개인 역량 최대 신장
위협(T)	● 노동집약적 산업(생산성 취약) ● 제작비 투자의 과 부담 ● 주기적 경제위기와 소비저하	〈ST전략〉 ◆ 인지도 확보 후 대형 프로젝트 기획, 외부자금 조달, 공연성공 도약의 케이스 마련	〈WT전략〉 ◆ 적절한 시점에 핵심업무의 탁월한 전문가 영입, 수도권의 매력적인 시장을 진출

➤ 단기 전략	◆SO(현재와 같이 연구/개발/시행 최선), WO(자원동원을 통한 경영지속과 역량개발)
➤ 장기 전략	◆ST(인지도와 노하우 확보 후 대형 프로젝트 진행), WT(수도권 진출, 핵심인재 영입)

출처: 최중석(2010), "그랜드오페라 뮤직쿠키사업단 사업비전과 전략수립에 관한 보고서", 한국사회적기업진흥원. p.28.

반면, 내부적으로는 청소년과 유아·어린이 분야에서 세분된 공연 콘텐츠 보유로 강점이 있었다. "교육적인 측면과 놀이적인 측면의 조화를 통한 사회적 가치 창출"을 사명으로 27명의 사회적 일자리 사업을 시작한 사업단은 적극적인 홍보의 결실로 부산시교육청, 부산경상대학 및 일반기업의 참여를 이끌어 내고 있었다. 전략대안 마련을 위한 분석내용과 대안은 〈표 8.4〉를 참고하기를 바란다.

〈표 8.5〉는 2010년 전북지역 자활센터 영농사업 유통활성화를 위한 전략수립의 스와트 분석 사례이다. 영농식품은 일반 생활용품과는 달리 상품의 신선도 유지에 어려움 있으며 생산시기가 집중되어 있고 상품의 가치가 하루가 다르게 변한다는 위협이 존재한다. 또한 제품의 모양도 부정형적이며, 섬세함이 요구되고 파손 및 감소의 위험성도 남아 있는 제품이다. 당시 산업분석 결과, 농산물의 유통은 여타 산업에 비하여 현대화가 덜되었으며 유통경로도 복잡하게 형성되어 있었다. 다른 제품에 비하여 상품의 소비 흐름이 농촌에서 생산되어 도시로 흐르는 역방향의 구조로 되어 있었다. 또한 도매시장의 기능이 매우 중요하지만 물류시설이 미흡하며 전문성이 떨어지는 것으로

파악되었다. 따라서 당시 전북지역자활센터의 유통활성화 전략이 성공하기 위해서는 통합된 추진 조직, 물류센터의 합리화, 우호적 유통채널의 확보에 달린 것으로 나타났다. 이를 위하여 중요한 것은 현재 영농사업을 추진하고 있는 전북지역 15개 사업단(센터) 간의 열린 의사소통과 이를 통하여 합의된 통합전략을 마련하고 협력상승의 전략을 일관되게 추진할 필요가 있는 것으로 분석되었다.

〈표 8.5〉 2010년 전북지역 자활센터 영농사업 유통활성화 스와트 분석 사례

전략방향 마련을 위한 SWOT 분석 중에서 시장의 핵심적인 기회는 『친환경 영농시장의 확대』이며 위협은 『브랜드 인지도 부족과 신뢰의 부재』이며 내부의 핵심적인 강점은 『자원동원(인적/금전적) 우위』이며 약점은 『센터간 조직시너지(협력상승) 창출의 부재』임

내 부 환 경 (Capability) 외 부 환 경 (Market)	강점(S) ● 자원동원력(인적/금전적)우위 ● 영농사업단의 역사와 경험	약점(W) ● 생산조건과 환경이 열악함 ● 센터간 전체 전략/시너지 부족
기회 (O) ● 친환경 농산물시장 확대 ● 지역내 우호적 시장형성	〈SO전략〉 ◆ 우호적인 채널을 먼저 확보	〈WO전략〉 ◆ 중앙중심 경영시스템 지원
위협 (T) ● 경쟁업체의 시장 선점 ● 시장내 인지도/신뢰 부족	〈ST전략〉 ◆ 통합 물류센터 구축 및 운영	〈WT전략〉 ◆ 대동단결과 단일브랜드 마련

전략방향의 우선순위	전략실행의 주요방안
WT전략➔ST전략➔WO전략➔SO전략	◆ 광역센터+몇개센터 유통기획➔여타 센터와 의사소통, 협력구조 ◆ 물류센터의 기능 수행+식자재 도매업체 군집한 입지에 개설 ◆ 추진조직 내에 전략적 경영기획과 실행관리가 가능한 인력을 확보 ◆ 지역내 비영리 단체 및 학교 중심의 식자재 보급망 우선 확보

출처: 최중석(2010), "전북지역 자활센터 영농사업 유통활성화 전략보고서", 소상공인진흥원. p.36.

사례연구 31

인도의 아라빈드(Aravind) 안과병원: 대량생산방식의 분업원리를 통하여 안과수술 작업의 표준화 및 분업화를 통하여 빈곤층의 수술은 무료로 제공하면서 세계에서 가장 큰 규모의 사회적 안과병원으로 성장하다[31]!

인도와 같은 개발도상국에서는 인구 증가, 기반시설 부족, 낮은 1인당 국민소득, 인구 고령화, 전염병 및 문맹과 같은 여러 가지 문제로 인해 정부의 힘만으로는 모든 사람의 건강 요구를 충족시킬 수 없다. 그중에서도 실명(失明) 문제는 빠르게 확대되고 있어 인도 의료 체계에서 주요 문제로 남아 있다. 이를 깨달은 고빈다파 벤카타스와미 의사[Dr. Govindappa Venkataswamy(보통, 'Dr. V'로

불림)]는 정부의 노력을 보완하고 자급자족할 수 있는 대체 의료 모델의 확립을 원했으며 1976년 58세의 나이로 은퇴한 후 '고벨 트러스트(GOVEL Trust)'를 설립하고 아라빈드 안과 병원을 개원하였다.

병원 이름인 아라빈드(Aravind)는 20세기 가장 존경받는 인도의 철학자, 유가 수행자, 힌두 수도사, 시인이자 저널리스트였던 '영적지도자 오로빈도(Sri Aurobindo)'의 이름을 따서 명명했다. 4명의 의료진이 근무하는 11개 병상에서 시작한 Dr. V의 아라빈드 병원은 오늘날 세계에서 가장 큰 안과 치료 시설 중 하나로 발전하였다. 아라빈드 병원은 '불필요한 실명을 제거한다'라는 사명을 가지고 합리적인 가격으로 대량의 고품질 의료 서비스를 제공한다. 경제적 지위에 관계없이 모든 환자가 동일한 수준의 치료와 서비스를 받을 수 있도록 환자의 50%가 무료 또는 막대한 보조금으로 서비스를 받고 있다. Dr. V는 2006년 7월 7일 세상을 떠났다.

〈그림 8.21〉 아라빈드 최초 병원(좌, 1976년) 및 UN 국제연구센터장 상 수상(우, 2002)

출처: 아라빈드 홈페이지(2023), https://aravind.org.

아라빈드 모델의 중요한 구성 요소는 규모의 경제의 이점을 가져오는 많은 환자 수이다. 아라빈드 병원의 고유한 조립 라인 접근 방식인 '패러스킬링(paraskilling) 정책'은 생산성을 10배로 높여 주었다. 아라빈드 병원에서는 연간 450만 건 이상의 안과 수술 또는 절차가 수행되어 세계 최대의 안과 진료 제공업체가 되었다. 설립 이후 아라빈드 병원은 6000만 건 이상의 외래 환자 방문을 처리했으며 780만 건 이상의 수술을 수행했다. 이러한 '아라빈드 안과 치료 시스템(Aravind Eye Care System)'은 이제 인도와 전 세계의 모델이 되었다.

아라빈드 병원은 외부 자원에 의존하지 않고 자선병원을 운영하기 때문에 극단적인 비용절감의 도전과제를 안게 된다. 이를 해결하기 위해 아라빈드 병원은 대량생산 방식의 분업원리를 병원 운영에 적용하였다. 부가가치가 높은 의사의 활용도를 높이기 위해 의사는 초기검진, 최종진단, 수술에만 관여하고 나머지 서비스는 모두 저렴한 인건비의 보조 인력이 담당하는 '패러스킬링(paraskilling) 정책'을 실행하였다. 그리고 간호사 4인, 의사 1인이 한 조가 되어 수술 침대 두 개를 두고 번갈아가면서 수술을 계속하는 맥도널드형 수술 시스템도 도입하였다. 그 결과 의사 1인당 수술 건수가 연간 2400건 정도로 일반 인도병원의 6배에 이른다. 또한 개당 100달러(약 11만 4500원) 정도 되는 인공수정체의 비용부담을 줄이기 위해 '오로랩(Aurolab)'를 설립하고 직접 인공수정체 개발 및 생산에 나섰다. 결국, 아라빈드 병원은 개당 2~3달러(약 2000원 대에서 3000원 대) 정도의 저렴한 가격으로 인공 수정체를 확보할 수 있게 되었고, 오로랩은 저가시장을 상대로 비즈니스를 확장하여 현재 세계 3위의 인공 수정체 생산업체로 성장하였다. 이처럼 아라빈드 병원은 운영시스템의 혁신, 인공수정체 자체개발 등의 가치사슬 혁신에 성공하여 자선병원의 경제적 도전과제인 극단적인 비용절감을 실현하고 있다.

아라빈드는 때때로 다양한 조직과 협력하여 외딴 마을에 안과 캠프를 실시한다. 협력조직들은 캠프 비용을 관리하고 환자를 수술 병원 및 재활 센터로 이송하며 아라빈드는 무료로 수술을 수행한다. 아라빈드는 전국에서 수행된 안과 수술 수의 5배, 미국 전체보다 16배 더 많은 안과 수술을 수행한다. 아라빈드는 무료 병동과 유료 병동 사이에서 의사를 순환하는 데 중점을 두어 효율성과 위생에 집중하여 유료 환자와 무료 환자를 위한 수술 간의 차이를 없앴다. 아라빈드의 감염률은 수술 1만 건 중 약 4건으로 국제 표준인 1만 건 중 6건보다 훨씬 낮다.

〈그림 8.22〉 아라빈드 직원 참여활동(좌) 및 코임바토르(중)와 티루넬벨리(우) 안구은행

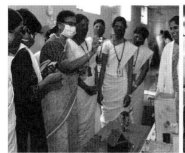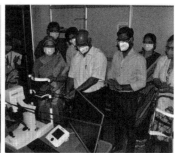

출처: 아라빈드(2021), "AECS(ARAVIND EYE CARE SYSTEM) Annual Reports 202-2021", pp.11-13.

아라빈드는 1992년 국제 라이온스 협회와 협력하여 '라이온스 아라빈드 지역사회 안과 연구소

(LAICO)'를 설립했다. 연구소는 병원 진료 및 운영 관리자와 기타 관리 전문가를 위한 교육을 제공한다. 또한 2018년 아시아와 아프리카 전역에서 섬유, 자동차, 농업 및 금융의 국가 기반시설 구축을 돕는 '챈라이 그룹(Chanrai Group)'과 협력하여 나이지리아에 연간 1만 건의 수술을 수행할 수 있는 아프리카에서 가장 큰 안과 시설을 설립했다. 또한 1998년에는 국제 로타리(Rotary International)와 제휴한 마두라이(Madurai)의 '로타리 아라빈드 국제 안구 은행', 인도 해외 은행(Indian Overseas Bank)과 제휴한 코임바토르(Coimbatore)의 'IOB 안구 은행(1998)'을 설립했다. 2004년과 2005년에는 추가로 국제로타리와 제휴한 티루넬벨리(Tirunelveli)의 '로타리 아라빈드 안구 은행'과 푸듀체리(Puducherry)에 '안구 은행 협회'를 설립하였다. 아라빈드는 '2008년 세계 보건 부문 게이츠 상(Gates Award for Global Health 2008)'과 2010년에는 '콘래드 N. 힐튼 인도주의 상(Conrad N. Hilton Humanitarian Prize 2010)'을 수상했다.

전사적 비전 수립과 조직 내재화

비전(VISION)이란 미래에 대한 상 또는 그림으로, 현재의 조직이 도달하고자 하는 미래의 모습이며 일반적으로는 장기적인 미래의 목표라고 생각할 수 있다. 하지만 짧은 기간에 달성할 수 있는 목표도 역시 비전이라고 할 수 있다. 이러한 비전은 우리 조직에게 계획을 요구하며, 목표에 따른 사명을 부여하게 된다. 따라서 비전을 수립한다는 것은 현재의 조직을 보다 목표 관리적 조직으로, 보다 계획성 있는 조직으로 변화시키는 요인이 된다. 비전 수립의 구체적인 항목은 〈그림 8.23〉과 같이 비전목표(Vision Goal), 사명(Mission), 핵심가치(Core Value)로 정의할 수 있다[32].

〈그림 8.23〉 비전 수립의 요소와 의미

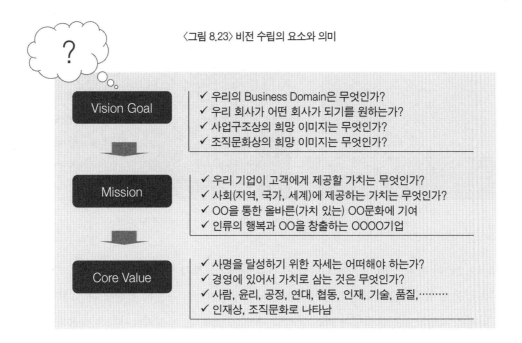

이러한 비전은 사회적 목적에 맞도록 사회적 가치와 사회적 영향을 명확히 하고 앞서 수립된 혹

은 차후 수립될 전략과 일관성을 가지고 있어야 한다. 또한 외부적으로 기업의 사회적 이미지 제고와 내부적으로는 직원 및 이해관계자들에게 동기부여를 일으킬 수 있어야 한다. 비전은 최고경영자의 적극적인 지원과 이해관계자의 참여, 사회적 목표그룹의 니즈 반영, 하위 조직 및 직원의 공유된 이해가 있어야 한다. 그리고 미래지향적이며 창조적이어야 성공할 수 있다. 올바른 비전의 역할은 구성원이 조직에 몰입하게 하고 활력을 불어넣으며 구성원의 삶에 의미를 가져다준다. 또한 사회적경제 기업이 지향하는 사회적 가치 및 사회적 영향의 기준을 제시하며 현재와 미래를 잇는 다리의 구실을 한다.

안성의료사협은 2013년도에 "지역에서 주민들이 뜻을 모아 주민의 힘으로 운영하는 의료사협의 비전"을 '10년 안에 갖고 싶은 3층 건물의 조감도'로 나타냈고 10년 후에는 실제로 비전을 달성할 수 있었다[33].

〈그림 8.24〉 건물의 조감도로 표현된 안성의료사협의 비전 수립과 달성

2013년 건물의 모형으로 나타낸 비전(좌) 및 실제 2021년 신사옥 준공식의 조감도(우)

〈그림 8.24〉의 비전 수립 사례에 나타난 것처럼 지역공동체가 달성할 비전과 사명, 가치를 정하고 이를 공동체 협동조합의 임원뿐만 아니라 공동체 구성원들이 꾸준히 실행해 나간다면 지역공동체의 비전은 시행착오를 줄이면서 빨리 달성할 수 있을 것이다. 안성의료사협은 다음과 같이 사명을 정의하고 있다.

"우리는 조합원이 태어나서 죽기까지(요람에서 무덤까지) 모든 생활이 건강하고 활기차게 이
루어질 수 있도록 힘을 모아 노력한다. 그를 위하여 쾌적하게 상담하고 진료 받을 수 있는 진료
실 여건을 마련하며 건강을 위협하는 모든 것들을 함께 해결해 나가고 행복하게 나이 들어 갈
수 있는 지역공동체를 만들어 간다."

일을 통하여 정신장애인의 회복과 재활을 돕고 사회 속에서 더불어 살아가도록 돕는 사회적경제
기업 마음샘정신재활센터는 지난 25년 이상 지역사회에서 민간, 공공 및 학교(교육과 연구)와 협력
하고 연대하면서 지역공동체 정신을 중요한 방침으로 운영하고 있다. 센터는 지역사회에 기여하고
지역사회는 센터와 협력하는 방식으로 다양한 사업을 진행하고 있다. 지자체와 공공기관이 함께하
는 치유농업 'Care Farm', 전문가와 함께하는 '목공예 작품 제작 및 리싸이클링 전시', 한국장애인고
용공단과 함께하는 '도시양봉 사업', 정신장애인의 노동통합을 돕고 일자리를 창출하는 '건강카페
샘', 정신건강수도 수원시의 역사와 문화를 탐방할 수 있는 '법고창신' 등 다양한 사업을 진행한다.

센터는 조직의 비전과 사명, 추구 가치들을 센터에서 일방적으로 결정하지 않고 주요 이해관계
자 당사자인 정신장애인 및 가족과 함께 토론하고 점검하면서 발전시켜 나가고 있다. 아래의 비전
수립 내용은 2021~2022년 가족교육에서 2개 팀으로 나누어 논의하고 검토하였던 센터와 사업의
비전검토 내용이다[34].

〈1팀〉 "우리의 비전은 절망을 딛고 자신감을 가지고 회복의 길을 가는 과정에서 당사자의 변화
를 통해 가족이 변화되고 지역사회를 변화시킴으로써 행복한 공동체를 이루어 나가는 사회적
경제 공동체를 지향한다.", 이를 위하여 "우리는 1. 연대하고 협력한다. 연대와 협력과정을 통해
관계훈련이 되며 풍성한 시너지 효과가 생긴다. 2. 지지와 존중한다. 정신적 건강의 회복을 위
해 자신감과 자존감을 느끼도록 한다. 3. 일을 통해 성장한다. 일은 사회적 역할을 당사자에게
부여하고, 역할수행을 통해 자신감과 동료관계를 경험한다. 4. 교육을 중시한다. 모든 가치가
계속 이해되고 전승되도록 한다. 5. 지역사회와 함께 성장한다. 우리의 일은 지역사회 풍요와
발전에 기여한다를 주요 경영이념으로 한다."

〈2팀〉 "사회적기업 ㈜마음샘의 비전은 정신장애 당사자와 그 가족이 함께한다. 당사자의 규칙
적인 약물관리와 생활을 통해 자기관리를 하고 훈련 및 교육을 통해 취업을 준비하여 일을 통
한 회복을 지원한다. 정신장애 당사자에 대한 부정적인 인식을 개선하고 단절된 대인관계를 회

복하여 자립해 우리가 살고 있는 지역사회 구성원으로 살아갈 수 있도록 한다. 우리가 추구하는 6대 가치는 1. 적극적 노동참여, 2. 투명한 경영, 3. 사회적 가치 중시, 4. 민주적 운영, 5. 사회변화 적응, 6. 공동체 연대로 한다. 이러한 가치는 당사자와 동료, 지역사회가 '우리'라는 가치를 공유하고, 관계성을 회복하도록 도우며 일을 통한 관계성 회복은 자립생활을 추구하도록 도와준다. 조직은 당사자에 대한 적극적 지지와 함께 당사자와 의견을 공유하고 함께 신제품 개발, 사회적경제 정책, 정신건강교육, 사회적 경제의 이해, 윤리 및 철학 등 인문학을 배운다."

사회적 요구에 부응하는 생산 차별화

제5장에서도 살펴보았듯이 일을 통한 사회적 목표그룹의 노동통합 및 사회통합을 돕는 스웨덴의 사회적경제 기업 바스타는 6가지 이념적 초석을 중요한 가치로 두고 있다. 그중에서 두 번째는 "프로세스의 모든 측면에서의 품질인식"이 있었는데 이는 바스타가, 고객이 상품과 서비스가 저렴하거나 고용된 사람들에 대한 동정심 때문에 구매하는 것이 아니며 고객에게 판매되는 상품과 서비스의 품질을 중요하게 생각한다는 뜻이다. 제13장에서 언급하고 있는 영국의 사회적경제 기업 HCT(Hackney Community Transport) 그룹은 지역공동체의 소외된 이들을 위한 운송 분야 사회적경제 기업이다. 최고경영자 다이파월은 "HCT 그룹은 높은 수준의 접근성과 품질을 가진 계약에 대해서만 경쟁하면서 고품질 공공 서비스를 목표로 삼고 모든 서비스의 설계 및 제공에 대하여 사용자의 의견을 적극적으로 반영하고 있다. 또한 우리는 빈곤층을 위해 빈약한 서비스를 제공하지 않는다. 좋은 품질이 그곳에 있어야 한다"라고 강조한다.

이러한 사례는 사회적경제 기업이 제공하는 제품 혹은 서비스가 '빈곤층이 소비하기 때문에 가격이 저렴'해서 또는 '고용된 사람들에 대한 동정심'을 이유로 품질 수준까지 낮아서는 안 된다는 교훈을 주고 있다. 앞에서도 이야기한 것처럼 사회적경제 기업은 사회적 가치를 창출하면서 조직 운영으로 소요되는 비용을 시장매출 혹은 사회적인 펀딩을 통하여 조달해야 한다. 아울러 장애인 등 사회적 목표그룹의 고용으로 인해 나타나는 생산성의 저하를 극복하면서 사회문제를 해결하여 사회적 가치를 창출하려면 사회적 요구에 부응하는 차별화 전략을 확보해야 한다.

한국의 사회적경제 기업인 위캔센터는 약 60명의 직원들이 근무한다. 위캔센터는 지적 발달 장애인들에게 일자리를 제공하는 것을 목적으로 하는 사회적경제 기업이면서 장애인 직업재활시설이기도 하다. 취업이 어려운 중증 장애인에게 직업훈련을 통해 취업하여 일할 수 있도록 지원하는 생산적 복지 서비스를 제공하는 곳이다. 그런 의미에서 일반적인 직업학교는 공통된 직업훈련교재를 통해 같은 교육 커리큘럼과 과정으로 교육을 한다. 장애인 중에서도 위캔센터에 근무하는 지적장애인과 자폐성 장애인들은 교육과 훈련이 어려운 것이 사실이다.

위캔센터는 쿠키를 생산하는 과정을 교육하고 훈련한다. 쿠키를 만드는 다양한 방법이 존재하는데 이는 쿠키를 만드는 회사마다 모두 같을 수는 없을 것이다. 그래서 위캔센터는 위캔만의 직업훈련 매뉴얼이 필요하다고 생각했고 위캔센터에 취업을 원하는 중중 장애인의 상담에서부터 면접, 그리고 현장에서의 평가, 고용 과정, 고용 후 직업인으로서의 성장을 위해 근로장애인 한 명 한 명의 사례를 관리하고 개입한다. 그리고 직업인으로 사는 삶을 지속해서 이어나가기 위한 과정에 필요한 여러 사항을 매뉴얼로 만들어 활용하고 있다. 이 매뉴얼 안에 근로장애인들이 해야 할 직무를 세분화하고 직무훈련을 위해 개별 근로장애인에게 맞는 훈련계획을 수립하고 훈련을 지도한다. 또 이를 중간 중간에 평가하여 부족한 직무능력을 보완하기 위해 훈련계획을 수정한다.

2019년부터 위캔센터 근로인을 모집하는 방식에도 변화를 주었다. 2018년 지역사회 내 특수학교, 특수학급에 재학 중인 발달장애인들을 대상으로 하는 위캔센터 체험 프로그램을 만들었다. 이 프로그램을 통해서 위캔센터를 홍보하고 또 고용으로 이어질 수 있도록 하였다. 이렇듯 고용환경에 변화를 주고자 2019년 위캔스쿨 1기가 여름방학 기간을 이용하여 3주 체험 및 교육 프로그램으로 진행하였다. 이후 평가를 거쳐 다수의 실습생을 선발하여 3개월 수습 기간을 거쳐 5명의 신규 직원을 고용하였다. 또한 좀 더 나은 교육 환경을 제공하고 발달장애인에게 최고의 경험을 제공하기 위해 여러 기업에게 협력을 제안하였다. 2020년부터 SK이노베이션의 후원으로 매년 20명의 발달장애인에게 위캔센터 체험과 함께 졸업 이후 위캔센터의 근로장애인으로 취업할 수 있는 기회를 줄 수 있게 되었다. 위캔센터는 더 많은 근로장애인들과 함께할 수 있는 환경이 만들어진 것이다.

위캔센터의 구성원들은 말한다. "위캔쿠키의 역사가 20년이 됐는데요, 소비자들에게 명품 쿠키, 건강 쿠키라는 브랜드 가치, 사회적 경제와 소비 관점에서 위캔쿠키의 성공 요인은 두 가지라고 생각합니다. 그것은 중중 장애인도 '할 수 있다.'는 외침과 도전에 우리사회가 그 시작을 응원하며 지켜봐 주었고 또 관심과 구매로 착한소비를 직접 실천해 주셨던 분들이 계셨기에 오늘의 위캔으로 성장할 수 있었다고 생각합니다. 무엇보다도 국내산의 선별된 재료와 유기농 재료들, 지난 20년간 쿠키를 만들어오며 값싼 재료의 유혹을 뿌리치고 우리는 정직한 재료와 정직한 방법으로 소비자들에게 변함없는 재료와 맛으로서 승부를 보겠다는 초심을 지금까지 지켜왔고, 또한 보내온 시간만큼이나 위캔쿠키를 구매하시는 고객분들에게 깊고 진한 우정과 같은 신뢰가 만들어졌다고 생각됩니다."

위캔을 통하여 우리는 개별 취업이 취약한 장애인들을 위한 세분된 직무분석, 과제분석을 통하여 적합한 업무를 수행할 수 있도록 하는 체계적인 재활서비스 시스템의 개발과 훈련 매뉴얼의 중요성을 배울 수 있다. 또한 지역의 장애인 고용문제를 해결하기 위하여 각 단체 및 관련 기관과 연계 협력하면 좋은 사회적 성과를 이룰 수 있다는 인식개선의 성과도 배울 수 있다. 수익을 높이기 위한 대기업과 과감한 연계 협력, 앞서가는 온라인 마케팅, 꾸준한 품질 향상을 위한 지역 유기농재료의 사용, 소비자 신뢰 마케팅도 20여 년간 고객의 꾸준한 사랑을 받는 위캔만의 사회혁신 성과라고 할 수 있다[35].

앞으로 사회적경제 기업의 비즈니스 모델은 점점 더 사회혁신의 방법의 추진이 요구될 것이다. 사회적 목표그룹이 생산에 참여하는 사회적경제 기업은 지속 가능한 제품 생산 공정 및 기술 시스템의 혁신구축이라는 숙제를 풀어야 한다. 즉, 사회적 목표그룹이 참여하는 생산과정에서 발생하는 공정의 어려움이나 복잡함, 기술지원 시스템의 부재 등을 해결함과 동시에 다양한 이해관계자가 협력하면서 시장에서의 유통도 활성화해야 한다. 혁신과 협동의 역량을 효과적으로 활용하여 시상규모가 작고 수익성이 낮은 영역에서 기존 기술을 새로운 방식으로 결합하는 차별화로 사회적 가치와 영향을 창출해 나가야 한다.

사회적 요구에 부응하는 서비스 차별화

사회문제 해결의 중요한 방법으로 사회서비스를 전달하고 사회적 가치와 영향을 창출하는 사회적경제 기업이 많다. 서비스의 전달에 있어서 서비스품질(Service Quality)은 중요한 문제이다. 서비스품질은 〈그림 8.25〉에 나타난 바와 같이 "사회적경제 기업이 제공하는 서비스에 대한 고객들의 기대와 실제로 제공한 서비스에 대해 고객들이 지각한 것과의 차이(기대-인식)"로 평가되며 "기업 이미지, 고객 니즈, 정보, 경험, 개인적 욕구 등에 의하여 서비스 기업이 제공할 것이라고 기대한 서비스와 제공받은 서비스에 대해 인지한 서비스를 비교한 것"이라고 정의할 수 있다[36].

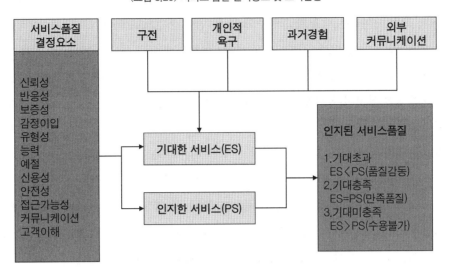

〈그림 8.25〉 서비스 품질 인지경로 및 고객반응

무형적이면서 확인하기 어려운 서비스품질의 결정요인을 찾고 평가하는 서비스품질의 중요한 요소는 〈그림 8.26〉과 같이 약 5가지 차원으로 정리할 수 있다[37]. 서비스품질 평가는 고객이 기대한 서비스와 인지한 서비스와의 차이(갭)에 의하여 서비스품질을 측정한다. 이것은 서비스품질과 관련된 개념과 측정방법을 제시하고 있어서 사회적경제 기업과 기관의 서비스품질 관리에 많은 도움을 준다.

〈그림 8.26〉 서비스품질 결정의 5가지 차원

요 소	내 용
유형성	물리적 시설, 장비, 종업원 복장 등
신뢰성	서비스를 정확히 신속하게 제공하는 의지
반응성	사용자를 기꺼이 돕고 즉각적인 서비스를 제공하는 의지
확신성	사용자에 대한 호의와 지식, 신뢰하는 정도
공감성	사용자에게 제공하는 서비스의 특별한 관심과 개별적인 배려

인도는 학교에서의 보편적인 교육을 보장하기 위한 목표를 향해 조금씩 다가가고 있지만 약 절반의 어린이가 5학년을 마치기 전에 학교를 중퇴한다. 다양한 연구에 따르면 4~5학년 어린이의 상

당수는 모국어로 된 간단한 단락조차 이해하여 읽지 못하거나 두 자리 숫자의 간단한 산술 연산도 하지 못한다. 그런 아이들은 학교를 그만두고 몇 년 안에 문맹으로 돌아가고 있다. 이러한 추세라면 인도 성인의 약 절반이 2025~2030년에도 문맹 상태로 남을 수 있다. 따라서 인도의 문해력 및 초등 교육의 보편화는 '교육의 질을 높이고', '아동당 단위 비용을 줄이기 위해' 현재의 초등 교육 시스템 변화가 필요한 상황이다. 지안살라(Gyan Shala)는 이러한 변화에 기여하는 것을 목표로 경영하는 사회적경제 기업이다. 지안살라는 시장 기반 솔루션과 국가 자금을 결합하여 특히 가난한 가정의 어린이를 위한 공공 교육 목표를 달성할 수 있는 기본 교육 전달 시스템 구조를 변화시키는 데 공헌하고 있다. 이를 위하여 민관 협력을 촉진하고 협력하여 교육의 질 격차를 해소하고 있다. 그뿐만 아니라 사회 개발 지표에서 인도의 순위를 높이는 데도 공헌하는 가장 효과적인 NGO 프로그램 운영기업을 비전으로 하고 있다. 지안살라의 핵심목표는 아이들의 95%에 해당하는 저소득 농촌 및 도시 빈곤 가정의 아이들에게 도시의 상위 소득 계층이 이용할 수 있는 것과 동등한 수준의 양질의 기초 학교 교육을 제공하기 위해 복제할 수 있고 확장 가능한 모델을 설정하는 것이다.

지안살라는 2000년 아메다바드에서 10개 학년 수업을 시작하여 2015~2016년에 약 1270개의 1~10학년 학급을 보유하였다. 이를 통하여 4개 주의 9개 도시 빈민가에 있는 약 3만 5000명의 어린이를 대상으로 수업을 진행하였다. 다양한 교육 전문가와 세계의 모범 사례를 배웠으며 학교조직을 교사, 현장 감독자 및 디자이너 겸 관리자 약 1200명으로 구성된 팀으로 조직하고 있다. 지안살라의 수업은 빈민가에서 진행되지만 전체 수업, 소그룹 활동, 일일 워크북을 통하여 자가학습과 같은 최고성과를 나타내고 있다. 앞서도 살펴보았지만 지안살라는 "교육에 있어서 요구되는 숙련가의 학습전달 능력을 비숙련 근로자도 쉽게 수행할 수 있도록 단순화된 작업으로 분해"하는 패러스킬링 교육시스템 모델을 적용하여 상당한 성과를 낳고 있다. 2008년 지안살라의 연례 보고서에 따르면 이곳 학생들은 거의 모든 범주에서 공립학교 학생들을 능가하고 있다. 지안살라 학생들은 특히 언어와 수학 성적에서 일반 공립학교를 압도하는 학업 성취도를 보인다.

교육의 질과 비용이라는 두 마리 토끼를 한꺼번에 잡은 비결은 수업방식을 혁신적으로 진행하는 이러한 패러스킬링 기법을 적용했기 때문이다. 전통적인 학교 시스템의 교장과 교사 계층을 디자인 관리팀, 선임 교사와 주니어 교사의 세 가지 새로운 역할로 분할하고 관리팀이 광범위한 학습 보조 도구와 수업 계획을 표준화된 커리큘럼으로 설계하도록 하였다. 그리고 2단계로 구성된 교수진을 이용해 수업을 진행한다. 시니어 교수진은 교수방법을 설계하고 교재와 교육 보조도구를 만든다. 학업 성취에 대한 감독도 수행한다. 하지만 교실에서 실제 수업을 진행하는 교사들은 주니어 교사이다. 고등학교 교육을 받은 주니어 교사가 지도하고, 시니어 교사가 주니어 교사와 수업을 모니터링한다.

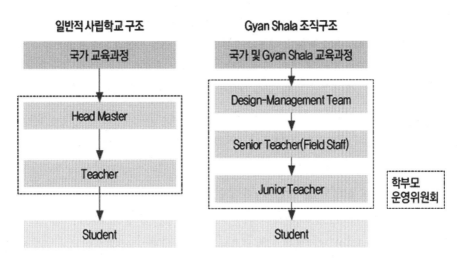

〈그림 8.27〉 지안살라 조직구조

DBR(2011), "비즈니스 모델, 저소득층 시장에서의 혁신? 유통망과 가격장벽 잊지 마라", 77호(3월 Issue 2), 동아비즈니스리뷰.

주니어 교사는 고등학교를 졸업했지만, 정식교사 교육을 받지 못한 마을 주민이다. 이들은 2주간 집중적인 교육과 매월 교사 교육훈련을 받으면서 수업에 투입된다. 이런 사업모델을 통해 지안살라는 사립학교 대비 30% 정도의 비용 구조로 운영할 수 있게 되었다. 수업은 일반적으로 빈민가와 가까운 원룸 건물에 위치하여 도움이 필요한 지역사회가 더 쉽게 접근할 수 있도록 했다. 주니어 교사는 지역에서 모집하기 때문에 학생 및 가족과 긴밀한 유대 관계를 맺고 있으며 책임감을 갖고 지역사회에 대한 자부심을 가지고 일한다. 주니어 교사의 능력이 향상되면 상급 교사가 될 수 있는 기회가 주어진다. 지안살라 학교모델의 또 다른 장점은 확장성이다. 교재 및 교수법, 학과 과정을 표준화시켜 다른 지역에도 쉽게 복제할 수 있다. 즉 학교가 늘어날수록 규모의 경제효과로 더 많은 수익을 창출할 수 있게 된다.

대부분의 이런 패러스킬링은 노동 비용을 최소화하는 데 중점을 둔다. 이에 따라 열악한 직원과 수준 이하의 교육프로그램이 운영됨으로써 실패로 이어진다. 하지만 지안살라는, 지역사회와 함께 하면서 구성원의 성장을 돕고, 지속 가능한 교육시스템을 유지하는 것이 모두를 위한 진정한 사회적 가치의 동인이라 생각한다. 결국, 사회적 요구에 부응하여 서비스 공정을 작게 분업화하고 쉽게 수행할 수 있도록 하는 패러스킬링 전략은 실제로 지역사회에 대한 투자와 다름 아니며 지역공동체의 요구 사항을 더 잘 충족할 수 있도록 해 준다[38].

사례연구 32

한국의 점프(JUMP): 사회적 요구에 부응하는 불평등 해소의 플랫폼 전략을 통하여 사회인 및 대학생이 함께하고 지역사회의 저소득층 및 다문화 가정 청소년을 위한 배움과 나눔을 실천하다[39]!

점프는 다양한 배경을 가진 청소년의 교육기회를 확대하고, 미래 포용인재를 양성하여 나눔과 다양성의 가치를 실현하는 비영리 사회적경제 교육 기업이다. 점프는 2011년 5월 고용노동부 청년 사회적기업가 육성사업에 선정되면서부터 시작되었으며 2011년 8월에 점프 1기 교사 선발 및 활동을 시작하였다. 2012년 1월에는 비영리단체로 등록하여 현재의 사단법인 점프가 되었다. 현장중심의 다자간 협력모델을 통해 교육, 청년, 기회격차 등 우리사회가 가지고 있는 다양한 문제를 측정가능하고 지속 가능한 방식으로 해결하기 위한 다양한 사업을 진행하고 있다. 점프는 수요자 중심, 현장 중심, 협업, 참여자와 생태계의 성장이라는 원칙을 지키기 위해 고민하고 행동하면서 〈그림 8.28〉과 같이 '삼각멘토링(기본형)', '청년-지역연계(지역 확산형)', '글로벌(해외 확산형)'의 3가지 유형으로 나누어 사업을 진행한다.

〈그림 8.28〉 점프의 3가지 사업유형

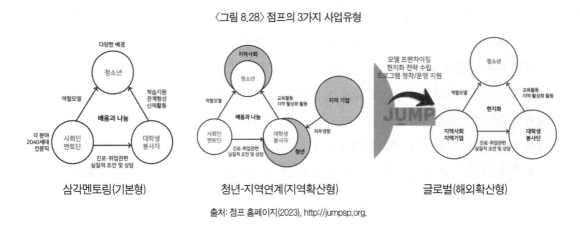

삼각멘토링(기본형)   청년-지역연계(지역확산형)   글로벌(해외확산형)

출처: 점프 홈페이지(2023), http://jumpsp.org.

삼각멘토링 모델은 교육 현장의 청소년과 대학생 봉사자 모두가 성장하고, 교육복지 생태계와 현장에 직간접적인 도움이 되는 솔루션에 대한 고민으로 시작되었다. 청년-지역연계 모델은 청년이 떠난 읍면단위 지역에 청년이 돌아와 머물며 아이들과 삶의 중요한 순간순간을 함께 경험하고, 지역의 교육복지 생태계와 좀 더 넓게는 지역사회와 함께 성장하기 위한 모델이다. 글로벌 모델은 아시아와 아프리카에서 그리고 북한을 향해 우리와 같은 고민을 하고 같은 미션을 공유하는 많은 개인, 파트너들과의 협력을 계속 넓혀 나가는 모델이다. 이렇게 공정한 기회를 나누고 이웃과 함께 하는 인재를 키우는 것은 전 지구적 고민이고 해결할 수 있는 문제이기 때문이다. 점프의 사례는 〈표 8.6〉과 같이 이해관계자들을 플랫폼에 모아 네트워크 효과를 창출하고 새로운 기업 생태계를 구축한 성공적인 플랫폼 전략의 사업이다.

〈표 8.6〉 점프의 플랫폼 참여자 및 역할

구분	주제	역할
사업자 (Owner)	점프	- 플랫폼 구축 및 운영 - 사회인 멘토링 프로그램 운영
공급자 (Provider)	대학교 (예)고려대, 이화여대 등	- 점프와 생산자, 소비자의 연결 고리 - 대학생 선생님(장학샘)을 선발해서 공급
생산자 (Producer)	지역교육기관 (예)지역아동센터 등	- 소비자인 취약계층 청소년과 장학샘이 모이는 곳, 사회적 서비스를 생산하여 소비자에게 제공함
소비자 (User)	취약 계층 청소년, 장학샘, 사회인 멘토	- 장학샘은 취약계층 청소년에게 학습지도와 멘토링을 제공하고, 사회인 멘토로부터 멘토링을 받음
공공기관	정부기관 (예)서울장학재단, 성북구청 등	- 지역교육기관과 점프에 행정적인 지원 - 기존 사회 서비스를 점프 사업과 연계
후원기업	CSR 활동 기업 (예)현대차그룹, 구글 등	- CSR 활동의 하나로 점프를 지원 - 기존 CSR 사업과 점프 사업과의 연계

출처: 박재홍(2017), "소셜벤처 창업초기에 플랫폼 전략의 도입과 영향에 관한 연구-점프의 사례를 중심으로", 벤처창업연구, 12(4), p.139.

점프의 기본모델은 대학생 선생님(장학샘)과 취약계층 청소년, 그리고 장학샘에게 멘토링을 제공하는 사회인 멘토단의 3개 그룹으로 구성되어 있다. 이들이 활동하는 분야는 첫째로 장학샘이 지역아동센터 및 사회복지관 등 교육을 운영하고 있는 지역의 사회복지시설에서 청소년들에게 일주일에 12시간의 학습과 멘토링을 제공하는 것과 둘째, 사회인 멘토가 장학샘과 매 분기 1회 이상 만나서 진로 등 다양한 주제에 대해 멘토링을 제공하는 것으로 진행된다. 아울러, 장학샘과 청소년들에게는 인문학 및 리더십 교육, 문화예술 및 자연학습 체험 등의 다양한 프로그램을 제공하여 이들이 이웃, 사회, 공동체에 대한 폭넓은 시야를 갖도록 도와준다. 이러한 비즈니스 모델을 통하여 장학샘과 취약계층 청소년들 모두에게 포용력을 갖춘 사회통합형 리더와 책임감 있는 사회구성원으로 성장하도록 하는 것이 점프의 목표이다.

점프는 현대자동차그룹, 서울장학재단, 경북대학교와 함께 2013년부터 서울 및 대구 지역에서 소외계층 청소년에게 양질의 교육지원으로 교육격차 해소 및 사회적 통합에 기여하고 리더십, 봉사정신, 글로벌 감각을 갖춘 대학생 창의인재를 사회 통합적 리더로 양성하기 위한 '에이치 점프 스쿨(H-JUMP SCHOOL)'을 진행하고 있다. 이 프로그램은 2018년까지 대학생 교사 약 500명, 수혜 청소년 약 2000명이 참가하였다. 또한 네이버, 사단법인 씨즈, 우리함께, 소금버스와 함께 단원고 세월호 희생 학생 동생의 학습 및 정서지원, 멘토링 방식을 통한 동기 부여, 안산 지역 공동체의 회복 및 궁극적으로 지역사회의 치유와 안정을 위한 프로그램을 진행하였으며 서울시립대학교, 성동구청과 함께 2016년부터 2021년까지 '성동구와 함께하는 시대나눔학교'를 진행하였다. 이 프로그램으로 2016년에는 대학생 30명, 청소년 120명이 참가하였고 2017년에는 대학생 40명, 청소년 약 160명이 참가하였다. 이외에도 서울시립대와 함께하는 서울도시공사 비전스쿨, 알럼나이의 점프 글로벌 확산 프로젝트, 전문직 사회인 멘토단의 멘토링 사업 등을 통하여 국내외에서 다양한 사회적 영향을 창출하였다.

〈그림 8.29〉 구글 임팩트 챌린지 TOP10 수상(좌)과 사회성과 인센티브 SPC상 수상(우)

출처: 점프 홈페이지(2023), http://jumpsp.org.

점프가 지속 가능한 성장모델로 자리 잡을 수 있었던 것은 청소년들에게는 청년과 대학생을, 청년과 대학생에게는 사회멘토인을 연결함으로써, 단계적으로 역할모델을 제시하여 참여 주체가 지속적으로 성장할 수 있는 '체인 성장(Chain-growth)' 모델이라는 점, 그리고 사회의 다양한 주체를 연결하여 참여한 모든 주체가 성장하는 '함께 성장(Co-growth)' 모델이기 때문이다. 점프의 사회적 성과는 참여자들의 성장과 변화로부터 시작한다. 먼저 청소년은 사교육비 절감, 성적향상, 정서적 건강과 역할모델 갖기, 진로결정에 영향을 주고 청년·대학생은 자존감, 성취감, 장학금, 역량강화, 균형잡힌 인재가 되는데 영향을 준다. 지역교육기관은 강사비 비용절감, 지속 가능한 운영, 안정적 프로그램에 영향을 주고 사회인 멘토는 사회 공헌과 기여, 동기부여, 내적성장, 네트워크 확장에 영향을 준다. 지역사회는 세대간 소통, 지역경제와 문화 활성화, 건강한 지역공동체 문화형성에 도움을 준다. 2021년 12월 누적 기준으로 참여한 청소년은 1만 3003명이며 봉사자는 3799명, 학습센터는 827개, 학습 및 신체활동 시간은 288만 3638시간에 이른다. 사교육비 절감비용은 450억 7000만 원, 대학생 진로교육 절감비용은 95억 2927만 5000원, 지역아동센터 강사채용 대체효과는 73억 2511만 9900원에 이른다.

〈그림 8.29〉와 같이 2016년에는 점프의 비즈니스 모델이 인정받아 사회를 긍정적으로 바꾸는 혁신 단체들을 선정하는 프로그램, '구글 임팩트 챌린지(Google Impact Challenge)'에서 TOP10을 수상하였으며, 또한 사회적경제 기업의 사회적 성과와 영향을 화폐단위로 환산하여 측정하고 이를 인센티브형식으로 보상해주는 사회성과 인센티브(SPC, Social Progress Credit) 프로그램에 참여하고 2019년 '사회성과 인센티브 어워드'에서 2년차 인센티브 수상한 기업 중 사회성과 성장률 최상위 기업으로 선정되어 '임팩트(IMPACT) SPC상'을 수상하였다.

사례연구 29 스페인의 라 파제다(La Fageda)는 심리 사회적 장애를 가진 사람들의 노동통합을 통하여 사회적 포용을 실천하고, 전문가와 함께 상업화 체인에 성공하여 시장에서 경쟁하고 도시농업 최고의 품질을 제공하는 조직이다. ① 먼저 이 조직에 대하여 좀 더 자세히 설명하라. 그리고 ② 우리나라의 노동통합형 사회적경제 기업이 배울 점은 무엇이 있는지 각자의 의견을 제시하고 토론해 보자.

사례연구 30 독일의 다이알로그 소셜 엔터프라이즈(Dialogue Social Enterprise)와 오티콘(Auticon), 디스커버링 핸즈(Discovering hands)는 시각장애, 자폐성장애를 가진 사회적 목표그룹의 탁월한 전문성 및 민감성을 가치 있는 자산이자 독특한 능력으로 밝히고 기업의 소중한 인적자원으로 일하는 사회적경제 기업들이다 ① 먼저 각 기업에 대해 좀 더 자세히 설명하라. 그리고 ② 우리나라에서 이러한 사례를 도입하여 사회적경제 기업을 설립할 수 있는 아이디어에 대하여 각자의 의견을 제시하고 방법론에 대해서도 토론해 보자.

사례연구 31 인도의 아라빈드(Aravind) 안과병원은 대량생산방식의 분업원리를 통하여 안과수술 작업의 표준화 및 분업화를 통하여 빈곤층의 수술은 무료로 제공하면서 세계에서 가장 큰 규모의 사회적 안과병원으로 성장하였다. ① 먼저 이 병원의 사례를 좀 더 자세히 설명하라. 그리고 ② 우리나라의 사회적경제 기업이 아라빈드의 사회적 경영차별화 전략에서 배울 점은 무엇이 있는지 각자의 의견을 제시하고 토론해 보자.

사례연구 32 한국의 점프(JUMP)는 사회적 요구에 부응하는 불평등 해소의 플랫폼 전략을 통하여 사회인 및 대학생이 함께하고 지역사회의 저소득층 및 다문화 가정 청소년을 위한 배움과 나눔을 실천하고 있다. ① 먼저 점프의 사례를 좀 더 자세히 설명하라. 그리고 ② 우리나라 청소년 및 청년의 욕구와 필요를 해결할 목적이 있는 사회적경제 기업이 점프의 플랫폼 전략에서 배울 점은 무엇이 있는지 각자의 의견을 제시하고 토론해 보자.

제8장의 참고문헌(Reference)

1 Porter, M.E.(1998), "Competitive advantage; Creating and sustaining superior performance(with a new introduction)", Free Press.

2 한국은행(2021), "2020년 기업경영분석", http://bok.or.kr.; 최중석(2015), "개정2판 비즈니스 경영전략", 도서출판 두남.; 장영광·송치승(2017), "제5판 경영분석", 무역경영사.; 백태영(2018), "관리회계", 신영사.; 이민주(2015), "숫자의 진짜 의미를 읽어내는 재무제표 분석법", 이레미디어.; 이승규·라준영(2010), "사회적기업의 사회경제적 가치 측정: 사회투자수익률(SROI)", 벤처경영연구, 13(3), 41-56.; 이지웅·김성균·김길환(2016), "전문가 대상 설문조사를 통한 우리나라 적정 사회적 할인율 추정", 에너지경제연구, 15(1), 207-237.

3 Porter, M.E.(1998), "Competitive strategy; techniques for analyzing industries and competitors(with a new introduction)", Free Press; Rothaermel. F.T.(2017), "Strategic management, 3e", McGraw-Hill Education.; 최중석(2015), "비즈니스 경영전략", 도서출판 두남.

4 NASW(National Association of Social Workers: 미국사회복지사협회)·김만두·김용일·박종삼(2011), "사회복지대백과사전", 나눔의집.

5 Chambers, D. E., Wedel, K. R., and Rodwell, M. K.(1992), "Evaluating social programs", Allyn & Bacon.

6 Henry W. Chesbrough(2003), "The Era of Open Innovation", MITSloan Management Review, 44(3), 34-42.

7 BEPA(2011), "Empowering people, driving change", Social Innovation in the European Union.

8 Robin Murray, Julie Caulier-Grice, and Geoff Mulgan(2010), "The Open Book of Social Innovation", NESTA and Young Foundation.

9 CSTP(Committee for Scientific and Technological Policy)(2011), "Fostering Innovation to Address Social Challenges", OECD.

10 TEPSIE(2014), "Social innovation theory and research: a guide for researchers".

11 James A. Phills Jr., Kriss Deiglmeier, and Dale T. Miller(2008), "Rediscovering Social Innovation", Stanford Social Innovation Review, Fall, 34-43.

12 Gillwald, Katrin(2000), "Konzepte sozialer Innovation", WZB Discussion Paper: Neumeier S.(2012), "Why do Social Innovations in Rural Development Matter and Should They be Considered More Seriously in Rural Development Research? - Proposal for a Stronger Focus on Social Innovations" in Rural Development Research, Sociologia Ruralis, 52(1), 48-69.에서 재인용.

13 Cynthia Gair(2009), "SROI Act II: A Call to Action for Next Generation SROI", REDF.

14 Martínez del Arco, Miguel Angel, Sabín Galán, Fernando, Álvaro Moreno, Ana, Adrián Gallero Moreiras, Adrián, and Salsón Martín, Sandra(2019). "La Economía Social y Solidaria: Balance provisional y perspectivas para España.", Social and Solidary Economy(Provisional balance and perspectives for Spain).; Zoom Económico(2019), "Retrieved from", https://fundacionalternativas.org,: Pereira Morais, Leandro(2007), "La economía social en España: Qué es y comoestá conformada?", Social economy in Spain(what is it and how is it conformed?).; Cayapa(2007), "Revista Venezolana de Economía Social", 7(14), 75-92.; Segarra, José Antonio(2011), "La Fageda: otra empresa es posible(La Fageda: Another business is posible)", Universia Business Review, 2011(2), 110-119.; 고영(2013), "젖소 돌보며 정신병 치료 라파제다 목장의 기적", 고영의 Job Revolutionist(직업으로 세상을 바꾼 사람) 스토리, 주간동아.

15 Frank T. Rothaermel(2013), "Strategic Management, Concept and Case", McGraw-Hill Irwin.

16 Miles, R. C. and C. C. Snow(1978), "Organizational strategy, structure, and process", McGraw-Hill.

17 지소철(2005), "세상에서 가장 강력하고 간결한 사업계획서", 이코북(원저자: 엘턴 셔윈).

18 Jones, Gareth R. and Hill, Charles W. L.(1988), "TRANSACTION COST ANALYSIS OF STRATEGY STRUCTURE CHOICE", Strategic Management Journal, Mar/Apr.

19 H. Igor Ansoff(1956), "Strategies for Diversification", Harvard Business Review, 35(5), 113-124.

20 Bruce D. Henderson(1970), "The Product Portfolio", BCG's publication Perspectives.

21 다이알로그 소셜 엔터프라이즈 홈페이지(2023), https://dialogue-se.com.; 디스커버링 핸즈 홈페이지(2023), http://discovering-hands.de. ; 오티콘 홈페이지(2023), http://auticon.com.; Dialogue Social Enterprise(2021), "2021 ANNUAL RESULTS".; DISCOVERING HANDS(2015-16), "JAHRESBERICHT(연례보고서) 2015-16", Auticon(2021), "Impact Report 2021".; Hyuna Sung, Jacques Ferlay, Rebecca L. Siegel, Mathieu Laversanne, Isabelle Soerjomataram, Ahmedin Jemal, and Freddie Bray(2021), "Global Cancer Statistics 2020: GLOBOCAN Estimates of Incidence and Mortality Worldwide for 36 Cancers in 185 Countries", CA: A Cancer Journal for Clinicians, 71(3), 209-249.: 이수현·문우경(2022), "유방암의 역학 및 검진", 대한유방검진의학회지, 19, 1-5.에서 재인용.

22 Michael E. Porter(1980), "Competitive Strategy-Techniques for Analyzing Industries and Companies", Free Press.; Thompson, Jr. A. A., Strickland, A. J., and Gamble, J. E,(2010), "Crafting and Executing Strategy, 17th ed.", McGraw Hill.

23 박종경·임성준(2014), "경쟁전략이 기업성과에 미치는 영향과 환경 불확실성의 조절효과: 혼합전략을 중심으로", 한국전략경영학회, 춘계학술대회, 147-167.

24 Michael Porter(1998), "On Competition", Harvard Business School Press.: John A. Pearce II and Richard B. Robinson(2013), "STRATEGIC MANAGEMENT: Planning for DOMESTIC & GLOBAL Competition, 13th ed.", McGraw Hill.에서 재용인.

25 장인권(2013), "돌담 경제: 퀘벡, 사회적경제의 전략적 포지셔닝", 마르크스주의 연구, 10(2), 66-98.

26 라준영(2013). "사회적기업의 기업가정신과 가치혁신", 한국협동조합연구, 31(3), 49-71.

27 Heather Joslyn(2009), "Does 'Paraskilling' Hold a Key to Helping Poor Nations?", https://philanthropy.com.

28 DBR(2011), "비즈니스 모델, 저소득층 시장에서의 혁신? 유통망과 가격장벽 잊지 마라", 77호(3월 Issue 2), 동아비즈니스리뷰.

29 Linda Parker Gates(2010), "Strategic Planning with Critical Success Factors and Future Scenarios: An Integrated Strategic Planning Framework", November, Carnegie Mellon University.

30 최중석(2010), "그랜드오페라 뮤직쿠키사업단 사업비전과 전략수립에 관한 보고서", 한국사회적기업진흥원.; 최중석(2010), "전북지역 자활센터 영농사업 유통활성화 전략보고서", 소상공인진흥원.;

31 아라빈드 홈페이지(2023), https://aravind.org.; Jean Payton(2012), "In India, 'paraskilling' creates new jobs by slicing old ones to bits", The Christian Science Monitor; 위키피디아(2023), "Aravind_Eye_Hospitals", https://en.wikipedia.org.; 아라빈드(2021), "AECS(ARAVIND EYE CARE SYSTEM) Annual Reports 202-2021".

32 Lipton, Mark(1996), "Demystifying the Development of an Organizational Vision", MITSloan Management Review.

33 최중석(2013), "지역 의료사협 조직활성화를 위한 비전 및 전략수립 보고서", 한국사회적기업진흥원.; 안성의료사협 홈페이지(2022), "안성의료사협 신사옥 준공식", http://asmedcoop.or.kr/.

34 마음샘정신재활센터(2021), "사회적경제 가족교육: 주요 선진국 정신재활기관 사례연구 학습", 강남대학교 산학협력단.; 마음샘정신재활센터(2022), "마음샘 소개", https://ikpr.or.kr/.

35 위캔센터(2021), "위캔의 특별한 이야기, 꿈이 있는 일터", https://wecanshop.co.kr/.

36 Parasuraman, Anantharanthan, Valarie A. Zeithaml, and Leonard L. Berry(1985). "A conceptual model of service quality and its implications for future research", Journal of marketing, 49(4), 41-50.

37 Parasuraman, A., Zeithaml, V. A., and Berry, L.(1988), "SERVQUAL: A multiple-item scale for measuring consumer perceptions of service quality", 64(1), 12-40.

38 Gyan Shala(2021), "WHY GYANSHALA?", https://gyanshala.org/.; Gyan Shala(2018), "Annual Report 2017-18", Education Support Organization.

39 점프 홈페이지(2023), http://jumpsp.org.; 박재홍(2017), "소셜벤처 창업초기에 플랫폼 전략의 도입과 영향에 관한 연구-점프의 사례를 중심으로", 벤처창업연구, 12(4), 133-144.; 점프(2018), "사단법인 점프(JUMP) 2016 사업보고 및 2017 사업계획".

사회적 마케팅(Social Marketing)

제9장의 개요(Outline)

9-1. 사회적 마케팅의 등장 및 개념

9-2. 사회적 마케팅의 조건 및 원리

9-3. 사회적 마케팅 프레임워크(Framework)

9-4. 사회적 마케팅 실천 전략

사례연구 33   일본의 쿠로카베(くろ壁): 지역의 자산 및 공동체와 연계하고 정체성을 명확히 하여 유리공예로 특화된 상점가를 살리고 마을기업을 활성화시키다!

사례연구 34   스웨덴의 예테보리(Gothenburg)시: 세계 최대의 조선 및 자동차 등 중화학 공업의 위기를 극복하고 지식산업과 친환경 생태도시로 거듭나고 유럽과 전 세계에서 환경적으로 가장 선진적인 도시를 목표로 나아가다!

사례연구 35   미국의 탐스(TOMS): 신발이 한 켤레 팔릴 때마다 불우한 어린이에게 한 켤레의 신발을 기부하고 상처, 감염 및 질병으로부터 아이들을 보호해 왔으며 어려운 경영여건에도 불구하고 그들이 창출한 사회적 영향은 사라지는 것이 아니며 지속해 가고 있다!

사례연구 36   한국의 모어댄(morethan): 사회 및 고객의 행동 변화에 영향을 줄 수 있는 친환경적 이슈와 사회적 약자의 안정적인 일자리 제공을 통하여 최고급 디자인 가방을 생산하고 세계에 판매하다!

제9장의 학습목표(Objectives)

☞ 학습목표 9-1: 사회적 마케팅의 등장 배경 및 주의사항을 알고 설명할 수 있다.

☞ 학습목표 9-2: 공익연계 · 사회(비영리) · 사회적책임 · 사회적 마케팅의 각 개념을 알고 그 차이를 비교하여 설명할 수 있다.

☞ 학습목표 9-3: 사회적 마케팅의 프레임 워크를 '환경 분석 → 전략수립 → 전략실행'의 3단계 절차로 이해하고 상업적 마케팅과 유사점 및 차이점을 비교하여 설명할 수 있다.

☞ 학습목표 9-4: 사회적 마케팅의 조건과 원리를 알고 설명할 수 있다.

☞ 학습목표 9-5: 사회적 마케팅의 목표 고객 선정 방법과 포지셔닝 전략을 알고 설명할 수 있다.

☞ 학습목표 9-6: 사회적 마케팅의 입소문 및 뉴미디어 전략을 이해하고 설명할 수 있다.

☞ 학습목표 9-7: 사회적 마케팅의 홍보 및 판매촉진, 옹호 및 동원 전략을 알고 설명할 수 있다.

☞ 학습목표 9-8: 제9장 뒤쪽에서 언급하고 있는 4개 사례연구의 토론주제에 대하여 타인의 의견을 경청함과 동시에 자기 의견을 밝히면서 적극적으로 토론에 참여할 수 있다.

제9장의 용어 및 개념 정리(Proposition)

▶ 공익연계 마케팅(Cause Related Marketing): 기업이 마케팅 전략의 일환으로 특정한 사회문제 및 공익에 대하여 자선 단체 및 공공과 파트너십을 형성하고 금전 및 현물 기부를 통하여 고객과의 상호 작용을 높이고 제품 또는 서비스의 판 매 또는 기업의 이미지를 높이는 등 시장 진입을 촉진시키는 행위

▶ 사회 마케팅(Societal Marketing) 혹은 비영리 마케팅(Nonprofit Marketing): 개인과 사회의 복지 증진을 목표로 사람들 의 자발적 행동에 영향을 미치기 위하여 실시하는 프로그램에 있어서 상업적 마케팅 기술을 적용하여 사전 조사 및 설 계 과정을 통하여 실행하고 그 결과를 평가하는 과정

▶ 사회적 책임 마케팅(Social Responsibility Marketing): 상업적 기업이 사회적 책임 활동의 일환으로 광범위하게 진행하 는 공익연계 및 사회 마케팅

▶ 사회적 마케팅(Social Marketing): 사회문제 해결 및 사회혁신을 위해 사람들의 행동을 변화 시키거나 유지할 목적으로 추진되는 사업의 환경 조사, 제품 또는 서비스의 개발 및 생산, 제품 또는 서비스의 가격 및 유통 방법, 사람 및 정책과의 연대 및 연계, 촉진 전략의 수립 및 실행의 과정을 통제하는 구조화된 일련의 경영활동

▶ 옹호(Advocacy): 사실 관계, 미디어 캠페인, 대중 연설, 시범 운영, 연구 출판 활동 및 로비(lobby) 등의 개인 또는 조직 활동을 통해 정치, 경제 및 사회적 체계와 제도권 내의 의사 결정에 영향을 미치도록 하는 일로써 특권그룹에 대한 치우 침을 바로잡고 일반 대중 혹은 소외된 그룹에게 통합적으로 이익이 돌아가도록 행동하는 일

▶ 동원: 주체적인 입장에서 사회적 목표그룹을 포함한 이해관계자들이 자신들에게 부닥친 불합리한 상황에 대한 즉각적 인 반응 등 스스로 행동하도록 하는 역량강화의 과정이자 사회문제의 변화를 요구하는 일에 참여토록 하는 일

사회적 마케팅! 생각과 행동의 변화를 만든다

소비가 세상을 바꿀 수 있다? 그렇다!

우리의 일상에서 커피를 마시고 쿠키를 사 먹었을 뿐인데 누군가의 자활을 돕고 일자리를 만들게 됩니다. 또 필요한 패션 소품을 샀을 뿐인데 자원을 재활용하고 플라스틱을 줄여 자연 친화적인 환경에 기여할 수도 있습니다.

이처럼 가치 있는 소비 활동을 통해 사회적 가치를 추구하는 사회적기업을 응원하고 사회적경제를 성장시키는 일이 바로, 2012년 영국에서 시작되어 아일랜드, 캐나다, 네덜란드, 태국, 대한민국 등 전 세계로 확산되고 있는 '바이소셜캠페인'입니다.

일상의 삶에서 나, 이웃 그리고 지구를 생각하는 소비 활동이 큰 파동이 되어 더 나은 세상을 만드는 '바이소셜캠페인'과 같이, 사회적 마케팅은 개인과 사회 전체의 이익을 위해서 사람과 사회의 생각과 행동의 자발적인 변화를 불러오는 것에 초점을 두고 있습니다.

제9장 사회적 마케팅은 전통적인 마케팅 기법을 이용하여 사회혁신과 지역사회 전체의 이익이 될 수 있는 사회적 목적 중심의 마케팅 활동 과정을 통해서 고객의 신념과 행동 변화를 만드는 접근 방법이라 할 수 있습니다. 따라서 사회적 마케팅은 사회적 목적을 추구하기 위한 아이디어가 제공되고 이러한 과정을 통해서 고객의 신념과 행동 변화를 이끄는 것을 목표로 하기 때문에 마케팅 성과는 마케팅 수행 건수가 아닌 고객의 행동 변화로 측정해야 합니다. 이를 위해서 마케팅 목표를 명확히 하고, 목표에게서 이끌어 내고 싶은 구체적인 행동을 정의하여, 그 행동이 구체적이고 실현 가능성이 있는지 사전 분석과 실험과정을 거쳐서 개발되고 실행되어야 한다고 강조하고 있습니다.

이 장은 사회적경제 기업의 마케팅 전 과정에서 사회적 가치를 중시하고 고객의 구체적인 행동 변화를 이끌어 내고자 고민하고 있는 독자라면 제9장 사회적 마케팅을 탐독하시기를 권장합니다.

2023년 1월 10일
협동조합 굿스니저 이사장 최지연

최지연은 협동조합 굿스니저 이사장으로 활동하고 있다. 광고대행사 TBWA에서 암웨이, 기네스, 오리온 등의 캠페인 기획과 IMC 브랜드 커뮤니케이션을 담당했다. 사회복지학 석사를 졸업하였고, 사회적경제, 특히 사회적 마케팅 분야에서 전문가로 활동하고 있다.

1 사회적 마케팅의 등장 및 개념

사회적 마케팅의 등장

'사회적 마케팅(Social Marketing)'은 "사회문제 해결 아이디어의 수용 가능성에 영향을 미치기 위하여 상업적 마케팅의 개념을 빌려와서 일부는 더욱 광범위하게 혹은 일부는 수정하는 방식으로 적용한 사업 기획과 실행의 통제 과정"이라고 할 수 있다. 사회적 마케팅은 1960년대 이후 사회의 불안정성이 높아지고 사회 변화를 바라는 요구가 증가함에 따라 마케팅 학자들이 비영리단체 및 정부기관과 협력하여 사회 변화 프로그램에 기존의 마케팅 기술을 접목하여 더 많은 기회를 발견하게 되면서 등장하게 되었다[1]. 미국은 젊은 층을 중심으로 빈곤, 베트남 전쟁 및 캠퍼스에서의 군 모집과 같은 문제에 있어서 사회 변화에 대하여 눈을 돌리게 되었고 저개발 국가의 경우는 식량 및 영양, 가족 문제에 있어서 사회 변화에 대한 여러 가지 프로젝트를 진행하면서 사회적 마케팅이 자연스럽게 접목되었다.

이처럼 사회적 마케팅은 사회문제에 대한 인식과 변화 욕구가 높아지면서 '기존 마케팅에 대한 사회의 부정적인 영향 증가, 마케팅 서비스에 대한 비영리단체의 요구 증가, 사회적 현실에 대한 합의 지향적인 인식의 쇠퇴'라는 사회적 동기에 '사회적 마케팅의 이론'이 체계를 갖추면서 발전하게 되었다[2]. 하지만 사회적 마케팅이 무엇이든 간에 중요한 것은 인간이 제품이나 서비스보다 더 중요하며, 이 둘은 상호 작용을 바탕으로 발전하고 존경받아야 한다는 것이다. 이것은 사람을 중심으로 사업이 상생 발전하고, 관계를 형성함으로써 사회적인 성취가 지속된다는 것을 의미한다. 또한 사회적 마케팅의 핵심 과제는 사람들을 마케팅 기획자의 처방전에 따라 행동하도록 자극하거나 유혹하거나 조장하는 것이 아니라 사회문제 해결 및 사회혁신 세계로 변화되도록 동원하고 권한을 부여한다는 것이다[3].

제7장에서 살펴본 것처럼 상업적 기업은 법적인 책임 및 윤리적인 경영뿐만 아니라 자선적인

책임까지 수행할 것을 기대하고 있다. 기업은 이러한 법적, 윤리적 또는 자선적 책임 경영을 위하여 아이디어를 발굴하고 실천하기 위한 사회적 책임 마케팅 활동을 다양하게 하고 있다. 여기에는 순수한 목적으로 사회문제 해결 프로그램을 직접 운영하기도 하고, 사회 전체의 공익을 목적으로 캠페인을 벌이기도 한다. 또는 제품이나 서비스의 판매 활성화를 목적으로 비영리단체의 공익적 활동과 연계하여 기업의 이미지를 높이고 판매를 촉진하는 마케팅을 실시하기도 한다. 이처럼 사회적 마케팅은 '공익연계 마케팅(Cause Related Marketing)', '사회적 책임 마케팅(Social Responsibility Marketing)', '사회 마케팅(Societal Marketing) 혹은 비영리 마케팅(Nonprofit Marketing)'과도 유사한 의미가 있다[4].

사회적 마케팅의 개념

먼저 공익연계 마케팅은 "기업이 마케팅 전략의 하나로 특정한 사회문제 및 공익에 대하여 자선단체 및 공공과 파트너십을 형성하고 금전 및 현물 기부를 통하여 고객과의 상호 작용을 높이고 제품 또는 서비스의 판매 또는 기업의 이미지를 높이는 등 시장진입을 촉진하는 행위"라고 할 수 있다. 공익연계 마케팅은 판매 증대, 기업의 이미지 향상, 부정적 여론 잠재우기, 제품 및 서비스의 시장 진입 등을 목표로 한다[5]. 공익연계 마케팅으로 비영리단체는 사회적인 이익을 발전시키거나 기존의 사회직 상승효과를 더욱 확대시킬 수 있으며 해당 기업은 목표로 하는 소비자 계층과 연관성을 가지고 마케팅 목적에 도움을 받는다. 즉, 기업은 기부를 통한 마케팅 활성화를, 비영리단체는 파트너십 제공을 통하여 사회적 목적을 증대시키는 교환의 관계라고 할 수 있다[6]. 최초의 공익연계 마케팅은 1984년 미국 아메리칸 익스프레스가 신용카드 사용과 자유의 여신상 복원을 연계시킨 프로젝트로 거론된다. 아메리칸 익스프레스는 고객이 카드를 사용할 때마다 1센트, 신규로 가입할 때마다 1달러를 적립하는 아이디어로 미국인들을 열광시켰다. 지구 온난화로 생존 위협에 처한 북극곰을 돕자는 취지로 등장한 코카콜라의 TV 광고도 대표적인 공익연계 마케팅의 한 장면이라고 할 수 있다[7]. 〈표 9.1〉은 우리나라 상업적 기업이 비영리단체와 연계해서 실시한 공익연계 마케팅의 사례들이다.

<표 9.1> 우리나라 비영리단체 및 기업의 공익연계 마케팅 사례

공익단체	상업적 기업	공익연계 프로그램
굿네이버스	롯데홈쇼핑	나눔교육, 미소가 나눔가족
	LG CNS	스마트 탐험대 문화체험
	외환은행	YES 포인트 기부
대한적십자사	SK텔레콤	모바일 헌혈
	포스코	사랑의 헌혈 운동 전개
사랑의열매 사회복지공동모금회	기아자동차	교통사고 피해자 의료비 지원
	포스코	폭력 없는 평화학교 만들기
	우리금융그룹	어르신 정보화 교육
아름다운재단 The Beautiful Foundation	현대, 기아	교통사고 피해자 지원
	교보생명	이른둥이 지원 사업
	롯데홈쇼핑	다문화 인식개선 캠페인
World Vision	삼성	기아체험 24시간
	SK텔레콤	가정방문목욕서비스
SSN 한국사회복지협의회	CJ	결식아동·노인·장애인 생활시설, 식품 제공
	S-Oil	영웅 지킴이
한국유방건강재단 Korea Breast Cancer Foundation	빙그레	여성의 유방암 예방의식 향상 캠페인
	아모레퍼시픽	사랑의 마라톤-여성 건강
환경운동연합	아모레페시픽	우리 들꽃사랑 가족교실

출처: 이승영(2014), "공익연계마케팅 활동에 따른 비영리단체의 브랜드 이미지에 관한 연구", 한국디자인문화학회지, 20(3), p.483.

공익연계 마케팅이 여전히 상업적 기업의 속성을 가지고 있다면 그와는 다른 개념으로 '사회 마케팅 혹은 비영리 마케팅'이 있다. 사회 마케팅은 "개인과 사회의 복지 증진을 목표로 사람들의 자발적 행동에 영향을 미치기 위하여 실시하는 프로그램에 있어서 상업적 마케팅 기술을 적용하여 사전 조사 및 설계 과정을 통하여 실행하고 그 결과를 평가하는 과정"으로 비영리 마케팅이라고도 할 수 있다. 사회적 마케팅이 광범위한 의미의 사회복지 마케팅에 포함될 수는 있지만 사회적 마케팅이 '사회문제 해결 또는 사회혁신 목표로 하는 경제 주체의 사업을 촉진하기 위한 목표'가 중심이라면 사회 마케팅은 '정부를 중심으로 실시하는 공익 활동에 있어서 국민 개개인 혹은 사회 전체의 공익'을 중심으로 진행된다는 데 차이가 있다. 일반적으로 사회 마케팅은 건강, 범죄, 환경, 복지 등의 광범위한 분야에서 국민의 행동 변화, 예컨대 금연, 비만 예방, 걷기 생활화, 환경 보호 등을 목적으로 적용되고 있다[8].

따라서 사회적 마케팅은 "상업적 기업이 사회적 책임 활동을 위하여 광범위하게 진행"하는 사회적 책임 마케팅 혹은 비영리단체와의 연계를 통하여 진행하는 공익연계 마케팅을 포함하기도 하지만 사회적 목적 달성을 주요 사업목표로 하는 사회적경제 조직이 주체가 되어 실시한다는 측면에서 사회적 책임 마케팅 혹은 공익연계 마케팅과는 다른 의미가 있다. 이는 공공기관이 개인 및 사회 전체의 공익을 위하여 진행하는 사회 마케팅과도 연관이 있지만, 이는 마케팅의 목적과 주체가 사회복지 및 공공기관이라는 점에서 사회적 목적 사업 및 사회적경제 조직이 추진하는 사회적 마케팅과는 서로 다른 의미가 있다. 이상의 내용을 토대로 사회적경제 기업에 있어서 '사회적 마케팅'을 정의하면 "사회문제 해결 및 사회혁신을 위해 사람들의 행동을 변화시키거나 유지할 목적으로 추진되는 사업의 환경 조사, 제품 또는 서비스의 개발 및 생산, 제품 또는 서비스의 가격 및 유통 방법, 사람 및 정책과의 연대 및 연계, 촉진 전략의 수립 및 실행의 과정을 통제하는 구조화된 일련의 경영활동"이라고 할 수 있다. 지금까지 살펴본 사회적 마케팅, 사회적책임 마케팅, 공익연계 마케팅, 사회 마케팅의 범위를 표현하면 〈그림 9.1〉과 같다.

〈그림 9.1〉 사회적 마케팅 및 유사한 다른 마케팅의 경계

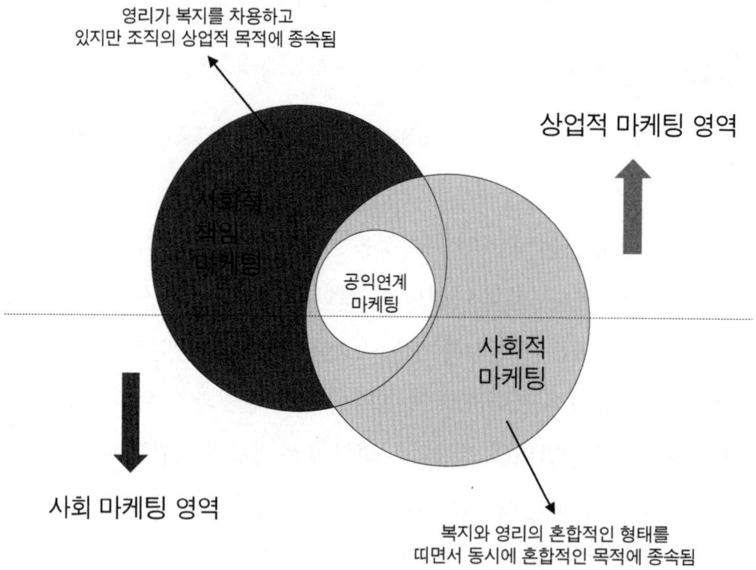

영리가 복지를 차용하고 있지만 조직의 상업적 목적에 종속됨

상업적 마케팅 영역

사회적 책임 마케팅

공익연계 마케팅

사회적 마케팅

사회 마케팅 영역

복지와 영리의 혼합적인 형태를 띠면서 동시에 혼합적인 목적에 종속됨

일본의 쿠로카베(くろ壁): 지역의 자산 및 공동체와 연계하고 정체성을 명확히 하여 유리공예로 특화된 상점가를 살리고 마을기업을 활성화시키다[9]!

쿠로카베(黑壁, 검은 벽) 마을기업은 일본 오사카(大阪)에서 기차로 두 시간 반 정도 떨어진 시가(滋賀)현 나가하마(長浜)시 쿠니토모(国友) 마을에 위치해 있다. 이곳은 예로부터 대장장이들이 모여 살던 곳이며, 일본 제2대 철강 생산지로 알려진 지역이었다. 한때 이곳은 외부 방문객이 몰려 시가현 최대의 상점가를 이루었다. 그런데 1960년대 들어 자동차가 보급되면서 교외의 대형 상점가로 쇼핑객이 몰리면서 급격하게 쇠퇴하기 시작했고, 공동화현상이 진행되어 문을 닫는 상점들이 속출하였으며, 급기야는 100여 년의 역사를 지닌 쿠로카베 건물이 은행 건물 및 가톨릭교회 건물 등으로 사용되어 오다가 1987년 매각될 위기에 처하였다. 이 건물은 지역의 중심이 되는 상징적인 건물로, 쿠로카베 건물 철거 계획은 이 지역에 적지 않은 반향을 불러왔다. 이때 사사하라(笹原) 씨 등이 나서서 건물 구입 등에 투자를 제안하고 마을 살리기 운동에 나서게 되었다. 이들은 이 지역 상점가의 활성화를 위하여 이 역사적인 쿠로카베 건물을 중심으로 거리 풍경을 보존하는 것에 대하여 주민 의견을 청취하였고, 이를 통하여 1988년 4월 제3섹터 형식의 회사인 ㈜쿠로카베를 만들기에 이르렀다. 마을기업 구축 관계자들은 예술대학의 미술 및 디자인 전공자들을 전문직으로 구성하였고, 제조 인력도 예술 관련 전문직으로 구성하여 유럽을 방문하고 기술 유학을 다녀왔다.

이를 통하여 유리공예를 직접 만들고 100~200년 된 유리 작품을 사다가 전시하는 등 쿠로카베 스퀘어를 중심으로 전시관, 공방 등 유리 관련 10여 개의 상점을 직접 운영하면서 차별화 전략을 꾀하고, 사업을 본격적으로 확대해 나갔다. 2021년 현재 300여 개의 점포가 운영되고 있으며, 33㎡에 해당하는 업소의 임대료도 월 5~7만 엔(약 50만 9000원~71만 2600원) 정도로 안정적인 임대 조건으로 사업을 할 수 있게 하였다. 또한 도박업종과 같은 사행업종이나 외국산 기념품 가게 등 쿠로카베의 이미지와 맞지 않는 점포의 입점을 금지하고 있다.

〈그림 9.2〉 쿠로카베 유리공예관

출처: 쿠로카베 홈페이지(2018), http://kurokabe.co.jp.

이곳의 초기자본금은 뜻을 함께하는 민간 출자자 8명이 9000만 엔(약 9억 1620만 원)을 출자하여 시작하였고, 여기에 나가하마시가 4000만 엔(약 4억 720만 원)을 보태어 총 1억 3000만 엔(약 13억 2340만 원)으로 사업을 시작하였다. 쿠로카베의 사업 영역은 국내 유리 공예품 전시 판매, 해외 아트 유리 수입, 수집, 전시 판매, 유리 공방 운영, 기존 유리 제작 판매, 식당 카페 운영, 유리 문화에 관한 조사 연구, 이벤트 기획 운영, 마을 만들기 문화에 관한 정보, 자료 수집 및 제공, 국제 교류에 관한 업무, 주류 판매를 함께 하고 있다. ㈜쿠로카베의 매출액과 방문객은 사업 초기인 1990년에는 190만 엔(약 1934만 2000원) 및 20만 5000명에서 2014년에는 656만 엔(약 6678만 800원)과 179만 명으로 각각 약 3.5배, 8.7배 상승하였으며, 2020년에는 누적 방문객이 5000만 명 달성하였다.

쿠로카베는 경영흑자를 중요하게 생각하지만 제3섹터로서 무엇보다도 지역기반의 다양한 조직들과의 연계를 가장 중요하게 생각하고 있다. 쿠로카베 그룹 협의회를 비롯하여 나가하마 지역의 '박람회, 기모노 대회, 기모노 대학, 제례행사, 상점가 연맹, 명품거리' 등과 협력하고 있으며, 이 중에서도 '마치즈쿠리 야쿠바(まちづくり役場)'라는 마을 만들기 특정비영리활동법인과의 협력을 통하여 마을 전체의 공동체성을 살려 나갔다. 마치즈쿠리 야쿠바의 사명은 '마을 만들기를 키워드로 정보 수집 및 제공, 상점가 및 쿠로카베와 교류를 통해 나가하마시가 더 매력적인 마을이 되도록 하는 일'이다. 이들은 '견학을 통한 전국 마을 네트워크 사업, 나가하마 거리 도보 지도 제작 사업, 채소 공방, 반찬 공방, 재활용 공방, 우물가 도장 점포 운영, 쿠로카베 그룹 협의회 운영, 지역 이벤트 기획 및 운영, 마을 만들기 도서 발행, 벼룩시장 운영, 추억의 사진관 및 마을문고 운영, 관광 가이드 지원' 등의 사업을 진행하고 있다. 기울어 가는 상점가와 마을공동체를 살린 쿠로카베의 경영은 우수한 인재의 유치와 네트워크의 구축을 통해서 가능했다.

마케팅 측면에서 보면 쿠로카베는 정확한 환경 분석과 차별화를 통해 고객 지향적인 전략을 수립하였으며, 요즘 유행하는 도시재생이라는 주제 속에서 전통적인 지역 건물의 상징을 살리면서 다른 도시와 차별화된 유리공예 분야에 집중적으로 투자하고 제품에 차별화를 두었다. 이를 통하여 지역의 정체성을 명확하게 포지셔닝하고, 가족 및 신혼여행 고객을 목표로 집중차별화 전략을 실시하였기에 성공할 수 있었다. 지역기반 공동체 비즈니스를 통한 쿠로카베의 성공으로 시장의 빈 점포가 새롭게 채워지고, 타지로 나갔던 주민들이 돌아와 유럽풍의 음식점과 카페 등을 개업하면서 초창기 10개의 점포로 시작했던 쿠로카베의 점포들은 그 수가 크게 증가하면서 활발하게 운영되고 있다. 또한 업종이 다양화되고, 지역의 예술인들이 함께 문화를 만들고 신세대와 구세대 간의 통합도 이루어 내고 있다. 무엇보다는 사업 분야를 지역 전체의 수요에 맞추어 다각화하면서 지역기반형 사회적경제 조직으로 지역에 뿌리내린 점은 눈여겨볼 만하다. 수익이 창출되는 몇몇 직영 사업체를 제외하고 수익이 낮거나 적자로 운영되는 상점들도 지속적으로 운영함으로써 수익의 극대화보다는 전반적인 지역활성화 사업을 우선순위에 두고 있는 점도 눈여겨봐야 한다. 또한 지역활성화에 필요하지만 기업의 영역을 넘어서는 활동을 마치즈쿠리 야쿠바라는 비영리법인과 협력하고 전문적인 조직을 새롭게 꾸려 연대해 가는 전략을 취하고 있는 점도 배울 점이라고 하겠다.

사회적 마케팅의 조건

사회적 마케팅은 크게 두 가지의 전제 조건을 가지고 있다. 그것은 첫째, 전통적인 마케팅 기법을 빌린다는 점과 둘째, 목표 고객의 행동 변화에 초점을 둔다는 것이다. 사회적 마케팅은 전통적인 마케팅 기법을 이용하여 개인과 사회 전체를 위해 사람들의 행동을 변화시키거나 유지하기 위한 활동을 개발하는 데 사용되는 접근 방법이다. 이는 사회문제를 해결하고, 사회혁신을 추구하는 사회적경제 기업의 목적 및 원리와 맥을 같이하고 있다. 따라서 사회적 마케팅은 사회적경제 기업이 "함께 일할 사람들과 사회적 목표그룹, 사회적 영향을 줄 수 있는 행동과 실행 방법, 그것을 측정하는 방법" 등을 결정하고 수행하는 데 도움을 준다. 사회적 마케팅은 "우리가 정말 사회적 목표그룹을 이해하고 있고, 그들의 시각에서 바라보고 있는지, 우리가 사회적 목표그룹에게 무엇을 할 수 있는지 확실히 하고 있는지, 사회적 목표그룹을 위하여 우리가 하고자 하는 것을 수행하면 그것을 수행하는 데 드는 장벽이나 비용보다 더한 이점이 있는지, 우리는 사람들에게 원하는 행동을 하도록 격려하기 위하여 여러 가지 활동들을 조합하여 사용하고 있는지"의 질문을 통하여 근본적인 접근성을 높일 수 있다[10].

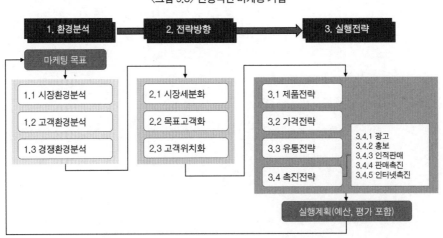

〈그림 9.3〉 전통적인 마케팅 기법

사회적 마케팅은 〈그림 9.3〉과 같이 '환경 분석 → 전략방향 → 실행전략'의 절차로 진행되는 전통적인 마케팅 전략을 이용한다. 그러나 사회적 마케팅 전략은 전통적인 마케팅보다 사회적경제 기업의 특성을 고려하고 다양한 마케팅 정보를 포함하여 수립해야 한다. 즉, 내·외부의 다양한 이해관계자를 고려해야 하고, 제품 또는 서비스의 효익보다는 마케팅 전 과정에서 사회적 가치를 중요하게 생각해야 한다. 사회적 마케팅의 또 다른 중요한 원리 중의 하나는 행동 변화에 초점을 둔다. 상업적 마케팅이 기업 자신에게 주는 혜택에 초점을 맞추면서 소비자가 구매해 주기를 바라는 요구 성격이 있다면, 사회적 마케팅은 자기 자신 및 사회 전체에 대한 이점에 집중하기에 행동이나 태도 변화에 직접적인 영향을 줄 수 있다.

광범위하게는 사회 마케팅이나 상업적 기업의 사회적 책임 마케팅과도 연관되어 실행할 수 있어서 사회적 마케팅이 바라는 행동 변화의 수단으로써 마케팅의 범위는 더 넓다고 할 수 있다. 즉, 정치, 경제, 사회, 문화 등 다양한 분야에 있어서 정의를 추구하거나 개인 및 사회의 복지 문제 등 보다 폭넓은 분야에서 행동과 태도의 변화를 쉽게 하도록 확장될 수 있다는 점이다. 예를 들어 일부의 사회적 마케팅은 비영리단체가 후원하여 '소프트웨어 및 영화 저작권 침해 감소'와 같은 캠페인을 벌여서 문화적인 측면에서 건전한 시장 환경을 조성한다거나 지역의 단체와 사회적경제 기업이 함께 '지역 상품 구매 촉진' 캠페인을 벌여서 지역사회의 공동 이익을 추구하는 로컬 푸드 운동처럼 지역 순환 소비 운동에 동참하도록 행동 혹은 태도 변화를 촉구하기도 한다.

사회적 마케팅은 사회적 목적을 중심으로 정보 및 아이디어가 제공되고 이러한 과정을 통하여 고객의 신념 및 행동 변화를 목표하는 성향이 있어서 수익에 너무 소홀히 한다거나 성과가 나타나기까지는 장기간의 시간이 소요될 수 있다는 단점이 지적되기도 한다. 아울러 아이디어나 정보를 제공하는 것만으로 행동의 변화가 어떻게 일어날 수 있는지에 대한 비판이 있을 수 있다. 따라서 사회적 마케팅에서는 행동 변화에 대한 증명, 마케팅 성과의 장기간에 대한 우려를 최소화할 필요가 있으며, 행동의 결과를 반영하지 못하는 기존의 '배포된 메시지의 수', '개선된 이미지 전달 혹은 진행된 캠페인 강좌 수' 등과 같은 진행 과정의 척도로 성공을 평가해서는 안 된다. 훌륭한 사회적 마케팅은 우리의 마케팅 프로그램이 고객에게 어떤 영향을 미칠 것인가에 대한 끊임없는 질문과 이를 통하여 마케팅이 개발되고 실행되기 전에 대상 고객을 완전히 이해하고 설계돼야 하며 마케팅 프로그램은 실제 고객에 대한 핵심 전략 및 전술을 실험하고 나서 진행되어야 한다. 또한 '그에 따라서 행동을 모니터하여 그들이 궤도에 오르고 있는지 확인'하는 절차를 거친다. 이러한 행동 강조 프로세스는 '마케팅 활동의 모든 일에 대해 적절한 평가 기준'을 갖출 수 있는 원천이 된다[11]. 따라서 사회적경제 기업은 마케팅 프로그램을 실행하기에 앞서서 마케팅 프로그램의 범위를 결정할 때 본사업과 이해관계에 있는 사람들을 참여시키고 마케팅의 기대치 및 소요 자원을 검토하여 방향성을 제시할 자문 그룹을 형성하는 것이 필요하다. 또한 스스로 혹은 이해관계자 및 자문 그룹의 협조 또는 제안 등을 통하여 사전에 마케팅 정보 조사 및 연구 활동을 실시하고 사람들의 행동을 움직이고 동기를 부여하는 요소 파악, 마케팅 목표그룹의 세분화 및 접근의 우선순위, 행동 목표, 모니터링 및 평가 방법을 결정할 필요가 있다[12].

사회적 마케팅의 원리

최근 사회적 관계를 중심으로 정보 및 아이디어가 공유되는 소셜 미디어는 사회적 마케팅의 중요한 도구라고 할 수 있다. 그중에서도 페이스북(Facebook)과 구글(Google)은 소셜 미디어를 제공하는 가장 대표적인 기업이라고 할 수 있다. 이 두 기업은 전 세계에서 사회적 사명을 회사의 전략적 사업 개발에 가장 잘 활용한 기업이기도 하다. 국제적으로 운영되는 페이스북은 현대적인 의사소통 방식뿐만 아니라 커뮤니티 내에서의 통합과 참여를 향상하는 데 일조를 하고 있기 때문에 사회적경제 기업의 경영원리와도 일맥상통하고 있다. 이러한 소셜 미디어는 2010년 아랍의 봄(Arab Spring, 2010년 12월 중동과 북아프리카에서 일어난 전례가 없는 반정부 시위 및 혁명 운동, 파업 참여 지속, 데모, 행진과 집회뿐만 아니라, 페이스북과 트위터와 같은 소셜 미디어를 이용한 조직, 의사소통, 인식 확대를 통해 광범위한 시민의 저항 운동이 일어남)[13]의 사건과 같이 시민들이 빠르게 조직화하고 쉬운 의사소통을 가능하게 한다. 페이스북에서의 네트워크 파급효과가 날로 증가함에 따라 조직이나 개인은 뉴스나 정보를 올리는 것을 넘어서서 개인화된 광고를 구입하고 별도의 페이지를 만들고 관심 사항이 비슷한 사람들이 모여서 네트워크를 형성하는 등 온라인으로 다양하게 소통하고 인기를 높이려고 노력한다.

페이스북과 마찬가지로 구글도 사용자에게 편리한 사회적 가치를 제공하고 그에 따른 광고 수익을 창출하고 있다. 사용자 관점에서 구글의 가장 큰 매력은 알리고자 하는 정보를 무료로 온라인에 노출할 수 있으며, 전 세계의 사용자가 액세스할 수 있는 점이다. 또한 구글 지도, 구글 학술자료 검색 그리고 구글 번역과 같은 다양한 온라인 무료 도구를 편리하게 사용할 수 있도록 개방함으로써 사회적인 가치를 높이고 정보의 제공자와 사용자 간에 강압적인 교환보다는 자연스러운 정보 교환이 이루어지도록 하여 마케팅적 측면에서도 효과가 높다는 장점이 있다. 예를 들어 구글 지도는 무료일 뿐만 아니라 지진 발생 후 가족을 찾거나 홍수와 같은 재해 발생 시 주요 접근 및 지원 지점을 표시하여 효과적으로 지원할 수 있도록 해 준다. 결국 소셜 미디어가 지향하는 개방성과 가치 지향적인 사명은 사용자들에게 창의적인 정보의 생성과 자유로운 정보의 교환, 커뮤니케이션을 증진함으로써 사회적 마케팅의 중요한 도구로 사용되고 있다.

사회적 마케팅이 전통적인 상업적 마케팅과 어떤 차이가 있고, 어느 부분에서 관련성이 있는지 비교하면서 그 원리와 시사점을 정리해 볼 수 있다. 그것은 첫째, 사회적 마케팅이 상업적 마케팅의 기술을 빌려 쓰고 있으므로 먼저 상업적 마케팅의 기술을 이해해야 한다는 점이다. 둘째, 상업적 마케팅을 빌려 쓰고는 있지만, 상업적 마케팅은 기업의 이윤을 주요 목적으로 하는 데 반하여 사회적 마케팅의 목적은 개인 및 지역사회 전체의 이익을 추구한다는 데 근본적인 차이가 있다. 셋째, 사회적 마케팅은 고객의 자발적인 행동 변화를 목표로 진행한다는 점이다. 따라서 마케팅의 성과는 마케팅 수행 건수로 측정되는 것이 아니라 고객의 행동 변화로 측정되어야 하며 이를 위하여 마케팅 프로그램은 행동 변화에 영향을 줄 수 있는 사전 분석과 실험 과정을 거쳐서 개발되고 실행 과정에 있어서 사람의 역할 및 관계를 중시하고 행동 변화에 영향을 미치도록 제공되어야 한다는 점이다. 넷째, 상업적 마케팅은 '예상되는 소비자', '제품 또는 서비스의 기능', '마케팅 주체인 기업'을 중심으로 마케팅 관계를 형성하는 데 반하여 사회적 마케팅은 '소비자, 구매자, 수혜자라는 다양한 고객 관점', '제품 또는 서비스 제공 이상의 가치 및 정보', '조직 내·외부의 다양한 이해관계자' 등 사회적 가치를 중심으로 마케팅 관계를 형성한다는 점이 다르다. 다섯째, 사회적 마케팅이 사회적경제 기업이 추구하는 사회적 목적 또는 이를 실행하는 마케팅 과정에 있어서 기존의 방법을 답습하는 것이 아니라 다양한 고객과 이해관계자 관점에서 스스로 혹은 집단으로 새로운 방법을 찾는 혁신의 원리가 함께 작용한다고 할 수 있다.

스웨덴의 예테보리(Gothenburg)시: 세계 최대의 조선 및 자동차 등 중화학 공업의 위기를 극복하고 지식 산업과 친환경 생태도시로 거듭나고 유럽과 전 세계에서 환경적으로 가장 선진적인 도시를 목표로 나아가다[14]!

예테보리는 스웨덴에서 두 번째로 큰 도시이며 북유럽 국가에서 다섯 번째로 큰 도시이자 베스트라 예틀랑(Västra Götaland) 주의 수도이다. 스웨덴 서해안의 카티고트(Kattegat)에 위치하고 있으며 2021년 현재 인구는 약 59만 명이다. 산업화의 고도 성장기였던 1960대와 1970년대 예테보리는 조선업, 자동차, 정유 등의 중화학공업이 전성기를 이루었고 대기오염의 도시로 악명이 높았지만 지금은 환경이 가장 잘 보전된 환경 선진도시 중의 하나이다. 1907년과 1927년에 설립된 SKF와 볼보도 예테보리에 본사를 둔 기업이다. 예테보리에서는 1979년부터 매월 1월에 '예테보리 영화제'가 개최되는데 이는 매년 15만 5000명 이상의 방문객이 찾는 북유럽 최고의 영화 축제이다. 또한 여름에는 유명한 '웨이 아웃 웨스트 페스티벌(Way Out West Festival)'을 포함하여 도시에서 다양한 음악 축제가 열린다.

예테보리는 모든 차원에서 지속 가능성을 측정하는 '2022년 글로벌 목적지 지속 가능성 지수 (GDS-Index, Global Destination Sustainability Index)'에서 100점 만점에 92.98점으로 1위를 차지하였다. 이는 2위 베르겐(Bergen)의 88.36점, 3위 코펜하겐(Copenhagen)의 86.70점, 4위 알보르그 (Aalborg)의 86.41점, 5위 보르도(Bordeaux)의 85.10점과 차이가 월등히 나는 점수이다. 아울러 6년 연속 1위에 선정되었다. GDS-Index는 도시와 마을을 재생하기 위해 긴급하게 협력해야 함을 인식하고 방문자, 지역사회 및 자연이 함께할 수 있는 장소를 만들기 위해 적극적으로 노력하는 용감하고 대담하며 선구적인 목적지임을 보여 주는 것이라고 말한다. 또한 도시의 관광과 행사가 기후변화와 생물다양성 붕괴의 영향을 줄이고 탄소 제로 경제로의 전환을 더 잘하고 있음을 의미한다.

특히, 예테보리는 공동체의 연결과 공유경제가 발달되었다. 대표적으로 '자전거 부엌(Bike Kitchen)', '레저 뱅크(Fritidsbanken)', '비영리 차량 공유(The nonprofit ridesharing)', '현지인과 함께하는 지역관광(Meet Locals and Community-Based-Tourism', '도시 농업과 공동체 정원(Urban Agriculture and Community Gardens)', '음식과 씨앗 나누기(Sharing Food and Seeds)', '도시 공유지 및 공공 공간(Urban Commons and Public Space) 활용', '도서관: 책 이상의 대출(Libraries: Borrow More Than Books)' 등을 들 수 있다. '자전거 부엌'은 자전거를 수리할 수 있는 개방형 DIY(Do It Yourself, 스스로 수리하고 만드는 일) 작업장이다. 자전거 수리에 필요한 도구와 공간을 이용할 수 있으며 다른 사람의 도움을 받아 자전거를 고칠 수도 있다. 예테보리에는 2017년 현재 2개의 자전거 부엌이 있으며 더 확대할 예정이다. 또한 사람들이 자전거 수리 방법을 배울 수 있도록 자체 작업장도 운영한다. 자전거 부엌 회원은 멤버십으로 자전거를 받을 수도 있다. 이러한 자전거는 대부분 주택 공사에서 기증한다. '레저 뱅크'는 스포츠 및 레저 장비를 빌릴 수 있는 곳이다. 사람들은 그곳에서 중고 장비를 기부하고 누구나 14일 동안 무료로 장비를 빌릴 수 있다. 예테보리에는 3곳의 레저 뱅크가 운영된다. 또한 일반 물건을 공유하고 빌리는 공간도 3곳이 운영되고 있는데 그곳에서 본인은 사용하지 않는 물건을 필요한 사람에게 공유하고 빌려주는 곳이다. 이러한 공간은 주로 주택 회사혹은 기타 조직에서 사용하지 않는 공간을 제공하여 운영한다.

〈그림 9.4〉 예테보리 공유경제(레저 뱅크, 자전거 부엌, 도시농업 워크숍) 및 저자 방문

출처: Kollaborativ Ekonomi Göteborg(2017), "12 Reasons Why Gothenburg is an Amazing Sharing City(예테보리가 놀라운 공유 도시인 12가지 이유)", shareable(좌 3개).; 저자(2020), "예테보리 시 연락 센터 매니저 Jane-Helene Berntsson과 함께", 저자 방문 촬영(우).

'비영리 차량 공유'는 개인이 차량을 공유함으로써 물리적 거리와 인간으로서 서로 간의 거리를 연결할 수 있다는 아이디어에서 시작하였다. 지금은 '후츠구룹펜(Skjutsgruppen)'이라는 비영리 조직이 이 운동을 관리하고 있지만 이 단체가 설립되기 전부터 수천 명의 개인이 이러한 차량 공유 운동을 시작하였다. 2017년 현재 약 7만 명이 이 운동에 동참하고 있다. '현지인과 함께하는 지역관광'은 '지역에서 만나(Meet the Locals)'라는 플랫폼에서 저녁 식사를 제공하거나 도시 최고의 장소를 보여줄 지역 주민들을 만날 수 있다. 2017년에 출시된 이 플랫폼은 방문객과 현지인을 직접 만날 수 있도록 '서부 스웨덴 관광청(West Sweden Tourist Board)'에서 운영한다. '도시 농업과 공동체 정원'은 플랫폼 '그로우 예테보리(Grow Gothenburg)'에서 미사용 토지를 가진 사람들과 땅을 찾는 사람들을 연결한다. 이 프로젝트는 건축회사 '풋프린트 랩(The Foodprint LAB)'과 예테보리 시가 협력하여 진행한다. '음식과 씨앗 나누기'는 '연대 냉장고(Solidarity Fridge)'에 남은 음식을 나누고 싶은 사람의 기부로 진행된다. 2017년 현재 예테보리에는 3개의 연대 냉장고가 있다. 카페와 식료품점도 사용하지 않은 음식을 연대 냉장고에 기부한다. 또한 매년 봄 수백 명이 식물원에 모여서 '종자 교환의 날'도 운영한다. '도시 공유지 및 공공 공간 활용'은 예테보리에 존재하는 많은 공동체 공간을 공유하는 일이다. 예를 들면 2021년 예테보리의 400주년 기념일을 위한 임시 공간인 '쥬빌리(Jubilee) 공원'을 사용할 수 있다. 공원의 공용 사우나는 매주 며칠 밤 동안 연중무휴로 운영되

며 지역 주민들의 만남의 장소가 되었다. 이곳은 항구의 멋진 전망을 감상할 수 있는 공간이다. 공용 수영장은 여름에 개장한다. 또한 도시 전역의 공공 공원에는 여러 종류의 과수원이 있으며 수확기에 모든 사람이 무료로 즐기고 먹을 수 있다. 도시 어딘가의 공유지에서 과일을 발견하면 과일지도 '과일 카트(Fruktkartan)'에 표시하여 다른 사람들도 쉽게 찾을 수 있도록 할 수 있다. '도서관, 책 이상의 대출'은 도시 전역의 공공 도서관에서는 책 이외에도 보드 게임, 지팡이, 재봉틀 또는 전기 자전거를 빌릴 수 있다.

예테보리는 산업화의 고도 성장기시대에 전성기를 이루던 조선업, 정유업과 자동차 산업이 1970년대에 발생한 세계 석유파동으로 세계 제2위 조선강국의 국제 경쟁력은 빠른 속도로 저하되기 시작하였고 이후 지역 내 주력산업으로 자리 잡았던 자동차 산업도 1980년대에는 30% 이상의 고용률을 담당했지만 2008년에 발생한 글로벌 금융위기로 큰 침체기를 겪게 된다. 이를 극복하고자 중앙정부 및 지방정부는 지역산업구조 다변화 정책을 실시하게 되었고 예테보리는 지식중심 서비스산업 중심도시로의 전환 전략을 택하게 되었다. 그 결과로 예테보리는 지금의 환경 친화적이며 공동체 연결과 공유경제가 발달한 도시, 아울러 지식집약 산업의 도시로 발돋움하게 되었다. 2015년 예테보리는 EU가 선정한 17개 지식산업지역 중에서 하나로 선정되었다. 또한 예테보리는 지식중심 서비스산업 비중이 EU 내 평균보다 20%가 높다. 예테보리가 지식중심 서비스산업 중심도시로의 진환 진략을 추진함에 있어서 모든 지역개발정책의 우선순위는 경제·사회·환경이라는 3개 부문에 포함되도록 하였다. 지역성장을 위한 우선순위는 다음과 같이 네 가지 항목으로 구분되는데 그것은 첫째, '혁신과 개발', 둘째, '환경과 접근성', 셋째, '기술과 역량', 넷째, '내부협력'이다.

지역산업구조 다변화 정책 과정에서 과거 예테보리 시 당국은 주도적으로 기존 조선소 부지를 활용하였는데, 1976년 폐업한 린돌먼(Lindhomen) 부지에 첨단과학단지를 설립하여 지역 산업 활성화를 위한 산업구조재편 과정에서 적극적인 역할을 수행하였다. 또한 석유에만 의존하지 않고 폐열과 바이오매스와 같은 재활용 에너지와 풍력, 태양, 천연가스 등 자연에너지를 사용하는 독자적인 정책을 일찍이 시작하였다. 생태 자동차 운행, 지방의제21(Local Agenda 21) 활성화, 녹색조달 및 환경상품 구매제도 정착 등 녹색소비자 운동도 지속적으로 실시하고 있다. 예테보리의 녹색소비자 운동은 환경을 해치는 세제는 사용하지 않고 환경 친화적인 상품을 구매하도록 하는 일부터 시작했다. 지방의제21 활성화의 대표적인 사례로는, 예테보리의 베리푼 지구에는 주민의 60%가 보스니아와 소말리아에서 온 이주민들이었는데 기존 지역주민과 대립이 심하였고 범죄와 실업

문제로 고민거리가 되어 왔다. 이에 지방의제21의 코디네이터를 지역에 배치하고 나무심기, 보육원 설립, 재활용센터 등을 설치했다. 이를 통하여 베리푼 지구는 환경지구로 변모하게 되었고 이주민과 지역주민들 사이에서 일어나는 대립과 범죄가 줄고 다른 지구로 이주하는 사람도 줄었다. 예테보리 시는 낡은 주택을 수리하거나 복구하고, 교통관련 시설 및 기관을 정비하는 등 각 지구 주민의 요구에 부응하는 지방의제21을 적극 추진한다.

사회적 마케팅의 프레임 워크 이해

사회적 마케팅은 사회적 제품이나 서비스에 대한 태도와 신념을 심어 주고 급기야는 구체적인 행동 변화의 목표를 달성하기 위하여 전통적인 마케팅의 개념과 기법을 적용하지만, 전통적인 마케팅 기법을 수정하여 적용할 필요가 있다. 예를 들어 전통적인 마케팅 기법에서 마케팅 환경 분석의 핵심으로 언급되고 있는 '3C[자사(Company), 경쟁(Competition), 고객(Customer)]' 분석이나, 전략 방향 도출을 위한 'STP[고객 세분화(Segmentation), 목표 고객 선정(Targeting), 목표시장 위치화(Positioning)]' 전략이나, 전략 실행을 위한 '4P Mix[제품(Product), 가격(Price), 유통(Place), 촉진(Promotion)의 4가지 요소의 정렬 및 조합]'는 사회적 마케팅에서 더욱 다양한 마케팅 정보가 포함되어 확대 또는 수정하여 적용될 필요가 있다.

〈그림 9.5〉 사회적 마케팅 전략의 절차 및 요소

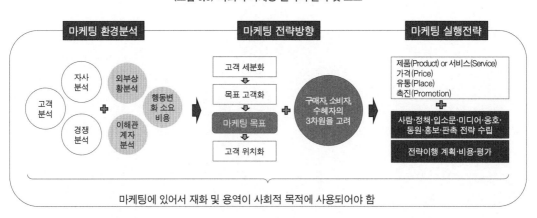

사회적 마케팅 전략의 절차는 〈그림 9.5〉와 같다. 마케팅 환경 분석에서는 사회, 정책, 환경, 문화 및 미디어 등의 외부 환경이나 내·외부의 다양한 이해관계자가 마케팅의 분석, 전략 및 실행 과정

에서 고려되어야 한다. 상업적 기업에서 소비자는 곧 구매자이지만, 사회적경제 기업은 재화 및 용역을 구매하는 구매자, 이것을 사용하는 소비자, 사회문제 해결을 위한 사회적 목표그룹인 수혜자가 같을 수도 있지만 다른 경우가 많기 때문에 고객에 대한 다각적인 개념과 검토가 필요하다.

사회적 마케팅의 목표인 고객의 생각과 행동 변화를 위하여 혹은 삶의 변화를 위하여 드는 비용은 얼마인지, 만약 마케팅 개입이 없다면 기존 고객이 부담하는, 혹은 사회가 부담하는 비용은 얼마인지도 분석해야 할 요소이다. 또한 사회적 마케팅에서 가장 중요한 것은 상업적 마케팅에서는 제공되는 재화 및 용역의 기능적 편리함과 효익이 우선시되지만 사회적 마케팅에서는 이와 함께 지역사회의 문제를 해결하고 사회혁신을 이루는 데 있어서의 가치를 가장 우선으로 생각한다는 점도 고려사항이다.

정책 차원에서 개인과 사회의 생각과 행동 변화에 커다란 영향을 가져다준 마케팅 사례가 있다. 대한민국 경기도에서 2020년 12월부터 시행하고 있는 공공 배달 앱 '배달특급'이 그러한 사례이다. '배달특급'은 서비스 시행초기 앱 인기차트 3위까지 기록하며 고객의 큰 관심을 끌었으며 출시 당일에만 4만여 명의 가입자가 몰리기도 하였다. 배달특급은 민간 배달 앱의 높은 수수료로 힘들어하는 소상공인 자영업자의 수익 및 매출을 돕고 시민들에게는 더 나은 소비환경을 위하여 만들어졌다. 민간 배달 앱의 높은 수수료 대신 1%의 낮은 수수료를 강점으로 경기도의 31개 시·군 가운데 19개 시군에서 서비스하면서 순항하고 있다. 배달특급은 2021년 7월 기준으로 회원은 총 38만 명으로 늘었으며 거래액은 312억 원을 넘어섰다. 호감도 부분에서도 상업적 기업의 배달 앱인 '배달의민족'을 누르고 1위를 차지했다. 지역의 소상공인들은 공공 배달 앱에 가맹점으로 속속 참여하였고 소비자들은 '착한 소비'라는 관점에서 적극적으로 호응하면서 경기도에서 약 15%의 점유율을 나타내고 있는 것으로 알려졌다. 배달특급은 지역화폐와 연계하여 할인제도를 운영함으로써 마케팅 측면에서 소비자들에게 추가적인 매력을 제공하고 있는데 지역화폐를 통한 결제율도 65%대를 넘는 것으로 나타났다. 배달특급의 2021년 거래 매출목표는 2500억 원이며 민간 배달 앱 대비 약 275억 원의 수수료 절감을 통해 지속해서 소상공인 자영업자의 소득 증대에 도움을 주겠다는 계획을 세우고 있다. 또한, 전통시장의 온라인 진출도 계획하고 있으며 배달원의 처우개선에도 힘쓸 방침이다. 현재는 제품 중심으로 운영되는 배달특급이 지역에서 용역서비스를 제공하는 소상공인 자영업자까지 확대되어 지역사회의 공공 서비스 플랫폼으로 발전해 나간다면 좋을 것이다[15].

사회적 마케팅의 단계별 추진내용

먼저 1단계 환경 분석은 〈표 9.2〉와 같이 '외부상황 분석', '조직 및 경쟁 분석', '마케팅 전·후의 고객비용 분석'으로 나누어 분석한다.

〈표 9.2〉 사회적 마케팅의 환경 분석에서 고려해야 할 세부 요소

구분	세부 요소
외부상황 분석	정치적 의제에 의하여 영향을 받는 사회 및 구조적 환경, 사회적 규범, 문화, 미디어, 정보기술, 생태 등의 환경
조직 및 경쟁 분석	이해관계자의 개입 혹은 그들 사이의 관계를 형성하고 있는 구조, 마케팅 목적과 목표, 요구되는 행동 변화와 경쟁 관계에 있는 것, 정책 의제
마케팅 전후의 고객 비용 분석	마케팅을 통하여 고객이 행동을 변화하는 데 드는 비용(기회 비용, 재정 비용, 사회적 비용 등), 마케팅 없이 기존 행동이 계속됨에 따라 소요되는 비용

출처: Ross Gorden(2012), "Re-thinking and re-tooling the social marketing mix", Australasian Marketing Journal, 20, p.125. 참조 정리.

마케팅 환경 분석의 '외부상황 분석'과 '조직 및 경쟁 분석'은 '제3장 사회적경제 비즈니스 모델 수립'의 '제1절 사회문제의 발견 및 솔루션 찾기' 부분의 지역조사 내용을 참고하기를 바라며 '마케팅 전후의 고객 비용 분석'은 '제11장 사회적 영향(Social Impact) 측정 및 관리'의 '사회적 영향 평가와 측정의 다양한 접근, 사회적 투자수익률 이해 및 측정' 부분을 참고하기를 바란다. 사회적 마케팅 전략은 지역공동체 문제에 대하여 다양한 이해관계자와 협력하고 네트워킹 활동을 통하여 전략을 기획하고 실행하는 과정이기 때문에, '제5장 이해관계자 협동의 지배구조', '제6장 지역공동체 조직화', '제7장 비즈니스 네트워킹', '제8장 사회적 경영차별화 전략'과 밀접하게 연관되어 있으므로 이들을 논리적으로 연결하고 구조화시키는 과정이 중요하다.

다음으로 2단계 마케팅 전략 방향의 핵심은 사회적 목표그룹에 있다. 마케팅 제공자의 입장이 아니라 목표그룹인 수혜자의 입장을 중심으로 지역공동체 및 참여자 공통의 가치를 창출하는 데 중점을 두면서 제공하는 제품 및 서비스를 사용할 마케팅 목표 고객을 세분화하여 대상 고객을 정한 다음 마케팅 목표 및 포지셔닝 전략을 수립한다. 3단계인 마케팅 실행전략은 채널 및 전략 혼합과 마케팅 이행 과정으로 구분된다. 마케팅 이행의 과정은 평가를 통하여 성찰하고 개선에 반영하며 객관적이고 전문적인 연구 조사를 병행하는 것이 필요하다. 2단계 및 3단계에서 고려해야 할 세부 요소는 〈표 9.3〉과 같다.

〈표 9.3〉 사회적 마케팅의 실행전략에서 고려해야 할 세부 요소

구분		세부 요소
2단계 전략방향 수립		고객 세분화, 목표 고객화, 마케팅 목표수립, 고객 위치화(소위, 포지셔닝 전략)
3단계 실행전략 수립	채널 및 전략 믹스	제품 또는 서비스, 가격, 장소, 촉진, 사람, 정책, 옹호, 동원, 홍보, 뉴미디어, 정보, 입소문 전략
	과정	이론 및 설계, 최종 결과만 보는 것이 아닌 관련적 사고(Relational Thinking), 고객 중심적·전략적·전체적·장기적 관점의 이행, 공동의 가치기반 접근, 이해관계자 및 지역공동체 참여 중시

출처: Ross Gorden(2012), "Re-thinking and re-tooling the social marketing mix", Australasian Marketing Journal, 20, p.125. 참조 재정리.

사회적 마케팅의 목표 고객 선정

마케팅 전략방향의 첫 번째 순서인 고객 세분화 부분이다. 이 부분은 상업적 마케팅의 고객 세분화 전략을 빌려 수립할 수 있다. 고객 세분화는 제3장 사회적경제 비즈니스 모델 수립의 재원조달 부분에서 언급한 구매자와 유사하기도 하지만 더 광범위한 분류를 포함하고 있다. 비즈니스 모델을 구축하고 실행하는 재원의 조달 측면에서 '정부 및 중간지원조직의 지원 제도, 상업적 기업의 사회적 책임 정책 예산, 지역공동체 구성원, 조합원 또는 개인의 보조금이나 기부금' 등은 사회적경제 비즈니스 모델 구현을 위한 '구매자'라고 할 수 있다. 사회적 마케팅에서 말하는 고객은 최종적으로 제품 및 서비스를 구매하여 직접 소비하거나 혹은 구매하여 다른 소비자에게 연계하는 위치에 있는 구매자이거나 또는 마케팅의 실질적인 효익이 돌아가는 사회적 목표그룹으로도 볼 수 있다. 상업적 기업에 있어서 고객 세분화는 보통 '개인 고객'과 '조직체 구매자(기업 및 기관, 단체 및 정부)'로 나누어서 설명하고 있는데, 사회적경제 기업의 고객은 먼저 앞서 설명한 것처럼 구매자, 소비자, 수혜자라는 복잡한 구조를 이해하고 출발해야 한다.

사회적경제 기업의 개인 고객은 상업적 기업에서 분류 기준으로 삼고 있는 소득, 성별, 나이 등의 인구통계적 기준보다는 먼저 윤리적 소비자, 조합원 소비자, 사회적 목표그룹 소비자, 공동체 구성원 소비자 등과 같이 사회적 목적에 따른 소비 성향으로 구분하고 이어서 시장의 일반 소비자에 대하여 인구통계적 기준에 따른 고객으로 구분한다. 조직체 구매자 중에서도 공공기관은 사회적경제 시장에서의 역할과 구매력이 큰 만큼 별도로 분류하여 생각할 필요가 있다. 이는 사회적경제 사업의 많은 부분, 특히 빈곤, 복지, 교육, 안전, 주거 문제 등은 정부에서 해야 할 중요한 역할이지만 사회적경제 기업이 정부와 계약하여 대행하는 위탁시장으로 그 규모가 크며 정부 예산을 통하여 사회적경제 기업의 제품과 서비스를 구매하는 공익목적의 공공구매시장도 점점 더 커질 수밖에 없기 때문이다.

이러한 시사점들을 토대로 〈표 9.4〉와 같이 사회적경제 마케팅 목표 고객을 개인, 조직체, 정부로 구분하고, 개인은 다시 윤리적 소비자, 조합원 소비자, 지역공동체 소비자, 수혜자인 사회적 소비자, 일반 소비자로 나눌 수 있으며, 조직체는 유관 기관, 중간지원조직, 비영리 기관, 상업적 기업으로 나누고, 정부는 중앙정부, 광역지자체, 기초지자체로 나눌 수 있다.

〈표 9.4〉 사회적 마케팅 고객 세분화

구분	세부 내용
개인	윤리적 소비자, 조합원 소비자, 지역공동체 소비자, 사회적 소비자, 일반 소비자 등 본인들이 직접 사용하기 위한 개인 고객 혹은 사회적 소비자의 사용을 지원하기 위한 구매
조직체	유관기관, 비영리기관, 중간지원조직, 상업적 기업 및 소속 구성원이 직접 사용하기 위한 구매 혹은 사회적 소비자의 사용을 지원하기 위한 구매
정부	중앙정부, 광역지자체부, 기초지자체 및 소속 구성원이 직접 사용하기 위한 공공구매 혹은 사회적 소비자의 사용을 지원하기 위해 형성된 공공시장

마케팅 고객을 세분화하고 나면 우리 조직에 맞는 목표 고객을 선정하여야 한다. 상업적 기업이 목표 고객을 정하는 세 가지 원칙이 있다. 그것은 첫 번째로 각각 분류된 목표 고객의 규모나 구매력을 알 수 있어야 하며, 두 번째는 세분 시장을 목표로 마케팅 전략을 실시할 때 목표하는 매출액과 수익을 발생시킬 수 있어야 하며, 세 번째는 주어진 기업이 보유한 인력과 자금으로 전략을 실행할 수 있는 접근성과 현실성이 확보되어야 한다. 사회적경제 기업은 이 세 가지 경제적인 원칙에 사회적 목적을 고려하여 목표 고객을 선정해야 한다. 즉 사회적 마케팅의 목표 고객 선정 원칙은 첫째, 분류된 목표 고객의 경제적인 구매력과 함께 사회적인 구매력을 같이 고민할 필요가 있으며, 둘째, 목표 고객에게 마케팅을 실시할 때 경제적인 수익과 함께 사회적인 영향을 달성할 수 있어야 하며 셋째, 기업이 보유한 인력과 자금 또는 이해관계자 네트워킹을 포함하여 해당 목표그룹에게 전략을 실행할 수 있는 접근성과 현실성이 확보되어야 한다. 사회적경제 기업 대부분은 마케팅 비용을 책정하기 어려운 현실을 호소하고 있다. 따라서 부족한 예산으로 마케팅 목표를 달성해야 하는 어려움에 처해 있으므로, 이해관계자 네트워킹을 통하여 이러한 현실적인 어려움을 극복해야 한다. 마케팅 목표 설정은 〈그림 9.6〉과 같이 먼저 마케팅 성과 달성의 핵심이 될 제1차 목표 고객을 중심으로 진행하고 이어서 제2차 혹은 제3차 목표 고객을 추가하여 성과를 달성해 나간다. 각각의 목표 고객에게는 행동 변화 목표와 정량적 구매량 목표, 예산을 책정하고 실행 방안을 마련하여 실시한다.

〈그림 9.6〉 마케팅 목표 달성의 과정

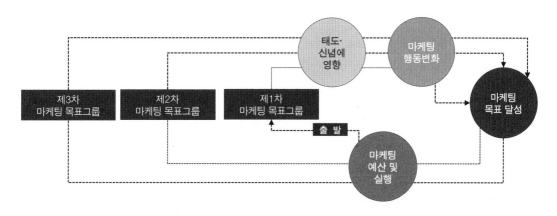

사례연구 35

미국의 탐스(TOMS): 신발이 한 켤레 팔릴 때마다 불우한 어린이에게 한 켤레의 신발을 기부하고
상처, 감염 및 질병으로부터 아이들을 보호해 왔으며
어려운 경영여건에도 불구하고 그들이 창출한 사회적 영향은 사라지는 것이 아니며 지속해 가고 있다[16]!

미국에서 태어난 블레이크 마이코스키(Blake Mycoskie)는 2006년 휴가 시즌에 아르헨티나를 방문하게 되었고, 그곳에서 신발도 없이 자라는 아이들을 보게 된다. 그는 미국으로 돌아와서 불우한 어린이들에게 지속적으로 신발을 제공할 수 있는 사업 모델로 "신발이 한 켤레 팔릴 때마다 불우한 지역의 어린이에게 한 켤레의 신발을 기부합니다."라는 캐치프레이즈로 '원포원(One for One)' 비즈니스 사업자 '더 나은 내일을 위한 신발(Shoes for Better Tomorrows)' 회사를 설립하게 된다. 이 회사는 2006년부

〈그림 9.7〉 탐스 설립자 마이코스키

출처: TOMS 홈페이지(2018), http://toms.com.

터 2019년 현재까지 82개 국가 및 38개의 미국 주에서 9500만 켤레 이상의 신발을 제공하고 있는데, 이 회사가 오늘의 '탐스'이다. 마이코스키는 2011년 '비즈니스 인사이더(The Business Insider)'지 기고문에서 "나는 떠들썩한 수도 한편에서 빈곤의 강렬한 발자국을 보았습니다. 그것은 나를 번쩍 깨우는 자극이었으며, 전 세계 어린이들이 종종 맨발로 다니고 있다는 것을 알았지만 난생처음으로 신발 없이 다니는 아이들의 발에 물집, 상처, 염증이 생긴 장면을 목격하게 되었습니다."라고 당시를 회고하고 있다[17]. 탐스는 2019년 현재 전 세계 82개국 및 168여 개가 넘는 비정부 및 인도주의 단체와 협력하고 있다. 이들은 봉사하는 해당 국가와 지역공동체에서 오랫동안 많은 경험을 보

유한 인도주의 단체들이다. 현지의 파트너가 그곳의 계절과 그들이 활동하는 지역공동체의 다양한 지형을 고려하여 '블랙 캔버스 신발', '겨울 부츠', '현지 제작 신발'의 3종류로 나누어 제공하고 있다. 블랙 캔버스 신발은 튼튼한 밑창으로 만들어졌으며, 남녀공용으로 신발 끈 없이 신고 벗기 편하도록 만들어졌다. 세계 50개국 이상에 제공되며 아이들이 학교 통학용으로 신고 다닌다. 〈그림 9.8〉과 같이 새로 추가된 스타일의 겨울 부츠는 차가운 기후에서 아이들의 발을 따뜻하고 건조하게 유지하며, 내구성이 뛰어나도록 튼튼하게 디자인되어 제작, 지원하고 있다. 겨울 부츠는 미국, 동유럽, 중앙아시아 및 남미의 아이들에게 제공되고 있다. 또한 현지에서도 신발을 제작하여 제공하고 있는데, 아르헨티나에서는 그들의 전통과 함께 다양한 색상과 패턴으로 제작되어 캔버스 신발을 제공한다. 또한 에티오피아에서도 현지 파트너의 요구에 따라 현지에서 다양한 캔버스 신발을 제작하여 제공하고 있다. 2020년에는 마블(Marvel)과 협력하여 'TOMS×Marvel'의 새로운 캐릭터 신발을 선보이고 있다.

〈그림 9.8〉 탐스 슈즈의 종류

출처: TOMS 홈페이지(2019), http://toms.com.

　탐스가 지역에 지속 가능하도록 신발을 제공하는 사회적 마케팅의 방식을 다음과 같이 7단계로 설명하고 있다. 첫 번째는 현지의 '기부 파트너 만들기'이다. 현지의 파트너는 해당 지역에서 어린이, 가족 및 지역공동체를 돕는 일에 지속적인 프로그램을 보유한 비영리조직으로 이들과 '신발 기부 파트너(Shoe Giving Partners)'로 협약을 맺는다. 두 번째는 '기부 매칭'이다. 고객이 신발을 구매한 후에는 고객이 구매한 것과 동일한 켤레만큼 신발을 배포하기 위하여 기부 파트너를 매칭하는 일이다. 세 번째는 지역에 신발을 제공하기 위하여 기부 파트너에게 신발 제공에 관한 '최적화 작업'을 진행한다. 이 단계에서 지역에서 필요한 신발의 수량과 크기를 결정하고 각각의 신발 스타일도 결정한다. 이 단계에서 탐스는 물류 지원 및 최고의 고객서비스를 제공한다. 네 번째는 '전달 및 배포'의 단계이다. 이 단계는 신발이 현지 기부 파트너를 통하여 아이들에게 바로 신겨지는 단계이다. 이 단계는 건강 검진, 의약품 및 백신 배포, 소액 금융 프로그램, 청소년 리더십 활동, 학교 지원 및 직업 교육과 같은 광범위한 프로그램과 함께 제공된다. 다섯 번째는 현장 배달에 따른 '운송 비용 지불' 부분이다. 탐스는 현지에서 기부 물품을 전달하는 데 따른 추가 비용의 부담이 있으면 안 된다고 생각하기 때문에 화물 운송, 차량 대여, 당나귀 배달과 같은 신발 운송 및 배달 비용을 지불한다. 여섯 번째는 '성찰과 개선' 단계이다. 기부 파트너의 의견, 현장 방문 및 연구 조사를 의뢰하여 기부의 영향을 평가하고 그것을 통하여 효과적인 개선 방안을 만들고 적용한다. 탐스는 보고서에서 '우리는 항상 배운다는 자세로 일한다.'라고 언급하고 있다. 일곱 번째는 '추가 제공'이다. 탐스는 아이들이 성장함에 따라 추가적인 신발을 제공하기 위해 최선을 다하고 있으며, 6개월마다 때때로 기부 파트너 협력하여 필요에 따라 새로운 신발을 제공하기도 한다.

〈그림 9.9〉 어린이들에게 제공되는 탐스 슈즈

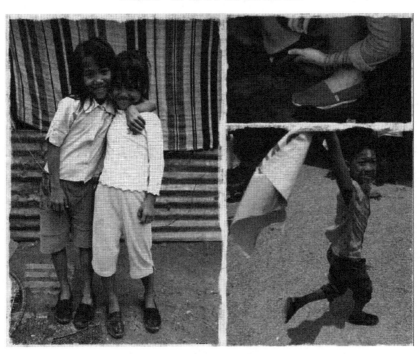

출처: TOMS(2013), "TOMS Giving Report_2013", p.8.

신발은 어린이의 발을 상처, 감염 및 질병으로부터 보호하며 아이들이 건강하게 학교에 다닐 수 있고, 사소한 질병에 대항하여 성장할 수 있으며, 아이들이 성장하여야 미래의 잠재력이 발휘될 수 있다(〈그림 9.9〉). 신발이 없으면 많은 국가에서 아이들은 학교를 출석할 수 없게 되는데, 그런 지역에서 아이들이 학교 교육을 받는다면 해마다 아이들 미래의 경제적인 수입은 10%가 늘어나는 것으로 추정되고 있다. 결국 교육은 빈곤 퇴치의 핵심 열쇠인 셈이다. 탐스는 현지의 기부 파트너와 협력하여 유아부터 청소년까지 다양한 크기와 스타일의 신발을 제공하고 있다. 아이들이 받는 신발의 적합성, 편안함 및 내구성에 대하여 일 년 동안 조사하게 되고, 그 결과를 바탕으로 지속적으로 개선책을 마련하고 새로운 신발 스타일을 개발하여 보다 효율적이고 효과적인 신발을 제공하기 위하여 노력한다. 탐스는 지역경제 활성화 및 일자리를 위하여 판매용 신발은 중국에서 생산하지만 기부용 신발은 기부하는 국가에 공장을 설립하여 생산한다. 2019년 기준 4개국에 총 13개의 공장을 운영하고 있다.

마이코스키와 탐스는 사회적 마케팅을 통하여 새로운 형식의 기부 문화를 창안한 기업가이자 사회적경제 기업에게 새로운 비즈니스 모델을 제시한 기업이기도 하다. 또한 공익마케팅, 공유 가치 창출의 대명사가 되기도 하였다. 빌 게이츠는 시사 주간지 〈타임(Time)〉의 기고문 '자본주의를 수리하는 법'에서 블레이크와 탐스를 창조적 자본주의 모델의 가장 대표적인 사례로 꼽았다. 사회문제 해결의 파급효과는 엄청난 발명이나 능력으로부터 나오는 것은 아니다. 마이코스키는 초기에 신발 디자인의 아이디어를 아르헨티나의 전통 신발인 알파르가타(Alpargata)에서 영감을 얻었고, 그곳에서 신발제화공과 함께 250켤레를 만들어서 미국으로 돌아와서 창업한 것이다. 자본도 부족하고 신발 업종에는 문외한이었던 그가, 광고도 없이 한 해 여름 동안 1만 켤레의 신발을 판매하는 대성공을 거둔 이유는 어디에 있을까? 판매점 및 언론은 신발 판매와 기부를 연계시킨 탐스의 스토리에 큰 관심을 보였고, 미디어가 특히 주목하면서 말 그대로 히트상품이 되었다. 마이코스키는 1만 켤레의 신발을 판매한 이후 최초 신발을 나눠 주면서 "맙소사! 정말로 내 꿈이 실현되는구나."라고 했다. 그는 "나는 매번 신발을 나눠 줄 때마다 감정이 복받쳐서 우느라 신발을 제대로 신겨줄 수가 없었으며, 불과 아홉 달 전에 수첩 속의 스케치로 시작한 일이었는데, 어느새 신발이 필요한 아이들에게 나누어 주고 있는 현실을 맞았다."라고 회상한다[18].

탐스는 신발로부터 시작된 '원포원' 모델을 확대하여 2011년부터는 '시력(Giving Sight) 회복' 모델을 시작하였다. 고객이 '탐스 안경'을 구입할 때마다 기부 파트너를 통하여 시력 회복이 필요한 사람들을 도와주고 있다. 2019년 현재 13개국의 나라에서 78만 건 이상의 사람들이 시력 회복에 도움을 받았다. 또한 2014년부터 시작된 '안전한 물(Giving Water)' 공급 사업을 통하여 '탐스 커피'를 구입하는 한 사람당 1주일 동안 사용할 수 있는 140ℓ의 식수를 기부하는 프로그램으로 아프리카 등의 지역에 72만 2천 주 분량의 안전한 물을 제공하고 있으며, 지속 가능한 수자원 체계 구축을 지원함으로써 물 공급이 어려운 지역공동체에 안전한 물을 제공하여 건강 증진, 경제적 생산성 향상, 일자리 창출 및 교육 기회 제공 등을 돕고 있다. 2016년부터는 '탐스 가방'을 통하여 고객이 가방을 구입할 때마다 출산 환경이 열악한 지역에서 숙련된 출산 관리자를 위한 교육이 제공되고, 여성이 아기를 안전하게 출산하는 데 도움이 되는 출산 키트 등을 배포하여 산모와 아이의 안전을 돕는다. 2019년 현재 방글라데시, 에디오피아, 아이티, 인도에서 34만 5000명이 넘는 산모들이 이 혜택을 받았다. 이외에도 사회적 임팩트 투자를 위한 650만 달러의 자금 제공, 함께하는 기부 파트너 205개 조직, 16만 8700명의 청소년에게 괴롭힘 및 따돌림을 예방, 총기 폭력 예방을 위한 72만 여건의 엽서를 의회에 전달하는 등의 임팩트를 보고하고 있다.

탐스는 2019년 12월 신용등급 하락과 확대된 파산 소문 등으로 경영에 어려움을 겪게 되었고 설립자 마이코스키와 대주주인 베인(Bain) 캐피탈은 3500만 달러의 자금을 투자하여 회사를 회생시키고 탐스의 사회문제 해결 비즈니스 모델인 'One for One' 모델을 이어가기로 약속한 채권단에게 경영권을 넘겨주고 일선에서 물러나게 된다. 탐스의 새로운 CEO는 유명 신발회사인 캔버스 (Converse) 등 미국과 유럽의 신발, 의류 및 액세서리 업계에서 25년 이상의 경험을 가지고 있던 매그너스(Magnus Wedhammar)가 영입되었다. 매그너스는 캡틴 아메리카(Captain America), 블랙위도우(Black Widow), 스파이더 맨(Spider-Man), 헐크(Hulk) 등 슈퍼히어로 캐릭터의 대명사로 알려진 마블(Marvel)과 협력하여 'TOMS × Marvel'의 새로운 캐릭터 신발을 선보이며 경영을 정상화시키고 있는 것으로 알려졌다. 탐스는 최근까지 코로나-19 감염병 대유행에 따라 2020년 4월부터 COVID-19 Global Giveing Fund에 순이익 3분의 1을 기부하며 사회적 이슈에도 참여하고 있다. 또 탐스만의 기부문화를 기반으로 근로자의 정신건강, 총기폭력종식, 교육 및 지역사회 개발을 지원하는 역할들을 계속 수행하고 있다.

탐스는 홈페이지와 블로그, 페이스북(Facebook), 유튜브(Youtube) 등 다양한 소셜 네트워크를 활용한 입소문 마케팅에 적극적으로 활용했다. 특히 입소문 마케팅을 위해 신발 기부 여행(Toms Giving Trips)을 적극적으로 활용했는데, 여행에 참여한 사람들에게 여행에서 찍은 사진이나 비디오를 인터넷에 올리면서 탐스라는 기업의 가치와 제품을 적극적으로 알렸으며 이를 통해 비참여자들도 탐스의 스토리에 신뢰를 보내게 되었다. 탐스는 원포원 기부 마케팅을 통해 처음에는 신발을 구매하면 기부를 통해 고객들도 사회적 책임에 동참하고 있다는 느낌을 받아 구매 욕구를 자극할 수 있었다.

4	사회적 마케팅 실천 전략

포지셔닝 전략

 마케팅 전략에서 기업 및 제품 또는 서비스에 대하여 고객의 머릿속에 심어지는 이미지는 매우 중요하다. 이것을 포지셔닝이라고 하는데, 상업적 기업에 있어서 포지셔닝 전략이란 "고객의 머릿속에 회사 또는 상품에 대하여 통일된 이미지를 심어 주는 일"이다. 포지셔닝 전략은 명쾌하고 단순한 메시지의 전달에서부터 시작할 수 있다. 즉, 기업들은 전달하고자 하는 메시지를 가장 잘 표현해 줄 수 있는 단어로 그들의 가치를 제언하기 위하여 노력하고 있다. 상업적 기업의 대표적인 포지셔닝 전략은 고객 맞춤형으로 좋은 혹은 경쟁자보다도 차별화된 효익이나 감성을 자극하여 이미지를 심으려고 한다. 사회적경제 기업의 포지셔닝은 이처럼 상업적 기업의 시장 메커니즘과 함께 이해관계자의 욕구를 충족시킬 수 있는 사회적 가치를 함께 제공하여야 한다[19].

〈그림 9.10〉 사회적 미션 및 시장 메커니즘을 혼합한 포지셔닝 좌표

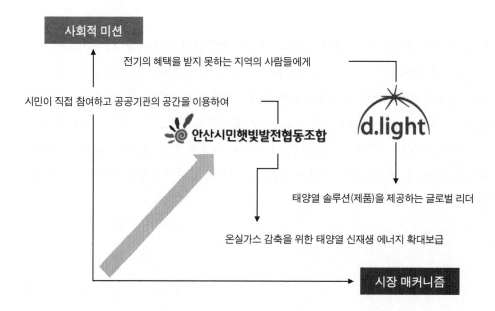

〈그림 9.10〉과 같이 혼합적인 포지셔닝 전략을 실천하기 위해서 포지셔닝 좌표를 사용할 수 있는데 이것은 시장 메커니즘에서 요구하는 중요한 효익, 예를 들어, 디자인, 품질, 편리성, 가격 등의 우수성과 함께 사회적경제 기업의 사회적 미션에서 언급하고 있는 사회적 가치를 같이 나타낼 수 있는 요소로 구분하고 이 둘을 혼합하여 전략을 수립한다. 이것은 국내·외 앞서가는 사회적경제 조직의 포지셔닝을 벤치마킹하고, 우리의 포지셔닝을 좌표화하여 명확히 할 수 있다. 우리가 앞서서 살펴본 미국의 디라이트(d. light)는 홈페이지에서 "우리는 전기가 도달하지 않는 사람들에게 태양열 솔루션(제품)을 제공하는 글로벌 리더입니다."라고 캐치프레이즈를 표기하고 있다. 시장 메커니즘 측면에서는 '태양열 솔루션 글로벌 리더'로 자처하고 있으며 사회적 미션 측면에서는 '전기가 도달하지 않는 어려운 사람들을 위하여'라는 사회적 가치를 담고 있다. 안산시민햇빛발전협동조합은 홈페이지에서 '시민햇빛발전소'의 의미에 대하여 "신재생에너지 확대를 통한 기후변화 대응과 에너지 전환 그리고 지역사회 공헌을 위해 시민(조합원)들로부터 출자를 받아 공공기관 및 교육시설 건물 등을 임대, 설치 및 운영하는 시민참여형 태양광 발전소"로 설명하고 있다. 시장 메커니즘 측면에서 '온실가스 감축을 위한 재생에너지의 확대 보급'과 사회적 가치 측면에서 '시민의 조합원 참여와 공공기관의 공간을 활용하는 사업'임을 나타내고 있다[20].

이처럼 양면성을 추구하는 포지셔닝 전략에 있어서 고려할 점은 있다. 예를 들어 사회적 사명이 기업의 시장 메커니즘에 영향을 미치는지 또는 경제적 측면이 사회적 측면의 브랜딩에 영향을 줄지에 대한 고려가 필요하다. 예를 들어 사회적경제 기업이 경제적인 측면에서 시장 메커니즘에 따라서 '자신이 이익을 얻는다.'라는 인식이 확대되었을 때 이것이 궁극적으로 사회문제를 해결하는 데 도움이 될 것인지, 부정적인 영향을 미칠 수 있는 것은 아닌지 살펴봐야 할 것이다. 상업적 활동으로 생성되는 재정적 자원에 의존하는 사회적경제 기업이 사회적 활동에 집중하여 그 결과로 상업적 성과는 부정적인 결과가 나온다면 사회적 사명에도 영향을 받을 수 있다. 결국 사회적 활동과 상업적 활동이 얼마나 가까이서 혼합되고 또는 얼마나 멀리 떨어져서 구분되어야 하는지 전략적인 고민이 필요하다.

뉴미디어 입소문 전략

사회적경제 기업은 마케팅에 충분한 예산을 확보하지 못하고 있다. 또한 광고 및 이벤트와 같은 판촉 활동을 실시하지 못하였고, 이해관계자로부터도 충분한 동의를 얻지 못한 상태로 사업을 진행해 왔다. 이것은 광고 및 이벤트로 사용할 비용이 있다면 직접 사업비로 사용하거나 사회적 목표그룹인 수혜자에게 직접 돌아가기를 원하는 암묵적인 동의 혹은 보조금 및 기부금으로 운영되는 사업의 규정에 따라 제약을 받아 왔기 때문이다. 사회적경제 기업은 이러한 긴축 상황을 유지하면서 지출을 최소화하려는 판촉 방식을 선택하여 활용했다. 따라서 판촉 활동의 대부분은 입소문에 기대는 저렴한 방법을 사용했는데, 아이러니하게도 입소문(Word-Of-Mouth, WOM) 전략은 매우 유용한 마케팅 전략의 하나였음을 알게 되었다. 흔히 입소문은 "한 사람의 입에서 다른 사람의 입으로 전달되는 정보의 흐름"을 말한다. 즉, "특정 제품이나 서비스에 대하여 개인이 직접적 혹은 간접적으로 경험한 긍정적인 혹은 부정적인 정보를 비공식적인 채널을 통해 전달하는 자발적인 의사소통 행위 또는 과정"을 말한다. 일반적으로 일반 사람들이 특정 제품이나 서비스에 대해 전달하는 입소문의 효과가 큰 이유는 기업의 당사자 혹은 관계자가 말하는 마케팅 정보에 대해서는 사람들이 그다지 신뢰하지 않는 데 반해, 기업의 이해당사자가 아닌 친구나 이웃의 이야기를 더 신뢰하기 때문에 입소문 효과가 그만큼 더 강력하다.

실제로 많은 사회적경제 기업의 마케팅 담당자들은 가장 좋은 촉진 방법으로 입소문 전략을 언급하고 있을 정도이다. 더군다나 이 접근법의 중요성은 판매 촉진 또는 신규 고객 개발에 국한되지 않고 직원, 파트너 및 자원봉사자와 같은 다른 이해관계자와의 관계에서도 매우 중요하다는 점이다[21]. 더 나아가 고객이 입소문을 타고 사회적경제 기업의 이해관계자 네트워킹 속으로 들어와서 관계할 수 있다면 이는 고객을 자연스럽게 확보할 수 있는 좋은 통로이며 더욱 지속 가능한 의미 있는 관계로 발전할 수 있는 기회로 인식되고 있다[22]. 결국 입소문 마케팅 전략은 첫째, 사회적경제 기업이 대내·외적으로 제품이나 서비스를 판매할 목적으로 광고 또는 마케팅에 많은 돈을 지출하고 있다는 인식을 원하지 않는 운영상의 필요성과, 둘째, 경제적 측면보다는 사회적 가치를 더 중요시하는 사회적경제의 규범적 요구와, 셋째, 실질적으로 매우 우수한 마케팅 효과라는 실용적 정당성을 모두 만족시키는 선택 가능한 방법 중에서 최고라고 할 수 있다[23].

기존의 신문, 잡지, 라디오, 텔레비전, 간판 등 전통적인 커뮤니케이션 채널은 불특정 다수에게 일방적인 정보를 제공해 왔지만, 〈그림 9.11〉처럼 구글과 같은 검색엔진은 개인에게 필요한 정보를 맞춤식으로 제공해 주고 있으며, 트위터나 페이스북과 같은 소셜네트워크서비스(Social Network Service, SNS), 아마존과 같은 소셜커머스(Social Commerce), 유튜브와 같은 동영상 공유(Social Streaming) 채널 등 각종 온라인 미디어들이 정보 특성에 따라 고객맞춤식으로 활발하게 개발되고 있다. 여기에 어느 곳에서든지 인터넷이 접속되는 모바일 기기 등이 광범위하게 확산되면서 뉴미디어 활용 전략은 폭발적으로 증가하고 있다. 전통적인 커뮤니케이션 채널이 한 시대의 저편으로 사라지고 있다는 증거이다. 이런 점에서 특히 "인터넷을 통해 소비자 간에 발생하는 제품 정보나 사용 경험, 추천 등의 정보를 교환하는 것"을 '온라인 구전 커뮤니케이션'이라고 하며 '일렉트로닉 입소문(electronic WOM)'이라고도 부른다[24].

〈그림 9.11〉 Social Media, The Conversation Prism Version 5.0

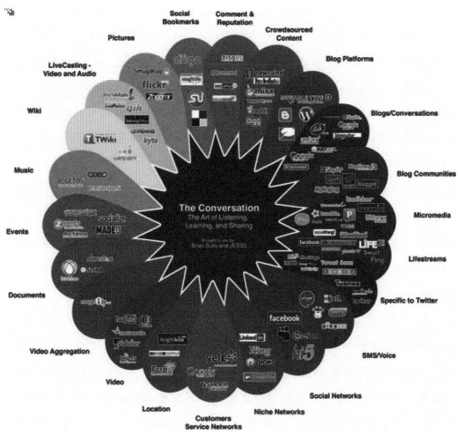

출처: JESS3 홈페이지(2021), "Conversation prism 5.0", https://jess3.com/.

페이스북과 같은 SNS상에서는 사이버 공간에서 맺어진 네트워킹을 바탕으로 사람들 사이에서 기업의 프로그램이나 제품 또는 서비스에 대해 정보를 자유롭게 그리고 무한대로 생성 및 보급하고 평가 및 추천한다. 온라인 입소문은 소비자의 의사 결정 과정에 중대한 영향을 미치고 있다. 예를 들어 어느 개인이 자신의 경제적인 이익과는 상관없이 온라인에서 기업의 정보나 제품 또는 서비스의 사용 후기를 생성하고 평가하는 방법을 통하여 다른 수많은 연결된 사람들과 평판을 공유하게 되고 온라인 네트워크라는 파급력을 바탕으로 수많은 사람들에게 순식간에 연결되어 소비자들이 기업을 신뢰하고 프로그램이나 제품 또는 서비스를 선택하는 데 매우 큰 영향을 미치고 있다.

온라인 입소문에 영향을 미치는 주요 요인으로는 '혁신성', '신뢰성', '규범적 영향', '상호 작용성' 등을 들 수 있다. '혁신성'은 다분히 개인적인 특성을 나타내는 용어인데 새로운 자극이나 신제품 등에 개방적인 행동 특성이나 성격 요인으로, 혁신성이 높은 사람은 SNS 이용도가 높고 구전에 적극적이다. 따라서 온라인을 통한 입소문 마케팅은 다분히 혁신적인 요소를 담을 필요가 있다. '신뢰성'은 '상대방에게 확신을 가지고 의존하며 교환하려는 의지'로 정의되는데, 이는 상대방이 자신의 분야에서 전문적인 능력을 발휘하고 긍정적인 결과를 달성할 것이라는 믿음을 전제로 그를 따르게 된다[25]. 따라서 사회적경제 기업이 제공하는 정보 혹은 정보제공자에 대한 전문성 확보가 필요하다. 이를 통하여 신뢰를 구축해야 한다. 또한 온라인이라는 익명성의 특성상 개인정보보호 문제도 신뢰성에서 중요하다. '규범적 영향'은 누군가의 기대에 동조하며 우호적인 반응을 보이고 그들의 프로그램 및 제품 또는 서비스 이용을 통하여 기대에 부응하려는 경향을 말한다. 따라서 온라인 정보 제공 활동은 사회적경제 기업이 추구하는 공동체적 관계와 규범적인 영향을 형성하도록 진행하고 사람들이 사회적경제 기업이 추구하는 가치를 받아들이고 공동의 사회적인 승인을 경험할 수 있는 장으로 발전해야 한다[26]. 또한 정보제공자의 일방적인 소통보다는 협력적인 상호 작용을 통해 힘의 균형을 유지하면서 신뢰를 구축하는 것이 중요하며, 이를 위하여 다양한 사람들과의 양방향 의사소통, 다양한 정보 공유, 친목 도모 등이 필요하다[27].

입소문 마케팅과 관련하여 사회적경제 기업에 있어서 의미 있는 몇 가지 격언이 있다. 첫째, 당신의 고객들이 서로서로 잘 연결되어 있을수록, 당신 사업의 성패는 고객들의 입소문에 더욱 의존하게 된다. 둘째, 입소문은 종종 빈틈없고 영리한 마케팅 전술의 결과로 만들어지며, 어떤 경우에는 가장 안 그럴 것 같은 제품 또는 서비스에서 엄청난 입소문을 만들어 내기도 한다. 셋째, 뒤따라 한 기업도 입소문을 통하여 상당한 효과를 볼 수 있다. 늦었다고 생각하지 말고 입소문 마케팅을 실시하라. 넷째, 전체 지역에 씨를 뿌리는 것이 초기에 더 빠를 수 있지만 가다가 죽을 수 있다. 하지만 특정 지역에 집중하면 서서히 확장되어 전체적으로 침투할 수 있다. 다섯째, 나랑 비슷한 사람이 사용하고 있다는 사실은 그 제품 또는 서비스가 틀림없이 우수하다는 증거이다. 여섯째 그냥 가벼운 사이에서 중요한 정보가 나온다. 인터넷은 약한 연결고리이다. 따라서 이런 의미에서 인터넷은 매우 중요한 역할을 한다고 할 수 있다[28].

홍보 및 판매촉진 전략

사회적 마케팅에 있어서 포지셔닝 전략에 의한 일관된 메시지의 전달은 입소문 전략과 함께 기업의 홍보 및 판매 촉진 전략에서도 계속되어야 한다. 홍보는 직접비용을 지급하지 않으면서 그들의 기업이나 제품 또는 서비스를 널리 알려 판매를 활성화하고자 노력하는 촉진의 방법이다. 광고는 비용을 지급하면서 매체를 이용하지만, 홍보는 비용을 지급하지 않으면서 매체를 이용한다는 점에서 매우 큰 장점이다. 아울러 텔레비전 혹은 라디오 광고 시간대나 신문, 잡지, 지역 소식지의 광고 지면에 노출되는 것이 아니고, 텔레비전 정규프로그램이나 신문, 잡지, 지역 소식지의 기사 지면에 노출되기 때문에 광고보다 신뢰성이 훨씬 높다. 광고에 비하여 홍보가 3~8배 정도의 효과가 높은 것으로 집계되고 있는 것은 이러한 이유 때문이다. 홍보의 주요 수단도 광고와 마찬가지로 텔레비전, 라디오, 신문, 잡지, 지역 소식지 등이 대표적이다. 단, 광고는 광고대행사가 중간에 관계하는 경우가 많으며 해당 매체의 광고팀과 접촉을 시도하게 되지만, 홍보는 프로그램의 작가나 신문, 잡지 혹은 소식지 등의 해당 기자 혹은 편집자가 접점이 된다. 최근에는 홍보대행사가 중간에서 업무를 대행하는 예도 있다. 이러한 홍보 전략 실행에는 몇 가지의 원칙이 필요하다. 첫 번째는 사실성이 전제되어야 한다는 점이다. 두 번째는 공익성과 연계가 되어야 한다는 점이다. 마지막 세 번째는 참신해야 한다는 점이다.

첫 번째 사실성이란 홍보의 내용이 실제와 달라서는 안 된다는 점이다. 홍보 내용이 실제 사실과 다르거나 허위로 꾸며진 것이고, 그것이 나중에 취재진이나 소비자들에게 알려진다면 기업으로서는 난감하기 이를 데 없으며 소비자로부터는 외면을 받게 되고 지금까지 쌓아온 이미지나 실적마저도 한순간에 무너질 수도 있기 때문이다. 하지 않느니만 못하다. 욕심을 앞세운 거짓 홍보는 절대 금물이다. 두 번째는 공익성과 연계가 되어야 한다. 사실상 광고성이 짙은 내용이라면 정규프로그램이나 뉴스 혹은 신문, 잡지, 지역 소식지의 지면에 알리기가 어렵다. 따라서 직접 판매를 유도하는 홍보가 아닌 사회적 공익을 부각할 수 있는 내용이 필요하고 이것을 통하여 공중의 여론이 회사나 상품에 긍정적인 방향으로 유도되어야 한다. 사회적경제 기업의 사명이나 목적 자체에 공익성이 포함되어 있으므로 사회적경제 기업의 홍보전략은 상업적 기업에 비하여 그만큼 유리하다. 세 번째는 참신성이 필요하다. 방송국 작가나 기자, 신문 및 잡지, 소식지 기자나 편집인은 많은 홍보물을 받는다. 따라서 참신성이 없다면 내용이 검토되기 전에 휴지통으로 들어갈 것이다. 제목이 끌려야 하며 홍보물 내용 선정에도 참신한 아이디어가 뒤따라야 하며 사진, 컴퓨터 그래픽, 그래프나 도표 등의 차트는 홍보물이 선택되는 데 강점으로 작용할 것이다. 위의 세 가지 원칙을 지키면서 방송국 작가 및 기자, 신문, 잡지, 지역 소식지의 담당자에게 홍보물을 보내야 한다. 이때에는 통상 문서로 만들어 기자에게 보내게 된다. 이때 보내는 문서를 보도 자료라 한다. 보도 자료는 홍보물을 보내는 사람이 기자나 편집인의 편의를 위하여 실제 기사와 같이 정리하여 보내 주는 기초 자료이다. 홍보물을 보낼 필요가 있을 때는 해당 업종이나 제품 또는 서비스의 기사를 다루는 기자 혹은 편집인의 이메일 등의 연락처를 파악하고 소통하면서 보도 자료를 발송한다. 보도 자료는 통상 육하원칙에 따라서 제공하는데, 기자들은 이러한 보도 자료를 토대로 기사를 작성하게 된다. 보도 자료를 발송한 후에는 확인 전화를 해야 하며, 기사 마감 시간(대체로 오후 시간대)은 피하는 것이 좋다.

판매 촉진이란 광고, 홍보, 영업 등의 촉진 전략을 제외한 다양한 모든 방법을 포괄하여 지칭하는데, 여기에는 벼룩시장 참가, 캠페인 활동, 사회공헌 게임, 이벤트 행사, 전단지 배포, 지역사회 봉사활동, 박람회 참가, 라이브 커머스, 인터렉티브 광고 등 여러 가지 아이디어를 생각해 볼 수 있다. 판매 촉진은 구매시점에 있는 고객에게 구매 정보를 제공하고 자극하는 데 효과적으로 사용된다. 전략적 제휴, 판촉물 증정, 사업설명회, 콘테스트, 샘플링, 거리시음 및 시연, 피오피(Point Of Purchase: 구매시점 고객의 구매자극을 위한 소개포스터 및 안내 광고물) 거치 혹은 부착 등도 판매 촉진의 방법들이다. 특히, 소매점 대부분은 전단지 배포를 판매 촉진의 주요 수단으로 이용하고 있다. 그러나 소비자들은 홍수처럼 쏟아지는 전단지에 정신을 차리지 못할 지경이다. 따라서 사업의 특성과 목표 고객을 고려하여 전단지 제작 및 배포에도 세심한 신경을 써야 한다. 항상 똑같은 크기의 유사한 디자인이 아닌 창의적인 아이디어가 필요하다. 거리에서 배포하는 전단지는 대부분 휴지통으로 들어간다. SNS에는 어떻게 제작하여 올린 것인지, 거리 배포가 적당한지, 방문 배포가 좋은지, 판촉물과 함께 배포하면 효과가 있을지, 문고리에 걸도록 하거나 자석을 부착하여 배포를 쉽게 할 것인지 등 세심한 배려가 가미되었을 때만이 도움이 된다. 앞서 언급한 피오피(POP)의 경우에는 저렴한 비용을 통하여 최대의 시각적인 효과 창출을 기하여야 하고, 고객에게 판촉물을 하나 나누어 주더라도 사용가치가 있는 것을 제작하여 나누어 주어야 한다.

판매촉진의 방법 중에서 사회적 목적 혹은 사회적 과정을 판매촉진에 접목한 방법으로 '사회공헌 게임', '라이브 커머스', '인터렉티브 광고' 등이 있다. 아래는 이러한 판매촉진 방법의 개념 및 사례들이다[29].

'사회공헌 게임'은 게임화(Gamification) 기법을 기업의 사회공헌 활동에 적용시킨 것으로, 기업의 사회공헌 활동에 소비자의 능동적인 참여를 유도하면서 동시에 기업의 이미지를 높이는 방법이다. 사회적경제 기업 트리플래닛(treepla.net)은 스마트폰 게임을 기부와 연결했다. 게임 참가자는 씨앗을 심고 물과 비료를 지속해서 주면서 나무를 키우는데 여기에 기업은 광고하고 참가자들이 실제 몽골 사막과 한국 비무장지대에 나무를 심을 수 있도록 후원하여 기부하는 방식으로 진행된다. 참가자는 현장에서 식목하는 과정에도 동참할 수 있는데 30만 명 이상이 이 게임에 참여했다. 스웨덴 자동차 기업 폭스바겐은 "재미 이론(Fun Theory)"의 게임화 기법을 활용하여 기업 이미지 제고를 위한 이벤트를 진행하였다. "재미는 더 나은 행동 변화를 가져온다"라는 명제 아래 재미있는 상황들을 통하여 친환경 및 친사회적 행동습관을 끌어내는 다양한 캠페인을 진행하여 성공적으로 마케팅 효과를 보았다. 재미있는 상황이라고 한다면 예를 들어 지하철 계단을 전자피아노 계단으로 바꿔 에스컬레이터가 아닌 계단을 이용하게 하거나 빈 병 수거함에 게임을 접목해 재활용 습관을 늘리도록 하는 방식이다. 이러한 판매촉진 아이디어는 모두 고객으로부터 얻는다.

'라이브 커머스(Live Commerce)'는 라이브 스트리밍과 커머스의 합성어로 실시간으로 오프라인 매장에서 대화하듯이 온라인에서 실시간으로 동영상 채널을 통해 소비자와 소통하며 판매하는 쇼핑의 한 형태이다. 네이버의 '쇼핑라이브', 카카오의 '톡 딜라이브', 티몬의 '티비온라이브', CJ올리브영의 '올라이브', 롯데백화점의 '100 라이브' 등이 국내의 대표적 라이브 커머스 플랫폼의 예이다. 라이브 커머스의 가장 큰 특징은 '상호 간 소통'이다. 생방송이 진행되는 동안 구매자들은 채팅을 통해 판매자 혹은 다른 구매자와 실시간 소통할 수 있다. '인터렉티브 광고(Interactive Advertising)'는 소비자와 양방향 소통을 통하여 직접 광고에 참여할 수 있도록 하는 광고이다. 스웨덴의 제약회사인 아포텍은 센서 감지 기술을 접목하여 '기침금연광고 빌보드(Coughing Billboard)'라는 이색적인 광고물을 설치하였는데 보드 근처에서 누군가 흡연을 하면 화면 속 모델이 괴로워하며 심하게 기침을 하여 금연 메시지를 전달한다. 인스타그램의 태그 기능을 활용한 온라인 방 탈출 게임인 G9의 '지구여행자' 방 탈출 게임 이벤트, 시작부터 결말이 정해진 시나리오가 아니라 관객들과 소통하여 전개가 바뀌는 플릭스의 영화 〈블랙미러: 밴더스내치(Black Mirror: Bandersnatch)〉도 인터렉티브 기법을 사용한 판매촉진 기법이다. 〈블랙미러: 밴더스내치〉는 유튜브의 '영상 추천' 기능을 이용해 시청자가 선택할 수 있도록 하여 일 방향으로 영상을 시청하는 것을 넘어서 시청자가 함께 참여하는 쌍방향 콘텐츠로 기획되었다.

옹호와 동원 전략

옹호는 "정치, 경제 및 사회적 체계와 제도권 내의 의사 결정에 영향을 미치도록 하는 개인 또는 조직의 활동을 의미하는 것으로서 특권그룹에 대한 치우침을 바로잡고 일반 대중 혹은 소외된 그룹에게 통합적으로 이익이 돌아가도록 행동하는 일"이다. 이는 진영의 논리를 떠나서 불균형 상태인 정치적 대의에 대하여 광범위하게 관심사를 표명함으로써 바로 잡도록 하는 일이다. 옹호에는 "사실 관계, 미디어 및 메시지를 사용하여 행정 및 대중을 교육함으로써 공공 정책, 법률 및 예산에 영향을 미치도록 하는 미디어 캠페인, 대중 연설, 시범 운영 및 연구 출판 활동들을 포함"하며 "특정 문제나 법률에 대해 입법자들에게 직접 접근하는 방식을 의미하는 '로비(lobby)'"도 일종의 옹호이다[30].

사회적경제 기업에 있어서 옹호는 종종 정치적 맥락의 차원에서 특정 정책 목표를 달성하거나 달성하려는 특정 행위자들의 체계적인 노력을 의미하는 것이기도 하다. 오랜 기간에 걸친 현장의 옹호 노력은 사회 운동 차원에서 개인들이 직면한 사회적 및 정치적 문제의 변화를 위하여 옹호 단체를 결성하고 이를 통하여 정책적인 영향을 미치도록 노력해 왔다. 미국에서 설립된 초창기의 대표적인 옹호 단체로는 1909년에 설립된 NAACP(The National Association for the Advancement of Colored People, 전미유색인지위향상협회), 작가이자 청각장애인으로 널리 알려진 헬렌 켈러(Helen Adams Keller) 등이 1920년에 설립한 ACLU(American Civil Liberties Union, 미국시민인권협회), 그리고 1958년에 설립된 AARP(American Association of Retired Persons, 미국은퇴자협회) 등이 있다. 옹호 단체는 종종 비정부기구, 로비 단체, 압력 단체, 활동가 단체 또는 사회 운동 단체로써 활동하며 중앙 및 지방 정부가 나루는 무수한 문제뿐만 아니라 정부가 다루지 않지만, 특정 지역공동체의 관심사가 포함된다. 이러한 범위에는 노동, 시민권, 민주주의, 교육, 의료, 환경, 상업, 종교, 사법 시스템 등을 다루는 문제가 포함될 수 있다[31].

옹호연대에 따른 정책의 변화와 혁신의 구조를 설명하는 〈그림 9.12〉의 '옹호연대모형(ACF, Advocacy Coalition Framework)'은 옹호연대가 정책 체계에 어떻게 영향을 미치는지 흐름을 설명해 주고 있다. '옹호연대에 따른 정책 하위체계의 변화와 혁신'은 '정책 하위체계 행위자가 갖는 단기 제약 및 가용 자원'과 더불어 '장기적으로 정책변화의 합의나 개방성 정도'에 영향을 받아 정책이 변화하고 사회문제 해결의 혁신으로 이어진다. 이러한 변화와 혁신은 시간이 지나면 안정화되고 다시 '장기 옹호연합 기회구조'와 '정책 체계의 외부 변수' 및 그에 따른 '정책 하위체계 행위자가 갖는 단기 제약 및 가용 자원'에 영향을 주고 '정책 하위체계의 변화와 혁신'으로 순환된다[32].

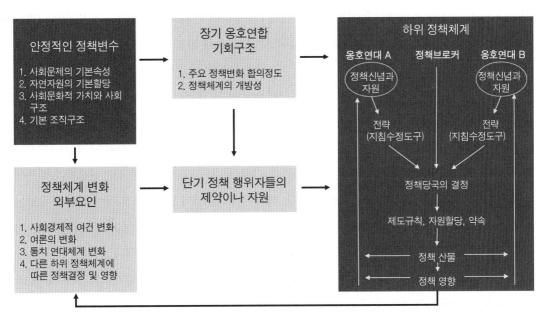

〈그림 9.12〉 옹호연대모형(ACF, Advocacy Coalition Framework)

출처: Paul A. Sabatier and Christopher M. Weible(2007), "The Advocacy Coalition Framework: Innovations and Clarifications", Westview Press. p.202.

사회적경제에 있어서 옹호는 지역공동체가 가난과 소외 또는 배제로부터 고통받는 사람들을 많이 가지고 있다면, 개인의 문제와 함께 지역공동체 역시 고칠 부분을 가지고 있다는 가정에서 출발한다. 따라서 사회문제의 해결은 개인뿐만 아니라 지역공동체도 변화되어야 함을 의미한다. 빈곤을 퇴치하거나 공동체 속에서 건강, 보육, 교육, 주거, 노동, 안전 등이 균등하게 보장받도록 하는 사회적경제의 사업에 있어서 사회적기업가, 지역 활동가 또는 사회복지사들은 개인적으로 혹은 사회적경제나 사회복지 단체 등을 통하여 법제적 행정적 변화를 위해 옹호를 실천한다. 부당한 법과 행정실무에 도전하는 합법적 활동은 일반적인 옹호의 방법이며 관련된 규정과 제도 마련, 개선 및 혁신, 행정에서의 촉진과 도전 활동도 마찬가지이다.

사회적 마케팅을 위한 옹호는 공동체 구성원, 그중에서도 특히 사회적 목표그룹에게 이익을 주는 사회로의 변화를 요구하는 것으로부터 시작하며, 그러한 가운데에서 정치 및 행정 권력자들의 관심과 자각, 사회적 프로그램 편성, 사회적 금융 및 구매 지원 등 힘(권력)과 정책의 현안문제를 제기하여 변화와 성과를 만들어 낼 수 있다. 옹호는 문제가 있는 제도와 정책, 그리고 행정의 실천으로 영향을 받는 사회적 목표그룹의 편에 있기는 하지만 그들이 직접적으로 문제를 제기하지 않는다는 특징이 있다. 옹호는 효과적인 활동이며 사회 속에서 힘(권력)과 정책의 관계를 바꿀 수 있기는 하지만 사회적 목표그룹 자신을 위한 행동이나 사회적 마케팅을 위한 역량 강화에는 많은 시간과 노력이 요구된다. 그러한 측면에서 동원은 좀 더 "주체적인 입장에서 사회적 목표그룹을 포함한 이해관계자들이 자신들을 위해 스스로 행동하도록 요구하는 역량강화 과정"에서 시작할 수 있다.

사람들이 국회 또는 시의회 앞에 모여 사회서비스 바우처 단가의 현실화를 촉구하는 탄원서를 돌리며 피켓시위를 벌이거나 부당한 정책 제정에 항의하기 위하여 해당 의원의 탄핵을 요구하는 동원을 통하여 사회적 목적 또는 사회적 마케팅을 실천할 수 있다. 동원을 통하여 제기된 사회문제의 변화를 끌어내기도 하지만 동원이 보통 즉각적 상황에 대한 반응을 중심으로 진행되기 때문에 근본적인 성과를 가져오는 데에는 한계가 있다. 하지만 힘(권력)이 없고, 가진 것이 없던 사람들이 그들의 목소리를 발견하기 시작하고 자신감을 회복하며 그들의 삶과 지역공동체의 조건을 바꿀 기회를 그들이 실제로 가지고 있다는 것을 느끼기 시작한다는 점에서 의미가 크다. 이러한 활동을 통하여 지역공동체 구성원 및 이해관계자들은 그 과정에 참여할 것을 결정하게 되고 지역공동체 조직을 세워 가는 데 있어서 성공 혹은 좌절을 경험하며 발전한다[33].

사례연구 36

한국의 모어댄(morethan): 사회 및 고객의 행동 변화에 영향을 줄 수 있는 친환경적 이슈와 사회적 약자의 안정적인 일자리 제공을 통하여 최고급 디자인 가방을 생산하고 세계에 판매하다[34]!

'BTS 가방'으로 유명세를 타고 2019년 대통령의 순방에도 동행해 소개된 국내의 사회적경제 기업 모어댄은 "자동차 생산 과정 및 폐자동차에서 수거되는 천연가죽, 에어백, 안전벨트를 재사용하여 가방 및 액세서리 제품을 제작하며 환경과 디자인을 동시에 생각하고 자원의 선순환을 돕는 기업"이다. 모어댄은 2015년 창업 후 2017년 'Continew'라는 업사이클링 패션 브랜드를 사용하고 있다. "가방이 된 자동차(안전벨트)"라는 모어댄의 슬로건은 특히 눈에 띈다. 모어댄은 455일간의 연구 개발 기간을 통하여 업사이클링 산업에 새로운 가치를 만들어 냈다. 연간 400만 톤에 달하는 재활용 불가 자동차 매립폐기물 절감에 매일 도전하고 있으며, 가방 1개당 1642리터의 물을 절약하고 있다. 동물을 사랑하는 컨티뉴는 버려지는 천연 소가죽을 재활용함으로써 애니멀 프리(Animal-Free, 역주: 제품의 제작에 있어서 동물을 사용하지 않음)를 실현하고 있다. 실제 자동차에 사용되는 가죽은 여름철 고온과 습기, 겨울철 추운 온도와 수만 번의 마찰을 견딘다. 이러한 내구성은 〈그림 9.13〉과 같이 원단 재생작업을 거쳐 컨티뉴의 제품에 고스란히 반영되어 견고하고 오래 사용할 수 있는 장점을 갖는다. 더 나아가 SK이노베이션 지원을 받아 태양광 전기 100% 빗물 재사용으로 연간 11만 톤 물 절감 효과로 2019년 3월부터 그린 팩토리를 운영 중이다. 또한 이를 통해 창출되는 일자리는 경력단절 여성 및 북한 이탈주민에게 제공된다.

〈그림 9.13〉 컨티뷰 브랜드 업사이클링 원단 재생작업

가죽 수거　　　오염 제거/가죽 건조　　　특수열 코팅　　　가죽 분류　　　광택/영양 공급

출처: 모어댄 홈페이지(2021), http://wecontinew.co.kr

모어댄은 사회적 마케팅에서 이야기하는 것처럼 사회 또는 고객의 행동 변화에 영향을 줄 수 있는 폐자동차라는 환경 이슈가 어떻게 기업의 전략이 되고 사회적 마케팅이 되는지 잘 보여 준다. 모어댄의 홈페이지에서 "세상에 버려지는 물건은 참 많습니다. 수명이 다하여 버려진 소재들 속에서 그 속에 담긴 의미와 가치를 재발견하여 지속 가능한 가치를 창출하는 것이 컨티뉴의 철학입니다."라고 이야기하고 있다. 모어댄의 비즈니스 모델이 창출하는 경제적, 사회(공동체)(적), 환경적 측면의 과정과 성과를 차례대로 살펴보면 다음과 같다.

먼저 경제적 측면을 중심으로 분석한 비즈니스 모델은 다음과 같다. 가치 제안은 '고품질의 가죽 제품 제공'에 있으며 목표그룹은 '윤리적 소비를 지향하는 고객, 내 차의 가죽으로 추억을 만들고 싶은 고객'이며, '기아자동차, 테슬라, 르노자동차와 프로모션을 진행하고 있다. 경제적 측면의 비즈니스 모델은 가죽의 재활용에 포커싱되어 있으며 이를 통해 친환경 원가절감 효과를 보고 있다.

다음으로 사회(공동체)(적) 가치 측면에 있어서 "윤리적 소비의식 증진과 구입고객의 자기만족"과 "Animal-Free 및 착한 기업에 대한 사회적인 캠페인, 취약계층의 자립 지원"을 들 수 있다. 사회적 비용은 "자동차 업사이클링 자체 비용, 시민의식 및 환경 문화 인식 구축 비용"을 들고 있다.

<그림 9.14> 환경적 가치 측면으로 분석한 모어댄 비즈니스

Supplies and Out-sourcing	Production	Functional Value	End-of-Life	Use Phase
■ 물세척이 가능한 천연 세제 생산 및 사용 ■ 패브릭 및 가방부자재 공급 ■ 남은 가죽으로 합성 원단 제작	■ 가죽제품 (가방, 지갑, 악세사리) Materials ■ 에어백, 가죽시트, 안전벨트 등 기존에 재활용하지 못했던 부분 사용	■ 업사이클링된 가죽량 만큼의 환경적 가치 창출	■ 매립 또는 재조합 ■ 재활용 Distribution ■ 회사차량 소요 ■ 친환경 포장제 사용	■ 패션가방 구입 및 소지품 수납 ■ 외출 시 사용 ■ 귀가 후 보관

Environmental Impact	Environmental Benefits
■ 4백만 톤의 매립폐기물 절감 ■ 부족자원의 보존, 환경부하감 저감	■ 가죽제작공정의 생략 ■ 가방 1개당 1642리터의 물 절약(염색에 사용되는 물)

출처: 전혜진·박재환(2017), "지속 가능한 소셜벤처를 위한 TLBMC(트리플 레이어드 비즈니스 모델 캔버스) 활용 사례 연구", 한국경영학회 통합학술발표논문집, P.62.

<그림 9.14>와 같이 마지막으로 환경적 가치 부분을 살펴보면, 사회적인 효익으로는 "폐차장에서 kg당 60원이 소요되는 처리 비용의 절감, 부족한 자원의 보존, 환경 부담감 저감, 재활용이 불가한 연간 400만 톤의 사동차 매립폐기물의 절감과 가방 1개당 1642리터의 물을 절약"할 수 있는 환경석인 가치를 달성하고 있다.

442 제2부 사회적경제의 전략과 실천

사례연구 33 　쿠로카베는 일본의 나가하마시 쿠니토모 마을에 있는 옛 건물을 허물지 않고 유리공예 전문 상가로 특화하여 지역 상가와 공동체를 활성화 시킨 사례이다. ① 먼저 이 사례에 대하여 좀 더 자세히 설명하라. 그리고 ② 우리 지역의 낙후된 상점가를 살리기 위한 도입방안은 무엇이 있는지 각자의 의견을 제시하고 토론해 보자.

사례연구 34 　스웨덴의 예테보리(Gothenburg)시는 한때 세계 최대의 조선 및 자동차 등 중화학 공업 도시에서 지금은 지식산업과 친환경 생태도시로 거듭나고 유럽과 전 세계에서 환경적으로 가장 선진적인 도시를 목표로 나아가고 있다. ① 먼저 이 도시의 변화 과정에 대하여 좀 더 자세히 설명하라. 그리고 ② 우리나라 지방 중소도시 중에서 산업공동화 현상이 있는 도시의 예를 들고 정책적으로 도입할 수 있는 아이디어에 대하여 각자의 의견을 제시하고 토론해 보자.

사례연구 35 　탐스(TOMS)는 저개발 국가의 아이들이 신발이 없어 발에 물집, 상처, 염증이 생기는 사회문제에 안타까움을 느끼고 "한 켤레의 신발이 팔릴 때마다 불우한 지역의 어린이에게 한 켤레의 신발을 기부합니다."라는 케치프레이즈로 사회문제 해결에 앞장서는 사회적경제 기업이다. ① 먼저 탐스의 사업에 대하여 좀 더 자세히 설명하라. 그리고 ② 우리 지역의 사회적경제 사업에 있어서 사회적 마케팅 방안으로 도입할 수 있는 아이디어에 대하여 각자의 의견을 제시하고 토론해 보자.

사례연구 36 　한국의 모어댄(morethan)은 자동차 생산과정 및 폐자동차에서 수거한 재료를 이용하여 가방 및 악세사리를 제조하는 환경 친화적이며 디자인을 중시하는 사회적경제 기업이다. ① 먼저 모어댄의 사업 모델에 대하여 경제적, 사회(공동체)(적), 환경적 가치로 구분하여 좀 더 자세히 설명하라. 그리고 ② 우리 지역의 사회적경제 기업이 사회적 마케팅을 추진하는 데 있어서 배울 점은 무엇이 있는지 고객의 행동 변화에 영향을 줄 수 있는 가치 창출을 중심으로 각자의 의견을 제시하고 토론해 보자.

제9장의 참고문헌(Reference)

1 Kotler, Philip and Gerald Zaltman(1971), "Social Marketing: An Approach to Planned Social Change," Journal of Marketing, 35, 3-12.; Alan R. Andreasen(1994), "Alternative Growth Strategies for Contraceptive Social Marketing Programs," Journal of Health Care Marketing, 8, 38-46.

2 Brown, B.(1986), "Social Marketing and the Construction of a New Policy Domain: An Understanding of the Convergence Which Made Social Marketing Possible." doctoral thesis.; Manoff, Ricbard K.(1985), "Social Marketing", Praeger Publishers.; Alan R. Andreasen(1994), "Social Marketing: Its Definition and Domain", Journal of Public Policy & Marketing, 13(l), 108-114.에서 재인용

3 Sally Dibb, Marylyn Carrigan(2013), "Social marketing transformed: Kotler, Polonsky and Hastings reflect on social marketing in a period of social change", European Journal of Marketing, 47(9), 1376-1398.

4 Galan-Ladero, M. Mercedes, Clementina Galera-Casquet, and Victor Valero-Amaro, Barroso-Mendez, M. Jesus(2013), "Does the Product Type Influence on Attitudes Toward Cause-Related Marketing?", Economics & Sociology, 6(1), 60-71.

5 Varadarajan PR, and A. Menon(1988), "Cause-related marketing: a coalignment of marketing strategy and corporate philanthropy", Journal of Marketing, 52(3), 58-74.

6 이승영(2014), "공익연계마케팅 활동에 따른 비영리단체의 브랜드 이미지에 관한 연구", 한국디자인문화학회지, 20(3), 479-491.

7 동아비즈니스리뷰(2015), "아멕스 카드 쓰면 자유여신상 복원, 강력한 명분이 소비자 움직인다", 176호.; CocaCola Journy(2017), "인터뷰: 코카·콜라 '북극곰' 광고 제작자, 켄 스튜어트(Ken Stewart)", https://coca-colajourney.co.kr/.

8 Andreasen, A.(1995), "Marketing social change: Changing behavior to promote health, social development and the environment", Jossey-Bass Publishing.; 이은영(2013), "사회적 마케팅이 소비자 태도에 미치는 영향에 관한 연구: 항공산업을 중심으로", 한국항공경영학회지, 12(4), 193-212.에서 재인용.

9 쿠로카베 홈페이지(2021), http://kurokabe.co.jp.; 정소양·임상연(2015), "해외의 지역기반 사회적 경제조직 운영 사례: 일본과 홍콩의 경험", 국토, 38-46.; 권주형·서동관·김운성(2017), "한국과 일본의 마을기업 비교", 기업경영리뷰, 8(4), 151-166.

10 NSMC(National Social Marketing Centre) 홈페이지(2018), "What is social marketing?", http://thensmc.com.

11 Sally Dibb and Marylyn Carrigan(2013), "Social marketing transformed: Kotler, Polonsky and Hastings reflect on social marketing in a period of social change", European Journal of Marketing, 47(9), 1376-1398.

12 NSMC 홈페이지(2018), "Social marketing planning guide", http://thensmc.com.

13 위키백과 홈페이지(2018), "아랍의 봄", http://ko.wikipedia.org/wiki.

14 예테보리 홈페이지(2023), https://goteborg.com.; 김기완·김형태(2017), "지역산업구조 재편의 영향과 전략", KDI.; Kollaborativ Ekonomi Göteborg(2017), "12 Reasons Why Gothenburg is an Amazing Sharing City(예테보리가 놀라운 공유 도시인 12가지 이유)", shareable(https://shareable.net). 위키피디아(2023), "Gothenburg", https://en.wikipedia.org.

15 배달특급(2021), "https://www.specialdelivery.co.kr", 코리아경기도(주).; 김기성(2021), "2개월 달린 경기도 공공배달앱 '배달특급' 성적은?…일단은 '우수'", 한겨레신문.; 김정희(2021), "이슈분석: 공공배달앱, 틈새시장 공략", 전자신문.

16 TOMS(2013), "TOMS Giving Report 2013",; TOMS 홈페이지(2018), "탐스 스토리 & 기부영역", http://toms.com.; 위키백과(2018), "블레이크 마이코스키", http://en.wikipedia.org; 김환표(2018), "블레이크 마이코스키: 기부는 우리 신발을 단순한 상품 이상으로 만들었다", 인물과사상, 238, 80-96.; TOMS(2019), "TOMS_2019_Global_Impact_Report".; 김환표(2018), "블레이크 마이코스키: 기부는 우리 신발을 단순한 상품 이상으로 만들었다", 인물과사상, 238, 80-96.

17 TOMS 홈페이지(2018), "탐스 스토리", http://toms.com. ; 위키백과(2018), "블레이크 마이코스키", http://en.wikipedia.org/wiki.

18 김환표(2018), "블레이크 마이코스키: 기부는 우리 신발을 단순한 상품 이상으로 만들었다", 인물과사상, 238, 80-96.

19 Alex Mitchell, Judith Madill, and Samia Chreim(2015), "Marketing and social enterprises: implications for social marketing", Journal of Social Marketing, 5(4), 285-306.

20 딜라이트 홈페이지(2018), http://dlight.com.; 안산시민햇빛발전협동조합 홈페이지(2018), http://ansansolar.kr.

21 Alex Mitchell, Judith Madill, and Samia Chreim(2015), "Marketing and social enterprises: implications for social marketing", Journal of Social Marketing, 5(4), 285-306.

22 Dart, R.(2004), "The legitimacy of social enterprise", Nonprofit Management Leadership, 14(4), 411-424.

23 Suchman, M. C.(1995), "managing legitimacy: strategic and institutional approaches", Academy of Management Review, 20(3), 571-610.

24 Chatterjee, P.(2001), "Online Review: Do Consumers Use Them?", Advancesin Consumer Research, 28, 129-133.

25 Moorman, C., Deshpande, R., and Zaltman, G.(1993), "Factors Affecting Trust in Market Research Relationships", Journal of Marketing, 57, 81-102.

26 이시내·이경렬(2013), "SNS 이용자들의 온라인 구전(eWOM) 행동에 영향을 미치는 요인에 관한 연구: 개인적 특성, SNS 특성, 대인적 영향, 사회적 자본을 중심으로", 한국광고홍보학보, 15(4), 273-315.

27 경종수·김명수(2012), "SNS의 서비스특성과 상호 작용성이 신뢰와 결속에 미치는 영향", e-비즈니스연구, 13(3), 3-25.

28 김상훈(2004), "사회적 네트워크의 이해와 입소문 마케팅 전략", 마케팅, 38(8), 31-39.

29 유튜브(2021), "https://youtube.com/watch".; 해시넷위키(2021), "http://wiki.hash.kr".; G9(2021), "https://www.g9.co.kr/"; 강학주(2012), "위키미디어 시대가 열린다(4): 열린지성과 기업생태계", 전자신문.; 김희재(2021), "비대면 인터렉티브 광고? 모순적인 광고가 나타났다", http://trendinsight.biz.; 넷플릭스(2018), "블랙 미러: 밴더스내치", https://netflix.com.

30 J Craig Jenkins(2006), "Nonprofit Organizations and Political Advocacy", 13 chapter, Part III" in Walter W. Powell, Richard Steinberg(2006), "The Nonprofit Sector: A Research Handbook, 2nd edition", Yale University Press, 2006.

31 Obar, Jonathan A., Zube, Paul, and Lampe, Cliff(2011), "Advocacy 2.0: An Analysis of How Advocacy Groups in the United States Perceive and Use Social Media as Tools for Facilitating Civic Engagement and Collective Action", Journal of Information Policy 2, 1-25.

32 Paul A. Sabatier(1987), "Knowledge, Policy-Oriented Learning, and Policy Change: An Advocacy Coalition Framework", Science Communication, 8(4), 649-692.; Paul A. Sabatier and Christopher M. Weible(2007), "The Advocacy Coalition Framework: Innovations and Clarifications", Westview Press.

33 NASW·김만두·김융일·박종삼(2011), "사회복지대백과사전", 나눔의집.

34 ㈜모어댄 홈페이지(2021), http://wecontinew.co.kr.; 전혜진·박재환(2017), "지속 가능한 소셜벤처를 위한 TLBMC(트플 레이어드 비즈니스 모델 캔버스) 활용 사례 연구", 한국경영학회 통합학술발표논문집, 541-554.

제3부

사회적경제의
성과 창출
및 확장

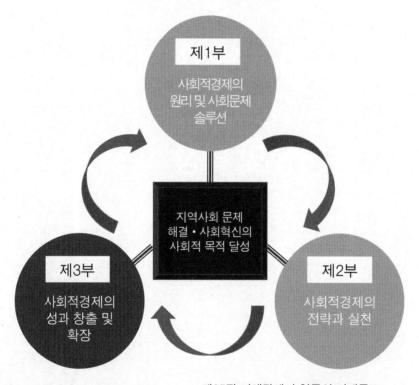

- 제01장 사회적경제의 원리와 규범
- 제02장 사회적기업가정신 및 리더십
- 제03장 사회적경제 비즈니스 모델
- 제04장 사회적경제 사업계획 수립

제1부

사회적경제의
원리 및 사회문제
솔루션

지역사회 문제
해결 • 사회혁신의
사회적 목적 달성

제3부

사회적경제의
성과 창출 및
확장

제2부

사회적경제의
전략과 실천

- 제10장 사회적경제의 재무분석
- 제11장 사회적 영향 측정 및 관리
- 제12장 사회적 영향 투자 및 조달
- 제13장 사회적 영향 확장

- 제05장 이해관계자 협동의 지배구조
- 제06장 지역공동체 조직화(Community Organizing)
- 제07장 비즈니스 네트워킹(Business Networking)
- 제08장 사회적 경영차별화(Social Differentiation)
- 제09장 사회적 마케팅(Social Marketing)

지역을 기반으로 실천하는 치료 공동체

1996년 경기도 수원에서 지역사회정신보건사업이 시작되고 지역사회 네트워크가 절대적으로 필요한 시기에 정신장애인 직업재활 프로그램의 일환으로 보호작업장을 개설하고, 정신장애 당사자와 가족을 지원하는 정신재활 프로그램과 가족지원 사업, 직업재활 사업, 지역사회 네트워크 사업을 25년 이상 실천 해오고 있습니다. 회복과정의 정신장애 당사자와 가족 분들의 욕구에 맞추어 직업 관련 사업을 실시하는 것은 어려움이 많았습니다.

이 가운데 정신장애에 대한 선입견과 편견이 높은 현실에서 지역사회 정신건강사업이 정신장애 당사자의 회복에 긍정적 영향을 주고 있는지 고민이 되었습니다. 또한 지역사회내 공동체 속에서 공존할 수 있는 방법은 무엇일까? 지역공동체에게 긍정적인 영향을 미치는 행동은 무엇이 있을까? 이때에 최중석 교수의 《사회적경제학(Social Economics)》을 읽게 되었습니다.

정신장애 당사자의 강점을 지원하는 사회적경제 기업으로 기능하며 일자리를 마련하고, 지역사회 속에서 함께 살아가는 삶의 가치를 만들어가는 지역기반의 실천모델을 지향한다.

이 책의 제3부는 사회적경제 기업의 재무분석, 사회적 영향 측정과 관리, 사회적 영향 투자, 사회적 영향의 확장에 대하여 이론적인 배경과 실천방법, 사례들을 제공하고 있습니다. 특히, 사회적경제 기업이 창출한 사회적 가치와 영향을 밝히고 알리는 일은 매우 중요합니다. 도서 후반부에 나오는 포용적 비즈니스에 있어서의 협력적 확장 절차도 우리사회가 함께 실천해야 할 부분입니다.

특별히 저자와 함께 교재를 중심으로 다양한 사례를 공부했던 경험 속에서 지역사회 다양한 기관들과 연대하며 지역사회 속에서 공존하는 방법을 배우고, 당사자분들과 가족이 실감해 가는데 새로운 인식을 갖게 되었습니다. 정신장애 당사자 중심의 '회복과정 지원, 강점 중심의 지원, 자립과 독립의 삶 지원'이라는 사람이 중심인 사회적경제의 운영방식은 시간이 지나면서 서로 자연스럽게 이심전심의 환경을 만들었고 지역사회 기반의 "치료적 공동체 모델"을 완성해 가는 꼭 필요한 중요한 방식이었습니다. 고맙습니다!

2023년 1월 13일
마음샘정신재활센터 원장 장명찬

장명찬은 마음샘정신재활센터의 원장으로 재직 중이며 사회적기업 ㈜마음샘을 창업하였다. 사회복지학을 전공하였으며 (사)한국정신재활시설협회 회장을 역임하였다. 용인정신병원과 아주대학교의료원 정신건강연구실에서 정신장애인의 재활에 힘써 왔다. 대학에서 겸임교수로 활동하면서 정신장애인 분야 후배 양성에도 힘쓰고 있다.

제10장

사회적경제 기업의 재무분석(Financial Analysis)

제10장의 개요(Outline)

10-1. 사회적경제 기업의 재무관리
10-2. 사회적경제 기업의 재무제표 이해
10-3. 사회적경제 기업의 재무비율분석
10-4. 사회적경제 기업의 사업타당성 분석

사례연구 37 스웨덴의 발렌베리(Wallenberg): 150여 년의 역사를 가진 유럽 최대, 최고의 기업집단으로써 전문경영인
및 노동자 중심, 기업 투명성, 사회공헌의 경영철학을 바탕으로 국민적 지지와 사회적인 존경을 받으며 소
유지배구조의 세계적인 벤치마킹 사례로 칭송받다!

사례연구 38 영국의 런던어린이재단(London Early Years Foundation): 불우한 어린이(유아)의 보육 및 지역사회를 위한
포용적 비즈니스로 시작하여 런던 전역에서 39개의 지역공동체 보육원 및 어린이센터를 운영하고 관용과
이해, 다양성 및 친환경의 사회적 영향을 확장하다!

사례연구 39 이탈리아의 논첼로 사회적협동조합(Coop Noncello): 지역의 사회적 약자, 특히 정신장애인에 대한 특별한
민감성에 바탕을 두고 모든 사람이 동등한 사회적 존엄성과 사회적 환경 속에서 만족스러운 삶을 누릴 수
있는 권리를 함께 찾다!

사례연구 40 한국의 사회투자지원재단: 지난 15년 이상 한국사회에서 지역기반의 전문성, 도전과 혁신, 공동생산, 존중
과 배려의 핵심가치를 토대로 지역사회라는 본질과 사회적 영향이라는 사회적경제의 주된 목적을 놓치지
않고 묵묵히 사회적경제의 대안적 구상과 실천을 촉진하고 지원해 오다!

☞ 학습목표 10-1: 사회적경제 기업 성과의 양면성을 사회적인 가치 창출과 지속 가능한 재원확보의 두 가지 차원에서 이해하고 설명할 수 있다.

☞ 학습목표 10-2: 사회적경제 기업의 재무관리가 상업적 기업과 다른 점에 대하여 재무상태표 및 손익계산서의 특수한 계정과목을 중심으로 설명할 수 있다.

☞ 학습목표 10-3: 사회적경제 기업의 재무제표(재무상태표, 손익계산서)를 이해하고 중요한 계정과목에 대하여 그 숨은 의미를 설명할 수 있다.

☞ 학습목표 10-4: 사회적경제 기업의 손익계산서 및 재무상태표를 통하여 사회적경제 기업에게 유용하거나 혹은 변용하여 사용할 수 있는 28개의 재무비율을 이해하고 설명할 수 있다.

☞ 학습목표 10-5: 사회적경제 기업 재무비율분석의 한계와 그 대응방안을 사회적 가치 및 사회적 영향 측정, 투자 및 확장의 필요성으로 인식할 수 있다.

☞ 학습목표 10-6: 사회적경제 기업의 사업타당성 분석 기법에서 사용하는 할인율을 이해하고 ROI와 SROI를 비교하여 설명할 수 있다.

☞ 학습목표 10-7: 제10장 뒤쪽에서 언급하고 있는 4개 사례연구의 토론주제에 대하여 타인의 의견을 경청함과 동시에 자기의견을 밝히면서 적극적으로 토론에 참여할 수 있다.

제10장의 용어 및 개념 정리(Proposition)

▶ 재무지능(Financial Intelligence): 관심 있는 기업에 대한 재무정보를 수집하고, 해당 경제주체의 본질과 역량을 이해하고, 미래의 방향을 예측하는 능력

▶ 재무상태표: 특정날짜(일반적으로 연말)를 기준으로 기업이 보유하고 있는 경제적 자원의 항목별 금액(자산)과 그러한 자원에 대하여 채권자와 주주가 각각 청구할 수 있는 금액(부채와 자본)이 얼마인지를 항목별로 표시한 재무보고서

▶ 공통형 재무상태표: 자산, 부채와 자본의 합을 각각 100으로 보고 자산, 부채와 자본의 각 계정의 금액이 차지하는 비율을 금액 옆에 별도로 표기하여 산출한 재무상태표

▶ 손익계산서: 일정 회계 기간 동안 기업에서 발생한 모든 수익과 이에 대응하는 비용을 모아서 총매출 혹은 총수익에서 원재료, 직원급여, 감가상각비, 이자비용 등과 같은 비용을 차감하는 형식으로 정리하여 표시한 재무보고서

▶ 공통형 손익계산서: 총매출 혹은 총수익을 100으로 보고 각각의 비용 혹은 이익이 차지하는 비율을 금액 옆에 별도로 표기하여 산출한 손익계산서

▶ 주석: 재무제표들의 유용성을 높이기 위하여 각 재무제표 혹은 각 재무제표의 어떤 과목에 대하여 자세히 설명을 적어 놓은 것

▶ 기부금 수익: 사회복지법인, 종교단체 등 국가가 지정한 단체의 사회적경제 기업 혹은 국가가 지정하지 않은 사회적경제 기업이 반대급부 없이 취득한 금전이나 물품. 국가가 지정하지 않은 사회적경제 조직의 기부금은 세액공제 대상이 아님

▶ 보조금 수익: 사회적경제 기업이 공익 등의 사무 혹은 사업을 위하여 중앙정부 혹은 지방정부로부터 직접 혹은 간접적으로 교부받은 금전적인 혜택.

▶ PBM 매출: 기업의 제품 및 서비스의 사용에 따른 효익을 얻기 위하여 구매하는 시장(Product Benefit Market) 매출

▶ 사회적경제 기업의 SVM 매출: 사회적경제 기업이 창출하는 사회적 가치가 함께 고려되어 구매하는 개인, 조직체 및 정부의 사회적 가치 구매시장(Social Value Market) 매출

▶ 사회적경제 기업의 재무비율분석: 재무상태표 혹은 손익계산서 각각 혹은 두 곳의 (계정)과목의 서로 다른 두 수 간의 비율을 계산하고 예년의 같은 비율 혹은 상업적 기업 및 사회적경제 기업의 동종업종의 같은 비율과 비교 분석하여 사회적 가치 혹은 사회적 영향 창출을 위해 노력하는 사회적경제 기업의 경영의사 결정에 참고하는 양적 경영분석기법

▶ 투자수익률(Return On Investment, ROI): 편익/비용 분석의 대표적인 방법으로써 기업이 자본 및 부채를 통하여 구비한 총자산, 즉 투자된 자산 대비 순이익을 얼마나 발생시켰는지에 대한 경제적 성과를 평가하는 지표

▶ 사회적투자수익률(Social Return On Investment, SROI): 투입된 자본 혹은 비용 대비 사회적 수익이 얼마나 창출되었는지 경영 과정을 추적 혹은 예측하여 측정하는 방법으로써 현금, 장비 및 시설, 노동력 등 투자된 자본 대비 재무적인 성과와 여기에 반영되지 않은 경제적, 사회(공동체)(적) 및 환경적 성과를 화폐의 대용치로 변환하여 총 편익을 파악하는 방법

▶ 순현재 가치법(Net Present Value): 미래의 일정 기간 동안에 매해 들어가는 투자비용을 일정한 할인율을 통하여 각각 오늘의 금액인 현재 가치로 환산하고, 마찬가지로 투자의 과실로 얻어지는 수입을 동일한 할인율로 각각 현재 가치로 환산하여 총 얻어지는 수입의 현재 가치와 비교하여 수입이 더 큰 경우에 투자를 결정한다는 방법론

▶ 내부수익률법(Internal Rate of Return): 일정 기간 동안에 투자에 소요되는 비용의 현재 가치 합계와 투자로 인한 수입액의 현재 가치 합계를 동일하게 해 주는 할인율인 내부수익률을 계산하여 기업이 생각하는 필수수익률보다 크면 투자를 채택하고, 적으면 기각하여 투자하지 않도록 결정하는 방법

▶ 민감도분석(Sensitivity Analysis): 할인율 등의 변화정도에 따라 사업성이 어떻게 변하는지 그 민감도를 파악하여 타당성을 순차적으로 비교 분석하는 방법

▶ 수익성지수(Profitability Index): 사업기간 동안의 총 현금유입 현재 가치의 합을 총 현금유출 현재 가치의 합으로 나누어서 이 값이 1보다 크면 투자를 결정하고 1보다 작으면 투자하지 않는 방법

사회적경제 기업의 재무분석

　재미난청춘세상과 인연을 맺고 멘토의 역할까지 하게 되었습니다. 덕분에 선·후배 멘토와 다른 기수의 동문 여러분과도 만날 기회가 주어졌습니다. 재미난청춘세상은 소명을 이룰 소중한 동역자를 만날 수 있도록 도와주는 플랫폼이 되었습니다.

　일단 재미난청춘세상 사람들을 만나면 재미있습니다. 1기생들 모임은 항상 출석률이 90% 이상입니다. 만나서 얘기하다 보면 마음이 젊어집니다. 사회적경제 기업의 눈으로 세상을 보게 됩니다. 이게 다 재미난청춘세상의 주인장 이민재 대표 덕분입니다.

　재무와 회계는 기업을 바라보는 언어입니다. 어렸을 때 자연스레 말을 배우고 평생 써먹듯, 한 번만 잘 배워 두면 평생 유능한 친구가 될 수 있습니다. 사회적경제 기업 경영자나 종업원, 중간지원조직, 공무원 모두 배워 두면 좋겠습니다. (원하시는 곳에는 언제, 어디라도 무료로 달려가겠습니다.)

　사회적 가치를 추구하는 사회적경제 기업은 영리기업에서 중시하는 생산성, 수익성 등에만 초점을 두면 안 됩니다. 설립 목적에 맞게 다양한 방식의 재원조달(이자 없는 자본, 기부금 등), 관리(공적 감시, 내부 통제 등), 운용(좋은 일자리 및 직장환경 제공 등) 등에서도 그 본연의 색깔을 낼 수 있어야 합니다.

　본 장을 보시면서 사회적경제 기업을 제대로 평가할 수 있는 척도로 무엇이 좋을지 생각해 보시면 좋겠습니다.

2023년 1월 10일
닥터K 대표 정순진

　정순진은 고려대학교 영어교육과를 졸업하고 동 대학원에서 회계학 박사과정을 수료하였다. EBS 강사 및 한국경제TV 패널이다. 사회적경제 기업 컨설팅과 공정무역 및 사회적경제 기업 상품 유통을 돕는 닥터K의 창업자이다. 주요 저서는 《경영학 원론》, 《EBS TESAT》이 있다.

사회적경제 기업 성과 창출의 양면성

사회적경제 기업은 재무적인 성과뿐만이 아닌 사회적인 성과를 동시에 달성하려는 사명을 가진 기업이다. 지금까지 세계 각국의 사회적경제 기업들이 다양한 방식의 사회적 비즈니스를 통하여 서로 다른 사회, 경제, 정치, 문화적인 여건 아래에서 가난과 환경, 그리고 다양한 사회적 문제들을 해결해 왔다. 사회적경제 기업의 두 가지 속성에 대하여 시장의 논리에 가까운 속성과 사회적 논리에 가까운 속성으로 비교해 볼 수 있다[1].

〈표 10.1〉 빈곤퇴치를 중심으로 본 사회적경제 기업의 두 가지 논리

차원	시장의 논리	사회적 논리
제공	소득이 낮은 영역에 모든 재화 및 서비스 제공	기본적인 필요(교육, 건강, 주택, 음식 및 신용)에 대한 제품 및 서비스 제공
지향성	사회적 가치 창출은 부차적 문제	사회적 가치가 비즈니스의 핵심
효과	빈곤 완화에 간접적인 기여	빈곤 완화에 직접적인 기여
클라이언트	저소득층이 주요 대상은 아님	전적으로 저소득층이 대상
저소득층의 역할	고객	생산자이며 공급자
근로자	우선순위 없음	소외된 계층이 우선
법적 형태	이익을 목표로 하는 사업조직	시민 사회 단체, 협동조합, 비전통적 사업조직의 다른 형태
의사 결정과 지역사회	지역사회가 의사 결정에 참여하는 사례를 보기 어려움	지역사회의 협력적 참여에 대한 제도적 장치 보유

출처: Anita Maria de Moura, Graziella Comini, and Armindo dos Santos de Sousa Teodosio(2015),
"The International Growth of a Social Business: A Case Study", Revista de Administracao de Empresas, 55(4), p.448. 참조 정리.

사회적경제 기업의 비즈니스 모델은 한편으로는 기존의 비즈니스 모델과 같이 주주 가치 창출을 위한 수익의 극대화를, 다른 한편으로는 비영리조직의 공익적인 목적을 위한 사회적 가치 달성 등, 양편에서 혼합적인 형태로 비즈니스 모델을 빌려 사용하고 있다. 사회적경제 기업은 운영 면에서

전체 비용을 충당해야 하며 소유주는 자신의 투자 자금을 회수할 권리가 있지만, 주주 혹은 조합원의 수익만을 위한 목적보다도 더 많은 다른 사회적 동기와 목적이 있다. 〈그림 10.1〉에서 보면 오른쪽 아래 4사분면에 있는 사회적경제 기업의 비즈니스는 세상을 변화시키는 대리인으로서의 사회적인 역할과 함께 기업이 살아남기 위한 비즈니스의 특성을 모두 가지고 있음을 보여준다. 이러한 새로운 형태의 비즈니스는 근본적으로 자선단체가 아니므로 상업적 기업의 경영 철학을 함께 가지고 있어야 한다. 왜냐하면 사회적경제 기업은 사회적 목표를 달성하는 동시에 경영활동으로 소요되는 전체 비용을 회수해야 지속적으로 유지할 수 있기 때문이다.

그러나 사회적경제 기업의 주주(조합원)는 결코 자신들을 위해 이익을 내는 것을 의도하지 않으며 배당금을 목적으로 투자하지도 않는다. 다만 그들이 원할 때는 투자금을 돌려받을 권리가 있다. 사회적경제 기업의 흑자는 투자자들에게 전달되는 것이 아니라, 다시 사회적경제 기업의 사업에 재투자되고 사회적 목표그룹에게 무료로 혹은 더 낮은 금액으로 더 나은 품질의 제품과 서비스를 제공하는 데 사용된다.

〈그림 10.1〉 사회적경제 기업의 사회적 이익과 지속 가능 재원확보의 혼합된 가치

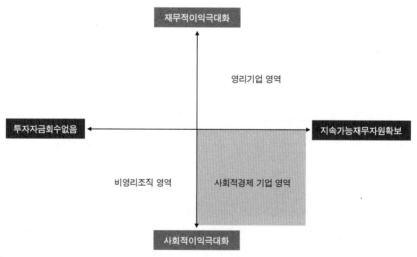

출처: Muhammad Yunus, Bertrand Moingeon, and Laurence Lehmann-Ortega(2010),
"Building Social Business Models: Lessons from the Grameen Experience", Long Range Planning, 43, p.310. 참조 재정리.

정리하자면 사회적경제 기업은 투자자의 수익을 위해 운영되는 것이 아니며 빈민층의 생활 개선 등 사회문제 해결과 사회혁신이라는 사회적 가치를 주된 목적으로 운영되는 기업이다. 제5장 및 제7장에서는 최근 상업적 기업도 비재무적인 사회적 가치 등을 경영의 중요 요소로 고려한다는 점을

알았다. 반면, 상업적 기업은 물론이고 사회적경제 기업의 제품과 서비스, 고객과 시장, 비용과 수익은 일반 비즈니스의 원리에 따라 기획되고 운영되며 투자자가 원하면 투자금도 돌려줘야 한다[2]. 따라서 사회적경제 기업은 이해관계자와 협력하면서 비즈니스 네트워킹과 사회적 마케팅 등을 통하여 전체 운영 비용을 감당할 수 있도록 수익 창출 또는 자금을 조달하여야 한다.

사회적경제 기업의 재무관리

재무지능(Financial Intelligence)이라는 용어가 있다. 이는 관심 있는 기업에 대한 재무정보를 수집하고, 해당 경제주체의 본질과 역량을 이해하고, 미래의 방향을 예측하는 능력이라고 할 수 있다[3]. 높은 재무지능이란 이해관계자들이 해당 경제주체에 좀 더 헌신하고 참여하고 있다는 것을 느끼도록 돕는 것을 의미하며, 이해관계자들은 자신들이 조직의 일부이며 그 조직이 성취하고자 하는 것이 무엇인지를 알게 하는 것이다. 그 결과 기업이 자신들 또는 사회에 어떤 영향을 미치는가를 잘 이해하게 된다. 그래서 조직을 더 신뢰하게 되고 이직률은 낮추고 참여율은 높이며 재무적인 결과는 개선된다[4].

〈표 10.2〉은 한국은행에서 매년 분석하여 발표하는 2020년 우리나라 대기업과 중소기업의 과목별 비율을 나타낸 공통형 재무상태표이다[5].

〈표 10.2〉 2020년 우리나라 대기업(좌) 및 중소기업(우) 공통형 재무상태표

Code No.	내역 Contents	금액(백만원) In million won	구성비 Ratio(%)	Code No.	내역 Contents	금액(백만원) In million won	구성비 Ratio(%)
111	유 동 자 산	1,245,862,376	33.89	111	유 동 자 산	1,154,565,581	53.11
1111	당 좌 자 산	873,995,148	23.77	1111	당 좌 자 산	817,073,572	37.59
11111	현 금 및 현 금 성 자 산	179,944,441	4.89	11111	현 금 및 현 금 성 자 산	226,755,839	10.43
11112	단 기 투 자 자 산	231,221,120	6.29	11112	단 기 투 자 자 산	202,737,145	9.33
11113	매 출 채 권	329,299,697	8.96	11113	매 출 채 권	259,117,589	11.92
11114	기 타 당 좌 자 산	133,529,889	3.63	11114	기 타 당 좌 자 산	128,462,999	5.91
1112	재 고 자 산	371,867,228	10.12	1112	재 고 자 산	337,491,496	15.53
11121	상 (제) 품 및 반 제 품	119,668,235	3.26	11121	상 (제) 품 및 반 제 품	99,537,126	4.58
11122	원 재 료	124,504,694	3.39	11122	원 재 료	141,710,860	6.52
11123	기 타 재 고 자 산	127,694,298	3.47	11123	기 타 재 고 자 산	96,243,511	4.43
112	비 유 동 자 산	2,430,388,951	66.11	112	비 유 동 자 산	1,019,292,751	46.89
1121	투 자 자 산	870,206,381	23.67	1121	투 자 자 산	199,046,518	9.16
11211	(장 기 투 자 증 권)	625,460,153	17.01	11211	(장 기 투 자 증 권)	93,802,538	4.32
1122	유 형 자 산	1,237,122,991	33.65	1122	유 형 자 산	711,858,549	32.75
11221	토 지	283,408,930	7.71	11221	토 지	331,048,924	15.23
11222	설 비 자 산	850,978,697	23.15	11222	설 비 자 산	344,746,288	15.86
112221	(건 물 · 구 축 물)	311,703,741	8.48	112221	(건 물 · 구 축 물)	211,640,315	9.74
112222	(기 계 장 치)	310,662,706	8.45	112222	(기 계 장 치)	53,772,799	2.47
112223	(선 박 · 차 량 운 반 구)	49,011,056	1.33	112223	(선 박 · 차 량 운 반 구)	24,070,256	1.11
112224	(기 타 설 비 자 산)	179,601,194	4.89	112224	(기 타 설 비 자 산)	55,262,917	2.54
11223	건 설 중 인 자 산	101,562,534	2.76	11223	건 설 중 인 자 산	36,063,337	1.66
1123	무 형 자 산	187,161,068	5.09	1123	무 형 자 산	37,832,010	1.74
11231	(개 발 비)	15,834,254	0.43	11231	(개 발 비)	12,096,408	0.56
1124	기 타 비 유 동 자 산	135,898,511	3.70	1124	기 타 비 유 동 자 산	70,556,121	3.25
11	자 산 총 계	3,676,251,327	100.00	11	자 산 총 계	2,173,858,329	100.00
121	유 동 부 채	918,394,952	24.98	121	유 동 부 채	783,466,935	36.04
12101	매 입 채 무	194,696,339	5.30	12101	매 입 채 무	123,675,240	5.69
12102	단 기 차 입 금	181,461,863	4.94	12102	단 기 차 입 금	340,064,358	15.64
12103	유 동 성 장 기 부 채	133,705,775	3.64	12103	유 동 성 장 기 부 채	57,798,930	2.66
12104	기 타 유 동 부 채	408,530,975	11.11	12104	기 타 유 동 부 채	261,928,407	12.05
122	비 유 동 부 채	894,786,167	24.34	122	비 유 동 부 채	574,161,295	26.41
12201	회 사 채	325,046,532	8.84	12201	회 사 채	11,842,927	0.54
12202	장 기 차 입 금	261,363,215	7.11	12202	장 기 차 입 금	464,811,053	21.38
12203	기 타 비 유 동 부 채	308,376,419	8.39	12203	기 타 비 유 동 부 채	97,507,315	4.49
123	자 본	1,863,070,208	50.68	123	자 본	816,231,077	37.55
12301	자 본 금	376,686,439	10.25	12301	자 본 금	263,367,275	12.12
12302	자 본 잉 여 금	435,340,805	11.84	12302	자 본 잉 여 금	149,143,113	6.86
12303	자 본 조 정	-71,172,448	-1.94	12303	자 본 조 정	-14,147,945	-0.65
12304	기타포괄손익누계액	57,892,342	1.57	12304	기타포괄손익누계액	42,899,829	1.97
12305	이 익 잉 여 금	1,064,323,069	28.95	12305	이 익 잉 여 금	374,967,409	17.25
12	부 채 및 자 본 합 계	3,676,251,327	100.00	12	부 채 및 자 본 합 계	2,173,858,321	100.00

출처: 한국은행(2021), "2020년 경영분석", http://bok.or.kr. pp.61-63.

재무상태표를 통하여 기업이 보유한 자산 중에서 현금 유동성이 큰 유동자산은 얼마나 되는지(〈표 10.2〉에 따르면 전체 자산 중에서 우리나라 대기업은 평균 33.89%, 중소기업은 53.11%를 보유함), 기업의 미래 생산성에 영향을 줄 수 있는 기계, 설비 및 건축물 등의 비유동자산은 얼마나 보유하고 있는지(〈표 10.2〉에 따르면 전체 자산 중에서 우리나라 대기업은 평균 66.11%, 중소기업은 46.89%를 보유함)를 알 수 있다. 그리고 자본과 부채는 각각 얼마나 되는지(〈표 10.2〉에 따르면 우리나라 대기업의 평균 자본 비율은 50.68%, 부채비율은 49.32%, 중소기업은 자본 비율이 37.55%, 부채비율은 62.45%로 구성됨), 1년 안에 갚아야 할 유동부채의 부담은 얼마나 되는지도 알 수 있다.

부채가 많으면 기업의 유동성 및 안정성은 위험할 수 있지만, 경기가 좋고 기업이 성장의 흐름을 타고 있다면 부채를 가져와서 더 큰 규모의 사업으로 재무적인 지렛대 효과를 볼 수도 있다. 특히, 사회적경제 기업은 그들이 추구하는 사회적 가치로 인하여 상업적 기업의 자본시장과는 달리 이자가 없거나 더 낮은 비용으로 부채를 조달할 수 있다. 또한 투자수익을 목적으로 하지 않는 주주 혹은 조합원을 통하여 배당의 부담을 덜 받으면서 사회적인 사명을 중심으로 기업을 운영할 수 있는 장점이 있다. 사회적경제 기업은 이렇게 조달된 내·외부 자본을 통하여 자산을 구입, 설치, 운용 및 보유하면서 사회적 가치와 사회적 영향을 중심으로 경영한다. 따라서 사회적경제 기업의 재무관리는 상업적 기업의 전통적인 재무관리와 함께 사회적경제 기업이 가지고 있는 혼합적인 사회적 목적을 고려하면서 살필 필요가 있다.

이는 재무제표 중에서 기업의 경영성과를 가장 잘 보여 주는 손익계산서에서도 마찬가지이다. 〈표 10.3〉은 한국은행에서 매년 분석하여 발표하는 2020년 우리나라 대기업과 중소기업의 과목별 비율을 나타낸 공통형 손익계산서이다[6].

손익계산서에서 나타나는 지표 중에서 '매출총이익(율)'은 생산 또는 서비스 제공의 효율성을 나타내는 지표(〈표 10.3〉에 따르면 우리나라 대기업은 매출을 100%로 보았을 때 평균 20.12%, 중소기업은 27.01%의 매출총이익이 발생)로써 어떤 업종이든 이 금액이 높아야 기본적으로 다음에 따라오는 이익이 높을 수 있다. '영업이익(율)'은 영업활동 및 관리의 효율성을 측정하는 중요한 항목이며, 영업외 활동 전의 수익성을 측정하는 지표이다. '법인세차감전순이익(율)'은 영업외수익과 영업외비용의 영향을 받는데, 아무리 영업이익이 크다고 하더라도 그 대부분이 이자비용이나 자산처분에 따른 손실 등의 영업외 비용으로 나간다고 하면 실속이 없게 된다. 기업의 '당기순이익(율)'은 법인세를 제외하고 남은 기업의 최종적인 이익(〈표 10.3〉에 따르면 우리나라 대기업은 매출을 100%

로 보았을 때 평균 2.96%, 중소기업은 2.60%의 순이익이 발생)이다[7].

〈표 10.3〉 2020년 우리나라 대기업(좌) 및 중소기업(우) 공통형 손익계산서

Code No.	내역 Contents	금액(백만원) In million won	구성비 Ratio(%)
21	매출액	2,302,637,135	100.00
22	매출원가	1,839,461,443	79.88
23	매출총손익	463,175,693	20.12
241	판매비와관리비	351,780,381	15.28
24101	급여	73,591,495	3.20
24102	퇴직급여	8,302,982	0.36
24103	복리후생비	12,262,200	0.53
24104	세금과공과	5,318,496	0.23
24105	임차료	6,621,124	0.29
24106	감가상각비	24,738,562	1.07
24107	접대비	1,148,528	0.05
24108	광고선전비	19,717,135	0.86
24109	경상개발비·연구비	36,967,323	1.61
24110	보험료	1,791,203	0.08
24111	대손상각비	3,163,083	0.14
24112	무형자산상각비	6,174,198	0.27
24113	기타판매비와관리비	147,823,540	6.42
24	영업손익	111,395,312	4.84
251	영업외수익	120,781,937	5.25
25101	이자수익	8,082,200	0.35
25102	배당금수익	9,524,760	0.41
25103	외환차익	26,069,734	1.13
25104	외화환산이익	10,389,995	0.45
25105	투자·유형자산처분이익	15,960,634	0.69
25106	지분법평가이익	6,429,281	0.28
25107	기타영업외수익	44,318,479	1.92
252	영업외비용	136,324,802	5.92
25201	이자비용	27,084,962	1.18
25202	외환차손	27,768,226	1.21
25203	외화환산손실	10,122,465	0.44
25204	투자·유형자산처분손실	5,320,784	0.23
25205	지분법평가손실	6,917,267	0.30
25206	기타영업외비용	58,954,141	2.56
25	법인세비용차감전순손익	95,841,970	4.16
261	법인세비용	27,689,395	1.20
26	당기순손익	68,152,576	2.96

Code No.	내역 Contents	금액(백만원) In million won	구성비 Ratio(%)
21	매출액	1,814,358,189	100.00
22	매출원가	1,324,352,014	72.99
23	매출총손익	490,006,174	27.01
241	판매비와관리비	426,965,598	23.53
24101	급여	156,558,635	8.63
24102	퇴직급여	12,756,782	0.70
24103	복리후생비	13,576,578	0.75
24104	세금과공과	9,090,792	0.50
24105	임차료	16,609,590	0.92
24106	감가상각비	14,512,582	0.80
24107	접대비	7,791,754	0.43
24108	광고선전비	14,460,222	0.80
24109	경상개발비·연구비	9,720,330	0.54
24110	보험료	6,810,001	0.38
24111	대손상각비	5,056,951	0.28
24112	무형자산상각비	3,312,853	0.18
24113	기타판매비와관리비	156,708,529	8.64
24	영업손익	63,040,522	3.47
251	영업외수익	60,892,025	3.36
25101	이자수익	7,115,873	0.39
25102	배당금수익	2,199,683	0.12
25103	외환차익	3,871,520	0.21
25104	외화환산이익	1,205,709	0.07
25105	투자·유형자산처분이익	15,553,992	0.86
25106	지분법평가이익	4,103,851	0.23
25107	기타영업외수익	26,841,397	1.48
252	영업외비용	60,117,614	3.31
25201	이자비용	25,942,351	1.43
25202	외환차손	4,034,720	0.22
25203	외화환산손실	2,671,822	0.15
25204	투자·유형자산처분손실	4,103,614	0.23
25205	지분법평가손실	2,610,869	0.14
25206	기타영업외비용	20,754,238	1.14
25	법인세비용차감전순손익	63,815,103	3.52
261	법인세비용	16,707,629	0.92
26	당기순손익	47,107,473	2.60

출처: 한국은행(2021), "2020년 경영분석", http://bok.or.kr. pp.61-63.

손익계산서에서 보여 주는 기업의 성과는 기본적으로 매출로부터 시작되지만, 중간에 기업이 다른 기업에게 빌려준 이자 혹은 투자한 배당금, 외환거래에 따른 차익 등의 영업외 수익이 발생한다면 최종적인 당기순이익은 더 높아진다. 특히 사회적경제 기업이 추구하는 사회적인 목적에 따라 발생하는 기부금 수익과 보조금 등은 영업외 수익이 된다. 사회적경제 기업의 매출에서도 제품이나 서비스의 효익을 중심으로 구입하는 소비자와 함께 사회적경제 기업이 추구하는 사회적 가치와 사회적 영향으로 인하여 구매하는 소비자가 점점 더 증가하고 있다. 반면, 아직도 사회적경제 기업이 처한 열악한 경영환경으로 인하여 사회적 목표그룹인 구성원에 대한 금전적인 보상(인건비 및 복리후생 등)은 상대적으로 낮을 수 있어서 사회적 목표그룹인 구성원의 경제적인 성과 지표도 함께 관리해야 한다. 이처럼 사회적경제 기업의 재무관리는 상업적 기업의 전통적인 재무관리와 함께 사회적경제 기업이 가지고 있는 혼합적인 목적을 고려하면서 살필 필요가 있다.

스웨덴의 발렌베리(Wallenberg): 150여 년의 역사를 가진 유럽 최대, 최고의 기업집단으로써
전문경영인 및 노동자 중심, 기업 투명성, 사회공헌의 경영철학을 바탕으로
국민적 지지와 사회적인 존경을 받으며 소유지배구조의 세계적인 벤치마킹 사례로 칭송받다[8]!

발렌베리 그룹은 2012년 현재 스웨덴 GDP의 37%를 차지하고 있으면서 2019년을 기준으로 스웨덴 주식시장 시가총액의 30% 이상을 차지하는 스웨덴 대표 기업집단이다. 또한 스웨덴 인구의 4.5% 정도인 40여만 명을 고용하고 있는 금융 및 비금융 기업집단이다. 1856년 설립 이래 166년에 걸쳐 경영권을 계승하고 있는 스웨덴의 유태계 가문으로 영국의 유태계 가문인 로스차일드에 뒤지지 않을 만큼 유명한 가문이다. 발렌베리는 지주회사인 인베스터 AB(Investor AB)를 기반으로 가전·건설·금융·항공·제약·통신 등의 스웨덴 기업과 세계적인 기업 19곳을 포함해 100여 개 기업의 지분을 소유하고 있다. 계열사는 가전제품 업체 일렉트로룩스(Electrolux), 코로나-19 백신을 개발한 아스트라제네카(AstraZeneca) 외에 통신장비

〈그림 10.2〉 설립자 안드레 발렌베리

출처: 위키피디아(2023), "안드레 오스카 발렌베리
(1816-1886)", https://ko.wikipedia.org.

입체 에릭슨(Ericsson), 방위 산업체 사브(Saab), 광산장비 및 공기압축기 세조기업 아트라스콥코(Atlas Copco), 의료장비 업체 갬브로(Gambro), 베어링 생산기업 SKF, 항공운항 기업 스칸디나비아 에어라인(Scandinavian Airlines), 전력, 자동화기술, 로봇공학 분야의 ABB, 전동공구 업체 허스크바나(Husqvarna), 은행인 SEB(Skandinaviska Enskilda Banken) 등이 있다.

발렌베리 그룹은 설립자인 안드레 오스카 발렌베리(André Oscar Wallenberg)가 은행을 창립하면서 시작되었다. 안드레는 1816년에 루터교 목사의 아들로 태어났으며 1832년 17세였던 젊은 시절에 해군사관학교에 입학하여 해군장교가 되었다. 견습 사관으로 미국에서 2년간 머무는 동안 정글과도 같은 미국 금융업계의 모습에 충격을 받은 이후 은행업에 관심을 갖게 되었다. 당시 스웨덴 해군은 소속을 해군에 두면서도 다른 일을 할 수 있었기에 가능한 일이었다. 독학으로 은행업에 대해 공부하면서 은행을 설립하기 위한 꿈을 키웠다. 안드레는 스웨덴 최초의 증기선인 린셰핑(Linköpings ship)호의 선장을 역임했으며 중부지역 해군책임자를 거쳐 순스발(Sundsvall) 지역의 의회 의원으로 선출되었다. 이것이 안드레가 금융업에 진출할 수 있는 기반이 되었다. 당시 스웨덴은 유럽 전역으로 확산되던 산업혁명으로 공업화가 활발하게 진행되었지만 제대로 된 은행이 없어

서 자금 조달이 원활하지 못했다. 이에 안드레는 1856년에 은행을 세워서 국내 및 해외에서 유치한 자금으로 국내 산업에 공급하면서 막대한 부를 쌓았다. 이것이 오늘날 발렌베리 그룹의 모태인 SEB 은행의 원류이다.

발렌베리 계열사의 배당금 대부분은 발렌베리 가문의 재단을 통해 사회에 환원되며 일부는 사업에 재투자한다. 매년 재단으로 모이는 배당수익의 20% 정도는 재투자에 쓰이고 나머지 80%는 후원 사업에 쓰인다. 이는 대개 대학과 도서관, 박물관 및 과학연구 등 공공사업에 투자한다. 스웨덴이 생명공학 분야에서의 강점인 이유는 이러한 발렌베리 가문의 투자 덕택이라고 볼 수 있다. 재단의 후원은 각 분야의 전문가들로 구성된 투자위원회에서 결정하고 집행한다. 투자위원회의 결정에 따라 매년 막대한 금액의 배당금을 스웨덴의 과학기술 및 학술 사업 발전 후원금으로 쓰며, 재단의 재무상황도 투명하게 공개된다.

발렌베리 가문은 계열사의 대부분을 경영 능력 있는 전문경영인에게 맡기고 있으면서 기업의 장기적인 비전을 제시하는 경영철학을 지키고 있다. 이러한 소유와 경영의 분리와 이익의 사회 환원을 통해 160여 년 이상의 오랜 기간 동안 스웨덴 국민이 자랑스러워하는 성공적인 기업으로 평가받는다. 발렌베리 가문이 소유하고 있는 기업들은 철저하게 독립적인 경영원칙을 지키기 때문에 각각의 기업에서 '발렌베리'라는 가문의 단어를 찾아볼 수 없다. 발렌베리 가문의 경우 기업의 주식을 경영인이 직접 소유하지 않고 지주회사인 인베스터 AB가 해당 기업의 주식을 가진다. 인베스터 AB를 다시 발렌베리 가문이 설립한 3개의 공익재단이 소유하는 방식을 취한다. 기업들의 성과를 지주회사를 통해 최종적으로 공익재단인 발렌베리 재단이 소유하고 이를 공익과 기업의 재투자에 사용하고 있는 것이다. 지주회사인 인베스터 AB의 구조를 보면 2019년을 기준으로 발렌베리 재단이 전체 주식의 23.3%를 가지고 있으면서 의결권은 약 50.2%의 차등의결권(Difference Dividend, 전체 발행 주식 중 일부 주식(주로 경영자의 주식)에 일반 주식보다 더 많은 의결권을 부여하거나, 주식 보유기간에 비례해서 의결권을 차등 부여하는 제도)을 가지고 있다. 우호적인 스웨덴 연기금 지분과 개인적인 가문 일원의 지분을 합치면 외부에서 경영권 위협은 원천 차단되어 있다. 또한 기업들이 상호출자 관계로 묶여 있지 않아 적대적 인수·합병은 물론 내부적 부당거래 및 불법행위도 불가능하도록 되어 있다. 이들이 보장받는 것은 과반수가 넘는 의결권에 의한 경영권 승계이며 지분과는 무관하다. 이것이 지난 5대에 걸친 경영권 세습 과정에서 증여 및 상속에 관해 법적인 문제를 일으킨 적이 없는 이유이다.

사회적으로 인정받고 국민으로부터 사랑받는 기업으로써 발렌베리 가문이 독특한 소유구조를 갖게 된 것이 저절로 이뤄진 것은 아니다. 1938년 스웨덴이 극심한 노사분규에 시달리고 있었을 때 정부와 경영자연합 및 노동조합이 '살트셰바덴(Saltsjöbaden) 협약'이라는 역사적인 '노·사·정 대타협'을 체결했다. 이 협약에 의하여 차등의결권을 갖게 되었다. 발렌베리 가문은 기업 지배권을 보장받는 대신 배당 이익의 50%에서 많게는 85%까지 재단을 통해 교육과 여성, 아동복지 부문에 기부한다는 내용이 핵심이었다. 발렌베리 가문은 선택의 순간에서 경제적인 이익 대신에 경영권의 보장을 선택한 것이다.

　발렌베리의 사회적 책임 경영을 정리하면 다음과 같은 원칙으로 설명할 수 있다. 그것은 첫째, 앞서 이야기한 것처럼 발렌베리 가문은 수익금 대부분을 스웨덴의 과학기술 발전을 위해 사용함으로써 경영권 세습이라는 부정적인 이미지를 불식시킬 뿐만 아니라 경영성과의 사회 환원이라는 기업의 사회적 책임을 자연스럽게 이행하고 있다. 발렌베리 재단은 연간 1억 6000만 파운드(한화 약 2조7000억 원)를 기부한다. 둘째, 발렌베리 가문은 전문경영인 체제를 통해 계열사 기업들의 분식회계나 가문 친인척들의 독단적 경영을 사전에 차단하고 있으며 지속 가능한 건전한 기업 경영을 지속하고 있다. '투명성'과 '사회공헌'을 강조하는 경영철학을 바탕으로 국민적 지지와 사회적인 존경을 받고 있다. 셋째, 발렌베리 가문의 원칙은 '존재하되 드러내지 않는다(Esse Non Videri)'이며, 가훈은 '존경받는 부자가 되라'이다. 발렌베리 가문은 집안단속도 철저하다. 그리고 재단과 기업 경영자는 급여만을 받는다. 이런 이유로 이들은 미국의 경제 잡지 포브스가 발표하는 세계 1000대 부자는 물론이고 스웨덴 100대 부자 명단에 끼지도 못한다. 결국 발렌베리 가문은 기업 활동을 통해 축적한 부를 자신들의 몫으로 돌리지 않고 기부와 자선활동에 사용하며 진정한 노블레스 오블리주(Noblesse oblige, '부와 권력, 명성은 사회에 대한 책임과 함께 해야 한다'는 의미)를 실천하고 있는 것이다.

기업의 재무제표를 이용하여 양적인 경영분석을 실시할 수 있다. 기업의 다양한 이해관계자는 이러한 정보를 통하여 투자안 평가, 경영효율 분석, 재무건전성 판단, 마케팅, 자금전략 등의 의사결정에 이용할 수 있다. 일정 규모 이상의 기업은 국제회계기준(International Financial Reporting Standards, IFRS)을 따라 매년 기업의 재무상태표와 손익계산서, 자본변동표 및 현금흐름표 등 재무제표를 보고할 의무를 갖고 있다. 특히 50% 초과 소유주주 또는 실질 지배력이 있는 종속기업을 보유한 지배회사는 그들을 단일 경제 실체로 간주하여 연결재무제표를 작성하고 지배주주 지분과 비지배주주 지분(종속회사의 소수 주주에게 귀속되는 지분)을 구분하여 표시하고 보고하여야 한다[9].

재무상태표

〈표 10.4〉 재무상태표의 구조(20××.12.31.)

자 산	부채 및 자본

I. 유동자산
 	
  (1) 당좌자산
    현금및현금성자산, 단기투자자산,
    매출채권, 미수금, 선급금 등
  (2) 재고자산
    제품, 재공품, 원재료 등
 	
II. 비유동자산
 	
  (1) 투자자산
    투자부동산, 장기투자증권 등
  (2) 유형자산
    토지, 설비자산, 건설중인자산 등
  (3) 무형자산
    영업권, 산업재산권, 개발비 등
  (4) 기타비유동자산
    임차보증금, 장기미수금 등
	I. 유동부채
	    매입채무, 단기차입금, 미지급비용 등
	II. 비유동부채
	    사채, 장기차입금, 전환사채,
	    퇴직급여충당금부채 등
	
	I. 자본금
	
	II. 자본잉여금
	
	III. 자본조정
	
	IV. 기타포괄손익누계액
	
	V. 이익잉여금

출처: 최중석(2015), "개정2판 비즈니스 경영전략", 도서출판 두남. p.234

재무상태표(Statement of financial position)는 〈표 10.4〉와 같이 특정 날짜(일반적으로 연말)를 기준으로 기업이 보유하고 있는 경제적 자원의 항목별 금액(자산)과 그러한 자원에 대하여 채권자와 주주가 각각 청구할 수 있는 금액(부채와 자본)이 얼마인지를 항목별로 표시하는 재무보고서이다. 종종 대차대조표(Balance Sheet)로도 불리는 재무상태표는 필요한 자금이 채권자 지분(부채)과 조합원 혹은 주주(소유자) 지분(자본)으로 구분하여 어떻게 조달되고 조달된 자금이 무엇으로 운용(자산)되고 있는지를 대변(우측)과 차변(좌측)으로 나누어 보여 준다[10].

재무상태표는 현금화가 빠른 자산 혹은 빨리 갚아야 하는 부채를 먼저 기록하는 유동성 배열의 원리를 따른다. 경영자는 재무상태표의 (계정)과목들이 의미하고 있는 숨은 뜻을 알아야 한다. 먼저 유동자산 중에서 매출채권은 외상매출금을 의미한다. 외상으로 판매한 금액은 곧 현금으로 회사에 회수될 것으로 기대되지만, 그중에서 회수되지 못할 것으로 예측되는 금액만큼을 추정하여 손익계산서에서 대손상각비용으로 계상하는데, 이 비용의 책정을 얼마로 할 것인지에 따라서 기업의 순이익은 더 높아질 수도 더 낮아질 수도 있다.

서비스기업은 일반적으로 재고자산을 많이 가지고 있지 않지만 그렇지 않은 제조, 유통, 소매기업은 대개 재고자산을 많이 가지고 있다. 재고자산에는 제조를 마치고 곧 판매를 기다리는 완제품에서부터 생산 과정에 있는 반제품, 재료 상태인 원재료 등이 포함된다. 중요한 점은 재고사산 확보에는 현금이 지출된다는 점이며, 재고자산이 줄어들거나 늘어나는 것에 따라 기업의 현금은 늘어나거나 줄어든다. 재고자산은 팔리면 매출이 발생하고 쌓여 있으면 자산으로 인식되는데, 재고자산을 어떤 방식으로 평가하는가에 따라서도 기업의 순이익은 더 높아질 수도 더 낮아질 수도 있다.

이처럼 매출채권과 재고자산의 이중성, 불량채권 여부, 유행성 혹은 진부화 가능성이 있는 재고자산을 어떻게 관리할 것인지 파악해야 한다. 원재료도 구매시기별로 가격 차이가 난다면 먼저 산 원재료를 먼저 사용(선입선출법)한 것으로 생각하여 기말재고액 및 매출원가액을 계산할 것인지, 아니면 나중에 산 원재료를 먼저 사용(후입선출법)한 것으로 생각하고 기말재고액과 매출원가액을 계산할 것인지에 따라서도 회계상의 이익에 영향을 미치게 된다. 인플레이션 상황 하에서 후입선출법은 매출원가액은 과대 계상하고 기말재고액은 과소계상하게 된다. 즉, 당기순이익을 과소계상하게 되는데 이러한 원리를 이용하여 이익조작 가능성이 높고 일반적인 실물의 흐름에 대한 가정과도 일치하지 않으므로 한국채택 국제회계기준에서는 이를 허용하지 않는다. 다만, 일반기업 회계기준에서는 이를 허용한다.

유형자산은 회사의 토지, 건물, 기계, 장비 등을 매입한 원가의 총액을 의미한다. 유형자산의 시세 변동에 따른 손익은 다음에 설명할 손익계산서의 기타 포괄손익 누계액에 포함되어 표시되며 손익계산서의 마지막에 기재된다. 여기서 말하는 기타 포괄손익 누계액은 당기 순손익에는 포함되지 않는 '자산재평가 잉여금', '매도가능증권 평가손익' 등의 손익을 말한다. 유형자산 중에서 건물이나 기계, 장비 등은 시간이 지나면 마모된다는 문제가 있다. 즉, 자산의 가치가 떨어진다는 의미이다. 이것은 마모되는 총 기간에 따라 감가상각비용으로 간주하는데 비용처리 방법을 어떻게 적용하는가에 따라서도 기업의 순이익을 높일 수도 낮출 수도 있다. 또한 유형자산 중에서 노후화된 설비자산의 비중은 얼마나 되는지도 파악해야 한다.

이와 같은 논리는 특허 및 저작권과 같은 무형자산에도 적용되는데, 기업은 특허 및 저작권 등을 취득하는 데 들어간 연구개발비를 무형자산으로 산정하고 이것을 사용할 수 있는 총 기간에 따라 각각 나누어서 상각하여 비용으로 처리한다. 만약 연구개발비가 발생할 때마다 무형자산이 아닌 손익계산서상의 비용으로 처리하기를 선호하는 기업이 있다면 이익에 대하여 보수적인 접근을 선호하는 기업이라고 할 수 있다. 이처럼 무형자산의 처리방법에 따라서도 기업의 수익과 자산의 총계는 영향을 받게 된다. 또한 기간이 도래하지 않았는데 먼저 지급한 선급금은 비용으로 처리되지 않고 자산으로 간주한다. 반면에 기간이 지났는데도 지급하지 않고 현금으로 보유하고 미지급한 비용은 부채로 처리하기 때문에 기업의 재무상태표와 실제 현금 흐름은 차이가 있다.

손익계산서

〈표 10.5〉 손익계산서 구조

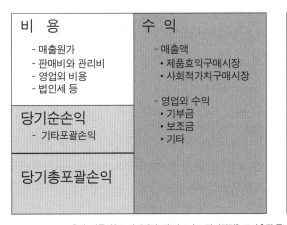
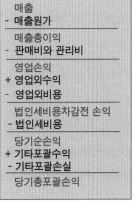

출처: 최중석(2015), "개정2판 비즈니스 경영전략", 도서출판 두남. p.235. 참조 재정리

손익계산서(Income Statement)는 〈표 10.5〉와 같이 일정 회계기간 동안 기업에서 발생한 모든 수익과 이에 대응하는 비용을 모아서 표시한 재무보고서이다. 손익계산서는 매출에서 원재료, 직원급여, 감가상각비, 이자비용 등과 같은 비용을 차감하는 형식으로 정리하는데 비용은 단계별로 매출원가, 판매비와 관리비, 영업외비용, 법인세비용, 기타 포괄 손실로 나타내고 수익은 매출, 매출총이익, 영업손익, 법인세비용차감전손익, 당기순손익, 당기총포괄손익으로 나타낸다.

사회적경제 기업의 손익계산서는 상업적 기업과는 조금 다른 관점에서 살펴볼 필요가 있다. 〈표 10.5〉에서 보는 것처럼 주로 제품이나 서비스의 효익을 구매하는 시장(Product Benefit Market, PBM) 매출(이하, 'PBM 매출'로 칭함)과 함께 그들이 창출하는 사회적 가치가 고려되어 구매하는 개인, 조직체 및 정부의 사회적 가치 구매시장(Social Value Market, SVM) 매출(이하, 'SVM 매출'로 칭함)을 생각해야 한다. 기부금 및 보조금을 통한 영업외 수익도 사회적경제 기업의 중요한 수익원이다.

손익계산서를 통하여 어떤 비용이 늘어나서 혹은 줄어들어서 각각의 이익들에 영향을 미쳤는지 파악할 필요가 있다. 이것은 매출액 수준에 영향을 주는 가격 정책, 인건비와 연관된 임금 정책, 재료비 수준에 영향을 주는 구매 정책, 이자비용 수준에 영향을 주는 자본 조달 정책 등의 경영의사결정과 연관되어 있다[11]. 손익계산시에는 현금 유입이 없는 외상매출분, 현금 유출이 없는 외상매입분 등이 매출 혹은 비용으로 집계되고, 실제 현금 흐름과 차이가 있는 대손상각비, 감가상각비, 무형자산상각비 등이 비용으로 포함되어 있어서 기업의 손익을 현금 흐름과 연관하여 왜곡시킬 여지도 있음을 알아야 한다.

이익잉여금처분계산서, 제조원가명세서, 현금흐름표, 자본변동표, 주석

〈표 10.6〉의 좌측처럼 이익잉여금처분계산서(Statement of appropriation of retained earnings)는 이월 이익잉여금의 수정사항과 당기 이익잉여금의 처분사항 보고를 목적으로 작성한 재무제표이다. 당기 말 미처분이익잉여금, 임의적립금 등의 이입액, 이익잉여금처분액, 차기이월이익잉여금으로 표시한다. 〈표 10.6〉의 우측처럼 제조원가명세서(Statement of the costs of goods manufactured)는 일정 기간 제품을 만드는 데 든 비용을 재료비, 노무비 및 경비로 나누어 정리한 재무제표이며 비용의 효율적인 배분을 위한 목적으로 사용한다.

<표 10.6> 이익잉여금처분계산서(좌)와 제조원가명세서(우) 구조

과 목	금 액
I. 미처분 이익잉여금	
1. 전기이월 미처분이익잉여금	
2. 전기오류수정	
3. 당기순이익	
II. 임의적립금 이입액	
합 계	
III. 이익잉여금 처분액	
1. 법정적립금	
2. 임의적립금	
3. 미처분이익잉여금	
IV. 차기이월 미처분이익잉여금	

구 분	금 액
당기 총 제조비용	
재 료 비	
노 무 비	
경 비	
기초재공품재고액 (+)	
기말재공품재고액 (-)	
타계정대체액(자가소비) (-)	
당기제품제조원가	

〈표 10.7〉과 같이 자본변동표(Statement of changes in equity)는 자본금, 자본잉여금, 기타포괄손익누계액, 이익잉여금, 기타 자본항목의 변동내역을 나타내는 재무제표이다. 자본의 변동은 두 가지의 거래를 통하여 발생하게 되는데 하나는 영업활동의 성과에 따라 발생하는 당기순손익 및 그에 다른 현금배당, 다른 하나는 주주들의 출자 및 증자 등 자본거래를 통하여 발생한다.

<표 10.7> 자본변동표의 구조

과 목	자본금	자본잉여금	이익잉여금	기타포괄손익누계액	기타자본항목	총계
I. 기초자본(1월1일)						
II. 자본변동						
1-1. 당기순이익(손실)						
1-2. 현금배당						
2-1. 유상증자(감자)						
2-2. 자기주식취득(처분)						
2-3. 매도가능금융자산평가						
3-1. 기타						
III. 기말자본(12월31일)						

〈표 10.8〉과 같이 현금흐름표(Statement of cash flow)는 일정 기간의 현금의 유입과 유출 내용을 표시하는 재무제표로서 기업이 일정 시점에서 보유하고 있는 현금잔액과 그 증감요인을 파악하여 영업활동, 투자활동, 재무활동의 현금 유출입을 표시한다. 채무상환, 배당금지급, 투자활동 등의 실질 현금동원 능력을 파악한다. 현금흐름표를 분석하여 높은 당기순이익을 실현하고도 흑자 도산되거나 유동성이 악화하는 것을 방지할 수 있다.

주석(Footnotes)은 앞에서 설명한 재무제표들의 유용성을 높이기 위하여 각 재무제표 혹은 각 재무제표의 어떤 과목에 대하여 자세히 설명을 적어 놓은 것이다. 각 재무제표의 본문에는 들어 있지 않지만, 주석에서 관련된 설명을 추가함으로써 재무제표 혹은 각 과목에 대하여 더 자세히 알 수 있다.

〈표 10.8〉 현금흐름표의 구조

과 목	금 액	
Ⅰ. 영업활동으로 인한 현금흐름		
1. 당기순이익		
Ⅱ. 투자활동으로 인한 현금흐름		
1. 현금유입(유가증권, 토지 등 매각)		
2. 현금유출(토지, 방송장비 등 매입)		
Ⅲ. 재무활동으로 인한 현금흐름		
1. 현금유입(은행 장기차입 등)		
2. 현금유출(배당금 지급 등)		
Ⅳ. 현금의 증가 (Ⅰ + Ⅱ + Ⅲ)		
Ⅴ. 기초 현금		
Ⅵ. 기말 현금 (Ⅳ + Ⅴ)		

〈그림 10.3〉과 같이 기초 재무상태표의 이익잉여금 계정은 손익계산서상의 당기순손익의 발생원인이나 이익잉여금처분계산서의 증감원인에 따라서 기밀 재무상태표상의 이익잉여금으로 조정 기재된다. 기간별 현금의 흐름을 나타내는 현금흐름표의 상황은 기초의 현금상태와 기말의 현금상태 변동내역으로 나타난다.

〈그림 10.3〉 재무제표 상호 간의 연관관계도

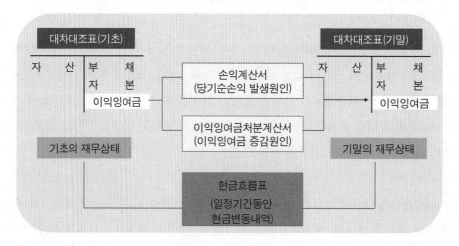

재무제표를 통하여 기업의 부실징후를 감지할 수 있다. 〈표 10.9〉에서 보듯이 재무상태를 통하여 현금과 예금의 부족, 매출채권 및 재고자산의 급증, 고정자산에 대한 과다투자, 단기차입금 및 기타유동부채의 급증, 자본잠식 심화, 이월결손금의 누적, 타인 자본 의존도의 심화, 차입조건이나 금리 면에서 불리한 신규차입금 증가, 단기차입금 및 기타유동부채의 급증 현상을 파악할 수 있다. 손익계산서에서는 매출원가, 판매비와 일반관리비의 급증, 과다한 금융비용, 이익률의 현저한 감소, 지속적인 결손 현상을 파악할 수 있다. 현금흐름표를 통하여 현금과 예금의 감소, 영업활동으로 인한 현금흐름의 부족, 단기차입금을 조달하여 장기부채 상환, 과다한 배당금 지급 등의 현상을 파악할 수 있다.

〈표 10.9〉 재무제표상에서 나타나는 기업의 부실징후

손익계산서	대차대조표	현금흐름표
• 매출액의 지속적인 감소 • 매출원가, 판매비와 관리비 급증 • 과다한 금융비용 • 이익률의 현저한 감소 • 지속적인 결손	• 현금과 예금의 부족 • 매출채권 및 재고자산 급증 • 고정자산에 대한 과다투자 • 단기차입금 및 기타유동부채의 급증 • 자본잠식 심화 • 이월결손금의 누적 • 타인자본 의존도의 심화 • 차입조건이나 금리면에서 불리한 신규차입금 증가	• 현금과 예금의 감소 • 영업활동으로 인한 현금흐름의 부족 • 단기차입금을 조달하여 장기부채를 상환 • 과다한 배당금 지급

사례연구 38

영국의 런던어린이재단(London Early Years Foundation): 불우한 어린이(유아)의 보육 및 지역사회를 위한 포용적 비즈니스로 시작하여 런던 전역에서 39개의 지역공동체 보육원 및 어린이센터를 운영하고 관용과 이해, 다양성 및 친환경의 사회적 영향을 확장하다[12]!

'LEYF(역주: 런던어린이재단, London Early Years Foundation, 이하 '재단'이라 부름)'는 어린이 교육 및 연구를 통하여 런던의 아동, 가족 및 지역사회를 지원하는 자선단체이자 사회적경제 기업이다. 1903년에 설립된 재단은 2차 세계대전 중에 일하는 어머니들을 위한 보육원을 최초로 개설한 이래 119년 이상의 역사를 가지고 있다. 2022년 3월 현재 런던 12개 자치구 전역에 39개의 지

역공동체 보육원 및 어린이센터를 운영하고 있으며 4208명의 어린이가 참여하고 있다. 이 중에서 35%인 1600명은 무상으로 지원하는 불우한 가정의 어린이들이다. 재단은 불우한 가정의 자녀들이 보육원에 입소할 수 있는 자격을 보장하며 조직의 재무적인 잉여는 이처럼 무상으로 제공되는 서비스에 재투자하거나 새로운 서비스를 개발하는 데 사용한다. 또한 직원 교육, 양질의 음식, 부모와 함께 지역공동체를 위한 프로그램 등을 통하여 서비스의 품질을 높이는 데 중점을 두고 있다.

아이의 생애 첫 5년은 미래의 삶의 결과에 큰 영향을 미친다. 하지만, 영국의 조기 교육 및 보육은 빈곤 속에 살고 있는 어린이들을 돌볼 자금이 만성적으로 부족하기 때문에 이들의 삶은 계속 뒤쳐진다. 반면, 양질의 보육 환경에 있는 아이는 상급 학교를 졸업할 가능성이 더 높으며 범죄의 가능성은 낮고 약물에 노출되어 고생할 가능성도 적은 것으로 연구되고 있다. 어린 시절을 올바르게 보내는 것은 사회 전체에 이익이 된다. 재단의 이상적인 보육원은 사회경제적 배경이 다른 다양한 아동을 포함하고 있으며 모든 아동, 특히 빈곤층 아동의 발달에 긍정적인 영향을 미치는 것으로 입증되고 있다.

재단의 보육원은 부모 소득의 변동 위험을 줄이기 위하여 '부모의 소득에 따라 변동적인 수입으로 운영하는 보육원', '잉여를 다른 보육원을 지원하기 위해 사용될 수 있는 풍요로운 지역의 보육원', '고정 요금으로 고용주 또는 지방 당국과 계약한 보육원' 등 다양한 유형의 보육원을 운영하고 있다. 재단은 혁신적이고 다른 기회와 도전에 적응할 수 있다는 점에서 자부심을 가지고 있으며, 조직 내·외부의 훈련과 지원을 위한 연구, 학습 및 개발센터를 운영하고 보육의 질을 향상시키기 위한 실천적인 연구도 진행한다. 브르지스 파크(Burgess Park), 밴즈워스 브릿지(Wandsworth Bridge) 및 마크스 게이트(Marks Gate) 보육원은 푸드 뱅크를 운영하여 가족에게 자녀와 함께 저녁 식사를 요리하는 데 필요한 모든 재료가 포함된 식사 팩을 제공한다.

재단의 2021/2022년(이하, '2022년'으로 표기)도 재무상태표를 보면 〈표 10.10〉과 같이 전년도인 2020/2021년(이하, '2021년'으로 표기)에 비하여 고정자산은 증가한 반면 (순)유동자산은 감소하였다. 또한 고정부채는 감소한 반면 유동부채는 증가하였다. 부채를 모두 제외한 순총자산은 전년도보다 16만 파운드(약 2억 5100만 원) 증가한 328만 파운드(약 56억 1300만 원)에 달했다.

<표 10.10> LEYF의 재무상태표

(단위: 백만 파운드)

구분	2022년	2021년
Fixed Assets(고정자산)	5.06	4.68
Current Assets(유동자산)	5.84	6.28
Current Liabilities(유동부채)	(5.52)	(4.96)
Net Current Assets(순유동자산)	0.32	1.32
Total Assets Less Current Liabilities(유동부채 차감 후 총자산)	5.38	6.00
Creditors amounts due after 1 year(채권자: 1년 후 만기 금액)	(2.10)	(2.88)
Total Net Assets(총순자산)	3.28	3.12
Represented by(대표자)	-	-
Restricted Funds(기부자 제한 기금)	0.98	1.19
Unrestricted Funds(기부자 무제한 기금)	2.30	1.93
Total Charity Funds(총자선기금)	3.18	3.12

출처: LEYF(2022), "Annual Report 2021/22 & Statement of Accounts", p.38.

재단은 "신중한 현금 흐름 관리를 통해 지속적인 운영 활동을 가능하게 하는 안정적인 현금 포지션[연말 510만 파운드(약 80억 원)의 현금흐름]을 유지하였고, 2021년 10월에 시작된 부채 'CBIL(Coronavirus Business Interruption Loan, 코로나바이러스 사업 중단 대출)'을 상환할 수 있었다." 라고 보고하고 있다. 총자선기금은 318만 파운드(약 49억 8600만 원)이며 이 중에는 기부자 지정 제한기금이 98만 파운드(약 15억 3700만 원)이며 나머지 230만 파운드(약 36억 600만 원)는 기부자 무제한 기금이다.

재단은 "아이들이 학습과 발달을 위한 최대한의 기회를 가질 수 있도록 안전한 탁아소 환경을 제공하는 데 중점을 두면서 입주와 출석 시간이 늘었으며 비용은 절감하여 이전 회계연도에서는 765 파운드(약 120만 원)의 적자를 냈지만 이번 회계연도에서는 20만 파운드의 흑자(약 3억 1400만 원)를 기록하였다."라고 보고하고 있다.

총수입은 〈그림 10.4〉와 같이 약 2712만 파운드(425억 2400만 원)이며 이는 전년도에 비하여 22% 증가한 수치이다. 수입의 세부내용을 보면 전체의 74%를 차지하는 것으로 부모가 낸 양육비가 약 2000만 파운드(약 313억 6000만 원)이며, 지방정부 보조금 수입은 약 620만 파운드(약 97억 2200만 원), 기부수입은 약 60만 파운드(약 9억 4000만 원), 기타 수입이 약 20만 파운드(약 3억 1400만 원)가 있었다.

〈그림 10.4〉 LEYF의 2022년도 수입구조

출처: LEYF(2022), "Annual Report 2021/22 & Statement of Accounts", p.40.

　총지출은 〈그림 10.5〉와 같이 약 2696만 파운드(약 422억 7300만 원)이며 전년도에 비하여 21%
증가한 수치이다. 이는 주로 직원과 관련된 비용이 증가하여 나타난 것으로 인건비는 약 1680 파운
드(약 263억 4200만 원)에서 약 1910만 파운드(약 299억 4900만 원)로 전년 대비 14% 증가하였다.
재단은 "이러한 증가는 런던 최저생활임금의 인상과 코로나-19 여파의 감소로 모든 보육원이 완전
한 운영에 들어간 점 등 여러 요인에 기인한다."라고 밝히고 있다.

〈그림 10.5〉 LEYF의 2022년도 지출구조

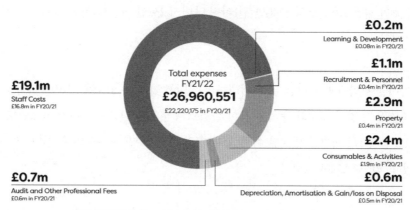

출처: LEYF(2022), "Annual Report 2021/22 & Statement of Accounts", p.41.

　평균 직원 수는 788명에서 814명으로 증가했다. 그중에는 아이들을 위한 최상의 보육 및 교육 품
질을 유지하기 위해 비용이 더 많이 드는 기관 및 은행 직원을 고용한 사례가 많았으며 이로 인하여
채용 등 인사관리 비용은 149% 증가한 110만 파운드(약 17억 2500만 원)를 기록했다. 재단은 "직

원이 다시 업무에 복귀함에 있어서 아이들에게 최상의 보살핌, 교육 및 경험을 제공하기 위해서 모든 직원에게 고품질 교육을 제공하고, 좋은 장비를 갖추고, 보육 지침 및 개발 요구 사항을 최신 상태로 유지하도록 했다. 이에 따라 교육비용은 10만 파운드(약 1억 5700만 원)에서 20만 파운드(약 3억 1400만 원)로 증가했다."라고 밝히고 있다. 보육원이 운영하는 부동산과 관련된 비용은 190만 파운드(약 29억 7900만 원)에서 290만 파운드(약 45억 4700만 원)로 54% 증가했다. 소비재 및 활동비 지출은 190만 파운드(약 29억 7900만 원)에서 240만 파운드(약 37억 6300만 원)로 26% 증가하였다. 이는 코로나-19 여파 이전의 보육원 환경으로 되돌리기 위한 비용 증가와 어린이 수의 증가로 인해 직접적으로 발생하는 식사비, 유아용 장난감 및 장비 구입비 등에서 기인되었다.

<그림 10.6> 2022 세계 보육원 상 수상(좌) 및 저자(우, 방문)

출처: LEYF 홈페이지(2023), "영유아와 함께 일하는 2022 Nursery World 수상", https://leyf.org.uk.; 저자(2019), "LEYF 본사에서", 방문 촬영.

재단 보육원의 77%는 런던에서 가장 빈곤하고 소외된 지역에 있다. 이는 런던 평균 분포도인 50%에 비하여 보다 높은 수치이다. 이러한 곳의 보육원은 아이들에게 동일한 수준의 보살핌과 교육을 제공하면서 동시에 가족과 지역사회를 지원한다. 또한 재단 보육원의 50% 이상이 '교육, 아동 서비스 및 기술 표준 사무국(Ofsted)'으로 부터 '탁월(Outstanding)'한 등급을 받았다. 이는 런던 전역의 평균 22%에 비하여 2배가 훨씬 넘는 수치이며 나머지도 모두 '양호(Good)' 등급을 받았다.

재단에서 아이들은 모든 일의 중심에 있으면서 중요한 이해관계자인 교직원, 학부모, 지역공동체 및 인류사회의 삶에도 긍정적인 영향을 미치고 있다. 런던의 어린이들, 특히 다른 방법으로는 접근할 수 없거나 감당할 수 없는 어린이들에게 최고 품질의 조기 교육 및 보육을 통해 인생에서 최고의 출발을 할 수 있도록 한다. 직원에게는 재단의 가치인 '용감함', '영감', '양육', '재미'를 옹호하는

최고의 인재를 유치, 개발 및 발전시킨다. 부모에게는
부모가 일하고 지원 네트워크를 확장할 수 있도록 하는
강력한 유대감을 형성하는 동시에 가정 학습을 자녀의
발전에 연결한다. 지역공동체는 지역의 필요에 맞춘 보
육원 참여를 통해 지역사회 결속을 촉진하고 인류사회
에는 재단의 모범 사례를 공유하고 주요 이해 관계자에
게 영향을 주어 해당 부문에서 긍정적이고 체계적인 변
화를 주도한다(〈그림 10.7〉).

〈그림 10.7〉 LEYF 이해관계자 모형

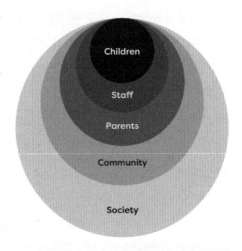

출처: LEYF(2022),
"Annual Report 2021/22 & Statement of Accounts", p.14.

　재단은 다음과 같은 이념과 방법을 통하여 다른 지역으로의 영향력을 확대해 나갔다. 그것은 첫째, '현재의 활동이 교육의 질, 불우한 집단에 대한 접근, 지역 조달, 더 넓은 공동체를 위한 직원 개발 및 서비스를 통해 사회적으로 최대의 영향력을 갖도록 보장'하며, 둘째, '어린이 교육, 아동자문센터 및 훈련 제공을 포함한 다양한 서비스를 제공'하며, 셋째, '더 많은 어린이들이 서비스를 이용할 수 있도록 지역의 크기를 확대'하고, 넷째, '조직이 적절한 품질로 운영할 수 없고 실행 역량이 부족하면 지역의 다른 보육 제공자에게 인계'하고, 다섯째, '다른 조직에서 일할 수 있도록 기술을 습득하고 재단 이외 보육원의 어린이들이 좋은 서비스를 받을 수 있도록 사람들을 훈련'하며, 여섯째, '좋은 사업을 공유하기 위해 다른 보육원 창업자에게 네트워크를 지원'하며 자체적으로도 사회적 영향력 확대, 인증, 품질보증 및 품질 마크의 확장을 위하여 노력한다.

　이처럼 재단은 관용과 이해, 교육의 품질을 옹호하는 조직이며, 그 누구도 나이, 성별, 정체성, 인종, 성적 취향, 신체적 또는 정신적 능력, 민족 또는 신념 때문에 유리하거나 불리하지 않도록 포용적이며 다양성을 존중하는 조직을 구축하기를 원한다. 또한 재단은 환경 친화적인 보육원을 위하여 '환경 발자국 모니터링', '탄소 발자국 측정', '그린 재단'을 운영하고 관리한다. 이를 위하여 국제 표준인 ISO 14001 환경 관리 인증을 받아 환경 발자국을 모니터링하여 정책을 개선하고 환경 중심의 조달을 실행하고 있다. 또한 재단은 지속 가능성 진행의 상징으로 인정되는 '플래닛 마크 비즈니스(Planet Mark Business)'의 인증을 받고 탄소 발자국 측정을 완료했다. 탄소 발자국 측정은 건물, 전기, 가스, 물 등의 모든 측면을 고려하고 보다 환경 친화적인 조직이 되기 위한 과정을 추적한다. 그린 재단을 위하여 야외 공간을 가능한 한 환경 친화적으로 만들고 생물 다양성과 생태계가 번성할 수 있도록 '지속 가능 재단 정원(LEYF Sustainability Gardens)'을 건설하기 시작했다. 이 정원은 폐기물 제로화 목표에 중요한 역할을 하며 지렁이, 퇴비 및 물탱크를 갖추고 있다. 그리고 종이, 음식, 물, 전기 및 일회용 플라스틱을 포함한 모든 초과 폐기물을 줄이는 과정을 시작했다.

분수는 서로 다른 두 수의 크기를 비교하는 것으로 이는 어떤 수(분자)가 다른 한 수(분모)의 몇 배인지를 나타내는 관계이다. 우리는 이를 비율(배수)이라고 부르며 비율에 100을 곱하여 백분율(%)로도 나타낸다. 사회적경제 기업의 재무비율분석은 "재무상태표 혹은 손익계산서 각 (계정)과목의 서로 다른 두 수의 비율을 계산하고 예년의 같은 비율 혹은 상업적 기업 및 사회적경제 기업의 동종업종의 같은 비율과 비교 분석하여 사회적 가치 혹은 사회적 영향 창출을 위해 노력하는 사회적경제 기업의 경영의사 결정에 참고하는 것"을 말한다.

재무비율 분석을 통하여 일정 기간 기업의 경영 규모 및 활동의 성과추이(성장성)와 수익창출 능력(수익성)을 알 수 있고, 보유자산을 단기간 내에 현금화할 수 있는 가능성(유동성)과 기업의 채무이행 능력(안정성)을 살펴볼 수 있다. 또한 기업이 자산을 얼마나 활발하게 운용하고 있는지(활동성)와 투입에 대한 산출의 정도(생산성)도 파악할 수 있다.

사회적경제 기업은 경영의 주목적을 자본수익률에 두지는 않지만, 기업이 지출한 전체 비용을 기부금, 매출 또는 영업외수익으로 충당하여야 한다. 그리고 이해관계자에게 기업의 경영현황을 보고하고 재무제표를 분석하여 경영의사 결정에 참고하여야 한다. 사회적경제 기업은 기부금 혹은 보조금을 무상으로 지원받거나 상업적 시장의 이자율보다 낮은 비용 혹은 이자부담 없이 자본을 조달하기도 한다. 이러한 일은 재무상태표 및 손익계산서 각 과목의 증감에 영향을 미친다. 손익계산서에는 상환의무가 없는 운영자금을 지원받아 영업외 수익이 증가하거나 제조원가와 같은 특정 과목을 지원받음으로써 제조원가가 절감되기도 한다. 이 부분은 제3장에서 설명한 재원조달을 중심으로 본 사회적경제 기업의 비즈니스 모델과 제9장에서 설명한 사회적경제 기업의 목표 고객 분석 및 사회적 마케팅, 제11장의 사회적 영향 측정 및 관리, 제12장의 사회적 영향 투자 및 조달과도 연결된다.

재무상태표를 이용한 재무비율분석

재무상태표는 총자산에서 개별자산이 차지하고 있는 비율에 대하여 연도별로 동태적으로 분석하여 식별할 필요가 있으며 현금자산이 많은지, 미래의 생산성을 말해 주는 비유동자산은 어디에 얼마나 있는지 볼 수 있어야 한다. 이처럼 자산의 합, 자본과 부채의 합을 각각 100으로 보고 자산과 자본 및 부채 각 (계정)과목의 금액이 차지하는 비율을 금액 옆에 별도로 표기하여 산출한 재무상태표를 '공통형 재무상태표'라고 한다.

재무상태표는 서로 다른 시점에 취득한 자산과 조달된 자본이 계상된 것이며, 결산일 기준 정태적인 재무상태이므로 왜곡의 가능성이 있어서 기초와 기말의 평균을 고려할 필요가 있다. 재무상태표의 장부가치는 실제의 시장가치와 큰 차이가 있을 수 있는 점과 재무상태표에는 표시되지 않았지만, 매우 중요한 수익 발생의 원동력인 인적자본이 있다는 점도 항상 잊지 말아야 한다. 부채의 증가 여부는 기업의 유동성과 안정성에 영향을 미친다.

부채비율이 높고 그에 따른 이자 비용이 커지면 기업의 안정성은 떨어지고 자본 조달에도 영향을 받게 된다. 또한 단기 부채가 증가한다면 기업은 바로 갚아야 할 현금의 필요가 증가하기 때문에 유동성에도 영향을 받게 된다. 그러므로 사회적경제 기업은 그 정체성에 부합하는 사회적 가치 창출 및 사회적 영향 확장을 추구하고 상업적 자본시장의 자본조달 비용보다 낮은 사회적 금융시장의 자본조달을 통하여 기업의 유동성과 안정성을 높여야 한다.

재무상태표를 이용한 아래의 6가지 재무비율은 한국은행에서 우리나라 상업적 기업의 경영분석에 사용하는 재무비율 중에서 사회적경제 기업에 유용하거나 혹은 변용하여 가져온 비율이다[13].

① 총 자산증가율 = $\left(\dfrac{\text{당기말 총 자산}}{\text{전기말 총 자산}} \right) \times 100 - 100$

총 자산증가율은 기업에 투하된 총 자산이 얼마나 증가하였는가를 나타내는 비율로서 사회적경제 기업의 전체적인 성장성을 측정하는 지표이다.

② 유형자산증가율 = $\left(\dfrac{\text{당기말 유형자산}}{\text{전기말 유형자산}} \right) \times 100 - 100$

유형자산증가율은 토지, 건물, 기계장치 등 유형자산에 대한 투자가 어느 정도 이루어졌는가를 보여 주는 지표로서 사회적경제 기업의 설비투자 동향 및 성장잠재력 파악에 활용된다.

③ 자기 자본 비율 = $(\dfrac{\text{자기 자본}}{\text{총 자본}}) \times 100$

※ 총 자본(자산) = 자기 자본(자본) + 타인 자본(부채)

자기 자본 비율은 총 자본 중에서 자기 자본이 차지하는 비중을 나타내는 대표적인 재무구조 지표이다. 금융비용을 부담하지 않고 기업이 운용할 수 있는 자기 자본이 높을수록 사회적경제 기업의 안정성은 높다고 할 수 있다. 사회적경제 기업은 금융비용을 부담하지 않고(혹은 낮은 이자율로) 타인 자본을 조달할 수 있는 매력이 있으므로 다음과 같이 자기 자본과 함께 이자 없는(혹은 낮은 이자율을 포함하여) 타인 자본을 고려하여 분석할 필요가 있다.

④ 자기 자본과 이자 없는 타인 자본 비율 = $[\dfrac{\text{자기 자본 + 이자 없는 타인 자본}}{\text{총 자본}}] \times 100$

※ 총 자본(자산) = 자기 자본(자본) + [이자 없는 타인 자본 + 이자 있는 타인 자본](부채)

낮은 이자율의 타인 자본을 포함하여 계산할 때에는 기준금리(중앙은행인 한국은행 금융통화위원회에서 은행 등 금융회사와 예금이나 대출과 같은 자금거래를 할 때 기준이 되도록 정한 금리) 혹은 예금금리 이하의 이자율로 조달한 타인 자본을 산출하여 계산할 수 있다. 자기 자본과 이자 없는(혹은 낮은 이자율을 포함하여) 타인 자본 비율을 분석할 때 이자 없는(혹은 낮은 이자율을 포함하여) 타인 자본의 상환일을 함께 고려하여 상환일이 일찍 도래하는 모든 타인 자본, 즉 다음에 설명하는 유동비율을 함께 고려해야 한다.

⑤ 유동비율 = $(\dfrac{\text{유동자산}}{\text{유동부채}}) \times 100$

단기채무(일반적으로 1년 이내에 지급기일이 도래하는 채무)에 충당할 수 있는 유동자산의 규모를 평가하고, 이를 통해 기업의 단기지급능력을 판단하는 대표적인 지표로서 유동비율이 높을수록 단기지급능력이 양호하다고 볼 수 있으나 과다한 유동자산 보유는 자산운용의 효율성을 떨어뜨려 수익성을 저해할 수 있다.

⑥ 부채비율 = $(\dfrac{\text{유동부채 + 비유동부채}}{\text{자기자본}}) \times 100$

※ 부채(타인 자본) = 유동부채 + 비유동부채

부채비율은 타인 자본과 자기 자본 간의 관계를 나타내는 대표적인 안정성 지표로서 이 비율이 낮을수록 재무구조가 건전하다고 판단할 수 있다. 부채비율은 자기 자본 비율과 역(逆)의 관계에 있어 자기 자본 비율이 높을수록 부채비율은 낮아지게 된다. 타인 자본은 차입금, 회사채, 매입채무, 미지급금, 부채성충당금 등의 부채를 말하며 1년 이내에 지급기일이 도래하는 부채는 유동부채, 1년 이후에 지급기일이 도래하는 부채는 비유동부채이다. 기업으로서는 단기채무 상환의 압박을 받지 않고 수익률이 이자율을 상회하는 한 타인 자본을 계속 이용하는 것이 유리하다. 그러나 채권회수의 안전성을 중시하는 경우 부정적일 수 있는데 왜냐하면 부채비율이 지나치게 높으면 추가로 부채를 조달하는 것이 어려울 뿐만 아니라 수익성이 낮아질 경우 지급불능 사태에 직면할 가능성이 커지기 때문이다. 따라서 사회적경제 기업은 가능하다면 이자부담이 없거나 낮은 사회적 영향 투자 금융기관을 통하여 타인 자본을 조달하는 것이 좋다. 이 부분은 제12장의 사회적 영향 투자 및 조달을 참고하기를 바란다.

손익계산서를 이용한 재무비율분석

사회적경제 기업의 매출은 주로 시장에서 경쟁하여 매출을 높이는 상업적 기업의 수익창출 방식보다는 더 광범위한 방식으로 발생한다. 이것은 사회적경제 기업이 창출하는 사회적 가치 혹은 사회적 영향의 반대급부 혹은 그로 인하여 발생하는 기회비용과 치환되는 수익이라고 할 수 있다.

따라서 사회적경제 기업의 수익은 시장에서 경쟁을 통한 매출, 기부금 및 보조금을 통한 영업외 수익, 윤리적 소비자, 지역공동체 소비자, 조합원 소비자, 그들이 창출하는 사회적 가치 및 사회적 영향을 구매하는 개인, 조직체 구매자 및 정부 공공구매 등을 통한 매출로 분해하여 재무비율을 분석하고 경영의사 결정에 참고하여야 한다.

이처럼 사회적경제 기업의 손익계산서는 매출 혹은 기타 영업외 수익 등 총수익과 여러 가지 비용을 제외한 제 이익이 포함된다. 그 수익과 비용이 적절한지 아니면 수익에 비교하여 초과지출 되었는지 알기 위하여 총수익 혹은 매출액 대비 개개의 비용 또는 이익의 비율을 계산하여 연도별 동태적으로 비교하여 살펴볼 필요가 있다. 이처럼 총수익 혹은 매출액을 100으로 보고 각각의 비용 혹은 이익이 차지하는 비율을 금액 옆에 별도로 표기하여 산출한 손익계산서를 '공통형 손익계산서'라고 부른다.

손익계산서를 이용한 아래의 10가지 재무비율은 한국은행에서 우리나라 상업적 기업의 경영분석에 사용하는 재무비율 중에서 사회적경제 기업에 유용하거나 혹은 변용하여 가져온 비율이다[14]. 본 서에서는 PBM 매출과 SVM 매출을 합한 총매출과 여기에 기부금 수익과 보조금 수익을 합한 총수익의 개념을 중요하게 고려하여 분석하였다.

① 총수익증가율 $= (\dfrac{당기\ 총수익}{전기\ 총수익}) \times 100 - 100$

※ 총수익 = 기부금 수익 + PBM 매출 + SVM 매출 + 보조금 수익

※ PBM(Product Benefit Market) 매출 = 주로 제품이나 서비스의 효익을 구매하는 시장 매출

※ SVM(Social Value Market) 매출 = 사회적 가치가 고려되어 구매하는 개인, 조직체 및 정부의 사회적 가치 구매시장 매출

총수익증가율은 전기 총수익에 대한 당기 총수익의 증가율로서 사회적경제 기업의 외형 신장세를 판단하는 대표적인 지표이다. 이 비율은 총수익에 기여하는 4가지 각각의 수익 혹은 매출액 증가율로 따로 계산하여 각각의 신장세를 판단하여 경영의사 결정에 참고할 수 있다.

② 총수익증가기여율

$= [(\dfrac{당기\ 기부금\ 수익}{전기\ 기부금\ 수익}) \times 100 - 100] + [(\dfrac{당기\ PBM\ 매출}{전기\ PBM\ 매출}) \times 100 - 100]$

$+ [(\dfrac{당기\ SVM\ 매출}{전기\ SVM\ 매출}) \times 100 - 100] + [(\dfrac{당기\ 보조금\ 수익}{전기\ 보조금\ 수익}) \times 100 - 100]$

총수익증가기여율은 전 기 기부금 수익, 전기 PBM 매출, 전기 SVM 매출, 전기 보조금 수익 각각에 대한 당기 기부금 수익, 당기 PBM 매출, 당기 SVM 매출, 당기 보조금 수익 각각의 증가율을 분해한 합으로써 사회적경제 기업의 전체 외형 신장세에 기여하는 각각의 비율을 비교하는 지표이다.

③ 총수익 대 당기순이익률 $= (\dfrac{당기\ 순이익}{총수익}) \times 100$

총수익 대 당기순이익률은 경영성과를 총괄적으로 표시하는 대표적 지표로서 사회적경제 기업이 제품 및 서비스 판매활동뿐만 아니라 기부금 및 보조금 조달 등 총수익에 기여하는 모든 경영활동의 경영성과를 동시에 파악할 수 있도록 해 준다. 이 비율은 총수익에 기여하는 4가지 각각의 수익 혹은 매출이 당기순이익률에 얼마나 기여하였는지를 따로 계산하고 각각의 수익성을 비교하여

경영의사 결정에 사용할 수 있다.

④ 당기순이익기여율
= [(기부금 수익 기여율) × 당기순이익률] + [(PBM 매출 기여율) × 당기순이익률]
+ [(SVM 매출 기여율) × 당기순이익률] + [(보조금 수익 기여율) × 당기순이익률]
※ 개별 수익 혹은 매출 기여율 = ($\frac{개별\ 수익\ 혹은\ 매출}{4가지\ 개별\ 수익\ 혹은\ 매출의\ 합}$) × 100

당기순이익기여율은 전체 경영성과에 기여하는 4가지 개별 수익 혹은 매출이 당기순이익률에 얼마나 기여하였는지의 경영성과를 비교하여 파악할 수 있도록 해 준다.

⑤ 인건비 대 총수익 혹은 총매출 = ($\frac{인건비}{총수익\ 혹은\ 총매출}$) × 100
※ 총매출 = PBM 매출 + SVM 매출
※ 인건비 = 판매비와 관리비 중 급여, 퇴직급여, 복리후생비 항목과 제조원가명세서 중 노무비 및 복리후생비 항목의 합계액

총수익 혹은 총매출에서 인건비가 차지하는 비중을 보여 주는 지표로서 노무관리 및 인건비 결정에 이용된다.

⑥ 인건비 대 영업총비용 = ($\frac{인건비}{영업총비용}$) × 100
※ 영업총비용 = 당기총제조비용 + 판매비와 관리비

영업총비용에서 인건비가 차지하는 비중이며, 인건비 대 총수익 혹은 총 매출의 보조지표로 이용된다.

⑦ 인당시급인건비 대 최저임금 = ($\frac{인당시급인건비}{최저임금}$)
※ 최저임금 : 헌법에 따라 국가가 노·사간의 임금결정과정에 개입하여 시급임금의 최저수준을 정하고, 사용자에게 이 수준 이상의 임금을 지급하도록 법으로 강제한 임금
※ 인당시급인건비 : 최저임금 산정 임금항목에 따라 산출한 인당 지급 시급인건비 환산액

인당시급인건비 대 최저임금은 국가에서 정한 최저시급임금 대비 인당 지급한 시급인건비의 배수를 의미하며, 사회적경제 기업이 창출한 일자리를 통하여 근로자의 생활안정과 노동력의 질적 향상에 얼마나 기여하고 있는지를 파악할 수 있는 지표이다.

$$⑧ \ 금융비용 \ 대 \ 총수익 = (\frac{이자비용}{총수익}) \times 100$$

금융비용 대 총수익은 금융비용이 총수익에서 차지하는 비중을 나타내는 지표로서 이 비율이 낮을수록 기업의 경영은 안정적이라고 볼 수 있다. 금융비용에는 대출이자, 회사채이자 등이 포함되며 금융비용 대 총수익은 차입금평균이자율과 차입금의존도가 높을수록 높고, 다음에 설명할 총자산회전율이 높을수록 낮다. 이자수익이 있다면 이자비용에서 이자수익을 제외하고 순금융비용만을 계산하여 생각해 볼 수 있다.

⑨ 금융비용과 총수익 관계 분해

$$= (\frac{이자비용}{총수익}) \times 100$$

$$= [\frac{이자비용}{차입금(평균)}] \times [\frac{차입금(평균)}{총 \ 자산(평균)}] \times [\frac{총 \ 자산(평균)}{총수익}] \times 100$$

금융비용과 총수익의 관계를 분해를 보면, 이자율 × 총 자산차입금율 × 총수익 총 자산율로 나누어 생각해 볼 수 있다. 금융비용은 차입금에 대한 대가로 총수익 수준과 관계없는 고정비 성격의 항목이므로 불황에 대비한 안정적 경영기반 확립을 위해서는 이 비율을 낮추는 것이 필요하다. 반면 호경기에는 재무레버리지효과(financial leverage effect)에 의해서 차입금 비중이 클 때 순이익의 증가폭이 커질 수 있으므로 사회적경제 기업은 향후 성장가능성 및 이익창출능력 등을 종합적으로 고려하여 외부차입 규모를 결정할 필요가 있다. 특히 차입금 중에서 이자 없는 차입금의 규모가 크면 클수록 순이익의 증가폭이 더 커질 수 있으므로 그만큼 사회적경제 기업의 사회적 영향 투자 조달은 중요하다.

$$⑩ \ 당기순이익 \ 이자보상비율 = (\frac{당기순이익}{이자비용}) \times 100$$

당기순이익 이자보상비율은 이자지급에 필요한 수익의 창출능력을 측정하기 위한 지표로 이자부담능력을 판단하는 데 유용하게 쓰인다.

재무상태표와 손익계산서를 함께 이용한 재무비율분석

재무상태표와 손익계산서를 함께 이용한 아래의 8가지 재무비율은 한국은행에서 우리나라 상업적 기업의 경영분석에 사용하는 재무비율 중에서 사회적경제 기업에 유용하거나 혹은 변용하여 가져온 비율이다[15].

$$① \text{ 총 자산순이익률} = (\frac{\text{당기순이익}}{\text{총 자산(평균)}}) \times 100$$

당기순이익의 총 자산에 대한 비율로서 ROA(Return on Assets)로 알려져 있다. 사회적경제 기업의 계획과 실적 간 차이 분석을 통한 경영활동의 평가나 경영전략 수립 등에 많이 활용된다.

$$② \text{ 총 자산총수익회전율} = [\frac{\text{총수익}}{\text{총 자산(평균)}}]$$

총 자산이 1년 동안 총수익 달성을 위하여 몇 번 회전하였는가를 나타내는 비율로서 회전율은 일반적으로 백분율이 아닌 배수로 표시된다. 사회적경제 기업 총자산의 운용효율을 총괄적으로 표시하는 지표이다. 이는 사회적경제 기업의 자산이 매출활동뿐만 아니라 다양한 이해관계자의 기부금 및 보조금 활동 등 사회적경제 기업이 추구하는 사회적 목적을 위하여 다양한 활동에 사용될 수 있음을 의미한다.

$$③ \text{ 자기 자본 혹은 타인 자본 회전율} = (\frac{\text{총수익}}{\text{자기 자본 혹은 타인 자본}})$$

자기 자본 혹은 타인 자본이 1년 동안 몇 번 회전했는가를 나타내는 비율로서 자기 자본 혹은 타인 자본 등 이해관계자의 투자유형에 따른 자본 이용의 효율성을 측정하는 지표이다.

$$④ \text{ 출자금 혹은 납입자본금 회전율} = [\frac{\text{총수익}}{\text{출자금(평균) 혹은 납입자본금(평균)}}]$$

출자금 혹은 납입자본금의 회전속도, 즉 자본금 이용의 효율성을 나타내는 지표이다.

$$⑤ \text{ 유형자산회전율} = [\frac{\text{총매출}}{\text{유형 자산(평균)}}]$$

총 매출에 대한 유형자산의 이용도를 나타내는 지표로서 사회적경제 기업이 보유하고 있는 설비자산의 적정성 여부를 판단하는 데 유용하다. 이 비율이 높으면 비유동자산의 유지를 위하여 지출되는 상각비, 보험료, 수선비 등의 고정비가 제품단위당 체감적으로 배분되어 원가절감이 효율적으로 이루어지고 있음을 의미한다. 그러나 영업규모에 비해 설비투자가 부진한 경우에도 이 비율이 높게 나타날 수 있으므로 해석을 신중히 할 필요가 있다.

$$⑥ \ 재고자산회전율 = [\frac{총매출}{재고자산(평균)}]$$

재고자산회전율은 총매출을 재고자산으로 나눈 비율로서 재고자산의 회전속도, 즉 재고자산이 현금 등 당좌자산으로 변화하는 속도를 나타낸다. 일반적으로 이 비율이 높을수록 상품의 재고손실 방지 및 보험료, 보관료의 절약 등 재고자산의 관리가 효율적으로 이루어지고 있음을 의미한다. 그러나 재고를 정상적인 영업활동에 필요한 적정수준 이하로 유지하여 수요변동에 적절히 대처하지 못할 때에도 이 비율은 높게 나타날 수가 있으므로 해석에 유의할 필요가 있다. 또한 원재료의 가격이 상승추세에 있는 기업이나 재고자산의 보유수준이 크게 높아지는 기업들의 경우에는 주로 후입선출법에 의해 재고자산을 평가함으로써 재고자산회전율이 높게 나타나는 경향이 있다. 따라서 재고자산회전율에 대한 상대적인 차이에 대해서는 실제로 재고자산이 효율적으로 관리되었는지, 생산기간이 단축되어 재공품이 감소하였는지, 사회적경제 기업의 재고보유 방침이 바뀌었는지, 또한 재고사산 평가방법을 다르게 채택하고 있는시를 비교 분석하여 판단하여야 할 것이다.

$$⑦ \ 매출채권 \ 혹은 \ 매입채무 \ 회전율 = [\frac{총매출}{매출채권(평균) \ 혹은 \ 매입채무(평균)}]$$

매출채권회전율은 매출채권의 현금화 속도를 측정하는 비율로서, 높을수록 매출채권의 현금화 속도가 빠르다는 것을 의미한다. 매출채권회전율의 역수를 취하여 365일을 곱하면 평균회수기간을 계산할 수 있는데, 이 기간이 짧을수록 매출채권이 효율적으로 관리되어 판매자금이 매출채권에 오래 묶여 있지 않음을 뜻한다. 그러나 기업이 시장점유율 확대를 위해 판매전략을 강화할 때에도 매출채권회전율이 낮게 나타날 수 있으므로 기업의 목표회수기간이나 판매조건과 비교하여 적정성을 평가하여야 할 것이다. 그리고 매입채무회전율은 매입채무의 지급속도를 측정하는 지표로서 기업의 부채 중에서도 특히 매입채무가 원활히 결제되고 있는가를 나타낸다. 매입채무회전율이 높을수록 결제속도가 빠름을 의미하나, 회사의 신용도가 저하되어 신용 매입기간이 짧게 허용되는 경우에도 이 비율이 높게 나타날 수 있기 때문에 운전자본의 압박가능성 등을 더 정확하게 분석하기 위해서는 매출채권회전율과 함께 비교·검토하는 것이 요구된다. 매입채무회전율은 분자를 총수익으로도 계산하여 사회적경제 기업의 전체 경영활동의 총수익에 따른 지급속도를 함께 살펴볼 필요가 있다.

⑧ 총 자본투자효율 $= [\dfrac{\text{부가가치}}{\text{총 자본(평균)}}]$

※ 부가가치 = 인건비 + 영업잉여 + 세금과 공과 + 감가상각비 + 이자비용

※ 영업잉여 = 영업손익 + 대손상각비 - 이자비용

총 자본투자효율은 기업에 투자된 총자본이 1년 동안 어느 정도의 부가가치를 창출하였는가를 나타내는 자본생산성 측정 지표로서 이 비율이 높으면 총자본이 효율적으로 운용되었음을 의미한다. 사회적경제 기업으로서는 그들이 창출한 사회적 가치 혹은 사회적 영향으로 인하여 기부금 및 보조금 조달의 부가가치가 창출된 것으로 볼 수 있다. 따라서 영업잉여에 기부금과 보조금을 더하여 부가가치를 계산해 볼 수 있다.

원가개념 및 손익분기점 분석

원가는 비용이라는 말과 같은 의미로 사용하고 있지만 구별해서 써야 하는 경우도 있다. 제조원가명세서 및 손익계산서에 나타난 비용은 수익을 창출하기 위하여 사용한 자원의 가치를 의미한다. 반면 원가는 자원을 취득하면서 발생한다. 즉, 원가는 자원의 취득시점에서 발생하고 비용은 자원의 사용시점에서 발생한다. 원가분석에서는 이러한 비용과 원가의 개념을 통합하여 총원가의 개념으로 사용하고 세부적으로 취득원가, 제조원가, 판매관리비로 구분할 수 있다. 취득원가는 소매 혹은 도매 유통기업이 제조업체 혹은 다른 도매상으로부터 구매한 물건 값이며 제조원가는 제조활동에 들어간 원가, 판매관리비는 판매관리활동에 사용된 돈이다[16].

원가는 재료비처럼 사업별로 직접 소요된 직접(개별)원가와 공동 공간 사용료, 관리직 인건비 혹은 전기세 등과 같이 구분하기 어려운 간접(공통)원가로 나눠볼 수 있다. 제품이나 서비스별 혹은 유통 및 마케팅 등 사업부문별로 원가를 배분하여 계산하고 각각 보다 세밀하게 성과관리 혹은 개선방향을 찾을 필요도 있을 것이다. 이럴 때 원재료 혹은 상품과 같이 사업부문별로 구분하여 대응시킬 수 있는 직접(개별) 원가의 파악은 쉽다. 하지만 사무실 경비 및 관리부분 인건비 등과 같이 사업부문별로 정확히 나눌 수 없는 간접(공통)원가의 경우에는 사업부문별로 원가 배분에 대한 기

준을 마련하고 합의할 필요가 있다.

〈그림 10.8〉 손익분기점 좌표

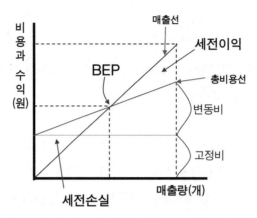

출처: 최중석(2015), "개정2판 비즈니스 경영전략", 도서출판 두남. p.234.

간접(공통)원가의 배분기준을 정확히 결정하기는 어렵지만 사업부문별 인원수, 급여, 전력소비량, 재료비 소비량, 사무실 사용 면적 등과 같이 각각의 사업부문 활동에 사용된 정량적인 기준을 세우고 간접(공통)원가를 각 사업부문별로 배분한다. 이처럼 활동을 기준으로 계산한 원가를 활동기준원가(Activity Based Cost, ABC)라고 한다.

또한 원가는 제조경비나 재료비 등과 같이 조업도가 높아지면 증가하는 변동원가(비)가 있고 급여 및 임차료 등과 같이 조업도와 무관하게 고정적으로 소요되는 고정원가(비)가 있다. 전기와 수돗물을 사용하면 기본요금과 누진요금이 함께 적용되기 때문에 고정원가 및 변동원가를 같이 포함하고 있는 비용도 있다. 이처럼 기업 활동에 따라서 나타나는 기업의 고정비 및 변동비와 매출 간의 관계를 분석하여 기업의 손익관계, 다시 말해 손익분기점(BEP, Break Even Point)을 분석하여 경영의사 결정에 참고할 수 있다. 기업경영분석에서 손익분기점은 세전순이익을 기준으로 한다.

아래의 4가지 재무비율은 한국은행에서 우리나라 상업적 기업의 경영분석에 사용하는 재무비율 중에서 고정비와 변동비 및 손익분기점 분석과 관련된 비율이다[17].

① 고정비 대 총매출 = $(\dfrac{고정비}{총매출}) \times 100$

※ 고정비 = 판매비와관리비 + 영업외비용

   + (노무비의 ½ + 제조경비 - 외주가공비 + 재고조정 중의 고정비)

※ 재고조정 중의 고정비

   = (매출원가 - 당기총제조비용) × $[\dfrac{\text{노무비의 } \frac{1}{2} + \text{제조경비 - 외주가공비}}{\text{당기총제조비용}}]$

※ 당기총제조비용 = 제조원가명세서의 재료비, 노무비 및 경비

고정비는 조업도와 관계없이 일정하게 발생하는 비용으로서 이 비율이 높으면 조업도가 상대적으로 낮은 것을 의미한다. 경기불황 시에는 매출액 감소에도 불구하고 고정비 지출은 줄지 않아 이 비율이 전반적으로 높아지는 경향이 있다. 감가상각비, 보험료, 임차료, 이자비용 등이 고정비로 분류된다.

② 변동비 대 총매출 = $(\dfrac{\text{변동비}}{\text{총매출}}) \times 100$

※ 변동비 = 총비용 - 고정비

※ 총비용 = 매출원가 + 판매관리비 + 영업외비용

변동비는 조업도의 변동에 비례하여 발생하는 비용이므로 이 비율이 지나치게 낮은 것은 조업도가 낮거나 설비가 많음을 의미하고, 반대로 과도하게 높은 것은 고정설비의 부족을 의미한다. 따라서 이 비율은 적정조업도 및 투자설비규모의 판단에 중요한 지표로서의 의미가 있다. 일반적으로 재료비, 외주가공비 등은 변동비로 분류된다.

③ 손익분기점 총매출액

   = $[\dfrac{\text{고정비 - (기부금 수익 + 보조금 수익 + 그 외의 영업외 수익)}}{1 - \dfrac{\text{변동비}}{\text{총 매출}}}]$

손익분기점이란 일정 기간의 총매출액과 총세전비용이 일치하여 이익이나 손실이 발생하지 않는 점으로 매출량 또는 매출액으로 나타낼 수 있다. 매출액이 손익분기점을 초과할 때 세전이익이, 미달할 때 세전손실이 발생한다.

④ 손익분기점률 = $(\dfrac{\text{손익분기점 매출액}}{\text{총매출}}) \times 100$

손익분기점률이란 손익분기점에서의 매출액과 실현된 매출액과의 비율이다. 일반적으로 이 비율이 낮을수록 영업활동의 채산성(이익이 남을 여지가 있는 성질)이 양호하고 높을수록 채산성이 좋지 않음을 의미한다.

재무비율 분석의 한계와 대응방안

재무비율 분석은 가장 기본으로 기업의 재무성과를 분석하는 방법이지만 한계점도 역시 존재한다. 재무상태표상의 자산에 나타나는 장부가치는 그 자산을 취득할 때의 역사적 취득원가를 나타내고 있다. 시간이 지날수록 자산의 가치가 하락하는 때에는 감가상각충당금을 차감한 금액일 뿐, 그 자산의 현재시점에 있어서 경제적 가치 또는 대체원가를 나타내지 않을 수 있다는 점이다. 다시 말하면 재무상태표상에 나타난 자산에는 경제적 가치는 크지만 그 부분을 내포하고 있지 않은 것이 있을 수 있다.

또한 재무상태표는 어느 특정일 기준으로 작성된 것인데 결산일과 상관없이 분포될 여지가 많으므로 되도록 평균자료를 이용하는 것이 바람직하다. 손익계산서에 나타나는 회계적인 이익은 시장가치의 변화(수요와 공급 또는 계절적 수요의 변동, 정보의 차이 등에 의해 결정되는 시장가격)를 반영하는 실질직인 가치와는 차이가 있을 수 있다. 또한 회계적 이익은 기업의 현금상태를 나타내는 것이 아니기 때문에, 기업 내의 현금 순환과정을 거치면서 현금화되는 과정을 연결하여 분석할 필요가 있다. 아울러 회계적 이익은 어느 회계처리 방법을 사용하느냐에 따라 이익이 다르게 계상되어 보고 될 수 있다. 따라서 검증 목적에 따라서는 이러한 문제점을 보완한 다양한 분석을 하는 것이 좋다.

무엇보다도 지금까지 살펴본 재무비율은 가급적이면 사회적경제 기업으로서 경영의사 결정에 도움을 줄 수 있는 재무비율을 중심으로 살펴보았지만, 재무상태표나 손익계산서에는 사회적경제 기업이 창출한 사회적 가치 혹은 사회적 영향이 반영된 이익이 나타나 있지 않다. 따라서 사회적 가치 혹은 사회적 영향의 비회계적인 이익 및 효과를 밝히거나 측정하고 확장될 수 있도록 기업과 이해관계자들이 정성을 쏟고 여기에 사회적 금융자본이 투자되도록 함께 노력해야 한다. 이 내용들은 제11장, 제12장, 제13장으로 이어진다.

이탈리아의 논첼로 사회적협동조합(Coop Noncello): 지역의 사회적 약자, 특히 정신장애인에 대한 특별한 민감성에 바탕을 두고 모든 사람이 동등한 사회적 존엄성과 사회적 환경 속에서 만족스러운 삶을 누릴 수 있는 권리를 함께 찾다[18]!

이탈리아 북부 뽀르데노네(Pordenone) 지방에 본사를 두고 있는 논첼로 사회적협동조합은 정신적 또는 사회적 약자의 일자리를 돕고 사회서비스를 제공하는 협동조합으로 이탈리아법에 따라 일자리 창출 B영역과 사회 서비스 A영역을 함께 운영하고 있다. 1981년 근로활동을 통한 정신장애인의 재활과 사회통합을 목적으로 시작한 이 조직은 현재는 이탈리아 북부 베네치아 줄리아 지방(Friuli Venezia Giulia)과 베네토(Veneto) 동부 지방의 여러 도시 혹은 지역에서 활동하고 있다.

2018년 현재 의결권을 가진 조합원은 537명이며 투표권은 대의원 41명을 포함하여 총 126명이 가지고 있다. 조합원을 포함하여 약 650명에게 일자리를 제공하고 있다. 이 중에서 직장에 배치된 자는 141명에 달한다. 전체 일자리 중에서 사회적 약자 근로자의 비율은 약 40% 이른다. CEO를 포함하여 실무자 68명과 이사회 11명, 감독기관 2명, 법정 감사원 4명으로 구성된 조직구조로 운영되고 있다. 실무자 68명은 기술위원회라는 이름의 조직구조 아래에서 사업실행 파트인 '영역B', '영역A', 그리고 사업지원 성격의 '기술조직(Technostructure)'으로 편제되어 일하고 있으며 과반수 이상의 인원이 일자리를 제공하는 '영역B' 파트에서 일하고 있다. 기술조직은 행정(Amministrazione), 인적자원(Risorse Umane), 재활(Riabilitazione), 상업(Commerciale), 기술 분야(Area Tecnica)로 세분화되어 있으며 다수는 '영역A' 파트의 일을 겸직하고 있다.

〈그림 10.9〉 논첼로 사회적협동조합 직원들과 함께한 저자

출처: 저자(2019), "본사 사무실(좌, 우) 및 영농사업단(중)", 방문 촬영.

논첼로 사회적협동조합은 이탈리아법 381/1991 및 후속 개정 법률에 따라 개인의 개발과 시민의 사회통합 등 공동체의 일반적인 이익을 추구하는 것을 목표로 하고 있으며 이러한 사회적 목적

은 소외 계층의 사회통합 뿐만 아니라 교육서비스 및 노동통합과 같은 다양한 생산적 활동을 통하여 추구한다. 법률에 의한 조직 요건을 갖추고 있으며, 사회적 약자에 대한 특별한 민감성과 관심을 바탕에 두고 일하면서, 모든 사람이 동등한 사회적 존엄성과 각자가 살고 있는 사회적 환경 속에서 만족스러운 삶을 누릴 수 있는 권리에 대한 강한 믿음으로 조직을 운영하고 있음을 밝히고 있다. 특히, 취약한 사람들에게는 종종 정당한 권리가 보장되지 않으며 경쟁적인 경제 및 이윤의 논리가, 평등의 자연적 가치와 포용 관행을 저해하는 사회 속에서, 이러한 불평등을 해소하고 조합원들의 근로능력을 향상시키고, 시민들을 함께 포함시키고, 실업 및 소외 위험에 노출된 사회적 약자에게 고용기회를 제공하는 것을 목표로 다양한 유형의 근로영역 및 사업개발을 추구하고 있다.

주 사업영역은 〈그림 10.10〉과 같이 좌측 상단부터 '위생 청소', '시민 및 산업 지원', '운송 및 의료 동반', '학교 지원', '녹색경영', '고객맞이 및 프론트·오피스', '상품 취급', '폐기물 관리', '묘지 관리', '보호범주 고용' 서비스의 10개 분야이다. 논첼로 사회적협동조합은 사업 계획의 공동 설계 및 공동 개발에서 관리 및 모니터링에 이르기까지 고객의 작업과 다양한 수준에서 통합될 수 있도록 턴키(Turn key, 일괄 협업)방식으로 서비스를 제공한다. 이 조직의 재원은 시장에서 직접 매출 혹은 법률에 의한 공공구매 및 공공기관과의 계약제도 등을 통하여 조달하고 있으며 이를 통하여 조직의 운영비를 감당하고 있다.

〈그림 10.10〉 논첼로 사회적협동조합의 사업영역

출처: 논첼로 사회적협동조합 홈페이지(2022), "각 사업별 소개 페이지", https://coopnoncello.it.

첫 번째, 위생 청소 서비스는 병원의 외래·응급실·병실 환경 청소 및 소독, 진단·검사실 및 투석 전용 구역의 청소 및 소독, 피트니스 시설·치료 수영장·재활을 위한 구역 청소 등 재활 센터의 청소 및 소독을 실시한다. 오염 위험이 높은 지역의 살균 및 위생 처리, 주방 및 매점 전용 구역 청소, 기타 지원 서비스(린넨 및 유니폼 물류 서비스, 운반, 내부 폐기물 운송)를 실시한다. 논첼로 청소서비스의 장점은 병원, 진료소, 노인을 위한 거주지 및 의료 환경에서 항상 인증된 품질 표준에 부합하는 전문적인 청소 서비스를 보장하도록 일하며 매일매일 사용자가 가장 안전하고 환경적인 생존성을 보장하는 것을 약속한다. 사용자의 웰빙에 대한 관심과 전문성이 근본적으로 중요한 이 특정 부문에서 논첼로의 청소 서비스는 환자와 사용자가 시설 내에서 편안하게 머무를 수 있도록 설계되어 있다. 이러한 유형의 개입에 대해 특별히 훈련되고 전문화된 직원은 박테리아 및 바이러스 인자의 확산을 예방하기 위해 환경 위생에 최대한 주의를 기울인다.

두 번째, 시민 및 산업 지원 서비스는 사무실과 작업 공간 청소 및 소독, 일반 및 정기 공공 장소와 공간의 청소 및 소독, 학교, 레크리에이션 공간, 체육관, 스포츠 홀 청소 및 소독, 높이에 관계없이 유리 및 창문의 주기적인 세척, 공공·사설 구역의 외부 구역과 아케이드 청소, 회사 구내식당, 산업 창고, 생산 라인 및 창고 내부의 일상적이고 특별한 청소, 특수 기계(압력 세척기, 모터 스위퍼)를 사용한 외부 영역 청소 서비스를 제공한다.

세 번째, 운송 서비스 및 의료 동반 서비스는 성인과 미성년자를 집에서 사회 재활 센터로 운송하는 일과 지역의료보험공단(ASL, Agenzia Sanitaria Locale)이 지정한 시설에서 투석 치료를 받는 사람들과 동행하는 서비스를 제공한다. 논첼로 운송 서비스 및 의료 동반 서비스는 요청된 개입의 특수성을 준수하고 가장 세심한 안전 보호 장치를 채택하여 신중한 계획에 따라 수행된다. 또한 적절한 수단을 채택하고 동기 부여된 최신 직원을 고용하여 효율적인 서비스를 설계하고 구현한다. 이 서비스는 노인, 장애인 또는 어려운 상황에 처한 사람들의 이동 요구 사항을 관리하고 조정한다. 논첼로 직원은 기본 생명 유지 제세동(BLSD, Basic Life Support Defribillation) 교육을 받았으며 또한 소외된 사람을 맡아서 관계적인 측면도 고려하여 고객과 사용자에게 높은 부가가치를 제공한다. 가장 효과적이고 효율적인 보호동반 서비스를 위해 장착된 차량의 사용을 보장한다. 특히 장애인 동반활동을 위해 인증된 장비를 보유하고 있으며, 승하차시 이용자가 편안하고 실용적으로 이용할 수 있도록 수시로 정비 및 점검을 실시하고 있다.

네 번째, 학교 지원 서비스는 등교 이전 및 이후 망봄 및 통학지원 서비스를 제공한다. 망봄(surveillance) 의무 학교 사용자를 위해 방과 전 및 후 시간에 감시 서비스를 제공한다. 활동은 수업 활동 전후에 학생들을 환영하고 감독하는 것으로 구성된다. 논첼로 운영자들은 학교 내에서 질서 있는 행동과 미성년자의 안전을 보장하는 데 필요한 훈련을 받고 필요한 경험을 얻었다. 논첼로는 행정 직원 및 학교 교사와 협력하여 서비스를 수행한다. 통학지원 서비스는 유치원, 초등학교 및 중학교 학생들에게 학교 통학 지원을 제공한다. 서비스는 오전과 오후에 운영된다. 논첼로의 개입은 감시, 차량에서 학생이 오르고 내리는 동안 안전 관리, 규칙을 존중하는 행동을 상기시키고 지정된 성인 혹은 부모에게 미성년자를 넘겨주는 것이다. 논첼로 학교 지원 서비스의 장점은 사용자의 안전과 보호에 최대한 주의를 기울이고 세심하게 관리하는 정시 서비스를 제공한다. 직원, 운전사및 동반 조수는 필요한 면허, 자격을 보유하고 있으며 소방 및 응급 처치와 관련된 안전 교육 과정을 이수했다. 가장 효과적이고 효율적인 보호동반 서비스를 위해 장착된 차량의 사용을 보장한다.

다섯 번째, 녹색경영 서비스는 공원과 정원의 잔디 깎기 및 유지 관리, 도로 가장자리 및 화단의 잔디 깎기, 관목, 산울타리 및 한해살이 관리, 나무 관리, 환경 보호 대상 지역의 키 큰 나무 가지치기, 정원 조성, 잔디 키우기 및 재생, 시행 중인 규정에 따라 수행되는 제초 작업, 적절한 면허를 가진 운영자가 수행하는 식물위생 개입, 공원과 정원의 가을 청소 서비스를 제공한다. 논첼로는 녹색경영 서비스에 대하여 ISO 14000:2004와 ISO 9001:2008(작업 프로세스와 관련된 회사 품질 시스템)의 인증을 받았다.

여섯 번째, 고객맞이 및 프론트·오피스 서비스는 외래 및 도구(장비) 서비스와 관련된 등록, 수수료 징수 및 영수증 발행, 카운터 또는 우편·전화를 통한 공공 및 무료 의료 서비스 예약 관리, 건강카드 활성화 서비스 관리, 프론트 오피스, 다른 서비스(계산대)와 연계된 활동 관리, 병원 신고서비스(특정 애플리케이션을 사용하여 의료 보고서 입력 및 관련 녹화)를 제공한다.

일곱 번째, 상품 취급 서비스는 고객의 활동을 지원하기 위해 화물 운송, 적재 및 하역, 내부 물류, 창고 관리 및 제거에 대한 맞춤형 서비스를 제공한다. 또한 의료 시설 내에서 물류 및 제품, 장치, 병원 린넨, 건강 및 행정 문서 취급에 대한 서비스를 제공한다. 수령 및 책임에서 취급, 보관 또는 배송에 이르기까지 통합 물류 활동의 다양한 작업 단계에서 최대 효율성과 제어를 보장한다. 철거 서비스는 신중하게 계획 및 조직되며 트럭, 승합차, 승강용 플랫폼 및 엘리베이터와 같은 전용장비와 차량을 갖춘 전문 인력이 수행한다.

여덟 번째, 폐기물 관리 서비스는 수거 센터 관리, 폐기물 수집 및 운송, 거리와 광장 청소, 특별한 청소 개입, 대피 서비스를 제공한다. 논첼로 폐기물 관리 서비스의 장점은 폐기물 관리에 대한 전문성과 경험으로 개입하여 완전하고 시간을 엄수하는 서비스를 제공한다. 논첼로는 법적으로 국가 환경 관리자 등록부의 등록요건을 갖추었다. 부피가 크고 특수하고 위험한 폐기물 수집, 복합재료 수집, 기계화된 청소 활동과 수집 및 재사용 센터의 관리에 대한 권한을 부여 받았다. 또한 서비스의 모든 측면, 특히 사용할 장비 선택과 관련된 측면은 환경에 대한 영향을 최소화하도록 관리된다.

아홉 번째, 묘지 서비스는 잔디 깎기, 잡초 제거, 길과 화단 복원과 영안실, 화장실 및 묘지와 관련된 모든 영역을 청소한다. 요청 시 필요에 따라 묘비 및 대리석 공급 서비스를 제공한다. 설치까지 공급의 모든 단계를 관리한다. 또한 관을 땅에 안치하는 장례 서비스, 석조 작업(벽면, 지하실, 예배당 및 납골당), 개인 또는 가족 무덤으로 지어진 묘지에 시신, 유물 및 유골을 매장하는 일과 유해 발굴 및 이장, 영안실 관리 서비스도 제공한다. 논첼로 묘지 서비스의 장점은 공공 및 민간 고객에게 묘지 관리 일련의 명확한 서비스를 제공한다. 장소와 사람을 최대한 존중하여 각 서비스를 디자인한다. 현재 약 150개의 묘지가 관리되고 있으며 개입 공간의 특성을 감안할 때 사용자의 기억을 존중하고, 특히 침묵에 주의를 기울인다.

열 번째, 보호범주 고용 서비스는 보호 범주에 속하는 근로자를 고용해야 하는 의무와 관련된 이탈리아 법 68/99에 따라 기업이 특별한 행정적 책임 없이 가치를 창출할 수 있는 자원을 확보함으로써 법적 제약을 준수할 수 있도록 효과적이고 효율적인 서비스를 제공한다. 이를 위하여 논첼로는 "인지(cognitive) 인터뷰 미팅 → 개입 영역 식별 → 수혜자 물색 → 선발 면접 실시(회사 내에서도) → 경제적 제안 및 그 조건 합의 → 고용 사무소의 사업 승인 행정 절차 수행과 조정 → 작업 시작"의 절차로 진행한다.

4 사회적경제 기업의 사업타당성 분석

할인율을 고려한 사업타당성 분석

투자수익률(Return On Investment, ROI)은 기업의 경영성과를 종합적으로 파악하고자 할 때 사용하는 분석도구이다. 이는 자본 및 부채를 통하여 구비한 총자산, 즉 투자된 자산 대비 순이익을 얼마나 발생시켰는지를 평가할 수 있는 지표이다. 이는 투입된 비용 대비 편익이 얼마나 발생하였는지를 평가하는 편익/비용(Benefit/Cost Ratio) 분석의 대표적인 방법으로써 총매출액, 이익, 총자산의 구성요소로 좀 더 분해하여 총매출액순이익률과 총자산회전율의 곱으로 계산할 수 있다.

$$
\begin{aligned}
\text{ROI} &= (\frac{순이익}{총자산}) \times 100 \\
&= (\frac{순이익}{총매출}) \times (\frac{총매출}{총자산}) \times 100 \\
&= 총매출순이익률 \times 총자산회전율 \times 100
\end{aligned}
$$

ROI의 계산을 통하여 기업은 자사의 ROI와 산업평균의 ROI를 비교하여 의사 결정에 참고할 수 있다. 자사의 ROI가 산업평균보다 낮을 경우, 손익계산서상의 과목과 재무상태표상의 과목 중에서 어느 부분이 과다 혹은 과소하여 발생한 것인지 추적하여 분석할 수 있다. 또한 업적평가 및 재무통제를 위하여 목표한 ROI와 ROI 실적을 비교하고 재무적 측면에서 기업 경영의 강점과 약점을 체계적으로 규명할 수 있다. ROI는 취득원가에 대한 인플레이션이 반영되지 않는 것과 기업의 다른 요인에 대한 영향을 반영하지 못하는 한계점도 있다.

앞에서 살펴본 우리나라 기업의 재무상태표와 손익계산서를 통하여 2020년 대기업 및 중소기업의 ROI를 계산해 보면 각각 약 1.85%와 약 2.17%로 나타난다. 이를 총매출액순이익율×총자산회전율로 분해하여 계산하면 약 2.96(%) × 0.63, 약 2.60(%) × 0.83으로 나타났다. 즉, 우리나라 대기업은 중소기업에 비하여 활동성은 떨어지나 매출 대비 수익성은 높으며 반대로 중소기업은 대기업에 비하여 활동성은 높으나 매출 대비 수익성은 떨어지는 것을 알 수 있다.

투자수익률 분석을 통한 사업타당성 분석 기법은 앞으로 어떤 사업 대안에 자본을 투자할 때 미래의 일정 기간, 예를 들어 5년의 사업 기간 혹은 정부 기부채납 방식의 사업처럼 길게는 20년 동안 운영하는 사업의 사업성이 있을 것인지를 판단하는 방법이다. 〈그림 10.11〉처럼 미래의 투자수익률을 오늘의 금액으로 환산하여 현실적인 가치로 판단해야 하는데, 오늘의 금액으로 계산하기 위해서는 할인율을 적용하여 계산한다. 이 때 사업성의 판단은 계산된 할인율을 기준으로 예상되는 수익률이 그것보다 높은지 낮은지를 비교하여 사업투자의 타당성을 검토하게 된다[19].

〈그림 10.11〉 할인률의 적용과 ROI 분석

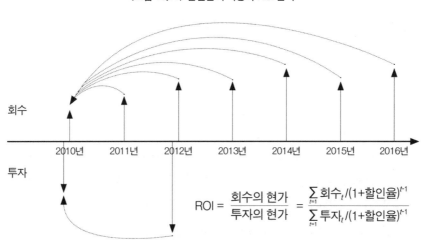

$$ROI = \frac{회수의\ 현가}{투자의\ 현가} = \frac{\sum_{t=1} 회수_t/(1+할인율)^{t-1}}{\sum_{t=1} 투자_t/(1+할인율)^{t-1}}$$

출처: 이승규·라준영(2010), "사회적기업의 사회경제적 가치 측정: 사회투자수익률(SROI)", 벤처경영연구, 13(3), p.46.

할인율을 사용한 사업타당성 분석 방법으로는 첫째, '순현재 가치(Net Present Value)법'이 있다. 순현재 가치법은 미래의 일정 기간에 매해 들어가는 투자 비용을 일정한 할인율을 통하여 각각 오늘의 금액인 현재 가치로 환산하고, 마찬가지로 투자의 과실로 얻어지는 수입을 같은 할인율로 각각 현재 가치로 환산하여 총 얻어지는 수입의 현재 가치와 비교하여 수입이 더 큰 경우에 투자를 결정한다는 방법이다. 만약 높은 할인율을 적용하면 초기 투자금액에 비하여 미래의 수입은 큰 폭으로 작아지게 되어 투자의 타당성은 떨어질 것이다. 그 반대로 낮은 할인율을 적용하면 수익의 현재 가치가 높은 할인율을 적용할 때보다 높게 산출되기 때문에 사업타당성은 더 긍정적으로 나타날 것이다. 따라서 할인율을 얼마로 정할 것인지의 문제는 투자타당성 분석의 가장 큰 이슈라고 할 수 있다.

두 번째 '내부수익률(Internal Rate of Return)법'이다. 이것은 순현재 가치법과 원리는 비슷한데, 내부수익률이란 일정 기간에 투자에 소요되는 비용의 현재 가치 합계와 투자로 인한 수입액의 현재 가치 합계를 동일하게 해 주는 할인율을 의미한다. 보통 할인율은 자본비용이라는 용어로도 사용된다. 기업은 부채와 자기 자본을 조달하여 사업에 투자하게 되는데, 이때 조달하는 부채의 이자율과 자기 자본 조달에 따른 예상 수익률의 가중평균값이 곧 자본을 조달하는 데 들어가는 비용이기 때문이다. 내부수익률법은 투자안의 내부수익률과 최저로 요구되는 필수수익률, 즉 기업의 자본비용(율)과 비교하여 내부수익률이 기업이 생각하고 있는 자본비용(율)보다 크면 투자를 채택하고, 적으면 기각한다.

할인율에 변화를 주면서 사업성이 어떻게 달라지는지 그 민감도를 파악하여 타당성을 순차적으로 비교 분석할 수 있는데, 이를 '민감도 혹은 감응도 분석(Sensitivity Analysis)'이라고 한다. '수익성지수(Profitability Index)법'은 사업 기간 동안 총현금유입 현재 가치의 합을 총현금유출 현재 가치의 합으로 나누어서 구할 수 있으며 이 값이 1보다 크면 투자를 결정하고 1보다 작으면 투자하지 않는다는 기법이다.

그렇다면 할인율 혹은 같은 의미로서 자본비용을 어떻게 결정할 것인지의 문제가 남는다. 상업적 기업은 부채와 자기 자본에 내한 조달 비중에 따라 계산하는 가중평균사본비용(Weighted Average Cost of Capital, WACC)으로 산출한다. 부채는 기업이 외부자금을 조달할 때 요구되는 이자율로 계산하며, 자기 자본에 대한 예상수익률은 상장기업의 경우에 시가총액, 시장기대수익률 등의 요인들과 연관성을 비교, 분석하여 산출하는 방법들이 제시되고 있다[20]. 가중평균자본비용 계산식 및 자기 자본 수익률을 계산하는 대표적인 방식은 〈표 10.11〉과 같다.

〈표 10.11〉 가중평균 자본비용 계산

- WACC = 타인 자본비용 × (1 - 법인세율) × 부채비율 + 자기 자본비용 × 자기 자본 비율
* 부채비율 + 자기 자본 비율 = 1
* 타인 자본비용 : 차입금평균이자율 or 채권수익률
* 차입금평균이자율 = $\dfrac{\text{이자비용}}{\dfrac{(\text{기초차입잔액} + \text{기말차입잔액})}{2}}$
* 채권수익률 = 당사 혹은 비슷한 신용위험 기업과 비교
* 자기 자본비용: 자기 자본 가치를 유지하기 위한 최소한의 수익률 계산
  (예: 주식시장의 기대수익률을 구하여 대용치로 사용하는 CAPM 모델 등의 방법이 있음)

■ CAPM(Capital Asset Pricing Model, 자본자산가격결정모델)

　　= 무위험이자수익률 + 위험프리미엄

　　= 무위험이자수익률 + (시장평균수익률 - 무위험이자수익률)×β

　* 무위험이자수익률 : 부도 위험이 없는 수익률(국채수익률)

　* 시장평균 수익률 : 전체 자본시장의 주가지수 수익률

　* β(위험상관계수) : 개별(주식)과 해당시장의 상관관계

거래소에 공개한 상업적 기업은 이러한 방법으로 자본비용을 산출하고 할인율로 적용하여 타당성을 검토할 수 있다. 하지만 아직 사회적경제 기업의 할인율을 계산할 수 있는 방법론이 개발되어 있지 않다. 따라서 〈표 10.12〉와 같이 국가별로 공공사업에 적용하는 사회적 할인율 자료를 참고하여 적용할 수 있다.

〈표 10.12〉 국가별 사회적 할인율

국가별	할인율 수준
미국	3년: 0.3%, 5년: 0.6%, 7년: 0.8%, 10년: 1.0%, 20년: 1.2%, 30년 이상: 1.5%
EU	공공사업: 4%
영국	기본: 3.5%, 30년 이후: 3%, 125년 이후: 2%, 200년 이후: 1.5%
프랑스	기본: 4%, 30년 초과: 2%
네덜란드	기본: 5.5%, 기후변화 정책: 4%
독일	장기 정책: 1%
일본	50년 이내: 4%
호주	중심 할인율: 7%, 민감도 분석 시 3%와 10% 적용

출처: 이지웅·김성균·김길환(2016), "전문가 대상 설문조사를 통한 우리나라 적정 사회적 할인율 추정", 에너지경제연구, 15(1), pp.217-218.

2016년 현재 우리나라는 20년 이내 사업에 대하여 약 4.5%의 할인율을 적용할 것을 제안하고 있다. 반면 2015년 한국자원경제학회, 한국환경경제학회, 한국국제경제학회 학회 회원 114명을 대상으로 실시한 설문조사 결과 적정하다고 생각되는 사회적 할인율은 평균 3.26%인 것으로 조사되었다[21]. 이 수치는 우리나라 사회적경제 비즈니스의 사업투자타당성을 분석하는 데 있어서 사회적 할인율로 사용할 수 있을 것으로 보인다.

사회문제 해결 비즈니스 사업타당성 분석기법

사회적경제 기업의 사회문제 해결 및 사회혁신 비즈니스에 투자하는 비영리재단 및 사회적 금

융기관은 사회적경제 기업이 창출한 사회적 성과에 대하여 계량적인 지표로 측정하여 사업타당성을 검토하고 사회적 비즈니스에 투자하고 있다. 휴렛 재단은 "어느 부분이나 지역에 있어서 사회문제 해결을 통해 기대되는 사회적 성과의 총량과 투자 성공 가능성(비율)과 투자자 기여 정도(비율)의 곱을 소요되는 투자 자본으로 분해한 비율"인 '기대수익(Expected Return)[22]'을 측정하여 검토한다. 로빈후드 재단은 "어느 부분이나 지역에 있어서 사회문제 해결을 통해 기대되는 사회적 성과의 총량과 투자자 기여정도(비율)의 곱을 소요되는 투자 자본으로 분해한 비율"인 '비용편익(Benefit/Cost)[23]'을 계산하며, 아큐먼 펀드는 "어느 부분이나 지역에 있어서 사회문제 해결을 위해 투자될 순 비용 대비 사회적 영향 창출의 비율을, 투자자의 투입 비용 대비 사회적 영향 창출의 비율로 나눈 배수(비율)"인 바코 비율[BACO(Best Available Charitable Option) Ratio][24]을 계산하여 투자결정에 참고하고 있다.

상업적 기업의 ROI를 수정한 사회적투자수익율(SROI, Soical ROI) 기법은 사회적 비즈니스의 성과를 추적 또는 예측하여 사회적 성과를 계량적으로 측정하려는 대표적인 방법이다. SROI는 투입된 자본 혹은 비용 대비 사회적 수익이 얼마나 창출되었는지 이미 실행한 비즈니스의 과정을 추적하거나 혹은 실행 계획이 있는 비즈니스의 성과를 예측하여 측정하는 방법으로 "현금, 장비 및 시설, 노동력 등 투자된 자본 대비 재무적인 성과와 여기에 반영되지 않은 사회(공동체)(적), 경제적 및 환경직 성과를 화폐의 대용치로 변환하여 총 편익을 파악"하는 방법이다. 예를 들어 화폐적 가치로 대용하여 산출한 편익:비용의 비율이 3:1로 나왔다면 이는 화폐 1단위의 투자로 인하여 3배의 사회적 가치를 창출했다는 또는 창출할 수 있다는 것을 의미한다. 하지만 SROI는 화폐의 개념보다는 가치의 개념에 관한 것이다. 화폐란 가치를 전달하는 유용한 수단이며, 하나의 공통된 단위로써 널리 받아들이는 단순한 약속이라고 할 수 있다[25].

SROI는 REDF의 창업자이며 '혼합된 가치(Blended Value)'라는 용어를 창시한 제드 에머슨(Jed Emerson)과 REDF에 의하여 개발되었다. 이후 영국의 nef(the new economics foundation: 1986년에 설립 및 등록된 자선 단체, 윤리적 무역 구상, 영국사회 투자포럼, 사회 및 환경 복지를 측정하는 새로운 방법을 제공하는 데 힘씀)와 SROI Network의 새라 올슨(Sara Olsen), 스테파니 로버트슨(Stephanie Robertson) 및 다른 많은 동료와 휴렛 재단(Hewlett Foundation), 자선단체 해들리(Hadley Trust), 어드벤처 캐피탈 기금(Adventure Capital Fund), 평등 사회적 경제 스코틀랜드 개발협력(Equal Social Economy Scotland Development Partnership) 등과 같이 여러 단체의 지원을 통하여 많은 실험과 수정을 거듭해 오면서 발전하고 있다.

호주에서는 SROI에 대한 이해를 높이고, 사회적경제 기업이 창출하는 고용에 대한 영향의 증거 자료를 분석하고, 사회적 영향을 보고하는 비영리 기관의 투명성을 향상하기 위하여 2009년 '사회적 영향 센터(Centre for Social Impact, CSI)', '프라이스워터하우스쿠퍼스(PricewaterhouseCoopers, PwC)', '호주 사회적 벤처(Social Ventures Australia, SVA)'가 함께하여 '임팩트 투자 파트너십 (Investing in Impact Partnership, IIP)'을 결성하고 SROI를 중심으로 사회적 영향 측정에 관한 많은 연구, 교육, 자문 활동 및 사례를 발굴하고 있다[26].

SROI에서 사용하는 '사회적 가치 혹은 영향'은 '사회(공동체)(적) · 환경적 · 경제적 가치 혹은 사회(공동체)(적) · 환경적 · 경제적 영향'을 모두 포함하는 의미로 사용된다. SROI는 조직의 활동으로 인하여 발생한 성과물을 최종적인 비율로 산출하여 경쟁 기업 혹은 산업 평균과 비교하여 그 경쟁우위를 판단하려는 단편적인 계산식이 아니며 훨씬 더 광범위한 가치를 측정하고 설명하기 위한 프레임워크이다. 불평등과 환경오염을 줄이고 사회(공동체)(적), 환경적, 경제적 비용과 편익을 통합함으로써 공동체의 복지와 사회전체의 행복을 증진하고자 하는 노력이며, 사회(공동체)(적), 환경적 및 경제적 결과를 측정하면서 그 변화가 어떻게 발생하는지 이야기하고 이를 화폐적인 가치로 대용하여 투자된 비용 대비 이익 비율을 계산할 수 있도록 설계된 측정 방법이다.

특히, SROI는 조직 내부의 주관적인 입장이 아니라 이해관계자 입장 및 그들의 효익을 중심으로 성과를 측정할 수 있도록 접근 방식을 채택하였다. 조직이 사업을 시작하거나 이미 시작한 것에 따라서, 또는 보유 역량 및 자원의 다양한 상황에 따라서, 또는 사업 부문에 따라서, 그리고 사회적경제 기업, 공공지출 및 투자, 기부금 제공 및 재정적 투자, 기업의 사회적 책임 활동과 같이 정부, 민간 및 제3섹터 등 다양한 조직 수준에 따라서도 적용할 수 있도록 개발되었다[27]. SROI는 이해관계자 정의에서부터 사회적 영향의 화폐가치화, 사회적 할인율 적용과 민감도 분석에 이르기까지 매우 자세하면서도 포괄적인 내용을 포함하면서 다양한 사회적 영향 측정 방법의 개발에 영향을 주거나 받으면서 발전해 가고 있다. 사회적 영향 측정의 여러 가지 방법 및 SROI의 자세한 측정 방법은 이어지는 제11장에서 다룬다.

한국의 사회투자지원재단: 지난 15년 이상 한국사회에서 지역기반의 전문성, 도전과 혁신, 공동생산, 존중과 배려의 핵심가치를 토대로 지역사회라는 본질과 사회적 영향이라는 사회적경제의 주된 목적을 놓치지 않고 묵묵히 사회적경제의 대안적 구상과 실천을 촉진하고 지원해 오다[28]!

사회투자지원재단(이하, '재단'으로 칭함)은 2007년 11월에 정부의 재정지원과 민간의 기관운영이라는 민·관 협력 파트너십을 통해 설립되었다. 2009년 6월에 7일 동안 6개 권역에서 40여 명의 부문별 현장 전문가가 모여 간담회를 열었다. 이를 통하여 '주체역량 강화', '사회적경제 모델 창출', '사회적경제 자원형성', '사회적경제 정책개발'이라는 4가지 목적을 수립하고 2010년부터 순수 민간재단으로 조직체계를 재정비하여 "사회적경제의 대안적 구상과 실천을 활성화한다"는 사명으로 활동해 왔다. 재단의 정관에도 "인적자본과 사회적자본 확충 등 사회투자 활성화를 촉진함으로써 사회구성원의 삶의 질 제고와 사회통합 양극화 완화 및 동반성장에 기여함"을 목적으로 기술하고 있다. 재단은 2007년 설립 이래 국내에 '사회적회계(Social Accounting, SA)' 및 '사회적회계감사(Social Accounting Audit, SAA)'를 소개하였다. 2008년 안성의료복지사회적협동조합(이하, '안성의료사협'으로 칭함)과 협력하여 사회적회계 부기표를 개발하였으며 2009년부터 안성의료사협의 사회적회계 보고서 작성과 사회적회계 감사를 지원하였다. 국내에서 최초로 작성된 안성의료사협의 사회적회계 보고서와 감사인증은 국내에 사회적회계가 알려지는 중요한 계기가 되었다.

또한 2010년 이후 사회적회계 기초교육과 심화교육, 훈련(Training) 과정을 개발하여 운영함으로써 사회적회계의 보급과 확산을 위해 노력해 왔다. 재단은 사회적기업, (사회적)협동조합 및 비영리단체 등 80여 곳의 사회적경제 기업에게 사회적회계 컨설팅을 진행하여 사회적회계의 실행과 적용을 꾸준히 지원하였다. 또한 2012년 11월에 설립한 한국사회적회계네트워크(SAN KOREA)에 조합원으로 가입하여, 한국사회적회계네트워크는 컨설턴트와 감사위원회를 중심으로 조직사업을 수행하고 조합기관인 재단은 사회적회계 확산과 컨설팅을 수행하는 것으로 역할을 분담하여 지금까지 진행하고 있다.

재단의 홈페이지에는 다음과 같이 재단의 존재이유를 밝히고 있다. "사회투자지원재단은 공익을 위한 시민들의 참여경제를 통해 공동체를 이롭게 하는 대안적인 경제활동을 지원합니다. 세상을 다스리고 백성을 구제한다고 하여 경세제민(經世濟民)이라 하였던 경제는 시장의 효율성과 경쟁력을 통한 이윤창출의 활동으로 제한되었습니다. 이제 세상은 이윤을 위한 돈벌이 경제에 의해서 다스려졌으며, 백성들은 경제를 통해 구제받지 못하고 있습니다. 사회 구성원의 경제활동 없이는 지속 가능하지 않지만, 공익을 고려하지 않는 경제는 결국 사회의 안녕을 위협하게 됩니다. 사회투자지원재단은 지속 가능한 사회를 위해 '사회적 가치'와 '경제적 가치'에 대한 균형적인 접근을 통해서 새로운 사회적경제를 발전시켜 나가겠습니다."

2023년 현재 홈페이지를 통하여 살펴본 재단의 주요 사업내용은 첫째, '사회적경제 현장 역량강화' 사업이다. 지속 가능한 사회적경제의 힘은 바로 사람에서 나오기 때문에 재단은 사회적경제 현장 활동가들을 위한 교육과 훈련과정을 제공하고 현장의 문제들을 풀기 위한 도움을 제공한다. 교육과정은 '활동가 역량강화 프로그램', '사회적경제 학습공동체 페다고지', '사회적경제 조직 리더 과정', '사회적경제 현장 활동가 양성과정(조직전략·성과측정·지역자원조사·신규사업개발)', '사회적경제 입문 및 심화 과정'이 있다. 둘째는 '사회적경제 조직전략 개발' 사업이다. 이는 가치와 경영의 일치성을 높여 성과를 내기 위한 실행으로 지역기반 사회적경제의 전략적 접근 방식을 다원화시키고 접근성을 높이기 위한 개발에 집중한다. 주요 프로그램은 '사회적경제 조직전략개발 프로그램', '사회적경제 인큐베이팅', '사회적경제 교육 및 컨설팅', '조직진단 및 조직전략 수립', '지역순환경제효과 컨설팅', '업종별 전략연구 및 컨설팅(돌봄, 주거복지, 재활용 등)'이 있다.

〈그림 10.12〉 사회투자지원재단 활동 사진(기후위기 의제 토론, 학습공동체 페다고지) 및 이사장

출처: 사회투자지원재단(2022), "2021 사회적회계 보고서", p.26(좌).; 사회투자지원재단 홈페이지(2023),
"페다고지(중), 이사장 김홍일 신부(우)", https://ksif.kr.

셋째는 '사회적경제 정책개발' 사업이다. 현장의 사례분석과 정책연구를 통해 사회적경제에 대한 집중적인 분석과 연구를 진행한다. 이를 통하여 사회적경제를 선도하고 사회정책과 경제정책의 통합적 접근으로 사회를 발전시킬 대안적 모델을 만들어 왔다. 주요 프로그램은 '사회적경제 정책개발 프로그램', '사회적경제 업종전략연구 및 경영사례연구', '사회적경제 육성 중장기 계획 수립 연구', '지역 공동체기금 및 자활기금 활성화 방안 연구', '분야별 및 영역별 정책토론회 개최', '지역재생 전략수립 연구 및 지역자원조사 연구'가 있다. 넷째는 '사회적경제 지역사회개발' 사업이다. 지역사회개발이란 "지역사회 주민의 생활수준을 향상시키기 위해 물리적 환경개선을 뛰어넘어 지역

의 문제를 주민이 스스로 발견하고 스스로 해결해 가는 과정"이다. 재단은 지역사회개발의 주체인 지역주민의 역량강화에 중점을 두고 있으며 지역사회개발 전략을 구상하고 전략의 실천을 위해 현장과 함께하고 있다. 주요 프로그램은 '사회적경제 지역사회개발 프로그램', '사회적경제방식의 지역사회개발 매뉴얼 구성', '지역자치 역량강화 및 시범사업', '사회적경제 활성화 지역 모델링 및 지역사회개발의 지역모형 구성', '지역의제 발굴'이 있다. 다섯 번째는 '사회적경제 기금조성 지원' 사업이다. 대표적으로 시민출자에 의해 청년주택 기금을 조성하고, 지역에 정주하고자 하는 청년 그룹을 발굴해 주택의 전세 보증금과 공동체 프로그램을 제공하는 사업이 있다.

2021년 재단의 사회적회계 보고서에 의하면 재단의 지배구조는 최고의결기구로 이사회를 두고 있으며 '사회적경제 역량강화센터', '사회적경제 연구센터', '지역살림과 자치센터'의 3개 센터와 사무국, 부설기구 터무늬제작소로 구성되어 있다. 직원은 상임이사를 비롯하여 9명이 활동하고 있다. 2021년도의 4대 목적 사업인 '사회적경제 현장 역량강화', '사회적가치 확산과 연구', '지역사회개발 지원', '연대를 기반한 사회적자원 조성'에 대한 자세한 성과를 사회적회계로 보고하고 있다. 재단에서 진행하는 활동 중에서 60% 이상이 외부조직과 이해관계자의 협력과 요청에 따라 진행되기 때문에 연간 목적별 사업 총량의 편차가 심하고 연속사업으로 진행하지 못하는 경우가 많다. 2021년 사업에는 11개 단위사업별로 13개의 논의 및 의사결정 구조를 갖추고 진행했으며 이 논의 구조에 총 137명(서로 다른 사업의 중복집계 있음)이 함께했고 이들과 92회의 논의를 기반으로 사업과 활동을 추진해 왔다. 재단은 매년 사업목표를 계획하고 그것에 적합한 프로세스로 진행하여 그 결과와 성과가 어떠했는지를 평가하는 방식으로 사회적회계를 진행하고 있다. 〈표 10.13〉은 2021년도의 사회적회계의 평가 결과를 요약해 놓은 표이다.

〈표 10.13〉 2021년도 사회적회계 총괄평가 요약표

목적	활동	주요 측정방향	달성도
사업목적1 / 사회적경제 현장 역량강화	사회적경제 활동가 양성과정	· 페다고지 참여 활동가의 분포가 지역적으로 확산되고 있는가? · 활동가의 문제해결정도(역량)는 향상되었는가? · 페다고지 학습과정의 지역 확산은 어떠한가? · 페다고지 학습자들 네트워크는 지속적으로 작동되는가?	100%
	사회적경제 분야별 전문과정	· 교육참여 기관 및 인원이 증가했는가? · 교육생의 전문역량이 강화되고 교육목표를 달성하였는가? · 교육내용이 학습자들의 조직운영에 적용 가능한가?	75%

사업목적2 / 사회적가치 확산과 연구	사회적성과 교육 및 컨설팅	· 사회적회계를 이해하는 기관이 확산되었는가?	75%
	사회적 감사 및 성과관리 지원	· 사회적회계 보고서를 작성하는 기관이 확산되었는가? · 사회적 성과측정을 지속적으로 적용하는 기관이 확산되었는가?	25%
	정책연구 및 제안	· 현장참여형 정책연구는 지속적으로 진행되고 있는가? · 재단이 중요 개입 분야를 지속적으로 모니터링하고 있는가? · 정책연구를 기반으로 한 확산과 적용에 노력을 기울였는가?	75%
사업목적3 / 지역사회 개발 지원	지역사회 의제발굴 지원	· 지역 및 조직이 확대되었는가? · 연구 활동에 당사자의 참여가 확대되고 있는가? · 당사자들의 연구 활동 참여와 결과물에 만족하고 있는가? · 연구결과가 현장적용이 가능한가? · 참여자의 역량이 강화되었는가? · 주민참여형 의제발굴 지원 프로세스를 개발하였는가?	75%
	지역사회 의제해결 활동 지원	· 지역 및 조직이 확대되었는가? · 의제 해결을 위한 주체가 형성 또는 확대되었는가? · 당사자들이 의제 해결 활동 진행 과정에 만족하는가? · 의제별 사업목표가 달성되었는가? · 의제 해결 활동이 지속 가능한가? · 참여자가 결과물에 대해 만족하는가? · 참여 주체의 역량이 강화되었는가? · 의제 해결 활동 지원 프로세스를 개발하였는가?	75%
사업목적4 / 연대를 기반한 사회적자원 조성	시민출자 및 자원조성	· 시민출자의 순환구조로 기금성장과 지역출자자의 발굴이 이루어졌는가? · 시민출자 청년주택 운영구조가 당사자 중심과 이해관계자 거버넌스를 구축하는 방향으로 이루어졌는가? · 터무늬있는집 기반의 지역활동을 위한 청년 입주단체 발굴의 노력이 있었나? · 기금 수입과 지출 내역을 공개하는 등 시민출자의 투명성 확보를 위해 노력했는가?	100%
	청년 네트워크 기반 사회주택 지원	· 청년네트워크 기반 사회주택을 목표대로 공급했는가? · 입주 청년의 주거비 부담이 적정선에서 유지되고 있나? · 나눔과꿈 지원사업이 청년 입주단체의 지역 내 활동성을 강화하는 데 적절하게 사용되었나? · 청년 입주단체의 지역 활동성 강화를 위한 네트워크 활동이 이루어졌는가?	100%
	연대활동 및 네트워크 참여	· 목적사업 중 외부 구성원으로 의결구조 구성은 어떠한가? · 진행횟수는 얼마인가? · 연대 및 대외 협력활동에 정기적, 비정기적으로 참여한 횟수 및 내용은 무엇인가?	100%

보고서는 2021년 사업목적 1의 경우, 양적으로 그리고 질적으로 2019년 이후 안정적으로 활동이 추진되고 있음을 보고하고 있다. 특히 분야별 전문가과정의 경우 모듈학습이 대외적으로 알려지면서 협력과정 요청이 증가하는 추세에 있음을 보고한다. 사업목적 2의 사회적성과 부문은 예년에 비해 올해의 달성도는 다소 부족했음을 보고하고 있다. 따라서 향후 이 활동과 사업 추진 방향에 대한 추가 논의가 필요한 영역으로 평가했다. 반면 정책연구는 예년에 비하여(2020년 달성도 50%)

올해의 달성도는 더 높아졌다. 사업목적 3은 주로 서울시 노원구 민민사업 외에는 외부 요청에 의해 추진되는 경향이 있기에 매년 변동이 큰 것으로 평가되었다. 따라서 재단 주도의 독립적인 추진 체계를 갖출 것인지에 대한 논의가 필요하다고 평가하고 있다. 사업목적 4는 재단 내외부의 관계망 강화를 통해 점차 사업과 활동이 안정화되고 있음을 보고한다. 따라서 2022년도에는 사업의 영역을 확대하고 이에 사업의 확장을 도모해야 할 영역으로 평가하고 있다. 2021년도 사회적회계 결과를 통하여 재단이 도출한 주요 이슈는 다음과 같이 언급하고 있다. 첫째는 "대안적 경제활동을 모델링 할 수 있는 새로운 아이템 발굴과 현장 주체와의 연대와 네트워크의 가능성을 확인한 것이다", 둘째는 "페다고지, 모듈학습, 터무늬있는집, 사회적 회계 등 재단의 전통적 콘텐츠의 성과와 적용 가능성을 재확인하고 내용의 전문화와 분야별 다원화의 가능성을 확인한 것이다", 셋째는 "동력이 살아 있는 당사자 조직들의 실질적 운동을 활성화하고 이들과 함께할 수 있는 협력적 관계망 확보와 네트워킹 확대의 필요성이다", 넷째는 "사회적경제에 대한 다양한 이슈들이 발생하고 있으나 재단은 이에 대해 적극적으로 대응하고 있지 못하고 있으므로 사회적 파장력이 있는 주장과 메시지를 전달할 수 있는 시스템 장착의 필요이다". 재단의 자세한 사회적회계 보고서 내용은 홈페이지의 보고서를 통하여 확인할 수 있다.

사례연구 37 스웨덴의 발렌베리(Wallenberg)는 150여 년의 역사를 가진 유럽 최대, 최고의 기업집단으로써 전문경영인 및 노동자 중심, 기업 투명성, 사회공헌의 경영철학을 바탕으로 국민적 지지와 사회적인 존경을 받고 있다. ① 먼저, 발렌베리의 이러한 내용에 대하여 좀 더 자세히 설명하라. 그리고 ② 한국의 상업적 기업, 특히 재벌 기업이 배울 점은 무엇이 있는지 각자의 의견을 제시하고 토론해 보자.

사례연구 38 영국의 런던어린이재단(London Early Years Foundation)은 불우한 어린이(유아)의 보육 및 지역사회를 위한 포용적 비즈니스로 시작하여 런던 전역에서 39개의 지역공동체 보육원 및 어린이센터를 운영하고 있다. ① 먼저, 이 재단의 사회적 사명과 포용적 비즈니스에 대하여 좀 더 자세히 설명하라. 그리고 ② 한국의 영·유아 혹은 어린이 돌봄 사회적경제 기업이 배울 점은 무엇이 있는지 각자의 의견을 제시하고 토론해 보자.

사례연구 39 이탈리아의 논첼로(coopnoncello) 사회적협동조합은 지역의 사회적 약자, 특히 정신장애인에 대한 특별한 민감성에 바탕을 두고 모든 사람이 동등한 사회적 존엄성과 사회적 환경 속에서 일을 통해 만족스러운 삶을 누릴 수 있도록 운영하고 있다. ① 먼저, 논첼로 사회적협동조합에 대하여 좀 더 자세히 설명하라. 그리고 ② 한국의 정신장애인 사회적경제 조직과 이곳이 다른 점은 무엇이 있고 유사한 점은 무엇이 있는지 배울 점을 중심으로 각자의 의견을 제시하고 토론해 보자.

사례연구 40 한국의 사회투자지원재단: 지난 15년 이상 한국사회에서 지역기반의 전문성, 도전과 혁신, 공동생산, 존중과 배려의 핵심가치를 토대로 지역사회라는 본질과 사회적 영향이라는 사회적경제의 주된 목적을 놓치지 않고 묵묵히 사회적경제의 대안적 구상과 실천을 촉진하고 지원해 오고 있다. ① 먼저, 지역사회라는 본질을 놓치지 않는 재단의 사회적 사명과 사업에 대하여 자세히 설명하라. 그리고 ② 그중의 하나로 사회적경제인 양성에 힘을 쏟고 있는 '페다고지'에 대하여 자세히 설명하고 중간지원 교육기관이 배울 점은 무엇이 있는지 각자의 의견을 제시하고 토론해 보자.

제10장의 참고문헌(Reference)

1 Anita Maria de Moura, Graziella Comini, and Armindo dos Santos de Sousa Teodosio(2015), "The International Growth of a Social Business: A Case Study", Revista de Administracao de Empresas, 55(4), 444-460.

2 Muhammad Yunus, Bertrand Moingeon, and Laurence Lehmann-Ortega(2010), "Building Social Business Models: Lessons from the Grameen Experience", Long Range Planning, 43, 308-325.

3 위키백과(2018), "Financial_intelligence", http://en.wikipedia.org/wiki.

4 Karen Berman, Joseph Knight, and John Ca(2013), "Finance Intelligence", Business Literacy Institute.

5 한국은행(2021), "2020년 기업경영분석", http://bok.or.kr.

6 한국은행(2021), "2020년 기업경영분석", http://bok.or.kr.

7 최중석(2015), "개정2판 비즈니스 경영전략", 도서출판 두남.; 장영광·송치승(2017), "제5판 경영분석", 무역경영사.

8 발렌베리 홈페이지(2023), https://wallenberg.com.; 김지영(2014), "우리나라 재벌과는 너무나 틀린 스웨덴 발렌베리 가문", 이투데이.; 권홍우(2010), "99%의 롤모델", 인물과사상사.; 박희준(2013), "스웨덴 157년 금융名家 발렌베리 가문", 아시아경제,; 나무위키(2023), "발렌베리 가문", https://namu.wiki.; 위키피디아(2023), "발렌베리가", https://ko.wikipedia.org.; Investor(2013), "Annual Report 2013".

9 한국회계기준원 회계기준위원회(2019), "재무보고를 위한 개념체계", http://www.kasb.or.kr.

10 최중석(2015), "개정2판 비즈니스 경영전략", 도서출판 두남.; 장영광·송치승(2017), "제5판 경영분석", 무역경영사.

11 이민주(2015), "숫자의 진짜 의미를 읽어내는 재무제표 분석법", 이레미디어.; 최중석(2015), "개정2판 비즈니스 경영전략", 도서출판 두남.; 장영광·송치승(2017), "제5판 경영분석", 무역경영사.

12 LEYF 홈페이지(2023), https://leyf.org.uk.; LEYF(2023), "Annual Report 2021/22 & Statement of Accounts"; Fergus Lyon and Heather Fernandez(2012), "Scaling up social enterprise: strategies taken from early years providers", TSRC.

13 한국은행(2021), "2020년 기업경영분석", http://bok.or.kr.

14 한국은행(2021), "2020년 기업경영분석", http://bok.or.kr.

15 한국은행(2021), "2020년 기업경영분석", http://bok.or.kr.

16 백태영(2018), "관리회계", 신영사.

17 한국은행(2021), "2020년 기업경영분석", http://bok.or.kr.

18 논첼로 사회적협동조합(2019), "BILANCIO SOCIALE 2019, 사회적 회계 보고서".; 논첼로 사회적협동조합 홈페이지(2022), https://coopnoncello.it.

19 이승규·라준영(2010), "사회적기업의 사회경제적 가치 측정: 사회투자수익률(SROI)", 벤처경영연구, 13(3), 41-56.

20 Eugene F. Fama and Kenneth R. French(1993), "Common risk factors in the returns on stocks and bonds", Journal of Financial Economics, 33, 3-56.; Eugene F. Fama and Kenneth R. French(2004), "The Capital Asset Pricing Model: Theory and Evidence", Journal of Economic Perspectives, 18(3), 25-46.

21 이지웅·김성균·김길환(2016), "전문가 대상 설문조사를 통한 우리나라 적정 사회적 할인율 추정", 에너지경제연구, 15(1), 207-237.

22 Investing in Impact Partnership and Social Ventures Australia Consulting(2012), "Social Return on Investment: Lessons learned in Australia", SVA Consulting.

23 William and Flora Hewlett Foundation(2008), "Making Every Dollar Count: How expected return can transform philanthropy?", http://hewlett.org.

24 Michael M. Weinstein(2007), "Measuring Success: How the Robin Hood Foundation Estimates the Impact of Grants?", draft paper.

25 The SROI Network(2012), "A guide to Social Return on Investment", Matter&Co.

26 Cynthia Gair(2009), "SROI Act II: A Call to Action for Next Generation SROI", REDF.

27 nef(2004), "Social Return on Investment, Valuing what matters: Findings and recommendations from a pilot study", nef(the new economics foundation).

28 사회투자지원재단(2022), "2021 사회적회계보고서".; 사회투자지원재단 홈페이지(2023), https://ksif.kr.

사회적 영향 측정과 관리(Social Impact Measurement)

제11장의 개요(Outline)

11-1. 사회적 영향 측정과 관리의 필요

11-2. 사회적 영향 측정 방법 및 유형

11-3. 사회적 영향 창출의 과정을 촉진하고 지원하는 측정도구

11-4. 사회적 영향 창출의 결과를 계량화하는 측정도구

사례연구 41 호주의 푸드 콘넥트 브리즈번(Food Connect Brisbane): 지역의 윤리적 재배 농산물을 지역순환경제 방식으로 소비하여 지난 17년 이상 농부의 경제적인 이득을 높이고 사회(공동체)(적) 및 환경적 영향의 파급효과를 SROI로 측정하여 '공동체 지원농업(Community Supported Agriculture)'의 편익과 효과를 널리 증명하다!

사례연구 42 미국의 파타고니아(Patagonia): 동력을 사용하지 않는 사람과 자연의 순수한 스포츠 활동을 지원하며 환경보호를 최고의 기업 가치로 경영하다!

사례연구 43 영국의 Social Value UK: Social Value UK는 지난 13년 동안 2000명 이상의 서포터즈, 250명 이상의 개인 회원, 125개 이상의 조직 회원과 교육, 지식 공유 및 네트워킹을 통해 인류사회의 환경 악화와 불평등을 줄이고 모두의 복지를 높이기 위한 변화의 움직임을 구축해 오다!

사례연구 44 한국의 아름다운가게: 지난 20여 년 이상 물건의 재사용과 순환을 통해 우리 사회의 생태적 및 친환경적 변화에 기여하고 국내·외 소외계층 및 공익활동을 지원하며 시민의식의 성장과 풀뿌리 공동체 발전에 기여하다!

☞ 학습목표 11-1: 경제성장 중심 측정지표의 한계를 이해하고 이를 극복하기 위한 사회적 영향 측정과 관리의 필요성을 설명할 수 있다.

☞ 학습목표 11-2: 사회적 영향의 개념 및 측정범위를 알고 설명할 수 있다.

☞ 학습목표 11-3: 사회적 영향 측정의 방법에 대하여 경영활동의 순환과정 속에서 논리모델로 설명할 수 있다.

☞ 학습목표 11-4: 상업적 기업의 사회적 책임 측정, 평가 및 투자와 사회적경제 기업의 사회적 영향 측정, 관리 및 투자의 유사점과 차이점에 대하여 설명할 수 있다.

☞ 학습목표 11-5: 사회적경제 기업의 사회적 영향 창출의 과정을 촉진하고 지원하는 도구인 사회적 균형성과지표(S-BSC, Social-Balanced Scorecard), 사회적 회계(감사)(SAA, Social Accounting and Audit), 비-코퍼레이션(B-Corporation), 사회적 영향 보고와 투자 표준(IRIS, Impact Reporting and Investment Standards)을 이해하고 설명할 수 있다.

☞ 학습목표 11-6: 사회적경제 기업의 사회적 영향 창출의 결과를 계량화하는 측정도구인 사회성과인센티브(SPC, Social Progress Credit), 사회적투자수익률(SROI, Social Return On Investment)을 이해하고 설명할 수 있다.

☞ 학습목표 11-7: 제11장 뒤쪽에서 언급하고 있는 4개 사례연구의 토론주제에 대하여 타인의 의견을 경청함과 동시에 자기의견을 밝히면서 적극적으로 토론에 참여할 수 있다.

제11장의 용어 및 개념 정리(Proposition)

▶ 사회적 성과(Social Performance): 포괄적인 의미로써 조직의 바람직하고도 긍정적인 활동 과정과 비즈니스의 결과물을 말하며 사회적경제 기업에 있어서 사회적 성과는 측정 및 평가와 투자 및 확장의 개념으로 구체화되면서 '사회적 영향'이라는 용어를 사용함

▶ 사회적 영향(Social Impact): 사회적경제 기업이 사회문제 해결 및 사회혁신을 위하여 수행한 사업을 통하여 사전에 의도하였든 의도하지 않았든, 단기적이든 혹은 장기적이든 관계없이 사회적 목표그룹 혹은 지역공동체 구성원 등 이해관계자가 인지한 이익(성과, outcome)과 그 이상의 경제적, 사회(공동체)(적) 및 환경적인 가치 창출의 중요하고도 긍정적인 사회변화의 기대효과(영향, impact)를 의미하며, 보다 광범위하게는 사업 수행의 산출물(output) 및 이를 위하여 투입된 자원의 바람직한 활동(activity)을 포함함. 따라서 상업적 기업에서 말하는 '사업의 성공'의 대체된 용어로 사회적경제 기업에서는 '사회적 영향의 확장'이라는 용어를 사용함

▶ 변화이론(Theory Of Change, TOC): 사회적 영향 측정에 있어서 변화목표를 이루기 위한 조건들의 인과관계를 순차적으로 밝히면서 분석하고 평가하는 이론 또는 그 방법

▶ 논리모델(Logical Model): 사회적 영향 측정에 있어서 "투입자원(Inputs) → 사업활동(Activities) → 산출물(Outputs) → 성과물(Outcomes) → 영향(Impacts)"의 논리적인 과정을 통하여 분석하고 측정 및 관리하는 절차 또는 그 방법

▶ 비용-편익 분석(CBA: Cost-Benefit Analysis): 투입 대비 산출물의 결과를 화폐가치인 편익으로 분석하여 투자의 타당성을 검토하는 방법

▶ 비용-효과 분석(CEA: Cost-Effectiveness Analysis): 투입 대비 산출물의 결과를 화폐가치가 아닌 효과로 분석하고 비교하여 투자의 타당성을 검토하는 방법

▶ 사회적 균형성과지표(S-BSC): 조직이 비전을 달성하는 데 중요하게 고려되어야 하는 성과지표를 경제적 · 사회(공동체)(적) · 환경적 목표, 조직 구성원의 학습 및 개발, 이해관계자 협력, 내부 비즈니스 절차라는 4가지 요소로 규정하고 상호 간에 균형 있는 지표 관리 및 관계를 통하여 원하는 목표 달성을 돕는 성과지표 관리체계

▶ 비 랩(B-Lab)의 비-코퍼레이션(B-Corporation): 사회적 책임성, 구성원 처우, 소비자 보호, 지역공동체 기여, 환경적 기여의 5가지 영역을 중심으로 진단, 평가하는 사회적 영향 인증제도

▶ 사회투자지원재단의 사회적 회계(감사)(SAA): 조직의 사명과 목적에 대한 다양한 활동을 검토하고 그들이 창출한 사회(공동체)(적), 환경적 그리고 경제적 영향을 측정하고 개선하기 위하여 내부 구성원과 이해관계자들에 의해 이루어지는 조직의 지속적인 경영활동 조절과정

▶ 글로벌영향투자네트워크(GIIN, Global Impact Investment Network)의 사회적 영향 보고와 투자 표준(IRIS): 17개의 산업 범주와 28개의 다양한 주제 별로 재정 성과, 운영 성과, 제품 성과, 특정 산업별 성과, 사회적 및 환경적 성과에 대하여 조직의 활동을 평가하고 지원하는 사회적 영향 측정 카탈로그(목록)

▶ SK의 사회성과인센티브(SPC): 사회적경제 기업이 해결한 사회문제의 사회서비스 성과, 고용 성과, 환경 성과, 사회생태계 성과를 측정하고 보상하여 사회적경제 기업에게 새로운 투자와 우수한 인재가 유입되고 사회적경제 기업 생태계가 활성화하도록 촉진하는 현금 인센티브 제도

▶ 사회적투자수익률(SROI): 투입된 자본 혹은 비용 대비 사회적 수익이 얼마나 창출되었는지 경영 과정을 추적 혹은 예측하여 측정하는 방법으로 현금, 장비 및 시설, 노동력 등 투자된 자본 대비 재무적인 성과와 여기에 반영되지 않은 사회(공동체)(적) 및 환경적 성과를 화폐의 대용치로 변환하여 총 편익을 파악하는 사회적 영향 측정 방법

▶ 영향력 지도(Impact Map): 이해관계자로부터 얻은 정보를 토대로 특정한 자원의 투입으로 인하여 어떻게 성과물이 산출되었고 이것이 이해관계자에게 최종적으로 어떤 영향을 끼쳤는지 변화 관계를 정성적인 내용으로 설명하고 정량적인 숫자로 대응시키면서 표기해 가는 관계도

▶ 사중(Deadweight) 효과: 사회적 영향의 측정에 있어서 사회적경제 조직의 사업 활동이 없었더라도 발생했을 효과로써 총 성과에서 제외해야 할 성과

▶ 대체(Displacement) 효과: 사회적 영향의 측정에 있어서 사회적경제 조직의 사업 활동의 성과가 다른 활동의 비용으로 옮겨 간 효과로써 총 성과에서 제외해야 할 성과

▶ 귀인(Attribution) 효과: 사회적 영향의 측정에 있어서 사회적경제 조직의 사업 활동이 아닌 다른 조직이나 사람에 의하여 발생한 효과로써 총 성과에서 제외해야 할 성과

▶ 체감(Drop-off) 효과: 사회적 영향의 측정에 있어서 사회적경제 조직의 사업 활동으로 인하여 1년 이상 지속적으로 발생하는 성과에 대하여 시간이 지나면서 감소되는 효과에 대하여 매년 성과를 차감하면서 측정해야 할 성과

더 이상 경제적 가치에만 몰두하면
안 되는 이유가 여기에 있습니다

　사회적경제는 1970년대 신자유주의 등장 이후 자본주의 시장과 국가에서 더 이상 해결해 줄 수 없는 경제적 위기나 사회연대의 부족, 복지국가의 기능 약화를 보완할 목적으로 생겨난 대안적 경제체제입니다. 특히 우리나라는1997년 IMF 국가부도 이후로 높은 실업과 빈익빈 부익부의 사회양극화 현상이 심화되었고 이러한 빈곤과 실업, 사회적 약자의 불평등한 사회문제를 해결하고자 사회적경제가 시작되었습니다.

　한국사회는 성장제일주의에 힘입어 마침내 세계 최고의 경제성장을 이루었습니다. 모두에게 24시간이 주어지고 그 시간 안에 노동력을 제공하며 열심히 일하고 있지만 불평등의 문제는 개인의 힘으로는 헤어나기 어려운 상황이 되었습니다. 이처럼 가시적성과 뒤에 미처 보지 못한 사회적 그늘이 여기저기 생겨났습니다. 더 이상 경제적 가치에만 몰두하지 말아야 할 이유가 여기에 있습니다.

　제11장 사회적 영향 측정 및 관리는 이처럼 사회문제 해결에 힘을 쏟고 있는 사회적경제 기업이 창출한 사회적 가치와 영향을 측정할 수 있도록 국내·외의 다양한 방법론과 사례를 제공하고 있습니다. 앞서가는 많은 사회적경제 기업들은 이미 오래전부터 그들이 이룬 사회적인 가치와 영향을 측정하고 관리하며 널리 전파하고 있습니다.

　사회문제 해결의 새로운 사업을 계획하고 있거나 또는 이미 사회적경제 기업을 운영하면서 창출한 사회적 가치와 영향을 측정하고 관리하여 선한 영향력을 널리 퍼트리고자 한다면 제11장이 길라잡이의 역할을 해 줄 것입니다.

2023년 1월 17일
우드러버 대표 류화실

　류화실은 예비사회적기업 우드러버의 대표이며 대한민국 숲지도를 그리는 비영리단체 리포레스코리아의 이사장이다. 용인환경정의에서 15년간 활동하며 수질 모니터링과 청소년 하천동아리를 서포트하였다. 고사목, 간벌목, 폐목을 이용한 업싸이클링 기업인 사회적협동조합 에코컨서번시Y의 이사이며 아트디렉터로 활동 중이다.

1 사회적 영향 측정과 관리의 필요

"의미 있다고 해서 모두 셀 수 있는 것은 아니고, 셀 수 있다고 해서 모두 의미 있는 것도 아니다."라고 말한 천재 물리학자 알버트 아인슈타인(Albert Einstein)의 말처럼 인간의 삶의 질에 필수적이지만 보이지 않는 것을 보이게 하고 그 가치를 측정할 수 있도록 하는 것은 중요한 일이다.

지금까지 공공 혹은 민간의 사회적 사업 또는 투자 프로젝트로 발생한 경제적, 사회(공동체)(적) 및 환경적인 가치를 잘 설명할 수 있는 더 나은 방법이 필요하다는 인식이 증가해 왔다. 2000년대에 들어서면서 특히, 2008년 글로벌 금융위기 이후 미국 및 유럽, 최근에는 한국사회도 신자유주의 경제체제의 문제점을 보완할 수 있는 사회적 성과 측정 및 평가 체계에 더욱 관심을 갖게 되었다. 이러한 관심은 지금까지 국가 경제지표인 GDP(국내총생산, Gross Domestic Product) 또는 개별 경제주체의 재무지표인 당기순이익 등 경제성장에만 치중하던 방식에서 벗어나 다양한 범주를 포함하는 사회적 성과(Performance, 포괄적인 의미로써 조직의 바람직하고도 긍정적인 활동 과정과 비즈니스의 결과물)를 중요하게 생각하면서 측정 지표와 도구들이 발전했다[1].

경제성장 중심 측정지표의 한계

GDP와 같은 경제성장은 사람에게 재화와 서비스를 풍족하게 제공함으로써 행복한 삶을 지켜준다고 여겨 왔다. 그러나 인류사회를 돌이켜 보면 굉장한 경제성장을 이루어 왔음에도 불구하고 빈익빈 부익부의 불평등은 심화되고 경제성장이 곧 행복을 가져다준다는 상식과는 상반되는 일들이 많다. 〈그림 11.1〉과 같이 2022년 세계불평등연구소의 보고서에 따르면 2021년 기준 세계 인구의 가장 부유한 10%가 세계 소득의 52%를 차지하는 반면, 인구의 가장 가난한 절반은 전체 소득의 8.5%를 벌고 있는 것으로 나타났다. 평균적으로 글로벌 소득 분포의 상위 10%에 속하는 개인은 연간 8만 7200유로(12만 2100달러)를 벌어들이지만, 세계 소득 분포의 최하위 절반에 속한 개인은 연간 2800유로(3920달러)를 벌고 있다. 글로벌 부의 불평등은 소득 불평등보다 훨씬 더 두드러진다. 세계 인구의 가장 가난한 절반은 부를 거의 소유하지 않고 있으며 전체의 2%만 소유하고 있다. 대조적으로, 세계 인구의 상위 10%가 전체 부의 76%를 소유하고 있는 것으로 나타났다[2].

〈그림 11.1〉 2021년 글로벌 소득 및 부의 불평등

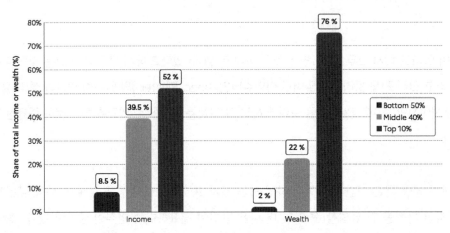

출처: World Inequality Lab(2022), "WORLD INEQUALITY REPORT 2022", https://inequalitylab.world/en, p.10.

경제성장이 꼭 인류사회의 행복을 증진시켜주지 않는다는 것을 처음 주장한 사람은 리처드 이스털린(Richard Easterlin)이다. 그의 연구에 따르면 미국 국민의 1인당 소득은 세계 제2차 대전 이후 꾸준히 증가했으나, 행복하다고 느끼는 국민은 30% 내외에 불과하며, 그 비율도 거의 변하지 않는다는 것을 발견했다. 이른바 '이스털린의 역설(Easterlin Paradox)'로 불리는 이 행복경제학은 "행복은 국가 간 및 국가 내에서 소득이 증가함에 따라 어느 시점까지는 커지지만, 그 시점이 지나면 소득이 계속 증가해도 행복은 비례해서 계속 증가하지 않는다는 것"이다[3].

〈표 11.1〉과 같이 유엔에서 발표한 "2021 세계행복보고서"에 따르면, 국가별 경제성장과 행복감은 그 순위가 비슷한 국가도 있지만 매우 큰 격차를 보이는 국가도 많다는 것을 알 수 있다. 2020년 국민 1인당 GDP 순위가 5위인 미국 국민이 느끼는 행복감은 14위에 그쳤으며 1인당 GDP 순위가 각각 24위, 27위인 일본과 한국의 국민 행복감은 각각 40위와 50위에 그쳤다. 반면, 핀란드, 아이슬란드, 덴마크, 스위스, 네델란드, 스웨덴, 독일, 노르웨이, 뉴질랜드, 오스트리아 등 (북)유럽 국가의 국민이 느끼는 행복감의 순위는 경제력의 순위와는 달리 높다는 것을 알 수 있다.

<표 11.1> 2020년 세계국가 행복지수 순위와 국민 1인당 GDP 순위 비교

행복순위	국가	GDP순위	행복순위	국가	GDP순위
1	핀란드	14	2	아이슬란드	6
3	덴마크	7	4	스위스	3
5	네덜란드	12	6	스웨덴	11
7	독일	17	8	노르웨이	4
9	뉴질랜드	20	10	오스트리아	13
11	이스라엘	19	12	호주	9
13	아일랜드	2	14	미국	5
15	캐나다	15	16	체코	37
17	벨기에	18	18	영국	21
19	대만 중국	28	20	프랑스	22
21	사우디아라비아	39	22	슬로바키아	41
23	크로아티아	51	24	스페인	30
25	이탈리아	26	26	슬로베니아	32
27	아랍에미리트	23	28	에스토니아	35
29	리투아니아	40	30	우루과이	47
31	코소보	126	32	키프로스	31
33	키르기스스탄	-	34	라트비아	43
35	바레인	36	36	카자흐스탄	65
37	몰타	29	38	칠레	49
39	폴란드	46	40	일본	24
41	브라질	82	42	세르비아	75
43	헝가리	44	44	모리셔스	76
45	몽골	-	46	멕시코	67
47	아르헨티나	68	48	태국	80
49	몰도바	-	50	한국	27

출처: Sustainable Development Solutions Network(2021), "World Happiness Report 2021", https://worldhappiness.report/, pp.18-19.; 나무위키(2021), "2020년 국가별 1인당 명목 GDP 순위", https://namu.wiki. 참조 재정리.

특히, 한국사회는 국가 경제력(27위)과 국민의 행복감(50위) 사이에 그 괴리가 매우 크다는 점도 확인할 수 있다[4]. 우리는 삶의 질과 경제성장의 균형은 소홀히 하고 오로지 경제성장에만 몰두하며 달려왔다. 그러나 2020년 기준 한국의 자살률은 OECD 회원국 중 1위 수준이며 특히 10대와 20대의 자살률이 가장 크게 늘었다. 노인 빈곤율도 OECD 평균의 3배 이상으로 1위이다. 노동시간도 멕시코 다음으로 최장이다. 삶이 여유가 없고 늘 무엇인가에 쫓기며 팍팍하다. 사교육비의 지출과 고령화의 속도는 세계에서 최고인데 출산율은 세계에서 최저이다[5].

대한민국헌법에는 "모든 국민은 인간으로서의 존엄과 가치, 행복을 추구할 권리를 가지며 국가는 개인이 가지는 불가침의 기본적 인권을 확인하고 이를 보장할 의무를 진다."라고 되어 있다. 그리고 "모든 국민은 능력에 따라 균등하게 교육을 받을 권리를 가지며 인간다운 생활을 할 권리를 가진다."라고 되어 있다. 또한 "국가는 사회보장·사회복지의 증진에 노력할 의무를 지고 여자의 복지와 권익의 향상을 위하여 노력해야 하며 노인과 청소년의 복지향상을 위한 정책을 실시할 의무를 진다."라고 되어 있다. 사회적으로도 "국가는 신체장애자 및 질병·노령 기타의 사유로 생활능력이 없는 국민을 법률이 정하는 바에 의하여 보호해야 하며 주택개발정책 등을 통하여 모든 국민이 쾌적한 주거생활을 할 수 있도록 노력하여야 한다."라고 되어 있다[6].

한국사회가 급속한 경제성장과 민주화를 이룩하였음에도 불구하고 무엇이 이처럼 헌법정신과는 반대로 국민의 행복감은 낮고 깊은 불평등의 수렁으로 빠져들게 했는지 국가 구성원 모두는 다시금 성찰하고 국민 삶의 질과 사회적 가치, 그리고 긍정적인 사회적 영향이 고루 확산할 수 있도록 함께 힘을 쏟아야 한다.

사회적 영향의 개념 및 측정의 범위

보통 사회적으로 영향을 받았거나 주었다는 말은 조직, 기업 또는 개인의 행동이 그들 주변의 지역사회 혹은 지역사회 구성원에게 심리적으로 혹은 실물 상으로 변화를 주거나 받았다는 의미이다. 이것은 어떤 개인 또는 조직의 활동이나 프로그램, 사업 또는 정부 정책의 결과로 올 수 있으며, 또 그 영향은 의도적이든 의도적이지 않았든 간에 관계없이 나타날 수 있다. 그 결과도 긍정적이거나 부정적인 측면 모두에서 나타날 수 있다. 어떤 프로그램이 미치는 사회적인 영향은 해당 조직이나 개인 또는 공동체 등 직접 관련이 있는 사람들 혹은 다른 공동체 또는 더 크게는 국민 모두에게 영향을 줄 수는 있다. 하지만 일반적으로 사회적인 영향을 말한다면 해당 조직 및 사업의 이해관계자 또는 사회적 목표그룹 및 지역공동체에게 긍정적인 영향을 미치는 행동으로 정의하는 데 사용된다[7].

사회적경제 기업이 사회적 가치를 지향하면서 지역공동체의 필요를 해결하고 그 결과로 사회적인 영향을 창출한다. 사회적 영향을 정의한 다양한 자료에서는 "지역공동체의 사회적인 구조와 개인 및 가족을 위한 복지 활동의 성과[8]"로 설명하기도 한다. "사회적인 도전을 극복하고 이루어 낸 중요하고도 긍정적인 변화[9]"라고 말하기도 하며, "어떤 조직의 행동이 지역공동체에 제공한 복지 혹은 지역공동체 구성원에게 미친 정신적 및 육체적인 행복과 안녕"을 의미하는 용어로도 사용된다[10]. 이러한 사회적 영향은 "어떤 조직이 사업 혹은 프로그램을 통하여 제공한 단기적인 목표 및 효과를 의미하기보다는 장기간의 광범위한 측면에서 의도하였든 의도하지 않았든 간에 지역공동체에 제공된 물질적 이익 및 그 이상의 사회적 결속과 공동체 내의 복지 수준"을 말한다[11].

사회적 영향의 측정범위는 의도한 것과 의도하지 않는 것까지 광범위한 수준을 포함하고, 그 영향이 미치는 기간 역시 단기 및 장기를 모두 포함한다. 또한 성과 창출의 과정(투입과 활동)과 결과(산출, 성과, 영향(여기서 말하는 '영향'은 성과로 나타난 중요하고도 긍정적인 사회변화의 기대효과로써, '사회적 영향'이라는 포괄적 개념 속의 한 결과물을 말함)) 모두 측정의 범위이다. 사회적 영향의 범주도 경제적 혹은 사회(공동체)(적) 혹은 환경적인 것을 모두 포함한다. 사회적 영향을 인지한 주체는 주로 이해관계자가 인지한 영향을 의미하지만, 제공자가 생각한 영향을 포함한다. 그 유형도 정성적인 것과 계량적으로 측정된 것을 모두 포함한다(〈표 11.2〉).

〈표 11.2〉 사회적 영향의 측정범위

구분	측정범위
성과	과정(투입 → 활동)과 결과(산출 → 성과 → 영향)
의도성	의도한 것과 의도하지 않은 것을 포함
기간	장기간과 단기간 모두 포함
인지주체	이해관계자가 인지한 영향과 제공자가 생각하는 영향
범주	경제적 혹은 사회(공동체)(적) 혹은 환경적인 것
계량화 여부	계량적으로 측정된 것과 정성적(비계량적)인 효과

이상의 내용을 통하여 사회적경제 기업에 있어서 '사회적 영향'은 다음과 같이 정의할 수 있다. "사회적경제 기업이 사회문제 해결 및 사회혁신을 위하여 수행한 사업을 통하여 사전에 의도하였든 의도하지 않았든, 단기적이든 혹은 장기적이든 관계없이 사회적 목표그룹 혹은 지역공동체 구성원 등 이해관계자가 인지한 이익(성과, outcome)과 그 이상의 경제적, 사회(공동체)(적) 및 환경적인 가치 창출의 중요하고도 긍정적인 사회변화의 기대효과(영향, impact)를 의미하며, 더 광범위하게는 사업 수행의 산출물(output) 및 이를 위하여 투입된 자원의 바람직한 활동(activity)"을 포함한다. 따라서 상업적 기업에서 말하는 '사업의 성공'의 대체된 용어로 사회적경제 기업에서는 '사회적 영향의 확장'이라는 용어를 사용해야 한다.

호주의 푸드 콘넥트 브리즈번(Food Connect Brisbane): 지역의 윤리적 재배 농산물을 지역순환경제 방식으로 소비하여 지난 17년 이상 농부의 경제적인 이득을 높이고 사회(공동체)(적) 및 환경적 영향의 파급효과를 SROI로 측정하여 '공동체 지원농업(Community Supported Agriculture)'의 편익과 효과를 널리 증명하다[12]!

호주의 '푸드 콘넥트 브리즈번(FCB, Food Connect Brisbane)'은 1990년대 후반 낙농 사업을 그만 두고 떠났던 로버트 페킨(Robert Pekin)이 지역으로 돌아와서 호주 브리즈번 출신의 일부 헌신적 인 여성들(Mums)과 함께 지역 공동체의 공정한 식품 유통 시스템을 구축하기 위하여 사회적경제 기업을 설립한 것으로부터 시작되었다. "당신의 가정에 지역의 친환경 계절 식품을 생산 농가로부 터 직접 제공해 드립니다(Local, Seasonal, Ecological Food Direct From Your Farmer)."라는 캐치 프레이즈를 가지고 있는 FCB는 브리즈번의 가정에 지역의 농부가 윤리적으로 재배한 신선한 농산 물을 직접 제공한다. 특히 신선한 과일 및 채소, 유제품 및 기타 부패하기 쉬운 품목들을 지역 내에 서 유통하게 함으로써 뛰어난 품질, 신선함 및 환경에 대한 영향을 줄일 수 있도록 하였으며, 가정 또는 커뮤니티 센터로 배달된 식품 상자들을 지역 주민들이 직접 수거하는 차별화된 방식의 시스 템을 구축하였고, 음식물 쓰레기 제로(Zero) 정책도 실행하고 있다. FCB는 2011년 현재 연간 200 만 달러(약 22억 원) 이상의 매출을 올리고 있으며, 2018년 현재 약 80개 이상의 지역 농가가 함께 하고 있다. FCB의 모델은 현재 '식품연계재단(Food Connect Foundation)'의 지도에 따라 지역사회 복제 시스템을 통해 호주 전역으로 확대되고 있다.

〈그림 11.2〉 FCB의 지역 농산물 생산자(좌) 및 농산물 재배지 체험(우)

출처: FCB 홈페이지(2018), http://foodconnect.com.au

FCB는 호주 '영향투자 파트너십'의 SROI 분석 프로젝트에 참여한 사회적경제 기업 중의 하나이 며, 2007년과 2011년 두 차례 프로젝트에 참여하여 SROI 분석을 마무리하였다. FCB는 투자자와의 자금 조달 계약의 일부로써 본 프로젝트에 참여하게 되었는데, 프로젝트의 주요 주제는 FCB가 수립한 사업계획에 따라 이해관계자에게 미칠 영향을 인식하고 가치를 평가하는 작업이었다. SROI 분석은 사업의 운영 기간 동안 수집된 데이터 및 정보를 통하여 미래의 영향을 예측하는 것이었다. FCB는 SROI 분석 프로젝트 참여를 통하여 "객관적이고 독립적으로 자신들이 계획한 영향을 검증"할 수 있었다. 경영층은 "SROI 프로세스를 통해 우리는 사회적 수익의 '파급효과'를 분명하게 표현할 수 있었으며, 우리가 달성한 광범위한 영향을 객관적으로 보여 줄 수 있었다."라고 술회하고 있다. FCB는 이 작업의 결과물인 'SROI 전체 보고서'를 공개하였으며 모금과 마케팅을 위해 SROI 보고서를 활용하고 있고 로컬푸드 전문가인 학자들과 보고서를 공유하고 발전 방안을 지속적으로 논의하고 있다.

SROI 보고서에 의하면 2007년 FCB는 1달러 투입 대비 35달러의 사회적 수익을 창출했다. 2011년에 계산(2010~2014년 추정)된 FCB SROI는 〈표 11.3〉과 같이 1달러 투입대비 16.83달러로 측정되었다. SROI 계산은 제4절을 참고하기를 바란다. FCB의 주요 이해관계자 그룹은 다음과 같다. 첫째, '농민(Farmers)'은 생산물을 '가입자(Subscribers)'에게 직접 판매하고 중간 유통과정을 줄일 수 있기 때문에 수익 증가의 혜택을 받을 뿐만 아니라 자부심, 낙관주의 및 공동체 의식도 증가한다. 둘째, '가입자'는 지역 농민을 지원하고 다양한 범위의 제철 신선 식품에 접근할 수 있으며 건강에 좋은 식품을 소비할 수 있는 혜택을 받는다.

〈표 11.3〉 창출된 사회적 가치(SROI) 요약표

이해관계자	사회적 성과	사회적 가치(2010-2014)	합계
농부	과일 및 채소의 수익 증가	$1,137,518	$1,154,318
	자존감, 낙관주의 및 공동체 의식 증가	$16,800	
가입자	현지 고품질 유기농 식품에 대한 접근성 향상	$22,061	$1,022,043
	지역 농민 지원 능력 향상	$678,238	
	건강식품 소비 증가	$321,744	
도시 사촌	공동체 의식 증가	$285,090	$508,900
	지역 농민 지원 능력 향상	$75,714	
	문 앞까지 배송되는 상자의 편의성 향상	$123,760	
	건강식품 소비 증가	$24,336	
FCB	이익 발생	$268,093	$337,968
	성공적인 토대 구축 및 지속적인 운영	$69,875	
식품연계재단	다양하고 건강한 공동체 및 지역 경제 활성화	$433,125	$433,125

연방정부	복지 수당으로 인한 저축 증가	$444,600	$489,231
	증여세를 통한 금융혜택 증대	$44,631	
SROI 계산	총 순현재 가치	$3,578,861	-
	총 투자비	$212,603	-
	SROI	16.83	-

출처: SVA Consulting, FCB(2011), "Forecast Social Return on Investment Report", p.3.

셋째, '도시 사촌(City Cousins)'은 추가적인 혜택을 받는 도시의 소비자들이며 이들은 공동체 의식이 높아지고 지역 농민을 지원할 수 있는 선한 영향력을 갖게 된다. 넷째, FCB는 지속적이며 성공적인 운영으로 사업의 이익 창출 혜택을 받는다. 다섯째, 식품연계재단(Food Connect Foundation)은 다양하고 건강한 공동체 및 지역 경제 창출로 이어질 FCB 비즈니스 모델을 복제하도록 더 많은 다른 사람들에게 영감을 주는 조직이다. 여섯째, '연방 정부 자금 제공자(Federal government funders)'는 복지 수당이 절감되고 노동 시장에서 배제된 사람들의 고용으로 인한 소득세 증가로 혜택을 본다.

SROI 계산 이외에 2023년 현재 창출한 사회적 영향을 요약하면 다음과 같다. 주간 푸드 트럭 거리 줄이기는 평균 140km인데 이는 전국 평균 1200km의 약 11%에 해당하는 수치이다. 소매가격의 50%가 농부에게 돌아가는데 이는 전국 평균 14%의 약 3.6배에 해당하는 수치이다. '폐쇄적 순환 식품 체계(Closed loop food system)'로 어떤 음식도 낭비되지 않으며 1500명의 가구가 매주 지역의 영양가 있는 음식을 먹는다. 지역 식품 경제에는 총 2800만 달러(약 320억 6000천만 원)의 매출을 기여했다. 15명의 정규직이 일하고 있으며 15명의 식품 분야 창업자를 육성하였다. 레스토랑 및 카페 등 45곳에 식품을 공급하고 있다. 2005년 이후 수상 혹은 인증된 이력을 보면 '2009년 뱅크시아 환경상(Banksia Environmental Award)', '2009년 Qld ClimateSmart 상(Qld ClimateSmart Award)', '2010년 그린 페이지 비즈니스 상(Green Pages Business Award)', '2017년 비-콥 인증(2017 B-Corporation Certification)', '2017년 소셜 트레이더 인증 공급업체(Social Traders Certified Supplier)', '2018년 비-콥 "세계 최고상"(B-Corp's "Best for the World")'을 수상했다.

2 ▶ 사회적 영향 측정 방법 및 유형

사회적 영향 창출의 논리모델과 경영활동 순환과정

지금까지 사회적경제 기업의 성과 창출 과정과 결과를 분석하고 측정하는 방법으로써 '논리모델(Logic Model)' 또는 '변화이론(Theory Of Change, TOC)'의 방법이 사용되고 있다. 변화이론은 "사회적 성과 측정에 있어서 변화목표를 이루기 위한 조건들의 인과관계를 순차적으로 밝히면서 분석하고 측정하는 이론 또는 그 방법"을 말한다. 논리모델은 "사회적 성과 측정에 있어서 투입자원(input) → 사업활동(activity) → 산출물(output) → 성과물(outcome) → 영향(impact)의 논리적인 과정을 통하여 분석하고 측정 및 관리하는 절차 또는 그 방법"을 말한다.

사회적경제 기업은 사회문제 해결 및 사회혁신이라는 목적 달성을 위하여 사업을 계획하고 실행하는 과정에서 경제적, 사회(공동체)(적) 혹은 환경적 목표가 일관되게 추진될 수 있도록 해야 한다. 이를 통하여 경제적인 성과, 사회(공동체)(적) 성과 혹은 환경적인 성과를 창출하고 이를 분석하여 다시 재적용하는 순환의 과정을 거치게 된다. 〈그림 11.3〉은 이처럼 사회적경제 기업이 사회적 목적을 달성하는 데 있어서 경영활동 과정과 논리모델이 어떻게 혼합되고 연결되어 순환되는지를 나타낸 그림이다.

즉, 사회적경제 기업의 성과 창출은 사회적 목표, 사람 및 재정 등의 자원투입과 사업실행에 있어서 협력적 거버넌스, 지역공동체 조직화, 사회적 경영차별화, 비즈니스 네트워킹, 사회적 마케팅과 같은 인적 및 조직 자본의 바람직한 활동 과정과 그에 따른 결과로 나타나게 된다. 사회적경제 기업의 성과 창출 결과는 첫 번째, "사회적 목표그룹 등 이해관계자에게 제공된 제품 또는 서비스의 수량, 일자리의 숫자, 제품 또는 서비스의 판매량 및 매출액, 가난을 극복한 가구 수, 환경이 보존된 지역 혹은 숲의 면적, 범죄 감소 건수 혹은 감소율 등"과 같은 직접적인 '산출물(output)'로 나타난다. 두 번째는 사업계획에서 의도했거나 의도하지 않았지만 나타난 이익인 '성과물(outcome)'과 세 번째는 그 이상의 광범위한 효과의 지속적이고도 중요한 변화로써 사회적 '영향(impact)'으로 창출된다.

〈그림 11.3〉 사회적경제 기업 경영활동과 성과 창출의 논리모델 순환과정

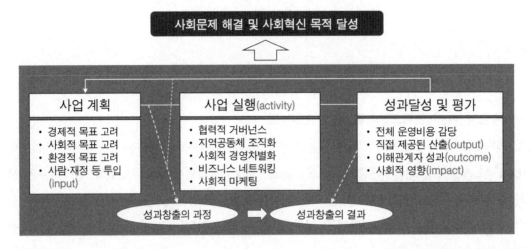

유엔은 2015년 9월 총회에서 그간의 공동작업 및 정부 간 협상 과정을 통하여 만들어진 '지속 가능발전목표(Sustainable Development Goals, SDG)' 17개 분야와 169개 세부 목표를 발표하고 2030년까지 달성할 수 있도록 하였다. 앞에서 살펴본 사회적 영향의 측정에 있어서 사회적 목적을 추구하는 조직이 관심을 두는 사회적 비즈니스가 이처럼 유엔이 제시한 SDG와 얼마나 정렬되고 있는지를 함께 측정하여 관리(평가)하는 추세이다. 금번 SDG는 저개발 국가를 중심으로 적용되는 목표들이지만 선진국도 중요한 참여의 대상이 된다. 경제성장을 포함하여 기후변화 등 경제적·사회(공동체)(적)·환경적 통합을 고려하는 변혁과 정부·시민사회·민간기업 등 모든 이해관계자의 참여가 있어야 하는 포용성을 특징으로 하고 있다. 17개 상위 목표는 〈표 11.4〉와 같다.

〈표 11.4〉 전 세계 지속 가능한 발전을 위한 주요 목표

번호	목표
1	모든 국가에서 모든 형태의 빈곤 종식
2	기아의 종식, 식량 안보 확보, 영양 상태 개선 및 지속 가능 농업 증진
3	모든 사람의 건강한 삶을 보장하고 웰빙을 증진
4	모든 사람을 위한 포용적이고 형평성 있는 양질의 교육 보장 및 평생교육 기회 증진
5	성평등 달성 및 여성·여아의 역량 강화
6	모두를 위한 식수와 위생시설 접근성 및 지속 가능한 관리 확립

7	모두에게 지속 가능한 에너지 보장
8	지속적·포용적 촉진과 지속 가능한 경제성장 및 완전하고 생산적인 고용과 양질의 일자리 증진
9	건실한 인프라 구축, 포용적이고 지속 가능한 산업화 진흥 및 혁신
10	국가 내·국가 간 불평등 완화
11	포용적인·안전한·회복력 있는 지속 가능한 도시와 거주지 조성
12	지속 가능한 소비 및 생산 패턴 확립
13	기후변화와 그 영향을 대처하는 긴급 조치 시행
14	지속 가능한 발전을 위한 해양·바다·해양자원 보존과 지속 가능한 사용
15	육지생태계 보호와 복구 및 지속 가능한 수준에서의 사용 증진 및 산림의 지속 가능한 관리, 사막화 대처, 토지 황폐화 중단 및 회복, 생물다양성 손실 중단
16	지속 가능한 발전을 위한 평화적이고 포괄적인 사회 증진과 모두가 접근할 수 있는 사법제도, 모든 수준에서 효과적·책무성 있는 포용적인 제도 구축
17	이행 수단 강화 및 지속 가능한 발전을 위한 글로벌 파트너십 재활성화

출처: 지속 가능발전포탈 홈페이지(2018), http://ncsd.go.kr.

세계의 사회적 가치 및 영향을 창출하고 확산하는 조직에 투자하고 지원하는 비영리 재단, ERM (Enterprise Risk Management Foundation)의 2021년 지속 가능 전문패널 조사에 의하면 인류사회의 '지속 가능도전(SDC, Sustainable Development Challenges)'의 우선순위는 "기후변화 → 생물다양성손실 → 물부족 → 빈곤 → 물오염 → 의약품·건강 → 양질교육 → 경제불평등 → 먹거리부족 → 플라스틱쓰레기 → 쓰레기 → 공기오염 → 다양성·차별" 등의 순으로 나타났다. 시급한 사회적 과제는 "빈곤퇴치 → 경제불평등 완화 → 양질의 교육제공 → 의약품·건강 접근성 강화 → 식량부족 해결 → 다양성·차별 문제 해결"의 순으로 조사되었다.

SDC 해결의 글로벌 리더 기업 톱 10에는 "유니베라 → 파타고니아 → 이케아 → 인터페이스 → 단원 → 마이크로소프트 → 네슬레"의 순위로 조사되었으며 리더 국가 톱 10에는 "스웨덴 → 독일 → 노르웨이 → 영국 → 코스타리카 → 뉴질랜드 → 네덜란드 → 프랑스 → 핀란드"의 순위로 조사되었다[13].

사회적 영향 측정의 다양한 유형과 도구

〈그림 11.4〉와 같이 사회적 영향의 측정은 상업적 기업에 있어서는 '사회적 책임(Social Responsibility) 측정, 평가 및 투자'로, 사회적경제 기업의 경우는 '사회적 영향(Social Impact) 측정, 관리 및 투자'라는 용어로 수렴되면서 그것을 측정하여 관리(평가)하고 투자로 이어질 수 있도록 도구를 개발하

고 체계를 구축했다.

〈그림 11.4〉 사회적 영향 투자와 사회적 책임 투자의 경계와 구분

출처: 여효성·김봉균(2020), "사회적경제 활성화를 위한 지역 금융기관의 역할: 새마을금고를 중심으로", 한국지방행정연구원. P.21. 참조 재정리.

상업적 기업의 사회적 책임투자를 위한 대표적인 측정 도구로 GRI(Global Reporting Initiative, 글로벌보고이니셔티브), SASB(Sustainability Accounting Standards Board, 지속 가능성회계기준위원회)가 있다. 먼저 GRI는 1997년 미국의 환경단체인 환경책임경제연합(CERES, Coalition for Environmentally Responsible Economies)과 유엔환경계획(UNEP, United Nations Environment Programme) 등이 설립한 비영리 단체로써 지난 20년 동안 지속 가능성 보고를 위한 상업적 기업의 보고 표준을 지속적으로 업데이트하여 제공하고 있다. 2021년 현재 〈그림 11.5〉와 같이 표준 사용 개요 및 지배구조의 공통 보고 표준 3개, 경제적 가치, 환경적 가치 및 사회(공동체)(적) 가치로 구성된 주제별 보고 표준 34개와 용어해설집 1개를 제공하고 있다. GRI 보고 대상은 투자자를 포함한 모든 이해관계자이며, 전 세계에서 가장 널리 알려진 글로벌 지속 가능성 보고의 표준이라고 할 수 있다[14].

〈그림 11.5〉 GRI 표준 개관

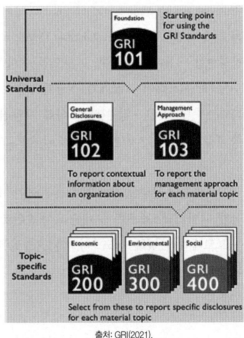

출처: GRI(2021),
"GRI-Standards-All-2020: GRI 101-Foundation 2016", p.3.

SASB는 2011년 미국 증권거래위원회(SEC, Securities and Exchange Commission.)에 보고할 기

업의 공시 기준 마련을 위하여 설립된 단체로써 기업의 경영정보를 제공하고 비교할 수 있도록 보고 표준을 마련하였다. 이 표준은 소비재, 추출 및 광물 처리, 금융, 식음료, 건강관리, 인프라, 재생 가능 자원 및 대체 에너지, 자원 변환, 서비스, 기술 및 통신, 운송 산업의 총 11개 분야 77개 업종별 중대 이슈에 대하여 기업의 정보 공개를 요구하고 있다. 각 표준에는 평균 6개의 공개 주제와 13개의 회계 주제가 담겨 있는데 이해관계자들은 기업이 공시한 자료를 통하여 산업별로 중요한 사회가치 경영 이슈에 대하여 기업별 성과를 비교할 수 있다. SASB는 국제 재무 보고 기준인 IFRS(International Financial Reporting Standards)와 조만간 통합될 예정이다. 이는 상업적 기업의 기존 재무보고서가 지속 가능성 공시와 통합되어 일관성과 연관성을 가져야 하고 시간이 지남에 따라 비즈니스가 사회적 가치를 창출하는 방법에 대한 포괄적인 이해를 보고하는 통합 보고 프레임워크의 채택이 필요함을 말해 주는 것이다[15].

2010년에는 국제표준화기구(ISO, International Organization for Standardization)에서 기업의 사회적 책임에 관한 국제표준 ISO 26000을 발표하였다. ISO 26000은 지배구조, 인권, 노동관행, 환경, 공정거래, 소비자 문제, 지역사회 참여 및 개발의 7대 핵심 주제에 대한 실행지침과 권고사항을 담고 있다. ISO 26000을 구현하는 조직은 "시장에서의 경쟁 우위와 평판, 직원 또는 회원·고객·클라이언트 및 사용자를 유치하고 유지하는 능력, 직원 사기와 헌신 및 생산성 유지, 투자자·소유자·기부자·후원자 및 금융 커뮤니티의 인식, 회사·정부·미디어·공급업체·동료·고객 및 회사가 운영되는 지역사회와의 관계를 개선하고 긍정적인 영향을 받을 수 있음"을 제안하며 이를 권장하고 있다[16].

사회적경제 기업의 사회적 영향을 촉진하도록 돕거나 그 결과를 측정하는 대표적인 도구는 S-BSC(Social Balanced Score Card), B-Corporation, SAA(Social Accounting and Audits) 혹은 SEAA(Social and Environmental Accounting and Audits), IRIS(Impact Reporting and Investment Standards), SPC(Social Progress Credit), SROI(Social Return On Investment) 등이 있다. 사회적 영향을 측정하고 분석하는 방법은 경영활동 과정에서 투입된 자본 또는 비용 대비 창출된 편익 또는 효과의 관계를 분석하고 측정한다. 비용-편익 분석(CBA: Cost-Benefit Analysis)은 투입 대비 산출물의 결과를 화폐가치인 편익으로 분석하여 투자의 타당성을 검토하는 방법이며 비용-효과 분석(CEA: Cost-Effectiveness Analysis)은 투입 대비 산출물의 결과를 화폐가치가 아닌 효과로 분석하여 비교하고 투자의 타당성을 검토하는 방법이다. 이처럼 사회적경제 기업의 사회적 영향은 계량적인 지표 및 비계량적인 지표를 혼용하여 경영활동 과정 전반에 대하여 점검하면서 성과 달성을 촉진하고 지원하는 여러 가지 방법들을 개발하여 사용하고 있다.

먼저 경영활동 과정에서 사회적 성과를 촉진하고 지원하는 대표적인 도구로써 'S-BSC'는 조직이 비전을 달성하는 데 중요하게 고려해야 하는 성과지표를 경제적·사회(공동체)(적)·환경적 목표, 조직 구성원의 학습 및 개발, 이해관계자 협력, 내부 비즈니스 절차라는 4가지 요소로 규정하고 상호 간에 균형 있는 지표 관리 및 관계를 통하여 원하는 '목표 달성을 돕는 사회적 균형성과지표'이다[17]. B-Corporation은 사회적 책임성, 구성원 처우, 소비자 보호, 지역공동체 기여, 환경적 기여의 5가지 영역을 중심으로 '진단하고 평가하는 인증제도'이다[18]. SEAA는 목적에 따라서 내·외부 이해관계자가 각각 내·외부 이해관계자에게 사회적 성과와 환경적 성과를 평가하고 보고하는 '사회적 및 환경적 회계감사도구'를 말한다[19]. IRIS는 글로벌영향투자네트워크(GIIN, Global Impact Investment Network)가 재정 성과, 운영 성과, 제품 성과, 특정 산업별 성과, 사회적 및 환경적 성과에 대하여 조직의 활동을 평가하고 지원하는 '사회적 영향 측정 카탈로그(목록표)'이다[20].

사회적 영향을 추적 또는 예측하여 그 결과를 계량적으로 측정하는 방법으로써 사회성과인센티브(SPC, Social Progress Credit)는 "사회적경제 기업이 해결한 사회문제의 '사회서비스 성과', '고용 성과', '환경 성과', '사회생태계 성과'를 측정하고 보상하여 사회적경제 기업에게 새로운 투자와 우수한 인재가 유입되고 사회적경제 기업 생태계가 활성화하도록 촉진하는 현금 인센티브 제도"이다[21]. REDF에 의하여 처음 개발된 SROI는 앞에서 설명하였지만 투입된 자본 혹은 비용 대비 사회적 수익이 얼마나 창출되었는지 경영 과정을 추적 혹은 예측하여 측정하는 방법이다. "현금, 장비 및 시설, 노동력 등 투자된 자본 대비 재무적인 성과와 여기에 반영되지 않은 경제적, 사회(공동체)(적) 및 환경적 성과를 화폐의 대용치로 변환하여 총 편익을 파악"한다[22].

이외에도 사회적 영향 측정, 관리 및 투자를 돕는 많은 도구들이 있다. '에어리스 CDFI(공동체개발금융기관, Community Development Financial Institution) 등급 체계(Aeris CDFI Rating System)'[23]는 사회적 영향 투자에 대한 실사 및 모니터링 지원과 사회적 영향 및 재무 데이터의 선택, 수집, 관리 및 보고 기술을 지원하여 사회적 영향 투자에 대한 책임과 투명성을 촉진하고 자본 흐름의 가속화를 돕는 도구이다. 라이즈 펀드의 IMM(Impact Multiple of Money)은 사회적 영향 투자에 앞서 잠재적인 사회적 영향을 "사회적 영향의 관련성 및 규모 평가 → 사회(공동체)(적) 또는 환경적 성과 목표 정의 → 사회에 대한 이러한 성과의 경제적 가치 추정 → 위험 조정 → 최종 가치 추정 → 사회적 수익 계산"의 6단계로 사회적 영향의 예측을 돕는다[24].

'세리즈 SPI4(CERIES Social Performance Indicators 4)'는 1998년에 설립된 프랑스 비영리 조직인 CERISE에서 금융 서비스 제공자가 책임감 있고 윤리적인 금융에 전념하고, 빈곤 및 환경 등의 사회적 사명 중심 조직이 사회적 목표를 실현할 수 있도록 지원하는 사회적 성과 감사 도구[25]이다. SPI4-Alinus(알리너스)는 투자자가 금융 서비스 제공자와 실사를 수행할 수 있도록 돕는 CERISE-SPI4 지표의 하위 세트이다. 개발금융기관(DFI, Development Finance Institutions)의 '민간 부문 운영을 위한 통합 지표, 힙쏘(HIPSO, Harmonized Indicators for Private Sector Operations)'는 광범위한 구조, 권한 및 주주가 있는 개발금융기관이 공통으로 사용할 수 있도록 만든 사회적 영향 측정의 표준 지표이다. HIPSO는 지속 가능개발목표 SDG와 정렬된 38개의 지표로 구성되어 있으며 28개의 개발금융기관이 함께 사용한다[26].

'60 데시벨즈(Decibels)'는 전 세계의 농부, 상점주인, 고객, 직원으로부터 수집한 생생한 경험을 토대로 반복 및 비교 가능성과 실행에 무게를 두고 만든 약 15분 길이의 표준화된 사회적 영향 조사 글로벌 데이터베이스'이다. 60 데시벨은 첫째, 사회적 영향력을 변화시키고 사회적 위험을 관리하기 위해 노력하는 미래 지향적인 상업적 기업, 둘째, 사회적 영향 투자자 및 자금 제공자, 셋째, 사회적 영향을 개선하기 위해 더 나은 데이터가 필요한 NGO 및 사회적경제 기업에게 제공된다[27].

'GRESB(Global Real Estate Sustainability Benchmark) Standards'는 네덜란드에 본부를 둔 비영리 재단 GRESB에서 부동산, 기반시설 및 기타 자산의 ESG 성과 평가를 돕기 위하여 질문, 사례 및 지표를 제공하는 표준을 말한다. 부동산 자산은 '관리', '정책과 공표', '위기와 기회', '성과 지표', '모니터링과 환경관리 시스템', '이해 관계자 참여', '건물 인증'의 7개 분야로 평가가 이루어지며 유사 그룹간의 상대 평가를 통해 '별 하나(1 Star)' 등급에서 최고 등급인 '별 다섯(5 Star)'까지의 등급을 부여한다[28].

'Trucost'는 1만 6800개 이상의 기업에 대하여 환경적 영향을 측정할 수 있도록 데이터 셋트를 제공하는 조직이다. 런던에 본사를 두고 있는 Trucost는 2000년에 설립되었으며 2016년 10월 1일 S&P 다우 존스 지수(S&P Dow Jones Indices)는 Trucost의 지배 지분을 인수했다. 여기서 제공하는 데이터는 환경적 비용을 평가하고, 환경 및 기후 위험을 식별 및 관리하고, 기후 및 환경 관점에서 동료 행위자 및 분산투자 분석을 수행하는 데 사용할 수 있다. 제공하는 데이터 셋트는 '온실가스 배출', '온실가스 탄소 배출', '토지, 물, 대기 오염 물질 및 폐기물 처리', '천연 자원 및 물 사용', '기업 운영의 각 부문에서 발생하는 수익', '화석 연료 매장량, 발전 용량 및 관련 탄소 지표'이다[29].

이 밖에도 가난한 사람들에게 봉사하는 사명을 가진 조직과 기업을 위한 빈곤 측정 도구 'PPI (Poverty Probability Index)', CO_2 배출량을 줄이고 건강과 교육을 개선하며 일자리와 소득 기회를 창출하고 소비자가 돈을 절약하도록 돕는 독립형 태양광 에너지 산업을 위한 글로벌 협회, 'GOGLA(Global Off-Grid Lighting Association)', 개인의 특정 요구 사항, 건강 및 웰빙 목표, 해당되는 경우 직장에 맞는 다양한 기능 및 직업 평가를 제공하여 사람, 가족 및 지역사회에 대한 부상, 질병 및 고용 변화의 영향을 줄이기 위한 호주의 IPAR, 사회(공동체)(적) 성과, 경제적 성과, 혁신 성과로 평가 요소를 구분하여 사회적기업의 산출 결과를 따져보는 한국의 '사회적 가치지표(Social Value Index, SVI)도 있다[30].

사례연구 42

미국의 파타고니아(Patagonia): 동력을 사용하지 않는 사람과
자연의 순수한 스포츠 활동을 지원하며 환경보호를 최고의 기업 가치로 경영하다[31]!

아웃도어의 대표적인 업체 파타고니아(Patagonia)의 사명 선언문에는 "우리는 최고의 제품을 만들되 불필요한 환경 피해를 유발하지 않으며, 환경 위기에 대한 공감대를 형성하고 해결 방안을 실행하기 위해 사업을 이용한다."로 되어 있다. 이 회사는 1960년대 등반 장비를 만드는 작은 회사에서 시작하였다. 파타고니아에서 만드는 클라이밍, 스키, 스노보드, 서핑, 플라잉 낚시, 트레일 러닝, 요가 제품에는 자연을 사랑하고 존중하는 마음이 담겨 있다. 이 활동들은 모두 맨몸으로 하는 고요한 스포츠이다. 석유 모터를 이용하지도 않으며 환호하는 군중도 없다. 기쁨과 즐거움은 역경을 넘어선 성취, 사람과 자연 사이의 관계 속에 있다. 파타고니아는 동력을 사용하지 않고 사람과 자연이 순수하게 관계를 맺는 활동 속에서 스스로 움직여 삶을 온몸으로 느끼는 기쁨을 추구하는 회사를 표방한다. 파타고니아 창립자 이본 쉬나드는 14살 때부터 클라이밍을 시작한 산악인이다. 1965년에 쉬나드는 등반가이자 항공 엔지니어였던 톰 프로스트(Tom Frost)와 날카로우면서도 아름다운 장비를 디자인하였고, 프로스트와 쉬나드는 9년 동안 함께 일하며 거의 모든 등반 장비를 새로 디자인하고, 더욱 튼튼하고 가볍고 단순하고, 기능을 뛰어나게 만들었다. 이들은 등반을 하면서 장비 개선에 대한 아이디어를 얻었다.

이들이 만든 장비인 '피톤(Piton, 등반할 때 바위에 박고 로프를 통과시켜서 지지하면서 등반할 수 있도록 만든 작고 날카로운 강철로 만든 등반 장비)'의 판매로 1970년에 쉬나드는 미국에서 가장 큰 등반 장비 회사의 CEO가 되었지만, 이들이 만든 장비인 피톤으로 인하여 바위가 망가졌고 이

때문에 쉬나드는 스스로를 '자연을 파괴하는 악당'이라고 생각하게 되었다. 등반을 하는 사람들이 늘어나면서 같은 바위에 피톤을 박고 빼는 일이 되풀이되었고, 바위는 흉하게 망가졌다. '엘 캐피탄 (El Capitan)' 봉우리의 아주 깨끗했던 '노즈(Nose)' 루트가 형편없이 망가진 것을 본 후 쉬나드와 프로스트는 피톤 제작 사업을 접기로 결정했다. 이 일은 자연을 보호하기 위한 파타고니아의 첫 번째 발걸음이었다. 피톤이 사업의 핵심이었기 때문에 위험이 컸지만, 해야만 하는 일이었다.

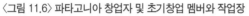

〈그림 11.6〉 파타고니아 창업자 및 초기창업 멤버와 작업장

출처: 파타고니아 및 월간 사람과산 홈페이지(2018), http://patagonia.com(좌); http://mountainkorea.com(우).

2014년 이후 파타고니아의 모든 다운 제품(Down Products, 새의 깃털로 만든 제품)은 어디서 왔는지 추적이 가능하며 살아 있는 동물의 깃털은 절대 뽑지 않는다는 원칙을 지키고 있다. 또한 양모를 얻기 위하여 강제로 양에게 사료를 먹이지 않고, 자연에서 방목하여 기르고 있다. 파타고니아는 1986년부터 매년 순이익의 10% 혹은 매출의 1%를 풀뿌리 환경보호단체에 기부하고 있다. 파타고니아에는 보조금 운영 및 환경 옹호에 적극적으로 참여하는 환경단체를 지원하기 위한 사업에 내부 직원 500여 명이 배치되어 근무하고 있다. 또한 파타고니아는 신상품을 팔기 보다는 기존 제품을 수리해서 사용하는 친환경적인 가치를 중시하는 정책으로 2017년에만 7만 337개의 제품이 수리되었으며, 한 해 동안 9만 명 이상의 사람들이 파타고니아의 이런 정책을 배우기 위하여 방문한다.

쉬나드는 1960년대 주한미군으로 근무하면서 한국과도 깊은 인연을 가지고 있던 군인이자 산악인이었다. 그는 1963년 한국의 대표적인 클라이밍 암봉이었던 북한산 인수봉에 한국의 산악인과 함께 '취나드A' 및 '취나드B' 암벽길을 개척하였다. 파타고니아 직원들은 파타고니아를 자랑스럽게 여긴다. 공식적으로 1973년 파타고니아 창업 이래 지난 40여 년간, 최고의 제품을 만들고 환경을 보호하는 기업의 핵심 가치에 전 직원이 충실하고자 노력했기 때문이다. 그래서 자연을 보호하기 위해 애쓰고, 환경 문제를 해결하기 위해 노력하며 다양한 환경보호 활동을 벌이고, 환경에 끼치는 피해를 줄이기 위해 동참한다. 왜냐하면 매장에 불을 밝히는 것부터 셔츠를 염색하는 일까지 사업의 모든 부분이 환경에 영향을 미치는 것을 알고 있기 때문이다. 또한 노동 조건을 정당하게 보장하고 작업 환경을 안전하게 만들어 나감으로서 파타고니아가 제품 생산 과정에서 책임 있는 기업으로서의 역할을 다하고 소비자, 직원, 지역사회, 환경에 미치는 영향에 대해 책임을 지기 위해 노력한다.

〈그림 11.7〉 저자 방문(좌) 및 주한미군 시절의 쉬나드와 인수봉 암벽길 취나드B(우)

출처: 저자(2019), 파타고니아 방문 촬영(설립자 및 직원과 함께).; 데날리클럽 블로그(2018), http://7summits.tistory.com.

파타고니아는 회원이 많고, 지위가 높고, 상업적 기업과 관련이 있는 비영리단체보다는 자연을 지키기 위해 일하는 작은 풀뿌리 단체들에게 1986년부터 후원하기 시작하여 현재까지 매년 이 약속을 지켜 나가고 있으며, 약 8900만 달러(약 979억 원)을 지급해 오고 있다. 아울러 1994년 가을 파타고니아는 농사에 쓰이는 독성 농약의 25%가 목화를 재배하는 데 쓰이고 있으며, 이것은 토양과 물 오염 및 작업자의 건강을 위협한다는 끔찍한 사실을 알게 되었고, 1996년부터 파타고니아의 모든 면제품은 유기농 목화에서 얻은 면으로만 만들기로 결정했다. 이를 위하여 18개월 동안 66개의 제품을 바꿔야 했고, 원단의 생산 라인을 바꾸는 데 4개월의 시간밖에 없었다. 파타고니아는 생산에 필요한 유기농 목화를 충분하게 구할 수 없다는 것을 깨닫고 유기농 방식을 지키는 농부들을 직접 찾아가야만 했으며 면을 만드는 작업자들에게 유기농 인증원이 찾아와서 검사하더라도 원단 생산의 처음 단계부터 마지막 단계까지 유기농임을 추적할 수 있도록 오염 없는 깨끗한 면을 만들어 달라고 설득했다. 결국 기간 내 완료하리라던 파타고니아의 개혁은 성공하였고, 1996년부터 파타고니아의 모든 면제품은 유기농 목화로만 만들고 있다.

파타고니아 직원들은 말한다. "우리는 지난 30년 동안 수많은 실수를 했지만 우리가 나아가야 할 방향은 절대 잃어버리지 않았다. 파타고니아는 등반 사업의 한계에서 벗어나기 위한 새로운 도전으로 시작되었으며, 때때로 부딪히는 한계는 우리를 긴장하게 만들었고, 그것은 발전의 밑거름이 되었다. 우리는 등반, 서핑과 같이 위험을 감수하는 활동, 영혼을 바치고 자신을 들여다보는 야외활동을 계속해 나갈 것이다. 우리는 최고의 기능과 품질을 지닌 제품을 만들 것이며 우리가 자연에 끼치는 피해를 똑바로 바라보겠다."라고.

사회적 균형성과지표, S-BSC(Social-Balanced Scorecard)

'사회적 균형성과지표'는 〈그림 11.8〉과 같이 '재무적인 성과', '고객', '내부 프로세스', '학습과 성장'
의 4가지 요인을 통하여 기업의 성과를 종합적으로 평가하는 상업적 기업의 성과측정기록표에서
빌린 방법이다. 상업적 기업의 균형성과지표는 현재의 기업 상황을 평가하는 것뿐만 아니라 미래
에 대한 경고등 역할을 하며 기업이 사업전략을 세울 때 중요한 정보 제공의 역할을 수행한다. 이것
은 전체 구성원들에게 조직의 미래 비전을 보여 주며 공통의 이해를 통하여 자신들이 조직의 성공
에 어떤 식으로 기여하는지 알 수 있게 해 주는 전체적인(holistic) 전략 모형이라고 할 수 있다[32].

〈그림 11.8〉 상업적 기업의 균형성과지표 프레임 워크

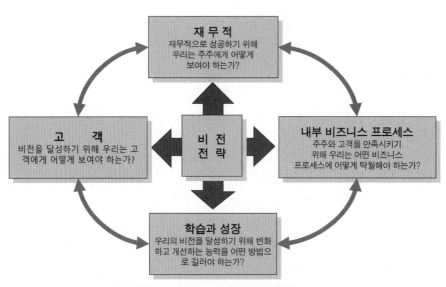

출처: 최중석(2015), "비즈니스 경영전략", 도서출판 두남, p.307.

결국 4가지 측면으로 구성된 균형성과지표는 기업이 순이익 및 매출 등의 재무적 성과(지표)를 달성하기 위해서는 고객만족 혹은 구매율 등으로 측정되는 고객 측면의 지표를 높여야 하며 이를 위해서는 품질, 대응시간, 원가, 신제품의 도입 등 내부 비즈니스 프로세스 지표가 효율적으로 그리고 효과적으로 운영되어야 한다. 이것은 결국 조직 구성원 만족도, 구성원들의 정보시스템 이용도, 구성원 교육훈련 개발을 통한 성장도 등과 같이 구성원의 '학습 및 성장'의 정도에 따라 영향을 받게 된다는 목표지향형 성과지표의 얼개라고 할 수 있다[33]. 이처럼 상업적 기업 BSC의 일반적인 측정지표를 정리해 보면 〈표 11.5〉와 같다[34].

〈표 11.5〉 상업적 기업 BSC의 4가지 시각과 일반적인 측정지표

시각	일반적인 측정지표 예
재무	투자수익률, 경제적 부가가치(EVA)
고객	고객만족도, 고객유지율, 시장점유율
내부	품질, 고객대응시간, 원가, 신제품 도입
학습과 성장	종업원 만족도, 정보시스템 이용도

출처: 최중석(2015), "비즈니스 경영전략", 도서출판 두남, p.308.

BSC는 조직의 성과들을 측정하여 미래 성장을 위해 필요한 역량 구축과 무형자산을 획득해 나가는 진척사항을 모니터링하면서 동시에 재무적인 결과를 추적할 수 있는 지표이다. 이를 통하여 전략을 명확하게 하고 구성원 간에 합의를 끌어내며 조직 전체에 전략을 전달할 수 있게 된다. 아울러 부서와 구성원의 목표를 전략에 정렬시키고 후속 실행 프로그램으로 구체화하고 추진하도록 한다. 이러한 성과목표는 단기 혹은 중장기 목표로 구분하여 달성할 수 있도록 하고 연간 혹은 중장기 예산계획과 연결하여 추진하게 된다. 균형성과지표는 목표와 운영상의 점검을 정렬시키게 되고 성과목표에 대하여 학습토록하며 개선할 수 있는 피드백을 얻게 해 준다[35].

상업적 기업의 균형성과지표에서 착안한 '사회적 균형성과지표'는 아래 그림과 같다. 사회적 균형성과지표는 경제적 성과뿐만 아니라 사회(공동체)(적) 성과 및 환경적 성과를 목표로 한다는 점에서 상업적 기업의 균형성과지표와 근본적인 차이가 있다.

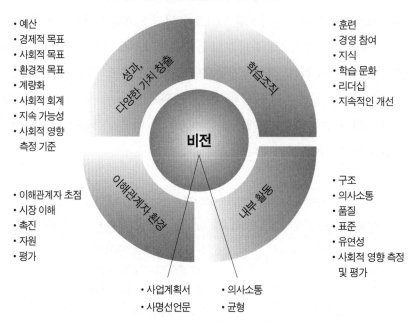

〈그림 11.9〉 사회적 균형성과지표의 구성

• 예산
• 경제적 목표
• 사회적 목표
• 환경적 목표
• 계량화
• 사회적 회계
• 지속 가능성
• 사회적 영향
  측정 기준

• 훈련
• 경영 참여
• 지식
• 학습 문화
• 리더십
• 지속적인 개선

성과, 다양한 가치 창출

학습조직

비전

이해관계자 환경

내부 활동

• 이해관계자 초점
• 시장 이해
• 촉진
• 자원
• 평가

• 구조
• 의사소통
• 품질
• 표준
• 유연성
• 사회적 영향 측정
  및 평가

• 사업계획서
• 사명선언문
• 의사소통
• 균형

출처: Michael Bull(2006), "Balance: The development of a social enterprise business performance analysis tool", Social Enterprise Research Conference, p.9.

〈그림 11.9〉와 같이 사회적 균형성과지표의 첫 번째 지표인 '성과(이익)' 지표는 사회(공동체) (적), 환경적 및 재정적 지속 가능성에 중점을 두고 있으며 '예산 및 지출', '사회(공동체)(석) 성과', '환경적 성과', '사회적 회계', '사회적 영향 측정 기준', '지속 가능성' 등의 세부지표로 구성되어 있다. 두 번째 지표인 '학습 조직' 지표는 사회적경제 기업 구성원들의 사회적 자본과 조직화에 관한 지식 탐구를 의미한다. 지식 및 학습 기회를 활용할 수 있는 능력을 평가하는 수단으로 '문화', '독창성', '참여적 의사 결정 정도', '협력적 팀 작업', '리더십 및 지속적인 개선 또는 혁신 활동'의 지표를 포함하고 있다. 세 번째 지표인 '이해관계자 환경' 지표는 기본적으로 활동이 '이해관계자 경영에 초점'되어 있는지에 대한 부분이다. 이와 관련하여 '이해관계자 식별', '경쟁자 식별 및 인식', '기업의 이미지 및 정체성', '경영 자원', '촉진 활동', '마케팅 예산 및 중요성'과 '각 관행의 효율적인 평가'를 포함한다. 네 번째 지표인 '내부 활동' 지표는 '조직의 업무 관행', '구조 및 시스템'에 대한 내용이다. 상업적 기업의 내부 활동 지표보다 더 개방적인 의미로써 설명할 수 있으며 '내부 조직 구조', '내부 커뮤니케이션 관리', '품질', '경영관리 시스템', '유연성 및 적응성 관리' 등을 포함하고 있다. 사회적 균형성과지표는 단기 혹은 중장기 목표로 구분하여 달성할 수 있도록 하고 연간 혹은 중장기 예산계획과 연결하여 추진하게 된다. 사회적 균형성과지표는 사회적경제 기업의 목표 달성을 위한 경영활동의 점검으로 정렬시켜야 하며 이를 통하여 최종적으로 사회적 영향 달성을 위하여 학습하고 개선할 수

있는 피드백을 얻게 해 준다[36].

사회적 회계(감사), SAA(Social Accounting and Audit)

한국의 사회투자지원재단의 '사회적 회계(감사)'는 "사회적경제 조직이 창출한 사회(공동체)(적), 환경적 그리고 경제적 영향을 측정하고 개선하기 위한 내부 구성원과 이해관계자들 사이의 지속적인 경영활동 과정"으로 설명한다[37]. 지금까지 사회적경제 기업과 비영리 조직이 운영한 사업은 사회적 목표그룹과 지역공동체, 더 나아가 이해관계자들에게 사회(공동체)(적)·환경적·경제적으로 다양한 사회적 영향을 미쳐왔다. 하지만 많은 조직들이 자신들이 창출한 사회적 성과와 영향을 어떻게 측정할 것인지 구체적인 방안을 찾지 못하고 있다.

자신들이 추구하는 사업의 목적을 얼마나 잘 수행하고 있는지 아는 것은 조직운영을 좀 더 효과적으로 계획하는 데 도움을 준다. 또 그러한 활동이 만들어 내는 사회적 영향을 측정하고 소통하는 것은 그들의 구성원과 이해관계자들에게 사업의 중요성을 지속해서 인식시키는 데도 중요하다. 사회문제 해결 및 사회혁신을 목적으로 운영하는 사회적경제 기업이 자신들의 활동이 미치는 다양한 사회적 영향을 제대로 측정하지 못한다면 사회적경제 기업을 유지하고 발전시켜 더 큰 사회적 영향을 확장하는 데 있어서 장애요인이 될 것이다.

사회적 회계는 조직의 활동이 자신의 목적을 어떻게 만족시켰는지 평가하면서 재정의 효율성뿐만 아니라 사회(공동체)(적)·환경적 가치의 생성에도 같은 관심을 둔다. 또한 조직이 이해관계자들과 어떤 이해를 공유하고 어떻게 이들의 활동이 조직의 성과로 반영되는가를 모니터한다. 이러한 사회적 회계 과정은 조직의 목적과 이를 실현하기 위한 활동을 평가하고, 이해관계자들과의 관계를 개선하면서 통합적 관리체계를 통해 조직의 투명성과 책임성을 높인다. 그 결과 조직에 대한 사회적 인식까지 제고시킨다.

즉, 사회적 회계란 "조직의 사명과 목적에 대한 다양한 활동을 검토하고 그들이 창출한 사회(공동체)(적), 환경적 그리고 경제적 영향을 측정하고 개선하기 위하여 내부 구성원과 이해관계자들에 의해 이루어지는 조직의 지속적인 경영활동의 조절과정"이라고 말할 수 있다. 사회적 회계는 몇 가지 원칙이 존재한다. 그것은 첫째, '비교 가능성', 둘째, '완결성과 포괄성', 셋째, '정기적이고 지속적인 실행과 발전과정', 넷째, '조직 내부의 동기 부여와 실행', 다섯째, '개방성', 여섯째, '외부적 입증',

일곱째, '조직의 지속적인 변화의 확인'이다.

<표 11.6> 사회적 회계와 일반적인 평가의 차이점

구분	사회적 회계	일반적인 평가
평가 주체	· 조직 내부에서 계획 · 실행됨	· 조직의 외부에서 계획 · 실행됨
평가 목적	· 활동과 결과의 투명한 정보 제공 · 활동의 개선과 조직 성공에 집중 · 경영의 공개와 투명한 조직운영	· 외부 성과 판단의 해석적 결과 제공 · 재정 지원 혹은 철회의 근거 제공 · 제한된 참여와 소수에게 결과 공개
평가 특징	· 조직에 의해 설계되고 발전됨 · 이해관계자들과의 협력적 설계 · 조직에 의해 인정된 과정 · 조직전략과 실천계획의 통합 · 지속적인 과정으로 실천됨	· 조직 외부에 의한 설계와 진행 · 제한적인 협의를 통한 설계 · 모니터링은 외부를 위하여 수행됨 · 조직전략과 실천계획의 강요 · 주기적 혹은 일시적 필요로 실행됨
평가 내용	· 조직의 목적과 목표에 관련됨 · 역동적인 조직성과에 대한 평가 · 결점 인식과 치유가 전제됨 · 다양한 사회적 편익을 측정	· 재정지원기관 등 외부 목표와 관련됨 · 측정가능한 성과에 대한 평가 · 사업의 내용 및 결점에 대한 확인 · 수행한 내용에 집중하여 측정

출처: Mitchell, Billy(2000), "Social Audit(April 1999~March 2000)", LINC Resource Centre, Appendix IV, p.4. 참조 재정리.

<표 11.6>과 같이 사회적 회계가 일반평가와 다른 점은 일반적인 평가는 주로 조직외부에서 소수의 사람에 의하여 계획 및 실행되어 재정적 참여 혹은 철회의 결정을 위한 목적으로 진행되고 그 결과도 제한적으로 공개된다. 반면, 사회직 회계는 조직 내부에서 계획 및 실행되고 모든 이해관계자가 평가과정에 참여하여 투명한 조직운영의 활동과정과 창출된 사회적 성과를 측정하여 보여 주며 그 결과도 모두에게 공개된다는 점에서 다르다.

사회적 회계는 <표 11.7>과 같이 제1단계 '준비과정', 제2단계 '기초 점검 과정', 제3단계 '실행 계획 과정', 제4단계 '실행 및 보고서 작성과정', 제5단계 '감사 및 공유 과정'의 다섯 단계로 구성되어 있다. 제1단계 준비과정은 "사회적 회계 및 감사 이해하기, 소요자원(인력, 시간, 비용) 확인하기, 사회적 회계와 감사 실행 결정하기, 실행팀 구성하기"로 진행된다. 제2단계 기초 점검 과정은 "계획표 작성하기, 조직의 사명 · 가치 · 목적 · 활동 확인하기, 조직의 이해관계자 확인하기"로 진행된다. 제3단계 실행 계획 과정은 "사회적 회계 범위 설정하기, 지표설정 및 정보수집 방법 결정하기, 조직 내에서 계획 공유하기"로 진행된다. 제4단계 실행 및 보고서 작성과정은 "자료수집, 분석 및 결과도출, 사회적 회계 보고서 작성"으로 진행된다. 제5단계 감사 및 공유 과정은"사회적 회계 및 감사 보고서, 사회적 회계 및 감사 결과 공유하기, 분석결과의 반영 및 실천하기"로 진행된다.

단계	주제	추진과제
제1단계	준비과정	· 사회적 회계 및 감사 이해하기 · 소요자원(인력, 시간, 비용) 확인하기 · 사회적 회계와 감사 실행 결정하기 · 실행팀 구성하기
제2단계	기초 점검 과정	· 계획표 작성하기 · 조직의 사명 · 가치 · 목적 · 활동 확인하기 · 조직의 이해관계자 확인하기
제3단계	실행 계획 과정	· 사회적 회계 범위 설정하기 · 지표설정 및 정보수집 방법 결정하기 · 조직 내에서 계획 공유하기
제4단계	실행 및 보고서 작성과정	· 자료수집 · 분석 및 결과도출 · 사회적 회계 보고서 작성
제5단계	감사 및 공유 과정	· 사회적 감사 및 감사 보고서 · 사회적 회계 및 감사 결과 공유하기 · 분석결과의 반영 및 실천하기

출처: 김유숙(2021), "사회적기업의 조직운영 도구, 사회적 회계의 이해((Social Accounting and Audit)", 사회투자지원재단. p5.

단계별 세부내용을 살펴보면 제1단계에서는 '사회적 회계가 우리 조직에 정말 필요한 것인가?' 즉, 조직이 사회적 회계를 수행하는 목적이 무엇인지 분명히 하는 것이 중요하다. 구체적으로 "왜 우리는 사회적 회계를 실행하고자 하며 사회적 회계를 수행함으로써 우리 조직과 구성원들에게 이익이 되는 것은 무엇인가?", "사회적 회계가 우리에게 적합한가?", "조직 내에서 사회적 회계의 진행에 대한 합의가 있는가?"를 고려한다. 사회적 회계 수행의 필요성이 조직 내에서 인정됐다면 그 실행 여부를 조직 구성원들과 함께 결정한다.

조직의 모든 구성원이 사회적 회계의 과정에 참여하게 되지만, 그 작업이 구체적으로 실현되기 위해서는 이 과정을 책임지고 실무를 담당할 실행팀이 필요하다. 실행팀은 사회적 회계의 전반적인 과정에 수반되는 업무를 담당하게 되며 조직 구성원들과 이해관계자의 다양한 관점을 반영할 수 있는 소통 창구 기능도 수행한다.

제2단계에서는 단계별 과제의 추진 일정과 주요 내용, 담당과 참여자, 관련정보 및 자료원천, 예산 등을 정리한 연간 실행 계획표를 만들고 이어서 조직의 사명, 가치, 목적과 활동, 이해관계자를 확인한다. 〈표 11.8〉의 사례는 확인해야 할 조직의 사명, 가치, 목적과 활동을 파악하는 데 도움을 주는 사례이다.

<표 11.8> 영국 'Good Food' 협동조합의 사명, 가치, 목적과 활동

구분	내용
사명	Good Food Co-op는 지역사회의 발전을 위한 서비스를 제공함으로써 건강한 식생활을 장려하는 협동적인 원칙으로 지속 가능한 매장과 카페를 작동시키는 것을 목적으로 한다.
가치	1. 지역사회의 일원으로 일하기 2. 협동적 원칙으로 기능 3. 친근하고 접근이 편리한 서비스를 제공

목적	활동
1. 일자리를 창출하고 지역사회에 기여한다.	1.1 지역에서 장기간 실업에 처한 사람들을 고용
	1.2 지역의 청년층에게 일자리 제공
	1.3 장애인을 적어도 한 명 고용
	1.4 가능한 한 지역 내에서 구매
2. 건강한 식생활과 친환경적인 실천을 장려한다.	2.1 자연식품 판매
	2.2 유기농상품 판매
	2.3 재활용 포장지 사용
	2.4 환경 관련 정보 제공, 조직적인 대화 시도
	2.5 쓰레기의 감소, 재사용, 재활용
	2.6 에너지 소비 감소
3. 지역사회에 서비스를 제공한다.	3.1 지역사회 만남의 장으로 tea-shop운영
	3.2 자유 광고 게시판 제공
	3.3 지역사회를 위한 운송업 제공
	3.4 팩스, 이메일, 복사서비스 제공
	3.5 회계와 관련한 조언 제공
	3.6 지역사회 공익단체 회원으로 활동
4. 수급자를 돕는다.	4.1 5% 할인
	4.2 적은 양도 포장 및 판매
	4.3 무료 배달 서비스 제공
5. 좋은 협동조합이 된다.	5.1 내부적 민주주의를 실천
	5.2 지역협동조합발전협회 활동 및 광범위한 협동조합 운동 참여
	5.3 교대제를 적용
	5.4 다른 지역사회와 협동조합 조직의 방문을 환영
6. 좋은 고용주가 된다.	6.1 직원에게 훈련 제공
	6.2 주 4회 근무
	6.3 휴식시간 간식 제공
	6.4 친가족적 정책 적용

출처: 김유숙(2021), "사회적기업의 조직운영 도구, 사회적 회계의 이해((Social Accounting and Audit)", 사회투자지원재단. p12.

미국 켄터키주 렉싱턴에 위치한 로컬푸드 협동조합 'Good Food'는 홈페이지에서 그들의 사명과 가치를 다음과 같이 선언하고 있다. Good Food 협동조합의 사명은 "활기찬 협동경제의 최전선에서 '공평하고 지속 가능한 로컬 푸드 시스템'을 구축하고 '식품에 대한 시민의식을 함양하는 교육'을 진행하며 '모두를 위한 건강한 음식에 대한 접근성'을 높이기 위한 공동체 파트너십(community partnerships)에 참여한다."라고 밝히고 있다. 또한 협동조합의 중요한 10가지 가치를 "Self-Help(자조), Self-Responsibility(자기 책임), Democracy(민주주의), Equality(평등), Equity(형평성), Solidarity(연대), Honesty(정직), Openness(개방), Social Responsibility(사회적 책임), Caring for Others(다른 사람을 돌보는 일)"로 정하고 있다[38].

이해관계자 확인은 조직에 재정적으로 이바지하는 재정 조달자, 주주, 유급 또는 시간제 노동자, 자원봉사자, 소비자, 수혜자, 지역조직 및 지역사회 등이 포함될 수 있다. 더 자세한 이해관계자에 대한 내용은 제5장을 참고하기를 바란다.

제3단계 및 제4단계에서 중요한 일은 측정 지표를 설정하고 정보수집 방법을 결정하고 수집하는 일이다. 지표의 설정은 조직의 다양한 목적과 이를 실현하기 위한 활동의 결과를 사회(공동체)(적)·경제적·환경적 측면에서 나타낼 수 있도록 설정한다. 특히, 계획 단계에서 설정한 범위에 따라 지표를 설정하고 그에 맞는 필요한 자료를 놓치지 않도록 정보를 수집해야 한다. 조직의 성과가 구체적인 계량적 혹은 화폐적 수치의 편익으로 나타날 수도 있지만, 순전히 기술적이고 질적인 설명의 효과로 기술될 수도 있다. 사회적 회계에서는 이처럼 계량적 수치와 비계량적 효과를 반영 혹은 측정할 수 있는 지표를 마련해야 한다. 화폐가치 환산을 위한 계산방법은 다음에 나오는 사회성과인센티브, SPC(Social Progress Credit)를 참고하기를 바란다.

기본적인 양적정보는 제9장에서 살펴본 것처럼 재무정보를 통하여 수집할 수 있으며 제2절에서 살펴본 것처럼 논리모델의 순서에 따라서 사업별로 '투입-활동'의 과정과 '산출-성과-영향'의 결과를 통하여 발생하는 양적 혹은 질적 정보를 수집할 수 있다. 질적 정보의 형태는 구술 설명, 인터뷰 내용, 그림, 사진 등으로 표현된다. 정보수집은 설문조사를 통하여 수집할 수도 있다. 설문조사는 조직의 프로필을 파악하기 위한 '기본설문'과 가장 중요한 이해관계자인 직원의 현황을 파악하기 위한 '직원설문', 그리고 '외부 이해관계자 설문'을 실시할 수 있다. 조직이 지역사회, 사회적 목표그룹 및 소비자 등에게 긍정적인 영향을 미치고 있더라도 내부 구성원의 만족도가 낮다면 먼저 해결해야 한다. 직원설문에서는 업무만족, 지원제도, 노동조건, 작업환경, 의사소통, 교육훈련 등의 내용을 포함한다. 외부 이해관계자 설문은 이사회, 재정 제공자, 지역사회, 네트워크 자원, 사회적 목표그룹 및 소비자 등을 대상으로 하며 제품이나 서비스 품질, 고객만족도, 지역사회 기여도, 사회적경제 기업의 인지도, 바람직한 사람 및 조직 활동, 사회적 성과와 영향 등을 묻는다. 지금까지 실행팀을 중심으로 진행한 사회적 회계의 과정들은 조직의 구성원들에게 공유하고 이해할 수 있도록 한다.

정보가 수집되면 초기에 설정한 사회적 회계의 목적과 범위에 따라 결과를 분석하고 사회적 회계 보고서를 작성한다. 사회적 회계 보고서는 총회에서 보고의 목적으로 중요하게 사용되는데 여기에 담겨야 할 내용은 〈표 11.9〉와 같다.

〈표 11.9〉 사회적 회계 보고서에 담겨야 할 내용

구분	내용
본문	01. 개요 02. 조직의 역사와 환경 03. 사명, 가치, 목적, 활동 04. 이해관계자 05. 회계의 범위 및 방법 06. 사회적 회계 결과 07. 이해관계자들의 다양한 관점 08. 환경적 효과 09. 경제적 효과 10. 사회적 감사 결과 및 권고 11. 재무적 정보 12. 결론과 권고를 통해 도출된 주요 이슈 13. 사회적 회계 과정의 강점과 약점 14. 다음 해의 사회적 회계 계획 15. 발표 및 문답
별첨	- 사회적 회계 계획 - 각종 조사 양식 및 설문지

출처: 김유숙(2021), "사회적기업의 조직운영 도구, 사회적 회계의 이해((Social Accounting and Audit)", 사회투자지원재단. p18.

제5단계에서는 사회적 감사를 진행하고 감사 보고서를 낸다. 사회적 감사는 조직 내·외부의 사회적 감사 위원회에 의해서 수행된다. 사회적 감사 위원회는 사회적 회계 보고서에 대해 조직 활동의 실질적인 결과를 검토하는 것이 아니라, 사회적 회계가 애초의 범위와 목적들에 부합해 명확하고 올바르게 기재되어 있는가를 검토한다. 사회적 회계 실행팀은 이 과정을 통제하거나 강제하여서는 안 되며, 사회적 감사는 독립적으로 운영된다. 사회적 회계와 감사 결과는 사회적 회계에 참여한 모든 이해관계자에게 공개돼야 한다. 사회적 회계는 보고서로 작성되어 구성원들과 이해관계자들에게 공유되며 총회에 사업보고 등의 자료와 함께 제출된다. 공유를 통하여 이해관계자들의 관심과 책임을 높일 수 있으며 사회적경제 기업에 대한 헌신의 계기를 마련해 줄 수 있다.

사회적 회계와 감사는 사회적 목적에 기반을 둔 사회적경제 기업 활동의 다양한 효과를 검증하고 개선 방안을 제시한다. 또 조직 구성원과 이해관계자들 간의 관계에 대한 깊은 이해와 조직 차원의 공유, 이해관계자들과의 관계 개선 등 다양한 조직적 학습 효과도 가진다. 따라서 조직의 핵심적이고 전략적인 정책들, 사회 · 윤리적인 책임, 사회적 회계 과정 자체에 대한 개선 방안 등 조직의 미래를 위해 방향을 재설정하는 과정이 수반된다. 사회적 회계 과정의 종료는 새로운 경험을 위한 시작점이 된다.

비-코퍼레이션, B-Corporation

B-Corporation의 주관 재단인 'B-Lab'은 "B-Corporation은 모두를 위한 공동의 튼튼한 번영을 창출하기 위해 비즈니스의 힘을 사용하는 사람들의 세계적인 운동이며, B-Corporation의 참여는 같은 비전과 목표를 지향하는 다른 공동체로의 합류함을 의미하고 이것은 단순히 인증 받는 것 이상의 의미가 있음"을 설명하고 있다. B-Corporation은 기업의 비즈니스 활동을 성장시키고 비즈니스가 성공하도록 변화시키는 것을 목표로 '기업의 경영활동 개선', '긍정적인 영향의 조명', '현재 또는 새로운 영향의 확대', '새로운 작업의 제시' 역할을 한다. 기업이 B-Corporation에 참여하지 않더라도 당신이 핵심 의사 결정자이든지 경영팀이든지 관계없이 위의 이점을 비즈니스에 적용하는 방법과 공식적인 절차를 통하여 회사의 사명을 향상할 수 있는 방법을 추구해야 한다. B-Corporation은 2018년 현재 전 세계 60개국 150개 이상의 산업 분야에서 2500개 이상의 기업이 참여한 것으로 알려졌다.

먼저 진정으로 의미 있는 인증을 받으려면 조직의 리더와 직원이 참여하고 이사회가 함께해야 성과를 얻을 수 있다. 특히 'BIA(B Impact Assessment, B-Corporation 영향 평가)'를 위하여 기업 내 여러 직무 분야의 정보가 필요하다. 먼저 인증을 위한 조직적 차원의 사전 준비가 필요한데, 4가지 중점 점검사항은 다음과 같다.

첫째 '정책 공식화'의 과정이다. 회사의 사회적 영향이나 성과는 경영자 혹은 구성원의 머릿속에 있는 것이 중요한 것이 아니라 문서 기록으로 정리되어 있어야 한다. 문서화가 되어 있지 않은 회사는 시간이 필요할 수도 있다. 따라서 기업은 경영자 또는 팀 리더를 통하여 모든 구성원을 포괄하는 조직 차원의 정책을 수립하고 이미 존재하는 표준 및 사례를 문서화함으로써 BIA 점수를 향상할 수 있다. 모든 구성원이 접근할 수 있는 공유 폴더를 만들거나 모든 직원이 접근할 수 있도록 핸드북의 형태로 모든 정책을 수집하는 것이 필요하다. 둘째 '영향 측정 항목'이다. 예를 들어 '에너지 사용', '구성원 감소' 또는 '폐기물 생산'과 같은 측정 기준을 집계하지 않으면 BIA의 점수를 얻는 것이 어렵다. 점수를 향상할 수 있는 가장 좋은 방법의 하나는 영향 측정 기준 및 내부핵심 성과지표를 만들고 지속해서 집계하는 전략적 접근 방식을 취하는 것이 필요하다. 이 부분은 앞에서 설명한 '사회적 균형성과지표'를 도입함으로써 해결할 수 있다. 사회적 영향 지표의 관리를 통하여 부정적인 수치는 줄이고 긍정적인 수치를 높임으로써, 강점에 대한 명확한 이미지를 제공하고 평가에 대한 점수를 얻을 수 있다. 셋째 '공급 업체' 문제이다. 기업이 생산 및 유통 등 가치 사슬에 있는 연관 기업들의 공급망의 영향을 아직 고려하고 있지 않았다면 각 공급 업체에 대한 간단한 설문지를 작성하여 정책 및 투입물에 대한 사항을 조사하고 공급자 및 판매 업체에 대한 최소 요구사항을 요약한 공식적인 구매 및 판매 정책을 작성하고 사전에 대응할 수 있어야 한다. 넷째 '사명 중심의 지배구조' 부분이다. 이 부분은 제5장 이해관계자 협동의 지배구조에서 확인하기를 바란다.

좋은 지배구조는 "이익 창출의 목적을 넘어서서 경영자가 회사의 주주는 물론 이해관계자에게 자기 행동이 미치는 영향을 고려해야 하는 지배구조"를 의미한다. 2007년에 B-Corporation 인증을 받은 파타고니아(Patagonia)의 설립자 이본 쉬나드(Yvon Chouinard)는 "B-Corporation의 사명중심의 지배구조는 파타고니아와 같은 창업기업으로 하여금 기업이 가치와 문화, 경영 절차 그리고 높은 기준을 제도화함으로써 사명을 기반으로 사회적인 역할을 다하도록 회사 승계, 자본 확충, 소유권 변경 등의 법적인 장치를 마련해 주는 것"이라고 하였다. B-Corporation의 인증절차는 〈그림 11.10〉과 같다.

B-Lab은 '소유권이나 경영의 변화가 예상되는 경우', '의식 있는 소비자로부터 브랜드 신뢰를 구축하고자 하는 경우', '장기적인 영향을 고려한 성과지표에 우선순위를 두면서 임원의 책임을 축소하고자 하는 기업', 'B-Corporation 인증을 원하는 경우', '사회적 영향 투자에 관심이 있는 기업', '시간이 지나가도 사명을 중심으로 기업을 유지하고자 하는 경우', '외부 자본을 조달할 계획을 세우고 있는 경우'에는 사명을 중심으로 한 지배구조를 갖출 것을 권장하고 있다. 조직적 차원의 사전 준비와 함께 실제 인증을 위한 평가(BIA) 절차에서는 거버넌스, 근로자, 지역공동체, 환경 및 고객의 5가지 영역에 대한 사회적 영향을 평가하고 개선할 수 있도록 설계되어 있다.

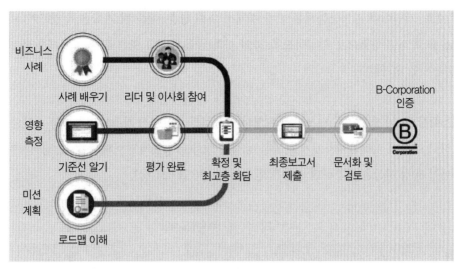

출처: B-Lab(2018), "The Complete Guide to B Corp Certification for Small to Medium-Sized Enterprises", p.2.

　첫째 '거버넌스 영역'의 평가는 앞에서도 설명하였지만, 기업의 전반적인 사명, 윤리, 책임 및 투명성을 평가한다. 회사가 사회(공동체)(적) 또는 환경적 사명을 채택했는지와 직원, 임원 및 지역사회가 그 임무를 수행하는 방법을 파악한다. 또한 직원이 재무 정보에 접근할 수 있는지, 고객이 의견을 제공할 수 있는 기회가 있는지, 회의체의 다양성이 있는지를 평가한다. 둘째 '근로자 영역'의 평가는 기업과 직원의 관계를 평가한다. 기업이 직원에게 제공하는 보상, 혜택, 교육 및 소유 기회를 통해 직원을 어떻게 대우하는지 측정한다. 주요 평가 카테고리는 경영진과 근로자 커뮤니케이션, 직무 유연성, 기업 문화, 근로자 건강 및 안전 관행을 평가한다. 기업 내 전반적인 근무 환경에 중점을 두고 있다. 셋째 '공동체 영역'의 평가는 기업의 공급자 관계, 다양성 및 지역사회의 참여를 평가한다. 또한 기업의 제품 또는 서비스가 기본 서비스, 건강, 교육, 경제적 기회 및 예술에 대한 접근성과 같이 사회적 문제를 해결하도록 설계되었는지, 지역공동체 서비스 및 자선 기부에 관한 기업의 관행 및 정책은 어떤지를 평가한다. 넷째 '환경 영역'의 평가는 시설, 재료, 배출, 자원 및 에너지 사용에 대한 회사의 환경 성과를 평가한다. 기업은 운송·유통 경로 및 공급망의 환경 영향에 관한 질문에 답변해야 한다. 기업의 제품이나 서비스가 재생 가능 에너지 공급, 자원 보존, 폐기물 감소, 토지·야생 동물 보전 촉진, 독성·유해 물질 또는 오염 방지 등 환경 문제를 해결하기 위해 고안되었는지 평가한다. 아울러 환경 문제를 해결하기 위한 교육, 측정 또는 자문을 받고 있는지 등을 평가한다. 다섯째 '고객 영역'의 평가는 회사가 공익을 증진하는 제품 또는 서비스를 판매하는지와 서비스가 부족한 인구를 대상으로 하는 제품 또는 서비스인지 여부에 초점을 맞춤으로써 회사가 고객에게 미치는 영향을 평가한다. 또한 이 영역에서는 회사의 제품이나 서비스가 건강이나 환경 보호, 개인이나 지역공동체를 위한 경제적 기회 창출, 예술 및 과학을 촉진하거나 혹은 자본의 흐름을 목적 지향적으로 향상하도록 하여 사회(공동체)(적) 또는 환경적 문제를 해결하도록 고안되었는지를 평가한다.

평가는 이상의 5가지 영역이 비즈니스 운영의 일상적인 영향에서 창출하였는지와 회사의 의도적 설계가 하나 이상의 이해관계자에게 특별한 긍정적 영향을 창출하였는지 측정 및 평가하며 200점 만점 중에서 80점 이상을 획득하면 인증을 받을 수 있다(〈표 11.10〉).

〈표 11.10〉 BIA 평가의 2가지 측면

구분	내용
비즈니스 운영의 일상적인 영향	시설의 환경 영향, 지역사회와의 상호 작용, 직장 환경, 구매 및 거버넌스 구조와 같은 비즈니스 운영의 일상적인 영향을 측정, 비즈니스 설계 또는 의도와 무관하며 다른 공신력 있는 인증을 보유한 경우 점수 획득
의도된 비즈니스 모델의 영향	의도적인 비즈니스 모델의 설계가 하나 이상의 이해관계자에게 구체적이고 긍정적인 결과를 창출하는지 여부를 측정. 이는 매년 매출의 5%를 기부하거나, 근로자가 소유하거나, 상품 또는 서비스로 부진한 시장에 서비스를 제공하는 것과 같은 제품, 수혜자, 비즈니스 프로세스 또는 활동으로 나타날 수 있음

출처: B-Lab(2018), "The Complete Guide to B Corp Certification for Small to Medium-Sized Enterprises", p.7. 참조 재정리.

B-Corporation 인증을 위해서는 기업의 조직 형태가 사회적인 사명과 연결되도록 해야 한다. 이를 위해서는 기업의 사회(공동체)(적) 및 환경적인 사명이 법률적인 형태로 내재할 수 있는 규범을 갖추어야 한다. 또한 의사 결정 과정에서 비재무적인 이해관계자를 고려하도록 법적인 규정을 갖추고 있어야 하고, 경영 및 소유권의 변경을 포함하여 이러한 기업의 사명이 시간의 흐름에 따라 동태적으로도 보호받도록 명시되어 있어야 한다. 이러한 조건은 국가마다 달라서 해당 국가의 법률적인 조건들을 살펴보고 그에 맞는 법적 형태를 인증받기 전까지 갖추어야 한다. 이러한 법에 따른 조건을 갖추고 앞에서 평가된 BIA 점수가 80점을 넘었다면 회사 프로필 제출, 사전 인증 보고서 제출, 표준 분석관의 전화 확인, 사후 문서 제출 단계를 거치고 인증을 위한 비용을 지불하면 인증 과정이 마무리된다[39].

아이알아이에스, IRIS

미국에 위치한 국제조직 GIIN은 사회적 영향 투자에 대한 장벽을 줄이는 데 중점을 둔 사회적 영향 측정도구 IRIS5 버전과 플랫폼인 IRIS+을 제공하고 있다. 이는 일관된 사회적 영향 투자 산업의 발전을 가속화하도록 선도하며 사회적경제 기업은 17개의 산업 범주별 그리고 28개의 다양한 주제별로 사회적 영향을 기록하고 측정하며, 사회적 영향 투자자는 이를 비교하고 투자를 촉진할 수 있도록 하였다. 다양한 이해관계자 관점과 요구사항이 IRIS+ 플랫폼 안에서 IRIS 목록표 형식으로 제공되며 전 세계의 이해관계자들은 IRIS+ 플랫폼 개발을 위한 의사 결정에 참여하였다. IRIS는 연간 GIIN의 비전 조사와 개별 인터뷰, 워크샵, IRIS 홈페이지 사용 이력, 회원 참여 및 워킹 그룹을 통해서 수집되었다. 또한 이해관계자들

〈그림 11.11〉 IRIS 분류체계

출처: GIIN 홈페이지(2021), "Illustration of Classification Hierarchy", https://iris.thegiin.org.

과 함께 2개월간의 공개 논평 기간 동안 분류 체계에 대한 400개 이상의 의견을 받아 공유하고 검토하여 그 결과로 산업 범주별로 그리고 다양한 주제별로 목록표를 도출하였다. 이러한 광범위하고 공적인 노력을 통해 결정된 IRIS 목록표와 플랫폼은 지금도 사회적경제 기업 및 사회적 영향 투자자의 사례를 반영하고 있으며 계속 확장 중이다.

IRIS는 사회적 영향의 범주와 주제를 식별하고 공통 목표와 해당되는 핵심 측정 목록(행렬) 세트를 제공함으로써 사회적 영향의 효과를 설명, 평가 및 전달하고 궁극적으로 비교 가능하도록 한다. IRIS는 사회적 영향 투자자 및 투자 기업의 전략목표, 분산투자(포트폴리오) 결정과 비즈니스 모델을 구성하는 데 영향을 미치는 사회(공동체)(적) 및 환경적 영향의 주제에 따라 구성되어 있다. GIIN은 지난 10여 년간 유엔환경계획 금융 이니셔티브(UNEPFI, United Nations Environment Programme - Finance Initiative), 유엔책임투자원칙(UNPRI, United Nations Principles of Responsible Investment), 국제금융공사(IFC, International Finance Corporation), 전 세계 임팩트 투자자 모임(Toniic), 독립형 태양광 에너지 산업을 위한 글로벌 협회(GOGLA, Global Association for the Off-Grid Solar Energy Industry), 유엔식량농업기구(FAO, Food and Agriculture Organization), 사회성과테스크포스(SPTF, Social Performance Task Force), 경제협력개발기구(OECD, Organisation for Economic Co-operation and Development), 글로벌 보고 이니셔티브(GRI) 등 50개 이상의 표준화 기관과 협력하고 조정하면서 IRIS를 발전시키고 있다.

〈표 11.11〉 IRIS+ 분류 17개 산업과 SDG 연관 사회적 영향 주제

순번	IRIS+ 범주	SDG와 관련된 주제
1	농업	식량 안보, 소규모 농업, 지속 가능한 농업
2	공기	깨끗한 공기
3	생물 다양성 및 생태계	생물 다양성 및 생태계 보존
4	기후	기후 변화 완화, 기후 회복력 및 적응
5	다양성 및 포용	성평등, 인종 평등
6	교육	양질의 교육에 대한 접근
7	고용	양질의 일자리
8	에너지	청정 에너지, 에너지 접근, 에너지 효율
9	금융 서비스	재정적 포용
10	건강	양질의 의료 서비스 이용, 영양물 섭취
11	인프라	탄력적 인프라
12	토지	천연 자원보존, 지속 가능한 토지 관리와 임업
13	바다와 해안지역	해양 자원 보존 및 조치
14	오염	오염 방지
15	부동산	저렴한 품질의 주택, 녹색 건물
16	폐기물	폐기물 관리
17	물	지속 가능한 물 관리, 물 위생

출처: GIIN 홈페이지(2021), https://iris.thegiin.org.

〈표 11.11〉과 같이 IRIS+는 일반적으로 허용되는 사회적 영향의 산업별 범주와 지속 가능 발전목표 SDG와 정렬된 주제 분류 기준 및 모범사례를 기반으로 투자 비교가 가능하도록 데이터를 제공한다. 이를 위하여 표준화된 핵심 측정 목록(행렬) 세트인 'IRIS 카탈로그 메트릭스(Catalog Metrics)' 687개를 제공한다. 이는 사회적 영향의 5가지 차원인 '재정 성과', '운영 성과', '제품 성과', '특정 산업별 성과', '사회적 및 환경적 성과'와 연계되며 다른 측정 도구 및 플랫폼과 상호 운용성을 가지고 있다. 따라서 IRIS는 사회적 영향 투자 산업을 확장하는 데 필요한 지원 기반의 중요하고도 잘 정리된 구성 요소이며 사회(공동체)(적) 및 환경적 성과를 정의, 측정, 관리 및 보고하기 위해 데이터를 비교할 수 있도록 한다. 이로써 투자자에게 필요한 투명성과 신뢰성을 제공하고 있다. GIIN은 시간이 지남에 따라 IRIS+에 추가로 사회적 영향 주제 및 자원을 정기적으로 확장되고 있다.

영국의 Social Value UK: Social Value UK는 지난 13년 동안 2000명 이상의 서포터즈, 250명 이상의 개인회원, 125개 이상의 조직 회원과 교육, 지식 공유 및 네트워킹을 통해 인류사회의 환경 악화와 불평등을 줄이고 모두의 복지를 높이기 위한 변화의 움직임을 구축해 오다[40]!

Social Value UK는 '유엔 개발 프로그램(UNDP, United Nations Development Programme)'의 '지속 가능 영향 표준 보증 프레임워크(SDG Impact Standards Assurance Framework)'의 책임자이자 '캐피탈즈 코얼리션(Capitals Coalition, 지속 가능성(가치)을 비즈니스 의사 결정에 통합하기 위한 글로벌 협력 단체)'의 대사로서 재무 및 지속 가능성 회계 간의 상호 작용을 담당하고 있는 '제레미 니콜스(Jeremy Nicholls)'에 의하여 2015년에 설립된 조직이다. 제레미는 2007년에 "세상이 가치를 평가하는 방식을 바꾸겠다는 사명"으로 Social Value UK의 전신격인 '영국 SROI(Social Return on Investment) 네트워크'를 설립했으며 2015년에 SROI 네트워크가 '사회적 영향 분석가 협회(Social Impact Analysts Association)'와 합류하여 Social Value UK 및 사회적 가치의 글로벌 표준 설정을 위한 회원 네트워크 조직인 'Social Value International'를 조직했을 때 두 조직의 CEO가 되었다. 제레미는 2018년 6월에 Social Value International의 CEO에서 물러났고 지금까지 이사회 멤버로 왕성한 활동을 이어 오고 있다. 그는 영국 리버풀(Liverpool)의 사회적경제 기업인 'FRC 그룹'의 비상임이사이기도 하다.

〈그림 11.12〉 Social Value UK 설립자 Jeremy Nicholls

출처: Social Value UK 홈페이지(2023), https://socialvalueuk.org.

Social Value UK는 사회적 가치 및 영향 관리를 위한 회원주도의 전문 기관이다. SROI는 이들이 사회적 가치 및 영향 관리를 위한 중요한 측정 도구로 활용한다. SROI 측정방법은 제4절을 참고하기를 바란다. 이들의 목표는 환경 악화와 불평등을 줄이고 모두의 복지를 높이는 것이며 이를 위하여 교육, 지식 공유 및 네트워킹을 통해 회원을 지원하고 연결하고 대표한다. 이들은 '사회적 가치의 원칙을 통한 관행 표준화', '관계 중개', '부문 간 협력 장려', '영향에 대한 추가적인 책임 장려', '실무자 공동체 구축 및 혁신 장려'를 통해 이를 수행한다. Social Value UK는 2023년 현재 15년간 운영하면서 2000명 이상의 서포터즈가 함께했다. 개인회원은 250명 이상이며 조직회원은 125곳이 넘는다.

사회적 가치란 "사람들이 자신의 삶에서 경험하는 변화에 부여하는 상대적인 중요성을 정량화한 것"으로, 조직의 업무에 있어서 이러한 사회적 가치의 영향을 받는 사람들은 사회적 가치를 고려하고 측정하는 것이 중요하다. 사회적 가치는 고차원적인 의미로 설명되는 것이 아니라 예를 들어 "누군가가 자신감이 높아지거나 공동체 공원 옆에 살면서 경험하는 행복과 건강의 가치"일 수 있다. 이러한 것들은 지역사회의 구성원에게 중요하지만 재정적 가치와 같은 방식으로 일반적으로 표현되거나 측정되지 않는다.

Social Value International은 사회적 가치의 적용 원칙을 정하여 제시하고 있는데 여기에는 기존 7가지인 '이해관계자 참여', '변화의 과정 이해', '이해관계자의 가치를 인식하고 상대적 중요성 나타내기', '중요한 것만 포함하기', '과도하게 가치를 요구하지 않기', '분석을 정확히 투명하고 정직하게 하기', '적절한 독립적인 보증으로 결과를 보장하기'에 2022년에 8번째는 '대응성 원칙'을 추가하였다.

〈그림 11.13〉 사회적 가치의 8가지 원칙

출처: Social Value International(2021), "The Principles of Social Value", pp.4-6.

2022년에 추가된 제8의 적용 원칙인 '대응성'은 조직이 사회적 영향 측정 또는 사회적 가치의 계정에 행동으로 대응해야 하는 의무를 나타낸다. 새로이 추가된 '대응성' 원칙은 책임을 높이고 사회적 영향 정보가 응답으로 이어지도록 이에 대한 책임을 개인이나 부서 또는 위원회에 할당하는 것이 가장 좋다. 이러한 노력을 기울일 수 있는 조직은 사회적 가치의 계정이나 사회적 영향 측정에 더 잘 대응할 수 있다. 〈그림 11.13〉는 '대응성'을 위한 책임 할당 순환 구조의 모형을 나타낸 것이다.

〈그림 11.14〉는 1단계 '프레임', 2단계 '범위', 3단계 '측정 및 가치', 4단계 '적용'의 단계로 구성되어 있으면서 개인, 부서 또는 위원회에 책임을 할당하는 절차는 "시작하기 → 목표 정의 → 평가 범위 지정 → 영향 및 종속요소 결정 → 영향 및 종속요소 측정 → 사회적 자본과 인적 자본의 변화 측정 → 사회적 영향 및 종속요소 가치화 → 결과 해석 및 테스트 → 조치 취하기"로 구성되어 있다. 의사결정은 활동 범위에 따라 달라질 수 있다. 일부 결정은 전체 조직과 관련되고 어떤 결정은 단 하나의 부서, 서비스 또는 지역에만 관련될 수도 있다.

Step 9:
Take action

Step 8:
Interpret
and test
results

Stage 1
FRAME

Step 1:
Get started

Stage 4
APPLY

Stage 2
SCOPE

Step 7:
Value impacts
and/or
dependencies

Stage 3
MEASURE
AND VALUE

Step 2:
Define the
objectives

Step 6:
Measure
changes
in the state of
social and
human capital

Step 5:
Measure
impacts and/or
dependencies

Step 3:
Scope the
assessment

Step 4:
Determine the
impacts
and/or
dependencies

출처: Social Value International(2022), "Standard on applying Principle 8: Be Responsive", p.20.

조직의 일에 사회적 가치의 원칙을 적용하면 많은 이점이 있다. 사회적 가치 원칙 적용의 5가지 이점은 다음과 같다. 그것은 첫째, '창출할 수 있는 가치가 극대화'되는 것이다. '노숙인을 위한 공유 부엌' 사회적경제 기업 설립자이자 크리에이트(CREATE) 재단 CIC(Community Interest Company) 최고경영자인 '사라 던웰(Sarah Dunwell)'은 이에 대하여 이렇게 말하고 있다. "SROI는 우리가 개선할 수 있는 방법을 보여 주었습니다. SROI는 우리가 최대의 사회적 영향을 제공하도록 비즈니스를 관리할 수 있는 훌륭한 방법을 제공합니다." 두 번째 이점은 '가장 중요한 사람들의 참여'이다. '하트퍼드셔주 의회(Hertfordshire County Council)'의 홀리 칠튼(Holly Chilton)과 주식 유한회사인 'CSH(Central Surrey Health) Surrey'의 발레리 그램(Valarie Graham)은 이에 대하여 각각 이렇게 말하고 있다. "SROI는 우리가 이해관계자 참여의 중요성을 이해하고 그들이 받은 지원의 결과로 이해관계자에게 어떤 변화가 있었는지 질문하는 데 도움이 되었습니다.", "SROI는 있을 법하지 않지만 매우 유용한 클라이언트 참여 형식으로 판명되었습니다. 개입의 결과와 이것이 사람들의 삶에 미치는 영향에 대해 논의하는 것은 매우 중요한 동기를 부여하고 겸허하게 만드는 경험이며 우리는 미래에 이 접근 방식을 사용할 것입니다." 셋째는 "조직이 사회에 더 넓게 영향을 미치게 된다는 것을 알게 되고 경쟁업체와 차별화하는 데 도움"이 될 수 있는 '경쟁 우위의 확보'이다. 넷째와 다섯째는 '대내·외 의사소통의 강화' 및 '자금 조달 및 계약 확보'로 연결될 수 있는 것이다.

사회성과인센티브, SPC(Social Progress Credit)

사회성과인센티브 추진단에서 진행하고 있는 사회성과인센티브는 "사회적경제 기업이 해결한 사회문제의 '사회서비스 성과', '고용 성과', '환경 성과', '사회생태계 성과'를 측정하고 보상하여 사회적경제 기업에게 새로운 투자와 우수한 인재가 유입되고 사회적경제 기업 생태계가 활성화하도록 촉진하는 현금 인센티브 제도"이다[41].

사회성과인센티브는 사회성과의 정확한 측정과 성과에 비례한 인센티브를 통해 사회적경제 기업의 성공 가능성을 높이고, 지속적으로 투자와 인재가 유입될 수 있는 사회적 기업 생태계의 선순환을 기대한다. 이는 사회적경제 기업이 창출한 사회적 가치를 현금으로 보상하여 사회적 시장에서 시장의 가격기구를 정상화하고 시장실패를 극복하는 새로운 실험이다. 이를 통해 사회적경제 기업의 현금흐름을 개선함으로써 규모 확대와 복제를 위한 성장자본 조달을 원활하게 하고, 사회적 가치를 극대화하기 위한 사회적경제 기업의 혁신 활동을 촉진한다. 사회성과인센티브에서 사회적경제 기업은 인증 사회적기업에 한정되지 않으며 소셜벤처, 비영리기업, 사회적협동조합 등 재화와 서비스의 생산활동을 통해 사회문제를 해결하는 모든 사회적경제 조직을 포괄한다.

사회성과인센티브는 개별 사회적 기업의 사업 활동의 결과인 사회성과를 측정하고 그 크기에 비례하여 현금 인센티브를 제공한다. 따라서 사회적경제 기업의 사회성과를 화폐가치로 환산하는 것이 필수적이며 화폐가치 환산은 사회성과의 유형에 상관없이 동일한 기준으로 사회적 가치를 표현함으로써 사회성과의 비교가능성과 신뢰성을 높일 수 있는 장점이 있다. 무엇보다 화폐가치를 기준으로 작동하는 시장의 가격기구에 사회적 가치를 내재화하기가 용이하다. 사회적경제 기업의 활동은 근로자의 삶의 변화, 사회적 목표그룹의 삶의 변화, 사회생태계의 변화를 가져온다. 이러한 변화를 사회적경제 기업이 창출할 사회적 가치로 볼 수 있다. 사회성과인센티브에서는 '논리모델에 따라서 사회적경제 기업이 경영활동을 통해 창출한 사회적 가치 중에서 특히, 사회적 목표그룹의 편익에 해당되는 성과(Outcome)만을 측정'한다. 또한 기업이 창출한 총 사회성과 중에 보상이 이루어지지 않은 미보상 성과만을 측정하며, 매출이나 지원금 형태로 이미 보상이 이루어진 사회성과는 배제한다. 성과 측정은 재무성과와 동일하게 1년 단위로 이루어지며 사회적경제 기업과 동일하거나 유사한 조건을 가진 준거시장에서의 가격 혹은 비용을 추정하게 된다. 가격 혹은 비용에 기반한 추정방식은 〈표 11.12〉와 같다.

〈표 11.12〉준거시장에 근거한 가격추정방식

구분	가격추정방식	내용	적용순위
가격기반	일반 시장 가격 (average price)	· 기업이 제공하는 것과 동일한 제품/서비스의 평균적인 시장가격 · 업계 평균가격, 법정 가격 등 공시된 자료에 근거하여 설정	1
	공급의사가격 (willingness to supply)	· 새로운 제품/서비스의 경우, 동종 업종의 공급자가 동일한 제품/서비스를 제공할 때 받고자 하는 가격 · 통상 기존의 수익률 또는 수익액이 보장되는 지점에서 공급의사가 발생한다고 간주함. · 해당 산업의 생산비, 수익률 등에 대한 국가/산업 단위의 통계자료를 근거로 하여 추정	2
	지불의사가격 (willingness to pay)	· 새로운 제품/서비스의 경우, 해당 사회문제의 당사자나 문제의 해결에 책임이 있는 잠재적 구매자가 지불하고자 하는 가격. · 기존 솔루션의 사회문제 해결 단위당 소요 비용을 지불의사가격으로 봄	3
비용기반	대체방식 비용 (alternative cost)	· 기업이 제공하는 솔루션이 없었을 경우, 기존의 솔루션에 사회가 지불했을 가격(비용)	4
	추가투입비용 (additional cost as minimum price)	· 제품/서비스에 대한 가격 및 원가 통제가 이루어지는 경우, 사회문제 해결을 위한 추가적인 원가 투입분을 사회성과의 가격으로 간주 · 주요 서비스에 인적 서비스가 부가되는 경우 등에 제한적으로 적용	제한적용

출처: 라준영·김수진·정소민·박성훈(2017), "사회성과인센티브 툴킷 실행가이드", 사회성과인센티브추진단, p.19.

사회성과는 사회서비스, 고용, 환경, 사회생태계 성과 등 네 가지 영역으로 구분된다. 첫째, '사회서비스 성과'는 복지, 보건, 교육, 문화 등 광의의 사회적 서비스로 인해 발생한 대상 집단의 삶의 질 개선 효과를 의미하며, 주로 동일 서비스의 시장 기준 가격 대비 사회적경제 기업 제공가격의 차이로 측정한다. 둘째, '고용 성과'는 장애인, 저소득층, 노인, 탈북자, 결혼이민자 등 사회적 취약계층을 고용해서 발생한 사회적 편익의 증대 효과를 의미하며 주로 근로소득 증대분으로 측정한다. 근로소득 증대분은 고용된 취약계층의 개선된 삶의 질을 의미하는 가처분 소득 증가 효과와 정부의 관련 예산 절감 및 세수 증대 등 사회적 가용예산의 증대 효과를 모두 포함한다. 셋째, '환경 성과'는 기업의 제품 및 서비스 또는 그 생산과정을 통하여 한정된 자원의 소비를 줄이거나 환경오염의 발생을 저감시킨 성과를 의미한다. 소비를 줄인 자원의 가치, 그리고 오염물질로 인한 환경비용을 화폐가치로 추정하여 측정한다. 넷째, '사회생태계 성과'는 사회의 구조적인 제약으로 인해 충분하고 적정한 거래조건이나 거래기회를 얻지 못하는 취약한 생산자 및 생산지역 등을 사회적경제 기업이 생산과정의 가치사슬에 적극적으로 결합시켜 취약성을 극복할 수 있도록 돕는 성과이다. 또한 사회공공의 가치를 증진시키거나 시민자산을 보존하고 확대한 성과도 사회생태계 성과에 포함된다. 사회성과 측정은 〈표 11.13〉의 6단계 과정으로 진행된다.

〈표 11.13〉 사회성과 측정의 6단계 과정

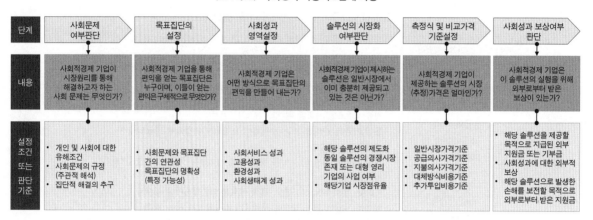

단계	사회문제 여부판단	목표집단의 설정	사회성과 영역설정	솔루션의 시장화 여부판단	측정식 및 비교가격 기준설정	사회성과 보상여부 판단
내용	사회적경제 기업이 시장원리를 통해 해결하고자 하는 사회 문제는 무엇인가?	사회적경제 기업을 통해 편익을 얻는 목표집단은 누구이며, 이들이 얻는 편익은 구체적으로 무엇인가?	사회적경제 기업은 어떤 방식으로 목표집단의 편익을 만들어 내는가?	사회적경제기업이 제시하는 솔루션은 일반시장에서 이미 충분히 제공되고 있는 것은 아닌가?	사회적경제 기업이 제공하는 솔루션의 시장 (추정)가격은 얼마인가?	사회적경제 기업은 이 솔루션의 실행을 위해 외부로부터 받은 보상이 있는가?
설정 조건 또는 판단 기준	• 개인 및 사회에 대한 유해조건 • 사회문제의 규정 (주관적 해석) • 집단적 해결의 추구	• 사회문제와 목표집단 간의 연관성 • 목표집단의 명확성 (특정 가능성)	• 사회서비스 성과 • 고용성과 • 환경성과 • 사회생태계 성과	• 해당 솔루션의 제도화 • 동일 솔루션의 경쟁시장 존재 또는 대형 영리 기업의 사업 여부 • 해당기업 시장점유율	• 일반시장가격기준 • 공급의사가격기준 • 지불의사가격기준 • 대체방식비용기준 • 추가투입비용기준	• 해당 솔루션을 제공할 목적으로 지급된 외부 지원금 또는 기부금 • 사회성과에 대한 외부적 보상 • 해당 솔루션으로 발생한 손해를 보전할 목적으로 외부로부터 받은 지원금

출처: 라준영·김수진·정소민·박성훈(2017), "사회성과인센티브 툴킷 실행가이드", 사회성과인센티브추진단, p.22.

1단계 '사회문제 여부의 판단'에서는 사회적경제 기업이 해결하고자 하는 문제가 정확히 무엇이며, 그것이 '사회문제'인지 아닌지를 판단하는 것이다. 2단계 '사회적 목표그룹의 설정'에서는 경제적, 지리적, 사회적인 이유로 시장에서 배제된 사람들의 편익 증진 또는 사회문제의 해결에 집중한다. 따라서 일반적인 소비자 후생은 성과 측정의 대상에서 배제되며, 사회적으로 합의할 수 있는 사회문제와 사회적 목표그룹에 대한 성과만을 인정하게 된다. 3단계 '사회성과 영역설정'은 사회성과 창출방식이 사회성과 영역 중 어느 곳에 속하는지 확인하는 것이다. 그리고 해당 영역의 사회성과 창출방식에 따라 세부 성과지표를 결정한다. 4단계 '솔루션의 시장화여부 판단'은 해당 사회문제가 수요와 공급이 정상적으로 작동하는 시장을 통해 잘 해결되고 있는 상태를 판단한다. 5단계 '측정방식 및 비교가격 기준설정'에서는 적절한 비교가격의 기준 값인 대용치(proxy)를 설정하거나 추정한다. 사회성과인센티브에서는 측정시스템을 통해 일부 지표에 대하여 대용치와 그 데이터베이스를 제공하고 있다. 6단계 '사회성과 보상여부 판단'에서는 이미 주어진 보상 또는 해당 성과를 창출하기 위해 외부의 이해관계자가 지불한 사회적 비용은 제외한다. 예를 들어 사회적경제 기업이 고령자에게 무료 공연을 제공하여 사회성과를 창출하였고, 외부에서 이를 위한 공연비용을 지원 받은 경우에는 측정된 사회성과에서 지원금을 빼게 된다. 그러나 조직운영을 위한 회비, 사업개발비 지원금, 전문 인력 지원 등과 같이 사회적 목표그룹의 편익이라는 '결과'와 직접적인 인과 관계가 없는 경우는 보상으로 보지 않는다.

사회적투자수익률, SROI(Social Return On Investment)

제10장에서도 설명하였지만 SROI는 이해관계자 정의에서부터 사회적 성과 창출의 과정을 분석하고 최종 결과물인 사회적 영향의 화폐가치화, 사회적 할인율 적용과 민감도 분석에 이르기까지 사회적 영향 창출의 전체 과정을 포괄하면서도 내용을 자세히 다루고 있는 측정방법이라고 할 수 있다. 즉, SROI는 '사회적 영향 창출의 결과를 계량화하는 측정도구'인 동시에 앞의 제3절에서 살펴본 '사회적 영향 창출의 과정을 촉진하고 지원하는 도구'이기도 하다. SROI는 지금까지 다른 사회적 영향 측정 방법 및 도구의 개발에 영향을 주고받으면서 상호 발전해가고 있다는 측면에서도 중요한 의미가 있다고 하겠다.

SROI는 '영향(impact)', '수익(returns)', '편익(benefit)', '가치(value)' 등의 다양한 용어로 표현되고 있는, 그러나 잘 보이지 않는 활동의 결과를 포착할 수 있도록 개발된 측정 기술로서 조직의 업무 방식과 자원 배분 방식을 개선할 수 있도록 해 줄 뿐만 아니라 사회적 영향 및 환경적 영향의 가치를 설명할 수 있도록 도움을 준다. 또한 SROI는 조직 내부의 주관적인 입장이 아니라 이해관계자 입장 및 그들의 효익을 중심으로 성과를 측정할 수 있도록 접근 방식을 채택하였다. 조직이 사업을 시작할 예정이거나 이미 시작한 것에 따라서 또는 보유 역량 및 자원의 다양한 상황에 따라서 또는 사업 부문에 따라서 그리고 사회적경제 기업, 공공지출 및 투자, 기부금 제공 및 재정적 투자, 기업의 사회적 책임 활동과 같이 정부, 민간 및 제3섹터 등 다양한 조직 수준에 따라서도 적용할 수 있도록 개발되었다[42].

SROI는 REDF의 창업자이며 '혼합된 가치(Blended Value)'라는 용어를 창시한 제드 에머슨(Jed Emerson)과 REDF에 의하여 개발되었는데, 이후 영국의 nef(the new economics foundation: 1986년에 설립 및 등록된 자선 단체, 윤리적 무역 구상, 영국사회 투자포럼, 사회 및 환경 복지를 측정하는 새로운 방법을 제공하는 데 힘씀), SROI Network의 새라 올슨(Sara Olsen), 스테파니 로버트슨(Stephanie Robertson) 및 다른 많은 동료들과 휴렛 재단(Hewlett Foundation), 자선단체 해들리(Hadley Trust), 어드벤처 벤처캐피탈(Adventure Capital Fund), 평등 사회적 경제 스코틀랜드 개발협력(Equal Social Economy Scotland Development Partnership) 등과 같이 여러 단체의 지원을 통하여 많은 실험과 수정을 거듭해 오면서 발전하고 있다.

SROI에서 사용하는 '사회적 가치 혹은 영향'은 '사회(공동체)(적)·환경적·경제적 가치 혹은 사회(공동체)(적)·환경적·경제적 영향'을 모두 포함하는 의미로 사용된다. SROI는 조직의 활동으로 인하여 발생한 성과물을 최종적인 비율로 산출하여 경쟁 기업 혹은 산업 평균과 비교하여 그 경쟁우위를 판단하려는 단편적인 계산식이 아니며 훨씬 더 광범위한 가치를 측정하고 설명하기 위한 프레임 워크이다. 불평등과 환경오염을 줄이고 사회(공동체)(적), 환경적, 경제적 비용과 편익을 통합함으로써 공동체의 복지와 사회전체의 행복을 증진하고자 하는 노력이며, 사회(공동체)(적), 환경적 및 경제적 결과를 측정하면서 그 변화가 어떻게 발생하는지 이야기하고 이를 화폐적인 가치로 대용하여 투자된 비용 대비 이익 비율을 계산할 수 있도록 설계된 측정 방법이다.

예를 들어 화폐적 가치로 대용하여 산출한 이익:비용의 비율이 3:1로 나왔다면 이는 화폐 1단위의 투자로 인하여 3배의 사회적 가치를 창출했다는 또는 창출할 수 있다는 것을 의미한다. 하지만 SROI는 화폐의 개념보다는 가치의 개념에 관한 것이다. 화폐란 가치를 전달하는 유용한 수단이며, 하나의 공통된 단위로써 널리 받아들이는 단순한 약속이라고 할 수 있다. SROI는 크게 〈표 11.14〉와 같이 두 가지 형태로 분류하여 사용할 수 있다.

〈표 11.14〉 사용 형태에 따른 SROI의 분류

구분	내용
평가(Evaluative)용 SROI	이미 수행된 실제 활동의 결과를 토대로 소급하여 수행됨
예측(Forecast)용 SROI	아직 수행되지 않은 활동이 얼마나 많은 사회적 가치를 창출할 수 있는지 예측

SROI를 평가용으로 수행하기 위해서는 실제 활동으로 나타난 결과 데이터가 필요한데 좋은 결과 데이터를 수집하고 측정해야 하는 점이 SROI를 평가용으로 사용할 때의 가장 큰 과제이다. 반대로 SROI를 예측용으로 사용하게 되면 계획된 활동의 결과를 포착하기 위한 프레임워크의 기초로 사용할 수 있다. 예측용으로 SROI를 사용할 때 특히 활동 계획 단계에서 유용하다. 또한 사회적 투자로 인한 영향을 극대화할 수 있는 방법을 보여 줄 수 있으며 프로젝트가 시작되고 실행되면 측정해야 할 항목을 식별하는 데도 유용하다.

SROI를 적용하는 데 있어서 지켜야 할 7가지 원칙이 있다. 그것은 첫째, 이해관계자의 참여를 통하여 측정할 항목과 측정 방법 및 화폐 가치화의 정보를 얻어야 하며 둘째, 변화가 어떻게 발생하는지 명확히 하고, 수집된 증거를 통해 긍정적이거나 부정적인 변화는 물론 의도되거나 의도되지 않은 변화를 인식하여 이를 평가에 반영하여야 한다. 셋째, 중요한 것을 가치 있게 여겨야 하며 인식된 성과물의 가치가 인정될 수 있도록 화폐의 대용치로 변환해야 한다. 넷째, 이해관계자들이 영향에 대한 합리적인 결론에 도출할 수 있도록 진실하며 공정할 수 있는 정보와 증거들을 결정해야 하며, 다섯째, 조직이 생성했음을 책임질 수 있는 결과만을 산정해야 하며 과대 산정해서는 안 된다. 여섯째, 분석이 정확하고 정직한 것으로 간주 될 수 있는 근거를 보여 주고 이해관계자에게 보고 및 논의될 것임을 보여 주는 투명성이 요구되며 일곱째, 결과물에 대하여 적절한 독립적인 방법을 통하여 확인해야 한다.

SROI는 변화목표의 인과관계를 순차적으로 밝히는 '변화이론(TOC: Theory Of Change)'에 근거를 두면서 세부적으로는 "투입 → 활동 → 산출 → 성과 → 영향"의 '논리모델(Logical Model)'에 따라 〈표 11.15〉와 같이 6단계로 측정한다[43].

〈표 11.15〉 SROI 추진 단계별 주제 및 세부 과제

단계	주제		세부 과제
1단계	수행 범위 및 이해관계자 정의		1.1 범위 확정 1.2 이해관계자 정의 1.3 이해관계자 참여 방법 결정
2단계	SROI 영향력 지도 작성	투입 및 산출물 정의	2.1 영향력 지도 준비 2.2 투입물 정의 및 화폐 가치화 2.3 산출물 명확화 2.4 성과물 설명
3단계		성과물의 화폐가치화	3.1 성과물 지표 개발 3.2 성과물 지표 관련 자료 수집 3.3 성과물 지속 기간(년) 산정 3.4 성과물 지표의 화폐가치화
4단계		영향력 수정 및 최종 확정	4.1 사중 및 대체 효과에 따른 성과 감소비율 결정 4.2 귀인 효과에 따른 성과 감소비율 결정 4.3 체감 효과에 따른 년도별 성과 감소비율 결정 4.4 최종 영향력 계산

5단계	SROI 계산	5.1 미래의 창출 가치 계산
		5.2 할인율을 반영한 순현재 가치로 전환
		5.3 비용 편익 분석
		5.4 민감도 분석
		5.5 회수기간 분석
6단계	보고 및 활용	6.1 이해관계자 보고
		6.2 결과물 활용 및 확증

출처: The SROI Network(2012), "A guide to Social Return on Investment", Matter&Co, p.16-62. 참조 재정리.

제1단계의 '수행 범위 및 이해관계자 정의'에서는 제일 먼저 왜, 누구를 위하여 실시하는 것인지 결정해야 한다. 사회적 목적 실현을 위한 조직 내부의 전략적 사업계획의 하나로 실시하는 것인지 아니면 외부 자금 조달을 위한 용도인지 등을 정해야 한다. 또한 요구되는 비용과 시간, 투입되는 내부 혹은 외부 인적자원, 분석할 사업 혹은 활동의 범위, 평가용 혹은 예측용으로 진행하는 것인지의 형태 등을 결정해야 한다. 〈표 11.16〉은 SROI 측정 기업 및 사업, 측정용도를 정리한 표이다.

〈표 11.16〉 SROI 측정기업 및 측정개요 현황

SROI 측정 개요		
사회적경제 기업명		영국의 휠즈 투 밀즈(가상의 사례)
사회적 목표		지역의 어르신 및 장애인들을 위한 오찬 및 집단활동 제공으로 건강 회복
사업범위 및 측정용도	주요 활동	1년간 50주, 주당 5일, 30개 장소에서 활동
	자본조달	지자체 위탁계약을 통한 보조금 조달
	사업기간	1년
	측정용도	예측용 SROI
	지도보기	각 STEP의 성과물 세로 8칸은 STEP4까지 가로로 연결됨

다음으로 전체 이해관계자를 확인하여 분석에 포함할 것인지 여부를 결정하고 그 사유를 정리하여 명확히 할 필요가 있다. 이해관계자를 정의할 때는 긍정적이든 부정적이든 그리고 의도되었든 의도되지 않았든지 그들에게 일어났다고 생각되는 일을 모두 고려한다.

'휠즈 투 밀즈(Wheels-to-Meals)'의 사례에서 보면 '노인·장애인의 이웃 주민'들은 휠즈 투 밀즈의 프로그램이 시작됨으로써 그들이 함께했던 '노인·장애인'과의 돌봄 시간이 감소하였고, 그로 인하여 쇼핑도 감소하였으며, 지역사회 비공식 네트워크가 해체되는 부정적인 결과를 가져온 것으로 조사되었다. 최종 영향을 집계할 때는 이러한 부정적인 성과에 대해서도 그만큼 차감해야 한다.

이해관계자에 대한 기본적인 개념 및 의의 등은 제5장을 참고하기를 바란다. 다음의 두 가지 사례는 이해관계자를 정의하는 데 참고가 될 수 있을 것이다. 〈표 11.17〉은 국내 간병 사회적경제 기업의 SROI 측정에서 이해관계자를 정의한 내용이다.

〈표 11.17〉 국내의 간병 사회적경제 기업의 이해관계자 정의

구분	이해관계자별 포함 또는 제외된 사유		
핵심 이해관계자	경영진		사회적경제 기업의 목표 설정, 성과에 직접 영향을 줌
	종업원	사회적 목표그룹	사회적경제 기업의 핵심 주체, 사회적 목적 달성과 직접적인 영향이 있음
		기타	
	정부(중앙·지방)		사회적 목표그룹의 고용에 따른 일자리 창출, 실업 비용 절감, 세수 및 보조금 관련 사회적경제 기업에 직접 영향 받음
	수혜자(환자·보호자)		사회적경제 기업의 서비스 수혜자인 환자와 가족으로서 직접 영향 받음
제외된 이해관계자	지역자활센터		지역자활센터의 여러 업무 중 사회적경제 기업에 대한 지원은 한정적임(직접적인 영향의 주체가 아님)
	지역공동체 구성원		사회적경제 기업과 관련되어 지역공동체 구성원을 일반적인 이해관계자로 한정하기 곤란(범위 및 측정 문제)
	사회적경제지원센터		사회적경제 기업 컨설팅 및 교육 지원 정도의 역할로 한정적임(직접적인 영향력의 대상이 아님)

출처: 김혜란 (2012), "사회적기업이 창출하는 가치의 SROI 기법에 의한 측정", 한국사회와 행정연구", 23(2), p.260.

〈표 11.18〉은 '휠즈 투 밀즈'의 이해관계자를 정의한 내용이다.

〈표 11.18〉 휠즈 투 밀즈의 이해관계자 정의

구분	이해관계자별	포함 또는 제외된 사유
포함(핵심) 이해관계자	노인 및 장애인	가장 큰 이익을 얻을 것으로 기대되는 그룹
	지방 정부	재정을 지원하며 본 사업에 큰 영향을 줌
	자원봉사자들	노인이 대부분인 자원봉사자들은 봉사 시간을 제공하고 그들 자신도 참여를 통하여 혜택을 얻음
	이웃 주민	현재까지 노인 및 장애인을 돌보아 왔음
제외된 이해관계자	공중 보건 서비스 (NHS)	공중 보건 서비스의 활동이 비교적 적었으며 더 많은 다른 이해관계자를 분석할 수 있는 자원이 충분하지 않아 제외됨
	노인 및 장애인 가정	가족은 상대적으로 활동이 적어서 포함하지 않았으며 더 많은 다른 이해관계자를 분석할 수 있는 자원이 충분하지 않아 제외됨

출처: The SROI Network(2012), "A guide to Social Return on Investment", Matter&Co, p.23.

이해관계자를 위한 접촉은 가능하면 직접 접촉하여 정보를 얻으면 좋겠지만 시간 및 자원에 한계에 따라 전화 면접 및 표적집단 인터뷰 등 적절한 방법을 병행하여 조사를 진행해야 한다.

제2, 3, 4단계의 'SROI 영향력 지도 작성'에서는 "이해관계자로부터 얻은 정보를 토대로 특정한 자원의 투입으로 인하여 어떻게 성과물이 산출되었고, 이것이 이해관계자에게 최종적으로 어떤 영향을 끼쳤는지 변화 관계를 정성적 내용으로 설명하고 정량적인 숫자로 대응시키면서 표기해 가는 관계도"인 '영향력 지도'를 작성하는 절차이다. 이 부분은 SROI 분석의 핵심적인 부분이다. 따라서 영향력 지도를 제대로 작성하기 위해서는 제1단계에서 이해관계자들과의 접촉을 계획할 때 사전에 이러한 점을 고려하여 계획하고 접촉하여야 한다. 이러한 논리적인 관계는 최종적으로 제5단계 SROI 계산으로 이어지기 때문에, 전후 관계가 연결될 수 있도록 하나의 일관된 양식으로 정리해 나갈 필요가 있다.

제2단계에서는 '투입물 정의 및 화폐 가치화', '산출물 명확화', '성과물 설명'의 과정으로 진행된다. 영향력 지도는 이해관계자별로 가로로 작성을 마치고 나서 다시 다음 이해관계자를 작성하는 순서로 진행한다. 투입물의 형태 및 가치는 기부금이나 지방정부와 계약을 통하여 보조금 등을 지원받은 경우는 직접 투입된 금액을 기입하면 되지만, 자원봉사자와 같이 시간을 투입한 경우는 적절한 화폐의 대용치로 환산하여 기입하여야 한다. 휠즈 투 밀즈의 자료를 보면 자원봉사자는 다른 곳에서 유사한 직무를 수행하였을 때 받을 수 있는 시간당 금액을 추정하여 산출하고 기재하였다 (〈표 11.19〉).

〈표 11.19〉 SROI 영향력 지도 템플릿 및 작성 사례(1, 2단계)

STEP 1⇒		STEP 2⇒			
이해관계자	변화예상	투입물		산출물	성과물(Outcome) 설명
		설명	가치(천 원)		
지역의 노인 · 장애인	건강증진	시간	0	오찬제공 (7,500끼/년) 집단활동	가벼운 치료, 집단활동으로 병원 방문 횟수 줄어듦
					일반 의원 간호 진단 수업을 통하여 건강이 좋아짐
					하루 3회의 영양가 있는 식사제공으로 건강이 좋아짐
	활동증가				집단활동으로 더 많은 친구와 시간을 보냄
지자체	위탁만족	위탁계약금	35,830	-	-
퇴직 자원봉사자	활동유지	임금(계산)	26,460	식사운송	퇴직 자원봉사자의 건강 증진 (계산: 4명 × 3H × 5일 × 50주 × 8,820원)

이웃주민	이웃돌보기	시간	0	-	이웃 보살핌·쇼핑·비공식 지역네트워크 감소(부정적 성과)
전체	-	-	62,290	-	-

출처: The SROI Network(2012), "A guide to Social Return on Investment", Matter&Co, p.102. 참조 정리

〈표 11.19〉의 맨 처음 칸에서 보면 본 사업의 수혜를 받는 노인 및 장애인의 투입 시간에 대한 화폐의 대용치는 기입하지 않는다. 보조금의 일부만 사용하였거나 자원봉사자가 일부 시간을 다른 사업에 투입되었다면 그만큼 차감하여 기입한다. 이러한 내용처럼 활동을 기준으로 금액을 배분할 필요가 있을 때는 '활동기준원가'로 배분 추정하여 기입한다. 활동기준원가는 제10장을 참조하기를 바란다. 산출물은 투입물을 통하여 제공한 내용을 말한다. 성과물은 제공된 내용의 결과로 얻은 효익을 말하며, 이것은 투입물이 제공되기 전과 제공된 후의 변화 상황을 설명하는 방식으로 기재한다.

제3단계에서는 '성과물 지표 개발', '성과물 지표 관련 자료 수집', '성과물 지속 기간(년) 산정', '성과물 지표의 화폐가치화'를 진행한다. '성과물 지표의 개발'에는 산출물 제공 전후에 있어서 이해관계자의 변화된 성과를 기입해야 하기 때문에 이해관계자 자신이 인지한 변화와 그에 따르는 지표의 통찰력을 얻는 것이 필요하다. 이런 과정을 통하여 얻은 이해관계자의 주관적인 의견과 함께 객관적인 지표들을 찾아서 균형을 유지할 필요가 있다. '성과물 지표 관련 자료 수집'에서는 지표에 맞는 데이터 수집을 통하여 변화의 정도를 결정해야 한다. 특히, 기록 정보 및 현장 조사를 통한 양적 정보 조사 방법 부분은 관련 데이터를 찾는 데 도움을 받을 수 있다. 관련된 직접 데이터를 찾을 수 없는 경우에는 이용 가능한 다른 데이터를 토대로 2차 가공 데이터를 만들고 논리적인 타당성을 제시한다. 〈표 11.20〉의 '휠즈 투 밀즈'의 영향력 맵을 보면 '일회성 리서치', '설문 및 인터뷰' 등 직접 현장 조사 방식을 중심으로 도출하였음을 보여 주고 있다.

〈표 11.20〉 SROI 영향력 지도 템플릿 및 작성 사례(3단계)

STEP 3⇒						
성과물(Outcome) 측정 및 산출						
성과근거	성과 측정	변화 수량	지속 기간	재무적대용치	가치 (천 원)	산출근거
병원 방문 및 입원 감소	일회성 조사	7	1년	사고 및 응급상황 처리비	138.2	영국국민보건서비스 (NHS) 비용장부
			1년	성인병 환자입원비	7,296.3	
			1년	성인병 지속관리비 (평균 5주 × 2,122.4원)	10,612.2	
일반의원 방문예약 감소	설문 및 인터뷰	90	5년	일반의원 상담비	27.93	

지역간호사 방문감소(육체활동 주 3일 이상 증가 보고서)	설문	14	2년	지역간호사 방문비	50	영국국민보건서비스 (NHS) 비용장부
신규 클럽 가입 감소(개인 웰빙 증가 및 외로움 감소 보고서)	설문	16	1년	연평균 회비	70.9	공예클럽 등 연평균 회비
지자체 위탁 만족	-	-	-	-	-	-
육체활동 주 3시간 이상 증가 보고서	연간 평가	4	1년	연간 지역노인의 수영 성공 강습비	239	지자체
이웃과 쇼핑횟수 감소	일회성 조사	275	3년	쇼핑몰 배달 비용	-7.35	쇼핑몰(TESCO)
전체	-	-	-	-	-	-

출처: The SROI Network(2012), "A guide to Social Return on Investment", Matter&Co, p.103. 참조 정리.

아울러 성과물이 얼마나 지속될지 연 단위로 산정하여 기입한다. 투입이 끝나게 되면 지속기간도 종료될 수 있지만, 교육훈련을 통하여 정규직 고용 창출이 이루어졌거나 사회적 목표그룹에게 제공된 기계장비를 통하여 1년 이상의 사용 연한 기간에 사회적 목표그룹이 해당 기계장비를 사용하여 성과를 지속해서 창출할 수도 있을 것이다. 이럴 때 그 효과는 점점 체감될 수는 있지만 1년 이상까지 지속된다. 휠즈 투 밀즈의 자료에서는 프로그램 참가로 인한 '건강 증진'의 성과가 최대 5년까지 지속되는 것으로 보고되었다. 〈표 11.21〉은 화폐가치로 환산하기 위한 재무적대용치의 예시이다[44].

〈표 11.21〉 사회적 가치와 관련된 대용치 사례(사회 서비스와 사회적 일자리)

이해관계자	변화예상	성과물 설명	재무적 대용치
수혜자 본인	서비스 결핍해소	수혜자에게 저렴한 사회 서비스 제공	- (사회서비스 시장가격 - 제공 가격) × 제공 횟수
	서비스 결핍해소	수혜자에게 사회서비스 무료 제공	- 해당 사회서비스 시장 가격 × 제공 횟수
	서비스 만족	서비스 만족도 향상	- 서비스 만족도 증가율 × 해당 서비스 시장 가격
	일자리 창출 소득 증대	수혜자인 근로자 소득 증대	- 수혜자 × 최저임금 - 또는 현 소득수준 - 이전 직장 소득수준
	일자리 직무역량 강화	자격증 취득, 기능 배양, 문화프로그램 수혜	- 해당 유사 과정 학습비용 및 프로그램비용 등
	일자리 자존감 향상	일자리를 통한 자존감 회복 및 증대	- 자존감 회복 상담 비용 또는 치료 비용
수혜자 가족	수혜자 가족의 소득증가	서비스 및 일자리 수혜자 가족의 경제활동에 따른 소득증가	- 신규 근로가족 수 × 근무시간 × 시간당 최저임금
정부	일자리 세수 증가	근로소득세 세수증가	- 급여증가금액 × 소득세율
	일자리 세수 증가	소비지출 증가로 부가세 세수증가	- 소비증가금액 × 부가세율

출처: 조영복·신경철 (2013), "사회적기업의 사회적 가치 측정을 위한 지표개발에 관한 연구", 사회적기업연구, 6(1), pp.67-76. 참조 재정리.

제4단계에서는 '사중 및 대체 효과에 따른 성과 감소비율 결정', '귀인효과에 따른 성과 감소비율 결정', '체감 효과에 따른 성과 연도별 감소비율 결정'을 통하여 영향력을 보정한 다음 '최종 영향력 계산'을 계산하는 단계이다.

'사중(Deadweight)'은 활동이 없었더라도 발생했을 성과물의 양을 의미한다. 사중은 수혜자가 공공 지원이나 기타 다양한 프로그램을 통하여 서비스를 받을 때 높게 나타날 수 있다. 예를 들어 '재소자 갱생 훈련 제공을 통하여 창출한 재범률 감소'나 '실업자 직업 훈련 제공을 통한 취업률 증가'와 같은 경우는 다양한 다른 프로그램을 통하여 지원받을 수 있기 때문에 해당 조직에서 서비스하지 않는다고 하여도 그 성과는 높게 나타날 수 있다. 이럴 때 국가 혹은 관할기관의 통계 정보 등 자료들을 이용하여 발생할 수 있는 '사중 효과'만큼의 비율을 제외해야 한다.

'대체(Displacement)'는 '활동의 성과가 다른 활동의 비용으로 옮겨간 것'을 말한다. 예를 들어 어느 지역공동체에서 도시재생 사업의 하나로 '야간 조명을 밝게 하여 범죄율 감소' 성과를 보였는데, '풍선 효과(Balloon Effect)'처럼 다른 조건은 이전과 유사한데 이웃 공동체에서 범죄율이 증가하였다면 대체 효과가 발생한 것으로 볼 수 있다. 그 비율만큼 차감해야 할 것이다. 휠즈 투 밀즈의 자료를 보면 '수혜자'에게 발생한 '친교의 효과'와 '식사량 증가에 따른 운동 효과'는 다른 원인에 의해서도 일어날 수 있는 점을 고려하고, 그 비율을 추정하여 각각 10% 및 100%를 절감하였으며, '자원봉사자의 운동 효과'도 이러한 이유로 70%를 차감하였다. 또한 부정적 효과였던 '이웃 주민의 보살핌·쇼핑 감소, 지역사회 비공식네트워크 해체' 역시 다른 곳에서의 영향을 고려하여 5%를 차감하여 계산하였다.

'귀인(Attribution)'은 다른 조직이나 사람에 의하여 발생한 성과를 말한다. '휠즈 투 밀즈'는 설문조사 등의 방법을 통하여 '병원 방문 감소', '건강 수업을 통한 건강 회복', '친교 시간 증가', '자원봉사자의 건강' 부분에서 각각 5%, 10%, 35%, 10%의 귀인 효과를 차감하였다.

'체감(Drop-off)'은 1년 이상 지속해서 발생하는 성과에 대하여 시간이 지나면서 감소하는 것을 말한다. 휠즈 투 밀즈는 조사를 통하여 '병원 방문 감소', '건강 수업을 통한 건강 회복'은 각각 연간 50%와 10%의 감소 비율을 책정하였으며, '자원봉사자의 건강'은 35% '부정적 효과' 부분도 5%의 감소 비율을 정하였다. 끝으로 감소 비율을 고려하여 최종 영향력을 산정한다(〈표 11.22〉).

〈표 11.22〉 SROI 영향력 지도 템플릿 및 작성 사례(4, 5단계)

STEP 4 ⇒								
사회적투자수익율(SROI) 계산(할인율 3.5% 적용)								
감소효과 조정				연도별 사회적수익 계산(천 원)				
사중 효과	귀인 효과	체감 효과	최종영향력	1년 후	2년 후	3년 후	4년 후	5년 후
0%	5%	50%	919	919	0	0	0	0
			48,520	48,520	0	0	0	0
			70,571	70,571	0	0	0	0
0%	10%	10%	2,262	2,262	2,036	1,832	1,649	1,484
100%	0%	0%	0	0	0	0	0	0
10%	35%	0%	664	664	0	0	0	0
-	-	-	0	0	0	0	0	0
70%	10%	35%	258	258	0	0	0	0
5%	0%	5%	-1,920	-1,920	-1,824	-1,733	0	0
-	-	-	121,274	121,274	212	99	1,649	1,484
STEP 5 ⇒	현재 가치			117,173	198	89	1,437	1,249
	총 현재 가치							120,146
	순 현재 가치(투입 - 수익)							57,856
	화폐 단위당 사회적 수익							1.93:1

출처: The SROI Network(2012), "A guide to Social Return on Investment", Matter&Co, p.104. 참조 정리.

제5단계는 '미래의 창출 가치 계산', '할인율을 반영한 순 현재 가치로 전환', '비용 편익 분석', '민감도 분석', '회수 기간 분석'을 실시하는 단계이다. 먼저 최종 영향력을 기준으로 성과별 각각 5개년 영향력의 결과와 각 성과를 합한 5개년 미래의 가치를 창출한다. 여기에 할인율을 적용(여기의 사례에서는 3.5%)하여 매년의 현재 가치를 창출하고 이를 모두 더하여 총 현재 가치를 계산한다. 할인율 및 현재 가치 등의 의미와 관련된 내용은 제2절 경제적 투자수익률 부분을 참고하기를 바란다. 총 현재 가치에서 지자체 및 자원봉사자 투입 비용인 약 6228만 원을 제외한 순 현재 가치, 즉 최종 편익을 구하고 이를 투입 비용과 비교하여 편익:비용의 비율을 구하여 비용편익 분석을 한다. 이러한 결과는 〈표 11.22〉와 같이 나와 있다.

민감도 분석은 제2절에서 할인율을 순차적으로 조정하여 사업성의 변동을 살펴보는 것처럼 여기서도 할인율 및 기타 성과에 영향을 미치는 수치를 순차적으로 조정하면서 최종 산출되는 성과량의 변화 과정을 살펴볼 수 있다. 민감도 분석의 대표적인 항목은 '할인율', '사중 감소율', '대체 감소율', '귀인 감소율', '연간 체감률', '화폐 대용치', '성과물의 양', '비재무적 투입물의 양'을 각각 혹은 중복으

로 조정하며 편익:비용의 비율이 1:1이 되는 시점은 언제인지를 계산하면서 민감도를 분석한다.

다음으로 회수 기간 분석은 연간 창출되는 영향력의 현재 가치를 누적하면서 투입된 비용과 같아지는 연수를 찾아서 투입된 비용이 회수되는 기간이 몇 년 소요되는지 찾는 것이다. 회수 기간 분석은 매년의 현재 가치를 12개월로 분해하고 매년 월간 창출되는 현재 가치를 누적해 가면서 투입된 비용과 같아지는 월수를 찾아서 투입된 비용이 회수되는 기간이 몇 개월 소요되는지 찾는다.

제6단계는 '보고 및 활용'이다. 이 단계에서는 '이해관계자 보고'와 '결과물 활용 및 확증'을 진행한다. 이해관계자 보고는 이해관계자들이 사회적 영향 창출에 대하여 공동의 책임을 지고 함께 힘써 노력할 것을 기대하는 과정이라고 할 수 있다. 측정 과정에서 생성된 자료들을 토대로, 양적 및 질적 정보를 포함하고 앞서 살펴본 것처럼 SROI의 7대 원칙을 고려하면서 〈표 11.23〉의 내용을 중심으로 보고서를 작성하고 공유한다.

〈표 11.23〉 SROI 보고서에 포함되어야 할 내용

구분	보고서에 포함되어야 할 내용
내용	· 작업 내용, 핵심 이해관계자 활동 내용, 조직과 관련된 정보 · 분석 범위, 이해관계자 참여 범위, 데이터 수집 방법 및 가정과 한계 · 관련 지표 및 모든 대용치를 포함한 영향력 지도 · 특정 연구 결과를 설명하는 사례 연구 또는 인용문 · 계산의 세부 사항, 추정 및 가정에 대한 논의(이 단계에서 민감도 분석 설명) · 포함된 이해관계자, 성과, 지표의 내용 및 결정 과정, 결정에 대한 이론적 근거 · 작업에 참가한 사람 및 회사 임원 프로필 요약

출처: The SROI Network(2012), "A guide to Social Return on Investment", Matter&Co, pp.74-75. 참조 정리.

'결과물 활용 및 확증'에 있어서는 평가성 SROI를 진행하였으면 분석의 내용들이 조직 내부의 전략적인 경영계획과 피드백이 되어야 하고 경영활동 과정의 개선 및 의사소통의 창구 기능을 할 수 있도록 한다. 특히 SROI 측정이 일회성으로 끝나는 것이 아니라 조직 관행으로 정착되고 정기적으로 추진될 수 있도록 조직 내부에 그 장점과 혜택을 전파함과 동시에 개선의 어려움도 설명하면서 조직 전체가 동참할 수 있도록 한다. 예측성 SROI인 경우에는 추진하고자 하는 사업의 사회적 영향을 높이기 위한 활동 계획을 점검하고 같이 참여할 내·외부 이해관계자들과 교류하면서 점검해 나간다.

한국의 아름다운가게: 지난 20여 년 이상 물건의 재사용과 순환을 통해
우리 사회의 생태적 및 친환경적 변화에 기여하고 국내·외 소외계층 및 공익활동을 지원하며
시민의식의 성장과 풀뿌리 공동체 발전에 기여하다[45]!

아름다운가게는 '모두가 함께하는 나눔과 순환의 아름다운 세상 만들기'를 목표로 '순환하는 세상', '모두가 행복한 세상', '함께하는 세상'을 꿈꾸며 일한다. 이를 통하여 "물건의 재사용과 재순환을 도모하여 생태적이고 친환경적인 세상"을 만들고 "일상 속 나눔을 통해 지친 우리의 이웃과 더불어 살아가는 세상"을 만들고 "모두가 연결되어 있다는 믿음으로 서로의 삶에 책임을 지니고 살아가는 세상"을 만들어 나가고 있다. 아름다운가게는 2002년 10월 17일에 출범한 비영리 재단법인이자 사회적경제 기업이다. 아름다운가게의 가장 핵심적인 주제이자 사명은 "나눔과 순환 그리고 시민의 참여"이다. 아름다운가게는 영리를 추구하지 않으며 그 수익금을 제3세계 사람들과 사회적 목표그룹을 위해 사용하고 있으며 정치·종교적 편향을 지양한다. 2023년 현재 약 20년 이상의 기간 동안 운영해 오고 있다. 2021년을 기준으로 자산총액은 325억 8612만 9644원이며 순자산은 257억 2176만 6130원에 이른다.

아름다운가게는 유럽 전역에 820여 개의 매장을 갖고 있으며 막대한 규모의 수익금을 극빈자와 장애인, 이민노동자를 위해 출자하는 영국의 옥스팜(Oxfam) 모델처럼 대한민국에서 처음으로 재활용품 순환소비의 시민운동 발상지라는 점에서 의미가 크다.

아름다운가게의 커다란 사회적 성과가 있기까지 많은 시민들의 참여와 후원이 있었기에 가능했다. 지난 20년 동안 아름다운가게 참여와 후원의 실적을 숫자로 살펴보면 다음과 같다. 먼저 아름다운가게가 투입한 비용은 3992억 원, 나눔과 순환을 경험한 사람의 수는 670만 명, 나눔과 순환을 거친 물품의 수는 2억 5668만 3859점, 누적된 자원 활동 및 경험의 시간은 975만 3740시간, 시민과 함께 나눔과 순환을 실천한 공간의 수는 164곳에 이른다. 아름다운가게를 좀 더 들여다보면, 아름다운가게가 참여자를 만난 매장의 영업일수는 49만 5657일에 이르며 아름다운가게에서 이뤄진 물품 기부의 횟수는 480만 9324건, 아름다운가게에서 이뤄진 구매 횟수는 3569만 5727건, 아름다운가게에서 판매된 물품의 수는 9342만 4969점, 아름다운가게 자원재순환을 통한 매출은 3043억 원에 이른다.

〈그림 11.15〉 아름다운가게 매장 전경(좌) 및 활동사진(중: 케냐 사회적기업가 지원, 우: 학부모 재능수업)

출처: 아름다운가게(2022), "아름다운가게 20년 임팩트 리포트", p.7(좌).; 아름다운가게 홈페이지(2023), https://beautifulstore.org(중, 우).

아름다운가게는 "공익성과 전문성을 갖춘 세계적 수준의 NGO"를 목표로 공익성, 효율성, 전문성을 중요한 가치로 삼는다. 공익성에는 "순수성, 가치지향성"을 포함하며, 효율성은 "공익적 가치를 생산하는 데 있어서의 효율성 추구"를 말한다. 전문성은 "세계적 수준의 공익성 달성"을 의미한다. 아름다운가게의 운동철학은 '그물코정신', '되살림정신', '참여와 변화'이다. 그물코정신은 "씨줄과 날줄로 빈틈없이 서로 엮인 그물코처럼 우리는 모두 서로의 삶에 책임이 있는 존재를 중요시 하는 정신"이며, 되살림정신은 "과도한 소비와 이기주의로 인한 아픔을 치유하기 위해 나눔과 순환을 실천하고 세상의 생명을 연장하고자 하는 정신"이다. 참여와 변화는 "하나의 기증품, 한 시간의 자원활동이 세상을 아름답게 바꿀 수 있다고 믿으며 시민 한사람의 참여가 세상의 아름다운 변화를 만든다는 정신"을 의미한다.

2022년에 아름다운가게는 지난 20년 동안 다양한 사업과 활동이 주요 이해관계자와 사회 및 환경에 미친 영향과 변화를 정리한 '아름다운가게 20주년 사회적 영향 보고서'를 발간하고 아름다운가게가 만들어 온 변화를 성찰하고 앞으로 만들어갈 변화를 구상하였다. 이 보고서는 〈그림 11.16〉과 같이 먼저 사회적 영향을 정의하고 이어서 측정과 검증 과정의 3단계 과정을 통해 만들어졌다.

〈그림 11.16〉 아름다운가게 20년의 임팩트 측정 및 분석 3단계 과정

임팩트 정의 → 변화이론 (Theory of Change) 도출 → 임팩트 측정

린데이터 측정
아름다운가게를 만난 시민 14,181명 대상 임팩트 설문조사

빅데이터 분석
아름다운가게 20년 뉴스 · SNS · 실적 데이터 분석

환경적 파생 성과 측정
탄소배출계수 설정 및 탄소저감 효과 측정

출처: 아름다운가게(2022), "아름다운가게 20년 임팩트 리포트", p.7.

보고서는 정의된 영향을 달성하기 위한 활동(Activity)과 결과(Output), 단기 및 장기 성과(Outcome)와 영향(Impact)을 연결하는 논리모델로 변화과정(TOC, Theory of Change)을 도출하였다. 이를 위해 주요 파트별 담당자 인터뷰, 부서별 변화이론 워크숍, 태스크포스 워크숍 등 4개월에 걸친 공감과 합의의 과정을 통해 사회적 영향의 여정을 구체화했다. 〈그림 11.16〉에서 말하는 '린데이터(Lean Data)'란 "변화의 당사자 또는 이해관계자에게 직접 전화·문자·서베이 등을 통해 물어봄으로써 변화를 보다 명확하고 효과적으로 측정하는 방법론"이다. 〈표 11.24〉는 아름다운가게가 지난 20년 동안 사람과 환경에 영향을 준 변화를 정량적이며 정성적인 성과로 요약한 내용이다.

〈표 11.24〉 아름다운가게를 통한 사람과 환경의 변화

나눔과 순환 이해도 향상	나눔과 순환을 자발적으로 실천	사회·환경 문제를 해결하는 주체의 성장	지역의 필요 발굴 및 사각지대 해소	환경적 파생 성과
99.6%	3.21개	88%	617억 9857만 5133원	2억 5668만 3859점
아름다운가게를 통한 나눔·순환의 시민의식 성장	아름다운가게 참여자들이 경험한 평균 활동 수	아름다운가게를 통한 사회·환경 문제 관심 증가	20년간 아름다운가게의 재사용품 수익금 중 이웃에게 전달된 기부금	20년간 물품 재순환을 통해 감소시킨 폐기량
9.1점/10점 만점	97%	987개	7.22점/10점 만점	1462만 1911kgCO_2e
아름다운가게 참여자들의 나눔·순환 공감도 변화	아름다운가게를 통해 물품 기부를 시작한 이후 연 1회 이상 이를 지속하는 비율	아름다운가게를 통해 성장한 사회혁신 주체	아름다운가게를 통해 소외된 이웃이 발굴되고 필요한 도움을 받았다는 체감도	아름다운가게를 통해 저감한 탄소 배출량
9.19점/10점 만점	-108일	x10%p	7.46점/10점 만점	170만 222그루
아름다운가게 참여자들의 나눔·순환 실천의지 변화	아름다운가게가 앞당긴 물품 기부 간격	2011년 이후 매년 언급된 뷰티풀펠로우 뉴스데이터 증가폭	아름다운가게를 통해 사회·환경 문제 해결에 기여하는 활동가 및 단체가 많아졌다는 체감도	아름다운가게를 통해 저감한 탄소량으로 심은 30살 소나무
9.03점/10점 만점	82%	7.07명	147만 7815명	98%, 75%
아름다운가게 참여자들의 나눔·순환 이해도 변화	아름다운가게 참여자들의 활동 지속률	아름다운가게 참여자 한 명이 나눔·순환 활동에 참여시킨 사람 수 평균	나눔사업으로 필요한 도움을 받은 이웃 수	아름다운가게를 통해 구매한 재사용품을 계속 사용하는 비율, 아름다운가게를 통해 재사용품 구매 이후 무분별한 소비 감소
나눔과 순환의 가치가 삶의 철학이 됐습니다.	나눔과 순환의 작은 실천이 사회 곳곳으로 전파 됐습니다.	아름다운가게를 통해 성장한 주체들이 사회·환경 변화를 선도하고, 지역 공동체가 회복됐습니다.		매립·소각으로 인한 환경오염과 탄소 배출이 감소했습니다.

출처: 아름다운가게(2022), "아름다운가게 20년 임팩트 리포트", p.14.

〈그림 11.17〉은 지난 20년간 아름다운가게가 해온 다양한 활동(Activity)이 어떠한 결과(Output)와 성과 (Outcome)를 도출했고, 어떠한 변화(Impact)를 가져왔는지 정리한 그림이다. 이를 통하여 변화의 상을 이뤄가는 과정을 소개하고 아름다운가게가 존재하는 이유를 알려주고 있다. 아름다운 가게는 변화를 만들기 위해 '재사용 나눔가게 운영', '다양한 기부 및 참여 채널 운영', '공익·공정무역 판로 지원', '사회·환경 문제를 해결하는 혁신가와 기업 지원', '나눔사업을 통한 지역문제 해결' 등의 활동(Activity)을 수행하였다. 이것은 앞에서 언급한 것처럼 다양한 많은 결과물(Output)로 나타나는데, '나눔과 순환을 경험한 사람 수', '물품 기부자 수', '구매자 및 자원활동가 수', '뷰티풀 파트너 및 뷰티풀 펠로우(아름다운가게 사업을 함께 지원하고 참여하는 조직 및 사회적경제 (예비)기업가인 개인) 수', '나눔교육 참여자 및 나눔장터 참여자와 봉사자 수', '운영 매장 및 신규 오픈 매장 수', '수익금' 등으로 나타난다.

이러한 활동과 결과는 이해관계자에게 직접 또는 간접적으로 이득이 되는 성과(Outcome)로 나타난다. 아름다운가게의 주요한 성과물은 '시민의식의 성장과 행동의 확산'에 있다. 아름다운가게는 다양한 활동을 통해 시민이 나눔과 순환의 가치를 경험하고, 삶의 철학으로 받아들일 수 있도록 하였다. 〈표 11.24〉에서 보는 것처럼 아름다운가게를 만난 사람들의 99.6%가 "아름다운가게를 통해 나눔·순환에 대한 시민의식이 성장했다"고 말했으며 "아름다운가게를 만나기 전보다 나눔과 순환에 대한 관심도, 이해도, 공감도가 높아졌고, 실천의지도 크게 증가하였다"고 답변하였다. 이러한 경험은 생활 속에서 지속적으로 나눔과 순환을 실천하는 성과로 이어진다. 또한 협력 생태계가 더 잘 구축되는 성과를 가져온다. "사회·환경 문제를 해결하려는 사람과 조직이 많아지고, 이렇게 아름다운가게를 통해 성장한 주체들이 사회·환경 변화를 선도"하고 있다. 이것은 〈표 11.24〉에서 보는 것처럼 "아름다운가게와 함께한 사람들의 88%가 사회·환경 문제에 관심을 갖게 됐고, 92%가 주위에 아름다운가게 참여를 권한 것"으로 나타났다. 또한 참여자 1명당 평균 7.07명을 나눔과 순환으로 이끌었다. 또한 "아름다운가게를 통해 지역의 필요가 발굴되고 사각지대가 메워져, 지역의 공동체가 회복되는 모습"도 나타나고 있는데 "아름다운가게를 통해 소외된 이웃이 발굴되고 필요한 도움을 받았다"는 평가가 7.22점(10점 만점), "아름다운가게를 통해 사회·환경 문제 해결에 기여하는 활동가와 기업 및 단체가 많아졌음을 체감"하는 정도도 7.46점으로 나타났다.

〈그림 11.17〉 변화이론에 근거한 아름다운가게의 사회적 성과와 영향 창출 여정

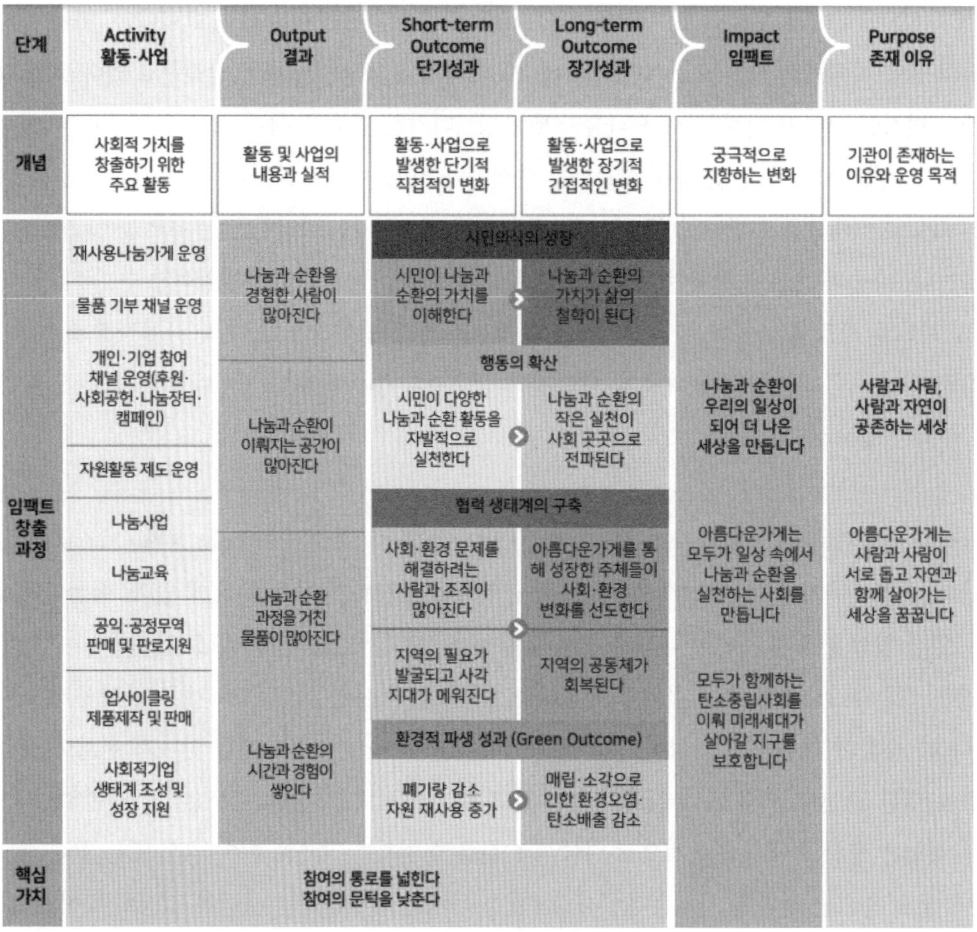

단계	Activity 활동·사업	Output 결과	Short-term Outcome 단기성과	Long-term Outcome 장기성과	Impact 임팩트	Purpose 존재 이유
개념	사회적 가치를 창출하기 위한 주요 활동	활동 및 사업의 내용과 실적	활동·사업으로 발생한 단기적 직접적인 변화	활동·사업으로 발생한 장기적 간접적인 변화	궁극적으로 지향하는 변화	기관이 존재하는 이유와 운영 목적
임팩트 창출 과정	재사용나눔가게 운영 / 물품 기부 채널 운영 / 개인·기업 참여 채널 운영(후원·사회공헌·나눔장터·캠페인) / 자원활동 제도 운영 / 나눔사업 / 나눔교육 / 공익·공정무역 판매 및 판로지원 / 업사이클링 제품제작 및 판매 / 사회적기업 생태계 조성 및 성장 지원	나눔과 순환을 경험한 사람이 많아진다 / 나눔과 순환이 이뤄지는 공간이 많아진다 / 나눔과 순환 과정을 거친 물품이 많아진다 / 나눔과 순환의 시간과 경험이 쌓인다	**시민의식의 성장** 시민이 나눔과 순환의 가치를 이해한다 / **행동의 확산** 시민이 다양한 나눔과 순환 활동을 자발적으로 실천한다 / **협력 생태계의 구축** 사회·환경 문제를 해결하려는 사람과 조직이 많아진다 / 지역의 필요가 발굴되고 사각 지대가 메워진다 / **환경적 파생 성과 (Green Outcome)** 폐기량 감소 자원 재사용 증가	나눔과 순환의 가치가 삶의 철학이 된다 / 나눔과 순환의 작은 실천이 사회 곳곳으로 전파된다 / 아름다운가게를 통해 성장한 주체들이 사회·환경 변화를 선도한다 / 지역의 공동체가 회복된다 / 매립·소각으로 인한 환경오염·탄소배출 감소	나눔과 순환이 우리의 일상이 되어 더 나은 세상을 만듭니다 / 아름다운가게는 모두가 일상 속에서 나눔과 순환을 실천하는 사회를 만듭니다 / 모두가 함께하는 탄소중립사회를 이뤄 미래세대가 살아갈 지구를 보호합니다	사람과 사람, 사람과 자연이 공존하는 세상 / 아름다운가게는 사람과 사람이 서로 돕고 자연과 함께 살아가는 세상을 꿈꿉니다
핵심 가치	참여의 통로를 넓힌다 참여의 문턱을 낮춘다					

출처: 아름다운가게(2022), "아름다운가게 20년 임팩트 리포트", p.22.

아울러 '환경적인 파생 성과(Green Outcome)'도 나타난다. "아름다운가게의 다양한 활동·사업을 통해 재사용·친환경 소비 문화가 확산되면서, 폐기량이 감소하고 자원 재사용이 증가"했다. 이를 통해 "매립·소각으로 인한 환경오염과 탄소배출이 감소"했다. 그동안 "전국 재사용 나눔가게를 통해 판매된 재사용물품 순환으로 1,462만 1,911kgCO$_2$e 탄소를 저감했다. 이는 30살 소나무 170만 222그루를 심은 것과 같은 효과"이다. 입니다. 이것은 아름다운가게가 궁극적으로 지향하는 "나눔과 순환이 우리의 일상이 되어 더 나은 세상"을 만들고 "모두가 일상에서 나눔과 순환을 실천하는 사회"를 만들고, "모두가 함께하는 탄소중립사회를 이뤄 미래세대가 살아갈 지구를 보호"하는 사회적 영향(Impact)에 기여한다. 보다 자세한 내용은 아름다운 홈페이지에서 '아름다운가게 20주년 사회적 영향 보고서'를 참고하기를 바란다.

제11장의 사례연구 토론(Discussion)

사례연구 41 호주의 푸드 콘넥트 브리즈본(FCB, Food Connect Brisbane)은 "당신의 가정에 지역의 친환경 계절식품을 생산 농가로부터 직접 제공해 드립니다."라는 사명으로 운영하는 로컬푸드 사회적경제 기업이다. ① 먼저 이 기업의 시스템에 대하여 좀 더 자세히 설명하라. 그리고 ② 에프씨비가 참여했던 사회적 영향 측정 SROI 프로젝트의 효과와 보고서의 사후 활용에 대한 이득에 대해서도 각자의 의견을 제시하고 토론해 보자.

사례연구 42 미국의 파타고니아(Patagonia)는 B-Corporation의 인증을 받은 환경보호를 최우선으로 경영하는 상업적 기업이다. ① 먼저 파타고니아의 철학과 환경보호 경영에 대하여 좀 더 자세히 설명하라. 그리고 ② B-Corporation의 인증 절차와 내용에 대하여 설명하고 우리의 사회적경제 기업이 이를 적용하기 위하여 준비해야 할 내용은 무엇이 있는지 각자의 의견을 제시하고 토의해 보자.

사례연구 43 영국의 Social Value UK는 지난 13년 동안 2000명 이상의 서포터즈, 250명 이상의 개인회원, 125개 이상의 조직 회원과 교육, 지식 공유 및 네트워킹을 통해 인류사회의 환경 악화와 불평등을 줄이고 모두의 복지를 높이기 위한 변화의 움직임을 구축해 오고 있다. ① 먼저 이 조직에 대하여 좀 더 자세히 설명하라. 그리고 ② 이 조직이 네트워킹하는 방식에 대하여 우리나라 사회적경제 기업이 배울 수 있는 점은 무엇인지 각자의 의견을 제시하고 토의해 보자.

사례연구 44 한국의 아름다운가게: 지난 20여 년 이상 물건의 재사용과 순환을 통해 우리 사회의 생태적 및 친환경적 변화에 기여하고 국내·외 소외계층 및 공익활동을 지원하며 시민의식의 성장과 풀뿌리 공동체 발전에 기여하고 있다. ① 먼저 아름다운 가게의 사업에 대하여 좀 더 자세히 설명하라. 그리고 ② 그리고 아름다운 가게를 통하여 사회적경제 기업이 배울 수 있는 점은 무엇인지 각자의 의견을 제시하고 토의해 보자

제11장의 참고문헌(Reference)

1 고동현·이재열·문명선·한솔(2020), "사회적 경제와 사회적 가치: 자본주의의 오래된 미래", 사회적기업연구소, 한울아카데미.; 최중석·윤길순·송선영·박성순(2020), "한국 자활사업의 사회적 성과(Social Impact) 연구", 한국지역자활센터협회.

2 World Inequality Lab(2022), "WORLD INEQUALITY REPORT 2022", https://inequalitylab. world/en.

3 Easterlin, Richard A.(1974), "Does Economic Growth Improve the Human Lot?" in Paul A. David and Melvin W. Reder eds, "Nations and Households in Economic Growth: Essays in Honor of Moses Abramovitz", New York, Academic Press, Inc.: 이재열(2015), "사회의 질, 경쟁, 그리고 행복", 아시아리뷰, 4(2), 3-29.에서 재인용.

4 Sustainable Development Solutions Network(2021), "World Happiness Report 2021", https://worldhappiness.report.

5 통계청(2021), "2020년 OECD 회원국 통계", https://kostat.go.kr.

6 법제처(2022), "대한민국헌법(1988년 시행)", https://law.go.kr.

7 BBC(Building Bridges Coalition, 2018), "Social Impact: What Does it Really Mean?", BBC(http://buildingbridgescoalition.org).

8 BusinessDictionary(2018), "Social Impact Definition", http://businessdictionary.com.

9 Stephen M. Ross(2018), "What Is Social Impact?", Business School of Michigan University(http://socialimpact.umich.edu).

10 Keith Weigelt(2011), "Social Impact", The Wharton School(http://kwhs.wharton.upenn.edu).

11 Jenny Onyx(2011), "Conceptualising social impacts, Environmental Impact Assessment Review", Cosmopolitan Civil Societies Journal, 6(1), 1-18.

12 FCB 홈페이지(2023), http://foodconnect.com.au.; Investing in Impact Partnership and Social Ventures Australia Consulting(2012), "Social Return on Investment: Lessons learned in Australia", SVA Consulting. FCB(2011), "Forecast Social Return on Investment Report".

13 ERM(2021), "GlobeScan/SustainAbility Survey, 2021 Sustainability Leaders", https://erm.com/.

14 GRI 홈페이지(2021), "About GRI", https://globalreporting.org.; GRI(2021), "GRI-Standards-All-2020".

15 SASB 홈페이지(2023), "About", https://sasb.org.; GRI and SASB(2021), "A Practical Guide to Sustainability Reporting Using GRI and SASB Standards".

16 ISO(2010), "ISO 26000: Guidance on social responsibility"

17 Michael Bull(2006), "Balance: The development of a social enterprise business performance analysis tool", Social Enterprise Research Conference.

18 B-Lab(2018), "The Complete Guide to B Corp Certification for Small to Medium-Sized Enterprises", http://bcorporation.net.

19 Rob Gray, Colin Dey, Dave Owen, Richard Evans, and Simon Zadek(1997), "Struggling with the praxis of social accounting: Stakeholders, accountability, audits and procedures", Accounting, Auditing&Accountability Journal, 10(3), 325-364.

20 IRIS(2020), "IRIS+ is the generally accepted system for measuring, managing, and optimizing impact.", http://iris.thegiin.org.

21 라준영·김수진·정소민·박성훈(2017), "사회성과인센티브 툴킷 실행가이드", 사회성과인센티브추진단.

22 Cynthia Gair(2009), "SROI Act II: A Call to Action for Next Generation SROI", REDF.; The SROI Network(2012), "A guide to Social Return on Investment", Matter&Co.

23 에어리스 홈페이지(2023), "About", https://aerisinsight.com.

24 더라이즈펀드 홈페이지(2023) "Measurement", https://therisefund.com.

25 세리즈 홈페이지(2023), "About CERIES and SPI4", https://cerise-spm.org.

26 힙쏘 홈페이지(2023), "About and Indicators", https://indicators.ifipartnership.org.

27 60 데시벨즈 홈페이지(2023), "Solutions and About us", https://60decibels.com.

28 GRESB 홈페이지(2023), "About GRESB", https://gresb.com.;

29 S&P Global(2023), "Trucost Environmental", https://marketplace.spglobal.com.

30 Poverty Index 홈페이지(2023), "About the PPI", https://povertyindex.org.; GOGLA 홈페이지(2023), "about-us", https://gogla.org.; IPAR 홈페이지(2023), "About", https://ipar.com.au. 한국사회적기업진흥원(2018), "2018년 사회적 가치지표(SVI) 활용 매뉴얼".

31 Patagonia(2018), "Annual Benefit Corporation Report Fiscal Year", http://patagonia.com.; 파타고니아 홈페이지(2018), http://patagonia.com.

32 최중석(2015), "비즈니스 경영전략", 도서출판 두남.

33 Robert S. Kaplan and David P. Norton(1992), "The Balanced Scorecard: Measures That Drive Performance", Harvard Business Review, January-February, 71-79.

34 최중석(2015), "비즈니스 경영전략", 도서출판 두남.

35 Robert S. Kaplan and David P. Norton(1996), "Linking the Balanced Scorecard to Strategy", California Management Review, 39(1), 53-79.

36 Michael Bull(2006),"Balance: The development of a social enterprise business performance analysis tool", Social Enterprise Research Conference.

37 김유숙(2021), "사회적기업의 조직운영 도구, 사회적 회계의 이해((Social Accounting and Audit)", 사회투자지원재단.

38 Good Food(2022), "OUR MISSION & VALUES", https://goodfoods.coop/.

39 B-Lab(2018), "The Complete Guide to B Corp Certification for Small to Medium-Sized Enterprises", http://bcorporation.net.

40 Social Value UK 홈페이지(2023), https://socialvalueuk.org.; Social Value International(2021), "The Principles of Social Value".; Social Value International(2017), "ASSURANCE STANDARD".; Social Value International(2022), "Standard on applying Principle 8: Be Responsive".

41 라준영·김수진·정소민·박성훈(2017), "사회성과인센티브 툴킷 실행가이드", 사회성과인센티브추진단.

42 nef(2004), "Social Return on Investment, Valuing what matters: Findings and recommendations from a pilot study", nef(the new economics foundation).

43 The SROI Network(2012), "A guide to Social Return on Investment", Matter&Co.

44 신영복·신경철 (2013), "사회적기업의 사회적 가치 측정을 위한 지표개발에 관한 연구", 사회적기업연구, 6(1), 51-82.

45 아름다운가게 홈페이지(2023), https://beautifulstore.org.; 아름다운가게(2022), "아름다운가게 20년 임팩트 리포트".; 위키백과(2023), "아름다운가게", https://ko.wikipedia.org.

사회적 영향 투자 및 조달(Social Impact Investment)

제12장의 개요(Outline)

사례연구 45 멕시코의 콤파르타모스(Compartamos): 사회적 금융시장의 도움으로 급성장하고 경제적 자본시장의 논리로 돌아서는 이중성을 보이다!

사례연구 46 캐나다의 데자르뎅 그룹(Desjardins Group), 이탈리아의 레가쿱(Lega coop), 스페인의 라보랄 쿱챠(Laboral Kutxa): 세계 3대 사회적경제 성지의 명성답게 '데자르뎅 연대금고', '레가쿱 협동기금', '몬드라곤 노동인민금고'를 설립하고 운영하여 지역/노동/협동 연대금고의 표본을 세계에 보여 주다!

사례연구 47 스페인의 몬드라곤(Mondragon) 협동조합 복합체: 협동조합의 원리와 규범에 충실하고 자본보다는 노동 중심의 원칙을 지키면서 더불어 살아가는 행복한 지역노동공동체를 열어 가다!

사례연구 48 한국의 행복나눔재단: 사회적경제 모델을 발굴하고 육성하는 일, 사회혁신 전문가를 키우는 일 등 한국사회에서 사회공헌 및 사회적경제 중간지원 모범조직으로서 희망을 시작하다!

☞ 학습목표 12-1: 사회적 영향 투자의 시장구조에 대하여 투자자가 요구하는 재무적 수익과 사회경제 기업이 창출한 사회적 영향 사이의 관계로 설명하고 개선방향을 알 수 있다.

☞ 학습목표 12-2: 미국, 영국 및 한국을 중심으로 사회적 영향 투자 기관 및 제도의 역사와 현황을 알고 설명할 수 있다.

☞ 학습목표 12-3: 글로벌 사회적 영향 투자 시장 현황을 알 수 있다.

☞ 학습목표 12-4: 한국의 사회적 영향 투자 시장 현황을 알 수 있다.

☞ 학습목표 12-5: 사회적 영향 투자 기금을 보조금, 벤처형 자선, 사회적 벤처기금, 하위시장 수익률 투자, 사회적 책임 투자, 사회적 증권거래소로 이해하고 설명할 수 있다.

☞ 학습목표 12-6: 사회적 영향 투자 수단을 사회영향채권, 하위시장 부채, 하위시장 주식, 상업적 수익 부채, 상업적 수익 주식으로 이해하고 설명할 수 있다.

☞ 학습목표 12-7: 조직 유형에 따른 사회적 영향 투자 조달 전략을 알고 비교할 수 있다.

☞ 학습목표 12-8: 사회적경제 조직의 가치 및 운영 모델에 따른 자본 조달의 필요를 알고 비교할 수 있다.

☞ 학습목표 12-9: 사회적 영향 투자 조달을 위한 실무 절차를 이해하고 각 단계별로 준비해야 할 내용과 주안점을 알고 설명할 수 있다.

☞ 학습목표 12-10: 제12장 뒤쪽에서 언급하고 있는 4개 사례연구의 토론주제에 대하여 타인의 의견을 경청함과 동시에 자기 의견을 밝히면서 적극적으로 토론에 참여할 수 있다.

▶ 사회적 영향 투자: 재정적 이익도 고려하지만 이보다는 측정 가능한 유익한 경제적(제1장에서 정의한 사회적 목표그룹이 '경제적'의 수혜자인 경우를 말함) 또는 사회(공동체)(적) 또는 환경적 영향을 창출하려는 의도를 가지고 회사, 조직 및 기금에 자본을 대거나 정성을 쏟는 일

▶ 하위시장(Sub-Market or Below-Market): 저소득층, 실업자 등 열악한 환경의 사회적 목표그룹 혹은 지역공동체의 욕구와 필요 등의 사회문제 해결을 위해 제공되는 제품과 서비스 시장

▶ 하위시장 수익률(Sub-Market or Below-Market Return): 사회적 금융시장에 있어서 사회적경제 기업에게 자본을 제공하는 전통적인 투자자들이 상업적 기업에 투자할 때 요구하는 수익률보다 더 낮은 수익률

▶ 미국 SBIC(Small Business Investment Company): 미국 중소기업청의 소기업 재정 지원 프로그램 중 하나로써 소기업에 직접 투자하지 않지만 특정 부문이나 산업에 대한 전문 지식과 자격을 갖춘 투자 관리 회사에 자금을 제공하고 투자 관리 회사는 자체 자본과 중소기업청 보증으로 빌린 자금을 사용하여 적격 소기업에 주식 및 부채에 투자하는 프로그램

▶ 미국 PRI(Program Related Investment): 미연방 국세청 주도로 비영리재단의 기금 사용을 활성화하기 위하여 전년도 기준 자산의 5%를 의무적으로 순수 기부 혹은 자신의 목적 사업에 투자하도록 하는 제도

▶ 미국 MRI(Mission Related Investment): 미연방 국세청이 지정하지는 않지만 비영리재단이 목적 사업 이외의 사업영역에 직접적으로 투자할 수 있도록 투자 방식에 구애두지 않고 다양한 형태로 자금을 운용할 수 있도록 한 제도

▶ 미국 지역사회 재투자법(CRA, Community Reinvestment Act): 금융기관이 지역 개발 목적의 대출을 의무화하도록 한 제도로써 일반은행은 전체 대출의 일정 비율을 소수인종, 저소득층을 대상으로 주택자금과 사업자금을 대출해야 하며, 연방정부는 은행의 이행실적을 감독 평가하여 은행 관련 각종 승인 및 규제 활동에 반영함

▶ CDFI(Community Development Financial Institution): 지역사회 재투자법의 근거에 따른 낙후 지역의 경제 활성화와 빈곤 문제 해결을 목적으로 지역 중소기업, 중소상공인, 저소득층에 금융서비스를 제공하는 기관

▶ 영국 빅 쏘사이어티 캐피탈(Big Society Capital): 영국 정부 주도로 연기금, 도매펀드, 사회적 금융기관, 기부 또는 재단, 은행이 함께 사회투자 정보를 공유하고 사회적 영향 투자를 상업적 금융시장과 연계한 세계 최초 사회투자 도매 은행

▶ GIIN의 IMP(Impact Management Project): 사회적 영향 투자의 의사 결정을 돕기 위하여 서로 다른 영향 측정 기준을 조정하는 것으로 사회(공동체)(적) 및 환경적 성과 정보의 사용을 발전시키는 데 핵심이 있음

▶ 전통적인 보조금: 사회적경제 조직의 사명 증진 혹은 역량 개발을 위하여 자산 또는 능력개발 보조금을 지급하는 재단 혹은 정부 혹은 다자간 개발기구를 구성하여 보조금 혹은 채권 혹은 소액대출의 형태로 지급하는 사회적 영향 투자 기금

▶ 벤처형 자선: 사회적 영향 창출을 위한 역량 구축을 위하여 사회적 투자 기금 또는 재단 또는 개인(엔젤)이 벤처 캐피탈 방식을 빌려 사회적경제 기업에게 보조금 또는 대출 또는 주식에 돈을 투자하는 사회적 영향 투자 기금

▶ 사회적 벤처기금: 사회적 영향 창출을 위하여 전통적인 벤처캐피탈 방식으로 구조화되어 일반 주류시장의 수익률보다 는 낮은 재무적 수익과 함께 그러나 사회적 영향을 더 중요시하는 초기 단계의 사회적경제 기업의 주식에 투자하는 사 회적 영향 투자 기금

▶ 하위시장 수익률 투자: 사회적 영향 창출 및 재정적 수익을 기대하며 다른 곳에 투자하면 더 높은 수익이 있을 것으로 생각하지만 상업적 은행이나 일반 투자자가 추구하는 것보다 낮은 수익률을 기대하고 사회적경제 기업의 부채 또는 주 식에 투자하는 사회적 영향 투자 기금

▶ 사회적 책임 투자: 사회적 영향도 기대하지만 사회적 영향보다는 재무적 목적을 위하여 비즈니스 모델을 중심으로 사업 개발과 사회적 영향을 위하여 보조금 지급 방식 또는 주식에 투자하는 사회적 영향 투자 기금

▶ 사회적 증권거래소: 사회적경제 기업의 자금 조달 및 사회적 영향 투자자들의 원활한 투자 활동과 출구 전략을 위하여 일반 기업의 증권거래소 모델을 차용한 증권거래소

▶ 사회영향채권(Social Impact Bonds, SIB): 사회적경제 기업이 중간투자자 및 지원조직의 경비와 지원으로 사회문제 해 결의 사업을 수행한 다음 최종적으로 발생한 사회적 영향의 수준이 사전에 합의된 측정 가능한 목표를 달성하면 중간 투자자는 정부 및 공공기관 등 성과지급인으로부터 원금과 이자를 사후에 받을 수 있는 성과에 의한 지불방식의 사회 적 영향 투자 기금

▶ 하위시장 부채: 사회적경제 기업에게 상업적인 수익률을 요구하지 않으며, 긴 상환 기간, 시장금리보다 낮은 금리, 사회 적 영향이 달성될 때까지 이자 감면의 조건으로 투자하는 대출(부채)

▶ 하위시장 주식: 사회적경제 기업에게 재정을 지원하고 대신 주식의 지분을 갖는 것으로 지분은 기업이 배당금을 지급하 거나 매각될 때까지 투자자에게 지급을 연기함

▶ 상업적 수익 부채: 사회적경제 기업에게 시장 이자율 수준을 요구하고 전액 상환이 필요한 대출이나 채권

▶ 상업적 수익 주식: 사회적경제 기업에게 높은 상업성을 기대하고 비즈니스 관행을 통하여 유의미한 사회적 영향을 달성 할 것으로 기대하면서 투자하고 주식의 지분을 갖는 것

사회적 영향 투자자 관점에서 '재무적 수익'과 '사회적 영향'의 두 마리 토끼를 잡을 수 있는 기업이 가장 매력적이다

본인은 삼성생명, 삼성자산운용, 알리안츠자산운용, 한화생명 등에서 펀드매니저와 임원으로 일하면서 국내 및 해외 채권, 주식, 외환, 대체투자 등을 담당했다. 2016년에 우연히 참여한 도시재생주민협의체에서 5년간 임원으로 활동하며 주민봉사활동가, 청소년문화교육 마을조직가, 마을방송국운영자, 다문화가정 청소년교육을 위한 사회적기업가, 온지곤지협동조합원 등 다양한 주민활동가들을 만났다.

이들과 1년여 기간을 함께하면서 마을공동체와 사회에 기여하고자 하는 뜻을 가지고 남산아래협동조합을 만들었고 사회적경제 기업을 운영하기 위한 지식, 노하우와 네트워크의 필요성을 느끼던 무렵, 재미난청춘세상 사회적경제 리더 제2기 과정에 참여하게 되었다. 현재는 도시재생사업에 대한 정부 지원이 축소되면서 남산아래협동조합은 동력을 잃고 새로운 방향성을 찾고 있다. 협동조합 구성원들은 각자의 영역에서 활동 중이며 각자 성장해 가고 있다. 지역의 온지곤지협동조합이 도시재생의 사회적 및 문화적인 취지를 이어가고 있는 중이다.

《사회적경제학(Social Economics)》은 이론과 다양한 사례를 소개할 뿐만 아니라, 저자가 강의 및 현장에서 만난 사회적경제가의 생생한 느낌을 반영하고 있다. 사회적경제 기업이 창업을 위해 준비하고 검토해야 할 사항, 실제적으로 운영에 필요한 제반 사항들이 꽤 구체적으로 담겨 있다. 일반 사회적경제 이론 서적과 차별화되는 부분이다.

특히, 제12장 사회적 영향 투자 및 조달에서는 각 사회적경제 조직의 운영모델에 따른 투자 조달 전략, 실무절차 등을 상세히 기술하여 적절한 자금조달 방법을 제시한다. 미국, 영국 등 선진사례에서 알 수 있듯이 사회적경제 분야에서 정부의 역할은 지대하다. 선진국의 사회적 영향 투자기관, 관련 제도 등의 풍부한 사례가 사회적기업가, 투자자뿐만 아니라 정책당국자 등 다양한 이해관계자들에게 깊이 있는 정보를 제공한다.

2023년 1월 15일
크레딧인베스트먼트파트너스 대표 곽기영

곽기영은 국제재무분석사(CFA)이자 재무위험관리사(FRM)이다. 현재 크레딧인베스트먼트파트너스 대표이자 남산아래협동조합 이사장이다. 재미난청춘세상 제2기 과정을 수료하였다. 전)알리안츠글로벌인베스터스자산운용 최고투자임원, 전)한화생명 증권사업부 상무를 역임했다.

사회적 영향 투자의 의미

　제11장에서 '사회적 영향'은 "사회적경제 기업이 사회문제 해결 및 사회혁신을 위해 수행한 사업을 통하여 사전에 의도하였든 의도하지 않았든, 단기적이든 혹은 장기적이든 관계없이 사회적 목표그룹 혹은 지역공동체 구성원 등 이해관계자가 인지한 이익(성과, outcome)과 그 이상의 경제적, 사회(공동체)(적) 및 환경적인 가치 창출의 중요하고도 긍정적인 사회변화의 기대효과(영향, impact)를 의미하며 보다 광범위하게는 사업수행의 산출물(output) 및 이를 위하여 투입된 자원의 바람직한 활동(activity)을 포함"하여 설명하였다. 사회적 영향 투자는 이러한 사회적 영향에 투자하는 것을 의미한다. 즉, 사회적 영향 투자라고 함은 "재정적 이익도 고려하지만 이보다는 측정 가능한 유익한 경제적(제1장에서 정의한 사회적 목표그룹이 '경제적'의 수혜자인 경우를 말함) 또는 사회(공동체)(적) 또는 환경적 영향을 창출하려는 의도를 가지고 회사, 조직 및 기금에 자본을 대거나 정성을 쏟는 일"이라고 할 수 있다[1].

　사회적경제 기업이든 상업적 기업이든 상관없이 사업을 개발하는 조직에 있어서 장기비전을 완전히 이행하기 위해서는 적정한 자금이 필요하지만 그러한 자금을 확보하는 데는 어려움을 겪고 있다. 정부기관 및 자선단체를 중심으로 지원되는 보조금은 전체 프로그램의 요구를 충족시키기에 부족한 경우가 많으며 개발 단계에서는 제품 또는 서비스의 범위를 정하기 어렵고 출시 일정도 제한적이어서 매출을 통한 자금 조달에도 어려움이 있다.

　또한 '사업개발, 경영 능력 및 활동 등 경영진을 포함한 조직의 역량 구축 자금', '장기적인 사회적 영향 달성의 전략을 가지고 있는 사업', '혁신적이지만 위험한 비즈니스 모델'의 경우도 사회적 기금을 조성하기에 어려움을 겪고 있는 분야이다. 오히려 이러한 분야는 상업적 투자자의 목표와 더 잘 부합한다. 상업적 투자는 비교적 성공을 위한 장기적인 관점을 취하는 자본 조달이 가능하며 사업 모델과 시장을 구축하고 증명할 시간을 주는 편이다. 또한 상업적 투자의 펀드 매니저는 재정적인 지속 가능성을 확보할 수 있도록 자금을 추가로 제공하면서 위험을 감수한다. 그러나 사회적경제 기업은 사회적 영향에 초점을 맞추고, 그들이 추구하는 비즈니스 접근 방식은 이를 위한 수단으로 사용하기 때문에 주류시장의 상업적 투자 자본에 접근하기가 어렵다. 많은 경우, 사회적 영향에 초점을 두면 상업적 수준의 투자 수익을 제공할 수 없거나 제공하지 않는다는 것을 의미하게 되므로 사회적경제 기업은 지속 가능한 사회적 영향에 대한 대가로 재정적 수익이 더 낮거나 혹은 요구하지 않는 자금 제공자를 필요로 한다. 결국 구조적으로 사회적경제 기업의 자금 조달 수요와 사회적 금융시장의 자본 공급 간에는 상당한 격차가 존재하기 때문에 재무적 성과와 더불어 사회적 영향에 대한 균형 있는 투자 기반이 조성될 수 있는 자금 시장의 구조 마련이 절실히 필요하다. 〈그림 12.1〉은 시장에서, 완전한 자선에서부터 완전한 상업적 목적까지 사회적 투자자의 자본 공급과 사회적 성과 및 재무적 수익의 다양한 정도를 제공하는 기업의 자금 수요를 나타낸 그림이다.

〈그림 12.1〉 사회적경제 기업의 자본 수요와 공급 매트릭스

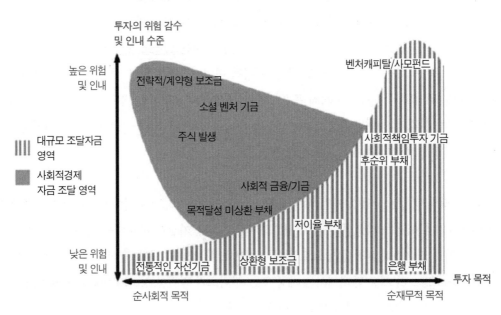

출처: Jessica Shortall(2008), "Introduction to Understanding and Accessing Social Investment: A Brief Guide for Social Entrepreneurs and Development Practitioners", SEEP Network, p.12.

한국사회의 대표적인 사회적경제 기업으로 주목받았던 딜라이트는 2010년 대학생들이 난청 장애인과 노인에게 합리적인 가격으로 보청기를 공급한다는 사회적 필요와 목적을 가지고 탄생한 기업이다. 딜라이트의 설립자는 사회적기업 연구모임에서 복지관 등에 봉사활동을 다닐 때 어르신과

이야기를 나누는 과정에서 어르신들이 보청기 없어 난청에 시달리고 그로 인하여 대화 단절과 소외의 고통을 겪고 있다는 것을 알게 되었다. 이런 상황을 알게 된 이들은 "아픈 사람을 돕고 좋은 제품을 합리적인 가격에 공급하며 수익 일부를 사회에 환원"하겠다는 정신으로 창업을 하였다. 봉사활동에서 느낀 소외된 이들에 대한 공감 능력과 청년으로서의 도전정신이 주목받는 사회적경제 기업을 탄생시킨 배경이 된 것이다. 시장에서 유통되는 보청기는 높은 가격 때문에 저소득 난청 장애인의 경우, 극히 일부만 보청기를 사용한다는 문제가 있다. 설립자와 창업팀은 이를 해결하기 위하여 기존 보청기와 성능은 비슷하지만, 20~30% 수준의 저렴한 가격으로 보청기를 개발하여 시장에 공급함으로써 사회적 목적과 비즈니스 모델 모두에서 사회적경제 기업의 우수한 사례로 언급됐다.

딜라이트는 창업 당시 외부의 지원 없이 사업을 시작하였지만, 해외시장 진출 및 투자 확대를 위하여 국내 제약회사에 자사주 처분을 통한 출자 형식으로 투자를 받고, 2011년 4월 계열사로 편입되었다. 딜라이트는 지속적인 기술 연구와 고객 중심 서비스로 우리 사회 난청 문제를 해결하는 국내 보청기 전문기업을 지향하고 있으며, 2010년 설립 이래 보청기 표준화 및 개발, 우리말 주파수 영역에 관한 연구를 통해 국민에게 적합한 보청기를 공급하기 위해 노력하고 있다. 더불어 사회적 가치 창출과 지속 가능한 경영을 동시에 수행함으로써 상업적 기업의 경영에 있어서 새로운 가치를 제시해 나갈 것을 다짐하였다[2]. 하지만 최근 언론에서는 "보청기 시장의 성장 가능성을 크게 보고 인수된 딜라이트가 2012년에 이익을 나타낸 것을 제외하고는 손실을 이어가고 있으며 매출도 2013년 44억 원에서 계속 하락하여 2017년에는 21억 원으로 줄어들었고 2018년에는 매출이 30억 원을 기록하며 반등에 성공하는 듯했지만 2019년과 2020년에는 다시 2년 연속 하락"했음을 보도하고 있다.

청년 기업가의 도전정신과 사회적인 공감 정신으로 세운 사회적경제 기업이 지배구조의 변화를 통하여 새로운 도약을 기대했지만, 성과가 쉽게 나타나고 있지 않다. 사회적 가치를 지향하던 기업의 이미지가 상업적 기업의 이미지 혹은 전략과 만났을 때 시장은 어떤 다른 반응을 보이는 것은 아닌지? 사회적경제 기업이 상업적 기업으로 편입될 때 어떤 점들을 주목하고 주의해야 하는지? 여간 고민스러운 사례가 아닐 수 없다.

전 세계적으로 이용 가능한 자본 대부분은 투자자들에게 상업적인 재정적 수익을 제공할 수 있는 사업을 위한 것들이다. 상업적 기업과 경쟁할 수 있고 상업적 수준의 재정적인 수익을 제공할 수 있는 사회적경제 기업은, 재무적인 수익에 더하여 사회적 영향까지 제공할 수 있어서 규모 있는 자본 투자자들에게 매력적일 수 있지만 결국은 재무적인 수익을 약속해야하기 때문에 쉽지 않다. 그러나 최근에는 사회적 금융시장에 있어서 전통적인 투자자들이 상업적으로 낮은 하위시장 수익률(소위, Sub-Market or Below-Market Return)로 사회적경제 기업에 자본을 제공하고 함께 위험을 감수하는 법을 배우면서 시장을 계속 성장시켜 나가고 있다. 사회적경제 기업의 하위시장은 저소득층, 실업자 등 열악한 환경의 사회적 목표그룹 혹은 지역공동체의 욕구와 필요 등의 사회문제 해결을 위해 제공되는 제품과 서비스 시장을 의미한다. 일부 보조금을 제공하는 투자자들은 보조금 조달을 모색하는 사회적경제 기업의 사회문제에 대한 투자의 방식으로 보조금 지원을 확대하고 진화시키고 있다. 이러한 활동들은 사회적경제 기업의 경영에 힘을 보태고 운영의 역량을 신장시켜 더욱 긍정적인 사회적 영향의 창출을 돕는다(〈그림 12.2〉)[3].

〈그림 12.2〉 긍정적인 성과 창출을 위한 투자의 역할

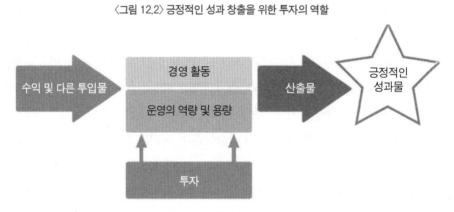

출처: NESTA(2015), "Investing In Innovative Social Venture: A Practice Guide", p.17.

사회적 자본시장의 투자 기금은 사회적 영향을 투자 또는 지원의 중요한 조건으로 고려해야 하지만, 사회적 책임의 하나로 지원하는 예도 많으며 일부는 아직도 상업적 비즈니스 투자의 원리를 중요하게 적용하여 재무적 성과에 주된 관심을 가지고 투자하기도 한다. 사회적 영향 투자의 수익률 범위는 〈그림 12.3〉과 같이 금융 수익을 기대하지 않고 원금을 무상 지원하는 -100%에서부터 부채 및 주식 투자의 경우는 8% 및 그 이상까지 다양하다. 사실 사회적 영향에 투자하는 투자자는 투자에 대한 사회적 영향을 엄격하게 측정해야 하지만, 일부는 사회적경제 조직이 사회적 목적 및 사명에 기여한다는 사실을 알고 그것에 만족하기도 한다. 그러나 무엇보다도 중요한 것은 투자의 수단이 기부금 혹은 보조금이거나 아니면 부채 혹은 주식이든지 간에 상관없이 사회적 목적 및 사명이라는 동기 또는 사회적 영향이라는 성과를 중심으로 투자 원칙과 투자 평가의 기준을 명확히 갖출 필요가 있다[4].

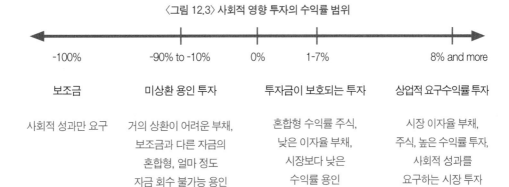

〈그림 12.3〉 사회적 영향 투자의 수익률 범위

-100%	-90% to -10%	0%	1-7%	8% and more
보조금	미상환 용인 투자		투자금이 보호되는 투자	상업적 요구수익률 투자
사회적 성과만 요구	거의 상환이 어려운 부채, 보조금과 다른 자금의 혼합형, 얼마 정도 자금 회수 불가능 용인		혼합형 수익률 주식, 낮은 이자율 부채, 시장보다 낮은 수익률 용인	시장 이자율 부채, 주식, 높은 수익률 투자, 사회적 성과를 요구하는 시장 투자

출처: Jessica Shortall(2008), "Introduction to Understanding and Accessing Social Investment: A Brief Guide for Social Entrepreneurs and Development Practitioners", SEEP Network, p.12.

사회적 영향 투자 기금은 사회적 자본시장으로부터 시작되며 경제적인 실적은 제한적이다. 사회적 영향 투자의 재정적 수익은 벤처 캐피탈 수단보다 낮으며 그것은 사회적경제 기업이 창출하는 사회적 영향으로 상쇄된다. 따라서 아래의 그림처럼 사회적 영향 투자의 수익률은 재무 수익률과 사회적 수익률 간에 달성하고자 하는 최소 균형을 나타내며 이상적으로는 〈그림 12.4〉의 오른쪽 위 끝 구석에 표시된 "투자수익률의 균형 구역"을 목표로 한다.

〈그림 12.4〉 사회적 영향 투자 목표 영역

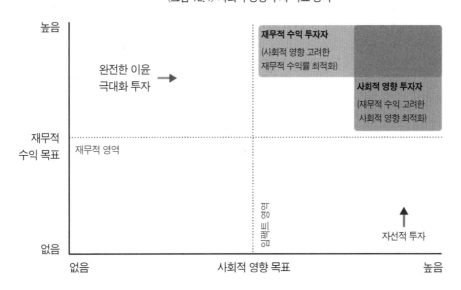

출처: Jessica Freireich&Katherine Fulton(2009), "Investing for Social&Environmental Impact, A Designfor Catalyzing an Emerging Industry", Monitor Institute, p.32.

우리나라도 마찬가지지만 미국과 영국 등 일부 유럽 국가를 제외하고 많은 국가에서 사회적 금융시장의 발전에는 몇 가지의 도전 과제를 안고 있다. 그것은 '자본 및 숙련된 투자자 부족', '재무적 수익 투자와 사회적 성과 투자 사이에서 균형을 갖추지 못하고 재무적 수익을 중심으로 치우친 기금 구조', '규모의 경제 달성에 어려움이 있는 사회적기업가의 경영 기술 역량', '초기 단계인 사회적 금융시장의 역사', '사회적 영향 측정의 문제' 등을 꼽을 수 있다.

특히 사회적 영향 측정은 성과를 검증하기 위한 중요한 절차이지만 재무적 성과 측정과는 달리 측정 가치의 범위, 측정 시간과 비용, 적합한 측정 도구 개발 혹은 적용에 있어서 기술적인 어려움이 있다. 따라서 사회적기업가 입장에서는 사회적 목적과 사명을 명확하게 표현하고 그것을 실천할 수 있는 강력한 비즈니스 계획을 수립하여야 하며 투자자에게 성공적인 출구를 제시할 수 있는 사회적 영향 측정의 과정과 성과물을 타당성 있게 제시할 필요가 있다[5].

국내 · 외 사회적 영향 투자 현황

미국은 1950년대 이후 정부를 중심으로 사회적 자본시장을 위한 정책 및 제도를 수립해 왔다. 1958년 미국 의회는 소기업 투자 지원 프로그램인 SBIC(Small Business Investment Company)를 개발하고 투자할 수 있도록 하였다. 이것은 미국 중소기업청(SBA, Small Business Administration)의 재정 지원 프로그램 중 하나이다. SBA는 SBIC 프로그램을 통해 소기업에 직접 투자하지 않지만 특정 부문이나 산업에 대한 전문 지식과 자격을 갖춘 투자 관리 회사에 자금을 제공하고 투자 관리 회사는 자체 자본과 SBA 보증으로 빌린 자금을 사용하여 적격 소기업에 주식 및 부채에 투자한다. 이 프로그램은 기업에 직접 투자하지 않고 전문 투자기관에 자금을 제공하여 간접 투자 할 수 있도록 한 미국 최초의 정부 주도 투자 제도이다[6].

1969년에는 미국 연방 국세청(IRS, Internal Revenue Service) 주도로 비영리재단의 기금 사용을 활성화하기 위하여 전년도 기준 자산의 5%를 의무적으로 순수 기부 혹은 자신의 목적 사업에 투자하도록 하는 소위, 'PRI(Program Related Investment)' 제도를 시행하였다. 이를 이행하지 않을 때는 벌금이 부과된다. PRI 투자의 기대수익률은 시장 수익률 미만이다. PRI는 미국 자선 부문의 투자 활동을 촉진하였다. 최근에는 일부 재단이 사회적 영향 투자의 위험을 해소해 주는 촉매 자본의 역할을 함으로써 다양한 상업적 자본을 사회적 영향 투자 시장에 유인하는 역할을 하고 있다. 2009년까지 PRI를 통해 사회적 자본시장에 유입된 자금 규모는 약 37억 달러(약 4조 2920억 원)로 추산된다. PRI의 대표적인 투자 사례는 '어려운 학생에게 저리 또는 무이자 대출', '비영리 저소득 주택 사업에 대한 고위험 투자', '합리적인 이율의 상업자금 조달이 어렵고 경제적으로 힘든 소상공인에 저리대출', '국내 · 외 저소득 지역의 실업자 고용 또는 직업훈련 등 지역경제 활성화를 위한 사업에 투자', '지역사회 악화에 맞서 싸우는 비영리 단체에 대한 투자' 등이 있다[7].

PRI와 비슷하지만, 비영리재단의 목적 사업 이외의 사업영역에 직접적으로 투자할 수 있도록 하는 'MRI(Mission Related Investment)' 제도가 있다. 이는 투자 방식에 구애받지 않고 다양한 형태로 자금을 운용할 수 있는 제도로, 일반적으로 기대수익률은 시장 수익률 수준을 보인다. MRI는 공식적인 IRS 지정이 아니며 자금 제공자마다 다른 이름을 사용하여 투자한다. 2017년 포드(Ford) 재단은 PRI를 넘어 향후 10년 동안 120억 달러(약 13조 7400억 원) 기부금 중 최대 10억 달러(약 1조 1450억 원)를 MRI에 할당하겠다는 역사적인 약속을 했다[8].

1977년에는 지역사회 재투자법, CRA(Community Reinvestment Act)가 제정되었는데 이는 금융기관이 지역 개발 목적의 대출을 의무화하도록 한 제도이다. 일반은행은 전체 대출의 일정 비율을 소수인종, 저소득층을 대상으로 주택자금과 사업자금을 대출해야 하며, 연방정부는 은행의 이행실적을 감독 평가하여 은행 관련 각종 승인 및 규제 활동에 반영한다. CRA는 1990년대 CDFI(Community Development Financial Institution)제도 도입을 위한 근거 법률 역할을 하였는데 CDFI는 낙후 지역의 경제 활성화와 빈곤 문제 해결을 목적으로 지역 중소기업, 중소상공인, 저소득층에 금융서비스를 제공하는 기관이다. 2023년 현재 약 1000개의 기관이 활동 중이고, 2020년 말 현재 지분 투자, 대출, 대출 보증 포함 총 운용 중인 자산 규모는 약 811억 달러(약 92조 8595억 원)에 달한다[9].

미국의 민간 사회적 금융시장은 1980년대 후반부터 실리콘밸리를 기점으로 시작되었다. 사회혁신 클러스터(Social Innovation Cluster)라는 새로운 개념이 도입되었고 유씨 버클리(UC Berkeley) 및 스탠퍼드 대학(Stanford University) 등이 관심을 가지면서 논의됐다. 하지만 2000년대 초반까지는 큰 관심을 얻지 못하다가 SVN(Social Venture Network), REDF 및 사회변화에 헌신하는 다른 기관들이 밀접하게 결합하면서 사회적 금융을 포함하는 전체 사회혁신 클러스터가 발전하게 되었다. SVN은 많은 분야와 사람이 참여하는 여러 차별화된 네트워크를 창안했으며, 지역사회의 사회(공동체)(적) 및 환경적 문제를 해결하기 위한 새로운 비즈니스 기술의 사용을 옹호했다. 이는 영리단체, 비영리단체, 대학 및 연구기관과 같은 부문 간 경계를 넘을 수 있는 핵심 인물의 활발한 정보 교환의 역할을 하였다.

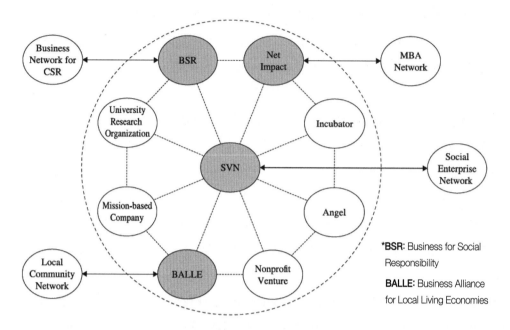

〈그림 12.5〉 SVN을 중심으로 하는 실리콘밸리의 사회혁신 클러스터

*BSR: Business for Social Responsibility

BALLE: Business Alliance for Local Living Economies

출처: Kanji Tanimoto(2006), "Social Enterprise: Rise of Social Business, ed", Chuokeizaisha, p.107: Kanji Tanimoto and Masaatsu Doi(2007), "Social Innovation Cluster in Action: A Case Study of the San Francisco Bay Area", Hitotsubashi Journal of Commerce and Management, 41(1), p.6.에서 재인용.

기업들은 대학 및 연구기관과도 새로운 파트너십을 구축하기 시작했고, NGO로부터 심각한 비판을 받아 왔던 사업 분야에 대해서도 사회적 문제를 해결하기 위해 비영리단체와 파트너십을 맺게 되면서 비판이 완화되고 사회혁신 클러스터는 지역의 발전을 추진하는 원동력이 되었다. 이로써 특정 영역의 새로운 비즈니스 모델 개념 및 사회적 가치는 원래 클러스터의 경계를 넘어 확산할 수 있었다[10]. 미국의 대표적인 '사회적 영향 투자 재단 혹은 기금'은 캘버트재단(Calvert Foundation), 어큐멘펀드(Acumen Fund), 악시온 그룹(Accion Group), 오미디르 네트워크(Omidyar Network), 굿 캐피탈 프로젝트(Good Capital Project), 그레이 매터스 캐피탈(Gray Matters Capital), 케이엘 펠리키타스 재단(KL Felicitas Foundation), 인베스터스 서클 에스브이엔(Investors' Circle-Social Venture Network), 인텔캡(Intellecap), 캘리포니아 프레쉬워크 펀드(California FreshWorks Fund) 등 다양하다. 제11장에서 설명하였지만, 특히 2009년에는 록펠러 재단 등이 지원하여 세계최대 임팩트 투자자 네트워크인 GIIN이 설립되어 세계 임팩트 투자 생태계 조성의 인프라 구축에 힘을 쏟고 있다.

그밖에 영국의 빅 소사이어티 캐피탈(Big Society Capital), 브릿지펀드 매니지먼트(Bridges Fund Management), 독일의 도이치은행 아이 펀드(Deutsche Bank Eye Fund)도 유명하다. 영국 정부는

2000년 재무부 주도 '사회투자 TF(Social Investment Taskforce)'를 구성하여 여러 정책을 기획하고 운영해 왔으며 지금까지 사회적 자본시장 조성과 자금 유입을 주도하고 있다. 세부적으로 살펴보면 1973년에 CDFI를 도입하였고 2002년에는 CDFI 전체 투자액의 5%까지 세금을 감면하는 법(Community Investment Tax Relief)을 제정하였다. 법 제정 후 8600만 파운드(약 1388억 원)의 기금이 CDFI로 유입되었으며 2013년 기준 1억 2300만 파운드(약 1986억 원)가 운용되고 있다. 2007년에는 중간지원기관 'Social Finance UK'를 설립하여 금융상품 개발, 임팩트 투자 자문 및 허브 역할을 하고 있으며 2010년에 처음 시작된, 사회문제 해결 성과에 따른 후불 자본조달 제도인 사회영향채권(SIB, Social Impact Bond)의 설계 및 실행 기관의 역할을 수행하고 있다. 2018년 현재 137개의 영향 채권(Impact Bonds)과 4억 달러(약 4640억 원)의 기금을 운용하고 있다. 주요 투자 대상은 인력개발, 주택, 건강, 아동 및 가정, 교육, 범죄예방, 빈곤 및 환경 분야이다. 2013년에는 사회적 가치법(Social Value Act)이 제정되어 중앙정부와 지방정부의 조달 및 위탁 시장에서 사회(공동체)(적), 환경적, 경제적 가치를 동시에 고려하는 구매가 활발히 이루어지고 있다.

〈그림 12.6〉 영국 사회적 자본시장의 역사

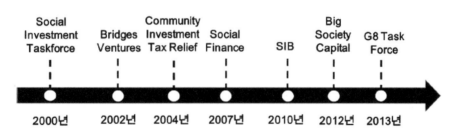

출처: 라준영 · 김준태 · 이윤석(2016), "사회영향투자의 동향과 전망", KAIST 경영대학 & SK 사회적기업가센터, p.15.

2012년에는 정부 주도로 세계 최초 사회투자 도매 은행인 빅 쏘사이어티 캐피탈(Big Society Capital)을 설립하여 2018년까지 연기금, 도매펀드, 사회적 은행, 기부 또는 재단, 정부, 은행이 함께 약 17억 파운드(약 2조 7433억 원)를 조성하였다. 이는 정부가 주도하면서 사회투자 정보를 공유하고 상업적 금융시장과 연계하는 사회투자의 모범사례라고 할 수 있다. 2018년에는 사회투자 TF에서 임팩트 투자 기관인 브리지스 벤처스(Bridges Ventures)를 설립하고 2018년 현재 약 10억 파운드(약 1조 6137억 원)의 펀드를 운용하고 있다[11].

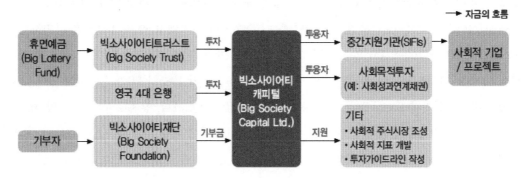

〈그림 12.7〉 Big Society Capital 기금 운영구조

출처: 원낙연(2013), "영국 사회투자기금 '빅소사이어티캐피털'", 한겨레신문(원자료: 한국사회투자).

이외에도 국가별로 모태펀드를 조성하여 사회적 영향 투자의 원천 자금으로 사용할 수 있도록 조성하고 있으며, 미국, 덴마크 및 네덜란드와 같이 공공 연기금 펀드가 사회적 영향에 투자되기도 한다[12].

최근 한국의 사회적 영향 투자는 한국사회투자, 행복나눔재단, 쿨리지 코너 인베스트먼트(Coolidge Corner Investment), 크레비스 파트너스(Crevisse Partners), 3D 쥬빌리 파트너스(D3 Jubilee Partners), 엠와이소셜컴퍼니(MYSC), 루트 임팩트(Root Impact), 에이치지아이(HGI), 소풍(Sopoong), 한국임팩트금융 등이 활발히 움직이고 있다.

〈그림 12.8〉에서 보는 것처럼 한국의 사회적 영향 투자 역사는 2000년 최초로 한국형 마이크로 크레딧을 시작한 신나는조합과 사회연대은행으로 거슬러 올라간다. 이들 기관은 신용이 부족한 자활공동체, 지역공동체, 소상공인 창업자와 운영자를 대상으로 무담보 소액대출 사업을 시작하였다. 이후 열매나눔재단 등이 마이크로크레딧 사업에 합류하였다. 2022년 1월 말 현재 신나는 조합이 제공한 저 신용자 무담보 소액대출 누적액은 개인사업자 225억 6000만 원, 사회적경제 기업 105억 8900만 원으로 총 236억 1900만 원에 이른다. 사회연대은행이 제공한 저 신용자 무담보 소액대출 누적액은 개인사업자 515억 8000만 원, 사회적경제 기업 176억 3300만 원으로 총 692억 1300만 원에 이른다.

2009년에는 휴면예금을 활용할 수 있는 법이 제정되어 소위, 미소금융이 출범하였다. 2012년에는 고용노동부에서 사회적기업에 대한 투자활성화를 위해 총 100억 원 규모로 4개 펀드를 조성하였다. 2013년에는 서울시에서 사회투자기금으로 500억 원을 한국사회투자에 위탁운영하게 하여 사회적경제 조직에 대한 규모 있는 융자가 시작되었다.

〈그림 12.8〉 한국사회 사회적 금융의 태동과 성장

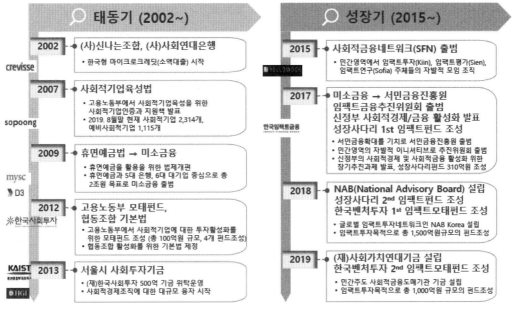

출처: 이종익(2021), "사회적경제와 임팩트 투자: 재미난청춘세상 제4기 교육자료", 한국사회투자, p.38.

2015년에는 민간영역이 사회적금융네트워크(SFN, Social Finance Network)를 출범하고 임팩트 측정과 평가, 투자에 관한 연구와 실행 계획을 발표하였다. 2017년에는 정부 차원에서 미소금융을 담당하는 서민금융진흥원과 민간 차원의 임팩트금융추진위원회가 출범하여 신정부 사회적경제 금융 활성화 정책이 발표되었으며 첫 번째 성장사다리 임팩트펀드 310억 원이 조성되었다. 2018년에는 임팩트금융 국가자문위원회(NAB, National Advisory Board)가 설립되어 두 번째 성장사다리 펀드와 첫 번째 한국벤처투자 임팩트모태펀드가 1500억 원 규모로 조성되었다. 2019년에는 민간 주도 사회적금융 도매기관인 사회가치연대기금이 설립되어 1000억 원 규모의 두 번째 한국벤처투자 임팩트모태펀드가 조성되었다[13].

멕시코의 콤파르타모스(Compartamos):
사회적 금융시장의 도움으로 급성장하고 경제적 자본시장의 논리로 돌아서는 이중성을 보이다[14]!

멕시코의 콤파르타모스(Compartamos) 은행은 1990년 호세 이그나시오 아발로스 에르난데스(Jose Ignacio Ávalos Hernandez)가 소액금융 기관 설립을 위하여 재무적 포용성 경제를 지향하는 비정부기구 악시온 인터내쇼널(ACCION International), 월드뱅크그룹(World Bank Group)의 국제금융공사(International Finance Corporation, IFC), 빈곤 탈출을 지원하는 국제협력조직 CGAP(The Consultative Group to Assist the Poor) 및 일부 민간으로부터 기부금을 받아 NGO를 설립한 데서부터 출발하였다. 이 단체는 'BoP(경제 피라미드의 바닥, Base of economic Pyramid)'에 위치한 가난한 여성과 중소기업에게 소액 대출을 제공함으로써 빈곤 완화에 노력해 왔으나 2000년에는 영리회사로 전환하였고, 2006년에는 상업은행 면허를 취득하였다. 2007년에는 주식시장에 기업을 공개하여 4억 5000만 달러(약 5153억 원)의 자금을 조달하였으며, 이 기업에 투자한 개인 및 월드 뱅크와 악시온 인터내쇼널 등의 자선단체에게는 13배의 높은 투자 수익을 안겨 주었다. 대기수요(Pent-up Demand)로 인하여 주식 거래 첫날에는 주가가 22%까지 급등하였다. 회사는 이러한 수요의 주요 원동력이 회사의 탁월한 성장 및 수익성, 강력한 경영관리와 함께 신흥 시장에서의 투자처 부족에 따른 투자기회의 타이밍과 소액금융의 성장세가 한몫을 한 것으로 분석하고 있다. 이 회사는 2011년에 페루 및 과테말라로 사업을 확장하였으며, 2013년 지주회사의 명칭이 콤파르타모스 그룹에서 젠테라(Gentera)로 바뀌게 되었다.

〈그림 12.9〉 2006년 12월 31일 현재 콤파르타모스의 자산 형성 구조

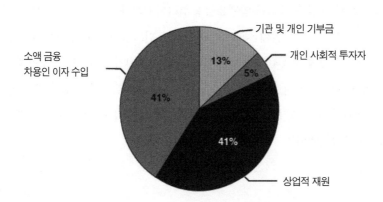

출처: Richard Rosenberg(2007), "CGAP Reflections on the Compartamos Initial Public Offering: A Case Study on Microfinance Interest Rates and Profits", FocusNote, 42, p.11.

〈그림 12.9〉에서 보면 2006년 12월 31일 현재 회사의 자산은 소액금융의 차용인으로부터 얻은 이익 41%, 상업적 이익 41%, 개인 및 기관의 기부금과 개인의 사회적 투자금 18%로 구성되어 있다. 이 회사는 라틴아메리카에서 제일 큰 소액금융 회사로 성장하였다.

그런데 콤파르타스 은행은 주식시장 공개를 통하여 거대 자본을 조달하였고 시간이 지나면서 주주들에게 점점 더 높은 이익이 돌아가도록 함으로써 세간의 논란을 촉발시켰다. 2007년 주식공개 이후에 빈곤한 사람들에게 100%가 넘는 금리를 부과하여 53%의 자기자본수익률(ROE)과 부유한 개인 투자자들을 풍요롭게 했다는 이유로 맹렬한 비판을 받았다. 소액 금융의 선구자인 무하마드 유누스(Muhammad Yunus)는 콤파르타모스 은행의 우선순위를 '엉망'이라고 설명하고 그가 옹호했던 소액 대출 프로젝트와 비교해서는 안 된다고 제안하기도 하였다. 회사는 이윤이 급속한 성장을 통하여 발생하였다고 하지만 결국은 고객에게 높은 금리를 부과한 결과로 이익이 증가된 것으로 나타났다. 2017년 12월 31일 현재 손익계산서에 따르면 이자 수익은 약 175억 페소(약 1조 2250억 원), 이자 비용은 약 10억 8000만 페소(약 756억 원)를 기록하여 약 16배의 마진을 보는 것으로 나타났으며, 약 23억 8500만 페소(약 1669억 5000만 원)의 순이익을 기록하고 있다.

빈민층은 회사의 고객을 다른 가난한 고객으로 확장하기 위해 이자를 지불하고 있는 격이 되었으며 투자자들은 이를 통하여 부를 축적하고 있다. 이것이 콤파르타모스 은행의 고객에게 공정한 것인지, 기업 공개의 목적이 자본을 더 늘리는 것이라면 사회적경제 기업이 투자자와 주주를 어떻게 통제할 수 있는 것인지, 사회적 투자에 대한 기대 수익의 허용 범위는 어디까지인지, 가난한 자를 희생해서 얻는 이익이 언제까지 지속되어야 하는 것인지, 사회적경제 기업이 창출하는 이익의 궁극적인 수혜자는 누구인지에 대한 의문을 갖지 않을 수 없게 되었다. 회사나 비평가 모두 그럴듯한 견해를 가지고 있지만, 외부 세계의 많은 사람들은 소액 금융의 동기에 대한 회사의 진실을 의심하고 있다. 본 사례의 핵심쟁점은 사회적경제 기업이 자본을 조달함에 있어서 회사의 지배구조가 사회적 영향 및 상업적 목표의 균형을 더 어렵게 하도록 변경하였는지의 여부이다. 앞에서도 살펴보았지만 사회적 투자자들은 변화하는 현실에 맞추기 위해 경제적인 성과 창출로의 이정표를 적용하는 것에 대해 높은 관용을 갖고 있다. 따라서 사회적경제 기업은 이사회의 역할을 다시 한번 강조하고 이사회 구성원이 균형 있게 구성되도록 의식적으로 유지하는 것이 재무적인 성과뿐만 아니라 사회적인 사명을 준수하고 유지하는 데 꼭 필요하다고 할 것이다.

2021년 지주회사 젠테라의 지속가능보고서에 의하면 콤파르타모스 은행의 2021년 총고객수는 250만 1493명이며 이 중에서 여성 고객이 89.8%, 남성 고객 10.2%이다. 총지점수는 474개이며 이 중에서 은행 지점은 143개에 이르며 직원 수는 1만 3574명에 이른다. 총대출 자산은 2676억 9백만 페소(약 1조 8738억 3000만 원)이다. 2020년에는 13억 4400만 페소(약 940억 8000만 원)의 순손실이 났으나 2021년에는 22억 8500만 페소(약 1599억 5000만 원)의 순이익을 달성한 것으로 나타났다. 2021년 기준으로 대표적인 수익성 지수인 총자산순이익율(ROA)은 6.1%, 자기자본순이익율(ROE)은 20.7%로 나타났다. 한국의 금융감독원 통계에 따르면 우리나라 은행의 2021년 4분기 ROA는 0.75%이며 ROE는 9.88%이고, 미국은행의 2022년 1분기 평균 ROA는 1.01%, ROE는 10.42%인 것을 감안하면 콤파르타모스 은행의 수익성은 여전히 매우 높은 수치임을 알 수 있다.

2021년에 콤파르타모스 은행은 사회공헌 차원에서 미화 7천만 달러(약 801억 5000만 원)를 미국 국제개발금융공사(DFC) 및 일본 국제협력기구(JICA)와 협력하여 씨티은행(Citibank)과 계약을 체결하고 저개발 지역에 위치한 소기업에 대출을 제공하기로 했음을 밝히고 있다. 또한 2021년에 주로 멕시코 지역 여성에게 긍정적인 영향을 미칠 생산적인 사회적경제 기업 활동에 자금을 지원하기 위하여 '기관 증권 거래소(BIVA, Bolsa Institucional de Valores)'에 최초의 '사회적 채권(Bono Social)' 25억 페소(약 1750억 원)를 배치했음을 밝히고 있다. 아울러 2021년 지주회사 젠테라의 지속가능보고서에는 제11장에서 살펴본, 글로벌 지속가능보고 측정 지표로 널리 알려진 GRI와 SASB에 따라 그 내용을 공시하고 있다. 하지만 이러한 콤파르타모스 은행 및 지주회사 젠테라의 사회공헌 움직임이 경제적 이정표로 방향을 돌린 기업이 사회적경제의 본질로 돌아오기에는 너무 먼 자본수익 중심의 구조 속으로 깊이 뿌리내린 돌이킬 수 없는 현실이라고 할 것이다.

해외 사회적 영향 투자 시장 현황

2020년 2월과 4월 사이에 전 세계 294개의 사회적 영향 투자 조직을 대상으로 한 설문 조사를 분석한 결과, 이들이 관리하는 사회적 영향 투자 자산(AUM, Assets Under Management)은 약 4040억 달러(약 468조 6400억 원)로 조사되었다. 이를 토대로 전 세계적으로 존재하는 1720명 이상의 사회적 영향 투자자 데이터베이스를 고려할 때 2019년 말 기준 전 세계 사회적 영향 투자 규모는 총 7150억 달러(약 829조 4000억 원)로 추산되었다[15]. 특히 이번 조사에서는 전 세계 코로나-19 전염병 대유행 사태에도 불구하고 사회적 영향 투자의 미래에 대해 긍정적인 전망을 유지하고 있는 것으로 나타났다. 조사 참여 기관의 57%는 전염병 때문에 자본 투자 약속을 변경하지 않을 것이며 15%는 추가 자본을 투입할 가능성이 있다고 말했다.

이번 조사를 통하여 나타난 4가지 큰 시사점은 첫째, 사회적 영향 투자의 산업 범주는 여전히 다양하다는 점, 둘째, 사회적 영향 투자는 시간이 지남에 따라 투자 동기, 수익 및 자산 성장 측면에서 더 깊고 정교해졌다는 점이다. 셋째로는 사회적 영향 측정 및 관리 관행은 성숙했지만, 여전히 개선이 필요하다는 점, 그리고 앞에서 설명한 것처럼 넷째, 사회적 영향 투자자는 전염병 대유행의 역풍에도 불구하고 미래에 대해 긍정적인 전망을 유지하고 있다는 점이다.

조사에 참여한 294개 조직이 관리하는 투자 자산의 분포지역은 〈그림 12.10〉과 같이 미국 및 캐나다가 전체의 30%를 차지하고 있으며, 서·북·남 유럽(WNS Europe)은 15%, 멕시코를 포함한 카리브해 연안국 및 라틴아메리카(LAC)는 12%, 사하라사막 이남 아프리카(SSA)는 11%, 남아시아는 6%, 동부유럽, 러시아 및 중앙아시아(EECA)는 6%, 오세아니아는 5%, 동아시아는 5%, 남동아시아(SE Asia)는 3%, 중동 및 북아프리카(MENA)는 2%, 기타 지역이 5%를 차지하는 것으로 나타났다.

<그림 12.10> 사회적 영향 투자자산 지역별 비율(좌) 및 응답자 비율(우)

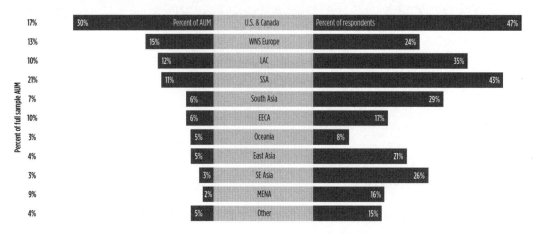

출처: GIIN(2020), "Annual Impact Investor Survey 2020", p.30(좌: n = 289(이상치 제외); AUM = 미화 2210억 달러, 우: n = 294).

다음으로 분야별 투자 자산의 비율은 〈그림 12.11〉과 같이 에너지가 전체의 16%를 차지하고 있으며, 금융 서비스(소액금융 제외) 12%, 산림 10%, 식품 및 농업 9%, 소액 금융 8%, 주택 8%, 건강 7%, 물·위생·보건(WASH) 6%, 기반조성 4%, 생산 3%, 정보통신기술 3%, 교육 3%, 예술 및 문화 0.1%, 기타 11%의 분포를 보인다.

<그림 12.11> 사회적 영향 투자자산 분야별 비율(좌) 및 응답자 비율(우)

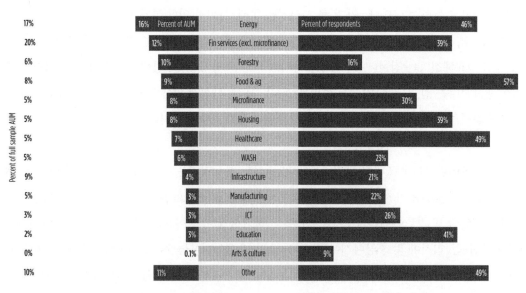

출처: GIIN(2020), "Annual Impact Investor Survey 2020", p.33(좌: n = 289(이상치 제외); AUM = 미화 2210억 달러, 우: n = 294).

응답자의 67%는 리스크가 조정된 시장 수익률을 목표로 투자하는 것으로 나타났고, 나머지 33%는 시장 수익률보다 낮은 수익률을 목표로 하는 것으로 나타났으며, 33% 중에서 15%는 투자 자본의 보존에 만족하고 투자하는 것으로 나타났다. 또한 〈그림 12.12〉의 그래프에서 보는 것처럼 관리되고 있는 자산은 사모 부채, 공적 주식 및 사모 주식에 가장 많이 분포되어 있다. 이상치 응답자를 제외하고, 사모 부채는 응답자 21%, 공적 주식은 응답자의 19%를 차지한다. 이상치 응답자를 포함하면 사모 부채는 전체 자산의 34%를 구성하는 반면 공적 주식은 11%를 차지하고 있는 것으로 나타났다. 사모 주식은 가장 일반적인 자산투자 항목으로 응답자의 70%가 사모 주식을 보유하고 있으며 응답자의 58%는 사모 부채에 투자한 것으로 나타났다. 반면 공적 주식은 훨씬 적은 비율인 응답자의 17%가 보유 중인 것으로 나타났다.

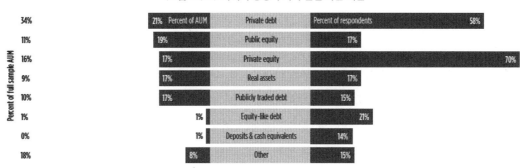

〈그림 12.12〉 사회적 영향 투자 수단별 자산 배분

출처: GIIN(2020), "Annual Impact Investor Survey 2020", p.36(좌: n = 289(이상치 제외); AUM = 미화 2210억 달러, 우: n = 294).

〈그림 12.13〉과 같이 지역별로 선진국 투자자(DM-focused investors) 및 신흥국 투자자(EM-focused investors)의 60% 가까이는 사회(공동체)(적) 영향 및 환경적 영향을 동시에 목표로 삼았으며 선진국 투자자의 9%는 환경적 영향만을 목표로 투자하였다. 시장의 수익률보다 낮은 기대 수익을 목표로 투자하는 투자자는 사회(공동체)(적) 영향만을 목표하는 경우가 제일 컸으며(54%), 시장의 수익률을 기대하고 투자하는 경우에는 환경적 및 사회(공동체)(적) 영향을 동시에 목표하는 경우가 68%로 제일 컸다. 대형 투자자 10명 중 8명(79%)은 사회(공동체)(적) 및 환경적 영향 모두에 중점을 두지만 중형 또는 소형 투자자는 각각 53% 및 56%에 달하였다. 중형 및 소형 투자자의 40%는 환경적 영향만을 목표로 하였으며 대형 투자자의 경우는 17%가 환경적 영향만을 목표로 삼는 것으로 나타났다.

〈그림 12.13〉 투자 유형별 사회적 영향 목표(하단 n은 응답자 합)

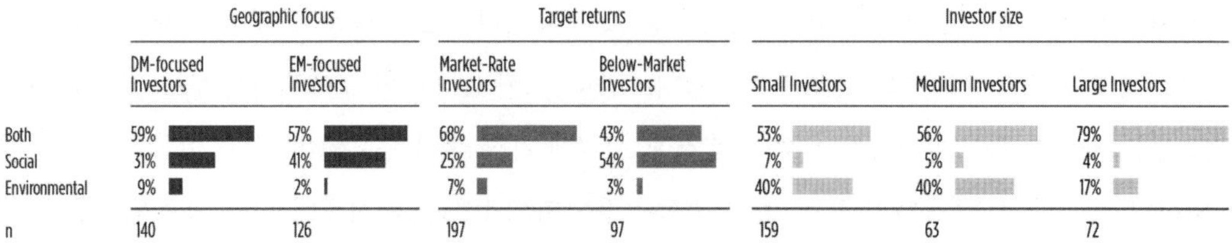

	Geographic focus		Target returns		Investor size		
	DM-focused Investors	EM-focused Investors	Market-Rate Investors	Below-Market Investors	Small Investors	Medium Investors	Large Investors
Both	59%	57%	68%	43%	53%	56%	79%
Social	31%	41%	25%	54%	7%	5%	4%
Environmental	9%	2%	7%	3%	40%	40%	17%
n	140	126	197	97	159	63	72

출처: GIIN(2020), "Annual Impact Investor Survey 2020", p.44(DM: 선진국, EM: 신흥국).

사회(공동체)(적) 또는 환경적 영향을 측정하고 보고하기 위해서 투자자는 다양한 산업 구조, 도구 및 체계를 사용하는 것으로 나타났다. 대다수(89%)는 사회적 영향 측정 및 관리에 있어서 최소한 하나 이상의 외부 도구를 사용하지만, 나머지 11%의 응답자는 외부 도구를 사용하지 않는다고 밝혔으며 변화 이론이나 논리 모델과 같은 일반 도구 혹은 다양한 독자적인 측정 및 관리 체계를 사용하는 것으로 나타났다.

복수응답으로 물어본 결과, 〈그림 12.14〉와 같이 응답자의 73%는 UN의 '지속 가능발전목표(SDG)'를 사용한다고 답하였다. 이어서 응답자의 46%는 GIIN의 범용 측정 시스템인 'IRIS 메트릭스 카탈로그'를 사용하고 있으며, 응답자의 36%는 영향 주제별 간결한 IRIS 메트릭스 세트인 'IRIS+ 코어 메트릭스 세트'를 사용한다고 답하였다. 또한 응답자의 32%는 GIIN의 'IMP[Impact Management Project, 사회적 영향 투자의 의사 결정을 돕기 위하여 서로 다른 영향 측정 기준을 조정하는 것으로 사회(공동체)(적) 및 환경적 성과 정보의 사용을 발전시키는 데 핵심이 있음][16]를 사용한다고 답하였다. 이어서 UNPRI는 29%, B-Corporation 측정 및 투자 플랫폼 GIIRS(Global Impact Investment Rating System)는 18%, '사회적 영향 관리 운영원칙(Operating Principles for Impact Management)'은 18%, GRI는 11%, Aeris CDFI rating system은 11%, SASB는 9%를 사용한다고 답하였다.

기타 다양하게 Impact Multiple of Money, CERISE-SPI4, SPI4-Alinus, GRESB, TruCost, HIPSO, Lean Data의 60데시벨, Poverty Probability Index, GOGLA, IPAR 등의 도구를 사용하는 예도 11%이다. 사회적 영향 측정과 관련된 도구는 제11장을 참조하기를 바란다.

〈그림 12.14〉 사회적 영향 측정 도구, 구조 및 체계의 사용

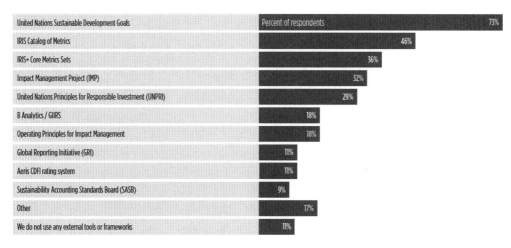

출처: GIIN(2020), "Annual Impact Investor Survey 2020", p.46(n = 294, 복수응답 가능).

투자자들이 사회적 영향 투자를 하도록 동기를 부여하는 다양한 이유가 있는데 가장 많은 상위 3
가지 이유는 모두 영향에 관한 것이다. 그것은 〈그림 12.15〉와 같이 "투자를 통해 사회적 영향을 추
구할 사명(87%)"을 가지고 있고, "사회적 영향 투자는 책임있는 투자자로서 헌신의 핵심(87%)"이
며 "사회적 영향 투자가 영향력 목표를 달성하는 효율적인 방법(81%)"이기 때문으로 답하였다. 또
한 응답자의 85%는 고객 요구에 응답하기 위하여 사회적 영향 투자를 한다고 밝혔으며 70%는 다
른 투자 기회에 비해 재무적 매력이 '다소 중요'하기 때문이라고 복수 응답하였다.

〈그림 12.15〉 사회적 영향 투자 동기(복수 응답, 우측 끝은 응답자 합)

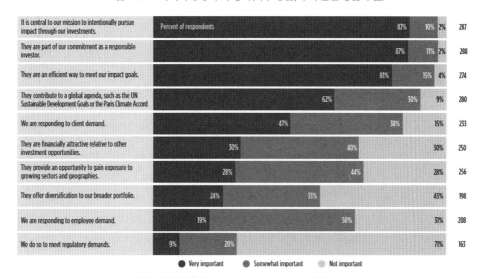

출처: GIIN(2020), "Annual Impact Investor Survey 2020", p.6.

사회적 영향 투자자의 동기는 지리적 측면과 수익률 기준에 따라 달라지는 경향이 있다. 선진국 중심 투자자의 절반 이상이 UN 지속 가능개발목표 또는 파리 기후협정과 같은 글로벌 의제에 대한 기여가 어느 정도 사회적 영향 투자를 하는 이유로 보고 있다. 이는 신흥국 중심 투자자의 70%와 비교된다. 또한 시장 금리 투자자의 40%는 성장하는 부문 및 지역에 자신을 알리는 것을 사회적 영향 투자의 '매우 중요한' 동기로 언급했다. 시장보다 낮은 금리 투자자의 경우 이 동기는 17%에 불과하다[17].

한국의 사회적 영향 투자 시장 현황

한국에서 사회적 영향 투자 시장에 참가하고 있는 대표적인 10개의 조직을 대상으로 인터뷰와 설문 조사를 통해 조사한 결과, 2016년 현재 관리되는 투자 자산의 규모는 약 539억 원이며, 이 중에서 서울시의 기금을 사용하고 있는 기관을 제외하면 약 180억 원 정도인 것으로 조사되었다. 조사된 투자 규모 및 프로젝트 현황은 〈표 12.1〉과 같다. 투자자 선정 및 관리를 위한 사회적 영향 측정 방법은 자체의 지표(42.8%)와 질적인 서술(42.8%)을 중심으로 평가하고 있는 것으로 나타나서 표준화된 사회적 영향 측정 및 관리의 도입이 필요한 것으로 나타났다. 조사에 포함되지 않은 기금을 포함하여 2016년 현재 전체 사회적 영향 투자 기금 누적액은 한국사회투자 548억을 포함하여 총 728억으로 파악된다[18].

〈표 12.1〉 우리나라 사회적 영향 투자의 규모 및 프로젝트 현황(2016년 조사)

투자기관		A	B	C	D	E	F	G	H	I	J
투자 건수		14건	34건	7건	14건	12건	2건	1건	73건	12건	6건
총 투자규모(원)		31.5억	25억	20억	16억	42억	14억	8억	359억	7.5억	3억
- 최대 투자규모		5억	3억	7.5억	4억	10억	12억	8억	40억	2억	1.5억
- 최소 투자규모		0.5억	0.125억	0.6억	0.2억	2억	2억	8억	0.26억	0.1억	0.24억
건당 투자금액(원)		2.3억	0.7억	2.9억	1.1억	3.5억	7억	8억	4.9억	0.6억	0.5억
투자 방식	지분투자	9건	34건	3건	12건	1건	2건	1건	-	8건	4건
	전환사채	-	-	-	-	10건	-	-	-	-	-
	혼합형	-	-	4건	-	-	-	-	-	-	2건
	융자	4건	1건	-	-	-	-	-	73건	4건	-
	보조금	1건	-	-	-	-	-	-	-	-	-
평균 투자기간		4년 이상	3년	1년	2년	3년	1년	5년	4.5년	3년	5년
- 최대 투자기간			4년	1.5년	7년	3년	1년	5년	5년	11년	7년
- 최소 투자기간			1개월	1년	1년	3년	1년	5년	1년	1년	3년

출처: 라준영(2018), "우리나라 사회영향투자 시장의 현황과 과제", 중소기업연구, 40(1), p.93.

2017년부터 2019년까지 서울시 기금, 성장사다리 임팩트펀드, 임팩트모태펀드의 공공 기금 누적액 약 3780억 원과 SK 및 IBK 등 민간 투자 누적액 약 810억 원을 더하면 사회적 영향 투자 기금의 총 누적액은 4590억 원에 이르는 것으로 파악된다. 이와 관련하여 일반 벤처캐피탈 및 금융기관의 대표적인 사회적 영향 투자 실적은 다음과 같다. 2018년에는 쿨리지 코너와 미시간 창업투자가 중기청 모태펀드 사회적 영향 부문에 선정되어 각각 208억 원(45건 이상)과 30억 원(4건 이상)을 투자하였다. 같은 해 더웰스인베스트먼트와 신한금융투자, IBK투자증권은 성장사다리펀드 사회적 영향 투자 부문에 선정되어 각각 110억 원(8건 이상)과 247억 원(14건 이상), 24억 원(4건 이상)을 투자하였다. 2019년에는 KB인베스트먼트와 대성창업투자, 마그나인베스트먼트가 중기청 모태펀드 사회적 영향 부문에 선정되어 각각 1510억 원(65건 이상)과 406억 원(34건 이상), 239억 원(21건 이상)을 투자하였다. SK그룹은 2017년에 하나은행과 1호 펀드를 조성하여 110억 원을 투자하였으며 2018년에는 신한금융그룹과 2호 펀드를 조성하여 200억 원을 투자하였고 2019년에는 KDB산업은행, 이재웅대표, 엘로우독과 함께 3호 펀드를 조성하여 500억 원을 투자하였다. 2020년 이후 5년 내 한국의 사회적 영향 투자 기금은 약 1조 원 규모로 커질 것으로 예측된다.

이처럼 한국의 사회적 영향 투자 시장은 지속해서 확대될 예정이다. 투자 동향도 2016년 이전까지는 평균 건당 투자금액이 3억 원 안팎으로 글로벌 시장의 건당 평균 투자금액인 24억 원에 비하여 10% 정도의 소액 투자가 대부분이었지만 최근에는 기관당 50억 원 이상을 투자하는 사례도 나오고 있다. 투자단계도 Seed(시제품) → Pre A(수익전) → Series A(수익/성장) → Series B(확장)의 단계로 나누어 볼 때 2016년 이전까지는 주로 Seed, Pre A에 집중되었던 투자가 점점 Series A와 Series B 단계로 확대되고 있는 추세이다. 또한 투자자간 좋은 투자처 발굴과 성장사다리펀드, 모태펀드를 받기 위한 경쟁이 치열해지고 있다. 경쟁적 자금공급으로 인하여 기업 가치의 고평가, 기업 부실화가 생길 우려도 있다[19].

사례연구 46

캐나다의 데자르뎅 그룹(Desjardins Group), 이탈리아의 레가쿱(Lega coop), 스페인의 라보랄 쿱차 (Laboral Kutxa): 세계 3대 사회적경제 성지의 명성답게 '데자르뎅 연대금고', '레가쿱 협동기금', '몬드라곤 노동인민금고'를 설립하고 운영하여 지역/노동/협동 연대금고의 표본을 세계에 보여 주다[20]!

캐나다의 데자르뎅은 협동조합 금융그룹이다. 오늘날 캐나다에서 가장 큰 금융 그룹 중 하나인 데자르뎅은 개인과 지역사회의 복지에 기여한다는 설립자 알퐁스 데자르뎅(Alphonse Desjardins)

과 그의 아내 도리멘 데자르뎅(Dorimène Desjardins)의 철학에 항상 충실했다. 이들은 1900년 12월 6일 퀘벡(Quebec) 주의 도시 레비스(Lévis)에서 최초의 신용협동조합(Caisses Populaires, 프랑스어)인 데자르뎅을 설립했다. 알퐁스 데자르뎅은 1854년도에 레비스에서 태어났다. 평생 동안 그는 군복무, 언론인, 퀘벡 입법부의 편집자, 오타와(Ottawa) 시 하원의 프랑스 속기사로 일했다. 레비스의 협회 및 지역개발 분야에서의 개인적인 경험을 바탕으로 그는 동료 시민들의 사회경제적 문제에 대한 재정적 해결책을 찾기 시작했으며 고리대금을 억제하기 위한 협력의 아이디어로 데자르뎅을 설립한다. 알퐁스는 이를 통하여 노동 계급의 조건을 개선하고 프랑스계 캐나다인의 경제 발전에 기여하였으며 1920년 10월 31일에, 퀘벡 주에서 163개, 온타리오(Ontario) 주에서 18개, 미국에서 최소 9개의 신용협동조합을 설립하는 데 기여한 후 사망했다.

도리멘 데자르뎅은 1858년도에 퀘벡 주 남서부에 있는 도시 '소렐-트레시(Sorel-Tracy)'에서 태어났다. 그녀는 1879년에 소렐-트레시에서 알퐁스와 결혼하였다. 그 시대의 많은 여성들처럼 그녀도 남편의 그림자 속에서 살았으나 기회가 있을 때마다 그녀는 신용협동조합을 홍보하는 데 중요한 역할을 했다. 특히 1903년에서 1906년 사이에 그녀는 직함이나 급여 없이 레비스의 신용협동조합을 관리했다. 1920년 남편이 사망한 후 많은 사람들이 남편의 생각을 해석해 달라고 그녀에게 요청했다. 도리멘은 특히 검증 관행과 중앙 조합의 아이디어에 대해 퀘벡 시 지역 조합 관계자와 상담했으며 큰 도덕적 권위를 얻었다. 그녀는 1932년도에 사망했다. 여러 면에서 그녀는 데자르뎅 신용협동조합의 공동 설립자로 간주될 수 있다.

〈그림 12.16〉 데자르뎅 신용협동조합 설립자(좌: 알퐁스, 중: 도리멘) 및 역사박물관(우)

출처: 데자르뎅 홈페이지(2023), https://desjardins.com.

오늘날 데자르뎅은 "사람과 지역사회의 경제적 및 사회적 웰빙을 개선하는데 기여"하는 것을 사명으로 "구성원이 소유하고 관리하는 안전하고 수익성 있는 금융 서비스의 통합 협력 네트워크를 지속적으로 개발"하고 "민주주의, 경제, 연대, 개인 및 집단적 책임"을 통하여 조합원이 관리하는 보완적 금융 네트워크를 구축하고 있다. 특히 공동선을 위해 조합원, 고객 및 파트너의 신뢰를 얻고 유지하며 '무결성과 엄격함'을 중요한 가치로 삼는다. 이것은 "정직성, 객관성, 역량 및 투명성을 입증하고 건전한 비즈니스 및 관리 관행뿐만 아니라 데자르뎅을 지배하는 모든 규정 및 지침을 준수하는 것"을 의미한다. 또한 부를 공유하고 지속 가능한 번영을 지원하기 위한 '지역사회와의 연대', 조합원과 고객의 요구를 가장 잘 충족하고 협력 모델 개발에 기여하기 위한 '상호협력' 역시 데자르뎅의 중요한 가치이다.

데자르뎅은 북미 최고의 금융 협동조합으로써 2021년 현재 750만 명의 조합원 및 고객이 있으며 직원 수는 5만 3783명, 이사는 2517명에 이른다. 2021년에는 '미디어콥(Mediacorp)'이 선정한 캐나다 상위 100대 고용주 중 하나로 선정되었다. 2021년에 조합원 및 공동체에 5억 1400만 달러(약 4697억 9600만 원)를 배당하였으며, 소기업을 위한 보조금 기금 '굿 스파크(GoodSpark)'에 2400만 달러(약 219억 3600만 원)를 보조하여 강력하고 지속 가능한 공동체 프로젝트 127개를 지원하였다. 자산규모는 3970억 달러(362조 8580억 원)이며 신용협동조합 일반준비금에 있는 분할 가능한 공유 자산은 158억 달러(14조 4412억 원)가 있다. 자기자본 비율은 21.1%, 조합원 배당 전 잉여금은 29억 달러(약 2조 6506억 원)에 달한다.

이탈리아의 쿱펀드는 1886년에 설립된 이탈리아 최대 규모 협동조합 연맹인 레가쿱(Legacoop)에서 운영하는 협동조합 개발기금이다. 레가쿱 소속 개별 협동조합이 연간 이익의 3%를 출자하고 청산된 협동조합의 잔여 자산 및 영업 이익으로 협동조합을 육성하는 상호펀드(뮤추얼 펀드, Mutual fund)이다. 이탈리아는 1992년 1월에 뮤추얼 펀드를 생성할 수 있는 법률이 만들어졌고 1993년 2월에 레가쿱 지분 80%와 벤처캐피탈 핀쿠퍼(Fincooper) 지분 20%로 '제스티포름(관리) 레가 주식회사(Gestiform Lega SpA)'를 설립하였으며 1998년 3월에 쿱펀드 주식회사(Coopfond Spa)로 개명하였다. 2000년 1월부터 이탈리아 협동조합을 위한 기금 운영에 집중하고 2001년 6월에 레가쿱이 지분 100%를 소유한다. 2007년 2월에는 협동조합 간 합병 및 통합을 촉진하기 위한 새로운 사업 영역과 2012년 12월에는 위기에 처한 협동조합의 구조조정을 전담하는 새로운 사업 영역을 시작하였다. 2015년 5월에 정부의 뮤추얼 펀드 금융 중개 제한으로 대출 활동을 중지하였다가 2017년 2월에 재개하게 되었다.

쿱펀드는 국제협동조합 연맹의 협동조합 7대 원칙을 경영이념으로 운영한다. 이들은 협동은 중요한 가치의 전달자이며 기금이 제공하려는 목표는 유엔이 정한 "연대, 정의, 형평성, 사회적 결속, 참여 및 존중"의 지속가능개발목표인 SDGs와 자연스럽게 일치함을 강조한다. 쿱펀드의 목적은 "새로운 협동조합의 창출과 기존 협동조합의 성장에 기여하고 특히 경제사회적 관점에서 가장 취약한 지역에서 협동조합 개발을 위한 조건을 창출하여 레가쿱의 협동조합 진흥 정책을 구현"하는 것으로 설명하고 있다. 이를 위하여 쿱펀드는 기업가적 자질과 함께 지역적 특성, 협동의 원칙으로 전국적으로 성장할 수 있는 프로젝트인지를 평가의 주요 요소로 간주한다. 주로 사회적 가치가 높은 혁신 분야의 유능하고 신뢰할 수 있는 파트너를 선택하며 최대한 엄격하고 공정한 관리 기준을 채택하고 기금 사용의 투명성과 효율성을 보장한다.

〈그림 12.17〉 쿱펀드 지원 소속 협동조합 활동사진(좌) 및 저자 레가쿱 방문(우)

출처: 탈라시아(Thalassia) 협동조합(2023), http://cooperativathalassia.com(좌: 환경교육).; 저자(2020),
"레가쿱 방문 및 연구회의", 저자 방문촬영(우: 스페인 연구자, 이탈리아 활동가 및 컨설턴트와 함께).

2021년 9월 30일 현재 쿱스타트업(Coopstartup) 프로그램 지원 활동 내역을 살펴보면 총 4165명이 참여하여 1313개의 사업 아이디어를 응모하였으며 이 중에서 337개 그룹이 인큐베이션(교실 교육, 1:1 및 사업 계획서 작성 지원) 대상으로 선정되었다. 이 중에서 267개 그룹이 사업계획서를 마무리하였다. 마지막으로 101개의 우승 프로젝트와 59개의 협동조합 창업기업이 설립되었다. 2020~2021년 기금운영 현황을 보면 초기 자금은 4억 5747만 8000유로(약 6189억 6800만 원)에서 새로운 기금 수입이 1777만 2000유로(약 240억 4500만 원)가 더해졌으며, 여기서 총 지출액 627만 1000유로(약 84억 8400만 원)를 사용하고 최종잔액기금은 4억 6897만 9000유로(약 6345억 2800만 원)가 남았다. 기금 수입 중에서 협동조합에서 납입한 이익의 3% 기금은 2371개 협동조합에서 1672만 5000유로(약 226억 2800만 원)를 납입하였다.

스페인의 라보랄 쿱챠는 협동조합 설립과 규모의 확장을 위해 호세 마리아 신부에 의해 1959년에 설립된 몬드라곤의 노동인민금고(Caja Laboral)에서 출발하였다. 노동인민금고는 스페인의 최대 규모인 몬드라곤 협동조합 복합체의 발전에 핵심적인 역할을 수행하였다. 노동인민금고는 2012년 12월 3일에 '아르파르 쿱챠(Ipar Kutxa)'와 통합하고 '라보랄 쿱챠'로 단일 법인이 되었다. 2020년 현재 라보랄 쿱챠의 고객은 113만 7090명이며 자산은 279억 400만 유로(약 242조 2241억 1200만 원)이다. 2020년 순이익은 8743만 유로(약 1182억 9200만 원)에 달했다. 총 301개 지점에서 남성 직원 952명(48.7%)과 여성 직원 1002명(51.3%)이 근무한다. 자기자본순이익률(ROE)은 4.83%, 예금 대비 대출 비율인 유동성 비율은 64.36%, 자기자본금은 21.2%에 이른다.

라보랄 쿱챠는 '민주적이고 책임 있는 관리', '오랜 경험과 전문성', '최고의 투명성', '사회 헌신과 미래 도전'을 중요한 가치로 경영한다. 이를 통하여 고객의 요구에 맞는 좋은 제품과 서비스를 제공하며 경제적인 활동과 고용을 창출하고 이익의 일부를 프로그램에 분배하는 행동을 통해 집단적 진보와 환경에 기여하고 있다. 또한 '가츠텐 프레사 재단(Fundacion Gaztenpresa)'을 통해 사회적경제 기업 및 중소기업의 창업 교육과 혁신에 지원하고 있다. 이들은 개인보다 공동의 이익을 우선시하고 참여적인 방식으로 결정을 내리며 이익을 사회에 재투자하도록 이끄는 가치에 따라 운영되는 협동조합 은행이다.

2021년 라보랄 쿱챠의 사회적 책임 활동 내역을 보면 다음과 같다. 먼저 '사회에 대한 약속'으로써 은행 이익의 25%를 사회에 환원한다. 이 기금으로 협동조합, 문화, 스포츠, 훈련, 연구 프로젝트에 투자한다. 나머지 25%는 자본의 형태로 파트너에게 분배되며, 나머지 50%는 협동조합의 미래와 지급 능력을 보장하기 위해 적립금으로 사용된다. 지역에서 납세 의무를 이행하여 공공 서비스 유지 및 발전에 기여하는데, 2021년에는 3380만 유로(약 457억 3100만 원)가 세금과 수수료로 지불되었다. 2021년에 가츠텐 프레사 재단은 547개의 일자리를 창출하였고 278개의 창업기업과 기존 기업을 지원하였다. NGO를 지원하는 사회적 책임 제품 구매 카드 및 환경, 사회 및 우수한 지배 구조 기업에 투자할 때 할당되는 금액으로 각각 4만 8924 유로(약 6619만 원)와 14만 3405유로(약 1억 9400만 원)가 전달되었다. 지역은행이 상품 및 서비스를 구매할 때 지역상점에서는 94.2%, 지역 기업에서는 43%를 구매하였다. 라보랄 쿱챠 협동조합의 지배구조는, 지분이 개인고객이 16%, 작업 파트너가 22%, 퇴직한 파트너가 13%, 제휴 협동조합이 49%를 보유하는 다중 이해관계자 협동조합의 형태로 구성되어 있다. 여성인 최고경영진의 비율은 50%에 이르는데 이는 마드리드 증권거래소 35개 기업 평균 33.7%보다 훨씬 높다. 남성과 여성의 평균 보수 차이는 12.2%가 나는데 전체적으로 남성이 더 높은 직급에 있기 때문으로 나타났다. 바스크지방의 평균 차이인 29.3%에 비하여 훨씬 낮은 비율이다. 가장 많은 돈을 버는 사람은 직원 보수 중간 값의 4.76배를 받는데 이는 마드리드 증권거래소 35개 기업 평균이 118배인 것에 비하여 매우 적은 차이이다. 2021년 탄소발자국(CO_2)은 1154톤, 전력사용량은 1143만 2660Kwh를 사용하였는데 이는 2017년부터 그 배출량 및 사용량이 지속적으로 감소하고 있는 수치이다. 보다 자세한 내용은 라보랄 쿱챠 홈페이지의 2021년 연간보고서를 참조하기를 바란다.

사회적 영향 투자 기금

전통적인 투자의 기회는 전략적인 의사 결정과 이익이 교차하는 부분에서 발생하는데 일반 벤처 자금의 일부를 조달하여 투자 및 관리하는 임팩트 펀드 매니저는 자본을 제공한 투자자의 기대치에 부응하여야 한다. 예를 들어, 연금 펀드 및 전략적 투자자들로부터 모금한 사모 펀드로부터 자본을 조달하는 펀드 매니저는 사회적 수익보다는 더 높은 재정적 수익을 목표로 할 것이다. 반면 높은 사회적 영향을 목표로 하는 펀드 매니저는 기금 모금 전략의 하나로 재단, 고액 자산가, 가족 단위 투자 신탁 및 대기업 내의 사회적 책임투자 예산을 통하여 자금을 조달하려고 할 것이다[21].

사회적 영향에 자금 또는 기금을 지원하는 자본 시장을 폭넓게 구분해 보면 전통적으로 공공 및 자선단체 혹은 다자간 개발기관을 구성하여 자선 및 능력개발 보조금을 지원하는 전통적인 보조금(Traditional Grants), 벤처형 자선(Venture Philanthropies), 사회적 벤처기금(Social Venture Capital Funds), 하위시장 수익률 투자(Sub(Below)-market Return Investment), 사회적 책임 투자(Socially Responsible Investment), 사회적 증권거래소(Social Stock Exchange) 등으로 구분할 수 있다. 이러한 사회적 영향 투자 자본 시장의 자금 혹은 기금은 '정부', '비영리 및 비정부 기관', '상업적 기업', '개인'이 개별적으로 혹은 협력하여 형성하고 사회적 영향을 중심으로 조성된다.

〈표 12.2〉 사회적 영향에 투자하는 자금 또는 기금의 구분

구분	내용	목적
전통적인 보조금	자산 또는 능력개발 보조금을 지급하는 재단 혹은 정부 혹은 다자간 개발기구를 구성하여 보조금 혹은 채권 혹은 소액대출의 형태로 지급	조직의 사명 증진 혹은 역량 개발
벤처형 자선	투자 기금 또는 재단 또는 개인(엔젤)이 벤처 캐피탈 방식을 빌려 보조금 또는 대출 또는 주식에 돈을 투자	사회적 영향 창출을 위한 역량 구축

사회적 벤처기금	전통적인 벤처캐피탈 방식으로 구조화되어 일반 주류시장의 수익률보다는 낮은 재무적 수익과 함께 그러나 사회적 영향을 더 중요시하는 초기 단계의 주식 투자	사회적 영향 창출
하위시장 수익률 투자	다른 곳에 투자하면 더 높은 수익이 있을 것으로 생각하지만 상업적 은행이나 일반 투자자가 추구하는 것보다 낮은 수익률을 기대하고 부채 또는 주식에 투자	사회적 영향 창출 및 재정적 수익 기대
사회적 책임 투자	사회적 영향보다는 재무적 목적을 위하여 비즈니스 모델을 중심으로 사업 개발과 사회적 영향을 위하여 보조금 지급 방식 또는 주식에 투자	재정적 수익 창출 및 사회적 영향 기대
사회적 증권거래소	사회적경제 기업의 자금 조달 및 사회적 영향 투자자들의 원활한 투자 활동과 출구 전략을 위하여 일반 기업의 증권거래소 모델을 차용	사회적경제의 원활한 조달 및 투자 활동

출처: Jessica Shortall(2008), "Introduction to Understanding and Accessing Social Investment: A Brief Guide for Social Entrepreneurs and Development Practitioners", SEEP Network, pp.9-15. 참조 재정리.

사회적 영향 투자 시장에서는 사회적 영향이라는 목적과 투자라는 금융의 논리가 가장 균형 있게 작용하는 '벤처형 자선' 및 '사회적 벤처기금'을 중심으로 주목을 받고 있다. 사회적 영향 투자는 재단, 정부, 은행, 투자 기금, 전문은행, 개인 및 비영리기구 혹은 컨설팅기관이나 사회적경제 기업 간의 다자간 협력 개발기관 등 다양한 유형의 투자자들이 참여하고 기금을 형성하여 사회적경제 기업의 역량 구축 및 성장을 위한 자본의 제공에서부터 사회적 영향 달성 및 재무적 수익을 기대하는 자본의 투자까지 다양한 목적으로 투자를 진행한다. 사회적 영향 투자 시장에서는 무엇보다도 투자의 근본적인 목적을 사회적 영향의 달성에 두고 있지만, 종종 재무적인 수익을 목적으로 투자하기도 한다. 투자자에게는 일반적으로 조직의 성공을 위하여 장기간의 지분과 기다림이 요구되며 이들은 특별한 프로그램에 투자하기보다는 조직의 역량 및 성장에 초점을 맞추어 투자하며 대체로 재정적 수익을 기대한다[22].

그러나 앞에서도 언급하였지만, 사회적경제 기업은 그들이 창출한 사회적 영향의 대가로 투자 수익률이 시장의 수익률보다 더 낮거나 혹은 요구하지 않는 자금이 있어야 한다. 따라서 사회적 영향 투자 시장은 재무적 성과를 중심으로 작동되기보다는 사회적 영향을 중심으로 사회문제 해결과 사회혁신의 가치가 중요하게 평가되는 투자 기반 조성이 절실하다.

지역공동체의 건강, 환경, 교육, 주거 및 소액금융 등 사회문제 해결 및 사회혁신을 중심으로 투자되는 사회적 영향 투자는 '지역형', '분야 특화형', '기회형'의 3가지 범주로 구분할 수 있다. '지역형'이란 지역 개발에 사회적 영향 펀드의 모델을 적용하는 데 중점을 두고 있으며 종종 정부의 위임이나 지역 지원에 대한 깊은 의욕을 가진 특정 개인에 의해 주도되는 투자를 말한다. 이러한 기금은 일반적으로 지역공동체를 육성하기 위한 장기적이고 포괄적인 전략의 일부로 투자되며 지리적인 범위로 제한되기 때문에 투자 의무에 부합하는 다양한 사회적경제의 유형에게 광범위하게 사용된다.

'분야 특화형'은 세금 혜택의 인센티브로 투자를 유치하여 지원될 수 있으며 종종 현재 진행하고 있는 지역공동체 투자 프로그램을 활용하는 방향으로 추진된다. 기금의 규모에 따라서 마중물 투자 및 초기 단계 투자에서 하나 이상의 특정 부문에 중점 투자된다. 이는 상업적 기금과 유사하며 가장 성공적인 투자처를 발굴하고 양성하기 위해 분야별 전문성이 깊은 곳에 투자하며 파트너와 고객 네트워크에 의존하여 발굴하는 경우가 많다. 이러한 기금은 확장을 요구하는 사회적경제 기업과 분산투자의 욕구가 있는 투자자 사이에서 균형을 유지하면서 거래를 극대화할 수 있다. '기회형'의 경우는 광범위한 분야에서 최상의 거래를 추구하며 모든 거래가 포함될 수 있다. 투자는 사회적 벤처기금 또는 사회적 책임투자를 통하여 주로 비즈니스 모델이 입증된 성장 단계의 기업에 투자되며 청정 기술, 지속 가능한 제품의 생산, 판매 또는 유통이 가능한 사회적경제 기업, 소셜 벤처 등이 해당된다.

〈표 12.3〉 지역공동체 개발 투자 유형별 투자목적 및 기금원천

투자종류	투자목적	기금원천
지역형	지역 개발에 사회적 영향 펀드의 모델을 적용, 지역공동체를 육성하기 위한 장기적이고 포괄적인 전략	정부 위임이나 지역자원에 의욕을 가진 특정 개인
분야 특화형	현재 진행하고 있는 지역공동체 투자 프로그램을 활용, 특정 부문의 마중물 투자 및 초기 단계 투자	세금 혜택의 인센티브로 투자를 유치하여 지원
기회형	광범위한 분야에서 최상의 거래를 추구하며 모든 거래가 포함, 비즈니스 모델이 입증된 성장 단계의 기업	사회적 벤처기금 또는 사회적 책임투자

캐나다의 비즈니스 리더이자 자선사업가인 빌 영(Bill Young)이 2001년에 설립한 비영리단체인 '사회자본 파트너(Social Capital Partners)'는 지역공동체 협력을 기반으로 구조적 사회문제의 변화에 영향을 미치고 취약한 인구에 대한 고용 기회를 늘리는 혁신적인 사회적 금융 솔루션을 개발하는 데 중점을 두는 조직이다. 이러한 믿음을 뒷받침하기 위해 SCP는 불우한 인구를 위한 경력 기회를 확대하여 사회적 전략을 고용 전략에 통합하는 성공적인 비즈니스에 성장 기금 및 자문 서비스를 제공한다. SCP에서 제공하는 대표적인 사회적 금융 프로그램을 소개하면 첫 번째는 '액티브 그린 + 로스(Active Green+Ross)' 프로그램이다. 이는 SCP가 프랜차이즈 본사(Franchisor)와 제휴를 맺고 프랜차이즈 가맹점 사업을 희망하는 개인(Franchisee)에게는 저렴한 이율로 사업 자금을 빌려주는 프로그램이다. 프랜차이즈 가맹점은 그에 대한 대가로 사회적인 약자의 고용과 고용의 유지를 담보해야 한다. SCP는 이러한 인적자원 개발 모델이 성공하기 위하여 YMCA와 같은 지역사회 서비스 기관과 긴밀히 협력하여 프랜차이즈 가맹점의 채용 프로세스를 효율적으로 만들어 주고 고품질의 구직을 지원하는 사회적 금융 및 지원을 제공한다. 이 프로그램은 본사 딜러와 가맹점이 모

두 대출을 받을 수 있으며 '공동체 서비스 대행 기관(Community Agency)'을 통하여 가맹점에게는 취업후보생 추천 및 사업 활성화 지원과 지역공동체에는 더 나은 서비스가 제공되도록 하고 있다.

두 번째는 2009년부터 2014년까지 6년 동안 운영된 금융 프로그램인 '지역공동체 고용 대출 프로그램(Community Employment Loan Program, CELP)'이다. 이는 공공, 민간 및 비영리 분야의 이해관계자에게 잠재적인 사회적 및 재정적 이익을 제공하는 혁신적인 사회 금융 수단이다. CELP는 저소득층의 고용을 개선하기 위한 목적으로 중소기업 대출 차용인에게 재정 인센티브를 제공하는 프로그램이다.

〈그림 12.18〉 CELP 프로그램의 사회적 성과 추정(좌) 및 저자방문(우)

초기 5년간 20만 불 대출

취약 계층 4만 5000명 고용창출

대출이자율 2%까지 감면

CELP 공동체 채용 시스템 최초 사용자 수: 1만 1000명

정부의 순수입 증대 효과 1억 4000만 달러

출처: Deloitte LLP and affiliated entities(2014), "The Community Employment Loan Program: Mainstreaming social finance to increase job opportunities for Ontario's most vulnerable", p.12.

중소기업은 공동체 서비스 대행 기관(Community Agency)을 통해 사람을 고용하고 최소 정해진 기간을 유지하면 대출 차용인은 정기적으로 납부하는 대출금 이자를 환불받는다. 이를 통하여 취업 장벽에 직면한 저소득층을 위한 긍정적인 고용 성과를 창출하고 중소기업에는 은행 대출의 금리를 낮추고 사회적 목표그룹을 고용함으로써 지역사회에 환원하도록 동기를 부여한다. 또한 정부의 사회적 비용 절감과 파트너 금융기관의 잠재적 시장점유율 성장을 통해 수량화 가능한 재정적 수익을 창출할 수 있다. 아울러 기존의 공공, 민간 및 비영리 인프라를 활용할 수 있는 파트너십을 구축하여 장기적인 사회적 과제에 대한 부문 간 협력 해결을 가능하게 하며 주민들의 행동 변화를 유도하고 빈곤 감소의 전략 및 사회적경제 기업을 위한 전략이 정부 정책의 우선 과제로 이끌 수 있다는 장점이 있다. 이 프로그램은 〈그림 12.18〉에서 보는 것처럼 공동체 서비스 대행 기관(Community Agency)을 통해 고용된 사회적 목표그룹의 고용을 최소 6개월 이상 유지함으로써 CELP 대출 차용인은 대출 이자율을 2%까지 감면받을 수 있다. 경제적 인센티브(금리 감면)와 사회적 성과 달성(사회적 목표그룹의 고용 유지)이라는 목적이 있는 이 프로그램은 지난 6년 동안 캐나다 온타리오 전역의 75개가 넘는 지역에서 도입하여 시행하였으며, CELP는 새로운 중재를 위해 상당한 자금을 필요로 하는 일부 성과급 또는 사회영향채권 모델과는 달리 기존 시스템에 대한 인센티브 제도만을 활용하고 있어서 더 큰 가치의 비용 절감 효과를 볼 수 있다.

연구에 따르면 〈그림 12.18〉과 같이 정부의 순수입 증대 효과가 1억 4000만 달러(약 1544억 원)에 도달할 것으로 예측되었고 최대 4만 5000명의 사회적 목표그룹이 긍정적인 고용을 이루는 성과를 냈다. CELP는 온타리오 주 정부의 빈곤 감축 목표에 연결하는 것 외에도 온타리오의 사회적경제 기업의 핵심적인 기둥 역할을 하며 적극적으로 사회적 금융시장의 창출을 지원하였다.

SCP는 실패를 두려워하지 않으며, 다른 사람들이 하지 않는 위험이 큰 프로젝트에 투자하고 자신들이 아이디어를 소유하기보다는 다른 사람들이 채택하고 확장할 수 있는 솔루션을 설계하고 많은 파트너와 협력하려고 한다. 아울러 SCP는 어려운 문제를 해결하기 위해 개인, 공공 및 비영리 부문의 핵심 인물들과 파트너를 구축하고 파트너와 함께 변화에 따라 혁신하고 학습하기를 주저하지 않으며, 이것을 통하여 개발된 솔루션을 사용하여 사회적 영향을 달성하고 보다 큰 영향으로 성장하는 것을 목표로 활동하고 있다[23].

사회적 영향 투자 수단

투자의 동기는 지원하는 조직의 수만큼이나 다양하다. 어떤 투자자들은, 부채 상환 요구가 사회적경제 기업에 징계를 의미하는 것이라고 말하며, 또 어떤 투자자들은 지분을 소유하는 것이 진정으로 사회적경제 기업의 성공에 영향을 미칠 수 있다고 믿는다. 어떤 투자자들은 사회적경제 기업이 재정적인 투자 수익을 제공할 수 있다면 그 자본은 다른 사회적경제 기업으로 순환되어야 한다고 믿는다. 또 어떤 투자자들은 투자한 자본을 보존하거나 돈을 벌기를 원하지만, 개인적 또는 윤리적 이유로 상업적 투자의 기대수익보다는 덜 수익적일 것을 선호한다.

이처럼 사회적 영향에 투자하는 자금 또는 기금의 투자 수단은 재무적 수익을 기대하지 않는 '보조금' 및 성과에 따라 후불로 지급하는 '사회영향채권(Social Impact Bonds, SIB)'과 함께 자본 투자 방식 및 재정적 기대수익의 대소에 따라서 '하위시장 부채', '하위시장 주식', '상업적 수익 부채', '상업적 수익 주식'으로 구분할 수 있다[24].

첫 번째, '보조금'은 자금의 생성 과정에서 기본적으로 박애의 동기가 있으므로 재정적으로 돌려 줄 것을 요구하지 않는다. 두 번째, 사회영향채권(SIB)은 영국 정부에서 2010년부터 도입하여 제공 하는 투자 방식이다. 사회적경제 기업이 중간투자자 및 지원조직의 경비와 지원으로 사회문제 해 결의 사업을 수행한 다음 최종적으로 발생한 사회적 영향의 수준이 사전에 합의된 측정 가능한 목 표를 달성하면 중간투자자는 정부 및 공공기관 등 성과지급인으로부터 원금과 이자를 사후에 받을 수 있는 '성과에 의한 지불방식(Payment by Outcomes)'의 투자로써 영향을 달성하지 못할 때는 투 자원금 손실이 발생할 수 있다[25].

사회영향채권의 운영구조는 〈그림 12.19〉와 같다. 참여하는 기관들은 지역사회 문제 해결의 사 회적 사업을 기획 · 운영 · 관리하는 중간운영기관, 사업자금을 조달하는 투자자, 서비스 혹은 프로 그램을 수행하는 사회적경제 기업, 서비스 혹은 프로그램의 수혜자, 사업수행의 영향에 따른 보상 을 지급하는 성과지급기관, 사회적 영향을 측정하고 평가하기 위한 평가기관으로 구성되어 운영된 다. 중간운영기관은 지역사회 문제 해결의 사업기획과 투자자 모집이 가능한 비영리조직, 사회적 경제 기업 연합회, 지역재단, 사회투자재단 등이 해당한다. 성과지급기관은 주로 중앙정부나 지방 자치단체가 담당하며, 평가기관은 대학교나 연구소 등 연구기관이 맡는 경우가 일반적이다. 정부 기관이 성과지급기관과 중간운영기관을 함께 맡기도 한다.

〈그림 12.19〉 사회영향채권 운영과정

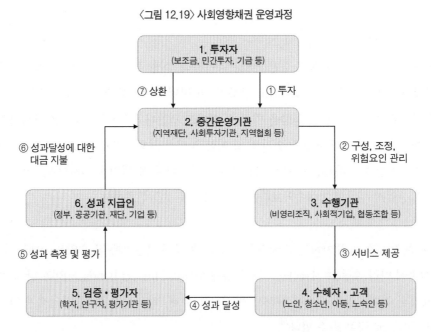

출처: 김정욱 · 진성만 · 여관현(2019), "지방자치단체의 사회성과보상사업(SIB) 활성화를 위한 정책적 함의: 국내 · 외 SIB 사례를 중심으로", 사회적 가치와 기업연구, 12(2), 45-80, p.48.

세 번째, '하위시장 부채'는 상업적인 수익률을 필요로 하지 않으며, '긴 상환 기간', '시장금리보다 낮은 금리', '성장이 달성될 때까지 이자 감면'의 조건으로 조달할 수 있는 대출(부채)이다. 네 번째, '하위시장 주식'은 회사에 재정을 지원하고 대신 주식의 지분을 갖는 것이다. 지분은 회사가 배당금을 지급하거나 매각될 때까지 투자자에게 지급을 연기한다. 이것은 상업적 수준의 재정적 수익이 제공될 것으로 기대하지 않는 회사의 주식 소유이며 이러한 낮은 수익률은 사회적경제 기업의 사회적 사명 및 열악한 지역공동체에서 새로운 사회혁신 모델을 시험하거나 빈곤층을 돕는 데 드는 비용으로 치환되는 것으로 간주한다. 이러한 투자 수단은 낮은 재정적인 수익과 높은 사회적 영향을 기대하는 투자 수단이다. 다섯 번째, '상업적 수익 부채'는 시장 이자율 수준으로 사용하고 전액 상환이 필요한 대출이나 채권의 형태로 제공된다. 사회적 영향은 종종 이러한 종류의 대출에 영향을 미치지 않으며 단지 고려되는 것은 사회적경제 기업의 부채 상환 능력뿐이다. 여섯 번째, '상업적 수익 주식'은 사회적경제 기업이 높은 상업성을 기대하고 투자자에게 수익을 돌려주면서 비즈니스 관행을 통하여 유의미한 사회적 영향을 달성할 것으로 기대될 때 적용된다. 사회적경제 기업이 정말로 상업적으로 경쟁력이 있고, 투자 수익을 높일 수 있다면 전통적인 주식 투자자와 높은 수익률 및 사회적 영향을 추구하는 신흥 주식투자자 그룹 모두에서 자본을 조달할 수 있다. 이와 함께 기업의 영업 성적이 부진하면 확정이자를 받고 호전되면 사채를 주식으로 전환할 수 있는 '전환사채', 기업이 대출을 갚지 못할 때 대신 지급을 동의해 주는 '대출 보증', 투자자가 법적 소유권을 인정받지는 못하지만, 사회적경제 기업이 성공할 때 보상받을 수 있는 '준주식' 등의 투자 수단이 있다.

사례연구 47

스페인의 몬드라곤(Mondragon) 협동조합 복합체: 협동조합의 원리와 규범에 충실하고 자본보다는 노동 중심의 원칙을 지키면서 더불어 살아가는 행복한 지역노동공동체를 열어 가다[26]!

스페인 GDP(국내총생산, Gross Domestic Product)의 10% 이상을 차지하고 있는 몬드라곤(Mondragon)은 스페인 바스크 지역에서 가장 큰 규모의 협동조합 복합체이다. 몬드라곤은 1956년 '호세 마리아 아리스멘디아리에타 마다리아가(José María Arizmendiarrieta Madariaga)' 신부가 처음 설립한 협동조합 '울고'로부터 시작되었다. 그는 협동조합형 기술학교를 설립하고 학생 및 지역주민들과 함께 "노동자들과 서민들의

〈그림 12.20〉 호세 마리아 신부

출처: 위키피디아(2018), "Jose Maria_Arizmendiarriet", http://en.wikipedia.org/wiki.

궁핍한 생활을 개선하고 연대와 협동의 문화"를 이루고자 다양한 토론과 학습 모임을 만들어 참여하고 오랜 노력과 실패 끝에 이 학교 졸업생들과 같이 몬드라곤을 창업하게 된다. 호세 마리아 신부는 몬드라곤을 설립하기까지 많은 정치적인 역경과 고난을 겪어 온 것으로 알려져 있는데, 그는 몬드라곤의 설립자이자 정신적인 스승으로서 지금까지 영원히 남아 있다.

몬드라곤은 2008년 글로벌 금융위기 이후 유럽에 불어 닥친 높은 실업율의 위기 속에서도 고용 유지를 위하여 노력해 왔다. 글로벌 금융위기를 전후하여 몬드라곤이 위치한 바스크 지역의 고용률과 실업률을 스페인의 전체 지역과 비교해 보면 이러한 사실을 알 수 있다. 먼저 바스크 지역은 2008년 경제 위기 전까지 스페인의 전체 수치와 거의 유사한 수준에서 움직였으나, 경제위기 이후에는 바스크 지역의 고용률은 이전에 비하여 2% 감소한 수준을 유지한 반면, 스페인 전체의 고용률은 50% 수준으로 급감하였다. 실업률에서도 2014년 현재 바스크 지역의 실업률은 14.9% 정도지만 스페인 전체의 실업률은 24.5%까지 올라서 약 9%의 차이를 보이고 있다. 이는 바스크 지역의 경제가 스페인 전체 경제에 비하여 위기에 얼마나 잘 대응하고 있는지에 보여 주는 대목이라고할 수 있다. 몬드라곤은 본부와 함께 103개의 협동조합과 157개의 자회사 및 지사 등을 포함하여 260개의 사업체를 운영하고 있으며, 이는 크게 은행, 사회 복지 및 보험의 '금융 부문', 산업용품 및서비스 제공 등의 '산업 부문', 소매, 식음료 및 농업협동조합 등의 '소비 유통 부문', 몬드라곤 기술센터 및 연구 개발, 몬드라곤 대학 및 직업 훈련과 교육센터 등을 포함하는 '지식 부문'으로 구분된다. 2014년 기준으로 몬드라곤의 전체 고용 인원은 약 7만 4000명이며 제조업 부문 노동자 조합원의 비율은 83%에 달하고, 협동조합 사업장의 여성 노동자 비율도 43%에 이른다. 총수입은 약 118억 유로(약 15조 2000억 원)에 이르며 노동자 조합원의 출자금도 16억 8800만 유로 (약 2조 1746억원)에 달한다.

〈그림 12.21〉 몬드라곤의 전경 및 총회 모습

〈본사 앞에서(저자)〉 〈2011년총회〉 〈산업단지 및 혁신센터〉

출처: 몬드라곤 협동조합 홈페이지(2018), http://mondragon-corporation.com.

협동조합에 대한 관심이 높아진 우리나라에서 몬드라곤의 사례가 주는 시사점은 크다고 할 수 있다. 먼저 몬드라곤 성공의 가장 큰 시사점은 '협동조합 본질에 충실한 경영 원칙, 특히 협동조합 간 협동'을 통하여 고용창출 및 고용연대의 협동조합 생태계를 만들어 냈다는 점이다. 이것은 민주적인 의사 결정 및 일자리 제공을 통하여 조합원이 지역공동체의 일원으로 인정받고, 이익의 분배를 통하여 지역사회가 함께 발전할 수 있도록 사회적 책임을 나누는 시스템을 구축하였기에 가능했다. 이런 점은 몬드라곤 협동조합 10원칙을 통해서도 엿볼 수 있는데, 이것은 일반적으로 노동자협동조합이 가지고 있는 원칙보다 훨씬 강력하게 '자본보다는 노동 중심의 원칙'과 '노동자 참여 경영'의 원칙을 지향하고 있다. 몬드라곤 협동조합 10원칙은 '공개적인 조합원 제도(Open Admission)', '민주적인 조직(Democratic organization)', '노동 주권(The Sovereignty of labour)', '자본은 부차적 수단(Instrumental andSubordinate Nature of capital)', '참여 경영(Participatory Management)', '급여 연대(Payment Solidarity)', '협동조합 간의 협동(Inter-Cooperation)', '사회 변혁(Social Transformation)', '보편성(Universality)', '교육(Education)'이다.

특히 몬드라곤 내의 협동조합인 '파고르전자'의 파산에 대처하는 후속 조치는 '고용 연대'의 대표적인 사례를 보여 주고 있다. 전자제품 회사로 성공했던 파고르는 2008년 경제 위기 이후에 5년 연속 적자를 기록하면서 파산의 어려움을 겪었고, 몬드라곤의 지원과 조합원 임금삭감 운동에도 파고르전자의 파산을 막지는 못하였으며, 조합원은 출자금을 허공에 날리고 일자리를 잃게 되었다. 파고르전자 파산 이후 몬드라곤은 파고르전자 조합원에게 실업 기간 동안 기존 급여의 80%를 제공하였고, 재교육과 취업 지원을 통하여 대부분의 조합원들이 몬드라곤의 다른 협동조합에 재취업했으며, 파고르전자에서 받던 임금 및 고용 조건을 유지할 수 있었다. 이와 같은 조치가 가능했던 이유는 몬드라곤 협동조합들이 연관 산업을 중심으로 수직 계열화를 이루고 있었던 점에 기인하였으며, 무엇보다도 협동조합 간 협동의 원칙이 발휘되었기 때문이었다.

몬드라곤 성공의 또 다른 이유에는 '교육 및 재교육 시스템'에 있다고 할 수 있다. 몬드라곤의 교육은 협동조합이 필요로 하는 인재 양성을 주도하는 몬드라곤 대학교와 몬드라곤 자체 교육센터에서 협동조합 구성원들을 위한 조합원 교육, 관리자 교육, 최고경영자교육 등을 진행하는 체계를 갖추고 있으며, 이를 통하여 협동조합의 발전과 지속 가능성을 제고시켜 왔다. 아울러 연구 개발을 혁신의 원천으로 생각하고 몬드라곤 대학교 및 연구개발센터를 통해 기술 개발에 집중 투자하고 이를 경영시스템에 연계함으로써 글로벌 경쟁력을 확보하고 있다. 아울러 '노동인민금고'라는 금융 시스템도 몬드라곤 성공의 핵심 열쇠라고 할 수 있다. 몬드라곤은 스페인 연방법에 따라서 협동조합 이익의 10%를 교육에 배분하고, 나머지 45%는 조합에 재투자하며, 45%는 조합원에게 분배하여 노동인민금고에 예치함으로써 조합에 대출해 줄 수 있는 자금의 원천으로 사용하고 있다. 조합원에게는 이자를 제공하고 퇴직 시 또는 다른 지역으로 이주할 경우에 예치금을 찾도록 하고 있다. 이러한 제도는 협동조합의 이윤을 다시 지역사회에 재투자하고, 조합원들은 적극적으로 협동조합에 참여할 수 있는 동기를 부여함으로써 궁극적으로는 지역사회의 발전과 조합원의 발전이 지역사회에서 선순환하고 지속 가능한 사회경제적 시스템을 만드는 동력으로 작용하였다고 볼 수 있다.

조직 유형에 따른 사회적 영향 투자 조달 전략

〈표 12.4〉는 사회적 투자를 찾는 조직 유형에 따른 '조직 활동', '수익 창출', '잠재적인 투자 수단', '투자자 요구사항'에 대하여 정리한 표이다. 〈표 12.4〉에서 보면 기업 활동을 하지 않는 비영리 및 비정부조직은 투자형 보조금이 자금 조달의 주요 수단이며 혁신 및 성장을 위한 계획, 지속 가능한 영향이 요구된다. 반면 기업 활동을 하는 비영리 및 비정부조직은 기업 활동을 통한 시장 개입 등 다양한 활동을 통하여 이익을 창출하지만 예산을 감당할 만큼 충분하지는 않다. 이들의 주요 조달 수단은 투자형 보조금과 하위시장 수익률 융자이며, 사회적 투자자들로부터 혁신 및 성장을 위한 계획, 지속 가능한 영향을 포함하여 투명한 사업적 사고와 기업 활동에 대한 바람직한 재무적 모델이 요구된다.

〈표 12.4〉 조직 유형에 따른 주요 활동, 수익창출, 사회적 투자 수단 및 요구 역량

조직 유형	조직 활동	수익 창출	잠재적인 투자수단	투자자 요구사항
비기업 활동 NGO&NPO	시장 기반 사회적 영향과 혁신에 참여	수익활동은 없음	· 투자형 보조금	· 혁신 및 성장을 위한 계획 · 지속 가능한 영향
기업 활동 NGO&NPO	기업 활동을 통한 시장 개입 등 다양한 활동	이익을 창출하지만 예산보다 부족	· 투자형 보조금 · 하위시장 수익률 부채	· 혁신 및 성장을 위한 계획 · 지속 가능한 영향 · 사업의 투명성 · 재무적 모델
시장 수익률 이하의 재무성과 사회적경제 기업	사회적 영향의 동기 하에 기업 및 사업 운영	창출된 수익은 기업 또는 사회적 사명에 재투자	· 투자형 보조금 · 하위시장 수익률 부채 또는 주식 · 상업적 부채	· 사업 개념의 증명 · 강력한 사업계획 · 재무적 성과 및 사회적 영향 · 경영에 대한 경험 · 위험분석

| | | | · 초기 보조금 | · 사업 개념의 증명 |
| 상업적 기업과 같은 방식의 사회적경제 기업 | 중요한 사회적 영향을 미치는 상업적 비즈니스로 운영 | 투자자에게 상업적 수익 가능 | · 하위시장 수익률 부채 또는 주식 · 상업적 부채 · 상업적 주식 | · 비즈니스 사고 · 훌륭한 재무적 성과 · 경험 많은 팀 · 영향이 비즈니스에 내재 · 위험 분석 |

출처: Jessica Shortall(2008), "Introduction to Understanding and Accessing Social Investment: A Brief Guide for Social Entrepreneurs and Development Practitioners", SEEP Network, p.16.

시장 수익률 이하의 재무성과를 제공하는 사회적경제 기업의 자본 조달 주요 수단은 투자형 보조금, 하위시장 수익률 부채 또는 주식, 상업적 융자 등이 있으며 사업 개념의 증명, 강력한 사업계획, 재무적 성과 및 사회적 영향, 경영에 대한 경험, 위험분석 등이 요구된다. 이러한 유형에는 일정 기간 지속적으로 보조금이 필요한 기업, 손익분기점만을 유지하는 기업, 하위시장 수익률 정도의 이익을 내는 기업 등이 해당된다. 상업적 기업과 같은 방식의 사회적경제 기업은 초기에 보조금 및 하위시장 수익률을 통한 조달과 추진력이 생긴 이후에는 상업적 수익률을 통한 조달이 가능한 유형이다[27].

사회적경제 기업이 추구하는 가치나 운영 모델에 따라서 사회적 금융의 필요가 조금씩 다르다. 〈그림 12.22〉는 '이익 분배', '소유권 모델', '혁신의 속도', '성장궤도'에 따른 자본 조달의 필요를 설명하고 있다. 예를 들어 비영리를 지향하는 사회적경제 기업의 경우는 주식 배분에 의한 자금 조달은 매력적이지 않으며 주로 기부금 조달을 통하여 자본을 조달한다. 이윤 배분이 가능한 영리기업 형태의 사회적경제 조직은 자선을 통한 기부금 조달은 어려우며 인내 자본(Patient Capital)의 성격이 있는 주식 투자자에게 매력적이다. 협동조합은 주식형 지분 투자를 원하지 않으며, 주로 지역공동체 출자금의 형태로 자본을 조달한다.

반면 다른 기업 형태나 자선단체는 지역공동체 혹은 구성원을 통하여 자본을 모으기는 어렵다. 급진적인 혁신을 추구하는 기업은 사회적 영향을 이해하는 고위험 자본을 통한 자본 조달이 필요하며 초기 단계의 경우 대출을 통한 조달은 어렵다. 점진적인 혁신을 추구하는 기업은 당좌(예금)를 통한 차입 혹은 대출 등 비교적 위험도가 낮은 금융을 통하여 조달한다. 급속한 성장을 목표로 할 경우는 이를 달성해 줄 고위험 금융을, 유기적 관계를 통한 성장을 추구하는 사회적경제 조직은 자산을 담보로 하는 금융 조달 등 비교적 위험도가 낮은 조달 방법을 선택한다[28].

〈그림 12.22〉 사회적경제 조직의 가치 및 운영 모델에 따른 자본 조달 필요

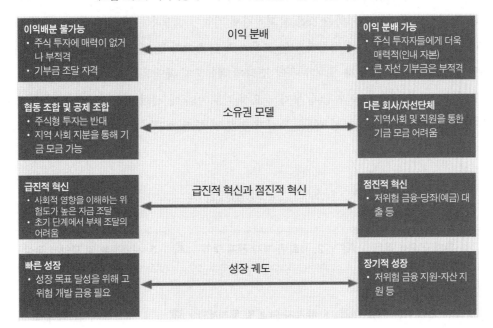

이익배분 불가능 • 주식 투자에 매력이 없거나 부적격 • 기부금 조달 자격	이익 분배	이익 분배 가능 • 주식 투자자들에게 더욱 매력적(인내 자본) • 큰 자선 기부금은 부적격
협동 조합 및 공제 조합 • 주식형 투자는 반대 • 지역 사회 지분을 통해 기금 모금 가능	소유권 모델	다른 회사/자선단체 • 지역사회 및 직원을 통한 기금 모금 어려움
급진적 혁신 • 사회적 영향을 이해하는 위험도가 높은 자금 조달 • 초기 단계에서 부채 조달의 어려움	급진적 혁신과 점진적 혁신	점진적 혁신 • 저위험 금융-당좌(예금) 대출 등
빠른 성장 • 성장 목표 달성을 위해 고위험 개발 금융 필요	성장 궤도	장기적 성장 • 저위험 금융 지원-자산 지원 등

출처: Cynthia Shanmugalingam, Jack Graham, Simon Tucker, and Geoff Mulgan(2011), "Growing Social Venture", Young Foundation & NESTA, p.32.

사회적 금융을 조달하면서 고려해야 할 부분 중의 하나는 투자기관의 경영 참여이다. 대표적인 경영 참여의 방식은 '보통주 등 주식 소유를 통한 의결권 행사', '이사회 임원으로 참여', '경영 보고 요구', '연관된 추가 투자를 위한 이정표 관리', '비공식적 조언' 등의 방식이 있다. 경영 참여로 인한 장점은, 투명성과 참여적인 역할이 기대되고, 참여 수준의 증가 및 투자자 위주의 이사회 구성원은 사회적경제 기업의 경영에 있어서 분명한 이점이 되며 새로운 경험이 될 수 있다. 반면 단점으로는, 투자자들은 종종 보조금을 지원하는 전통적인 비영리 투자기관에 비하여 사회적 영향에 대한 산출물은 엄격하게 기대하지 않을 수 있고, 경영 참여 방식을 통하여 사회적경제 기업의 사회적 목적이나 사명을 표류하게 할 수 있다. 또한 경제적 성과 창출을 주목적으로 하는 다른 활동에 사회적 목적이 종속되게 할 수도 있다. 따라서 이러한 부분에 대해서는 투자 단계에서 사전에 고려되어야 하며, 그에 대한 논의 및 방지책을 마련할 필요가 있다.

단계별 사회적 영향 투자 조달 실무

전통적인 형태의 보조금을 만들거나 지원을 받는 것은 초기 단계 사회적경제 기업의 자금 조달의 중요한 부분이며, 사회적 목적을 실현하기 위한 마중물로 가장 큰 자본의 원천 중 하나이다. 또

한 시간이 지나면서 사업이나 조직을 확장하고 사회적 성과의 파급효과를 높이기 위한 추가적인 혹은 더 큰 자금의 투자를 유치하는 것은 사회적경제 기업이 성장하는 데 있어서 중요한 경영 전략이라고 할 수 있다. 하지만 사회적경제 기업 모두가 투자 받아야 할 필요는 없을 것이다. 투자 유치를 위한 준비의 첫 단계는 투자 유치가 우리 조직에 적합한지 확인하는 절차를 갖는 것이다. 투자 유치를 위한 실무 단계는 다음과 같이 '투자 필요성 검토' 이후에 '사회투자자 관계 맺기', '사업계획 및 제안서 작성', '내적 투자적합성 검토', '투자자 연결 및 투자 제안', '실사 및 협상 또는 거절'의 단계로 진행된다.[29]

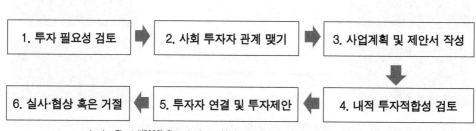

〈그림 12.23〉 투자 유치를 위한 실무 단계

Jessica Shortall(2008), "Introduction to Understanding and Accessing Social Investment: A Brief Guide for Social Entrepreneurs and Development Practitioners", SEEP Network, p.20-23. 참조 재정리.

투자 필요성 검토는 '현재의 자금상황으로 인하여 조직이 제약 받고 있는지', '자금 부족이 장기비전을 수행할 능력에 제약을 주는지', '규모·지원 분야 등의 측면에서 현재 보조금이 기업의 요구를 충족시키지 못하고 있는지', '기업의 비전과 방향에 대하여 분명한 전략을 마련하고 있고 이것을 위해서 기업은 의미 있는 수준의 성장을 필요로 하는지', '기업이 이것을 위하여 잠재 투자자에게 전략 및 사고를 반영하는 매력적인 사업계획을 제시할 수 있는지', '조직이 투자자와 더 깊고 때로는 도전적인 관계 속에서 전략적 조언을 구하고 있는지', '조직이 재정적인 수익을 제공할 단계로 성장할 계획인지'의 질문으로 생각해 볼 수 있다.

투자를 원하는 사회적경제 기업은 〈그림 12.24〉에서 나타나는 바와 같이 자신의 현재 성장 단계에 따른 투자 수단 및 조달 비용을 고려해야 하며, 마찬가지로 잠재적인 투자자는 어떤 성장 단계에서 얼마만큼의 투자 수익률을 목적으로 투자처를 찾고 있는지 비교하여 상호 간에 최적의 매칭을 이루어야 한다.

〈그림 12.24〉 NESTA의 사회적경제 기업 성장 단계와 기대수익 투자 매트릭스 예

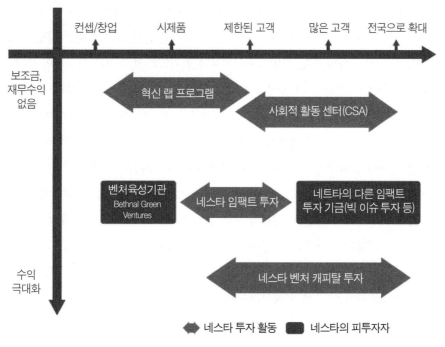

출처: NESTA(2015), "Investing In Innovative Social Venture: A Practice Guide", p.23.

두 번째 단계인 '사회투자자 관계 맺기'는 사회투자자 네트워크에 진입하거나 접근하는 것으로부터 시작할 수 있다. 사업 초기 단계에서 투자자와 직접적인 관계를 가지고 있지 못하다면 '사업계획서 경연'에 참여하는 것도 하나의 방법이다. 많은 액수의 자금을 유치하지는 못할지라도 사업계획추진을 위한 기초자금이나 투자자와의 연결을 제공해 준다. 아울러 사회적 투자 또는 사회적경제의 동향에 대해 학습하고 토론하는 '회의 및 세미나'에 참석하는 방법도 사회적 투자자와 만나는 방법이며, 다양한 네트워킹, 학습 및 연계 기회를 제공하는 '촉진자 및 네트워킹 단체', 사회적경제 연계 서비스를 제공하는 '기술 자문가 및 컨설턴트 자문' 등을 통하여 관계를 맺을 수도 있다.

세 번째 '사업계획 및 제안서 작성' 단계는 보조금을 제안할 때 작성하는 사업계획서와는 상당히 다르다. 사업계획서의 기본적인 작성과 내용은 제4장을 참조하기를 바란다. 투자 유치를 위한 사업계획 수립 및 제안은 사업계획서 초안 위에 다음의 주안점을 체크하고 업그레이드할 필요가 있다. 사업계획 수립 및 제안서는 먼저 내부적으로 사업전략에 대한 명확한 정리가 우선되어야 하며, 이를 바탕으로 투자 제안서를 작성하여야 한다. 기업은 전략을 수립하고 위험을 평가하며 시장을 이해하고 재정적 결과를 평가하고 문서화할 수 있어야 한다. 사회적 투자자들은 사업계획의 핵심

목적을 중심으로 내용을 파악하며 시장 주도적이고, 결과에 초점을 맞추는 경향이 있다. 따라서 목적 달성을 위한 순차적이고 논리적인 전략의 변화와 그 결과를 명확히 실을 수 있어야 한다. 또한 사회적 투자자들은 사회적경제 기업이 실현 가능한 기회를 붙잡고 그 기회를 살릴 수 있는 능력이 있음을 증명해 줄 것을 기대한다. 사업계획서는 사회적기업가의 자질과 사회적인 생각을 비즈니스적인 사고로 적용할 수 있는지 그 능력을 밝혀 주는 문서이기 때문에 사업계획서의 품질이 강조된다. 어떤 사회적 투자자들은 사회적경제 혹은 사회복지 분야의 전통적인 언어에 익숙해하지 않고 불편해할 수도 있으며 그들이 편안해하는 '전략', '시장 분석', '실행', '위험' 및 '수익'을 포함한 비즈니스 사고적인 언어에 친숙할 수가 있다. 또 다른 사회적 투자자들은 사회적인 가치 혹은 높은 사회적 영향에 더 익숙할 수가 있으므로 용어의 선택에 있어서 이러한 점을 고려해야 할 것이다. 사회적경제 기업은 사업계획서 작성 및 제안의 과정에서 비즈니스 사고, 재무 정확성 및 조직 전략을 전달하는 언어를 고려해야 하지만, 가장 중요한 것은 조직이 달성하고자 하는 장기적인 영향, 조직 내 권한위임 리더십 및 조직 문화, 사회적경제 조직의 특성을 고려한 가치 사슬과 시스템 구축 등이 사회적 투자자와 소통해야 할 중요한 메시지이다.

사회적경제 기업은 〈그림 12.25〉와 같이 비즈니스 모델의 발전 단계에 따라 그에 맞는 사회적 영향의 증거들을 개발해 가면서 비즈니스와 사회적 영향의 균형을 통하여 성장해 나간다. 사다리의 좌측을 따라 올라가면서 조직의 역량은 높아지고 재정적인 위험은 줄어들게 되며, 그에 동반하여 사다리의 우측처럼 긍정적인 사회적 성과 창출과 사회적 영향의 증거들을 입증하면서 발전하게 된다. 좌우측의 각 단계가 동시에 똑같은 수준을 맞추어 가면서 진행되는 경우는 드물다. 따라서 한 차원은 앞서고 다른 차원은 조금씩 뒤떨어지면서 진행하게 되는데, 무엇보다도 두 가지 차원이 유기적인 관계를 통하여 발전할 수 있도록 하여야 한다.

많은 사회적 영향 투자기관들은 사다리의 2번째 혹은 3번째 단계에서 투자하기를 희망한다. 왜냐하면 맨 아래 단계에 놓여 있는 신생 조직은 투자금을 유치하기보다는 사회적경제 기업의 비즈니스 모델을 검증하고 이들이 경쟁력을 갖출 수 있도록 실전 창업 교육 및 전문 멘토링을 지원하는 다른 사회적 인큐베이팅 혹은 엑셀러레이팅 기관이 더 적절하기 때문이다. 또한 상위 단계의 경우는 모든 것이 입증된 단계의 기업이기 때문에 모험적인 투자의 성향이 있는 사회적 영향 투자기관과 어울리지 않기 때문이다[30].

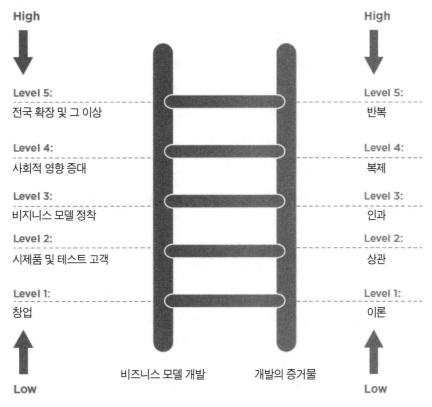

〈그림 12.5〉 사회적경제 기업의 비즈니스 모델 및 사회적 영향 개발 사다리

High			High
Level 5:			**Level 5:**
전국 확장 및 그 이상			반복
Level 4:			**Level 4:**
사회적 영향 증대			복제
Level 3:			**Level 3:**
비즈니스 모델 정착			인과
Level 2:			**Level 2:**
시제품 및 테스트 고객			상관
Level 1:			**Level 1:**
창업			이론
	비즈니스 모델 개발	개발의 증거물	
Low			**Low**

출처: NESTA(2015), "Investing In Innovative Social Venture: A Practice Guide", p.14.

네 번째 '내적 투자적합성 검토' 단계는 사회적경제 기업이 잠재적 사회적 투자자에게 적합한지를 결정할 뿐만 아니라 투자자가 사회적경제 기업의 투자에도 적합한지 아닌지를 찾아보고 내적으로 검토해 보는 단계이다. 즉, '투자자의 지원 및 참여 스타일이 기업에 적합한지', '기업과 투자자의 가치와 목표는 일치하는지' 살펴보는 단계이다. 또한 사회적경제 기업이 각 사회적 투자자가 요구하는 재정적 수익의 수준을 이해하는 것도 매우 중요하다. 보통은 투자자가 요구하는 재정적인 수익률은 협상할 수 있는 부분이 아니다. 사회적경제 기업이 줄 수 있는 것보다 더 높은 수익이 요구될 때 이것을 조정하기 위하여 시간을 낭비하는 것은 좋지 않다. 대부분 투자기관은 내부적으로 정해진 수익률의 기준을 가지고 있기 때문이다. 투자자들은 항상 좋은 거래 흐름을 찾고 있기 때문에, 때로는 사회적경제 기업의 핵심적인 사회적 영향의 영역과 관계없이 투자가 진행되기도 하며 이 부분에 대해서 투자자들은 협상의 여지를 가지고 있다.

사회적 영향 투자 전문기관들은 사회적경제 기업의 사회적 영향을 추적하여 평가하고, 그 영향력을 증가시키기 위하여 기업과 논의한다. 아울러 투자 계약 기간 동안 사회적 성과 달성에 대한 진행 상황을 정기적으로 평가하고 공유하는 시간을 갖는다. 〈그림 12.26〉은 사회적 영향을 추적하고 증가시키는 과정에서 사용될 수 있는 성과 창출 구성 요소에 따른 영향의 계산공식이라고 할 수 있다. 계산공식을 보면 사회적 영향은 사회적 목표그룹의 성과를 위한 '산출물의 효과' 및 '효과 발생의 확신에 대한 수준'과 '사회적 목표그룹에게 제공된 산출물의 규모' 및 이익 또는 투자금 또는 다른 투입물을 통하여 기업의 성장이 지속 가능할 수 있는 능력으로 '재무적 지속 가능성'의 공식을 네 가지 요인의 승수로 계산되고 있음을 표현하고 있다.

〈그림 12.26〉 사회적 영향과 조직 산출물의 효과, 리스크, 규모, 재무와의 관계

I   영향의 총합

E   Effect(효과) - 사회적경제 기업 수혜자의 성과를 위한 산출물 효과

R   Impact risk(임팩트 리스크) - 효과 발생의 확신에 대한 수준

S   Scale(확장) - 수혜자에게 제공된 산출물의 규모

F   Financial sustainability(재무적 지속 가능성) - 이익 또는 투자금 또는 다른 투입물을 통하여 기업의 성장이 지속 가능할 수 있는 능력

출처: NEST(2015), "Investing In Innovative Social Venture: A Practice Guide", p.18.

'내적 투자적합성 검토' 단계에서 사회적경제 기업이 중요하게 짚어야 할 것이 하나 있는데, 그것은 각각의 사회적 투자자가 기대하는 경영 참여 및 통제의 수준을 조사해야 한다는 점이다. 하지만 이 부분에 대한 조사는 어렵다. 지금까지 사회적 투자자의 정보를 하나로 정리하여 모아 놓은 단일 정보원이 없어서 유사한 업무를 수행하거나 유사한 장소에서 투자받은 경험이 있는 사회적경제 기업의 자금원을 통하여 조사하거나 지인을 통하여 조언을 얻는 방법을 취해야 한다. 혹은 투자목적이 아니라 조언을 목적으로 비공식적인 교류를 할 수 있는 약간 명의 투자자를 찾아 관계하거나 중간지원조직의 도움을 받을 수도 있다. 이러한 방법들을 통하여 잠재적인 투자자별로 투자 기준과 초점, 기업과 투자자의 적합성 등의 목록으로 정리하는 것이 좋다.

다음으로 다섯 번째 '투자자 연결 및 투자 제안'의 단계이다. 많은 상업적 투자자들은 개인적 연결과 권고에 크게 의존한다. 이는 사회적 투자자에게도 마찬가지이다. 앞에서 살펴본 사회적 투자

자와 관계 맺기 혹은 사회적 투자자 적합성 목록 마련의 단계 등을 통하여 개인적인 관계로 연결이 될 수 있다면 좋다. 아울러 이사회 구성원, 기존의 기금 조달 경험자, 지지자 등을 통하여 투자자를 연결하고 투자를 제안하는 것이 좋다. 수수료를 받는 투자 중개기관 및 코치를 통하여 직접 연결할 수도 있다. 이 단계에서는 특히 공식적인 절차보다는 개인적인 소개를 통한 연결이 중요하다. 하지만 개인적인 소개가 어려울 때는 사회적경제 기업은 간략한 안내문을 첨부한 사업계획서의 요약본을 투자기관에 보내고 몇 주를 기다린 다음, 한두 번 후속 조치를 취해야 접촉이 되고 투자 제안에 이를 수 있다. 제안서는 투자 수단에 따라 '보조금 조달', '하위시장 부채 및 주식', '상업적 부채 및 주식'을 기준으로 서로 다른 버전으로 준비하는 것이 좋다. '보조금 조달'의 경우 사회적 투자자는 사회적 영향, 확장 및 성장 잠재력, 운영 계획에 대한 실행 능력에 중점을 두는 경향이 있으며, '하위시장 부채 및 주식'의 경우는 사회적 영향을 증명함과 동시에 비즈니스 모델의 실행 능력에 집중해야 한다. '상업적 부채 및 주식'의 경우는 사업 기회, 비즈니스 모델 및 비즈니스 사고를 입증해야 한다. 위험과 시나리오가 고려되었음을 보여 주고 비즈니스 실행이 타당하다는 것을 보여 주어야 한다. 이때는 사회적 영향을 비즈니스 성공의 자연스러운 결과로 언급하는 것이 좋다.

마지막으로 여섯 번째 '실사 및 협상 혹은 거절'의 단계이다. 투자자가 잠재적인 투자 기회를 조사하기 위해 사용하는 실사는 종종 보조금 신청 프로세스와는 매우 다르다. 사회적 투자자는 사회적경제 기업의 운영, 재정 및 전략의 모든 측면에 대하여 집중적으로 조사하는 과정이다. 사회적경제 기업은 이러한 프로세스에 시간을 할애할 준비가 되어 있어야 한다. 사회적경제 기업은 프로세스 전반에 걸쳐 투명성과 개방성을 확약해야 한다. 어떤 정보들이 감춰지고 공개되지 않는다면 투자자와 신뢰 관계를 구축할 수 없다는 것을 암시하는 것이다. 반면에 당면한 문제와 도전 과제를 공개하는 것은 신뢰를 구축하고 공유된 전략을 개발하는 데 도움이 된다. 실사는 사회적경제 기업이 자신의 사업계획, 전략 및 재무 예측에 대한 조언을 얻는 데도 유용한 도구이다. 이 과정에서 사회적경제 기업은 주식 투자 또는 부채와 금리 등 투자 수단에 대해서도 개방적인 토론을 통하여 의견을 협상하고 타협을 준비해야 한다. 전통적인 보조금 신청과 마찬가지로 투자가 성사되지 않고 거절되는 경우도 불가피하다. 거절될 경우, 사회적경제 기업은 이메일, 전화 또는 직접 대면 회의를 통해 피드백을 요청해야 한다. 사회적 투자자에게 사업계획의 개선점에 대해 물어보고 미래의 자금 조달에 있어서 효과적인 목표를 어떻게 잡아야 하는지 물어보아야 한다. 이 단계에서는 사회적경제 기업이 자본을 찾는 방식을 개선하도록 돕는 것이 최선이기 때문에, 많은 사람들이 기꺼이 도와줄 것이다. 올바른 사업계획 및 실행 방법이라고 생각되는 부분에서 부정적인 피드백을 받을 때라도 방어하지 않는 것이 좋다. 이는 사회적 투자자들 간의 교류에 있어서 사회적경제 기업이 조언을 듣지 않는다는 부정적인 평판을 얻을 필요는 없기 때문이다. 또한 동시에 다른 추천을 요청하는 것이 좋다. 투자자는 사회적경제 기업에 적합한 개인이나 자금을 알 수 있기 때문이다.

한국의 행복나눔재단: 사회적경제 모델을 발굴하고 육성하는 일, 사회혁신 전문가를 키우는 일 등 한국사회에서 사회공헌 및 사회적경제 중간지원 모범조직으로서 희망을 시작하다[31]!

최근 들어 '사랑받는 기업'이 되기 위한 국내·외 기업들의 활동이 크게 증가하고 있는데 한국사회에서 '행복나눔재단' 활동도 내·외부의 이해관계자들로부터 많은 주목을 받고 있다. 2003년에 출범한 재단은 "긍정적 사회 변화를 주도하는 사회혁신가를 양성하고, 사회문제를 효율적으로 해결하는 사회적경제 기업의 모델을 개발하여 지원하고 확산하는 일"을 사명으로 하는 사회공헌 전문재단이다. 재단은 인재 발굴과 육성 및 교류 증진을 통하여 사회적 영향을 확대할 수 있는 사회혁신가 양성과 사회문제를 효율적으로 해결할 수 있는 혁신적인 사회적경제 모델 개발을 주 사업 목표로 하고 있다.

〈그림 12.27〉 행복나눔재단의 사회문제 해결과정

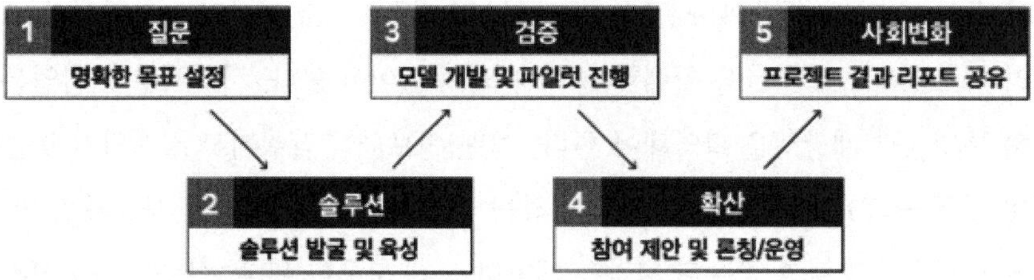

출처: 행복나눔재단(2021), '행복나눔재단 사업소개서', p.7.

재단의 사회혁신 모델 개발은 〈그림 12.27〉처럼 "명확한 목표 설정 → 효과적인 솔루션 개발 → 최적의 파트너십 구축 → 투명한 기부 관리 → 사회변화 결과 측정 및 공유"의 방식과 절차로 진행된다. "1원의 기부금도 빠뜨리지 않고 곧장 전달"한다는 의미의 '곧장기부'에서는 2021년 7월 현재 1266명의 기부자와 124개의 전달 장바구니를 통하여 3685명의 수혜 아동에게 7천 40만 4992원을 전달하였다. 2006년부터 2017년까지 결식이웃에게 총 3867만 개의 행복도시락도 전달하였다.

재단은 '청년 인재 양성 프로젝트 확산'에도 힘을 쏟고 있다. 한국 10개 지역, 중국 6개 지역, 베트남 1개 지역에서 활동하는 'SK 대학생 자원봉사단 SUNNY'는 창의적인 아이디어와 자발적·주도적·실천적인 활동을 통해 청년 스스로는 사회변화의 인재로 성장하고 지역사회의 다양한 계층에게는 봉사자로서 행복을 나눌 수 있도록 돕고 있다. 2021년 7월 현재 총 봉사자 수는 16만 8810명, 누적봉사시간은 197만 3574시간, 누적 수혜자 수는 25만 5952명에 이른다. 이 봉사단은 학교 폭력, 노인 소외, 장애 편견 등 3대 사회문제를 위한 개선 프로그램에 참여하고 있으며, 사회적경제 기업 서포터즈를 통해 다양한 나눔도 이어가고 있다.

〈그림 12.28〉 행복나눔재단 대학생자원봉사단 캠프 및 행복도시락

출처: 행복나눔재단 홈페이지(2018), http://skhappiness.org.

2020년 기준 "청년들이 협력하여 사회혁신 비즈니스 모델을 개발할 수 있도록 양성하는 동아리 활동", '루키(LOOKIE)' 프로그램에 1251명이 참가하였으며, "청년들이 전문 직업인으로 자립하고 건강한 사회구성원으로 성장할 수 있도록 지원하는 청년 자립 프로그램", 'SK 뉴스쿨' 프로그램의 조리, 외식경영, 정보보안 등의 학과에서 391명이 졸업하여 사회로 진출하였는데 이들의 평균 취업률은 94%에 달하는 것으로 보고하고 있다. 2003년부터 2017년 현재까지 사회적기업가 66명, 조리 및 외식서비스 분야 전문 직업인 435명을 양성하였다. 또한 'CSAP(Charity Startups Acceleration Program)'를 통하여 "사회문제 해결의 혁신 솔루션을 제공하는 팀을 육성하고 비즈니스 모델에 기부를 결합하여 지속 가능한 임팩트를 창출하도록 지원"하고 있는데 서비스의 효과를 측정하여 변화된 결과를 공유하며 기부 방식을 결합하여 혁신적인 제품과 서비스가 사회문제 해결의 대상과 영역을 넓혀갈 수 있도록 돕는다. 아래는 2020년과 2021년에 CSAP에 참여한 기업들이다.

〈그림 12.29〉 행복나눔재단의 CSAP 참여기업들

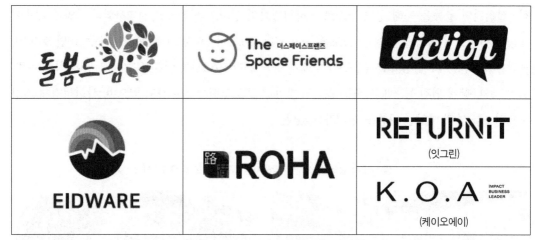

출처: 행복나눔재단(2021), '행복나눔재단 사업소개서', p.10.

　재단의 대표적인 프로그램으로 '소셜 이노베이터 테이블(Social Innovators Table)'이 있다. 이것은 각자의 분야에서 혁신 사례를 만들어 가는 사회혁신가들이 한데 모여 자유롭게 이야기를 나눌 수 있는 네트워킹 프로그램이다. 발표와 대담, 토론 시간으로 구성되어 있는 이 프로그램은 기업가나 활동가, 투자자 및 육성가 등이 모여 사회혁신 사례 및 과정을 공유하고, 이 시대에 필요한 새로운 방안에 대해 논의한다. 여기서 다루어진 주제들은 참여한 사회혁신가들 간의 논의를 통해 구체적인 프로젝트로 발전시키고 있다. 2021년 7월까지 12번의 컨퍼런스, 26명의 발표자, 385명의 참여자 및 10개의 프로젝트가 진행되었다.

　재단은 사회적경제 기업을 육성하기 위하여 사회적 영향 투자 기업을 발굴하고 육성하고 있다. '사회적 영향 투자'는 재무적 수익도 있지만 그보다는 사회에 긍정적인 영향을 발생시키고자 하는 의도를 가지고 있는 기업, 조직, 펀드를 대상으로 투자하는 방식이다. 재단은 모 그룹의 사회공헌 기금으로 고용노동부 사회적기업 펀드 및 소셜벤처 펀드에 출자하는 간접 투자와 함께 직접 투자도 시행하고 있다. 투자 기업의 사회적 가치 상승을 견인하기 위해서라도 장기적인 노력을 기울이고 있으며 금전적인 지원 외에도 재무 및 회계, 사업계획, 고객 및 시장 분석 등 전반적인 경영 역량을 강화하기 위한 서비스를 지원하고 있다. 또한 투자 기업들이 성장할 수 있도록 국내외 주요 사회적 영향 투자자, 벤처 자선 기관 및 관계사와 협력하여 더 많은 투자 기회를 지원하고 있으며 사회적 영향 투자 생태계에서 민간 분야를 대표하고 산업의 발전을 도모하고자 '한국 임팩트 투자 네트워크(Korea Impact Investing Network)'를 결성해 운영하고 있다. 여기에는 약 30여 개의 회원사가 참여하고 있다. 2017년까지 약 106억 원의 사회적 영향 투자가 진행되었다.

행복나눔재단은 그들의 사업 안내문에서 "우리는 사회의 다양한 문제를 효율적으로 해결하기 위해 사회혁신가들과 진솔하게 소통하며 그들이 의욕적으로 일할 수 있는 생태계를 지속적으로 조성하는 일에 참여할 것임"을 다짐하고 있다. 오늘보다 내일이 더 행복한 사회가 이루어지길 바라는 행복나눔재단의 운동이 더불어 살아가는 대한민국의 행복한 희망이 되기를 기대한다.

사례연구 45 멕시코의 콤파르타모스(Compartamos)는 소액대출 금융기관으로 출발하여 비영리조직 및 사회적 금융의 도움으로 급성장하고, 근래에 와서는 전체 자산의 41%가 가난한 고객 및 중소기업 등으로부터 받는 이자 수익으로 구성되어 있는 경제적 논리에 대하여 비난을 받고 있다. ① 먼저 이 조직의 성장과정에 대하여 좀 더 자세히 설명하라. 그리고 ② 우리나라 사회적 금융 기관 및 사회적경제 기업에게 주는 시사점에 대해서도 각자의 의견을 제시하고 토론해 보자.

사례연구 46 캐나다의 데자르뎅 연대금고, 이탈리아의 레가쿱 협동기금, 스페인의 몬드라곤 노동인민금고는 지역/노동/협동 연대금고의 표본으로 세계적인 사례라고 할 수 있다. ① 먼저 각 연대금고에 대하여 좀 더 자세히 설명하라. 그리고 ② 우리나라의 지역/노동/협동 연대금고 도입에 있어서 배울 점은 무엇이 있는지 각자의 의견을 제시하고 토론해 보자.

사례연구 47 스페인의 몬드라곤(Mondragon) 협동조합 복합체는 자본보다는 노동을 중시하고 사회적경제 및 협동조합의 원리를 충실히 지키면서 더불어 행복한 노동공동체를 발전시킨 세계적인 사례이다. ① 먼저 몬드라곤 협동조합의 사례에 대하여 좀 더 자세히 설명하라. 그리고 ② 우리나라의 상업적 기업 혹은 어려움에 처한 중소기업이나 소상공인의 사업에 있어서 적용방안은 무엇이 있는지 각자의 의견을 제시하고 토론해 보자.

사례연구 48 한국의 행복나눔재단은 사회적경제 모델을 발굴하고 육성하는 일, 사회혁신 전문가를 키우는 일 등 사회공헌 및 사회적경제 중간지원조직으로서 모범을 보이고 있다. ① 먼저 행복나눔재단에서 하는 일을 자세히 설명하라. 그리고 ② 우리나라의 사회적경제 중간지원조직이 문제점과 해결방안에 대하여 각자의 의견을 제시하고 토론해 보자.

제12장의 참고문헌(Reference)

1 Michael Drexler and Abigail Noble(2013), "From the Margins to the Mainstream: Assessment of the Impact Investment Sector and Opportunities to Engage Mainstream Investors", World Economic Forum.; Global Impact Investing Network(GIIN, 2018), "2018 Annual Impact Investor Survey".

2 장석인 · 성연옥 · 임상호(2017), "사회혁신기업의 임팩트 투자와 비즈니스 모델에 관한 사례연구", 인적자원개발연구, 20(2), 253-273.; 주상호 · 이광순(2016), "사회적기업의 비즈니스 모델을 통한 사례분석 연구", 인문사회 21, 7(4), 167-186.; 딜라이트 홈페이지(2018), "딜라이트 기업 소개", http://delight.co.kr.; 강인효(2021), "대원제약, '아픈 손가락' 보청기 사업…탈출구는", The Bell.

3 Jessica Shortall(2008), "Introduction to Understanding and Accessing Social Investment: A Brief Guide for Social Entrepreneurs and Development Practitioners", SEEP Network.

4 Jessica Shortall(2008), "Introduction to Understanding and Accessing Social Investment: A Brief Guide for Social Entrepreneurs and Development Practitioners", SEEP Network.

5 Kerri Golden, Allyson Hewitt, Michael Lewkowitz,Michelle McBane, and Lisa Torjman(2009), "Social Entrepreneurship, Social Venture Finance: Enabling Solutions to Complex Social Problems", MaRS Discovery District.

6 SBA 홈페이지(2023), "About the SBIC program", https://sba.gov.

7 IRS 홈페이지(2023), "Program-Related Investments", https://irs.gov.

8 Mission Investors 홈페이지(2023), "An Introduction to Mission-Related Investments", https://missioninvestors.org.

9 CDFI FUND(2021), "CDFI Annual Certification and Data Collection Report (ACR): A Snapshot for Fiscal Year 2020"; 라준영 · 김준태 · 이윤석(2016), "사회영향투자의 동향과 전망", KAIST 경영대학 & SK 사회적기업가센터.

10 Kanji Tanimoto and Masaatsu Doi(2007), "Social Innovation Cluster in Action: A Case Study of the San Francisco Bay Area", Hitotsubashi Journal of Commerce and Management, 41(1), pp.1-17.

11 라준영 · 김준태 · 이윤석(2016), "사회영향투자의 동향과 전망", KAIST 경영대학 & SK 사회적기업가센터.; 이종익 (2021), "사회적경제와 임팩트 투자: 재미난청춘세상 제4기 교육자료", 한국사회투자.

12 문철우(2012), "사회적기업, 사회적 투자(Impact Investment)의 발전과 경영전략적 시사점", 경영학연구, 41(6), 1435-1470.; 강민정(2017), "사회혁신 생태계의 현황과 발전 방안, Working Paper", 과학기술정책연구원.; 라준영(2018), "우리나라 사회영향투자 시장의 현황과 과제", 중소기업연구, 40(1), 85-112.

13 신나는조합(2022), "누적성과, 신나는조합이 쌓아온 가치", http://joyfulunion.or.kr/.; 사회연대은행(2022), "금융지원 현황", http://bss.or.kr/.; 이종익(2021), "사회적 경제와 임팩트 투자: 재미난청춘세상 제4기 교육자료", 한국사회투자.

14 Richard Rosenberg(2007), "CGAP Reflections on the Compartamos Initial Public Offering: A Case Study on Microfinance Interest Rates and Profits", FocusNote, 42, CGAP.; 위키피디아(2018), "Compartamos_Banco", http://en.wikipedia.org.; Compartamos(2017), "Report Annual 2017".; Gentera(2022), "Solidez y confianza: Informe nual y de sostenibidad 2021(견고함과 자신감: 2021년 지속가능보고서)".; 금융감독원(2023), "금융통계", https://fss.or.kr.

15 Global Impact Investing Network(GIIN, 2020), "Annual Impact Investor Survey 2020".

16 GIIN(2020), "The State of Impact Measurement and Management Practice, 2nd ed.", https://thegiin.org/research/publication/imm-survey-second-edition.

17 GIIN(2020), "Annual Impact Investor Survey 2020".

18 라준영(2018), "우리나라 사회영향투자 시장의 현황과 과제", 중소기업연구, 40(1), 85-112.

19 이종익(2021), "사회적 경제와 임팩트 투자: 재미난청춘세상 제4기 교육자료", 한국사회투자.

20 데자르뎅 그룹 홈페이지(2023), https://desjardins.com.; 쿱펀드 홈페이지(2023), https://coopfond.it; 라보랄 쿱차 홈페이지(2023), https://corporative.laboralkutxa.com.; 데자르뎅 그룹(2022), "2021 Annual Report".; 쿱펀드(2022), "Bilancio di sostenibilità Esercizio 2020-2021(2020-2021 회계 연도 지속 가능성 보고서)".; LABORAL Kutxa(2022), "Sustainability Report and Non-financial Information Statement 2021".; 피에르-올리비에 마우(번역협동조합 옮김, 2021), "데자르댕 연대금고의 역사, 존재의 열정", 착한 책가게.

21 Kerri Golden, Allyson Hewitt, Michael Lewkowitz, Michelle McBane, and Lisa Torjman(2009), "Social Entrepreneurship, Social Venture Finance: Enabling Solutions to Complex Social Problems", MaRS Discovery District.

22 Jessica Shortall(2008), "Introduction to Understanding and Accessing Social Investment: A Brief Guide for Social Entrepreneurs and Development Practitioners", SEEP Network.

23 Kerri Golden, Allyson Hewitt, Michael Lewkowitz, Michelle McBane, and Lisa Torjman(2009), "Social Entrepreneurship, Social Venture Finance: Enabling Solutions to Complex Social Problems", MaRS Discovery District.; Social Capital Partners 홈페이지(2018), http://socialcapitalpartners.ca.; Deloitte LLP and affiliated entities(2014), "The Community Employment Loan Program: Mainstreaming social finance to increase job opportunities for Ontario's most vulnerable".

24 Jessica Shortall(2008), "Introduction to Understanding and Accessing Social Investment: A Brief Guide for Social Entrepreneurs and Development Practitioners", SEEP Network.

25 NEST(2015), "Investing In Innovative Social Venture: A Practice Guide".

26 김성오(2012), "몬드라곤에서 배우자", ㈜역사비평사.; 김성오(2013), "고용창출 사례: 스페인 몬드라곤 협동조합", 월간 노동리뷰, 6월호, 47-60.; 최석현(2015), "한국의 복지수준과 재정의 균형: 사회적경제와 지역의 사회복원력", 사회정책연합 공동학술대회, 1053-1069.; 한국사회적기업진흥원(2015), "스페인 몬드라곤 협동조합 해외연수 결과보고서".

27 Jessica Shortall(2008), "Introduction to Understanding and Accessing Social Investment: A Brief Guide for Social Entrepreneurs and Development Practitioners", SEEP Network.

28 Cynthia Shanmugalingam, Jack Graham, Simon Tucker, and Geoff Mulgan(2011), "Growing Social Venture", Young Foundation & NESTA.

29 Jessica Shortall(2008), "Introduction to Understanding and Accessing Social Investment: A Brief Guide for Social Entrepreneurs and Development Practitioners", SEEP Network.

30 NESTA(2015), "Investing In Innovative Social Venture: A Practice Guide".

31 행복나눔재단 홈페이지(2021), http://skhappiness.org.; 행복나눔재단(2017), "2017 Annual Report".; 행복나눔재단(2021), "행복나눔재단 사업소개서".

사회적 영향 확장(Social Impact Scaling)

제13장의 개요(Outline)

13-1. 사회적 영향 확장의 개념
13-2. 사회적 영향 확장의 조건
13-3. 사회적 영향 확장 구조
13-4. 사회적 영향 확장 실무

사례연구 49 영국의 에이치씨티(Hackney Community Transport) 그룹: 사회적 금융 시장에서 자본 조달과 기업 성장을 반복하는 환류 과정을 통하여 사회적 영향력을 확장하고 파급효과를 극대화하다!

사례연구 50 스위스의 협동조합 집단 쿱 그룹(Coop group): 약 154년 동안 250만 명 이상의 조합원에게 4만 개 이상의 제품을 공급하면서 '지속 가능한 제품', '환경 및 기후 보호', '직원 및 사회에 대한 헌신'의 3가지 중심축을 잃지 않고 세계 최고의 선진국다운 바람직한 협동조합 그룹을 대규모로 운영하다!

사례연구 51 프랑스의 라휘시끼디위(La Ruche qui dit Oui): 지역농산물 순환소비, 온라인 구매 후 지역상점(Hive)에서 수령, 농부들에게는 공정한 가격을 지불하면서 더 나은 세상을 함께 가꾸어 가는 하는 사명을 가지고 프랑스 전역에서 5000명 이상의 지역 농부와 770곳의 지역상점, 더 나아가 유럽 전역에서 25만 명의 회원과 1만 명의 지역 농부, 1500곳의 지역상점을 운영하면서 사회적 영향의 파급효과를 확장하다!

사례연구 52 한국의 자활사업: 대규모 실업과 가난 극복을 위한 시민사회의 생산 공동체 운동이 사회복지 정책과 결합되면서 한국사회의 가장 가난한 사람들과 함께 사회적경제의 출발을 알리고 동시에 전국적인 확장의 세계적인 사례로 성장하다!

제13장의 학습목표(Objectives)

☞ 학습목표 13-1: 사회적 영향의 수직적 확장과 수평적 확장의 개념을 알고 설명할 수 있다.

☞ 학습목표 13-2: 포용적 비즈니스의 의미를 알고 사회적 영향 확장성을 설명할 수 있다.

☞ 학습목표 13-3: 사회적 영향 확장 과정의 범주를 3가지로 구분하고 안정화, 성장, 복제, 이전, 확산, 심층(확장)을 설명할 수 있다.

☞ 학습목표 13-4: 사회적 영향 확장 제도의 규칙과 지원의 중요한 의미를 알고 설명할 수 있다.

☞ 학습목표 13-5: 사회적 영향 확장 행위자를 사회적 브리콜러, 사회적 구성주의자, 사회적 공학자로 구분하고 그 확장 의지의 차이를 설명할 수 있다.

☞ 학습목표 13-6: 사회적 영향 확장의 통제된 직접적 확장 구조를 이해하고 중요한 운영 방법의 몇 가지를 설명할 수 있다.

☞ 학습목표 13-7: 사회적 영향 확장의 개방된 간접적 확장 구조를 이해하고 중요한 운영 방법의 몇 가지를 설명할 수 있다.

☞ 학습목표 13-8: 사회적 영향 확장의 기능별 및 단계별 각각 5가지의 점검사항을 설명할 수 있다.

☞ 학습목표 13-9: 포용적 비즈니스 협력적 확장 절차를 '확장 준비 → 확장 실행 → 후속 조치'의 3단계로 구분하고 각 단계의 세부 절차를 설명할 수 있다.

☞ 학습목표 13-10: 제13장 뒤쪽에서 언급하고 있는 4개 사례연구의 토론주제에 대하여 타인의 의견을 경청함과 동시에 자기의견을 밝히면서 적극적으로 토론에 참여할 수 있다.

제13장의 용어 및 개념 정리(Proposition)

▶ 사회적 영향의 수직적 확장(scaling up): 기존 체제의 규칙이나 논리를 변경하여 더 높은 제도적 수준에 영향을 미치도록 옹호, 로비, 네트워킹 또는 대안적 비전 및 담론 지원을 통해 비즈니스 모델의 사회적 영향을 법률, 정책 또는 기관으로 체계화하는 것

▶ 사회적 영향의 수평적 확장(scaling out): 사회적경제 기업이 제한된 지역에서 제한된 방식으로 비즈니스 모델을 검증한 다음 통제된 직접적인 방법 혹은 개방된 간접적인 방법을 통하여 다른 지역사회로 복제하여 사회에 미치는 영향이 더 커지도록 확대하는 일

▶ BoP(Base of the Economic Pyramid): 구매력 평가 기준, 하루에 최대 8달러(2016년 G20 정상회담 기준) 미만의 수입으로 살아가는 저소득층 또는 기본 상품과 서비스에 대한 접근성이 부족한 사람들을 의미하는 사회적 목표그룹

▶포용적 비즈니스: 개인 차원에서는 BoP, 더 나아가 신체적 및 정신적 등의 문제로 어려움을 겪는 사회적 목표그룹의 생계를 위하여 상업적으로 실행가능하며 확장할 수 있는 규모로 제품 또는 서비스를 제공할 수 있는 비즈니스와 기업 차원에서는 산업구조의 가치사슬에 있어서 경제적으로 월등한 우위를 점유하고 있는 기업이 그렇지 않은 공급업체 혹은 구매업체 등 이해관계자에게 이득이 더 돌아갈 수 있도록 경제 혹은 유통 구조 등을 개선하여 더불어 성장하도록 불평등을 개선하는 비즈니스

▶ 사회적 영향 확장의 안정화(Stabilizing): 해당 비즈니스 모델의 사회적 영향 달성을 강화하고 깊이를 더하여 다가오는 문제에 대해 더 탄력적으로 만들고 더 오래 갈 수 있도록 하는 일

▶ 사회적 영향 확장의 속도 향상(Speeding up): 과정을 소홀히 하지 않으면서도 기후 변화 및 생물 다양성 손실과 같이 되돌릴 수 없는 결과를 피하기 위해 더 빠른 사회적 영향의 확장이 요구되는 비즈니스 모델의 사회적 영향 속도를 높이는 것

▶ 사회적 영향 확장의 성장(Growing): 기존 지역과 조직에서 동일한 비즈니스 모델이 동일한 방식으로 작동하면서 사회적 영향의 범위 확장을 수반하는 일

▶ 사회적 영향 확장의 복제(Replicating): 같은 목적의 서로 다른 지역조직이 비즈니스 모델의 맥락을 변경하여 사용하도록 하는 일로써 비즈니스 모델의 세부 운영 방법을 지역 맞춤화하는 것과 같은 일

▶ 사회적 영향 확장의 이전(Transferring): 비즈니스 모델의 주도권을 잡으면서 유사하지만 새로운 지역에서 상황에 맞게 독립적으로 계획하고 운영하여 비즈니스 모델을 구현하는 것

▶ 사회적 영향 확장의 확산(Spreading): 맥락이 다른 장소에 핵심 원칙과 접근 방식을 전파하면서 독립적인 비즈니스 모델로 구현하는 것

▶ 사회적 영향의 심층적인 확장(Scaling deep): 새로운 사고방식을 육성하고, 인식을 변화시키며, 새로운 가치 체계뿐만 아니라 관계 및 인식의 새로운 방식을 도입하도록 비즈니스 모델을 통하여 사람들의 가치, 규범 및 신념을 변화시키는 것을 목표로 하는 것

▶ 사회적 브리콜러(Social Bricoleur): 지역적 필요에 초점을 맞추고 기존의 제도적 변화나 혁신의 맥락을 건드리지 않는 사회적 영향 확장의 행위자 혹은 사회적기업가

▶ 사회적 구성주의자(Social Constructionist): 혁신을 다른 지리적 영역으로 복제하는 것을 목표로 하는 사회적 영향 확장의 행위자 혹은 사회적기업가

▶ 사회적 공학자(Social Engineer): (국제) 사회 시스템을 근본적으로 깨고 정치적 의제에 초점을 맞추는 사회적 영향 확장의 행위자 혹은 사회적기업가

▶ 통제된 직접적인 확장구조: 사회적경제 기업이 지점 설치 또는 사회적 프랜차이즈를 전개하는 방식 등으로 자사의 통제력은 많이 가지고 내부 조직을 성장시키면서 사회적 영향을 확장해 나가는 구조

▶ 개방된 간접적인 확장구조: 사회적경제 기업이 전략적 제휴, 연합회(결성), 스마트 네트워크, 학습 및 컨설팅, 공개 소스 등의 방식으로 자사의 통제력은 줄이고 외부 파트너와 협력적인 관계를 통하여 사회적 영향을 확장해 나가는 구조

나를 닮은
수많은 '나'들을 만들어 가는 것!

사회적 영향 확장은 나를 닮은 수많은 '나'들을 만들어 가는 것입니다. 저는 마을, 지역, 주민이라는 단어에 심장 뛰는 사람들이 모여 마을을 움직이는 발전기를 돌려가는 마을발전소에서 활동하고 있습니다. 마을발전소의 목표는 굳이 마을발전소라는 지붕 아래가 아니어도 누구나 자신이 서 있는 곳의 마을발전소가 되어 이웃들과 함께 자가 발전하는 것입니다.

내 동네에 살아서 '住民'이 아니라 주인으로서 '主民'이 되어 내 지역의 필요한 것들을 찾고 해결해야 할 문제를 직접 풀어가는 대안을 찾는 경험을 통해 우리 사회의 긍정적 변화를 꿈꿉니다.

이 책을 매듭짓는 제13장 사회적 영향 확장은 어쩌면 종결이 아니라 지금껏 사회적경제 전반에 있어 바탕 이론을 학습했다면 그 학습을 현장에서 실천하는 새로운 장의 시작이라고 볼 것입니다.

2023년 1월 8일
동네에서 필요한 일은 무엇이든 이웃과 함께 풀어가는 林

김영림은 마을공동체와 사회적경제 활동가이며 마을발전소 사회적협동조합의 활동가이다. 한양대학교 글로벌사회적경제 박사과정에 재학 중이며 제9대 동작구의회 의원이다. 장난감병원 '장난이 아니야!'를 통해 환경 생태계를 살리고 사람을 살리는 일자리를 만들며 커뮤니티케어의 꽃을 피우고 있다.

사회적 영향 확장의 의의

사회적경제 기업가는 사회문제 해결을 위하여 사업을 개발하고 구현하며, 새로운 제품이나 서비스를 조직하거나 배포하여 충족되지 않은 필요를 만족시키고 가치를 창출한다. 아울러 사회적 임무를 완수하기 위하여 최종적으로는 사회적 영향력을 극대화하는 것을 목표로 한다[1]. 사회적기업가뿐만 아니라 정책 입안자나 사회적경제 연구자 혹은 현장에서 사회(공동체)(적) 및 환경적인 서비스를 제공하는 사람들도 사회적경제 기업의 더 큰 사회적 영향에 관한 관심과 기대가 많다. 사회적경제 기업은 내·외적으로 소규모 프로젝트 이상의 영향력을 어떻게 확장할 것인가에 대한 도전과제를 안고 있다[2].

확장전략은 사회적 영향의 결과가 더 넓어지는지(수평적 확장) 혹은 더 깊어지는지(수직적 확장) 그 경로에 따라서 '수평적 확장(Scaling Out)' 또는 '수직적 확장(Scaling Up)'으로 구분할 수 있으며 확장의 구조에 따라서도 '개방적(Open)' 또는 '폐쇄적(Closed)' 형태로 구분할 수 있다[3]. '수직적 확장'은 "기술 생성 및 정교화, 중재 활동, 옹호 및 로비 활동을 통한 연결 구축, 강력한 후원자 동원, 대안적 비전, 프레임 및 담론 생성" 등의 방법을 통하여 제도 및 기관 등에 파급효과가 미치도록 추진할 수 있다. 이러한 내용은 지금까지 본 서 제1장~제12장의 여러 곳에서 언급됐는데 제13장에서는 이러한 깊이에 대한 문제도 포함하지만 이와 함께 수평적인 지리적 범위의 확장을 중심에 두고 논하고자 한다.

확장 결과의 차이는 주로 서로 다른 확장구조를 선택하기 때문에 나타나는데 이는 더 개방적이거나 혹은 폐쇄적인 구조를 선택하는 것에 따라 달라진다. 많은 사회적경제 기업은 개방적인 구조를 선택하고 전략적 네트워크 구축과 제휴 등의 간접적 방식을 통해 확장을 추진했는데 이는 지금까지 사회적 영향의 확장 방법으로 가장 성공적인 방법으로 간주하고 있다. 이러한 협업방식은 여러 조직이 어느 정도 자율성을 갖고 공존한다는 것을 의미하며 그 결과 더 빠르고 더 많은 영향을 확장할 수 있는 여지가 크다. 하지만 협업 구조는 내부 갈등과 느린 학습으로 인해 확장 과정을 좌절시킬 수도 있다. 따라서 통제를 원하는 사회적기업가는 영향력을 만드는 속도를 느리게 하더라도 직접적인 확장 방법을 통하여 덜 개방적인 구조를 선택하기도 한다. 상업적 기업(가)은 전문적으로 조직되고 자원에 더 잘 접근할 수 있으므로 더 빨리 규모를 확장하는 것으로 알려져 있다[4].

사회적 영향을 극대화하고 다른 사람들에게 이를 증명할 수 있는 방법을 찾는 것은 내부 변화를 통해 시작될 수 있다. 여기에는 서비스 차별화나 사업 다각화 전략, 시장 침투 증가 및 지점 등의 설치를 통한 다른 지역으로의 확장 등을 들 수 있다. 또한 내부 조직의 범위를 벗어나서 외부 개발을 통해서도 사회적 영향의 확산을 발생시킬 수 있는데, 조직은 이를 위하여 협회를 결성하거나 제휴를 통하여 기존 비즈니스 모델이 다른 지역으로 복제할 수 있는지 검토하기도 한다[5].

사회적경제 기업의 복제는 상업적 기업의 복제와는 다르게 사회적 목적이라는 사명이 추가되어야 하므로 상업적 기업보다 복합적이며 어려움이 많다. 단순하게 복제할 경우, 실패할 확률이 높아서 보다 세심한 접근이 필요하다. 그렇지만 다수의 사회적경제 모델을 확장하려고 하는 조직에서 사회적 영향 확장의 가능성을 너무 높이거나 또는 확장을 제한하는 필수 요소 간의 복잡한 관계를 지나치게 단순화하는 경향이 있다. 사회적경제 기업의 비즈니스 모델 확장은 다양한 차원의 확장 프로그램을 분석하고 도입하는, 포괄적이고 구조적인 접근이 필요하다[6].

사회적경제 비즈니스 모델의 확장은 먼저 제한된 지역에서 제한된 방식으로 지역의 소외계층이나 특별한 욕구가 있는 사람들을 대상으로 문제를 해결하는 데 도움이 되는 프로그램을 검증한 다음 사회에 미치는 영향이 더 커지도록 확대하는 것이 일반적이다. 즉, 한정적인 장소에서 깊이를 더하고 부정적인 영향을 줄이면서 사업을 정착시킨 이후에 사회적경제 기업이 규모를 확대하고 사회적 영향력을 다른 지역으로 어떻게 확장할 수 있는지를 고려하고 있다. 따라서 '사회적 영향의 확장'이란 "사회적경제 기업이 제한된 지역에서 제한된 방식으로 비즈니스 모델을 검증한 다음 통제된 직접적인 방법 혹은 오픈된 간접적인 방법을 통하여 다른 지역사회로 복제하여 사회에 미치는 영향이 더 커지도록 확대하는 일"을 말한다.

포용적 비즈니스의 사회적 영향 확장성

특히 지역사회를 기반으로 운영되는 '포용적 비즈니스(Inclusive Business, IB)'는 사회적 영향 확장의 조건이자 사회적 목적 및 사회적 영향을 높일 수 있는 핵심적인 모델이라고 할 수 있다[7]. 2016년 G20의 포용적 비즈니스 정상회담에서는 "구매력 평가 기준(PPP, Purchasing Power Parity) 하루에 최대 8달러(약 9160원) 미만의 수입으로 살아가는 저소득층 또는 기본 상품과 서비스에 대한 접근성이 부족한 사회적 목표그룹을 경제적 피라미드의 최하층(Base of the Economic Pyramid, BoP)"으로 생각한다[8]. 포용적 비즈니스란 "개인 차원에서는 BoP 더 나아가 신체적, 정신적 등의 문제로 어려움을 겪는 사회적 목표그룹의 생계를 위하여 상업적으로 실행가능하며 확장할 수 있는 규모로 제품 또는 서비스를 제공할 수 있는 비즈니스와 기업 차원에서는 산업구조의 가치사슬에 있어서 경제적으로 월등한 우위를 점유하고 있는 기업이 그렇지 않은 공급업체 혹은 구매업체 등 이해관계자에게 이득이 더 돌아갈 수 있도록 경제 혹은 유통 구조 등을 개선하여 더불어 성장하도록 불평등을 개선하는 비즈니스"를 말한다.

저개발 국가 혹은 빈부격차가 심한 국가에서 이러한 사회적 목표그룹을 위한 포용적 비즈니스를 수행하는 일은 사업을 확장하고 많은 사람에게 영향을 줄 가능성이 큰 영역이다. 빈곤 가정 또는 특별한 니즈(예를 들어 장애인, 정신 또는 지체 상의 어려움이 있는 노인, 차별받는 여성 등)가 있는 이들에게 필수 재화와 서비스에 대한 욕구와 필요를 충족시키면 사회(공동체)(적), 경제적 이점을 창출하여 혁신, 새로운 시장, 노동 잠재력 및 개선된 생계 수단을 얻게 된다. 결과적으로 확장 가능한 포용적 비즈니스를 보유하고 있는 조직은 다양한 지역에서 중요한 변화를 일으킬 수 있으며 때로는 상대적으로 짧은 시간 내에 변화를 일으킬 수도 있다. 이것은 저소득층 및 특별한 욕구와 필요를 가진 사람들에게 맞춤화되고 조정된 비즈니스 모델을 통해 사회의 가장 시급한 사회문제를 해결하는 데 필수적인 부분으로 인정받고 있다[9].

대한민국 서울의 동작구 지역에는 "동네에서 필요한 일, 해결해야 할 문제는 무엇이든 이웃들과 함께 마을 스스로 풀어나간다"라는 사명으로 운영하는 사회적협동조합 '마을발전소'가 있다. 마을발전소는 2010년부터 지역에 관심을 갖고 활동하던 주민들이 모여 시작하였으며 2015년에는 공유 공간인 마을발전소를 개소했고 2019년에는 사회적협동조합으로 전환하였다.

특히, 마을발전소에서 운영하는 장난감병원 '장난이 아니야!'는 동네에서 의사로 뽑힌 어르신들이 고장 난 장난감을 고치는 병원이다. 장난감병원이 위치한 상도4동은 도시개발 예정지로 독거노인이 많이 거주하고 있으며 비교적 집값이 저렴하여 젊은 부부도 많이 거주하는 동네이기도 하다. 그렇다 보니 장난감 이용률이 높은 14세 이하 어린이 인구가 서울시 평균보다 2배에 가깝고, 장난감 쓰레기도 많이 발생한다. 이러한 장난감은 대부분 플라스틱과 헝겊 등으로 소재가 다르게 구성되어 있고 색깔도 알록달록하여 재활용이 어렵다.

장난감병원이 출범하게 된 계기는, 상도동에서 활발하게 활동하던 마을발전소의 활동가들이 지역사회 노인 빈곤 문제와 환경 문제를 한꺼번에 해결할 솔루션으로 '장난감병원'을 떠올리게 된 것이 계기가 되었다. "경제적으로 어려움을 겪고 있는 지역의 어르신들을 장난감 병원의 의사로 선발하여 장난감을 수리하는 일을 맡기자는 아이디어는 서울시의 '지역문제 해결 시민실험실' 지원 사업을 통해 구체화하기 시작"했다. 장난감병원의 의사인 어르신들은 "장난감을 분해하고 정리 및 수납하는 것에서부터 다양한 소재로 이루어진 장난감들의 수리 과정을 배운다. 특히 아이들과 편안하게 이야기를 나눌 수 있도록 대화 방법을 익히는 것도 장난감병원의 의사가 되는 중요한 과정"이다.

〈그림 13.1〉 장난감병원 활동가(좌) 및 의사인 어르신들(중, 우)

출처: 마을발전소 사회적협동조합(2022).

이처럼 장난감병원은 환경 문제를 해결하고 노인의 일자리를 창출하면서, 동시에 아동, 젊은 세대, 노인 등 지역사회에서 세대 간 소통과 화합의 공간으로 역할을 하는 의미 있는 사회적경제 방식의 사업이라고 할 수 있다. 한국사회에는 많은 지역에 장난감병원이 존재하는데 이는 사회적 영향이 확대될 수 있는 포용적 비즈니스의 대표적인 사례라고 할 수 있다.

장난감 병원의 어르신들이 고치는 것은 고장 난 장난감만이 아니다. 지역에서 서로 단절된 이웃의 사회적 관계도 이러한 실험적인 사업을 통하여 달라질 수 있다. 한국사회는 곧 초고령화 사회로 진입하게 되지만 세대 간 소통 부족과 단절의 문제는 날로 심각해지고 있다. 장난감병원은 세대 간의 단절을 극복하고 1세대와 3세대가 자연스럽게 어우러지는 계기를 만들어 준다.

장난감병원은 꾸준히 버려지는 장난감을 수리해서 한 번 더 사용하고, 수리할 수 없는 경우 새
로운 장난감으로 새활용(Upcycling)해 지역의 필요한 아이들에게 나눠주는 활동을 꾸준히 이
어갈 예정이다. 이를 통하여 환경문제에 대한 지역의 인식도 점차 개선될 수 있다. 결국 장남감
병원은 지역 문제를 지역사회 구성원들이 스스로 해결해 가는 공간이며 공동체의 행복을 되찾
는 과정이다. 또한 자연스럽게 빈곤노인의 일자리 문제와 환경 문제를 해결하고 마을의 통합을
이루어 가는 사회적 영향 창출 증명의 장이기도 하다[10].

사회적 영향 확장의 증폭 과정

사회적 영향 확장의 과정은 〈그림 13.2〉와 같이 기존 비즈니스 모델의 안정화(Stabilizing)와 성장
(Growing), 다른 지역으로의 복제(Replicating)와 이전(Transferring), 확산(Spreading)과 심층 확
장(scaling deep) 등 성장 수준의 진척과 더 깊은 가치로의 변환을 포함한다. 이처럼 확장의 과정은
더 세밀한 증폭 프로세스(Amplification process)로 설명할 수 있다. 즉, 사회적 영향의 확장은 실패
를 줄이기 위한 단계별 세부 전략과 함께 더 발전적인 사고방식이나 가치의 변화를 포함한다. 아래
는 이러한 내용을 3가지 범주로 분류하여 8가지 증폭 과정으로 체계화한 그림이다[11].

〈그림 13.2〉 사회적 영향 증폭 과정의 유형

범주		과정	
내적증폭	같은 비즈니스 모델(initiative)을 더 길게 더 빨리 진행	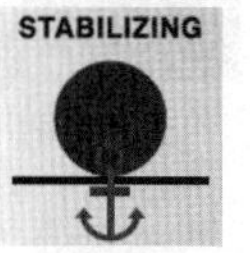 STABILIZING	 SPEEDING UP
외적증폭	같은 비즈니스 모델(initiative)에서 더 작거나 다른 맥락의 종속적 하위범주 생성	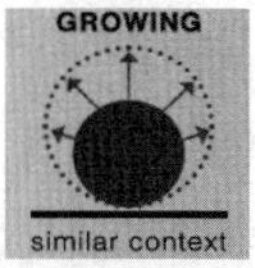 GROWING similar context	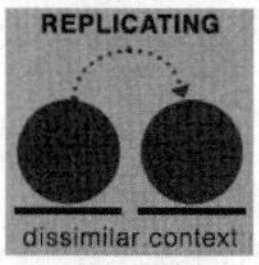 REPLICATING dissimilar context
	같은 비즈니스 모델(initiative)에서 더 작거나 다른 맥락의 독립적 하위범주 생성	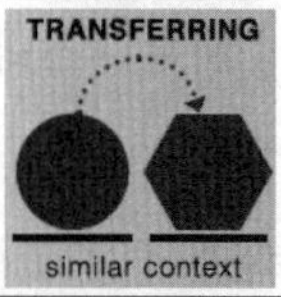 TRANSFERRING similar context	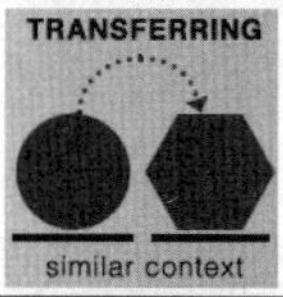 TRANSFERRING similar context
확장증폭	비즈니스 모델(initiative)의 규칙과 가치를 바꿈	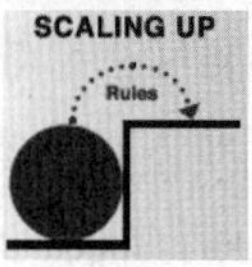 SCALING UP Rules	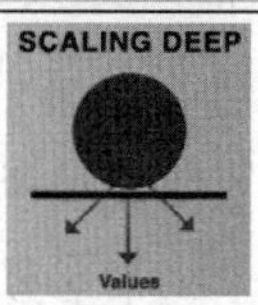 SCALING DEEP Values

출처: David P. M. Lam, Berta Martín-López, Arnim Wiek, Elena M. Bennett, Niki Frantzeskaki, Andra I. Horcea-Milcu, and Daniel J. Lang(2020),
"Scaling the impact of sustainability initiatives: a typology of amplification processes", Urban Transformations, 2(3), p.11.

'안정화(Stabilizing)'는 해당 비즈니스 모델을 강화하고 깊이를 더하여 다가오는 문제에 대해 더 탄력적으로 만들고 더 오래갈 수 있도록 하는 일이다. 이는 비즈니스 모델이 기존 기회를 활용하고, 지지자 또는 사용자의 수를 늘리며 더 많은 이해관계자가 함께하도록 하는 일이다. 또한 사회적 목적과 사명에 대한 간결한 절차와 명확한 의사소통을 보장하기 위한 전문화의 실천을 의미한다. '속도 향상(Speeding up)'은 해당 비즈니스의 사회적 영향의 속도를 높이는 것을 말한다. 사회적 영향의 확장은 그 과정을 소홀히 하지 않으면서도 현재의 지속 가능성 문제를 위해서는 더 빠른 영향의 확장을 요구하기 때문에 속도를 높이는 것이 중요하다. 조직 또는 실행 절차의 효율성을 높여 시간이 지남에 따라 더 많은 영향을 미치도록 하여 비즈니스가 더 빠르게 확장하도록 할 수 있다. 특히, 기후 변화 및 생물 다양성 손실과 같이 되돌릴 수 없는 결과를 피하기 위하면 즉각적이고 빠른 조치의 시간과 속도는 필수적이다.

'성장(Growing)', '복제(Replicating)', '이전(Transferring)', '확산(Spreading)'은 기존 비즈니스 모델의 범위 또는 산출의 수를 증가시켜 더 많은 사람과 장소에 영향을 미치려는 절차이다. '성장'은 기존 지역과 조직에서 같은 비즈니스 모델이 같은 방식으로 작동하면서 사회적 영향의 범위 확장을 수반한다. 성장 과정의 결과로 비즈니스 모델은 솔루션 혹은 프로그램, 제품 또는 서비스의 범위를 확장하며 때로는 기존 비즈니스 모델에 의존하는 계열사를 개설함으로써 잠재적인 사회적 영향의 범위를 더 많이 다룬다. '복제'는 비즈니스 모델을 다른 맥락으로 복사하는 것, 그리고 같은 목적의 서로 다른 지역조직이 비즈니스 모델의 세부 운영 방법을 지역 맞춤화하는 것을 포함한다. 첫 번째의 예는 서로 다른 지역 혹은 국가에서 사회생태학적 목적을 위하여 같은 솔루션을 사용하는 경우이며, 두 번째 예는 각각의 새로운 지역 매장이 본사에 의존하지만 다른 지역에서 재료 혹은 부품 등을 조달하는 것이다. 이러한 복제는 사회경제적인 맥락에서 각각 지역을 중심으로 기능하도록 한다. '이전'은 비즈니스 모델의 주도권을 잡고 유사하지만 새로운 지역에서 상황에 맞게 비즈니스 모델을 구현하는 것이다. 성장 과정과 다른 점은 독립적으로 계획하고 운영하는 것이다. 이러한 예로는 2013년 콜롬비아 보고타에서 시작한 '오픈 스트리트 프로젝트(Open Streets Project, 공휴일과 일요일에 도시의 도로에 자동차 없이 도보로 혹은 자전거 등만 다님)' 운동으로 이를 통해 전 세계 100개 이상의 도시로 이전되어 유사한 사회문화적 맥락에서 100개 이상의 독립적인 프로그램이 시작한 것이다. '확산'은 맥락이 다른 장소에 핵심 원칙과 접근 방식을 전파하는 것을 말한다. 확산이 복제와 다른 점은 원칙이나 접근 방식은 유사하지만, 독립적인 비즈니스 모델이 나타나는 것이다.

앞에서도 언급하였지만, '수직적 확장(Scaling up)'은 옹호, 로비, 네트워킹 또는 대안적 비전 및 담론 지원을 통해 비즈니스 모델의 사회적 영향을 법률, 정책 또는 기관으로 체계화하는 것을 의미한다. 수직적 확장을 통하여 우리는 기존 체제의 규칙이나 논리를 변경하여 더 높은 제도적 수준에 영향을 미치게 할 수 있다. '심층적인 확장(Scaling deep)'은 비즈니스 모델을 통하여 사람들의 가치, 규범 및 신념을 변화시키는 것을 목표로 하는 것을 말한다. 이를 통하여 새로운 사고방식을 육성하고, 인식을 변화시키며, 새로운 가치 체계뿐만 아니라 관계 및 인식의 새로운 방식을 도입하도록 하는 것이다. 예를 들어 앞에서 공부한 홍콩 완차이 마을의 '시간 쿠폰'이나 영국의 '시간 은행(타임 뱅크)'은 사람들이 다른 사람을 돕는 데 보낸 시간에 대해 '시간 통장'의 '시간 신용'으로 쌓이는데 이를 '시간 은행'의 다른 구성원으로부터 받은 서비스에 사용된다. 시간 은행은 호혜적 이타주의를 촉진하여 지역사회의 사회적 통합을 높이고 일과 복지에 대한 이해 속에서 일을 가치 있게 사용하는 대안적인 방법을 제공한다. 또 다른 예는 불가리아 부르가스시에서 홍수로부터 도시를 보호하기 위하여 공공 주도로 정책을 집행하지 않고 도시 계획에 시민을 포함한 경우이다. 이는 시민들이 자발적으로 각자 또는 함께 토양을 정비하고 나무를 심은 '자연 기반 솔루션'에 참여하도록 함으로써 해결하였는데, 자연은 때론 위험하기도 하지만 이를 해결하는 방법 또한 자연에 있다는 것을 알게 되었고 시민이 함께 참여하여 문제를 해결할 수 있다는 동기를 부여하였다[12].

사례연구 49

영국의 에이치씨티(Hackney Community Transport) 그룹: 사회적 금융 시장에서 자본 조달과 기업 성장을 반복하는 환류 과정을 통하여 사회적 영향력을 확장하고 파급효과를 극대화하다[13]!

1982년에 설립된 HCT(Hackney Community Transport) 그룹은 운송 및 지역공동체 서비스를 제공하는 회사로서 2017년 현재 730대의 차량을 소유하고 있으며, 1500명 이상의 직원을 고용하고 있는 영국의 사회적경제 기업이자 주주가 없는 법률적 유한보증회사(Limited By Guarantee, LBG)로 등록된 자선단체이다. 설립 당시 Hackney의 자치구 협의회(Hackney Borough Council)로부터 보조금으로 장애인 운송용 차량 6대를 지원받아 30개의 지역공동체가 모여서 시작한 이 회사는 1993년부터 운송 계약 시장에서 경쟁하기 시작하였다. 대표적인 사업으로는 '런던 시내 레드버스 노선 운영(Red bus routes)', '지역별 순환 투어 버스 운영', '지역사회단체, 클럽 및 비영리단체에게 저렴한 비용으로 제공하는 미니버스 대여', '장애가 있는 사람이나 이동에 어려움이 있는 사람들을 위해 접근성을 높인 유어카(YourCar)', '정류장이 없는 곳에서도 승하차가 가능한 노인 및 장애인의 외출과 귀가를 돕는 미니 노선버스(Route) 812', '이동성 스쿠터 대여' 사업 등을 운영하고 있다. HCT 그룹은 지금까지 매년 이익의 약 37%를 지역사회 서비스로 재투자하고 있으며, 나머지는 기업의 성장을 뒷받침하는 데 사용하고 있다. 이러한 발전은 사회적 영향 투자에 힘입은 지속 가능한 성장이 뒷받침되었기에 가능하였다. HCT 그룹의 1993년 매출은 약 20만 2000파운드(약 2억 9200만 원)였는데, 2017년에는 6290만 파운드(약 998억)를 기록하여 약 341배 이상이 증가한 기록적인 발전을 이루었다.

〈그림 13.3〉 HCT 차량 및 훈련 장면

출처: HCT 홈페이지(2018), http://hctgroup.org.

2004년에는 레이튼(Leyton)에서 런던 자치구 월섬 포리스트(Waltham Forest)까지 매일 500명 어린이의 통학을 지원하는 사업을 진행하였으며, 2007년 및 2008년에는 연간 이익의 18%를 지역 공동체의 소외된 이들을 위한 운송에 투자하였고, 그 영향력이 30% 이상 증가되도록 노력하고 있다. 또한 자원봉사자를 모집하여 학습 장애 및 신체적인 장애가 있는 사람들이 공공 교통을 독립적으로 사용할 수 있도록 훈련시키는 일도 함께 진행한다. 운송 산업은 자본집약적인 사업이며, 자본에 대한 접근성이 사업 확장의 최대 장벽이다. HCT 그룹의 성장은 사회적 벤처 중개기관과의 관계를 통한 자본 조달과 함께 이룩할 수 있었다. HCT 그룹이 성장을 막 시작될 때 협동조합 및 지역공동체 금융(Co-operative and Community Finance, CCF)을 통하여 운전 자금과 차량 금융을 제공받을 수 있었으며 CCF와 공동체 재구축 런던 협회(London Rebuilding Society, LRS)가 관리하는 런던 개발청(London Development Agency, LDA)의 사회적경제 기업성장기금(Social Enterprise Growth Fund)으로부터 건물과 기반 시설에 대한 재정을 제공받았다. 빈곤 탈출과 집 없는 가정을 돕는 재단 Big Issue는 HCT 그룹의 새로운 서비스 분야에 자본 및 운전 자금을 제공하였다. 2010년 2월 HCT 그룹은 운송 사업의 지역 확장과 장기 실직자 교육 훈련 등 지역공동체 서비스 확장을 위한 단계를 위하여 영국의 사회적 영향투자 기금 퓨처빌더(Futurebuilders)의 파트너인 브릿지 벤처스(Bridge Ventures)로부터 매출수익률과 연계된 사회적 대출로 500만 파운드(약 72억 원)의 자본을 조달하였다.

<그림 13.4> HCT 그룹 사람들
(좌: 각종 동호회 그룹에 참가하는 로컬 시니어 그룹, 우: 커뮤니케이션 디렉터 프랭크 및 동료들과 함께 선 저자)

출처: HCT그룹(2018), "impact report 2018: bolder vision broader impact"(좌).; 저자(2019), "방문 촬영"(우).

HCT 그룹은 "우리의 사회적경제 모델은 매우 효과적이며 사회적으로 책임성 있는 구조를 가지고 있는 비즈니스 모델이다. 우리는 환경, 보건 및 안전, 사회적인 정책을 유지하고 이들에 대한 성과를 정기적으로 측정하는 것을 목표"로 한다고 밝히고 있다. CEO인 다이 파월(Dai Powell)은 HCT 그룹이 사회적 목적을 달성하면서 이익도 보았음을 강조하면서 "이익을 내지 않으면 그 사회적 사명을 완수할 수 없기 때문에 사회적경제 기업은 사회적 가치를 지향하면서 동시에 이익을 내는 기업이 되어야 함"을 강조한다. HCT 그룹은 높은 수준의 접근성과 품질을 가진 계약에 대해서만 경쟁하면서 고품질 공공 서비스를 목표로 삼고 모든 서비스의 설계 및 제공에 대하여 사용자의 의견을 적극적으로 반영하고 있다. 다이 파월은 또한 "우리는 빈곤층을 위해 빈약한 서비스를 제공하지 않는다. 좋은 품질이 그곳에 있어야 함"을 강조하고 있다.

특히, HCT 그룹은 2008년도에 서비스 지역이 런던 전역, 요크셔(Yorkshire), 험버사이드(Humberside) 및 남서쪽(Southwest)으로 확장하면서 HCT 그룹으로 성장하였고, 지금은 노스웨스트(Northwest), 더비셔(Derbyshire) 및 채널 제도(Channel Islands)까지 확대되었으며 한 번도 사회적인 사명과 철학을 간과한 적이 없음을 강조한다.

사회적 영향 확장의 제도

지속 가능한 사회적 영향 창출의 비즈니스 모델은 일반적으로 작게 시작하여 상당한 영향을 미치기 위해 확장해야 한다. 앞서 우리는 확장의 추진 경로에 대하여 공개 담론, 정치적 의제 및 입법 추진 등의 수직적인 사회적 영향 확대와 지리적 공간이나 크기가 커지는 수평적인 사회적 영향 확장에 관하여 이야기하였다. 또한 추진 구조도 일반적으로 개방형 구조에 초점을 맞추면 속도와 영향력이 더 커지지만 이에 대한 비판적 견해도 있으며 일부 사회적기업가는 느리더라도 폐쇄된 전략 구조를 선택하고 통제력을 가지면서 직접 확장하기도 한다. 사회적 영향의 확장은 〈그림 13.5〉와 같이 제도적인 규칙과 지원을 기반으로 행위자의 의지와 능력을 통하여 이러한 전략적인 경로와 구조를 선택하여 실행하고 궁극적으로 지속 가능한 사회적 가치 창출의 사회적 영향 확장을 이루게 된다[14].

〈그림 13.5〉 지속 가능한 사회적 영향 확장의 프레임워크

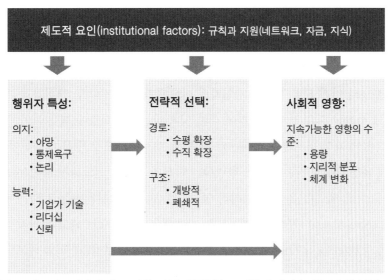

출처: Marion van Lunenburg, Karin Geuijen, and Albert Meijer(2020), "How and Why Do Social and Sustainable Initiatives Scale? A Systematic Review of the Literature on Social Entrepreneurship and Grassroots Innovation", Voluntas, 31, p.1021.

사회적 영향 확장의 제도적 요인에서 첫째, '규칙'은 정부 혹은 기관이 구성원과 함께 지키기로 정한 문서화로 만들어진 내용 또는 불문율을 포함한다. 확장을 위한 실험실 공간 제공, 유연한 규칙, 유리한 비즈니스 환경의 조성, 정치적 의지 등은 지역의 비즈니스 모델을 확장하는 데 중요한 요인이다. 저개발 국가 등에서 이러한 규칙이 취약한 경우에는 사회(공동체)(적) 및 환경적 영향을 감소시킬 수 있다. 반면 엄격한 규칙이 있는 경우에도 과도한 관료주의로 인해 비즈니스 모델의 확장을 좌절시킬 수 있다. 따라서 어느 정도 안정화된 사회구조 속에서는 지역과 공동체, 그리고 행위자에게 권한을 위임하고 동기를 부여하는 유연한 규칙, 유리한 비즈니스 환경의 조성과 적극적인 지원 의지를 표명해야 한다[15].

둘째, 제도적 요인의 '지원'은 사회적 영향 확장 기업에 지식, 자금 및 네트워크에 대한 접근성을 제공함으로써 비즈니스 모델의 확장을 자극하고 돕는다. 예를 들어 활동가를 조직하고 워크숍 등의 학습을 지원함으로써 이들이 지역의 비즈니스 모델을 상위 수준의 사회적 영향 표준과 연결하거나 네트워크형 공동 관리의 체계를 갖추게 할 수 있다. 제도적 환경에서 일반적으로 중앙정부 혹은 지방정부를 지원의 핵심 역할자로 생각하지만, 비정부기구나 대기업도 사회적경제 기업과 함께 자선활동을 제공하거나 운영하게 함으로써 지역의 비즈니스 모델을 확장하는 데 좋은 역할을 하고 있다. 앞 장에서 살펴본 아쇼카 재단은 세계적인 네트워크를 보유하고 있으면서 올바른 기술 훈련과 같은 사회(공동체)(적) 및 환경적 문제에 대한 가장 혁신적인 기업가적 솔루션을 자극하고 지원하고 있다[16].

사회적 영향 확장의 행위자

제도적 배경은 확장을 추진하는 사회적기업가 혹은 행위자의 의지와 능력에 모두 영향을 미친다. 하지만 제도보다 더 중요한 요인은 행위자의 변화에 대한 의지이다. 행위자의 확장 야망과 통제 욕구, 그리고 사회적 혹은 경제적 논리에 대한 지배적 관념은 확장에 영향을 미친다. 확장의 야망은 개인의 특성에 따라 다르게 나타내는데 이를 세 가지 유형으로 구분한 문헌에서는 첫째, 지역적 필요에 초점을 맞추고 기존의 제도적 변화나 혁신의 맥락을 건드리지 않는 '사회적 브리콜러(Social Bricoleur)', 둘째, 혁신을 다른 지리적 영역으로 복제하는 것을 목표로 하는 '사회적 구성주의자(Social Constructionist)', 셋째, (국제) 사회 시스템을 근본적으로 깨고 정치적 의제에 초점을 맞추는 '사회적 공학자(Social Engineer)'로 구분하고 있다. 지역 브리콜러처럼 비즈니스 모델을 검증한 다음에도 특정 지역의 필요에만 초점을 맞추는 것은 확장의 한계로 간주하고 있다.

행위자가 커다란 야망을 가지고 있으면서 통제에 대한 강한 욕구를 느낀다면 사회적 영향의 확장 과정은 느려진다. 개방형 구조는 확장의 속도를 높이지만 통제 욕구가 강한 경우에는 개방형 구조보다는 형식적인 확장구조를 선택할 여지가 크다. 반면, 통제에 대한 욕구는 네트워크 강도와 관련이 있는데 행위자의 네트워크 유대가 강할수록 통제에 대한 욕구가 적어진다. 지역 브리콜러는 개방형 구조를 선택하는 반면 역설적으로 사회적 공학자는 덜 개방적인 구조를 선택하기 때문에 확장은 덜 성공할 것으로 예상된다. 이처럼 통제에 대한 욕구는 특정 확장구조에 대한 선택과 직접적인 관련이 있으며 이는 결국 사회적 확장에 영향을 미친다[17].

경제적인 논리와 사회적인 논리를 동시에 목표하는 비즈니스 모델의 경우는 사회적 영향 확장이 더 성공적인 것으로 나타났다. 사회적 초점을 유지할 수 있지만, 경제적 목표에 전혀 초점을 맞추지 않는 사회적기업가는 외부 압력으로 인해 시간이 지남에 따라 사회적 초점을 잃을 수 있으며 그 결과 사회적 영향력은 감소한다. 따라서 제3장과 제10장에서 논의한 것처럼 사회적 영향 확장 계획에는 비즈니스 모델의 특성에 따른 다양한 재원조달 방식을 고려하고 지속 가능한 경영을 준비해야 한다. 행위자의 의지에 이은 확장 능력은 비즈니스 모델이 제도적인 맥락에 따라서 행동할 수 있는 방식을 의미하는데 이는 본 서 앞부분의 제1부 및 제2부에서 다룬 사회적기업가정신, 리더십, 그리고 자금, 지식 및 네트워크와 관련된 협동의 지배구조, 비즈니스 네트워킹, 지역 조직화 전략 부분을 참고하기 바란다[18].

사회적 영향 확장의 주의사항
확장전략의 목표는 비즈니스를 복사하듯이 제공하는 것이 아니라 새로운 사회적 목표그룹 및 시장 환경에 적응할 수 있도록 비즈니스 모델 또는 주요 구성 요소를 복제하고 확장하는 것이다. 확장은 원래 조직이 단독으로 또는 파트너와 함께 작업하거나 완전히 별도의 조직에서 관리할 수도 있다. 사실 외부의 적절한 기술 지원이 없으면 많은 사회적경제 기업이 자신들의 활동을 확장하는 데 어려움이 있기 때문에 확장을 시도하지 않을 수도 있다. 반대로 성급한 시도로 인하여 비효율적이거나 실패하여 자원 낭비를 볼 수 있는데 이러한 실패의 주된 이유는 올바른 정보와 노하우, 인적자본, 금융, 관련 네트워크에 대한 접근 부족들에서 기인한다[19].

확장의 주요 초점은 영향의 범위를 정하는 것이라고 할 수 있다. 확장을 통하여 추가적인 수익이나 이익을 창출하고 조직의 규모를 증가시킬 수는 있지만 영향의 범위를 정하는 기준에는 경제적 측면보다는 다음과 같이 '서비스의 지리적인 범위', '사회적 목표그룹의 수', '사회적 영향의 크기와 깊이', '수익 및 직원 규모' 등 사회적 영향의 파급효과를 고려하여 정해야 한다[20]. 대부분의 확장은 현재의 방식을 조정하지 않고 진행하기는 힘들다. 새로운 지역마다 새로운 조건에 적응해야 한다.

따라서 기본 운영 모델의 모든 결정 요인이 사회적경제 기업의 새로운 지역에 확장될 수 있는 적응성이 중요하다. 이처럼 적응 가능성은 확장의 중요한 조건이며, 더 나아가 해당 지역에 따라서 더 차별화된 방식으로 적응성을 높이고 확장을 추진할 필요가 있다. 확장을 위한 사전 이해에는 이처럼 적응 가능성 및 전송 가능성과 함께 주요 구성 요소를 식별하고, 사회적 영향을 조정하는 과정에서의 특정 역할을 명확히 할 필요가 있으며 확장성을 위한 주요 구성 요소 간의 상호 작용 및 연결이 필요하다[21].

사회적경제 비즈니스 모델이 확장을 위한 준비가 되었는지는 다음과 같은 체크를 통하여 검토할 수 있다. 그것은 첫째, '핵심 제품 또는 서비스가 명확하게 정의되어 있는지', 둘째, '핵심 제품 또는 서비스의 운영 비용을 감당할 재원조달 방안은 실행 가능한지', 셋째, '비즈니스 모델이 특정 사람 또는 확장 불가능한 다른 요인에 의존하는 것은 아닌지'를 검토해야 한다. 제품이나 서비스가 지속 가능한지를 검토하는 것은 제품이나 서비스를 제공하기 위한 총 소요 비용을 감당할 수 있는 재원조달 방안이 확보되어야 한다는 의미이다. 만약에 총 소요비용보다 재원조달 금액이 적어서 총 이익이 마이너스라면 확장하면 할수록 손실이 배가 된다는 의미라고 볼 수 있다[22]. 확장은 지금까지 힘들게 이루어온 사업을 낯선 다른 지역에서 전개해야 함을 의미하기 때문에 확장을 위해 필요한 역량을 파악하고 갖추는 것은 중요하다.

사례연구 50
───
스위스의 협동조합 집단 쿱 그룹(Coop group): 약 154년 동안 250만 명 이상의 조합원에게
4만 개 이상의 제품을 공급하면서 '지속 가능한 제품', '환경 및 기후 보호', '직원 및 사회에 대한 헌신'의
3가지 중심축을 잃지 않고 세계 최고의 선진국다운 바람직한 협동조합 그룹을 대규모로 운영하다[23]!

스위스 바젤(Basel)에 본부를 두고 있는 스위스의 '쿱 그룹(Coop Group, 'Coop'은 독일 발음으로는 '코옵'이라고 발음됨)'은 150년의 역사를 가지고 있는 협동조합 그룹으로 2018년 말 현재 조합원은 250만 명이 넘으며 4만 7195명의 직원이 소매 부분에서, 4만 2384명의 직원이 도매 및 생산 부분에서 근무하고 있는 상당한 규모의 협동조합 그룹이다. 2018년 그룹의 총 매출은 약 370억 스위스 프랑(CHF, 약 46조 2500억 원)으로 사업의 규모도 매우 크다. 스위스의 'Coop Group'은 그들의 연간보고서에서 '공익을 달성하면서 지속 가능한 조직으로 성공'하기 위하여 '지속 가능한 제품', '환경 및 기후 보호', '직원 및 사회에 대한 헌신'을 3가지 중심축으로 두고 경영하고 있음을 나타내고 있다. 스위스 어느 지역을 방문하더라도 Coop 그룹의 계열 협동조합을 쉽게 볼 수 있다. 〈그림 13.6〉은 저자가 스위스를 방문했을 때 그라켄(Grächen), 취리히(Zürich), 체르마트(Zermatt) 지역에서 쉽게 마주친 Coop 그룹의 계열 협동조합들이다.

〈그림 13.6〉 스위스 취리히의 Coop Restaurant · Coop City(좌)와
그라켄의 Coop Supermarket · 체르마트의 ITS Coop Travel 광고물(우)

출처: 저자(2019), "Coop 그룹의 식당과 백화점(좌) 및 슈퍼마켓과 여행사 광고물(우)", 저자 방문 촬영.

〈그림 13.6〉에서 보는 것처럼 소매 부분은 'Coop Supermarket', 'Coop City', 'Coop Building & Hobby', 'Coop@home', 'Coop Restaurant', 'Coop Mineraloel', 'Coop Vitality pharmacies', 'ITS Coop Travel' 등 23개의 계열 협동조합에서 4만 개 이상의 식품 및 비식품 등 거의 전 부문을 망라하여 제공하고 있으며, 도매 및 생산 부분은 'Transgourmet Group', 'Bell Food Group AG', 'Coop 자체 생산 회사'를 중심으로 16개의 소속 기업 및 브랜드가 200개 이상의 도매 제품과 와인(스파클링 및 저온 동굴 방식을 병행하여 각각 연간 3만 병 이상 제공 중), 빵(장작불로 굽는 방식으로 년 200만 단위 이상의 빵을 생산하여 제공함), 수프, 소스, 디저트, 향신료, 샐러드, 야채, 과일, 육류(윤리적인 소비를 위한 대안 육류), 초콜릿 등의 다양한 제품을 생산하고 있다.

아울러 직원 복지를 위한 노력으로, 고용주로서 지속적인 작업 환경 개선과 임금 인상, 직원 만족도 향상(설문 조사), 연금 기금의 지속 가능한 보장, 명망 있는 고용주 상 수상 이력, '위대한 직장(Great Place to Work)' 지정, 휴일 보육, 교육 및 직원 개발, Coop 캠퍼스 운영, 사전 견습 훈련을 통하여 난민들에게 취업 시장에 대한 기회 제공, 투어 Coop에 대학원 견습생 참여, 건강 증진 리더십 운영, 공유 서비스 센터 및 디지털 채용 센터 운영, e-러닝 플랫폼, 직무 변경 체인지 매니지먼

트 등을 운영하고 있다. 또한 소비자 물가를 낮추기 위해 노력하고 있으며 이를 위하여 2018년에는 Coop 제공의 제품 판매 가격을 낮추기 위해 4000만 프랑(약 500억 원) 이상을 투자했으며 표준 세율을 8.0%에서 7.7%로 낮추어 1200개 품목의 가격을 인하하였다고 보고하고 있다.

〈그림 13.7〉 Coop 그룹 계열 협동조합 현황(좌: 소매, 우·상: 도매, 우·하: 생산)

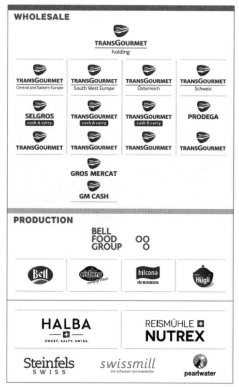

출처: Coop 그룹(2022), "2021 Annual Report of The Coop Group", p.4.

Coop 그룹은 "지속 가능성으로 정상에 오르는 기업의 성공과 일반 대중의 관심"이라는 영향을 목표로 일하면서 〈그림 13.8〉과 같이 "지속 가능성을 위한 강력한 내부 전략"을 일관되게 추진하고 있다. Coop 그룹의 '전략적 기반(The strategic basis)'은 "협동조합으로서 조합원과 소비자의 경제적, 사회적 이익을 증진하는 것"이며 "경제적, 환경적, 윤리적 원칙은 협동조합의 경쟁력과 지속적인 존재를 보장한다는 본질"에 있다. 아울러 "지속 가능성은 또한 Coop 그룹의 비전 2025+의 핵심사항"이기도 하다.

〈그림 13.8〉 Coop 그룹의 지속 가능성을 위한 내부 추진전략 체계

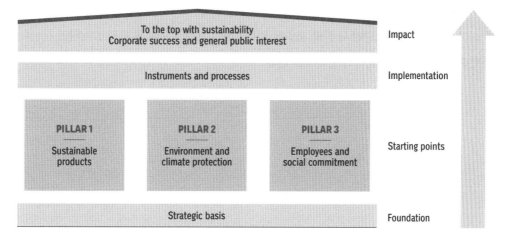

출처: Coop 그룹(2022), "2021 Annual Report of The Coop Group", p.15.

이러한 기반 위에 3개의 큰 핵심 축(Pillars)을 중요한 운영원리로 경영하는데 첫 번째 축은 '지속 가능한 제품'이다. Coop 그룹은 모든 제품 범위에서 전체 가치 사슬을 따라 최소한의 요구 사항을 준수하기 위해 최선을 다하고 있다. 또한 Coop 그룹은 유기 농업, 공정 무역, 동물 복지 및 생물 다양성을 촉진하기 위한 선구적인 자원조달 정책과 장기적인 파트너십에 참여하고 있다. 지속 가능성 브랜드와 품질 인증은 여기에서 중요한 역할을 하며 Coop 그룹이 스위스 소매에서 가장 엄격한 기준으로 차별화되는 장점이다. Coop 그룹은 의식적인 범위 선택, 대상 고객 정보 및 다양한 광고 활동을 통해 지속 가능한 소비를 촉진한다.

두 번째 축은 '환경 및 기후 보호'이다. Coop 그룹은 자원과 에너지의 효율적인 사용을 통하여 비용 절감에도 기여한다. Coop 그룹의 노력은 에너지 소비를 줄이고 재생 가능 에너지 사용을 늘리는 데 중점을 두고 있다. 2008년에 채택된 비전, '핵심 사업에서 2023년까지 CO_2 중립'을 실천하기 위하여 감축 일정을 마련하였으며 자체적으로 정의된 조치와 목표 덕분에 순조롭게 진행되고 있다. 또한 '포장 최적화', '폐기물 방지 및 재활용', '지속 가능 물류 및 상품 운송', '물 관리', '수소 기술 및 지속 가능한 건설'을 지키고 있다. Coop 그룹은 플라스틱 사용에 있어서 2050년까지 순배출 제로를 목표로 하는 새로운 기후 전략을 채택하여 추진하고 있다.

세 번째 축은 '직원 및 사회적 약속'이다. Coop 그룹은 사회와 관련된 직원 및 사회 프로젝트에 대한 Coop 그룹의 약속을 다룬다. 고용주로서 Coop 그룹은 표준화되고 진보적인 집단 고용

인 견습생을 위한 교육을 제공한다. 2022년부터 새로운 버전이 적용되고 좋은 연금 제도와 다양한 포용 프로젝트가 스위스 전역에 적용된다. 아울러 식품의 책임 있는 사용에 상당한 기여를 하며 또 다른 주요 측면에서 산악 지역을 위한 Coop 그룹의 약속을 지키고 스위스 적십자(SRC)와 같은 전략적 파트너와 협력하고 있다.

3 ▶ 사회적 영향 확장 구조

사회적 영향 확장 구조의 선택

앞서 설명한 것처럼 사회적 영향 확장의 결과는 서로 다른 확장 구조를 선택하기 때문에 나타나는데 이러한 확장 구조는 더 개방적이거나 폐쇄적인 구조로 구분된다. 일반적으로 개방적인 확장 구조는 그 속도와 크기를 높이지만 앞서 언급한 것처럼 협업전략은 내부 갈등과 느린 학습으로 인해 확장 과정을 힘들게 할 수 있다. 확장 구조는 '조직 확장', '전략적 네트워크 구축', '제휴 및 지점', '아이디어 확산을 위한 비공식 및 느슨한 네트워크'로 구분하기도 하며[24] 더 단순하게는 보급, 제휴, 지점의 3가지로 구분하기도 한다. 보급은 가장 개방적인 구조이며 지점은 가장 통제가 많은 구조이다. 사회적 프랜차이즈는 지점과 제휴 사이에 존재하게 된다. 상향식 비즈니스 모델과 풀뿌리 비즈니스 모델은 더욱 협업적인 구조를 선택하는 것으로 나타났는데 특히, 협업 구조는 환경 문제를 해결하기 위한 비즈니스 모델에서 가장 성공적인 전략으로 간주된다[25].

이처럼 확장 구조는 사회적경제 조직이 직접 추진할 것인지 아니면 외부 협력 파트너와 함께 추진할 것인지를 결정해야 한다. 실제로 많은 조직에서는 직접 확장을 확장의 방법을 사용하는데, 혼자서 직접 확장하게 되면 영향력의 중요성이 있으면서 통제력을 키울 수 있다. 하지만 자체 조직의 직접적인 통제력은 낮추고, '전략적 제휴', '협회(결성)를 통한 추진', '공개 소스' 방식 등의 확장 방식을 통하여 영향력의 파급효과를 키우기 위해서는 오픈된 간접적인 확장 방식을 사용하는 것이 권장된다.

통제력은 더 줄이고 외부 파트너와 협력적인 관계를 통하여 확장하는 방법으로는 '전략적 제휴'와 '협회(결정)를 통한 확장'이 있으며, 통제력은 최소화하고 '보급 전파'의 목적으로 확장하는 방법으로는 '스마트 네트워크', '학습 및 컨설팅', '공개 소스' 방식의 전개가 있다[26]. 오픈된 간접 확장전략은 더 많은 사람에게 다가갈 수 있는 기회가 더 많은 방법이다. 이 방법은 조직이 보유한 사업적 아이디어와 사회적 관계 형성의 방식을 내줘야 한다. 많은 사회적경제 기업가들은 상업적 기업가와는 다르게 그들의 아이디어를 내주는 것을 꺼리지 않는다. 왜냐하면 그들이 더 신경 쓰는 것은 최대한 많은 사람의 삶을 긍정적으로 개선할 수 있는 최선의 방법을 모색하는 것이기 때문이다. 하지만 다른 사람들이 다른 곳에서도 잘 적응하고 실행할 수 있어야 한다는 점을 인지하고, 확장 과정에서 파트너와 함께 이 점을 잘 검토하고 협력적으로 추진하는 것이 필요하다.

이처럼 〈그림 13.9〉는 조직의 통제력과 협력관계의 정도인 '직접 확장', '협력 추진', '보급 전파'에 따라 확장의 방법을 분류한 그림이다.

〈그림 13.9〉 직접 통제력 및 외부 협력관계에 따른 확장 방법의 분류

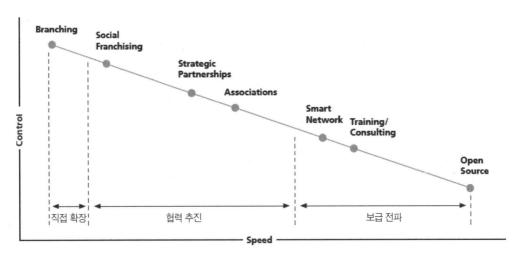

출처: UBS and Ashoka(2017), "Scaling Strategy: Social Investment Toolkit Module 4", p.6.

통제된 직접적 확장 구조

먼저 직접 확장의 방법으로써, 조직이 통제력을 가장 많이 가지면서 내부 조직을 성장시키는 전략적인 방법은 '지점 설치' 및 '사회적 프랜차이즈'로 진행하는 방식이다.

'지점 설치' 모델은 대규모 비즈니스를 성장시키고 시간이 지남에 따라 더 많은 판매와 유통을 이룰 수 있다는 장점이 있다. 이 모델은 대부분 비즈니스가 특정 수준 이상으로 성장하면 또 다른 성장을 찾아서 새로운 지역, 지방 또는 국가로 넓혀 가야 하므로 상업적 기업에서 모두 채택하고 있는 모델이다. 이 모델은 혁신이 어떻게 실행될 수 있는지 본사에서 완전히 통제할 수 있는 장점이 있지만 새로운 지점을 설치해야 하므로 지점을 확대할 때마다 비용이 단계적으로 증가한다는 부담이

있다. 본사는 공급 및 제조, 재무 관리 등을 담당하고 지점은 직원 채용 및 교육을 담당하는데, 투자자들은 새로운 지점에 대한 사회적경제 기업의 출시 전략에 대해 높은 관심을 가질 것이다.

'프랜차이즈' 모델은 본사가 핵심 제품 및 서비스를 고도로 표준화하고 구조화하여 다른 사람의 자본과 운영을 통하여 사회적경제 조직과 동일한 방식과 브랜드로 판매할 수 있도록 가맹점을 개설해 주고 사업을 확장하는 모델이다. 프랜차이즈가 제대로 작동하려면 '가맹점이 이익을 볼 수 있는 널리 인정되는 브랜드', '표준화된 제품 또는 서비스 세트', '판매하는 데 필요한 제품과 서비스를 가맹점 고객에게 제공할 수 있는 공급망'을 갖추고 있어야 한다. 일반적으로 본부는 '브랜드 사용권', '일정 지역에서의 독점적인 영업권', '표준화된 제품 또는 재료와 유통망', '가맹점 경영관리'를 제공하며 그 대가로 가맹점은 '프랜차이즈 가맹비 및 수수료'를 납부한다[27]. 기존 경험적인 사례들을 살펴보면 조직이 프랜차이즈를 설립하고 확장을 추진할 때 다음과 같이 몇 가지 장애가 확인되었다. 그것은 '금융 접근에 대한 어려움', '복제를 원하는 사회적경제 기업에 대한 체계적인 지원 부족', '사회적경제 기업 내부의 관련 기술 및 리더십 부재' 등이었다. 아울러 성숙한 단계에 도달한 프랜차이즈 사업의 경우에도 '너무 빠르게 복제하려는 속도와 관련된 문제', '확장 지역의 환경 차이에 대한 과소한 평가', '비현실적인 매출 기대', '품질 관리 시스템 구현의 어려움', '프랜차이즈의 일관된 의사소통 및 지원 부재', '소유권과 통제권에 대한 갈등', '해당 지역의 프랜차이즈 수용력 또는 구매력의 한계'를 경험하고 있어서 이러한 부분에서 프랜차이즈 전개 방식은 유의해야 할 필요가 있다[28].

오픈된 간접적 확장 구조

다른 조직과 협력관계를 구축하는 **'파트너십'**은 종종 가장 빠르고 효율적인 방법이다. 새로운 지역에서 비즈니스를 직접 복제하는 대신 혁신을 제공하기 위해 인프라를 이미 갖추고 있는 기존 파트너와 협력하는 것은 해당 지역의 적응성뿐만 아니라 사회적 영향의 파급력 측면에서도 우수한 방법이다. 많은 사회적경제 조직은 **'협회(연합회)'**를 통하여 공동의 연대를 구축하고 단체를 조직한다. 이것은 일관된 목표를 향해 함께 캠페인하고 대중적인 인식을 높이는 방법이다. 이 모델에서 개별 회원 조직은 스스로 선택하고, 독립적으로 유지되지만, 회원 간에는 협력하는 방식을 취한다. 한국사회에서는 '한국의료복지사회적협동조합연합회(이하, 연합회라 칭함)'가 대표적인 사례이다. 의료복지사회적협동조합은 "공익을 목적으로 지역주민과 조합원, 의료인이 협동하여 의료기관 운영, 건강증진 활동 등을 통해 건강한 공동체를 만들어 가는 사회적경제 기업"이다. 이들은 '나눔과 건강이 함께하는 건강한 공동체 지향', '건강할 때 건강을 지키는 활동을 더 소중하게 생각', '의료와 건강의 문제를 협동의 힘으로 해결하는 사회적협동조합', '영리를 목적으로 하지 않는 비영리법인'을 이념으로 활동하고 있다. 2019년 현재 연합회의 회원 조합은 25개이며, 총회원 수는 4만 8554명, 출자금은 총 133억 1249만 원에 이른다. 연합회는 국내 1세대 의료생협인 안성의료복지사회적협동조합으로부터 시작된 의료협동조합 연대를 모태로 하고 있으며, 지금도 전국의 각 지역에서 의료복지사회적협동조합 설립을 위한 연합회의 '컨설팅과 교육'이 진행되고 있다[29].

통제력이 가장 낮은 수준으로 사회적 영향을 '보급 전파'하는 방식의 **'스마트 네트워크'**는 정부기관, 기업 및 비영리단체가 공동의 목표를 향해 함께 협력하는 네트워크 조직의 형태로 사회적 영향을 확장하는 모델이며, **'컨설팅 및 역량 구축'**은 내부 조직을 성장시키지 않고서도 다른 지역사회에 영향력을 확산시킬 수 있는 효율적인 방법이다. **'오픈 소스'**는 혁신의 원천을 가장 높은 수준으로 열어 주는 확장전략의 마지막 방법이라고 할 수 있다. 기타의 방법으로 '100% 자회사 설립', '합작투자', 기존 조직의 팀 혹은 구성원 일부가 독립하여 전개하는 '스핀 아웃', 지적재산권, 브랜드, 디자인 및 비즈니스 프로그램의 사용료 계약을 통하여 진행하는 '라이선스' 등이 있다[30].

사례연구 51

프랑스의 라휘시끼디위(La Ruche qui dit Oui): 지역농산물 순환소비, 온라인 구매 후 지역상점(Hive)에서 수령, 농부들에게는 공정한 가격을 지불하면서 더 나은 세상을 함께 가꾸어 가는 하는 사명을 가지고 프랑스 전역에서 5000명 이상의 지역 농부와 770곳의 지역상점, 더 나아가 유럽 전역에서 25만 명의 회원과 1만 명의 지역 농부, 1500곳의 지역상점을 운영하면서 사회적 영향의 파급효과를 확장하다[31]!

프랑스의 라휘시끼디위는 프랑스 및 유럽 전역에서 지역농산물 순환소비 운동을 통하여 '생산 농산물의 공정한 가격 회복', '건강하고 신선한 농산물 제공', '온라인 구매 후 지역상점(Hive, '벌통'이라고 해석됨)에서 수령하는 간단하고 편리한 유통', '투명성 강화로 식품에 대한 신뢰 회복'을 돕는다. 2023년 현재 5000명 이상의 프랑스 지역농부와 770곳의 Hive, 1만 명 이상의 유럽 지역농부와 1500곳의 유럽 Hive를 통하여 25만 명의 회원과 연결하고 유럽 전역에서 농산물의 공정한 생산과 유통 및 소비, 그리고 더 나

〈그림 13.10〉 라휘시끼디위를 방문한 저자

출처: 저자(2019), "파리 본사에서 Clemence Fernet, Alix Aymonier-Verdier와 함께", 저자 방문 촬영.

아가 지역공동체 만들기의 중요한 거점 역할에 앞장서고 있다.

라휘시끼디위에서는 생산자가 가격을 결정한다. 생산자들은 부가세를 제외하고 판매된 금액의 80%를 직접 수령한다. 소비자들은 온라인에서 구매 후 Hive에서 제품을 수령한다. 이것이 농부들에게는 공정한 가격을 지불하면서 더 나은 세상을 함께 가꾸어 가는 사명을 실천하는 라휘시끼디위의 문제해결 방법이다.

개인 혹은 조직이 Hive를 열기 위해서는 지원 동기와 실행 가능성을 보장할 수 있어야 한다. 그런 다음에는 장소를 찾아야 하는데 생산자의 농산물을 소비자에게 배포하기 위한 만남의 장소가 필요하다. 이는 공공장소(마을회관, 박물관, 학교 등)이든 사적인 장소(레스토랑, 바, 콘서트홀 등)이든 지역사회 구성원들이 편안함을 느낄 수 있는 곳이면 된다. 이어서 공동체 만들기가 필요하다. 지역사회의 거리를 걷고 시골을 가로질러 Hive 프로젝트를 설명한다면 조금씩 의욕 넘치는 구성원들과 생산자들이 주변에 모이게 될 것이다. 공동체가 만들어지면 정규 판매 조직으로 활동할 수 있으며 매주 Hive에서 회원에게 다양한 제품을 제공할 수 있다. 소비자들은 온라인으로 주문하고 생산자들은 유통 당일에 주문을 받아 소비자를 만나서 농산물을 배포할 수 있다. 배포 당일 회원 소비자와 생산자들이 만나는 일은 제품의 교환보다도 훨씬 더 많은 것을 교환할 수 있는 기회가 만들어진다. 그것은 지역 행사 및 축제, 공유 서비스, 농장 방문 등으로 이어질 수 있기 때문에 Hive는 빠르게 지역공동체 구성원들의 실생활 공간으로 역할을 하게 된다.

〈그림 13.11〉 라휘시끼디위의 '생산(좌)-가격(중)-유통(우)' 프로세스 이미지

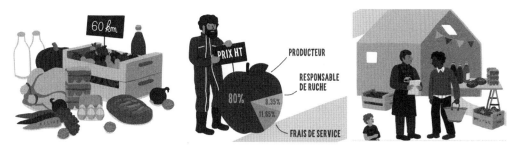

출처: 라휘시끼디위 홈페이지(2023), https://laruchequiditoui.fr.

라휘시끼디위는 60km 이내 지역농부의 농장에서 매일 수집한 농산물 덕분에 높은 영양가와 잘 보존된 매우 신선한 맛의 농산물을 공급할 수 있다. 또한 온라인에서 주문이 완료되면 월요일부터 금요일까지는 오후 10시까지, 그리고 토요일은 오전에 2시간 이내에 유통되어 생산으로부터 수령

까지 24시간 이내에 마무리된다. 그리고 생산자 표시정책으로 우리가 마시는 우유가 어디에서 왔는지 우리가 먹는 알을 낳는 암탉은 어디에서 자라났는지 알 수 있다.

라휘시끼디위는 2011년 9월 21일에 첫 번째 Hive의 문을 열었다. 프랑스 남서쪽의 도시 툴루즈 (Toulouse) 교외의 포가(Fauga)에 위치한 이곳은 식도락가, 이웃, 친구 및 호기심 많은 사람들이 지역에서 주문한 제품을 받기 위해 개설되었다. 그리고 그 이후 파리(Paris), 스트라스부르(Strasbourg), 로양(Royan), 보르도(Bordeaux), 투르(Tours), 캉(Caen), 님(Nîmes), 렌(Rennes), 리옹(Lyon) 등으로 확산되었고 몇 달 동안에 Hive는 유럽 전역으로 확산되어 오늘날 1500개 이상의 Hive 네트워크가 만들어졌다. 2012년에는 차별화된 비즈니스 수행을 위한 "사회적이면서도 기술적인 기업, la Ruche qui dit Oui!"는 "인간적이고 효율적인 경제" 활동을 위한 '사회적기업가 운동(Mouves) 네트워크'에 합류하였다. 2013년에는 유럽으로 거듭나게 되었는데 벨기에에 최초로 문을 연 라휘시끼디위는 이후 독일, 이탈리아, 스페인 등으로 퍼져 나갔다. 2014년에는 사회적으로 인정을 받게 되고 연대 기반의 프랑스 사회적경제 기업 유형인 ESUS(Entreprise-Solidaire-Utilite-Sociale) 승인을 받았다. 이는 민주적 거버넌스가 시행되고, 규정에 맞는 직원의 보수와 이익이 규제된다는 것을 의미한다. 2017년에는 B-Corp 승인도 받았다. 2018년 여름에는 8년 만에 CEO가 '마크-데비드 추콘 (Marc-David Choukroun)'에서 '그레고어 듀 티(Grégoire de Tilly)'로 변경되었다.

4   사회적 영향 확장 실무

사회적 영향 확장의 기능별 및 단계별 점검 사항

확장을 위하여 사전에 중요하게 점검되어야 할 5가지의 기능별 역량 요소가 있다. 그것은 첫째는 "확장을 주도하는 개인의 헌신"이다. 확산 과정을 주도하는 개인에는 설립자, 경영진 또는 둘 다일 수 있으며 직원과 자원봉사자, 더 넓게는 내·외부 이해관계자를 지칭한다. 둘째는 "관리 역량"을 들 수 있다. 확장을 위한 사회적경제의 비즈니스는 '목표 설정, 모니터링, 평가, 보고 및 예산 책정 등'과 같은 측면의 활동들을 다른 환경에서 진행하기 때문에 더 많은 관리 역량을 요구한다. 따라서 관리 능력은 확장성 프레임워크의 핵심 구성 요소이다. 셋째는 "운영 모델의 전체 또는 부분 확장 가능성을 선별하여 추진"해야 한다. 사회적경제 기업의 운영 모델이 실행 가능하다고 판단되면 확장 프로세스를 쉽게 하고 운영의 복잡성을 줄여야 한다. 복잡성을 줄이는 한 가지 방법은 사회적경제 기업이 운영 모델의 핵심 요소에 집중하도록 하는 것이다[32].

넷째는 "사회적 영향 극대화 부분 및 방법을 확인"해야 한다. 새로운 지역에서 사회적 요구를 충족하기 위해서는 어디에서 어떻게 사회적 영향을 가장 효과적으로 확장할 수 있는지를 결정해야 한다. 다섯째는 "필요한 자원 확보 가능성과 능력을 점검"해야 한다. 사회적 영향의 확장은 사회적경제 기업의 지속적인 운영뿐만 아니라 추가적인 활동과 노력을 포함하기 때문에 내부에서 제공하지 못하는 적절한 자원을 적절한 양만큼 조달하여야 한다. 자원을 확보하기 위한 물적, 인적, 재정적 요소와 이를 연결해 줄 네트워크 및 지지자가 필요하다. 여섯째는 "직접 제공 혹은 다른 사람들과 함께 간접적으로 확장할 것인가를 검토하여 그중에서 영향력 확대가 가장 큰 방법으로 진행"해야 한다. 사회적 영향을 자체적으로 확장할 것인지 아니면 다른 사람들에 의존하여 함께 진행할 것인지의 선택은 각 전략적 대안이 가지고 있는 영향력의 파급효과를 누가 더 효율적으로 추진할 수 있는지에 따라서 결정해야 한다. 일곱째는 앞에서도 언급한 "적응성"이다. 확장은 지리적인 확장뿐만 아니라 문화적, 행정적, 정치적 또는 경제적 차원에 따라서도 달리 적용될 수 있다. 경우에 따라서는 엄격한 규제 또는 정책 환경과 같은 제도적 장벽으로 인하여 사회적 영향을 확대하려는 사회적경제 기업의 시도를 저해할 수 있다. 때로는 사회적경제 기업의 활동 자체가 사회 변화를 주도하고 새로운 패러다임을 적응시키는 것을 목표로 하기 때문에 이러한 장애에 적응하기보다는 극복해야 할 과제를 안고 있는 것이기도 하다[33].

앞에서 언급한 내용들과 중복되는 부분이 있지만 확장 과정에 따라서 검토해야 할 체크 사항들도 있다. 그것은 진행 순서에 따라 '확장 범위의 결정', '로드맵 설계', '고객 의견 수렴', '거버넌스 형성', '핵심에 집중하여 실행하기'가 있다. 첫째, '확장 범위의 결정' 단계에서는 확장의 중심 목적과 조직이 선택한 확장의 길을 분명히 하는 것이다. 내용을 너무 광범위하게 정의하면 고유성을 놓칠수 있으므로 범위를 분명하게 하고 비전을 명확히 수립한다. 확장은 좋은 거래 혹은 사람을 돕는 것이 목적이 아니라 사회적 영향을 달성하는 것이 목표임을 확실히 하고, 범위에 대하여 직원 및 이해관계자와 공유하여 명확히 설정한다. 가끔 경제적인 목적에 집중된 확장을 요청하는 수요를 만날 수 있는데, 어렵겠지만 거절할 줄 알아야 한다.

둘째, '로드맵 설계' 단계는 팀원 모두가 같은 방향으로 갈 수 있도록 로드맵을 요약하고 명확하게 전달한다. 로드맵은 사업계획서가 아니며 짧은 비전을 포함하여 확장을 추진하는 기능별 해야 할 일들을 정리한다. 그것은 예를 들어 확장 후 3~5년 이내에 달성하고자 하는 목표, 확장 지역의 고객에게 제공하는 것, 성공의 열쇠, 확장의 주체 및 기한 등이 들어가도록 정리한다. 이러한 비전과 목표에 대하여 구성원 및 이해관계자 모두가 공유하고 의결 과정을 거친다. 셋째, '고객 의견 수렴' 단계는 기금 제공자 또는 구매자 및 사회적 목표그룹의 의견을 경청하는 단계이다. 이러한 고객의 의견에 귀를 기울이고 지속해서 관련성을 높이고 인정받고 경쟁력을 유지할 수 있도록 해야 한다. 고객은 산출물 및 성과에 대하여 어떻게 생각하는지, 평소 문제가 있는 고객과 긍정적인 고객은 의견이 어떠한지, 침묵하는 사람들은 무슨 생각을 하고 있는지 귀를 기울인다. 고객이 실제로 무엇을 생각하는지 알아내는 데는 기술과 시간이 필요하다. 고객의 부정적인 의견에 대하여 방어하지 않는 것이 좋다. 적절한 시기에 외부 전문가를 통해 주기적으로 고객을 조사하면 개선이 필요한 부분이나 고객 요구가 변화하고 있음을 알 수 있다. 조직의 운영 방식에 대한 통찰력을 얻기 위하여 정규 사업의 절차에 이러한 절차를 포함하고 보다 분석적인 결과물을 토대로 경영에 참고하는 것이 좋다.

넷째, '거버넌스 형성' 단계는 의사 결정을 조직화하는 것이다. 이것은 확장을 직접 추진하든지 파트너와 협력하여 추진하든지 간에 기존의 이사회와 의장 체제로 운영할 수도 있으며, 별도의 조직과 이사회를 구성하여 진행할 수도 있다. 이사회 구성은 먼저 의장을 모집하고 전문성 있는 이사회를 구성하는 절차로 진행한다. 이사회 구성 부분은 제5장 제3편 '이해관계자 협동의 거버넌스 의의 및 효과' 부분을 참조하기를 바란다. 다섯 번째, '핵심에 집중하여 실행하기' 단계를 위해서는 먼저 전문 지식을 갖춘 탁월한 직원을 고용해야 한다. 직원의 고용은 단기간에 수혜자에게 돌아갈 혜택을 줄이는 것을 의미할 수도 있지만, 탁월한 직원에 대한 투자는 조직이 성장하는 데 필요한 강력한 요소로 인식해야 한다. 또한 새로운 직원을 고용하는 것은 조직이 가지고 있지 않은 지식과 능력을 발굴하는 일이다. 따라서 직원의 고용은 신중해야 한다. 신규 직원과 기존 직원 간의 조화도 중요하다. 따라서 전문적 능력이라는 기술과 함께 조직의 사명을 공유하고 소통하며 시너지를 낼 수 있는 조직 문화 형성도 중요하다[34].

포용적 비즈니스의 사회적 영향 확장 절차

사회적 영향 확장의 주요 절차는 〈그림 13.12〉와 같이 '확장 준비 → 확장 실행 → 후속 조치'로 단계로 진행할 수 있다. 아래의 과정들은 내부 역량을 보유하여 진행할 수도 있으며 협력 구조나 사회적 영향 확장의 전문가 또는 기관을 통하여 개방된 형태로 진행할 수 있다. 아래는 포용적 비즈니스의 확장을 위하여 전문기관과 함께하는 사회적 영향 확장의 단계별 절차를 설명하는 그림이다.

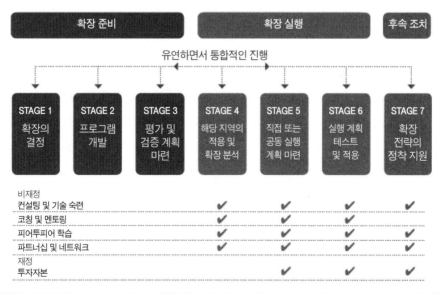

〈그림 13.12〉 포용적 비즈니스(Inclusive Business)의 사회적 영향 확장 프레임워크

출처: GSEN(Global Social Entrepreneurship Network, 2016), "Grow-Scale-Impact: How to help inclusive businesses achieve scale", GIZ, p.9.

'확장 준비'에서는 '제1단계로 확장하려는 조직의 비전, 사명, 전략 및 확장 자원을 결정'하고 '제2단계로 자원 조달 전략을 개발하고 프로그램의 모습을 확정'하며 '제3단계로 확장을 위한 비즈니스 평가·검증 계획을 마련'한다. '확장 실행'에서는 '제4단계로 해당 지역에 대한 비즈니스 적용 및 확장을 분석'하고, '제5단계로 확장 구현을 위한 직접 혹은 공동의 실행 계획을 수립'하며, '제6단계로 확장 추진계획을 테스트하고 적용'한다. 마지막 '후속 조치'의 제7단계에서는 새로운 지역에서의 확장전략이 정착할 수 있도록 '기술, 전문 지식, 멘토링 및 코칭, 피어투피어 학습, 파트너십 및 네트워킹 지원 서비스'의 지원을 한다.

세부 내용을 살펴보면 1단계 '조직의 비전, 사명 및 전략을 기반으로 확장 지원 프로그램을 설계'를 위해서는 제12장에서 배운 사회적 영향 확장의 변화 이론을 기반으로 사회적 영향의 목표를 세우는 작업을 진행한다. 그런 다음에는 프로그램의 핵심이 될 수 있는 자산과 자원을 평가하여 가용 자산 및 자원을 정의한다. 협력 조직을 통하여 진행하는 경우는 협력 제공자가 제공할 수 있는 자산과 자원, 주변 생태계의 지원 가능성을 검토해야 한다.

2단계 '외부조달 전략을 개발하고 포용적 비즈니스에 접근'하기 위해서는 앞에서 설정한 프로그램의 변화 이론 및 사회적 영향 목표를 기반으로 프로그램에 이상적인 협력자 혹은 기관의 프로필을 설정한다. 이후 협력사 혹은 기관의 선발 과정, 지원 심사와 인터뷰 전략을 마련하고 최종 선정 기준을 결정한다. 선택 기준에 따라 관련 분야의 다양한 파트너 및 핵심 행위자와 교류하고 프로그램을 홍보하고 파트너를 선정하기 위한 홍보 전략을 설계하고 구현해야 한다.

3단계 '확장을 위한 포용적 비즈니스 평가, 검증 및 선택'에서, 파트너는 포용적 비즈니스가 실행 가능한 모델이고 확장 가능성이 있는지 확인하고 확장하려는 조직과 함께 사회적 영향을 측정하기 위한 중요한 정보와 평가 기준을 협의한다. 이를 통하여 각자는 비즈니스 모델의 참여 준비 상태를 확인해야 한다. 4단계 '확장 목표를 기반으로 포용적 비즈니스를 분석하고 확장 계획을 개발'에서는 파트너와 협력하여 포용적 비즈니스를 분석하고 어떤 부분에 얼마만큼 참여할지 정의한다. 그리고 그 과정에서 일어나는 운영상 및 재정적으로 상황을 예측하고 상황별 대응 방안을 논의하고 책임과 의무 사항을 규정해야 한다.

5단계 '확장 계획 구현' 단계에서는 초기 확장 접근 방식이 설계되면 포용적 비즈니스 모델을 철저히 검토하여 구현을 쉽게 하기 위한 표준화 프로세스, 문서화 및 배포해야 하는 정보 및 모델의 특정 측면을 결정해야 한다. 이것은 확장에 성공하기 위한 매우 중요한 과정이다. 이 단계에서 앞서 언급한 운영상 및 재정상 요구 사항을 반영하는 공동 개발 실행 계획을 마련해야 하며 이러한 요구 사항을 충족하도록 지원 프로그램을 조정해야 한다. 6단계 '확장된 포용적 비즈니스 검증 및 조정'에서는 초기에 설정한 포용적 비즈니스의 목표와 사회적 영향의 품질을 충족하는 실행 계획과 맞춤형 지원 패키지를 개발한다. 또한 성공적인 확장에 필요한 재정적 지속 가능성 및 기술 지원 보장을 포함한 성공의 측정 및 실패 위험의 완화를 위한 핵심성과지표의 세트를 정의한다. 이 단계에서는 참여한 행위자 모두의 의사소통과 결정, 학습 및 반복 과정을 거쳐야 하며 적시에 접근 방식을 조정하고 변경하기 위한 체계를 갖추고 있어야 한다. 특히, 5단계와 6단계는 포용적 비즈니스가 확장하는 방법에 대해 상호 교류되고 순환되는 과정을 거쳐야 한다. 이러한 가정이 가능하도록 6단계에서 빠르고 저렴하게 검증하고 그 결과를 토대로 검증되지 않은 내용은 5단계로 돌아가 순환과정을 거쳐야 한다.

확장에 대한 후속 조치로써 7단계 '확장 지원 종료'에서는 프로그램 종료를 관리하고 적절한 후속 조치를 보장하는 것이다. 포용적 비즈니스가 미리 정의된 이정표를 달성하거나 대규모로 운영되면 지원 프로그램을 종료할 수 있다. 그러나 프로그램이 종료되더라도 모니터링 및 평가를 계속해야 한다. 사회적 영향 및 결과 측정 기준은 이전 단계의 개선 사항을 반영하거나 지원을 위한 추가 영역을 포함하도록 수정해야 할 수 있다. 포용적 비즈니스가 지원 프로그램을 졸업하면 확장 결과가 지속되고 능가하도록 도울 수 있는 외부 모니터의 관찰 또는 포용적 비즈니스가 끝날 때까지 지속적인 지원을 제공할 수 있는 다른 파트너와 연결이 필요하다.

〈그림 13.13〉 포용적 비즈니스(Inclusive Business) 사회적 영향 확장 단계별 투입요소

구분	준비			실행			후속조치
단계	1. 프로그램 개발	2. IB 식별 및 확인	3. IB 평가, 검증 및 선택	4. IB 분석 및 확장 계획 수립	5. IB 확장 계획 구현	6. 확장된 IB 테스트 및 조정	7. 확장 지원 종료
복잡성	높음	중간	낮음	높음	중간	높음	낮음
기간	1~2 개월	1~2 개월	1개월	1~2 개월	2~4 개월	3~8 개월 (중요 가설 검증 속도에 따라 다름)	1개월 미만, 후속 모니터 링 및 가벼운 지원
밀도	중간	높음	높음	중간 이하	낮음	높음	낮음

출처: GSEN(Global Social Entrepreneurship Network, 2016), "Grow-Scale-Impact: How to help inclusive businesses achieve scale", GIZ, p.13.

경험에 의하면 〈그림 13.13〉과 같이 2단계에서 6단계까지의 작업은 약 12개월의 기간이 소요되며 단계별 복잡성, 요구사항 및 작업의 밀도는 다음과 같다. 비즈니스 모델의 특성, 확장하려는 지역의 특성에 따라 어느 경우는 서로 다른 두 단계 이상을 반복적으로 수행해야 할 수도 있다. 반대로 서로 다른 단계는 병렬로 동시에 수행될 수도 있다[35].

사례연구 52

**한국의 자활사업: 대규모 실업과 가난 극복을 위한 시민사회의 생산 공동체 운동이
사회복지 정책과 결합되면서 한국사회의 가장 가난한 사람들과 함께 사회적경제의 출발을 알리고
동시에 전국적인 확장의 세계적인 사례로 성장하다[36]!**

한국의 자활사업은 2020년 현재 24년의 역사를 가지고 있다. 자활사업은 1990년대에 들어서면서 시민사회로부터 조직된 생산 공동체 운동에서 그 출발점을 찾을 수 있는데 민간에서 자발적으로 조직된 이러한 운동은 국민기초생활보장법이 시행되면서 정부와 민간이 협동하는 정책 사업으로 법제화되었다. 1999년 국민기초생활보장법의 제정으로 1997년 외환위기에 따른 대량 실업과 사업체의 폐업으로 발생한 실직·빈곤층에게 일자리를 제공할 수 있는 근거가 마련되었다. 1996년 자활 시범사업에 참여했던 5개의 자활후견기관은 시범사업 제도화 이후 9년 만인 2005년에는 242개소로 급증하였으며 2019년 현재는 〈표 13.1〉과 같이 249개의 지역자활센터가 자활사업의 현장 실행조직으로 역할을 수행하고 있다.

〈표 13.1〉 전국의 지역자활센터 현황(2019년)

센터 규모별		센터 유형별	
구분	전체수(%)	구분	전체수(%)
최소형	4(1.6%)	농촌형	68(27.3%)
기본형	58(23.3%)	도농복합형	57(22.9%)
표준형	125(50.2%)	도시형	124(49.8%)
확대형	62(24.9%)	-	-
합계	249(100%)	합계	249(100%)

출처: 최중석·윤길순·송선영·박성순(2020), "한국 자활사업의 사회적 성과(Social Impact) 연구", 한국지역자활센터협회, p.18.

한국의 자활사업은 근로능력자의 기초생활을 보장하는 '국민기초생활보장제도'를 도입하면서 근로역량 배양 및 일자리 제공을 통한 탈 빈곤을 지원하고 자활사업을 통해 근로능력이 있는 저소득층이 스스로 자활할 수 있도록 자활능력 배양, 기능습득 지원 및 근로기회를 제공하는 중요한 역할

을 담당하고 있다. 자활사업은 자활정책과 사업을 총괄하는 '보건복지부', 자활사업에 관한 조사 및 연구 활동을 하는 '한국자활복지개발원', 광역자활사업을 총괄 시행하는 '광역시·도'와 '광역자활센터', 시·군·구의 자활사업을 총괄 시행하는 '시·군·구'와 '지역자활센터', 그리고 조건부 수급자의 확인 및 조사를 담당하고 있는 '읍·면·동'이 함께하는 전국단위의 추진체계를 가지고 있다. 여기에 취업지원 및 관리를 담당하는 '고용노동부' 및 '고용센터'가 함께 한다. 지역자활센터의 자활근로사업은 주로 "자활프로그램의 참여욕구가 높은 자 및 일용·임시직으로 직업 경험이 있는 자"를 기준으로 "자활역량평가 점수가 45점 이상~80점 미만인 자활사업 대상자를 판정"하여 '초기 경로 설계를 위한 게이트웨이 과정', '시장진입형 자활근로 사업', '인턴·도우미형 자활근로 사업', '사회서비스형 자활근로 사업'으로 나누어 실시하고 있으며 이는 전체 사업규모의 70% 이상을 차지하고 있다. 전체 사업규모의 30% 미만으로 실시되는 '근로유지형 자활근로사업'은 자활역량평 점수가 45점 미만인 자를 대상으로 "노동강도가 낮은 사업 등에 참여"하여 수행한다.

2019년도 자활사업의 투입과 성과를 살펴보면, 먼저 투입은 자활사업비, 지역자활센터 운영비 및 행정비용을 포함하여 총 약 4060억 5789만 원이 지역자활센터의 자활사업을 위하여 투입되었다. 이러한 재정투입의 결과로 2019년 자활사업에 참여한 사람은 4만 270명이다. 2018년을 기준으로 자활급여 유형이 변경된 참여자는 4398명이며, 직무교육 이수자는 1만 7338명, 자격증 및 상위학력 취득 건수는 5504건, 취업 및 창업 인원은 1127명에 달하는 것으로 나타났다.

〈표 13.2〉 2018년 혹은 2019년 참여자의 경제적 산출 및 성과 요약

구분	내용	비고
사업유형별 참여자 수	· 게이트웨이: 13,515명(33.6%) · 사회서비스형: 17,549명(43.6%) · 시장진입형: 8,649명(21.5%) · 인턴도우미형: 327명(0.8%) · 근로유지형: 230명(0.6%)	· 2019년 기준
	· 합계: 40,270명	
급여유형 변경	· 급여유형 변경: 4,398명/(20,033명 대비 22%)	· 2018년 기준
직무교육 이수 및 자격증 등 취득 건수	· 직무교육 이수: 17,338명(1만 9266명 대비 89.9%) · 자격증·상위학력 취득: 5,504건(2만 211명 대비 28.1%)	· 2018년 기준
취·창업률	· 취·창업: 1,127명(26,163명 대비 4.31%) · 3개월 이상 근무: 1,084명(1,127명 대비 96.2%) · 최저임금 이상: 374명 · 최저임금의 150% 이상: 23명	· 2018년 기준

구분	내용	비고
자산형성	· 참여: 6,741명(20,180명 대비 33.4%) · 유지: 5,704명(6,741명 대비 84.6%) · 일부지급해지자: 124명 · 지급해지자: 913명	· 2018년 기준

출처: 최중석·윤길순·송선영·박성순(2020), "한국 자활사업의 사회적 성과(Social Impact) 연구", 한국지역자활센터협회, pp.92-93.

또한 2019년 자활사업 매출은 약 926억 2721만 원, 부가세 납부는 약 29억 6440만 원이며, 조성된 자활기금 및 중앙자산키움펀드는 각각 3984억 원 및 1164억 원의 경제적 성과를 올렸다. 아울러 지역사회에 19억 8182만 원의 후원금과 5558건의 후원물품을 연계하고 취약계층 일자리 제공, 사회공헌활동, 사회적경제 조직과 협력, 자활기업 직무교육을 통하여 지역사회 성과에 기여하여 왔다.

〈표 13.3〉 2018년 혹은 2019년 자활사업의 경제적 산출 및 성과 요약

구분	내용	비고
사업단 매출	· 사회서비스형: 33,814,072천 원(36.49%) · 시장진입형: 58,782,189천 원(63.49%) · 인턴도우미형: 14,390천 원(0.01%) · 근로유지형: 16,557천 원(0.01%) · 합계: 92,627,208천 원(100%)	· 2019년 기준
부가세 수입	· 사회서비스형: 약 928,021천 원(31.3%) · 시장진입형: 약 2,035,580천 원(68.67%) · 근로유지형: 약 801천 원(0.03%) · 합계: 약 2,964,403천 원(100%)	· 2019년 기준
조성된 자활펀드	· 자활기금: 3984억 원 · 중앙자산키움펀드: 1164억 원	· 2019년 현재
자활기업 창업	· 전국자활기업: 3개(고용인원: 8,165명) · 광역자활기업: 37개(고용인원: 1,160명) · 지역자활기업: 1,136개(고용인원: 6,636명) · 합계: 1,176개(고용인원: 15,961명)	· 2019년 현재
외부자원 연계	· 후원금: 1,981,820천 원 · 취약계층 일자리제공: 3,171건(취업성공: 324건, 종사자 수: 1,427명) · 후원물품: 5,558건 · 사회공헌활동: 633건 · 사회적경제 협력 실행: 1,960건(협약: 1,334건) · 자활기업 직무교육: 993명(1,239명 대비 75.3%)	· 2018년 기준

출처: 최중석·윤길순·송선영·박성순(2020), "한국 자활사업의 사회적 성과(Social Impact) 연구", 한국지역자활센터협회, p.93.

자활사업은 이러한 경제적인 산출 및 성과뿐만 아니라 지역사회에도 큰 기여를 하고 있는 것으

로 나타났다. 대표적으로는 희망키움통장(Ⅰ·Ⅱ), 내일키움통장, 청년희망키움통장, 청년저축계좌 사업을 통하여 일반시장에서 일하는 수급자 및 차상위 계층을 위한 자산형성에 도움을 주고 있다.

특히, 전국의 지역자활센터는 해당 지역사회의 복지 및 공익 서비스를 위해 상당히 많은 활동들을 수행하는 것으로 조사되었는데 이 중에는 지역사회에서 가난한 이웃과 가정의 아이들, 신체적으로 불편한 (중증)장애인과 (독거)노인 및 이재민, 다문화 가정을 위한 서비스가 많았다. 대표적으로는 급식, 밑반찬, 김장, 연탄, 방한복, 자전거, 생활비, 장학금 등의 제공과 소독, 방역, 청소, 세탁, 집수리, 간병, 이동도움, 심리상담, 학습, 문화적응 등의 지원, 지역사회의 경로당 등 노인시설, 버스정류장, 아동센터, 문화의집, 도서관, 청소년 공부방, 생태촌 및 늪지, 복지관 등의 공공시설을 위한 봉사 및 공익 활동, 국내·외 단체들과 함께 페스티발, 바자회, 박람회 등을 실시하여 친환경 및 평화를 위한 계몽에도 일조하고 있는 것으로 나타났다.

2020년에 비계량적인 성과를 경제적 성과, 정서적 성과, 사회(공동체)(적) 성과로 조사한 문항별 5점 만점 설문자료에 의하면 한국의 자활사업은, 경제적 성과의 '근로조건 향상' 문항에서는 '안정적인 일자리가 생김(4.03점)', '안전한 환경에서 일하게 됨(4.02점)', '정해진 휴가를 사용할 수 있음(4.13점)', '보통 1주일에 5일을 근무함(4.55점)'으로 모든 문항에서 4점 이상의 점수를 보였다. '소득 증가' 문항에서는 '급여가 증가하였음(3.64점)', '저축 증가(3.02점)', '부채 감소(3.08점)'로 자활참여 전·후를 비교하여 변동이 거의 없는 것으로 판단되며 '문화생활(3.12점)'도 상대적으로 낮음 점수로 나타났다.

다음으로 정서적 성과의 '육체 건강' 문항에서는 '음주(3.7점)와 흡연(3.6점) 및 병원 입원(3.63점)이 줄었음'으로 체크하여 육체 건강은 조금씩 나아진 것으로 판단되지만 '병원 방문이 줄었음'에는 3.26점으로 상대적으로 낮게 나왔다. '정신 건강' 문항에서는 '잠 못 이루는 일이 줄음(3.23점)', '식욕이 좋아짐(3.29점)', '매사 힘들게 느껴지는 일이 줄음(3.39점)', '외로움이 줄음(3.43점)' 등의 점수로 나왔다. 정서적 성과의 '근로의욕 증진' 문항에서는 '맡은 일을 성실(4.4점)히 하고 책임감을 가짐(4.43점)', '어려운 일도 잘 해낼 것이라고 믿으며(4.06점) 원하는 목표를 위하여 열심히 경험을 쌓음(4.02점)'으로 높은 점수를 보이고 있다. '심리 건강'의 문항에서는 '나는 스스로 판단하고 행동(3.92점)하며 긍정적이고(3.83점) 가치 있는(3.82점) 사람'으로 인식하는 등 자활사업 참여 전에 비하여 심리적인 건강이 향상된 것으로 나타났다. 정서적 성과의 '삶의 만족' 문항에서는 '나는 괜찮은 사람이라고 생각(3.79점)'하며 '삶에 대한 자신감이 높아졌음(3.75점)'을 알 수 있고 비교적 '미래를 밝게 생각(3.71점)'하는 것으로 나타났다. 이어서 '나의 삶은 행복함(3.62점)'으로 점수를 표기하였다.

〈그림 13.14〉 지역자활센터(좌: 전주덕진, 중: 경기평택, 우: 서울강서) 활동 현장

출처: 각 센터 홈페이지(2023), "좌: 전주시민 쌍쌍이 자전거행진, 중: 재활용 나눔가게 사업단, 우: 공동부업 사업단".

　다음으로 사회(공동체)(적) 성과의 '가족 관계' 문항에서는 '가족에게 도움을 주려고 함(3.89점)', '가정문제(가정폭력·갈등·알코올 등)가 줄었음(3.89점)', '가족문제에 대하여 소통하며 해결함(3.78점)' 등 비교적 긍정적인 결과로 나타났다. '동료 관계' 문항에서는 '잘못한 일에 대해 동료에게 사과(4.18점)', '동료와의 문제는 싸움이 아닌 대화로 해결(4.12점)'에서 높은 점수를 보였으며, 이어서 '내가 힘들 때 동료는 나를 도움(3.81점)', '기쁨과 슬픔을 함께 나눌 동료가 있음(3.76점)'으로 나왔다. '이웃 관계' 문항에서는 '불편하더라도 정해진 법규나 규칙을 지킴(4.22점)'에서 높은 점수를 보였으며, 이어서 '이웃 주민을 신뢰(3.69점)', '이웃 주민과 서로 돕고 지냄(3.61점)'의 점수를 보였다. 다만, '이웃과 사람을 위한 자원봉사 활동'은 3.2점으로 나왔다.

　이러한 비계량적 참여자 성과지표 측정결과의 의미를 살펴보면, 먼저, 경제적 성과의 '근로조건 향상'과 정서적 성과의 '근로의욕 증진', 사회(공동체)(적) 성과의 '동료관계 향상' 및 '가족관계 향상'에서 높은 점수를 보였으며, 정서적 성과의 '심리 건강'과 '삶의 만족', 사회(공동체)(적) 성과의 '이웃 관계 향상'에서도 비교적 높은 점수를 보인 점은 앞서 살펴본 경제적 산출 못지않게 자활사업이 참여자들에게 사업 참여 전과 비교하여 향상된 근로조건 속에서 근로의욕을 증진시키고 정서적 및 사회(공동체)(적) 성과에 긍정적인 영향을 주는 것으로 분석된다. 이는, 자활사업 참여 전·후의 성과 차이를 검증한 단일 모집단 평균차이 검증에서도 모든 지표에서 긍정적인 변화가 있었음을 확인할 수 있었다. 다만, 자활사업에 참여하여 정기적으로 일을 함으로써 '육체 건강'과 '정신 건강'에도 중요한 기여를 할 것이라고 생각했던 것과는 달리 상대적으로 낮은 점수를 보인 점은 주목할 필요가 있다. 또한 경제적 성과 중에서 '소득증가 인식'의 점수는 3.2점으로 상대적으로 낮게 나타났는데, 참여자들은 자활사업이 보호된 일자리로써 자신들의 '근로조건이 개선'되었고 '근로의욕은

증진'되는 것을 크게 느끼고 있지만 '소득 증가'에는 그다지 크게 느껴지는 않는 것으로 생각된다. 소득증가와 관련된 세부문항을 살펴보면 '저축 증가', '부채 감소', '문화생활'에서 낮은 점수를 보이고 있는데 이는 자활사업 참여로 급여가 증가해 어느 정도 소득이 증가하기는 하였으나 그 금액이 저축을 하고 문화생활을 향유할 정도는 아니라는 의미로 읽을 수 있다. 또한 부채의 경우도, 원래 부채가 없거나 빚을 낼 정도로 신용이 없을 수도 있고 증가된 소득이 부채 감소를 가져올 정도로 크지 않을 수도 있을 것이다.

정서적 성과의 '육체 건강' 문항에서는 음주와 흡연 및 병원 입원이 대체적으로 줄어들었지만 그 변화 정도가 적고, 병원 방문도 참여 전과 비교하여 상대적으로 줄지 않은 것으로 나와서 이 부분을 세심히 살펴봐야 할 것으로 보인다. 또한 '정신 건강'에서는 '잠 못 이루는 일이 줄음', '식욕이 좋아짐', '매사 힘들게 느껴지는 일이 줄음, '외로움이 줄음' 등에서 점수가 낮게 나왔다. 이는 자활사업이라는 정기적인 직장 혹은 근로 행위를 통해 육체 및 정신 건강이 꽤 증가하였을 것이라는 생각과는 달리 그 변화 정도는 미미한 것으로 나온 점을 살펴봐야 할 것이다.

지금까지 살펴본 것처럼 한국 자활사업의 경제적 투입과 산출, 그리고 비계량적인 성과들은 유럽의 많은 비영리 혹은 사회적경제 조직이 오래전부터 공공보조금과 연계하여 "일을 통한 재활 혹은 자활의 노동통합형 프로그램"을 운영하고 있듯이, 한국의 자활사업도 20여 년 이상 민관의 협력으로 저소득계층을 위한 자활사업의 운영체계를 잘 다져 오고 있으며 지역사회에도 상당한 기여를 하고 있다는 것을 보여주고 있는 것이라고 할 수 있다. 또한 2015년 국제노동기구 및 국제협동조합연맹과, 아울러 유엔의 SDGs가 글로벌 사회문제 해결의 첫 번째 목표로 '빈곤퇴치'를 제시하였듯이 한국의 자활사업은 사회에서 가장 가난한 사람들을 위한 정책적인 노력과 투입, 그에 따른 산출물 및 사회적인 성과 달성에 있어서 세계적인 사례로 꼽힐 수 있을 것으로 사료되며, 더욱 바람직한 민관 협력체계의 유지ㆍ발전을 통하여 세계에서 가장 우수한 빈곤퇴치의 모범적인 사례로 발전될 수 있을 것으로 전망한다.

다만, 한국사회에서 지역자활센터가 행정목표와 지역사회를 연결하는 거버넌스 역할을 수행하고 있지만, 종종 하나의 주체로 인식되기보다는 행정의 하부조직 중 하나로서 인식되는 경우가 있는데 이제부터는 "우리 사회에서 가장 가난한 사람들을 위한 최후의 고용 및 사회 안정망으로서 자리매김하고 지역사회 문제해결 및 사회혁신"이라는 목적 중심의 조직으로 발돋움 할 수 있도록 정부, 지자체, 한국자활복지개발원 및 광역자활센터 등 중간지원기관 및 지역자활센터가 참여자와 함께 노력해야 할 것으로 생각된다.

더 나아가 앞으로의 지역자활센터는 지역의 사회적경제 조직, 사회단체 및 다른 지역공동체, 지역 활동가, 사회적경제에 헌신하는 상업적 기업, 지역대학과 연구자 등 지역사회 이해관계자들과 함께 협동하고 정부 및 광역, 기초 지자체가 지원하고 뒷받침하여 비교적 창의적이고 자율적인 계획과 운영 및 성과 측정과 성찰의 기회가 부여되는 방식으로 전환해야 할 것으로 보인다. 아울러 경제적인 산출 결과에 너무 매몰되어 과정의 중요성 혹은 보다 다양한 사람중심의 사회적 성과를 놓치고 가거나, 사업의 수행주체인 실무자 및 센터의 인적 및 조직 자본 투자와 개발에 소홀히 하는 일이 없도록 더욱 세심히 들여다보고 사회적 성과 달성의 선순환 체계 정립에 민관이 함께 더 노력해야 할 것으로 보인다.

사례연구 49 영국의 에이치씨티(Hackney Community Transport) 그룹은 운송 및 지역공동체 서비스를 제공하는 사회적 경제 기업이다. 2017년 현재 730대의 차량과 1500여 명의 직원을 고용하고 있을 정도로 성장하였다. ① 먼저 이 조직의 성장배경에 대하여 사회적 금융조달의 환류과정, 사회적 가치, 서비스 품질을 중심으로 좀 더 자세히 설명하라. 그리고 ② 우리나라의 운송, 의료, 교육, 주택 등 공공재 성격이 강한 시장에서의 정책적 적용방안은 무엇이 있는지 각자의 의견을 제시하고 토론해 보자.

사례연구 50 스위스의 협동조합 집단 쿱 그룹(Coop group)은 약 154년 동안 250만 명 이상의 조합원에게 4만개 이상의 제품을 공급하면서 '지속 가능한 제품', '환경 및 기후 보호', '직원 및 사회에 대한 헌신'의 3가지 중심축을 잃지 않고 세계 최고의 선진국다운 바람직한 협동조합 그룹을 대규모로 운영하고 있다. ① 먼저 이 조직에 대하여 좀 더 자세히 설명하라. 그리고 ② 우리나라의 협동조합이 사회적 영향의 확장과정에서 배울 점은 무엇이 있는지 각자의 의견을 제시하고 토론해 보자.

사례연구 51 프랑스의 라휘시끼디위(La Ruche qui dit Oui)는 지역농산물 순환소비, 온라인 구매 후 지역상점(Hive)에서 수령, 농부들에게는 공정한 가격을 지불하면서 더 나은 세상을 함께 가꾸어가는 하는 사명을 가지고 프랑스 전역에서 5000명 이상의 지역 농부와 770곳의 지역상점, 더 나아가 유럽 전역에서 25만 명의 회원과 1만 명의 지역 농부, 1500곳의 지역상점을 운영하면서 사회적 영향의 파급효과를 확장하고 있다. ① 먼저 이 조직에 대하여 좀 더 자세히 설명하라. 그리고 ② 우리나라의 로컬푸드 사회적경제 조직이 사회적 영향의 확장과정에서 배울 점은 무엇이 있는지 각자의 의견을 제시하고 토론해 보자.

사례연구 52 한국의 자활사업은 대규모 실업과 가난 극복을 위한 시민사회의 생산 공동체 운동이 사회복지 정책과 결합되면서 한국사회의 가장 가난한 사람들과 함께 사회적경제의 출발을 알리고 동시에 전국적인 확장의 세계적인 사례로 성장하고 있다. ① 먼저 우리나라의 자활사업에 대하여 좀 더 자세히 설명하라. 그리고 ② 한국의 자활사업이 세계적인 확장을 위하여 정책과 실무, 그리고 사회적 영향이라는 본질 측면에서 각각 주의할 점과 준비할 점은 무엇이 있는지 각자의 의견을 제시하고 토론해 보자.

제13장의 참고문헌(Reference)

1 Christiana Weber Arne Kröger, and Kathrin Lambrich(2012), "Scaling Social Enterprise - A Theoretically Grounded Framework", Frontiers of Entrepreneurship Research, 32(19), 1-15.

2 J. Gregory Dees, Beth Battle Anderson, and Jane Wei-Skillern(2002), "Pathways to Social Impact: Strategies for Scaling Out Successful Social Innovations", Working Paper Series, 3, CASE(Centre for the Advancement of Social Entrepreneurship).

3 Westley, F., Antadze, N., Riddell, D. J., Robinson, K., and Geobey, S.(2014), "Five configurations for scaling up social innovation: Case examples of nonprofit organizations from Canada", Journal of Applied Behavioral Science, 50, 234-260.

4 Smith, B. R., Kistruck, G. M., and Cannatelli, B.(2016), "The impact of moral intensity and desire for control on scaling decisions in social entrepreneurship", Journal of Business Ethics, 133, 677-689.; Hatzl, S., Seebauer, S., Fleiss, E., and Posch, A.(2016), "Market-based vs. grassroots citizen participation initiatives in photovoltaics: A qualitative comparison of niche development", Futures, 78-79, 57-70.; Marion van Lunenburg, Karin Geuijen, and Albert Meijer(2020), "How and Why Do Social and Sustainable Initiatives Scale? A Systematic Review of the Literature on Social Entrepreneurship and Grassroots Innovation", Voluntas, 31, 1013-1024.

5 Fergus Lyon and Heather Fernandez(2012), "Scaling up social enterprise: strategies taken from early years providers", TSRC(Third Sector Research Centre).

6 Christiana Weber, Arne Kröger, and Kathrin Lambrich(2012), "Scaling Social Enterprise - A Theoretically Grounded Framework", Frontiers of Entrepreneurship Research, 32(19), 1-15.

7 Fergus Lyon and Heather Fernandez(2012), "Scaling up social enterprise: strategies taken from early years providers", TSRC.

8 국제금융공사(2016), "G20 Inclusive Business Report for the 2016 Summit", https://ifc.org.

9 GSEN(Global Social Entrepreneurship Network, 2016), "Grow-Scale-Impact: How to help inclusive businesses achieve scale", GIZ(Deutsche Gesellschaft für Internationale Zusammenarbeit).

10 김영림(2021), "마을발전소 사회적협동조합 소개자료".; 서울혁신센터(2020), "외로운 마음마저 치료하는 '장난감 병원' - 마을발전소 사회적협동조합 활동가 인터뷰", 지역 문제 해결 시민 실험실 6편.; 김정란(2021), "자원순환, 커뮤니티, 돌봄…동네에서 일어나는 모든 일은 홍반장? 아니, '마을발전소'에! 마을발전소 사회적협동조합에서 운영하는 장난감 병원 '장난이 아니야'", 사회적경제미디어 라이프인 사회적협동조합.

11 David P. M. Lam, Berta Martín-López, Arnim Wiek, Elena M. Bennett, Niki Frantzeskaki, Andra I. Horcea-Milcu, and Daniel J. Lang(2020), "Scaling the impact of sustainability initiatives: a typology of amplification processes", Urban Transformations, 2(3), 1-24.

12 David W. Cash, W. Neil Adger, Fikret Berkes, Po Garden, Louis Lebel, Per Olsson, Lowell Pritchard, and Oran Young(2006), "Scale and Cross-Scale Dynamics: Governance and Information in a Multilevel World", Ecology and Society 11(2), 1-8.; Andra-Ioana Horcea-Milcu, David J. Abson, Cristina I. Apetrei, Ioana Alexandra Duse, Rebecca Freeth, Maraja Riechers, David P. M. Lam, Christian Dorninger, and Daniel J. Lang(2019), "Values in transformational sustainability science: four perspectives for change", Sustainability Science, 14, 1425-1437.; David P. M. Lam,

Berta Martín-López, Arnim Wiek, Elena M. Bennett, Niki Frantzeskaki, Andra I. Horcea-Milcu, and Daniel J. Lang(2020), "Scaling the impact of sustainability initiatives: a typology of amplification processes", Urban Transformations, 2(3), 1-24.

13 HCP그룹 홈페이지(2018), http://hctgroup.org.; Cynthia Shanmugalingam, Jack Graham, Simon Tucker, and Geoff Mulgan(2011), "Growing Social Venture", Young Foundation & NESTA.; 위키피디아(2018), "HCT_Group", http://en.wikipedia.org/wiki.

14 Marion van Lunenburg, Karin Geuijen, and Albert Meijer(2020), "How and Why Do Social and Sustainable Initiatives Scale? A Systematic Review of the Literature on Social Entrepreneurship and Grassroots Innovation", Voluntas, 31, 1013-1024.

15 Jenson, J.(2017), "Modernising the European social paradigm: Social investments and social entrepreneurs", Journal of Social Policy, 46, 31-47.; Ault, J. K.(2016), "An institutional perspective on the social outcome of entrepreneurship: Commercial microfinance and inclusive markets", Journal of International Business Studies, 47, 951-967.; Kempers, J., Ketting, E., Chandra-Mouli, V., and Raudsepp, T.(2015), "The success factors of scaling-up Estonian sexual and reproductive health youth clinic network-From a grassroots initiative to a national programme 1991-2013", Reproductive Health, 12(2), 1-9.

16 Marin, A. and Berkes, F.(2010), "Network approach for understanding small-scale fisheries governance: The case of the Chilean coastal co-management system", Marine Policy, 34, 851-858.; Riisgaard, L.(2011), "Towards more stringent sustainability standards? Trends in the cut flower industry", Review of African Political Economy, 38, 435-453.; Quinn, R., Tompkins-Stange, M., and Meyerson, D.(2014), "Beyond grantmaking: Philanthropic foundations as agents of change and institutional entrepreneurs", Nonprofit and Voluntary Sector Quarterly, 43, 950-968.

17 Zahra, S. A., Gedajlovic, E., Neubaum, D. O., and Shulman, J. M.(2009), "A typology of social entrepreneurs: Motives, search processes and ethical challenges", Journal of Business Venturing, 24, 519-532.; Scheuerle, T. and Schmitz, B.(2016), "Inhibiting factors of scaling up the impact of social entrepreneurial organizations-A comprehensive framework and empirical results for Germany", Journal of Social Entrepreneurship, 7, 127-161.; Becker, S., Kunze, C., and Vancea, M.(2017), "Community energy and social entrepreneurship: Addressing purpose, organisation and embeddedness of renewable energy projects", Journal of Cleaner Production, 147, 25-36.

18 Morris, M. H., Webb, J. W., and Franklin, R. J. (2011), "Understanding the manifestation of entrepreneurial orientation in the nonprofit context", Entrepreneurship Theory and Practice, 35, 947-971.; Andre, K. and Pache, A. C.(2016), "From caring entrepreneur to caring enterprise: Addressing the ethical challenges of scaling up social enterprises", Journal of Business Ethics, 133, 659-675.; Marion van Lunenburg, Karin Geuijen, and Albert Meijer(2020), "How and Why Do Social and Sustainable Initiatives Scale? A Systematic Review of the Literature on Social Entrepreneurship and Grassroots Innovation", Voluntas, 31, 1013-1024.

19 GSEN(Global Social Entrepreneurship Network, 2016), "Grow-Scale-Impact: How to help inclusive businesses achieve scale", GIZ.

20 GSEN(2016), "Grow-Scale-Impact: How to help inclusive businesses achieve scale", GIZ.

21 Christiana Weber, Arne Kroger, and Kathrin Lambrich(2012), "Scaling Social Enterprise - A Theoretically Grounded Framework", Frontiers of Entrepreneurship Research, 32(19), 1-15.

22 UBS and Ashoka(2017), "Scaling Strategy: Social Investment Toolkit Module 4".

23 Coop 그룹 홈페이지(2023), https://coop.ch.; Coop 그룹(2019), "2018 Annual Report of The Coop Group".; coop 그룹(2022), "2021 Annual Report of The Coop Group".

24 Warnecke, T., and Houndonougbo, A. N.(2016), "Let there be light: Social enterprise, solar power, and sustainable development", Journal of Economic Issues, 50, 362-372.

25 Smith, B. R. and Stevens, C. E. (2010), "Different types of social entrepreneurship: The role of geography and embeddedness on the measurement and scaling of social value", Entrepreneurship and Regional Development, 22, 575-598.; Becker, S., Kunze, C., and Vancea, M.(2017), "Community energy and social entrepreneurship: Addressing purpose, organisation and embeddedness of renewable energy projects", Journal of Cleaner Production, 147, 25-36.; Hermans, F., Roep, D., and Klerkx, L.(2016), "Scale dynamics of grassroots innovations through parallel pathways of transformative change", Ecological Economics, 130, 285-295.

26 UBS and Ashoka(2017), "Scaling Strategy: Social Investment Toolkit Module 4".

27 UBS and Ashoka(2017), "Scaling Strategy: Social Investment Toolkit Module 4".

28 Dan Berelowitz, Mark Richardson, and Matt Towner(2013), "Realising the Potential of Social Replication", ICSF(The International Centre for Social Franchising).

29 한국의료복지사회적협동조합연합회 홈페이지(2018), http://hwsocoop.or.kr.

30 Kevin Hurley(2016), "From Social Enterprise to Social Franchise: An Introductory Guide To Achieving Scale Through Replication", ESDC(Employment and Social Development Canada) & CSI(Centre for Social Innovation).

31 라휘시끼디위 홈페이지(2023), https://laruchequiditoui.fr.; 프랑스 경제재정부(2023), "Social and solidarity economy: what is the "Social Utility Solidarity Company" accreditation?", https://economie.gouv.fr.; 유튜브(2023), "La Ruche qui dit Oui", https://youtu.be/grEll IRiYgRE.

32 Waitzer, J. M. and Paul R.(2011), "Scaling Social Impact: When Everybody Contributes, Everybody Wins", Innovations, 6(2), 143-155.

33 Barringer, B. R. and Greening, D. W.(1998), "Small business growth through geographic expansion: A comparative case study", Journal of Business Venturing, 13(6), 467-492.; Christiana Weber, Arne Kroger, and Kathrin Lambrich(2012), "Scaling Social Enterprise - A Theoretically Grounded Framework", Frontiers of Entrepreneurship Research, 32(19), 1-15.

34 Social Business Trust(2017), "Unlocking Growth: The Insider's Guide to Scaling Your Social Enterprise".

35 GSEN(Global Social Entrepreneurship Network, 2016), "Grow-Scale-Impact: How to help inclusive businesses achieve scale", GIZ.

36 최중석·윤길순·송선영·박성순(2020), "한국 자활사업의 사회적 성과(Social Impact) 연구", 한국지역자활센터협회.; 보건복지부(2020), "2020 자활사업 안내".; 한국자활복지개발원(2019), "2018년 지역자활센터 성과평가 자료".; 한국자활복지개발원(2020), "2019년 한국 자활사업 사회적 성과 연구 통계정보 제공자료".; 노대명(2010), "자활사업 10년의 평가 및 전망", 보건복지포럼, 167, 14-27.; 송경용(2019), "사회적경제, 사회의 필요에 응답하고 있나?, 자기 성찰 필요", 서울경제신문.; 신명호·김홍일(2002), "자활사업의 발자취를 통해서 본 현행", 도시와 빈곤, 55, 61-76.; 이인재(2013), "자활사업의 역사적 고찰과 개편방안", 한국사회복지학회 학술대회, 749-764.

저자 프로필

최중석

〈주요 약력〉

동국대학교 경영학박사(조직·인사)
동국대학교 경영학석사(마케팅·MBA)
동국대학교 통계학과 졸업
기아자동차 근무
최선컨설팅그룹 소장 역임
한국창업교육협회 초대회장 역임
한국경영능력개발원 원장 역임
숭의여자대학교 경영과 교수 역임
현) 강남대학교 산학협력단 교수

〈주요 연구 실적 및 저서〉

사회적경제 조직 성숙도 모델(Social Enterprise Maturity Model, SEMM) 설계 연구(2022~2023), 재미난청춘세상
정신장애인 사회적경제 조직의 사회적 영향(Social Impact) 연구(2022~2023), 마음샘정신재활센터
한국의 사회적경제 비즈니스 모델 수립 방법론 연구: 비즈니스 모델 캔버스를 중심으로(2022), 한국협동조합연구, 40(3).
경기도 부천시 상살미마을 공동체 활성화를 위한 마을사업 추진 협력체계 구축(2022), 데이터얼라이언스(주)·상살미사람들협동조합
한국 자활사업의 사회적성과(Social Impact)에 관한 연구(2020), 한국지역자활센터협회
한반도 통일 이후 북한의 경제 활성화를 위한 EU 국가 사회적경제의 북한 접목 방안 'EU Horizon 2020 사업'제안 연구(2019~2020), 한국연구재단
우리나라의 사회적경제 비즈니스모델 수립 방법론 연구: 비즈니스모델캔버스를 중심으로(2018~2020), 한국연구재단
사회적경제 창업지원 전문교육과정 개발 연구(2018), 경기도 따복공동체지원센터
사회적기업 구성원의 직무열의가 조직성과에 미치는 영향에 관한 연구(2017), 로고스경영연구, 15(2)
사회적기업 경영자의 기업가정신 및 리더십이 구성원의 직무열의 및 조직성과에 미치는 영향에 관한 연구(2017), 박사학위 논문
경기도 지역기반형 사회적경제 창업팀의 성과에 영향을 미치는 요인에 관한 연구(2017), 경기도 따복공동체지원센터
지역중심 따복공동체 융합모델 개발을 위한 심층 사례 연구(2016), 경기도 따복공동체지원센터

사회적기업가 역량 모델링 및 교육체계 수립에 관한 연구: 경영전략 AFI Framework의 구성요소를 중심으로(2016), 한국협동조합연구, 34(2)

경력단절여성 지원사업 현황 및 개선방안에 관한 조사연구(2016), 서울시 서울창업포럼

사회적협동조합의 국공립어린이집 위탁사업 추진방안 연구(2015), 한국협동조합연구, 33(2)

사회적경제 창업시뮬레이션 교육과정 개발 연구(2015), 경기도 따복공동체지원센터

자활공동체사업에 있어서 고객만족에 영향을 미치는 요인에 관한 인식 차이 연구(2008), 석사학위 논문

팀 학습을 통한 대학생의 창업교육에 있어서 팀원의 창업의지, 다양성 및 조력자의 지원 활동이 팀 학습 유효성 및 창업교육 만족도에 미치는 영향에 관한 연구(2017), 벤처창업연구, 12(4)

예비 창업자의 인구학적 특성과 창업성향 발달도 및 창업업종 선정에 관한 연구(2015), 벤처창업연구, 10(5)

비즈니스 경영전략(2015, 개정2판), 도서출판 두남

Start-up Practice, 창업실무(2013), 도서출판 고즈넉

사업계획 수립과 경영전략(2009), 도서출판 가람사

〈대외 활동〉

현) 재미난청춘세상 주임멘토

전) 서울시 관악구 협치회의 위원

전) 경기도 따복공동체지원센터 사회적경제 기업 경영자문 컨설턴트(강남대학교) 및 심사위원

전) 서울시 사회적경제지원센터 사회적경제 기업 경영자문 컨설턴트(강남대학교)

전) 한국사회적기업진흥원 사회적경제 기업 경영자문 컨설턴트(강남대학교) 및 심사위원

전) 서울특별시 창업포럼위원

전) 한국경제신문사 한경아카데미 경영전략 및 신규사업 타당성분석 교육과정 주임교수

전) 서울·경기·전북·강원·전남등광역자활센터, 지역자활센터 자문위원 및 강사 역임

전) 함께일하는재단 LH 마을형사회적기업 설립지원 경영자문위원 역임

전) 서울산업진흥원 사후지도위원 및 장년창업센터 코치 역임

전) 한국생산기술연구원 아이디어상업화 코치 역임

전) 벤처기업협회 기술창업지원 컨설턴트 역임

〈주요 경영자문 실적: 중간지원조직 지원사업〉

광역도내 시군별 돌봄서비스 사업현황 파악 및 경영분석

문화예술 공연 기업의 사업 비전 및 전략 수립

의료복지사회적협동조합 사업의 경영안정화를 위한 전략개발

의료복지사회적협동조합 지점의 비전 및 전략 수립

장애인 주간활동서비스 지원사업 위탁을 위한 사업준비

재생자건거 생산의 고부가가치 및 판매활성화 방안마련

재활용사업 확장을 위한 표준사업계획서 작성

재활용센터 생산현장의 평가지표 및 보상제도 설계

지역자활센터 사업단(음식 및 유통 외)의 자립을 위한 사업전략 수립

지역자활센터 사업단(제조)의 사업타당성 분석

사회적경제학-개정판
(Social Economics)

ⓒ 최중석, 2023

개정판 1쇄 발행 2023년 5월 19일

지은이   최중석
펴낸이   이기봉
편집   좋은땅 편집팀
펴낸곳   도서출판 좋은땅
주소   서울특별시 마포구 양화로12길 26 지월드빌딩 (서교동 395-7)
전화   02)374-8616~7
팩스   02)374-8614
이메일   gworldbook@naver.com
홈페이지 www.g-world.co.kr

ISBN   979-11-388-1927-5 (13320)